# PHILIPPE SANDS

# DIE VERSCHWUNDENEN VON LONDRES 38

## Über Pinochet in England und einen Nazi in Patagonien

Aus dem Englischen
von Thomas Bertram und Henning Dedekind

S. FISCHER

2. Auflage Juli 2026

Erschienen bei S. FISCHER

Die Originalausgabe erschien 2025 unter dem Titel
»38 Londres Street. On Impunity, Pinochet in England
and a Nazi in Patagonia« bei Weidenfeld & Nicholson,
einem Imprint von The Orion Publishing Group Ltd, London.

Hedderichstr. 114, 60596 Frankfurt am Main
Lektorat: Matthias Michel
Satz: Dörlemann Satz, Lemförde
Druck und Bindung: CPI books GmbH, Leck
ISBN 978-3-10-397125-5

Kontaktadresse nach EU-Produktsicherheitsverordnung:
produktsicherheit@fischerverlage.de

*Für Natalia*

Nichts hat größere Kümmernis hervorgebracht
als die Freiheit, die den Frevlern gewährt wird,
mit aller Unverfrorenheit zu beleidigen.
Jean Bodin, 1576

Ich stehe unter Denkmalschutz.
Walther Rauff, 1980

Ich bin ein Engel.
Augusto Pinochet, 2003

# Inhalt

Mitteilung an die Leserinnen und Leser 15
Hauptpersonen 17

**Prolog** 21
Santiago, August 1974 23
Hagenberg, Österreich, Juni 2015 27

**Teil I Festnahme** 29
London, Oktober 1998 31
Nächte in Chile 100
Santiago, 1963 110

**Teil II Gerechtigkeit** 145
London, November 1998 147
Punta Arenas 202
London, Dezember 1998 232

**Teil III Immunität** 255
Nächte in Patagonien 257
Santiago, 1979 279
London, März 1999 307

**Teil IV Flucht** 333
Nächte im Museum 335
Isla Dawson 342
London, April 1999 359

León 368
London, Oktober 1999 396
Concepción 408
London, Januar 2000 427

**Teil V Straflosigkeit** 439
Der Deal 441
London, März 2000 456
*El Mocito* 475
*La Pesquera Arauco* 488
San Antonio 500
Der Richter 516

**Epilog** 529
Zwei Männer, zwei Gesichter 531

**Anhang** 553
Dank 555
Quellen 560
Andere Medien 565
Epigraphen 566
Bildnachweise 567
Anmerkungen 570
Register 606

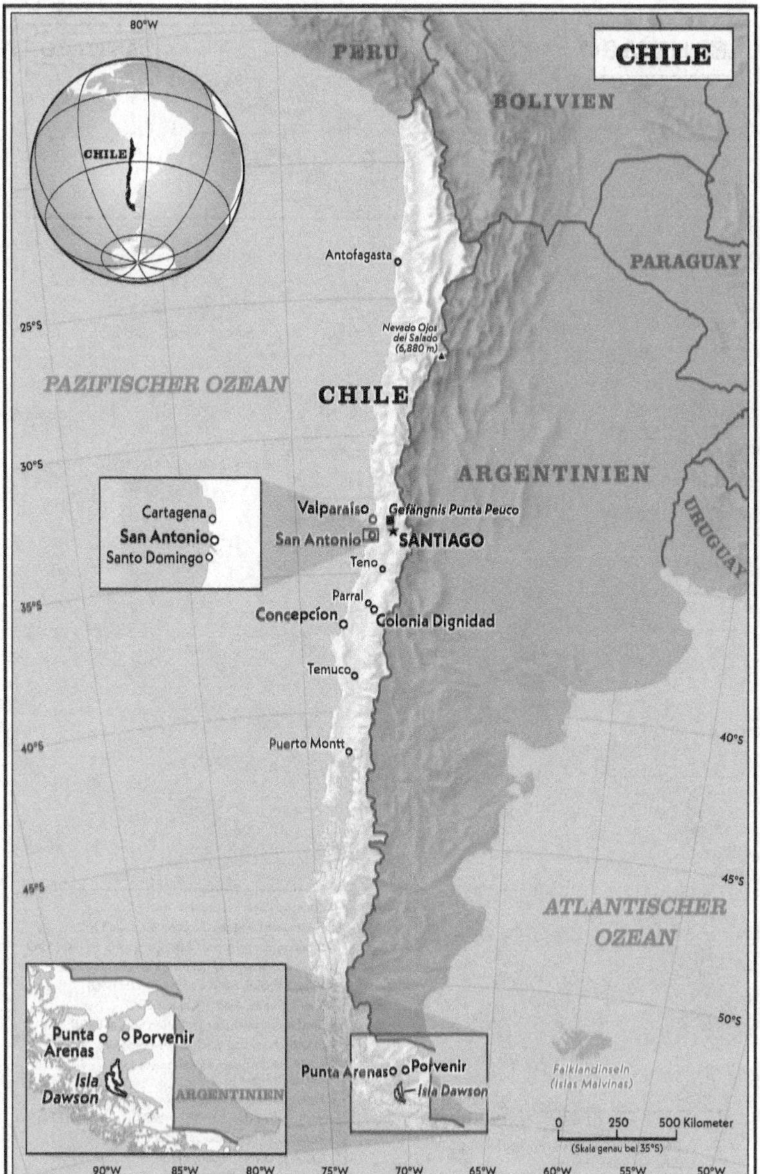
CHILE
80°W
CHILE
PERU
BOLIVIEN
PARAGUAY
Antofagasta
25°S
Nevado Ojos del Salado (6,880 m)
PAZIFISCHER OZEAN
CHILE
30°S
ARGENTINIEN
URUGUAY
Cartagena
San Antonio
Santo Domingo
Valparaíso
Gefängnis Punta Peuco
San Antonio
SANTIAGO
Teno
Parral
35°S
Concepción
Colonia Dignidad
Temuco
Puerto Montt
40°S
40°S
45°S
45°S
ATLANTISCHER OZEAN
50°S
Punta Arenas
Porvenir
Isla Dawson
ARGENTINIEN
Punta Arenas
Porvenir
Isla Dawson
Falklandinseln (Islas Malvinas)
0 250 500 Kilometer
(Skala genau bei 35°S)
90°W 85°W 80°W 75°W 70°W 65°W 60°W 55°W 50°W
Karte 1

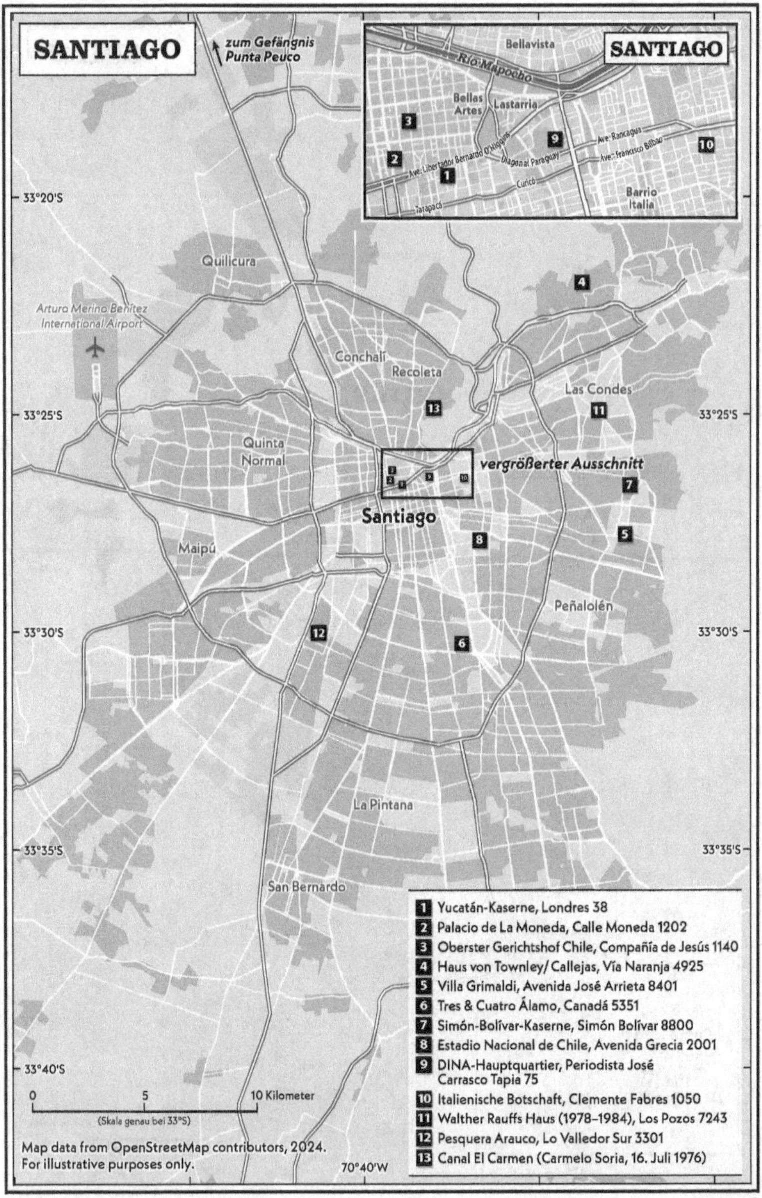
SANTIAGO
zum Gefängnis Punta Peuco
SANTIAGO
Bellavista
Río Mapocho
Bellas Artes
Lastarria
Ave. Libertador Bernardo O'Higgins
Diagonal Paraguay
Ave. Rancagua
Ave. Francisco Bilbao
Curicó
Tarapacá
Barrio Italia
33°20'S
Quilicura
Arturo Merino Benítez International Airport
Conchalí
Recoleta
Las Condes
33°25'S
33°25'S
Quinta Normal
vergrößerter Ausschnitt
Santiago
Maipú
Peñalolén
33°30'S
33°30'S
La Pintana
33°35'S
33°35'S
San Bernardo
33°40'S
0
5
10 Kilometer
(Skala genau bei 33°S)
Map data from OpenStreetMap contributors, 2024.
For illustrative purposes only.
70°40'W
1 Yucatán-Kaserne, Londres 38
2 Palacio de La Moneda, Calle Moneda 1202
3 Oberster Gerichtshof Chile, Compañía de Jesús 1140
4 Haus von Townley/ Callejas, Vía Naranja 4925
5 Villa Grimaldi, Avenida José Arrieta 8401
6 Tres & Cuatro Álamo, Canadá 5351
7 Simón-Bolívar-Kaserne, Simón Bolívar 8800
8 Estadio Nacional de Chile, Avenida Grecia 2001
9 DINA-Hauptquartier, Periodista José Carrasco Tapia 75
10 Italienische Botschaft, Clemente Fabres 1050
11 Walther Rauffs Haus (1978–1984), Los Pozos 7243
12 Pesquera Arauco, Lo Valledor Sur 3301
13 Canal El Carmen (Carmelo Soria, 16. Juli 1976)

Karte 2

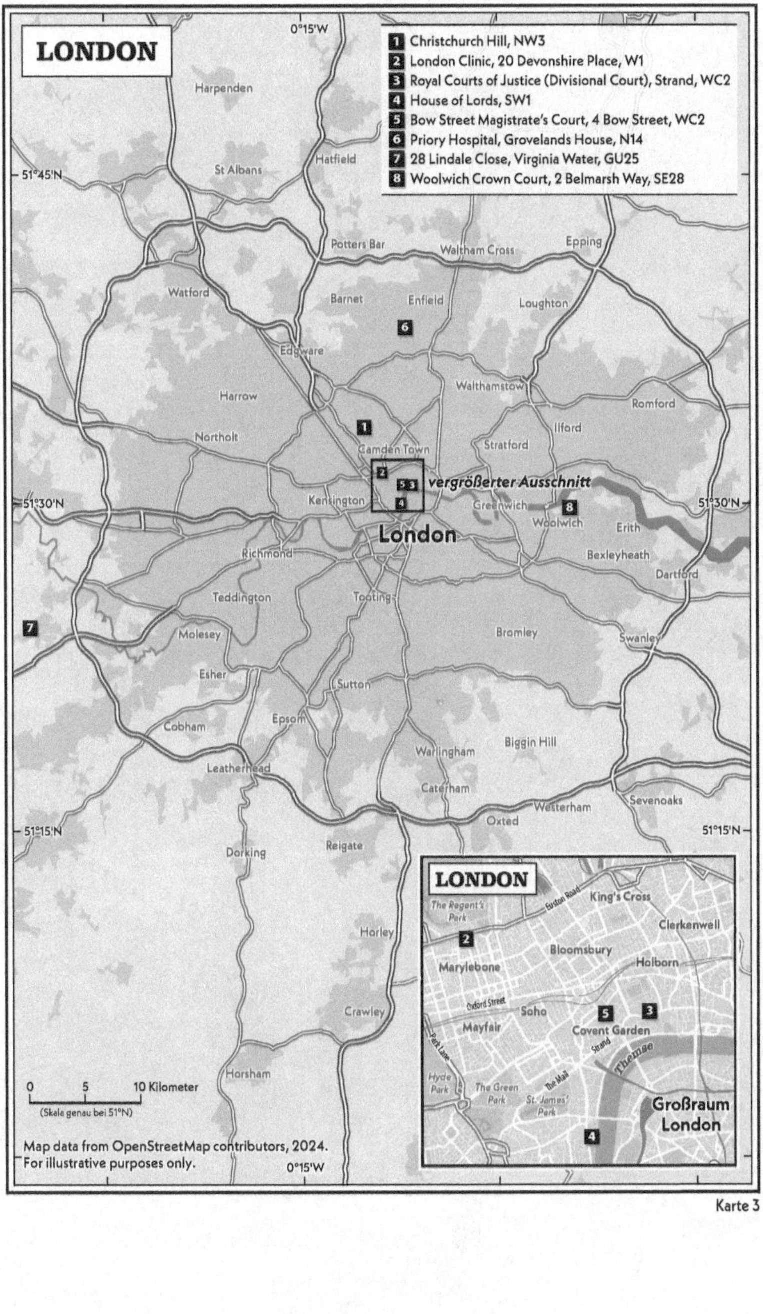
LONDON
1 Christchurch Hill, NW3
2 London Clinic, 20 Devonshire Place, W1
3 Royal Courts of Justice (Divisional Court), Strand, WC2
4 House of Lords, SW1
5 Bow Street Magistrate's Court, 4 Bow Street, WC2
6 Priory Hospital, Grovelands House, N14
7 28 Lindale Close, Virginia Water, GU25
8 Woolwich Crown Court, 2 Belmarsh Way, SE28
0°15'W
51°45'N
51°30'N
51°15'N
Harpenden
St Albans
Hatfield
Potters Bar
Waltham Cross
Epping
Watford
Barnet
Enfield
Loughton
Edgware
Harrow
Walthamstow
Romford
Northolt
Camden Town
Stratford
Ilford
vergrößerter Ausschnitt
Kensington
Greenwich
Woolwich
Erith
London
Richmond
Bexleyheath
Dartford
Teddington
Tooting
Molesey
Bromley
Swanley
Esher
Sutton
Cobham
Epsom
Warlingham
Biggin Hill
Leatherhead
Caterham
Sevenoaks
Westerham
Oxted
Dorking
Reigate
Horley
Crawley
Horsham
0 5 10 Kilometer
(Skala genau bei 51°N)
Map data from OpenStreetMap contributors, 2024.
For illustrative purposes only.
LONDON
The Regent's Park
Euston Road
King's Cross
Clerkenwell
Bloomsbury
Marylebone
Holborn
Oxford Street
Soho
Mayfair
Covent Garden
Strand
Park Lane
Themse
Hyde Park
The Green Park
The Mall
St. James' Park
Großraum London

Karte 3

## Mitteilung an die Leserinnen und Leser

Ich spielte eine Nebenrolle in dem beispiellosen und historischen Gerichtsverfahren, das auf die Verhaftung von Augusto Pinochet am Abend des 16. Oktober 1998 in London folgte. Dadurch hatte ich bei einem der wichtigsten internationalen Strafverfahren seit Nürnberg einen Platz in der ersten Reihe. Seitdem ist viel Zeit vergangen, aber ich habe das Erlebte, die Geschichten und die Personen nicht vergessen.

Viele Jahre nach der Verhaftung und den darauf folgenden Ereignissen recherchierte ich zu einem Buch über die sogenannte »Rattenlinie«, über die ein Nazi aus der Stadt Lemberg und Europa nach Südamerika zu fliehen beabsichtigte. Im Archiv einer österreichischen Familie stieß ich dabei auf einen Brief des ehemaligen NS-Führers Walther Rauff. Darin erteilte der wegen Verbrechen gegen die Menschlichkeit und Völkermord verfolgte SS-Mann einem alten Kameraden Ratschläge. Ein Jahrzehnt später erfuhr ich, dass der Verfasser des Briefes nach Patagonien im Süden Chiles übergesiedelt war, wo er bald eine Fabrik leitete, in der Königskrabbenfleisch in kleine Dosen abgefüllt wurde.

Es war mir nicht in den Sinn gekommen, dass zwischen Pinochet und Rauff eine Verbindung bestehen könnte, aber es stellte sich heraus, dass das Leben der beiden Männer eng miteinander verflochten war. Dies ist die Geschichte einer Reise zur Aufdeckung dieser Verbindung und ihrer Folgen, eine Reise, die historische, rechtliche, politische und literarische Themen streift. Sie wirft auch Fragen nach dem Erinnerungsvermögen auf und nach den Grenzen zwischen Fakten und Fiktion, Wahrheit und Mythos.

Ich habe versucht, das, was ich über das Leben dieser beiden Männer erfahren habe, in angemessener Weise zu schildern, und mich dabei auf Dokumente, Archive, Zeugenaussagen und Gespräche gestützt. Diese Darstellung ist nicht vollständig und auch nicht die einzige Version. Bei derartigen Angelegenheiten, an denen eine Vielzahl von Personen beteiligt ist, gibt es stets mehrere Perspektiven und Erinnerungsbilder. Wir wissen aus dem täglichen Leben, dass zwei Personen, die denselben Moment erleben, diesen ganz unterschiedlich wahrnehmen können, dass Erinnerungen fließend sind und dass Geschehnisse unterschiedlich interpretiert werden können.

Dies ist meine Interpretation, basierend auf dem, was ich gesehen, gehört oder gelesen habe. Es ist eine persönliche Reise. Es geht um Gerechtigkeit und Erinnerung und Straffreiheit, über Zeit und Ort hinweg, um die Bande, die unsere seltsamen Existenzen miteinander verflechten, in denen so häufig Fragen und Zufälle auftreten.

Philippe Sands
London und Bonnieux, 2024

## Hauptpersonen

*Augusto Pinochet Ugarte*, geb. 1915, Valparaíso; chilenische Armee, Präsident der Militärjunta und Chiles, 1973–1990
*Lucía Hiriart*, geb. 1923, seine Ehefrau
*Walther Rauff*, geb. 1906, Köthen, Deutschland; Reichsmarine; SS und Gestapo; Direktor, *Pesquera Camelio*
*Edith Rauff*, geb. 1898, seine zweite Ehefrau
*Walther Rauff II.*, geb. 1940, sein Sohn
*Walther Rauff III.*, geb. 1967, sein Enkel

### CHILE

*Carlos Basso*, geb. 1972, Journalist und Hochschullehrer
*Sergio Bitar*, geb. 1940, Minister, Wirtschaftswissenschaftler, Häftling auf der Gefängnisinsel Isla Dawson

*José Camelio*, geb. 1907, Gründer der *Pesquera Camelio*
*José (Porotin) Camelio*, geb. 1932, Sohn, *Pesquera Camelio*
*Humberto Camelio*, geb. 1934, Sohn, *Pesquera Camelio*
*Eduardo Camelio*, geb. 1960, Enkel
*Mariana Camelio*, geb. 1996, Urenkelin, Dichterin

*Alfonso Chanfreau*, geb. 1950, Student, Insasse von Londres 38, Ehemann von Erika Hennings
*Manuel Contreras*, geb. 1929, Armee, Direktor der DINA
*Hernán Felipe Errázuriz*, geb. 1945, Rechtsanwalt und Diplomat

*Pedro Espinoza*, geb. 1932, Armee, stellvertretender Direktor der DINA
*Eduardo Frei*, geb. 1942, Präsident (1994–2000)
*Samuel Fuenzalida*, geb. 1956, Armee und DINA-Rekrut
*León Gómez*, geb. 1953, Geschichtslehrer, Insasse von Londres 38
*Erika Hennings*, geb. 1951, Leiterin der Organisation Londres 38, Inhaftierte, Ehefrau von Alfonso Chanfreau
*José Miguel Insulza*, geb. 1943, Außenminister und Generalsekretär des Präsidenten
*Ricardo Izurieta*, geb. 1943, Armee, Oberbefehlshaber
*Miguel Krassnoff*, geb. 1946, Armee, DINA
*Ricardo Lagos*, geb. 1938, Rechtsanwalt, Wirtschaftswissenschaftler, Präsident (2000–2006)
*Miguel Lawner*, geb. 1928, Architekt, Häftling auf der Gefängnisinsel Isla Dawson
*Orlando Letelier*, geb. 1932, Wirtschaftswissenschaftler, Regierungsminister, Häftling auf der Gefängnisinsel Isla Dawson
*Osvaldo (Guatón) Romo*, geb. ca. 1938, Folterer
*Miguel Schweitzer Speisky*, geb. 1908, Juraprofessor, Minister
*Miguel Schweitzer Walters*, geb. 1940, sein Sohn, Rechtsanwalt, Botschafter, Minister

*Carmelo Soria*, geb. 1921, UN-Diplomat
*Laura González-Vera*, geb. 1932, Ärztin
*Carmen Soria*, geb. 1960, Journalistin

*Cristián Toloza*, geb. 1958, Psychologe und Staatsbeamter
*Jorgelino Vergara (El Mocito)*, geb. 1960, »Nachwuchskellner« von Manuel Contreras

## DEUTSCHLAND

*Gerd Heidemann*, geb. 1931, Journalist, Magazin *Stern*
*Karl Wolff*, geb. 1900, hochrangiger SS- und Polizeiführer

## SPANIEN

*José María Aznar*, geb. 1953, Ministerpräsident (1996–2004)
*Carlos Castresana*, geb. 1957, Staatsanwalt
*Juan Garcés*, geb. 1944, Rechtsanwalt, Allende-Berater
*Manuel García-Castellón*, geb. 1952, Richter, Gericht Nr. 6, Audiencia Nacional (Nationaler Gerichtshof)
*Baltasar Garzón*, geb. 1955, Ermittlungsrichter, Gericht Nr. 5, Audiencia Nacional

## VEREINIGTES KÖNIGREICH

*Thomas Bingham*, geb. 1933, Richter
*Tony Blair*, geb. 1953, Premierminister (1997–2007)
*Nico Browne-Wilkinson*, geb. 1930, Richter, Berufungsausschuss, House of Lords (Oberhaus)
*James Cameron*, geb. 1961, Barrister (Prozess-, Rechtsanwalt), Berater von General Pinochet
*Michael Caplan*, geb. 1953, Partner in der Anwaltskanzlei Kingsley Napley, Solicitors (Anwälte, Rechtsberater) von General Pinochet
*Leonard Hoffmann*, geb. 1934, Richter, Berufungsausschuss, House of Lords
*David Hope*, geb. 1938, Richter, Berufungsausschuss, House of Lords
*Alun Jones*, geb. 1949, Barrister, Kronanwalt des Crown

Prosecution Service (Strafverfolgungsbehörde für England und Wales)
*Jean Pateras*, geb. 1948, Dolmetscherin, Metropolitan Police, Scotland Yard
*Jonathan Powell*, geb. 1956, Stabschef von Tony Blair (1997–2007)
*Gordon Slynn*, geb. 1930, Richter, Berufungsausschuss, House of Lords
*Jack Straw*, geb. 1946, Innenminister (1997–2001)
*James Vallance White*, geb. 1938, Fourth Clerk at the Table (Vierter Sekretär am Tisch), House of Lords

# PROLOG

## Santiago, August 1974

Ein Chevrolet-Kühlwagen rollte die Alameda entlang, die den Moneda-Palast mit der Universität verband. In der Nähe der alten Kirche San Francisco bog er rechts ab und fuhr ins Barrio París-Londres, das an der Kreuzung der beiden Straßen Calle Londres und Calle París entstanden war. In dem Viertel, einst der Garten einer alten Einsiedelei, lebten viele Dichter, Schriftsteller und Künstler.

Der Lieferwagen fuhr über das Kopfsteinpflaster und kam vor einem niedrigen grauen Steinhaus mit der Nummer 38 zum Stehen. Die Straße wurde einfach als Londres bezeichnet, anderswo

hätte sie auch Londoner Straße, Rue de Londres oder London Street heißen können.

Männer in Zivil öffnen die hinteren Türen des Lieferwagens. Eine Gruppe von Männern mit Augenbinden taumelte heraus und begab sich in das Gebäude Nr. 38. Einer davon war ein zwanzigjähriger Geschichtsstudent, der wegen Staatsgefährdung verhaftet worden war. Er war sich nicht sicher, wo er sich befand, aber durch einen Schlitz in der Augenbinde erblickte er die schwarz-weißen Bodenfliesen, die im Eingangsbereich verlegt waren. Ein Schachbrettmuster. Die Zentrale der Sozialistischen Partei.

Über ein paar steinerne Stufen führte man ihn ins Gebäude, trennte ihn von den anderen und brachte ihn in einen Nebenraum, wo er sich setzen sollte. Eine weitere Person, eine Frau, setzte sich neben ihn.

»Ich heiße León.«

»Ich heiße Hedy«, antwortete die Frau.

Sie warteten. Nach einer Weile wurde er zu einer Treppe gebracht, die auf der Rückseite des Gebäudes in den ersten Stock führte. In einem anderen Raum befahl ihm ein Wärter, sich auszuziehen. Er musste sich nackt mit dem Rücken auf das kalte Gestell eines alten Metallbettes legen. Seine Hand- und Fußgelenke wurden an das Gestell gefesselt. Er lag ausgestreckt da, wie ein Schwein auf dem Grill.[1]

Er hörte leise Stimmen und fragte sich, ob eine davon einen deutschen Akzent hätte. Im Liegen erkannte er die Umrisse einer alten Schreibmaschine, groß und elegant. Er hörte weitere Stimmen, nahm einen Geruch wahr, billig und vertraut. Die Geräusche näherten sich, der Geruch wurde schärfer. *Flaño*. Ein Parfüm, das später ein Gefühl von Beklemmung und Angst hervorrufen sollte.

Als er später wieder im Erdgeschoss war, wurde ein junger Mann hereingetragen und zusammengesackt auf dem Boden abgelegt. Alfonso, flüsterte jemand, ein Philosophiestudent, in einem furchtbaren Zustand. Kurz darauf wurde eine junge Frau zu ihm gebracht, eine weitere Gefangene. Die beiden wechselten ein paar Worte, bevor der Philosophiestudent aus dem Gebäude geschleppt, in einen Kühltransporter verfrachtet und weggefahren wurde.

Er wurde nie wieder gesehen.

## London, Oktober 1998

Vierundzwanzig Jahre später.

Vor dem Zimmer 801 im achten Stock einer medizinischen Klinik in der Londoner Innenstadt versammelten sich vier Polizeibeamte. Auch eine Dolmetscherin war an jenem späten Freitagabend im Oktober anwesend. Sie betraten das Zimmer, in dem ein zweiundachtzigjähriger Mann im Bett lag, der sich von einer Rückenoperation erholte. Augusto Pinochet.

Die Dolmetscherin, eine Dame mit hochgestecktem Haar, teilte ihm auf Spanisch mit, dass er verhaftet sei, und klärte ihn über seine Rechte auf. »Sie sind von einem spanischen Richter des Mordes angeklagt, der Sie nach Madrid ausliefern lassen will, um Sie wegen des von Ihnen in Chile begangenen Völkermordes vor Gericht zu stellen, weil Sie Menschen folterten und verschwinden ließen«, sagte sie.

Zwei Wochen später begrüßte ich in Paris meine Frau an den großen Holztoren am Eingang des Friedhofs von Pantin, eines Vororts der Stadt. Dort war mein Großvater begraben. Wir umarmten uns. »Ich habe gerade eine Anfrage von Augusto Pinochets Anwälten erhalten«, sagte ich ihr. »Ich soll ihn vertreten und argumentieren, dass er nicht der englischen Gerichtsbarkeit unterliegt und deshalb nicht nach Spanien ausgeliefert werden kann, weder wegen Völkermordes noch wegen anderer Verbrechen.«

»Wirst du es tun?«, fragte sie mit fester Stimme. Ich erinnerte sie an das »Taxistand-Prinzip«, die Regel, die von einem Anwalt verlangte, sich wie ein Taxifahrer zu verhalten, jeden Fahrgast anzunehmen und keinen aufgrund von politischer Einstellung oder Persönlichkeit abzulehnen.

»Wirst du es tun?«, fragte sie erneut.

Du kennst die Regel, also ja, ich werde es wohl tun.

»Gut«, sagte sie in einem Ton, der gleichzeitig gereizt und sanft war, »aber wenn du es tust, werde ich mich von dir scheiden lassen.«

## Hagenberg, Österreich, Juni 2015

Siebzehn Jahre später.

Ich befand mich im Obergeschoss eines alten, baufälligen Schlosses in Niederösterreich und wühlte mich durch das Familienarchiv eines längst verstorbenen österreichischen Ehepaars. Ich fand einen alten Brief, geschrieben nach dem Krieg, adressiert an Otto Wächter, der in Rom auf der Flucht war und einst die Vernichtung Hunderttausender Juden und Polen in Lemberg organisiert hatte. Der Verfasser war ein Mann namens Walther Rauff, der aus Damaskus Ratschläge erteilte:

> Mit einer unerschütterlichen Zähigkeit, keiner Scheu vor irgendwelcher Arbeit und dem Nichtnachtrauern irgendwelcher früheren besseren Zeiten, sondern sich Abfinden mit den derzeitigen Realitäten schafft man eben doch eine ganze Menge und klettert allmählich die Leiter wieder herauf. […] auch ich teile Ihre Ansichten von der »Emigration« und der »Sammlung der guten Kräfte für einen späteren Einsatz«.

Ich erfuhr, dass der Verfasser des Briefes ebenfalls ein flüchtiger SS-Mann war. Er war berüchtigt für seine führende Rolle bei der Entwicklung und dem Einsatz der sogenannten Gaswagen, umgerüsteter Lkw zur Vergasung von Juden und anderen Menschen, und der anschließenden Tötung Hunderttausender Menschen in ganz Europa, mit dem Ziel, die betroffenen Volksgruppen dauerhaft auszulöschen. Rauff, der wegen dieser Massentötungen angeklagt war, entging der Festnahme und gelangte auf die

»Rattenlinie«. Jahre später landete er am Ende der Welt, in Patagonien im Süden Chiles, als Direktor einer Konservenfabrik für Königskrabben.

Gerüchte über seine Vergangenheit verfolgten ihn. Ebenso wie Gerüchte über seine Verbindung zu General Pinochet. »Jeder weiß davon«, sagte ein Taxifahrer in der Innenstadt von Santiago.

# TEIL I

# FESTNAHME

*Die Gewissheit, dass es keinen Ort auf der Welt gibt,*
*an dem Verbrechen ungestraft bleiben,*
*könnte ein wirksames Mittel sein, um sie zu verhindern.*
Cesare Beccaria, 1764

## London, Oktober 1998

### 1

Es war der 17. Oktober 1998, ein Samstagnachmittag, als ich die Nachrichten im Radio hörte und auf die Fußballergebnisse wartete. Es war mein 38. Geburtstag. Der chilenische Ex-Diktator General Augusto Pinochet sei auf Antrag eines spanischen Richters in London verhaftet worden, berichtete die BBC.[1] Das war interessant, denn es kam nicht jeden Tag vor, dass ein ehemaliger Staatschef festgenommen wurde. Die Einzelheiten waren zwar etwas vage, aber es hieß, dass das Auslieferungsersuchen Verbrechen wie Völkermord, Folter und Verschwindenlassen von Menschen anführe, begangen in den Jahren seiner Machtausübung, also vom Tag des Staatsstreichs an, durch den er am 11. September 1973 an die Macht gelangt war, bis zu seinem Rücktritt im März 1990.

Die Nachricht von der Verhaftung löste Wut, Freude und Unglauben aus. Die chilenische Regierung protestierte dagegen mit der Begründung, Pinochet sei ein ehemaliger Präsident und Senator auf Lebenszeit mit vollständiger Immunität. Es sei »ein Verstoß gegen die internationalen Normen«, erklärte sein Sohn gegenüber einer Menschenmenge, die die Residenz des britischen Botschafters in Santiago mit Eiern bewarf. Von einem »Akt der Feigheit« sprach die Pinochet-Stiftung, die sein Vermächtnis bewahrt. »Er schlief, als die Polizei sein Zimmer in der Klinik betrat.«

Pinochets Gegner hingegen zeigten sich hocherfreut. Endlich könne er über das Schicksal unserer Angehörigen befragt werden, sagte der Vorsitzende der *Agrupación de Familiares de Detenidos Desaparecidos* (Verband der Familien der Verschwundenen). Eine »einmalige Gelegenheit«, sich für die Menschenrechtsverletzungen seines Regimes zu verantworten, meinte María Isabel Allende, die Tochter von Präsident Salvador Allende, der am Tag des Putsches Suizid begangen hatte. »Ein Erdbeben«, schrieb Roberto Bolaño, ein in der Nähe von Barcelona lebender chilenischer Schriftsteller. »Nichts wird mehr so sein, wie es einmal war.«[2]

Die britische Regierung erklärte, dies sei Sache der Gerichte. »Der Gedanke, dass ein brutaler Diktator diplomatische Immunität beansprucht, wäre für die meisten Menschen ziemlich schwer verdaulich«, sagte der Minister Peter Mandelson.[3]

Die frühere Premierministerin Margaret Thatcher bezeichnete die Verhaftung des ruhiggestellten Pinochet »mitten in der Nacht« als empörend, unrechtmäßig und unmenschlich. Sie gefährde alle ehemaligen Staatsoberhäupter und verhindere Entscheidungen, die ein Staatsoberhaupt veranlassen könnten, »sich vor einem ausländischen Gericht zu verantworten«. Diejenigen, die »absolute Macht« ausübten, würden nun noch stärker an ihr festhalten, »aus Angst, den Rest ihrer Tage in einem spanischen Gefängnis zu verbringen«.[4] Unterstützung erhielt sie von Norman Lamont, für den Pinochet für ein »guter, tapferer und ehrenhafter Soldat« war.[5]

Zur Zeit des Putsches war ich ein Teenager und wusste wenig über Pinochet. In den folgenden Jahren besuchte ich Chile nicht, und die Chilenen, die ich kennenlernte, waren hauptsächlich Jurastudenten, die meine Vorlesungen hörten, oder Akademiker, die im europäischen Exil lebten. Ich las jedoch Bücher und sah Filme über diese Zeit, und 1991 besuchte ich eine Aufführung von Ariel Dorfmans Stück *Der Tod und das Mädchen* am Royal Court Theatre in London. Juliet Stevensons Darstellung einer Frau, die ihren Peiniger wiedererkennt, habe ich nie vergessen. Sie schildert ihrem Mann das Ereignis:

Ehemann: »Waren dir nicht – du hast gesagt, dir waren in all den Wochen …«

Frau: »Die Augen verbunden, ja. Aber ich konnte doch hören.«

Ehemann: »Du bist krank.«

Frau: »Ich bin nicht krank.«

Ehemann: »Du bist krank.«

Frau: »Also gut, dann bin ich krank. Aber ich kann krank sein und trotzdem eine Stimme erkennen […]«

Ehemann: »Eine verschwommene Erinnerung an eine Stimme ist kein Beweis für irgendwas, Paulina, es ist anfechtbar –«

Ehemann: »Es ist seine Stimme. Ich habe sie sofort erkannt, als er letzte Nacht hereinkam. Es ist die Art, wie er lacht, die Worte, die er benutzt.«

Zu dieser Zeit lernte ich den chilenischen Rechtsprofessor Francisco Orrego Vicuña kennen, mit dem ich später in Umweltfragen zusammenarbeitete. Ich wusste nicht, dass er als Pinochets Botschafter in London gedient hatte, bis dieses Detail ans Licht kam und seine Wahl zum Richter am Internationalen Gerichtshof verhinderte. Er befand sich in guter Gesellschaft: Der Schriftsteller Jorge Luis Borges verspielte seine Chance auf einen Literaturnobelpreis, weil er seine Bewunderung für Pinochet zum Ausdruck brachte.

## 2

Augusto Pinochet Ugarte wurde 1915 in Valparaíso geboren und war bretonischer und baskischer Abstammung. Er trat in die Armee ein und machte dort Karriere. Daneben unterrichtete er an Militärakademien in Chile und Ecuador, wo er Mitte der 1950er Jahre mit seiner Frau Lucía Hiriart lebte.[6] Im Jahr 1970 ernannte Salvador Allende, der neu gewählte sozialistische Präsident, Pinochet zum Chef des Generalstabs der Armee, der seinem Freund und Oberbefehlshaber Carlos Prats unterstellt war. Nach Prats' Rücktritt ernannte Allende Pinochet am 23. August 1973 zum Oberbefehlshaber. Achtzehn Tage später, am 11. September, spielte Pinochet eine führende Rolle beim Staatsstreich, durch den Allende gestürzt wurde, der daraufhin im Moneda-Palast, dem Amtssitz des Präsidenten, Selbstmord beging. Die Ereignisse werden in der bemerkenswerten Dokumentarfilm-Trilogie *La Batalla de Chile* von Patricio Guzmán nachgezeichnet.

Pinochet, ein glühender Antikommunist und Bewunderer alles Deutschen, wurde zum Chef einer vierköpfigen Militärjunta und später zum Präsidenten von Chile ernannt. Er wurde von großen Teilen der chilenischen Bevölkerung und in den Vereinigten Staaten von Präsident Nixon und Henry Kissinger unterstützt, der eine Woche nach dem Staatsstreich Außenminister wurde und die Entwicklung als Bollwerk gegen den sowjetischen Einfluss begrüßte – und als Mittel zur Förderung marktwirtschaftlicher Grundsätze, die sich an den Vorstellungen des Wirtschaftswissenschaftlers Milton Friedman und der von ihm inspirierten chilenischen »Chicago Boys« orientierten.

Die Junta erließ Gesetze zur »Beseitigung des Marxismus in Chile«, löste linke politische Parteien auf und beschlagnahmte deren Vermögen.[7] Das Gebäude der Sozialistischen Partei in der Londres 38 im Herzen Santiagos wurde in eine geheime Verhör- und Folterzentrale umgewandelt, die als Yucatán-Kaserne bekannt wurde. Um nicht aufzufallen, verkleideten sich die Vernehmungsbeamten und Wachen als Zivilisten. Uniformiertes Personal war verboten; Lieferwagen und andere reguläre Fahrzeuge brachten die Gefangenen zur Zentrale und wieder fort.[8] Um diese geheimen Aktivitäten zu betreiben und zu finanzieren, übernahm die Junta private Unternehmen.[9]

Schon bald richtete die Junta eine Geheimpolizei ein, die *Dirección de Inteligencia Nacional*, die DINA, um Gegner in Schach zu halten und Londres 38 sowie andere Folter- und Tötungseinrichtungen zu betreiben. Als Direktor ernannte Pinochet Manuel Contreras, einen vertrauenswürdigen Militär von der Ingenieurschule in Tejas Verdes bei San Antonio, westlich von Santiago an der Pazifikküste, und erteilte ihm uneingeschränkte Befugnisse zur Vernichtung von Linken. Jeden Morgen erstattete er Pinochet Bericht, der, wie Contreras behauptete, jede DINA-Operation persönlich genehmigte. Pinochet selbst genoss den Schutz der militärischen Elitetruppe *boinas negras*, der »Schwarzbarette«.

Vier Jahre lang verhaftete, verhörte und folterte die DINA Zehntausende von Pinochet-Gegnern. Viele wurden getötet, und bis zur Auflösung der DINA im September 1977 waren mehr als 1500 Menschen verschwunden. Verhaftungen und Ermordungen wurden in Chile und auch im Ausland zur Routine. »Ein Land besetzt von der Diktatur, die in direkter Linie stand mit dem Denken der Nazis«, meinte der Dichter Raúl Zurita.[10]

Bereits einen Tag nach dem Staatsstreich wurden die ehemaligen Minister von Salvador Allende in ein neu angelegtes Konzentrationslager auf der Isla Dawson gebracht, einer Insel im Süden des Landes. Im Monat nach dem Putsch führte eine Todesschwadron der chilenischen Armee landesweit Mordanschläge durch.[11] Bei dieser Operation, die als »Todeskarawane« bekannt wurde, verloren 97 Menschen ihr Leben.

Binnen eines Jahres betrieb die DINA Dutzende von Haftanstalten. In Londres 38 verschwand im Durchschnitt jeden Tag ein Gefangener. Unter den nahe gelegenen Arrest- und Internierungsstätten waren das Estadio Nacional, die Villa Grimaldi, die geheimen Folterzellen in Cuatro Álamos – Teil der Einrichtungen des Lagers Tres Álamos – und die geheime Simón-Bolívar-Kaserne, die von der Lautaro-Brigade der DINA betrieben wurde. Die DINA erwarb ein Haus in der Vía Naranja, gelegen in einem wohlhabenden Vorort. Während dort literarische Salons stattfanden, stellten im Keller Chemiker Sarin-Gas her.

Die DINA unterhielt Zentren im ganzen Land. In San Antonio lag die Kaserne Tejas Verdes und etwas weiter südlich die Foltereinrichtungen in Santo Domingo. Ganz im Süden, in Punta Arenas, wurde das Alte Marinekrankenhaus übernommen, das als »Palacio de las Sonrisas« (»Palast des Lächelns«) bekannt wurde.

Ein Jahr nach dem Staatsstreich verübten die Pinochet-Regierung und die DINA auch außerhalb Chiles Morde. Im September 1974 wurde General Prats in Buenos Aires ermordet. »Ein äußerst fähiger Mann«, sagte Pinochet, als er vom Tod seines alten Freundes und Vorgängers als Oberbefehlshaber erfuhr. »Ich habe ihn stets sehr geschätzt.«[12]

Im Oktober 1975 wurde der im Exil lebende christdemokratische Führer Bernardo Leighton in Rom Ziel eines gescheiterten Attentats.

Im November 1975, an Pinochets 60. Geburtstag, rief die DINA die Operation Condor ins Leben, ein Gemeinschaftsprojekt mit Argentinien, Bolivien, Chile, Paraguay und Uruguay. Ziel war es, linke Führer und Demokraten in ganz Südamerika ins Visier zu nehmen.

Im Juli 1976 wurde Carmelo Soria, ein UN-Mitarbeiter, der nach internationalem Recht volle Immunität genoss, auf einer belebten Straße in Santiago entführt. Zwei Tage später fand man die Leiche des chilenisch-spanischen Doppelbürgers im Canal El Carmen in Santiago.

Im September 1976 wurde Orlando Letelier, Allendes ehemaliger Botschafter in den Vereinigten Staaten und späterer Verteidigungsminister, in der Innenstadt von Washington, D.C. ermordet.

So ging das jahrelang weiter und rief Widerstand hervor. Im September 1986 geriet Pinochets Wagenkolonne in einen Hinterhalt, bei dem fünf Soldaten getötet und viele andere verletzt wurden.[13] Der Präsident, der nur knapp dem Tod entging, ordnete eine Reihe von Vergeltungstötungen an.

Zwei Jahre später, im Oktober 1988, stimmten die Chilenen in einem von Pinochet organisierten Referendum gegen eine Fortsetzung seiner Präsidentschaft. Stattdessen wählten sie die Rückkehr zur Demokratie. Im März 1990, nach 17 Jahren an der Macht, trat Pinochet zurück, blieb aber weiterhin Oberbefehlshaber der Armee.

Eine demokratisch gewählte Koalition, die von Christdemokraten und Sozialisten unterstützte *Concertación*, übernahm die Regierungsgeschäfte. Präsident Patricio Aylwin setzte eine Wahrheits- und Versöhnungskommission unter dem Vorsitz von Raul Rettig ein, die 1991 ihren Bericht vorlegte. Der *Informe Rettig* (Rettig-Bericht) stellte fest, dass unter Pinochets Führung mehr als 40000 Menschen unrechtmäßig inhaftiert oder gefoltert worden waren; mehr als 3000 wurden ermordet oder verschwanden.[14] Viele schätzten die Zahlen sogar noch weit höher ein.

Im März 1998 trat Pinochet als Oberbefehlshaber der Armee zurück. Er akzeptierte die Ernennung zum Senator auf Lebenszeit, die ihm als Parlamentarier vollständige Immunität vor Strafverfolgung in Chile gewährte.

Inzwischen häuften sich jedoch die Fälle, die mit den Verbrechen seiner Regierung und seiner eigenen Rolle dabei in Zusammenhang standen. Im Oktober 1998 untersuchte Juan Guzmán, Ermittlungsrichter in Santiago, die persönliche Rolle Pinochets bei der »Todeskarawane«, die er mutmaßlich genehmigt hatte. Wie auch bei anderen Ermittlungen kam es zu keiner Gerichtsverhandlung, da das von Pinochet 1978 unterzeichnete Amnestiegesetz fast alle strafrechtlichen Verfolgungen und Gerichtsverfahren für die Verbrechen der Regierung ausschloss, welcher er 17 Jahre lang vorgestanden hatte.

So standen die Dinge in Chile, als Pinochet nach London flog, eine Stadt, die er liebte und in der er sich bewundert fühlte, nicht zuletzt wegen seiner Rolle bei der Unterstützung der Briten im Falkland-/Malwinen-Krieg gegen Argentinien im Jahr 1982.

## 3

Die Wahrheit ist, dass Pinochet sich über das Gesetz erhaben fühlte und seine Taten nicht bereute. »Ich bin Soldat«, sagte er gern. Sein Putsch habe Chile vor dem Kommunismus, linken Agitatoren und einer kubanischen Zukunft bewahrt. Was seinen Stil anbelangt, so war er kein Intellektueller oder Denker – im Gegensatz zu Carlos Prats, den er deshalb fürchtete –, sondern eher so etwas wie ein Fuchs.

Er mochte *Star Wars* und Bücher über Napoleon Bonaparte und genoss die Gesellschaft von Militärveteranen, vor allem wenn es sich um alte Nazis wie Hans-Ulrich Rudel handelte. »Hitlers einziger Fehler war es, dass er den Krieg verloren hat«, sagte das ehemalige Fliegerass der Luftwaffe einmal zu ihm. Pinochet bewunderte seine antikommunistische Haltung und war skeptisch gegenüber dem Ausmaß der Nazi-Verbrechen. Einmal fragte er einen westdeutschen Minister, der zu Besuch war, ob er sicher sei, dass wirklich sechs Millionen Juden umgekommen seien. Waren es nicht nur vier Millionen?[15]

Pinochet war stolz auf seine Privatbibliothek mit Büchern über Guerilla-Aufstände, den Schriften von Antonio Gramsci und anderen marxistischen Theoretikern sowie Schilderungen kommunistischer Verbrechen.[16] Er besaß ein Originalexemplar des Versromans *La Araucana* des spanischen Soldaten und Dichters Alonso de Ercilla y Zúñiga aus dem 16. Jahrhundert. Die lyrische Darstellung der brutalen Reaktion des kolonialen Spaniens auf den Aufstand der araukanischen Ureinwohner Chiles ließ ihn offensichtlich unbeeindruckt. Beispiellose Rohheit und Bösartigkeit hätten die spanische Eroberung beschmutzt, klagte der Dichter.[17]

Pinochets Wertschätzung erstreckte sich auf Literatur und Brutalität, aber nicht auf Anwälte, denen er misstraute. Er ernannte Richter, die sich um seine Belange kümmerten, und Anwälte, die ihn schützen konnten. Er erließ ein Gesetz, um sich gegen das

Risiko der Strafverfolgung zu immunisieren; das Amnestiegesetz von 1978 gewährte ihm umfassenden Schutz.

Anlass für das Amnestiegesetz war die Reaktion auf Pinochets zwei Jahre zurückliegende Entscheidung, Orlando Letelier in Washington töten zu lassen.[18] Mit dieser Geschichte war ich vertraut, da mein Schwiegervater, André Schiffrin, einen Artikel mit dem Titel *Assassination on Embassy Row* veröffentlicht hatte und er und Letelier zum Zeitpunkt der Ermordung an einem Buchentwurf gearbeitet hatten.[19] »Ein paar Tage vor dem Attentat kam Letelier zum Mittagessen«, erzählte mir meine Frau Natalia einmal. »Er sagte, ich hätte hübsche Sommersprossen; ein zwölfjähriges Mädchen erinnert sich an so etwas.«

Der Mord an Letelier ereignete sich zwei Monate, nachdem US-Außenminister Henry Kissinger Pinochet in Chile besucht hatte, um dem Regime Unterstützung anzubieten. Jimmy Carter hatte gerade die Vorwahlen der Demokraten in Ohio gewonnen, und Paul McCartney und die Wings standen mit »Silly Love Songs« an der Spitze der Musikcharts. Der Besuch Kissingers fiel mit der Aufhebung des Parteienverbots in Spanien zusammen, das 1939 nach dem Sieg der Nationalisten von General Franco im Spanischen Bürgerkrieg verhängt worden war.[20] Pinochet bewunderte Franco sehr, der einige Monate vor Kissingers Besuch verstorben war. Er war einer der wenigen ausländischen Staatsoberhäupter, die an der Beerdigung teilnahmen.

Bei ihrem Treffen in La Moneda im Juni 1976 zeigten sich Pinochet und Kissinger besorgt, dass der Kommunismus in Spanien wieder »aufkeimen« könnte, und stimmten darin überein, dass der chilenische Staatsstreich lediglich eine weitere »Phase« des Konflikts sei, der bereits den Spanischen Bürgerkrieg ausgelöst hatte. »Ich stehe Ihren Bemühungen in Chile sehr wohlwollend gegenüber«, versicherte Kissinger Pinochet, wie es in der offiziellen Niederschrift heißt. »Wir wünschen Ihrer Regierung alles Gute.«

Kissinger sprach diese Worte in vollem Wissen um die gravierenden Menschenrechtsverletzungen in Chile und die Bemühungen des US-Kongresses, Waffenverkäufe an dieses Land zu unterbinden. Er wolle Fortschritte bei den Menschenrechten, sagte er, einschließlich verfassungsmäßiger Beschränkungen für unrechtmäßige Inhaftierungen. Nur 400 seien noch inhaftiert, versicherte Pinochet, was nicht stimmte, aber Kissinger schien sich nicht für die Zahlen zu interessieren. »Mit dem Sturz von Allende haben Sie dem Westen einen großen Dienst erwiesen.«

Größere Sorgen bereiteten Pinochet die Aktionen von im Ausland lebenden Chilenen, insbesondere von Letelier. Er verbreite »falsche Informationen«, sagte er zu Kissinger. Zu diesem Zeitpunkt sprach Letelier in Washington tatsächlich offen über seine Behandlung durch Pinochet, die er als »Alptraum« bezeichnete. Letelier war nach dem Putsch ein Jahr lang inhaftiert gewesen, davon acht Monate auf der Isla Dawson. »Wie kann die Welt in diesem Jahrhundert so etwas Brutales und Unmoralisches zulassen?«, fragte er. Stimmt es, dass ein Deutscher in Chile das Lager geplant hat, fragte ein Journalist. »Walther Rauff«, antwortete Letelier, so laute das Gerücht.[21] »Ich habe Herrn Rauff nicht gesehen und weiß nicht, ob er der Planer dieses Lagers ist, aber ich habe viele Berichte gelesen, dass es so ist.«

Kissingers Besuch in Santiago muss Pinochet bestärkt haben. Nur einen Monat nach dem Aufenthalt, im Juli 1976, wurde der UN-Diplomat Carmelo Soria in der Hauptstadt ermordet, und Pinochet wies Contreras und Pedro Espinoza, dessen Stellvertreter bei der DINA, an, sich um Letelier zu kümmern.[22] Die beiden beauftragten Michael Townley, »das Attentat auszuführen«. Der dreiunddreißigjährige Amerikaner, der zwei Jahre zuvor von der DINA rekrutiert worden war, war mit Mariana Callejas verheiratet, einer chilenischen Schriftstellerin, die von der Pinochet-freundlichen Zeitung *El Mercurio* kürzlich mit einem Literaturpreis ausgezeichnet worden war. Die DINA besorgte dem Paar ein Haus in der Vía Naranja in Santiagos wohlhabendem Viertel Lo Curro.

Der ursprüngliche Plan sah vor, Letelier mit Sarin-Gas zu töten, das in einem Chanel No. 5-Flakon versteckt war.[23] Stattdessen wurde am 21. September 1976 am Sheridan Circle, im Herzen von Washingtons Embassy Row, Leteliers Chevrolet in die Luft gesprengt, wobei der ehemalige Minister und Ronni Karpen Moffitt, eine Kollegin am Institute of Policy Studies, getötet wurden.

Pinochet war über die Nachricht vom Ableben seines Erzfeindes hocherfreut; sie erreichte ihn, als er sich gerade anschickte, Jorge Luis Borges im Palacio de La Moneda zu empfangen. »Ein ausgezeichneter Mann«, sagte der argentinische Schriftsteller über Chiles Präsidenten, ein »herzlicher und gütiger Gentleman« – Worte, die Pinochet begeisterten und jede Hoffnung auf einen Nobelpreis für Borges zunichtemachten.[24] In den Vereinigten Staaten verursachte die Ermordung Leteliers einen Aufschrei. Pinochet beschuldigte politische Gegner und leugnete jede Beteiligung.

## 4

Das Attentat auf Letelier hatte schwerwiegende Konsequenzen. Die anschließenden strafrechtlichen Ermittlungen führten zur DINA und zu Contreras und stellten eine ernsthafte Bedrohung für Pinochet dar. Der Vorfall führte ihm vor Augen, welche Gefahr von ausländischen Staatsanwälten ausging und dass er Schutzmaßnahmen ergreifen musste. Auf Druck der Vereinigten Staaten ersetzte Pinochet innerhalb eines Jahres die DINA durch die neue *Central Nacional de Informaciones* (CNI).[25] Als er seinen Posten als Direktor verlor, vernichtete Contreras die Dokumente der DINA, Beweise für vier Jahre Verbrechen, aber er wusste, welche Macht er über den Präsidenten hatte.[26] »Ich gehöre nicht zu ihm, er gehört zu mir«, sagte er über Pinochet, der Contreras in der Hoffnung, ihn damit mundtot zu machen, zum Brigadegeneral beförderte.

Pinochet entsandte eine hochrangige Delegation nach Washington, der auch ein zuverlässiger junger Rechtsanwalt namens Miguel Schweitzer Walters angehörte, Sohn des chilenischen Justizministers.[27] Die Ermittlungen des US-Justizministeriums konzentrierten sich auf Townley, der chilenischen Ermittlern gegenüber seine Beteiligung gestand; er habe auf Anweisung von Contreras und Espinoza gehandelt.[28]

Pinochet lehnte einen Auslieferungsantrag der USA für Townley ab, zwang aber Contreras, aus der Armee auszutreten, und handelte einen Deal mit Espinoza aus, der seine Rolle gestand und eine eidesstattliche Erklärung unterzeichnete, die Pinochet entlastete (später widerrief er diese mit der Begründung, er sei gezwungen worden).[29] Espinoza wurde als Kommandeur des Pudeto-Regiments der Armee nach Punta Arenas beordert. Dort, so hieß es, half er Contreras, belastende Dokumente nach Hamburg zu verschiffen, um sie bei Bedarf offenlegen zu können.[30]

Im April 1978 schloss Pinochet über Schweitzer einen Deal mit den Amerikanern ab: Townley sollte ausgewiesen werden, dafür würden die Amerikaner nicht gegen ihn oder andere DINA-Aktivitäten ermitteln.[31] Die Vereinbarung gelangte nie an die Öffentlichkeit. Stattdessen gaben die beiden Regierungen eine gemeinsame Erklärung ab, wonach Townley und andere skrupellose Agenten Letelier getötet hätten und Pinochet dabei keine Rolle gespielt habe.[32]

Townley, der in Handschellen und weinend nach Miami gebracht wurde, beharrte gegenüber den US-Strafverfolgern darauf, dass die DINA und Contreras für die begangenen Verbrechen verantwortlich seien.[33] Contreras räumte unter Druck seine Rolle im Vertrauen ein und drohte, Pinochet zu belasten, um sich selbst zu retten. Er habe stets »auf direkten Befehl von ihm gehandelt«, betonte er.[34] Pinochet indes bestand darauf, er habe Contreras nur allgemeine Anweisungen für die Mission gegeben, nicht aber Einzelheiten oder die Mittel betreffend.[35]

Im August 1978 erhob eine US-amerikanische Grand Jury Anklage gegen Townley sowie gegen Contreras, Espinoza und fünf Exilkubaner. Der amerikanische Antrag auf Auslieferung von Contreras und Espinoza löste in Santiago eine schwere Krise aus. Als die amerikanischen Ermittler zu dem Schluss kamen, dass Pinochet in die Vertuschung der Ermordung Leteliers, wenn nicht gar in das Verbrechen selbst, verwickelt sei, meldete die CIA, er sei »zutiefst beunruhigt«, trinke und sei aggressiv.[36] Die CIA befürchtete, dass die US-Regierung nun Gefahr lief, in die Sache hineingezogen zu werden.

Aus Angst vor weiteren Auslieferungsersuchen schlossen Pinochet und Contreras ein Abkommen, das auf einer Lüge und einer Gegenleistung beruhte: Sie vereinbarten, dass Townley auf sich allein gestellt sein sollte und Contreras Pinochet schützen würde, vorausgesetzt, er selbst würde nicht an die Vereinigten Staaten ausgeliefert.

Pinochet ergriff daraufhin Maßnahmen, um die chilenische Justiz daran zu hindern, einem Auslieferungsantrag der USA gegen Contreras oder Espinoza stattzugeben. Er wies den Präsidenten des Obersten Gerichtshofs an, zu erklären, dass die beiden Männer nicht ausgeliefert werden könnten, was von Richter Israel Bórquez pflichtgemäß bestätigt wurde.[37]

Gegen das Bórquez-Urteil wurde vor dem Obersten Gerichtshof Berufung eingelegt, woraufhin Pinochet erneut intervenierte: Er verschärfte den Richterspruch, um jede Gefahr einer Auslieferung auszuschalten.[38] »Die Formulierungen wurden geändert, damit sie Pinochets Anweisung entsprachen«, berichtete die CIA. Am 1. Oktober 1979 bestätigte der Oberste Gerichtshof Bórquez' Urteil, so dass Contreras und Espinoza aus der Haft entlassen werden konnten.

Pinochet hatte sich gerettet, eine Menge über Gerichte und

Auslieferungen und die Macht von Washington gelernt. In den Vereinigten Staaten eröffnete er unter verschiedenen Namen zahlreiche Bankkonten, auf die Gelder eingezahlt wurden, die nicht von seinem bescheidenen Präsidentengehalt stammen konnten.[39] Townley schloss nun seinerseits einen Deal mit den US-Strafverfolgern. Er bekannte sich der Tötung Leteliers schuldig und erklärte sich bereit, als Zeuge der Anklage gegen seine kubanischen Helfer aufzutreten. Lucy Reed, eine amerikanische Anwältin, mit der ich als Schlichterin in internationalen Streitigkeiten zusammenarbeitete, berichtete mir aus erster Hand davon. »Ich erinnere mich gut an den Fall Townley«, sagte Lucy Reed zu meiner Überraschung, »denn ich war während des Prozesses die Rechtsreferentin des Richters.« Ein Wortwechsel war ihr besonders in Erinnerung geblieben: »Bereuen Sie Ihre Taten«, fragte der Staatsanwalt Townley. »Nein, Sir, Letelier war ein Soldat und ich auch«, antwortete Townley. »Ich habe einen Befehl erhalten und ihn nach besten Kräften ausgeführt.«[40] Den Tod von Ronni Moffitt bedauere er.

Townley achtete darauf, Pinochet nicht zu belasten.[41] Er sagte nichts über die Rolle der DINA bei der Ermordung von Carlos Prats und Carmelo Soria und hielt sich damit an die von Miguel Schweitzer und den Amerikanern ausgehandelte geheime Absprache. »Ich glaube nicht, dass der Richter von dieser Vereinbarung wusste«, sagte Lucy Reed, als ich ihr davon berichtete.

Der Richter verurteilte Townley zu zehn Jahren Gefängnis. Nach 40 Monaten wurde er auf Bewährung entlassen und kam in den USA in ein Zeugenschutzprogramm. Bis heute sind seine Identität und sein Aufenthaltsort unbekannt, und die Vereinigten Staaten haben sich stets geweigert, ihn nach Chile auszuliefern, wo er wegen anderer Verbrechen angeklagt werden sollte.[42]

Pinochet hatte sich zehn weitere Jahre als Präsident erkauft. Erst nach seinem Rücktritt im März 1990 ermittelten die chilenischen Gerichte gegen Contreras und Espinoza wegen der Morde an Letelier und Moffitt, nachdem der Oberste Gerichtshof entschieden hatte, dass das Amnestiegesetz nicht für im Ausland begangene Verbrechen gelte. Die beiden Männer wurden angeklagt, verurteilt und inhaftiert.[43]

Als Pinochet im Oktober 1998 als Senator und Mitglied des Verteidigungsausschusses zu einer Reise nach London aufbrach, angeblich, um Waffen für sein Land zu kaufen, hatten die chilenischen Gerichte noch keine hochrangige Persönlichkeit für die Verbrechen seines Regimes verurteilt. Seine Rolle bei der »Todeskarawane« wurde zwar von Richter Guzmán untersucht, aber das Amnestiegesetz und die parlamentarische Immunität schützten ihn im Inland; die Regeln der diplomatischen Immunität, die für einen ehemaligen Staatschef galten, würden ihn im Ausland schützen.[44]

Das heißt nicht, dass er sich der Risiken nicht bewusst gewesen wäre. Das Weltrechtsprinzip, das es den Gerichten eines jeden Landes erlaubt, Verbrechen gegen die Menschlichkeit und Völkermord zu verfolgen, unabhängig davon, wo – und von wem – sie begangen wurden, fand zunehmend Anerkennung.[45] Am 11. September, kurz vor seiner Reise nach London, hatte Chile das unlängst in Rom verabschiedete Statut des Internationalen Strafgerichtshofs unterzeichnet.

Pinochet wusste auch, dass Menschenrechtsgruppen in der Vergangenheit versucht hatten, seine Verhaftung zu erwirken.[46] Die Bemühungen waren erfolglos geblieben, aber hochrangige Vertreter der Armee rieten ihm von der Reise ab. Großbritannien habe eine neue Labour-Regierung und einen Premierminister namens Tony Blair, der Pinochet weit weniger wohlgesinnt sei als Margaret Thatcher und die Konservativen.

Pinochet ignorierte diesen Rat. Er trug keine Verantwortung für irgendwelche Exzesse während seiner Jahre an der Macht, er war geschützt. Er hatte ein reines Gewissen, die Briten waren anständige Leute, und die Letelier-Affäre lag lange zurück.

»Ich bin ein Engel«, pflegte er zu sagen, und glaubte es wirklich.

## 5

Der zweiundachtzigjährige Pinochet reiste gemeinsam mit seiner Frau Lucía, in der vagen Absicht, Waffen für sein Land zu kaufen. Das Paar speiste mit Freunden in noblen Restaurants. »Ich liebe London!«, sagte er zu Thatcher beim Tee.[47] Sie gingen auf Shoppingtour – ein Mantel von Burberry, ein Buch über Napoleon von Hatchards am Piccadilly. Außerdem stand eine leichte Rückenoperation für ihn an.[48]

Er fand Zeit für ein Interview mit dem *New Yorker*. Jon Lee Anderson erschien mit einem Fotografen in seinem Hotel. Geplant war ein Fototermin in einem mit weißen Amoretten geschmückten Raum des Grosvenor House Hotels. Pinochet fand die Einrichtung unpassend. »Zu schwul!«, habe er gesagt, wie mir Anderson berichtete. Ihm schwebte etwas Gediegeneres vor.

»Ich war nur ein Diktator-*aspirante* (Anwärter)«, scherzte Pinochet beim Tee. Wenn er sich an einer Frage störte, schlug er jedes Mal mit der Faust auf den Tisch. »Damit zeigte Pinochet mir gegenüber beinahe so etwas wie Angst«, sagte Anderson. »Aber weiter ging er nicht.«

Er wolle eine Geste der Versöhnung, erklärte Pinochet. Soll heißen? »Ein Ende der Prozesse!« Obwohl ihn sein Amnestiegesetz und seine Immunität schützten, waren in Chile neun Strafverfahren gegen ihn anhängig, eine Entwicklung, die ihm nicht gefiel. Die Vorwürfe umfassten Anschuldigungen wegen Völkermordes und illegaler Enteignung, erhoben von Gladys Marín, der Generalsekretärin der Kommunistischen Partei Chiles (deren Ehemann Jorge Muñoz 1976 verschwunden war). Die bloße Erwähnung derartiger Fragen brachte Pinochet in Aufruhr. Ein Ende der Prozesse! Er wiederholte die Worte und schlug noch einmal auf den Tisch. Mehr als 800 Gerichtsverfahren, klagte er, manche eingestellt, andere wieder aufgerollt. »Sie kommen immer und immer wieder auf dasselbe zurück.«

Einige Tage später, als Pinochet in der London Clinic in Marylebone eincheckte, veröffentlichte der *New Yorker* Andersons Artikel »Der Diktator«. Ein Foto zeigte Pinochet gelassen, mächtig und unantastbar, ein Zivilist mit einer hellblauen Krawatte, die zu seiner Augenfarbe passte.[49]

Die Operation verlief problemlos.

Als er sich am Freitagabend, dem 16. Oktober, wieder erholt hatte und sich darauf freute, nach Hause zurückzukehren, klopfte es an der Tür. Ein Polizeibeamter von Scotland Yard betrat das Zimmer 801, begleitet von einer Dame als Dolmetscherin. Innerhalb weniger Minuten wurde ihm klar, dass er seine Freiheit verloren hatte.

In London festgenommen, sagten entsetzte Freunde.

Verhaftet wegen Völkermordes und Verbrechen gegen die Menschlichkeit, berichteten die Zeitungen.

## 6

Zwei Jahrzehnte vergingen, bevor ich von den Ereignissen erfuhr, die jenem denkwürdigen Abend in London vorausgegangen waren. Ich hörte die Einzelheiten erstmals von Juan Garcés, einem spanischen Anwalt, den ich im Zusammenhang mit einer Klage seines chilenischen Mandanten Victor Pey kennengelernt hatte. Peys Zeitung *El Clarín* war am Tag des Putsches von Pinochet geschlossen worden, und er verlangte eine Entschädigung. Ich war nicht in der Lage, Garcés zu unterstützen, aber immerhin konnten wir uns im November 2018 bei ihm zu Hause in Madrid treffen.

Er ist still und gebildet, hat ein freundliches Gesicht, das von einem grauen Walross-Schnurrbart beherrscht wird, funkelnde Augen und eine sanfte, philosophisch anmutende Stimme. Im September 1973 war er 29 Jahre alt und arbeitete als politischer Berater für Präsident Allende. Am Tag des Staatsstreichs, als die chilenische Luftwaffe den Moneda-Palast mit Hawker-Hunter-Kampfflugzeugen aus britischer Produktion bombardierte, wies Allende ihn an, das Land zu verlassen. »Jemand muss berichten, was hier geschehen ist, und nur Sie können das tun.« Garcés vergaß diese Anweisung nicht.

Er ging nach Paris, um dort in Rechtswissenschaften zu promovieren, und kehrte erst nach dem Tod von General Franco im Jahr 1975 nach Spanien zurück. Garcés eröffnete eine Anwaltskanzlei in Madrid, wo er Fälle im Zusammenhang mit Drogenhandel und Auslieferung übernahm. Mitte der 1990er Jahre wurde er von chilenischen Exilanten aufgesucht.[50] Nach dem Zusammenbruch der Sowjetunion und dem vorläufigen Ende des Kalten Krieges richteten die Vereinten Nationen internationale Gerichtshöfe für die in Ruanda und im ehemaligen Jugoslawien begangenen Verbrechen ein – die ersten derartigen Gremien seit Nürnberg (1945–1946) und Tokio (1946–1948); daneben liefen

Verhandlungen zur Einrichtung eines Internationalen Strafgerichtshofs.

Der Gedanke internationaler Gerechtigkeit erwachte zu neuem Leben und drang ins öffentliche Bewusstsein ein. Nach 50 Jahren der Stille waren Völkermord und Verbrechen gegen die Menschlichkeit wieder ein wichtiges Thema.

In Spanien, wie auch in anderen Ländern, wurden entsprechende Überlegungen angestellt. Könnte man Pinochet vor spanischen Gerichten wegen internationaler Verbrechen anklagen, auf Grundlage des Weltrechtsprinzips? Es gehe um Ehre und Gerechtigkeit, nicht um Rache, meinte Garcés, ein Bekenntnis zu Justiz und internationaler Zusammenarbeit. »Opfer und ihre Familien kamen zu mir, um sich nach Fällen zu erkundigen.« Sie taten dies, weil er Vorsitzender der Salvador-Allende-Stiftung war, die sich mit Folter und Fällen von Verschwindenlassen in Chile befasste.

Garcés trug die Geschichten der Menschen zusammen. Eine davon erzählte ihm die Witwe eines im Juli 1976 entführten, gefolterten und ermordeten UN-Beamten. Sein Name war Carmelo Soria, und seine Frau Laura wollte Pinochet vor einem spanischen Gericht verklagen, da es in Chile keine Gerechtigkeit für ihn gab. Garcés sammelte Beweise, sprach mit Anwälten, suchte Kontakt zu Staatsanwälten.

Als wir uns das erste Mal trafen, erwähnte er Soria, aber der Name sagte mir nichts. Drei Jahre später, im Februar 2021, schrieb mir ein Staatsanwalt aus Madrid, mit dem Garcés in Verbindung stand. Er hieß Carlos Castresana und hatte in der Zeitung *El País* ein Interview anlässlich der spanischen Ausgabe meines Buches *Die Rattenlinie* gelesen. In dem Artikel wurde erwähnt, dass ich über den Fall Pinochet in London schrieb. Er könne mir sagen, wie der Fall damals wirklich begonnen habe, meinte Castresana.

## 7

Carlos Castresana und ich sprachen erstmals im Mai 2021 über Zoom miteinander. Er versetzte mich zurück ins Frühjahr 1996, als er in der spanischen Antikorruptionsbehörde arbeitete und Mitglied der Union Progressiver Staatsanwälte war. Die Zeitungen berichteten damals über den 20. Jahrestag der Militärdiktatur in Argentinien. Zwei Jahrzehnte waren in Spanien ein bedeutsames Zeitintervall, nämlich die Verjährungsfrist für die Verfolgung im Ausland begangener Straftaten.

Sowohl in Argentinien als auch in Frankreich, Deutschland und Italien seien Verfahren im Gange gewesen, sagte mir Castresana. In Spanien jedoch sei trotz der Anwesenheit zahlreicher argentinischer Exilanten nichts passiert. »Ich wollte einen Weg finden, um auf der Grundlage der Weltgerichtsbarkeit im Namen spanischer Opfer zu handeln.«

Castresana besann sich auf die Ursprünge des modernen internationalen Strafrechts. »Mich begeisterte der Nürnberger Präzedenzfall, ein Sieg der Gerechtigkeit, der mit einem Sinn für Fairplay erreicht wurde, ein Verfahren, das auch eine Wahrheitskommission war«, sagte er. »Ihr Buch *Rückkehr nach Lemberg* hat mir sehr gut gefallen – wie persönliche, historische und juristische Fragen zusammenkamen.« Er betrachtete Nürnberg als Erzählform und interessierte sich dafür, wie die Verbrechen definiert und die Angeklagten ausgewählt wurden.

Er befasste sich mit der Möglichkeit einer Klageerhebung nach altem oder neuem spanischen Recht und fand heraus, dass spanische Gerichte die universelle Zuständigkeit für drei in Argentinien begangene internationale Verbrechen beanspruchen konnten: Terrorismus, Folter und Völkermord. »Der Gedanke, dass das Opfer kein Individuum mit einer bestimmten Nationalität ist, sondern die Menschheit als Ganzes, war für mich von großer Bedeutung«, sagte er.

In Spanien wurde Terrorismus in den 1970er Jahren als Straftatbestand mit einer weit gefassten Definition eingeführt. »General Franco betrachtete fast alles als Terrorismus«, sagt Castresana scherzhaft. Kurioserweise führte er auch den Straftatbestand des Völkermordes ins spanische Recht ein. »Mit Bedacht ratifizierte Franco die Völkermordkonvention aber erst 1969, also 30 Jahre nach dem Ende des Spanischen Bürgerkriegs, und nahm sie erst 1971 ins Strafgesetzbuch auf.«[51] Francos Gesetzgeber folgten jedoch nicht dem Wortlaut der Konvention über die Verhütung und Bestrafung des Völkermordes von 1948, die »Völkermord« als bestimmte Handlungen definierte, die »in der Absicht begangen werden, eine nationale, ethnische, rassische oder religiöse Gruppe als solche ganz oder teilweise zu zerstören«. In Francos Version war stattdessen von »nationalen, ethnischen, sozialen oder religiösen« Gruppen die Rede: Die »rassischen« Gruppen wurden gänzlich ausgelassen, nationale und ethnische Gruppen zu einer Kategorie zusammengefasst und der Begriff der sozialen Gruppen eingeführt.

Unwissentlich führten Francos Anwälte eine weitere wichtige Änderung ein: Sie ließen zwei Wörter der Konvention von 1948 – »als solche« – weg. Das bedeutete, dass ein spanischer Staatsanwalt nicht beweisen musste, dass eine Tat durch eine Ausrichtung auf diese Gruppen motiviert gewesen war. Castresana erkannte, dass »man durch die Streichung dieser beiden Wörter Völkermord wie Verbrechen gegen die Menschlichkeit definiert, so dass man nur noch beweisen muss, dass die Angriffe auf bestimmte Gruppen stattfanden, nicht aber, dass sie durch die Absicht motiviert waren, diese Gruppen als solche zu vernichten«. Kurz: Franco erleichterte unbeabsichtigt die Verfolgung von Völkermord. Durch Hinzufügen von »sozialen Gruppen« und Streichen des Erfordernisses »als solche« wurde die Messlatte niedriger gelegt. Francos Version öffnete in Spanien die Tür für die strafrechtliche Verfolgung von Pinochet wegen Völkermordes in Chile.

Francos Definition blieb bis 1983 in Kraft, als sie geändert wurde, um dem Wortlaut des Übereinkommens von 1948 zu entsprechen. Dies bedeutete, dass die Definition von 1971 zum Zeitpunkt des chilenischen Staatsstreichs im September 1973 und in den folgenden zehn Jahren Gültigkeit besaß.

Die Franco-Definition deckte also Pinochets Verbrechen in diesem Zeitraum ab?

»Richtig«, antwortete Castresana. »Ich war der erste, der daran dachte, das Franco-Gesetz zum Völkermord anzuwenden.«

Um Pinochet zu belangen?

»Ganz genau! In bescheidener Weise hoffte ich, einen juristischen Präzedenzfall zu schaffen, ohne genau zu wissen, welche Folgen das hätte.«

Castresana sammelte Beweise für in Argentinien begangene Verbrechen an Spaniern und anderen Personen und arbeitete mit Exilanten zusammen. Im März 1996 reichte er vor der Audiencia Nacional, dem Nationalen Gerichtshof Spaniens, eine erste Klage ein. Es ging um internationale Verbrechen, die in Argentinien von General Jorge Videla (der 1976 an die Macht kam) an spanischen Opfern verübt worden waren. »Ich wusste, dass meine Kollegen, konservative spanische Richter, einen Fall ohne spanische Opfer eher zurückweisen würden«, sagte Castresana.

Es gelang ihm, den spanischen Generalstaatsanwalt Carlos Granados davon zu überzeugen, keine Einwände zu erheben. »Die meisten Staatsanwälte waren gegen die Initiative, aber Granados war anständig, ein Christ, ehrlich und hatte einen Sinn für Geschichte.« Man dürfe nicht als Staatsanwälte in die Geschichte eingehen, die spanische Opfer im Stich gelassen hätten, sagte Granados zu ihm. Die spanischen Opfer waren notwendig, um die konservativen Richter und die Presse zu überzeugen. Bei der Audiencia Nacional in Madrid wurde der argentinische Fall dem Zentralen Amtsgericht Nr. 5 und dem Ermittlungsrichter Baltasar Garzón zugewiesen, der die Klage annahm.

Castresana kam auf Chile zu sprechen: »Um den 20. April 1996 erhielt ich Besuch von dem Rechtsanwalt Juan Garcés. Er sagte zu mir: ›Ich habe 20 Jahre auf das gewartet, was Sie mit Videla und Argentinien getan haben, bitte tun Sie dasselbe mit Pinochet.‹« Castresana erkundigte sich nach spanischen Opfern. Garcés schlug mehrere Namen vor, darunter Carmelo Soria, der für das Latin American and Caribbean Demographic Centre (Demographische Zentrum für Lateinamerika und die Karibik) der Vereinten Nationen in Santiago gearbeitet hatte. Er verschwand am 14. Juli 1976, und zwei Tage später wurde seine verstümmelte Leiche in der Nähe seines Autos in einem Kanal in der Hauptstadt gefunden. Da er Diplomat mit spanischer Staatsangehörigkeit war, sorgte sein Tod in Spanien für Aufsehen.

»Der Fall Soria war berüchtigt«, erinnerte sich Castresana. »Er war sehr bekannt, da eine Straße in Madrid nach seinem Großvater Arturo Soria benannt war« (einem Ingenieur, der Ende des 19. Jahrhunderts das Konzept der »Ciudad Lineal« vorgeschlagen hatte, einer linearen Stadt mit Gebäuden zu beiden Seiten einer einzigen breiten zentralen Allee).[52] Der Mord an Soria erlangte größere Aufmerksamkeit, als das Europäische Parlament eine Resolution verabschiedete, in der das Versagen Chiles bei der Suche nach den Tätern beklagt wurde.[53] »Ich hatte eine klare Vorstellung davon, dass der Fall Pinochet in Spanien um Carmelo Soria herum aufgebaut werden musste«, sagte Castresana.

Dabei standen ihm zwei Hindernisse im Weg. Erstens war in Chile noch ein Strafverfahren im Fall Soria anhängig, so dass er ein endgültiges Urteil abwarten musste, bevor er ein Verfahren in Spanien einleiten konnte. Zweitens war entsprechend der dortigen Verjährungsvorschriften der letzte Termin für die Einleitung eines Verfahrens der 14. Juli 1996, der 20. Jahrestag des Mordes. »Ich konnte das Verfahren in Spanien also nur einleiten, wenn die chilenischen Gerichte den Fall vor diesem Datum abschlossen.«

Er verfolgte das Verfahren in Chile und bereitete eine Klage vor. Am 4. Juni 1996 schloss der Oberste Gerichtshof Chiles den Fall Soria aufgrund des Amnestiegesetzes.[54] Um sich in Chile zu retten, hatte Pinochet unbeabsichtigt die Tür für einen Prozess in Spanien geöffnet. Einen Monat später reichte Castresana in Valencia Klage ein, wobei er sich auf Soria und ein Dutzend anderer Opfer bezog. Als Angeklagte nannte er Pinochet und drei weitere Mitglieder der Junta.

Gleichzeitig reichten die Schwester von Antonio Llido, einem verschwundenen spanischen Priester, und die Salvador-Allende-Stiftung im Namen weiterer Opfer ebenfalls Klage ein. Das Gericht in Valencia verwies die Fälle an die Audiencia Nacional, wo sie Richter Manuel García-Castellón vom Zentralen Amtsgericht Nr. 6 zugewiesen wurden. »Auf diese Weise war der Mord an Carmelo Soria der Ausgangspunkt für den Prozess gegen Pinochet«, erklärte Castresana. »Damals dachten wir noch nicht an Straffreiheit, da wir uns gar nicht vorstellen konnten, dass er überhaupt verhaftet würde!«

Viel später traf ich mich mit Castresana und Garcés. Wir sprachen über die Rechtmäßigkeit Spaniens, sich mit den Verbrechen in Chile zu befassen, solange es seine eigenen Verbrechen aus dem Bürgerkrieg und aus der gesamten Franco-Ära nicht aufgearbeitet hatte.

»Für mich war stets klar, dass es bei dem Verfahren gegen Pinochet in Chile darum ging, den Geist Francos in Spanien auszutreiben«, sagte Castresana.

»Wir wollten mit Pinochet das machen, was wir mit Franco nicht machen konnten«, meinte Garcés.

## 8

Bei diesem ersten Gespräch war Castresana in Madrid und ich in Totnes, einer kleinen Stadt in der Grafschaft Devon im Südwesten Englands. Ich war zu Besuch bei meiner Schwiegermutter Leina, die kurz vor dem Bürgerkrieg in Spanien geboren wurde. Ihr Vater, Federico de la Iglesia, ein Oberst der republikanischen Armee, war ein Gegner Francos, und deshalb war die Familie nach England geflohen. Im Jahr 1940 fanden sie Zuflucht bei Leonard und Dorothy Elmhirst in Dartington Hall in Devon.

Achtzig Jahre später erzählte ich Leina beim Mittagessen, was Castresana mir erzählt hatte. Sie hörte aufmerksam zu, denn sie ist immer an Geschichten interessiert, bei denen es um menschliche Schicksale geht.

»Wie hieß das spanische Opfer, das den Fall in Madrid ins Rollen brachte?«, fragte sie.

Soria, Carmelo Soria.

Sie hörte auf zu essen, sah mich an und sagte: »Ah ja, jetzt erinnere ich mich, Cousin Carmelo!«

Cousin Carmelo?

»Ja, Carmelo Soria, ein entfernter Verwandter, der in die Pinochet-Geschichte verwickelt war. Ich erinnere mich, in der Familie wurde darüber gesprochen.«

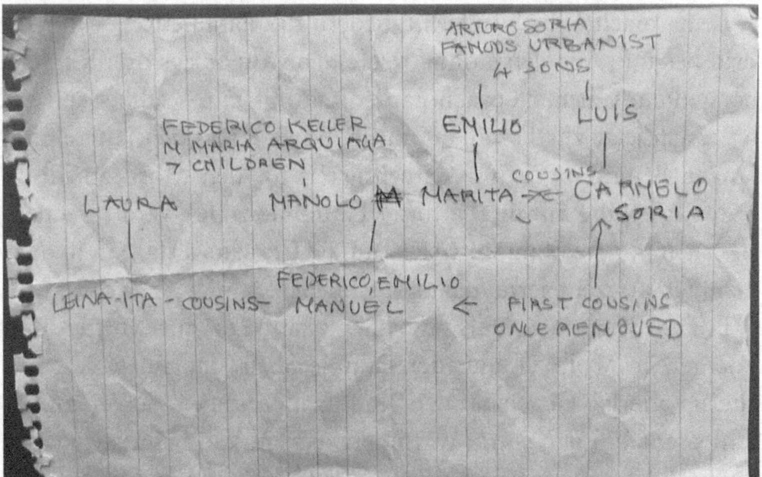

In Spanien ist die Familie eine Wissenschaft für sich, und Leina bemühte sich tapfer, die Beziehung zu erklären. Ihre Familie – durch Heirat nun auch meine spanische und chilenische Familie – war so kompliziert und verzweigt, dass man kaum noch durchblickte. Sie zeichnete einen Stammbaum. Ihre Mutter war Laura Keller, deren Bruder Manolo Marita Soria heiratete, und Marita war die Cousine ersten Grades von Carmelo. Auf diese Weise war Carmelo ein Cousin ersten oder nachgeordneten Grades.

»Und jetzt«, sagte Leina, »ist er auch dein Cousin!«

## 9

Der Tod von Carmelo Soria im Juli 1976 verursachte in seiner Familie großen Schmerz und Angst. Die spanischen Zeitungen berichteten von einem Unfall, während die von Pinochet kontrollierten chilenischen Medien behaupteten, Soria hätte eine Affäre gehabt. Dies war eine Falschmeldung, die Wahrheit war brutaler: Das Pinochet-Regime hatte angeordnet, Soria wegen seiner Sympathien für die Linke zu beseitigen.

Leina machte mich mit Mitgliedern der Familie Keller in Madrid bekannt, die den Kontakt zu einem von Sorias drei Kindern herstellten. Carmen sprach ganz offen mit mir – schließlich gehörte ich jetzt zur Familie – und berichtete von den jahrzehntelangen Bemühungen um Gerechtigkeit für den Mord an ihrem Vater. Ich sollte mit ihrer Mutter Laura González-Vera sprechen, riet sie mir. »Sie kümmerte sich um die Gerichtsverfahren in Spanien, ich konzentrierte mich auf Chile.«

Einige Monate später saß ich in Santiago mit Mutter und Tochter im Wohnzimmer der Familie Soria, umgeben von Büchern, allerlei Gegenständen und Erinnerungen. Zwei aufgeschlossene Frauen, stark, warmherzig, klug und bemerkenswert. Laura, 88, trug eine gemusterte weiße Hemdbluse und einen bunten Rock. Sie ist Ärztin im Ruhestand, intelligent, lebendig und zugleich erschöpft. Mit emotionsloser Stimme schilderte sie eine brutale Erfahrung.

Laura wurde in Santiago in eine politisch aktive Familie hineingeboren. Als sie noch Medizin studierte, stellte ihr Vater José – Schriftsteller, Anarchist und Träger des chilenischen Nationalpreises für Literatur – sie Freunden aus seinem Umfeld vor. Arturo Soria, der Enkel eines renommierten Ingenieurs, kam nach dem Spanischen Bürgerkrieg nach Chile und gründete den Literaturverlag *Cruz del Sur*, zu dessen Autoren auch Pablo Neruda gehörte. »Arturo war sehr antikommunistisch«, sagte Laura mit einem Lächeln, »aber er hatte einige kommunistische Freunde, darunter Neruda und Alberti.«

In den 1950er Jahren, als die Kommunistische Partei Chiles verboten wurde und Neruda außer Landes floh, bat er Arturo Soria, sich um die Villa Michoacán zu kümmern, sein Haus in der Avenida Lynch Norte in Santiago. Neruda bewohnte die Villa gemeinsam mit seiner zweiten Frau Delia del Carril, genannt *La Hormiga*, die Ameise, »weil sie immer so geschäftig war«.[55] Als Hüter von Nerudas umfangreicher Bibliothek rekrutierte Arturo seinen jüngeren Bruder Carmelo, der 1946 nach Chile gekommen war.

»Als ich Carmelo 1949 kennenlernte, wohnte er in der Villa Michoacán«, erzählte Laura. »Er war ein seltsamer Typ, der mich immer in ein Café einlud, das von Leuten aus Andalusien frequentiert wurde.« Die Erinnerungen waren lebhaft. »Ich mochte seine Erzählungen über Spanien und das dortige Familienleben und verliebte mich in diesen ruhigen Gentleman, der sich so sehr um meine Zuneigung bemühte. Er bezauberte mich mit seinem Charme, und es funktionierte. Im Jahr 1956 heirateten wir. Ich war Ärztin und wurde für die Arbeit bezahlt, die ich liebte. Er arbeitete für die Vereinten Nationen. Wir bekamen drei Kinder.«

Das Paar war politisch aktiv und unterstützte Allende: Carmelo engagierte sich für den Verlag *Quimanta*, der von der Unidad Popular gegründet worden war, um beliebte Bücher besser zugänglich zu machen.

»Meine Mutter unterrichtete Englisch und Philosophie an der ersten koedukativen Schule in Chile«, berichtete Laura. »Sie war eine Kommunistin, die 1952 in Allendes Präsidentschaftswahlkampf mitgearbeitet hat, und im zweiten Wahlkampf, 1958, lernte ich ihn selbst kennen. Er war sehr nett: Als meine Mutter ihm erzählte, dass ich Medizin studiere, schickte er mir kleine Geschenke. ›Für die zukünftige Ärztin‹, schrieb Allende. Wir blieben in Kontakt, auch als er Präsident war. Mein Vater war ein enger Freund von *La Tencha*, Allendes Frau Hortensia, die ihn sehr mochte.«

Am Tag des Putsches, dem 11. September 1973, war das Ehepaar mit den Kindern zu Hause. »Wir wachten früh auf, gegen 6:30 Uhr, und hörten die Nachrichten im Radio.« Sie gingen zur Arbeit, sie in das Krankenhaus San Borja Arriarán, er ins UN-Büro in Providencia. »Ich wollte arbeiten, denn die rechtsgerichteten Ärzte streikten. Carmelo vertraute auf seine Immunität als Diplomat. Wir waren nicht ängstlich, wollten unsere Verpflichtungen nicht vernachlässigen.«

Der Staatsstreich überraschte sie nicht. »Eine Woche zuvor hatte Allende bei einem Treffen gewarnt, dass es dazu kommen könnte und dass er in diesem Fall mit seinem Leben bezahlen würde. Er wusste, was kommen würde, sprach darüber mit Pinochet, dem Chef der Armee.«

Am Ende des Tages kam einer der wenigen, die aus La Moneda entkommen waren, in Lauras Krankenhaus. »Doktor Quiroga sagte uns, dass Allende tot sei.«

Getötet oder Selbstmord?

»Er hat sich umgebracht«, sagte Laura. »Einer der Ärzte, Patricio Guijón, sah Allendes Leiche und sagte, es sei Selbstmord gewesen. Er landete auf der Isla Dawson.« Das war das Lager, in dem Allendes Minister festgehalten wurden, in Patagonien, in der Nähe von Punta Arenas.

Drei Jahre später machten sich Carmelo und Laura keine Sorgen um ihre Sicherheit mehr. »Carmelo vertraute auf den Schutz durch die UN und sprach offen über die Übergriffe des Regimes. ›Sie ermorden Menschen.‹ Er forderte den Argentinier auf, zu sagen, was wirklich in Chile passierte.«

Carmelo wusste von den Verschleppungen, Folterungen und Ermordungen, sogar von einem UN-Mitarbeiter, der mit der MIR (*Movimiento de Izquierda Revolucionaria*, Bewegung der Revolutionären Linken) in Verbindung gebracht wurde. »Eines Tages kamen DINA-Agenten zu den Vereinten Nationen und bemerkten das Namensschild an Carmelos Büro«, erinnerte sich Laura. »Sie machten abfällige Bemerkungen über Carmelo, der hinsichtlich seiner Sicherheit gewarnt wurde. Er erwähnte es mir gegenüber. ›Sie wissen jetzt, wo sie mich finden können‹, sagte er.«

Am 14. Juli 1976 fanden sie ihn:

Er rief immer an, wenn er das Büro verließ und nach Hause ging. Er rief um sieben Uhr an, sagte dem Hausmädchen, er habe Kopfschmerzen und komme früher nach Hause. Er kam nie an. Gegen zehn Uhr abends begann ich mir Sorgen zu machen. Ich rief in den Notaufnahmen der Krankenhäuser und bei Freunden an. Keine Spur. Ich ging zu Bett und konnte erstaunlicherweise schlafen. Als ich um sechs Uhr aufwachte, war er immer noch nicht da, also fing ich wieder an, herumzutelefonieren. Ein Freund kam vorbei, wir gingen zur Polizeiwache, um eine Aussage zu machen. Sie machten einen Vermerk und sagten uns, wir sollten 48 Stunden warten. Später rief die Polizeiwache von La Piramide an und sagte, dass eine Leiche und ein Auto gefunden worden seien. Meine Töchter gingen los, um mehr Informationen zu erhalten; ich machte mich auf die Suche nach einem Anwalt, da ich sicher war, dass er entführt worden war.

Laura hielt einen Augenblick inne, dann fuhr sie fort:

Den ganzen Tag lang suchten sie in einem Kanal im Stadtzentrum nach dem Auto, einem schmalen Kanal, nur ein paar Meter breit und einen Meter tief. Sie fanden das Auto und zogen es mit einem Kran aus dem Kanal. Keine Leiche. Am nächsten Tag fand man die Leiche, im Kanal, zweihundert Meter weiter, in der Nähe einer Brücke. Sie mussten mit der Autopsie warten, weil sie mit den vielen Verschwundenen so beschäftigt waren. Ich wandte mich an Miguel Schweitzer, Pinochets Justizminister. Ich kannte die Familie Schweitzer, denn mein Vater kannte den Bruder des Ministers, Daniel Schweitzer.

Sie hielt erneut inne. »Der Minister war der Vater von Miguel Ángel Schweitzer, dem Anwalt von Pinochet. Ich kannte Miguel Ángel, den Sohn, als wir Kinder waren, wir gingen zusammen schwimmen.«

Ja, sagte ich, ich kannte Schweitzer, den Sohn. Er vertrat Pinochet im Fall Letelier und dann in London. Laura fuhr fort: »Ich rief im Büro von Minister Schweitzer an und sagte zu seiner Sekretärin: ›Richten Sie ihm aus, dass *Bisagra*, mein Spitzname, mit ihm sprechen möchte.‹ Ich sprach mit ihm. Er wusste, dass etwas im Gange war, als Justizminister muss er gewarnt worden sein. Ich ging zu ihm und sagte, er solle zurücktreten, da Carmelo ermordet worden sei. Er sagte: ›Aber wie, Bisagra?‹ Er sagte, er wisse nichts davon, er werde Nachforschungen anstellen. Er gab mir die Telefonnummer seines Bruders Daniel und ich rief ihn an und sagte, dass die DINA Carmelo ermordet habe.«

Es musste eine Autopsie durchgeführt werden. Laura ging ins Krankenhaus, um den Vorgang zu beobachten, um genau zu sehen, was sie getan hatten, was zum Tod ihres Mannes geführt hatte:

> Im Medizinstudium mochte ich Anatomie. Ich interessierte mich für Sherlock Holmes und Polizeiromane, also ging ich einfach dorthin, wo sie Autopsien durchführten. Der Militärarzt Dr. Fernández empfing mich. Ich kannte ihn von der Universität. Er sagte, eine Ehefrau dürfe bei der Autopsie ihres Mannes nicht dabei sein. Miguel Schweitzer Speisky, der Minister, intervenierte persönlich und genehmigte meine Anwesenheit. Als Dr. Fernández sich immer noch weigerte, sagte ein Mitarbeiter des Ministeriums, ich müsse eingelassen werden, weil der Minister alles wissen wolle.

Laura González-Vera beobachtete, wie Dr. Fernández die Autopsie ihres Mannes durchführte. Er wollte zu dem Ergebnis gelangen, dass Carmelo Soria ertrunken sei, aber sie war damit nicht einverstanden:

Ich fragte Dr. Fernández, warum ist Carmelos Genick gebrochen? Vielleicht ein Unfall, sagte er. Warum sind seine Rippen gebrochen? Es hieß, er sei betrunken gewesen und habe die Kontrolle über das Auto verloren, sagte Dr. Fernández. Ich sagte nein. Es war kein Wasser in der Lunge, es gab keine Anzeichen für ein Ertrinken. Außerdem renkte sich Carmelos Kiefer manchmal aus, und er wusste, wie er ihn wieder in seine normale Position bringen konnte. Jetzt war sein Kiefer ausgekugelt. Ich bemerkte, dass ein Auge nicht mehr richtig saß, ich bemerkte die Verletzungen an seinem Kopf.

Gab es Hinweise darauf, dass er vergiftet wurde?

Laura schüttelte den Kopf. »Zu diesem Zeitpunkt war mir der Einsatz von Gas noch nicht in den Sinn gekommen, wir erfuhren erst später davon.« Die Gerüchte um Sarin kamen auf, als sich herausstellte, dass Soria im Haus von Michael Townley an der Vía Naranja festgehalten wurde, wo Eugenio Berríos – ein chilenischer Biochemiker, der später in Uruguay ermordet wurde – das Gas herstellte.

Laura wusste, dass die DINA ihren Mann ermordet hatte. Sie war gut vernetzt und erfuhr von Pinochets Reaktion. »Mamo hat es gründlich vermasselt«, sagte er bei einer Sitzung der Junta und benutzte dabei Contreras' Spitznamen. »Jetzt wird die UN über uns herfallen.« Pinochet hatte seine eigenen Vorstellungen darüber, wie Carmelo Soria zum Schweigen gebracht werden sollte. »Mamo hätte Zeugen finden müssen, die aussagen, dass Soria eine Frau belästigt hat, und die DINA eingreifen musste, um ihre Ehre zu verteidigen.«

Zwei Monate nach dem Mord erhielt Laura Drohungen und floh mit den Kindern nach Madrid. Dort blieb sie 40 Jahre lang und kehrte jedes Jahr von März bis Mai für ein paar Wochen nach Chile zurück. »Ich wollte mit Santiago in Kontakt bleiben und im Frühling wieder in Spanien sein.«

In all den Jahren kämpfte sie, unterstützt von ihrem Schwager Arturo, um Gerechtigkeit. »Er hat Jura studiert, aber nie praktiziert«, sagte sie. »Er stellte mich Leuten vor, die Interesse hatten und sich bereit erklärten, mir zu helfen.« Zu den Unterstützern gehörten Akademiker, Exilanten, Journalisten und einige, die Felipe González nahestanden, dem spanischen Premierminister von Dezember 1982 bis Mai 1996. Lauras Erklärung für die Vereinten Nationen fand weite Verbreitung. Nicolas Sánchez-Albornoz, ein spanischer Historiker, der aus dem argentinischen Exil zurückkehrte und ein Freund Carmelos war, organisierte eine Zusammenkunft in Madrid. Unter den Teilnehmern befand sich auch Juan Garcés, der Carmelo und Laura in Santiago gekannt hatte. »Carmelo kannte ihn und vertraute ihm, er hat einmal bei uns zu Hause gegessen«, erinnert sich Laura. Auch sie mochte Garcés und vertraute ihm.

»Er bot mir an, ein Verfahren anzustrengen. Ich dachte darüber nach und stimmte dann zu. Garcés war hartnäckig und loyal ge-

genüber Allende.« Garcés machte Laura mit einem Staatsanwalt in Madrid bekannt. »Das Ganze begann mit Carlos Castresana, einem wunderbaren Juristen, einem Mann, der überzeugt war, dass Verbrechen gegen die Menschlichkeit auch dann bestraft werden sollten, wenn die Betroffenen schon lange tot waren. So fing alles an.«

Konnte Laura sich vorstellen, dass der Fall ihres Mannes als Katalysator für die Verhaftung von Pinochet in London dienen könnte?

»Ja«, sagte sie mit einem Lächeln. »Ich wusste es damals nicht, aber jetzt weiß ich es.« Als unser Gespräch zu Ende ging, zeigte mir Laura Papiere aus jenen Tagen. Außerdem sahen wir uns ihr Tagebuch vom Juli 1996 an. »Das war damals, als der Richter in Valencia den Fall annahm.«

## 10

Carmen Soria ist die jüngere Tochter von Carmelo und Laura. Sie hat warme Augen, langes dunkles Haar, trägt bunte Kleidung und raucht. »Ich war 16, als es passierte. Ich sah meinen Vater an dem Morgen, an dem er verschwand, aber wir gaben uns keinen Abschiedskuss, wie sonst üblich, denn wir hatten uns gestritten. An jenem Abend kam er nicht nach Hause. Meine Mutter nahm an, dass man ihn inhaftiert hatte.«

Carmen erzählte dies ganz sachlich, doch war es offensichtlich, dass der Tod ihres Vaters ihr Leben und später auch das ihrer drei Kinder tiefgreifend geprägt hatte. »Die Geschichte war furchtbar für sie, wegen des ganzen Kommens und Gehens, des Wechsels von Land und Schule, der Tatsache, dass ich schikaniert und verfolgt wurde.«

Carmens Streben nach Gerechtigkeit – »der ewige Kampf eines ethischen Blicks«, wie der Schriftsteller Pedro Lemebel es nannte – begann an dem Tag, als ihr Vater verschwand.[56] Sie erinnerte sich an den Anruf, dass er auf einem Polizeirevier festgehalten werde und dass sie kommen solle. »Meine Schwester fuhr hin, ich blieb zurück, um Papiere, seinen Pass und Geld zu holen, falls wir eine Kaution für ihn stellen müssten.« Als sie auf dem Revier eintraf, saß ihre Schwester vor der Tür. Carmelo war nicht da. Die Polizei sagte, es habe einen Autounfall am El Carmen Canal gegeben, sie hätten seine Brieftasche und seinen Schal gefunden. »Ich wickelte den Schal um mich, es war Juli, Winter in Chile.«

Die Polizei brachte die Mädchen zum Kanal, wo man ihnen beiden einen langen Bambusstab in die Hand drückte, mit dem sie im flachen Wasser nach der Leiche suchen sollten. Man fand das Auto, in dem ein Vordersitz und das Radio fehlten, und eine Flasche Pisco. Keine Leiche. Als sie wegfuhren, tauchte ein Krankenwagen auf, und bald darauf kam die Nachricht, dass die Polizei etwas gefunden habe. »Ich erinnere mich an nicht viel, ich wurde ohnmächtig«, sagte Carmen. Viele Leute waren zu Hause. Sie erinnerte sich, dass ihr elfjähriger Bruder auf dem Boden lag und auf ihn einschlug.

Das Telefon klingelte ständig. »Fremde riefen an, um uns zu beschimpfen und zu sagen, wir seien Kommunisten.« Vor dem Haus gab es Drohrufe, und die Leute klopften an die Fensterläden. Carmen hatte Angst und schlief in dieser Nacht umgeben von Glasflaschen, um sich zu schützen. »Es war alles von der DINA organisiert«, sagte sie. »Für uns war es offensichtlich ein Attentat, das brauchte uns unsere Mutter nicht zu sagen.« Es waren gefährliche Zeiten. Zwei Verwandte wurden verhaftet, dann verschwanden sie. Wenn Carmen Besorgungen machte, wurde sie verfolgt. Nachdem jemand versucht hatte, sie zu entführen, floh die Familie nach Spanien. »Zuerst mein Bruder, dann ich und meine Schwester, am 11. September 1976, dann meine Mutter.«

Vier Jahre später kehrte Carmen nach Chile zurück. Es gab oft

Schwierigkeiten. Ein Professor wurde ermordet. Ihre Großmutter warnte sie, nicht nach Hause zu kommen, die Polizei warte. Als Journalistin wurde sie schikaniert und verhaftet. Einmal, als sie sich im Kino den Film *Paris, Texas* ansehen wollte, wurden ihr Kamera und Notizbücher abgenommen.

Die Situation änderte sich erst 1989, nachdem Pinochet das Referendum verloren hatte und die Rettig-Kommission Anhörungen durchführte. Allmählich erfuhren sie mehr darüber, was mit Carmelo geschehen war. »Ich weiß, wer den Vater von Carmen Soria getötet hat«, sagte die DINA-Informantin Luz Arce aus. Der Rettig-Bericht bestätigte, dass Soria von DINA-Agenten umgebracht worden war.[57]

Die Familie engagierte sich aktiv in Gerichtsverfahren. Laura übernahm die Führung in Spanien, Carmen in Chile. Beide waren unbeirrbar. »Meine Geschwister fanden, dass ich mich wie eine Tyrannin verhielt«, sagte Carmen. »Sie fanden, dass ich ihnen nicht genug berichtete.« Sie wollte sich ihnen gegenüber großmütig zeigen, aber das war nicht einfach. Sie fühlte sich allein, denn jedes der Geschwister ging mit der Situation auf seine Weise um.

Im Jahr von Sorias Ermordung, 1976, fand in Santiago ein Strafverfahren statt, das freilich ergebnislos blieb. Nach Pinochets Ausscheiden aus dem Amt 1990 wurden erneut strafrechtliche Ermittlungen eingeleitet, bei denen Carmen einbezogen wurde und deshalb Polizeischutz benötigte. »Meine Mutter hatte Angst, dass mir etwas zustoßen könnte, aber ich musste es tun, für meinen Vater«, sagte sie.

Die Ermittlungsrichterin war Violeta Guzmán vom Berufungsgericht in Santiago. »Ich hatte große Erwartungen, da sie als Kämpferin bekannt war, vermutete aber auch, dass sie Angst hatte«, sagte Carmen. »Guzmán befand, dass sie wegen des Amnestiegesetzes nicht zuständig sei.« Der Fall wurde an das Militärgericht und dann an den Obersten Gerichtshof Chiles verwiesen. »Das Verfahren erlangte Symbolcharakter, weil wir von der UNO und der spanischen Regierung unterstützt wurden.« Im Juni 1996 erkannte der Oberste Gerichtshof die Ermordung von Carmelo Soria als schweres Tötungsdelikt an und nannte die Namen der Täter, darunter einen von Pinochets Leibwächtern. »Das machte den Fall besonders heikel, denn er reichte bis hinauf zu Pinochet.« Aufgrund des Amnestiegesetzes ging der Oberste Gerichtshof jedoch nicht weiter. Das Urteil öffnete die Tür, durch die Carlos Castresana eintrat.

Carmen Soria gab nicht auf. Sie setzte alles daran, die Beförderung von Brigadier Jaime Lepe zu verhindern, einem derjenigen, die nachweislich in den Mord an ihrem Vater verwickelt waren. Sie reichte eine Beschwerde bei der Interamerikanischen Kommission für Menschenrechte ein.[58] Sie sprach sich für eine Abschaffung des Amnestiegesetzes aus.

»Ich wollte sämtliche Einzelheiten darüber erfahren, was mit meinem Vater geschehen war«, sagte sie. »Es dauerte Jahre, bis die Fakten ans Licht kamen: Er wurde auf offener Straße entführt und dann zu Townleys Haus gebracht. Sie zerquetschten ihm mit schweren Reifen die Rippen. Sie versetzten ihm Elektroschocks. Möglicherweise haben sie ihn mit Sarin-Gas traktiert, weil er Krämpfe hatte, aber das ist nicht bewiesen. Sie legten seinen Kopf auf eine Stufe, verrenkten [sein Genick] und brachen es. Mein Vater starb in der Vía Naranja, im Haus von Michael Townley und der Schriftstellerin Mariana Callejas.«[59]

Carmen Soria nahm einen tiefen Zug von ihrer Zigarette und atmete langsam aus. »Pinochet reiste in einer Zeit der Ohnmacht und der Straflosigkeit nach London.« Ihre Worte waren voller Zorn. »Im Laufe der Jahre nahm mein tiefes Misstrauen gegenüber dem Staat und der Regierung nicht ab. Es wuchs weiter, und es wächst immer noch.«

## 11

Die Klage gegen Pinochet, die Castresana im Juli 1996 in Valencia erhob, wurde zügig bearbeitet und nahm den üblichen Verlauf. Nachdem sich der Richter in Valencia vergewissert hatte, dass die verfahrensrechtlichen Voraussetzungen erfüllt waren, verwies er den Fall an die Audiencia Nacional in Madrid, den Nationalen Gerichtshof des Landes. Der Fall ging an das Gericht Nr. 6 und Richter Miguel Moreiras, der für Richter García-Castellón eingesprungen war.

Moreiras übergab den Fall Pinochet an Javier Balaguer, den Staatsanwalt des Gerichts Nr. 6. Dieser erkannte dessen Bedeutung und empfahl in zwei kurzen Sätzen, die Sache weiterzuverfolgen. »Ich weiß nicht, inwieweit er die Überlegungen zu Folter und Völkermord teilte, aber er ließ die Klage zu«, sagte Castresana. Gegen Balaguers Entscheidung wurde kein Rechtsmittel eingelegt, so dass das Verfahren gegen Pinochet nun anhängig war.

Der nächste Schritt bestand darin, Zeugenaussagen und andere Beweise zu sichern. Zwei Jahre lang arbeitete Castresana mit den Opfern und mit *La Vicaría de la Solidaridad* zusammen, einer vom Erzbischof von Santiago 1976 gegründeten Organisation, deren Zweck es ist, Beweise für Verhaftungen, Folter und das Verschwinden von Personen zu sammeln.[60] *La Vicaría* spielte eine entscheidende Rolle dabei, dass in Chile Täter zur Rechenschaft gezogen und Gerechtigkeit geübt wurde. Castresanas Pinochet-Fall wurde durch die Entscheidung des Justizministers von Präsident Clinton begünstigt, auf ein Amtshilfeersuchen der Audiencia Nacional positiv zu reagieren und in den Vereinigten Staaten verfügbare Beweise zu liefern. Dies habe »grünes Licht« für andere Regierungen gegeben, glaubte Garcés, ein Signal des »großen Bruders«, dass es okay sei, die Tür zu öffnen. Die spanischen Medien berichteten über die Fälle Soria und Letelier, jedoch ohne große Resonanz.

Der chilenische Fall wurde parallel zu Castresanas argentinischem Fall verhandelt, der dem Zentralen Amtsgericht Nr. 5 und Richter Garzón zugewiesen worden war. Castresana merkte, dass Garzón der aktivere Richter war und das Verfahren mit »eiserner Hand« führte. Er stellte eine Verbindung zwischen den beiden Fällen her, die sich als entscheidend erweisen sollte: Pinochets Operation Condor richtete sich gegen Regimegegner in Argentinien. Das bedeutete, dass Garzón kraft seiner Zuständigkeit für die Untersuchung eines Mordes in Argentinien eine Spur nach Chile verfolgen durfte.

Als Oberbefehlshaber der chilenischen Armee war General Pinochet über die Verfahren und die rechtlichen Risiken bestens informiert. Seine Besorgnis wuchs erheblich, als Garzón im Februar 1997 einen Haftbefehl gegen den ehemaligen argentinischen Präsidenten General Galtieri erließ. Pinochet schickte General Torres Silva – seinen Lieblingsstaatsanwalt und späteren Generalauditor der Armee – nach Madrid. Dieser sollte den neuen Chefankläger der Audiencia Nacional, Eduardo Fungairiño, dazu überreden, die Einstellung beider Verfahren zu erwirken.[61]

Der Besuch von General Silva fand heimlich statt, veranlasste Fungairiño jedoch, dem Rat der Staatsanwälte einen vertraulichen Bericht vorzulegen. Darin behauptete er, dass es in Chile keinen Putsch gegeben habe, sondern lediglich eine vorübergehende Aussetzung der verfassungsmäßigen Ordnung. Der Bericht sickerte durch und löste einen Skandal aus. Fungairiño änderte den Kurs und ersetzte den progressiven Staatsanwalt Balaguer durch den eher konservativen Jesús Peláez, dem nachgesagt wird, er sei Mitglied der konservativen katholischen Vereinigung Opus Dei. Fungairiño forderte Peláez nun auf, die Zuständigkeit der Untersuchungsrichter in den Gerichten Nr. 5 und 6 anzufechten und bei der Strafkammer der Audiencia Nacional Berufung einzulegen.

Peláez war »absolut gegen uns«, erinnerte sich Garcés.

Er war »extrem konservativ«, sagte Castresana.

Eduardo Fungairiño strengte ein Verfahren vor der Audiencia Nacional an, um die Zuständigkeit der spanischen Gerichte für Ermittlungen gegen Pinochet und den argentinischen General Galtieri anzufechten. Das war 1998. Die Anhörung war für Ende Oktober angesetzt.

Als die Rechtssache anhängig war, verständigte jemand Juan Garcés in Madrid, und alles änderte sich.

## 12

»Es war irgendwann um den Donnerstag, 8. Oktober«, erinnerte sich Garcés. »Ich glaube, es war mein Freund Victor Pey, der mich als Erster auf einen kleinen Artikel in der chilenischen Presse aufmerksam machte, dass Pinochet zu einem medizinischen Eingriff in England sei.« Menschenrechtsorganisationen, darunter Amnesty International, die Pinochets Verhaftung forderten, waren ebenfalls eingeschaltet.[62]

Garcés musste schnell handeln. Über das Wochenende vom 10. und 11. Oktober 1998 bereitete er ein Dokument für Richter García-Castellón am Gericht Nr. 6 vor, den vorsichtigeren Richter, der für den chilenischen Fall zuständig war. Garcés hatte bereits Beweise für die Rolle Pinochets bei Völkermord, Terrorismus und Folter vorgelegt. Nun bereitete er einen einfachen Antrag vor, Pinochet in London zu diesen Vorwürfen befragen zu dürfen. Das Verfahren war als »auto de procesamiento« bekannt.

Garcés arbeitete allein zu Hause. »Ich hatte alle Papiere, die ich brauchte.« Während er den Antrag formulierte, erhielt er einen Anruf von einem Unbekannten aus London, der ihm die Dringlichkeit bestätigte: »Pinochet ist in London. Wir können ihn nicht von den britischen Behörden verhaften lassen. Die einzige Chance, ihn dingfest zu machen, ist die Anordnung eines spanischen Richters.« Der Anrufer, so erfuhr er, war Andy McEntee, der Vorsitzende des Kuratoriums von Amnesty International UK.

Garcés wandte sich an Oscar Soto, den Leibarzt von Präsident Allende, um zu erfahren, wie lange Pinochet seiner Meinung nach im Krankenhaus bleiben würde. Dr. Soto bezweifelte, dass Pinochet in der Lage wäre, unverzüglich abzureisen. Garcés war erleichtert, denn am Montag, dem 12. Oktober, war in Spanien Nationalfeiertag, und die Gerichte blieben geschlossen.

Am Dienstag, 13. Oktober, begab sich Garcés gleich in der Frühe zur Audiencia Nacional. Er besprach sich mit Richter García-Castellón und bat ihn, die Londoner Behörden um die Erlaubnis zur Vernehmung Pinochets zu ersuchen. García-Castellón war der Idee nicht abgeneigt, aber er sicherte nicht zu, darauf einzugehen; daher befürchtete Garcés, dass er nichts unternehmen würde.

»Ich kannte sein Naturell und war mir nicht sicher, ob er die Anfrage schicken würde. Er hatte die Angelegenheit vorangetrieben und eine umfangreiche Beweisaufnahme zugelassen, aber er stand unter dem Druck des spanischen Rechtsestablishments.« Castresana und Garcés erwarteten, dass Generalstaatsanwalt Fungairiño alles in seiner Macht Stehende tun würde, den chilenischen Fall zu stoppen. »Ich befürchtete, dass der gebündelte Druck das Verfahren ausbremsen könnte«, sagte Garcés. »Also bereitete ich einen alternativen Weg vor, für den Fall, dass García-Castellón nichts unternahm.«

Dies bezog auch Richter Garzón am Zentralen Amtsgericht Nr. 5 ein, der wegen Verbrechen in Argentinien ermittelte. Garcés wusste, dass die Operation Condor eine Verbindung zwischen Argentinien, Chile und Pinochet darstellte. »Ich kannte Richter Garzón nicht wirklich, aber ich hatte einen Vortrag von ihm über die Verbrechen in Argentinien besucht, darunter auch Condor, und war daher mit seiner Arbeitsweise vertraut.« Garzón schien eher zum Handeln bereit zu sein.

Einige Monate zuvor hatte Garcés bei Richter Garzón einen anderen Fall vorgebracht, bei dem es um einen im Rahmen der Operation Condor begangenen Mord in Argentinien im Jahr 1976 gegangen war. Edgardo Enríquez Espinoza, ein Chilene, war in Buenos Aires festgenommen, dann gefoltert worden und schließlich verschwunden.[63] (Espinozas Bruder Miguel, Gründer der MIR, war 1974 von der DINA umgebracht worden.) »Ich wandte mich wegen dieses Falles an Richter Garzón, im Zusammenhang mit seinen Ermittlungen zur Operation Condor.« Garcés verfügte über Zeugenaussagen und andere Beweise für Verbindungen zwischen dem chilenischen und dem argentinischen Geheimdienst, und er hoffte, dass Garzón dadurch auf Pinochet aufmerksam würde.

»Am Mittwoch, dem 14. Oktober, suchte ich Garzón auf. Ich sprach sehr direkt mit ihm und teilte ihm mit, dass Pinochet in England sei, dass ich die Vorbereitungen getroffen hätte, um ihm eine Intervention zu ermöglichen, und dass dies der Moment zum Handeln sei.« Die politische Situation in Großbritannien sei reif, erklärte ihm Garcés. Es gab eine Labour-Regierung und einen engagierten Außenminister, Robin Cook, der sich für eine »ethische Außenpolitik« einsetzte, in deren Mittelpunkt die Menschenrechte standen.

»Ich sagte zu Garzón: ›Bitte stellen Sie ein Rechtshilfeersuchen, um Pinochet zu seiner Rolle bei der Operation Condor in Argentinien zu befragen.‹« (Ein Rechtshilfeersuchen ist ein förmliches Ersuchen eines Gerichts in einem Land, das ein Gericht in einem anderen Land um Rechtshilfe bittet, etwa in Fragen der Beweiserhebung – dieses Verfahren wurde von den US-Behörden im Fall Townley angewandt.) Garzón erklärte, er stehe dem Gedanken offen gegenüber, werde aber nur handeln, wenn er ein förmliches, schriftliches Ersuchen erhalte.

## 13

Baltasar Garzón war bereits im elften Jahr als Ermittlungsrichter am Zentralen Amtsgericht Nr. 5 der Audiencia Nacional tätig, als Garcés ihn am Mittwoch, dem 14. Oktober, besuchte. Garzón, ein kantiger Mann mit kräftigem Haarschopf und stechendem Blick, war als furchtloser Ermittler in prominenten Drogen- und Terrorfällen bekannt. Als ich ihn viele Jahre später zum ersten Mal aufsuchte, erinnerte er sich an die Begegnung mit Garcés. Es war an jenem Mittwoch, und Richter García-Castellón war möglicherweise abwesend.

»Ich hatte fünf Jahre lang die Operation Condor und die in Argentinien begangenen Verbrechen untersucht«, erzählte mir Garzón. Er wusste, dass es chilenische Pinochet-Opfer in Argentinien gab, aber auch, dass Richter García-Castellón am Gericht Nr. 6 die Leitung der Ermittlungen in diesen Angelegenheiten innehatte. Garzón wollte seinem Kollegen nicht auf die Füße treten. »Ich akzeptierte das neuerliche Ersuchen von Garcés, wollte mich aber auf den argentinischen Aspekt konzentrieren und nicht auf Pinochet«, erinnerte er sich. »Freilich wusste ich, dass der Fall, den Garcés vorbrachte, chilenische Aspekte von Condor betraf, so dass er in meine Zuständigkeit für Morde in Argentinien fiel.«

»An jenem Tag kam ich zur üblichen Zeit im Büro an, etwa um halb neun Uhr morgens«, erzählte mir Garzón. »Juan Garcés kam um zehn. Er bat mich um eine Unterredung, ich willigte ein. Er betrat mein Zimmer und sagte ganz einfach: ›Pinochet ist in London.‹« Er hatte ein kurzes Dokument dabei, in dem die Anschuldigungen gegen Pinochet aufgeführt waren, »einen der Hauptverantwortlichen« für die Verbrechen der Operation Condor. Dies genügte Garzón, um zu handeln. Garcés übergab ihm das Dokument, das Pinochets Rolle bei der Gründung der DINA darlegte und Informationen über die Ermordung von Orlando Letelier und Carmelo Soria enthielt. Außerdem verfügte Garcés über die Zeugenaussage von Contreras, die eine direkte Beteiligung Pinochets an der Genehmigung der DINA-Aktionen in Argentinien im Rahmen der Operation Condor belegte.

»Ich möchte eine persönliche Aussage von Augusto Pinochet entgegennehmen, sobald er sich von seinem medizinischen Eingriff erholt hat«, sagte Garcés zu Garzón. Garcés bat ihn, die britischen Behörden um ihre Zustimmung zu bitten und dafür zu sorgen, dass sie Pinochet nicht ausreisen ließen, bevor er zu seiner Rolle bei der Operation Condor befragt worden sei.

Garzón zögerte. »Der eigentliche Fall Pinochet liegt beim Richter des Gerichts Nr. 6, nicht bei mir«, erwiderte er. »Bitten Sie García-Castellón, den Antrag zu stellen, denn ich bearbeite nur einen kleinen Teil des Pinochet-Falles.« Das war sehr höflich und kollegial von ihm.

»Warum García-Castellón nicht vorschlagen, dass ich handeln könnte, wenn er nicht möchte«, brachte Garzón die Operation Condor als Motiv ins Spiel. »Wenn Sie ihm sagen, dass ich handlungsbefugt bin, wird er Ihnen sicher die gewünschte Anweisung geben.« In der Zwischenzeit, so fügte Garzón hinzu, werde er einen Entwurf des von Garcés erhofften Ersuchens vorbereiten.

Garcés sorgte sich noch um etwas anderes: García-Castellón wollte von Scotland Yard eine Bestätigung, dass Pinochet wirklich in London war. Für Garzón, der annahm, dass Pinochet jederzeit verschwinden könnte, war diese mögliche Verzögerung der ausschlaggebende Faktor. Ich habe »die Möglichkeit und die Kapazitäten, mich dieser Sache anzunehmen«, sagte er zu sich selbst – und beschloss, zu handeln.[64]

Am Nachmittag jenes 14. Oktobers verfasste Garzón eine kurze Notiz, die via Interpol nach London geschickt wurde. Ist Pinochet in Großbritannien, und wenn ja, wo? Wie steht es um Pinochets Gesundheit? Bitte gestatten Sie mir, schrieb er, eine Aussage über seine Rolle bei der Operation Condor entgegenzunehmen, und bitte »garantieren Sie, dass Herr Pinochet Ugarte bis zum Zeitpunkt seiner Aussage auf britischem Boden bleiben wird«.[65]

Zunächst wies Scotland Yard die Anfrage in einem Fax zurück. »Wir verstehen nicht, warum Sie das wissen wollen, oder warum Sie das fragen«, erinnerte sich Garzón an die Antwort. »Wir sind nicht verpflichtet, Ihre Fragen zu beantworten.« Dieser abweisende Ton spornte ihn an, einen Schritt weiter zu gehen.

Zufälligerweise – oder vielleicht auch nicht – erhielt Garzón just in diesem Augenblick überraschend einen Telefonanruf: »John Dew von der britischen Botschaft war am Apparat.« Garzón hatte den hochrangigen Diplomaten in einer Geldwäscheangelegenheit in Gibraltar kennengelernt, jener britischen Enklave in Südspanien, die regelmäßig für Spannungen zwischen beiden Ländern sorgt. Bei einem netten Mittagessen im Las Reses, einem altmodischen Restaurant in Madrid, das für seine Kutteln und bunten Stierkampfplakate bekannt ist, hatte Garzón vorgeschlagen, wie sich die Zusammenarbeit in Bezug auf Gibraltar verbessern ließe. Er mochte Dew. »Typisch englisch. Sehr förmlich. Groß. Krawatte. Korrekt.«

Garzón zufolge rief Dew ihn an, um ihm mitzuteilen, dass er von der Ablehnung durch Scotland Yard wisse, das letzte Wort aber noch nicht gesprochen sei. »Sie werden eine neue Antwort von Scotland Yard erhalten, denn Sie gelten als Freund Großbritanniens«, erinnerte sich Garzón an Dews Worte. »Alles wird gut werden, denn wir pflegen eine sehr konstruktive Zusammenarbeit«, hatte Dew zu Garzón gesagt. Er erinnerte sich an das Gespräch, als wir uns in seinem Garten in Oxford trafen (er ist im Ruhestand und betätigt sich als Künstler, wobei naive Landschaften und durchaus beeindruckende Zeichnungen entstehen, die seine Zeit in Havanna, Bogotá und im Norden Oxfords widerspiegeln).[66] Garzón nahm an, dass jemand von höherer Stelle den Anruf gebilligt haben musste, da britische Diplomaten nicht dazu neigten, auf eigene Faust zu handeln.[67]

Noch am selben Tag, später an jenem Mittwoch, erhielt Garzón ein zweites Fax von Scotland Yard, das wesentlich kooperativer klang. Darin wurde bestätigt, dass sich Pinochet in einer Klinik im Zentrum Londons aufhielt, und die Frage gestellt: »Was wollen Sie wirklich von uns?« Garzón kannte die Antwort noch nicht und wartete damit bis zum nächsten Morgen. In der Zwischenzeit hatte Juan Garcés Entwürfe für Rechtshilfeersuchen erstellt: Ein Exemplar ging an Richter García-Castellón wegen Verbrechen im Zusammenhang mit Chile, das andere an Richter Garzón wegen Verbrechen in Argentinien, die mit der Operation Condor und Pinochet persönlich in Verbindung standen.[68]

Mit einem schriftlichen Ersuchen von Garcés betrachtete sich Garzón nunmehr als handlungsbefugt. Am Morgen des 15. Oktober schrieb er an Scotland Yard und teilte mit, dass er ein Rechtshilfeersuchen stellen werde, um Pinochet über seine Rolle bei der Operation Condor befragen zu können.

Wie Garzón gehofft hatte, antwortete Scotland Yard mit Angaben zu Pinochets Aufenthaltsort in einer Klinik im Zentrum Londons. Garzón sagte, er werde am Montag, dem 19. Oktober, nach London reisen. »Um Pinochet zu befragen.«

Britische Zeitungen berichteten, dass Pinochet in London sei und Garzón mit ihm sprechen wolle. »Ich habe noch keine Entscheidung getroffen«, wurde Garzón im *Guardian* zitiert. Nachdem man ihm geraten habe, ein Rechtshilfeersuchen einzuholen, wolle er »die Sachlage in den nächsten Tagen prüfen«. Die Zeitung deutete jedoch an, es sei »keine Frage«, dass die Auslieferung Pinochets an Spanien beantragt werde.[69]

Am nächsten Morgen, am Freitag, dem 16. Oktober, berichtete *El País* über die negative Antwort García-Castellóns auf die Frage, ob er eine Verhaftung Pinochets plane: »Ich weiß, das wäre eine sehr spektakuläre Aktion, aber das ist nicht meine Art. Ich muss stichhaltige Beweise vorliegen haben, und die habe ich bis jetzt nicht.«[70]

Am frühen Nachmittag desselben Tages, gegen Viertel vor zwei, erhielt Garzón in seinem Büro in Madrid die Nachricht, dass Pinochet bereits am darauffolgenden Tag, also am Samstag, dem 17. Oktober, London verlassen und nach Chile zurückkehren könnte.

Hatten Sie diese Information von Scotland Yard?

Ja, sagte mir Garzón, sie schickten ein Fax. »Im Prinzip hieß es darin nur, dass Pinochet am Samstag, also am nächsten Tag, abreisen werde und es daher sinnlos sei, am Montag nach London zu kommen, wie ich es ursprünglich vorgehabt hatte. Wir können ihn nicht festhalten, hieß es, sagen Sie uns, was wir tun sollen.«

Bis zu diesem Zeitpunkt hatte Garzón beabsichtigt, lediglich eine Liste der Fragen zu übermitteln, die er Pinochet stellen wollte. Das Fax von Scotland Yard mit den neuen Informationen führte zu einem sofortigen Richtungswechsel. Er beschloss kurzerhand, einen Haftbefehl zu erlassen, ohne Rücksprache und ohne lange zu überlegen. »Mit Fragen allein hätte ich keine Möglichkeit gehabt, ihn zum Bleiben zu bewegen, ihn an der Ausreise zu hindern.« Daher sein Antrag auf Verhaftung und Auslieferung und das Ersuchen, Pinochet an der Ausreise zu hindern. Garzón handelte instinktiv.

Das Fax von Scotland Yard hat Sie zum Umdenken bewegt?

»Ja.«

Und diese Information war eine direkte Folge des vorangegangenen Gesprächs mit John Dew?

»Ja. Warum habe ich meine Meinung geändert? Als ich erfuhr, dass dieser Kerl abreisen würde, hätte ich auch sagen können: Okay, ich kann nichts tun, und García-Castellón wird sowieso nichts tun. Aber das hätte gegen alles verstoßen, was ich im Hinblick auf die universelle Zuständigkeit unternahm. Es war einfacher, nichts zu tun, aber stattdessen beschloss ich, in das Vakuum zu stoßen.«

Es war Freitagnachmittag in Spanien, und die meisten Menschen machten sich auf den Weg ins Wochenende. Garcés war an diesem Tag schon früher ins Büro gekommen, mit einer Liste von Fragen, die Garzón in den Antrag für das Rechtshilfeersuchen aufnehmen konnte. Der einzige Angestellte, der jetzt noch da war, war der Sachbearbeiter Jesús Sánchez. Garzón bat ihn zu bleiben (»das passiert mir immer, ich bin immer der Letzte!«, beschwerte sich Sánchez), um die Akten der Operation Condor zusammenzutragen. Diese seien unter Verschluss, sagte Sánchez, und nicht verfügbar.

Garzón fragte sich, was er ohne Akten ausrichten könnte. »Ich ging in mein Büro und schloss die Tür, um allein zu sein und zu überlegen, was ich tun sollte. Eine Möglichkeit war, einfach …«

Die Sache zu vergessen und nach Hause zu gehen?

»Unmöglich!«, schnaubte Garzón. »Option A wäre gewesen, die ganze Angelegenheit einfach zu ignorieren und das Büro zu verlassen. Option B wäre gewesen, an Scotland Yard zu schreiben, sich für die Zusammenarbeit zu bedanken und ihnen zu sagen, dass es jetzt zu spät sei, etwas zu unternehmen.« Es gab aber noch eine dritte Möglichkeit – auf gut Glück zu versuchen, Pinochet verhaften zu lassen. »Also beschloss ich, die Richtung zu ändern, einen Haftbefehl zu schreiben und ihn nach London zu schicken. Ich dachte, ich würde mir das nie verzeihen …«

Wenn Sie nichts getan hätten?

Garzón nickte. »Ich war mir zwar bewusst, dass das Vorhaben scheitern könnte, aber ich musste es versuchen. Also habe ich einfach angefangen zu schreiben …«

Auf einer Schreibmaschine?

»Von Hand, auf einem Blatt Papier, mit einem Stift. Ich habe alles aus dem Gedächtnis niedergeschrieben.«

Was waren die Verbrechen?

»Ich konzentrierte mich auf Staatsterrorismus, Folter und Völkermord. Ich schrieb im Namen eines der Opfer, Edgardo Enríquez Espinoza, der am 10. April 1976 in Chile entführt worden war, und erwähnte 79 weitere Fälle von verschwundenen Chilenen …« Garzón verstummte.

Während unseres Gesprächs lag vor uns eine Kopie des Ersuchens um Festnahme und Auslieferung Pinochets, das Garzón auf Spanisch verfasst hatte. Darin waren die Fakten kurz und bündig dargelegt. Als Staatschef, so schrieb Garzón, sei Pinochet direkt an der physischen Vernichtung, dem Verschwindenlassen, der Entführung und der Folter Tausender Menschen beteiligt gewesen. Er stützte sich dabei auf den Rettig-Bericht, in dem die Rolle Pinochets und der DINA sowie die Operation Condor ausführlich beschrieben werden.

Zu den Mordopfern gehörte der UN-Diplomat Carmelo Soria. Unter den Verschwundenen befand sich auch ein dreiundzwanzigjähriger Philosophiestudent, ein chilenisch-französischer Doppelbürger namens Alfonso Chanfreau.

## 14

Als Garzón im Oktober 1998 mit der Angelegenheit betraut wurde, war die Geschichte von Alfonso Chanfreau in ganz Chile allgemein bekannt. Seine Witwe, Erika Hennings, schilderte mir den Fall persönlich. Ihre Stimme und ihr Wesen waren von Schmerz erfüllt, freundlich und entschlossen, aber weder traurig noch gebrochen.

»Nach 50 Jahren hat sich mein Kampf verändert, die Prinzipien oder die Gefühle jedoch sind dieselben«, sagte sie. Das Verschwinden von Alfonso sei ein großes Unrecht gewesen, die Täter seien ungestraft geblieben. »Was mir meine Stimme gibt, ist der Kampf für Gerechtigkeit und Wahrheit.«

Erika Hennings wurde 1951 als Tochter einer streitbaren Familie in Santiago geboren. Ihr Vater war Katholik, ihre Mutter entstammte einer kommunistischen Familie. »Als sich die Gesellschaft in den 1960er Jahren politisierte, war ich eine Zeit lang militante Kommunistin«, erzählte sie. In ihrer Schulzeit ging sie mit einer Freundin zu einer anderen Schule, um dort während eines Lehrerstreiks Unterstützung anzubieten.

»Dort lernte ich Alfonso kennen, den *jefe de la toma*, den Leiter der Schulbesetzung. Er war groß, trug ein schönes weißes Hemd und putzte gerade die Tische in einem Klassenzimmer. Wir tanzten. Ich fand ihn gutaussehend, ach, er sah ja so gut aus!«

Sie heirateten im Oktober 1972, im Alter von 21 Jahren, und ein paar Monate später kam ihre Tochter Natalia zur Welt. Sie waren Universitätsstudenten. »Er studierte Philosophie, war ein Führer des MIR an der Universität, mehr Aktivist als Student«, sagte sie. »Ich war bei den Kommunisten.«

Das junge Paar hatte nicht mit dem Putsch gerechnet. »Wir konnten uns so etwas gar nicht vorstellen, an einem Tag der Angst«, berichtete Hennings. »Es gab Verhaftungen, darunter auch mein Onkel, und das Militär begann, die Leute mit Lastwagen abzuholen, das Verschwinden kam erst später. Der Tod war allgegenwärtig. Wir sahen Leichen im Fluss Maipo, genauso wie mitten im Zentrum von Santiago.«

»Alfonso wurde in der Nacht des 30. Juli 1974 abgeholt, am nächsten Tag kamen sie dann zu mir.« Ihre Tochter war bei ihren Eltern. »Man brachte uns nach Londres 38. Dort waren noch andere, darunter León Gómez, der einige Tage später eintraf.« Zusammen verbrachten sie dort 14 Tage. »Woran kann ich mich erinnern? Die laute Musik und das Parfüm; wenn ich daran denke, rieche ich es, das *Flaño*.«

Am 13. August 1974 wurde Alfonso erneut abgeholt. »Das war der Tag, an dem er verschwand. Ich sah ihn am Morgen. Wir sprachen miteinander. Einer der Folterer, Guatón Romo, brachte mich zu Alfonso und sagte ihm, er solle sich von mir verabschieden. Wir sprachen über Frankreich, wohin wir gehen wollten, wo seine Eltern, seine Schwester und sein Bruder waren. ›Warte auf mich, lerne bloß nicht ohne mich Französisch!‹, sagten wir zueinander. Wir hätten schon früher abreisen können, aber Alfonso wollte bleiben, wollte sich wehren. An jenem Morgen konnten wir uns voneinander verabschieden.«

Hennings wurde in andere Lager verlegt, nach Tres Álamos und Cuatro Álamos im Süden von Santiago. Da Chanfreau die chilenisch-französische Staatsbürgerschaft besaß, intervenierte die französische Regierung, und Pinochet erklärte sich bereit, sieben inhaftierte Franzosen freizulassen. Hennings nahm an, dass darunter auch Alfonso sei, und erst nach ihrer Freilassung erfuhr sie, dass er verschollen war. »Als ich sah, dass er nicht auf der Liste der sieben stand, dachte ich, er müsse tot sein. Ich hoffte, dass er vielleicht noch inhaftiert war, aber tief im Inneren wusste ich es. Ich wusste es sofort.«

Hennings wandte sich an die französische Botschaft. Da sie durch die Heirat mit Alfonso die französische Staatsbürgerschaft erworben hatte, genoss sie einen gewissen Schutz. »Ein französischer Parlamentarier, Jacques Marette, von der Rechten, kam nach Chile, erfuhr von den Verschwundenen und half uns.«[71] Sie war ihm immer dankbar dafür. Sie reichte eine Klage vor chilenischen Gerichten ein, die jedoch erfolglos blieb. »Ich wurde ausgewiesen und ging nach Frankreich; das war 1974.«

Neun Jahre vergingen, bevor sie zurückkehrte. »1984 gab es die DINA nicht mehr, an ihre Stelle war die CNI getreten, es war eine Gesellschaft, die von Angst regiert wurde«, erinnerte sich Hennings. »Es gab Proteste, und ich habe mich sofort engagiert. Die *Vicaría de la Solidaridad*, eine kirchliche Organisation, war aktiv, und die Familien der Verschwundenen organisierten sich im *Comité Pro Paz*. Wir waren meist Frauen, Mütter, ein paar Männer, wir wurden überwacht und oft von der Polizei verhört. Das hat uns aber nicht aufgehalten. Londres 38 war bereits als Haft- und Folterstätte bekannt, also konzentrierten wir uns auf diesen Ort. 1984 brachten wir Plakate an den Wänden an und beschmierten das Haus mit roter Farbe.«

Im Jahr 1986 kehrte sie wieder zurück nach Frankreich, um ein Lehramtsstudium zu absolvieren. »Seit diesem zweiten Mal liebe ich Frankreich«, sagt Hennings, »aber dort leben kann ich nicht …!« Drei Jahre später reiste sie erneut nach Chile. »Ich traf während der Referendumskampagne ein und arbeitete für *Médecins du Monde*.« Gemeinsam mit ihrer Freundin Viviana Uribe (deren Schwester Barbara Uribe und Ehemann Edwin Van Yurick in Londres 38 festgehalten wurden und dann verschwanden) engagierte sie sich bei der Suche nach den Verschwundenen.

Ende 1989 rollte Hennings zusammen mit anderen Familienmitgliedern einen weiteren Fall in Chile auf. Sie ging nach Londres 38, das ein Jahrzehnt zuvor kraft eines von Pinochet persönlich unterzeichneten Dekrets zum Instituto O'Higginiano geworden war.[72] »Ich ging hin, sie ließen uns rein, wir sagten nicht, wer wir waren.« Im Herbst 1992 kam sie mit der Richterin Gloria Olivares und anderen ehemaligen Häftlingen wieder, darunter Viviana Uribe, León Gómez, Miguel Ángel Rebolledo, Hedy Navarro und Luz Arce. Sie wollten ihre Folterer identifizieren: Miguel Krassnoff, Gerardo Godoy und Basclay Zapata (bekannt als *El Troglo*, der als »sehr sadistisch« galt). Krassnoff verärgerte die Richterin dadurch, dass er eine Militäruniform trug – was er bei seiner Arbeit in Londres 38 nie getan hatte – und eine Pistole bei sich hatte.

Die ehemaligen Häftlinge sagten aus, dass sie in Londres 38 festgehalten und gefoltert worden seien, und identifizierten die drei Männer als ihre Peiniger. »Krassnoff sagte, er habe lediglich Informationen ausgewertet«, erinnerte sich Miguel Ángel Rebolledo, »und *El Troglo* sagte, er sei nur ein Fahrer gewesen.« Die Zeitung berichtete über den Besuch und brachte Außenaufnahmen. Auf einem Bild waren Luz Arce und daneben, mit Brille und Zigarette, León Gómez zu sehen. In den Gerichtsakten fand ich eine wörtliche Niederschrift der Zeugenaussagen, eine genaue Schilderung der Ereignisse vom 29. September 1992.[73]

»Wir waren zehn Zeugen«, erinnerte sich Erika Hennings. »Als Witwe durfte ich alle durch das Gebäude begleiten. Krassnoff reichte mir die Hand, doch obwohl ich von Natur aus höflich bin, ergriff ich sie nicht. ›Ich bin ein Ehrenmann‹, sagte er. Ein kalter Mann, der ideologisch vollkommen überzeugt war von dem, was er getan hatte.«

Durch diesen Besuch wurde die Aufmerksamkeit auf den Fall Chanfreau gelenkt, wenngleich dieser aufgrund des Amnestiegesetzes nicht weiter verfolgt wurde. Hennings identifizierte etwa zu dieser Zeit Guatón Romo als einen der Hauptfolterer in Londres 38. Später reiste sie mit Viviana Uribe nach Brasilien, um seine Auslieferung nach Chile zu betreiben, und begegnete ihm auf dem Polizeipräsidium von Santiago schließlich von Angesicht zu Angesicht. »Es war schrecklich, er erkannte mich und erinnerte sich, dass er mich mitgenommen hatte, um mich von Alfonso zu verabschieden. *Un mec ignoble.*« Ein schrecklicher Mann.

»Von da an begann ich, mich ernsthaft mit Londres 38 zu beschäftigen«, sagte Hennings, die einen Ort der nationalen Erinnerung schaffen wollte. Sie sammelte Beweise, von denen ein Großteil in den Akten landete, die Richter Garzón später als Grundlage für seinen Antrag auf Auslieferung Pinochets aus England dienten.

## 15

Am Nachmittag des 16. Oktober 1998, einem Freitag, gab Baltasar Garzón vom Zentralen Amtsgericht Nr. 5 der Audiencia Nacional in Madrid seinem Auslieferungsantrag den letzten Schliff. Von Hand schrieb er:

> ICH ORDNE AN: Untersuchungshaft für AUGUSTO PINOCHET UGARTE wegen der Verbrechen des Völkermordes und des Terrorismus, Erlass eines internationalen Fahndungs- und Festnahmebefehls, um seine Auslieferung zu ermöglichen. Den unverzüglichen Erlass eines internationalen Haftbefehls zur Vollstreckung durch die britischen Justizbehörden.

Er unterzeichnete das Dokument und bat seinen Assistenten, es abzutippen. »Eine Minute später kam Jesús Sánchez zurück«, erzählte Garzón. »›Don Baltasar, sind Sie sicher, dass Sie das tun wollen? Sind Sie sich über die Konsequenzen im Klaren?‹ Ich sagte zu ihm: ›Halt die Klappe, Mensch!‹« Garzón prüfte das endgültige Dokument, genehmigte es und wies Sánchez an, es zur Registrarin der Audiencia Nacional zu bringen. Sie las es. »Das ist verrückt!«, rief sie aus, dann unterschrieb sie es.

Es blieb noch eine letzte Formalität, ein Kästchen, das angekreuzt werden musste. »Ich war gesetzlich verpflichtet, den Staatsanwalt zu unterrichten«, erklärte Garzón. »Aber ich vertraute ihm nicht ganz, dass er das Richtige tun würde.« Garzón wusste, dass Eduardo Fungairiño die Genehmigung zurückhalten würde – der konservative Chefankläger hatte einen ranghohen Vertreter der chilenischen Marine davor gewarnt, nach Spanien zu reisen, um rechtliche Schwierigkeiten zu vermeiden, und die Audiencia Nacional um die Erklärung ersucht, dass Garzón für Ermittlungen gegen Pinochet nicht zuständig sei.

»Ich beschloss, Fungairiño zu umgehen«, sagte Garzón. »Es war Freitagnachmittag, und ich wusste, dass er möglicherweise schon vor Büroschluss um drei Uhr nach Hause gehen würde. Ich wartete bis 14:58 Uhr und schickte dann Jesús Sánchez los, der an seine Tür klopfen sollte. Keine Antwort. Ich bat die Sekretärin der Registratur, zu vermerken, dass wir Schritte unternommen hätten, Staatsanwalt Fungairiño zu benachrichtigen, ihn aber nicht hätten finden können.«

Der Haftbefehl gegen Augusto Pinochet wurde fertiggestellt und stand zur Übermittlung bereit, zunächst an die spanische Polizei, dann an Interpol in Madrid und schließlich an London. Machten Sie sich Sorgen wegen der Immunität, fragte ich Garzón?

»Nein, gar nicht. Es war klar, dass es keine Immunität gab, das schrieb ich auch, denn Pinochet war nur ein ehemaliger Staatschef. In Spanien war man sich darüber einig, dass man in anderen Fällen, wie etwa bei Berlusconi in Italien, als Staatsoberhaupt oder Regierungschef nur Immunität genoss, solange man im Amt war, nicht danach.« Eine Sorge war jedoch, dass die spanische Polizei einen hochrangigen Politiker alarmieren könnte, der dann in den Vorgang eingreifen und ihn stoppen würde. »Ich rief einen Polizisten an, den ich kannte, und sagte zu ihm: ›Ich schicke Ihnen einen Haftbefehl, er ist absolut geheim, bitte melden Sie ihn nicht Ihren Vorgesetzten.‹ Der Polizist sagte: ›Herr Richter, Ihre mündliche Anweisung genügt, sie wird zu den Akten genommen, mehr brauche ich nicht.‹«

Auf diese Weise wurde kurz nach drei Uhr nachmittags am Freitag, dem 16. Oktober 1998, in Madrid ein Haftbefehl gegen Augusto Pinochet in ein Faxgerät der Audiencia Nacional eingelegt. Garzón rief John Dew an, um ihm mitzuteilen, was er vorhatte. Dew sagte: »Vielen Dank, Euer Ehren, wir werden Sie über den weiteren Verlauf unterrichten.«

Der gesamte Prozess, von der Abfassung bis zur Übermittlung, war in weniger als 100 Minuten abgeschlossen. Um 16:30 Uhr war Garzón auf dem Weg zur Stierkampfarena im 350 Kilometer südlich von Madrid gelegenen Jaén in Andalusien, um dort Curro Romero, seinen Lieblingsstierkämpfer, zu sehen. Unterwegs erhielt er einen Anruf von John Dew, der ihm bestätigte, dass Scotland Yard den Haftbefehl erhalten habe und ihn gerade prüfe. (Garzón erzählte mir, dass er damals der einzige Richter an der Audiencia Nacional gewesen sei, der ein Mobiltelefon besessen habe, ein uraltes Motorola-Modell, das er wegen seiner Größe und Form »die Gondel« genannt habe.) Als Garzón in der Stierkampfarena war, rief Dew ihn erneut an. »Scotland Yard bringt den Haftbefehl jetzt zum Richter, damit er unterschrieben wird«, sagte er.

## 16

Garzóns Ersuchen um Festnahme und Auslieferung von Augusto Pinochet traf um kurz nach drei Uhr Londoner Zeit bei Scotland Yard ein. Was dann geschah, entsprach den Anforderungen des Völkerrechts und des englischen Rechts.

Spanien und Großbritannien waren Vertragsparteien des Europäischen Auslieferungsübereinkommens, das 1957 unterzeichnet worden war. Dieses verpflichtete Großbritannien, Pinochet nach Erhalt des Auslieferungsersuchens an Spanien auszuliefern, sofern die im Übereinkommen festgelegten Bedingungen erfüllt waren. Zu diesen Bedingungen gehörte, dass eine »auslieferungsfähige Straftat« begangen worden sein musste, also eine Handlung, die sowohl in Spanien als auch in Großbritannien ein Verbrechen war und mit mindestens einem Jahr Freiheitsstrafe geahndet wurde. Von der Sache her erfüllte Garzóns Antrag diese Voraussetzungen.

Das Europäische Übereinkommen war durch den Extradition Act von 1989 in englisches Recht umgesetzt worden. Darin waren die in London zu befolgenden Verfahren festgelegt. Der erste Schritt bestand darin, dass ein Amtsgericht einen »vorläufigen Haftbefehl« erließ, damit die Polizei Pinochet festnehmen konnte. Als Nächstes konnte der Innenminister eine »Genehmigung zum weiteren Vorgehen« erteilen, es sei denn, es würde festgestellt, dass eine Anordnung zur Rückführung Pinochets nach Spanien nicht rechtmäßig erfolgen könnte. Drittens müsste Pinochet »so bald wie möglich« vor Gericht erscheinen, um zu prüfen, ob es sich bei der Straftat um ein »Auslieferungsverbrechen« handelte und ausreichende Beweise vorlagen, und um über Haftbedingungen oder Kautionszahlungen zu entscheiden. Die endgültige Entscheidung über die Auslieferung Pinochets an Spanien oblag schließlich wieder dem Innenminister. Für jeden dieser vier Schritte legte das Gesetz von 1989 spezifische Verfahren und Bedingungen fest. Es regelte jedoch nicht sämtliche Fragen: Zur Immunität Pinochets enthielt es keine Angaben.

Schritt eins war der Erlass eines vorläufigen Haftbefehls. Als Garzóns Ersuchen in London eintraf, waren die Gerichte bereits geschlossen, so dass das Ersuchen an einen Metropolitan Stipendiary Magistrate (Stipendiatenrichter) ging, der nach Feierabend Dienst hatte. An jenem Abend war dies Nicholas Evans, der in Hampstead, einem Stadtteil im Norden Londons, wohnte. Scotland Yard bereitete einen Entwurf für einen vorläufigen Haftbefehl vor, den Beamte des Extradition Squad (Auslieferungsdezernat) zu ihm nach Hause brachten. Evans würde ihn überprüfen,

Lücken ausfüllen und, wenn alles in Ordnung war, unterschreiben. Mit seiner Unterschrift konnte Augusto Pinochet verhaftet werden.

Viele Jahre später berichtete mir Nicholas Evans persönlich von diesen Ereignissen.[74] Es war ein freundlicher, nachbarschaftlicher Zug: Wir wohnen nebeneinander, und unsere Gärten sind nur durch einen schmalen Weg, zwei Zäune und einen hartnäckig aggressiven Bambus getrennt.

Ich besuchte ihn an einem Sonntag im Oktober. Nicholas ist groß gewachsen und gut gebaut, mit einem Schopf grauer Haare und einem gesunden, rötlichen Teint. Er verfügt über reichlich Erfahrung im Umgang mit Auslieferungsersuchen, wenn auch nicht mit derart bedeutenden. An jenem Herbstmorgen begrüßte er mich in einer braunen Cordhose und einem blauen Pullover und bat mich in ein Wohnzimmer im ersten Stock, das ihm gleichzeitig als Büro diente. Dort stand ein bequemes rotes Sofa, auf dem er sich niederließ und die Hände vor der Brust verschränkte. Während wir uns unterhielten, öffnete sich die Tür, und Diana, seine Frau, steckte ihren Kopf herein. »Kaffee? Oder etwas Stärkeres?«

»Es war Freitag, der 16. Oktober 1998, auf den Tag genau vor 18 Jahren«, überlegte er. Nach einem Tag am Amtsgericht, dem Bow Street Magistrates' Court in der Londoner Innenstadt, kehrte er gegen 18 Uhr nach Hause zurück. »Ich hatte an dem Abend Bereitschaftsdienst«, so dass Scotland Yard jeden Moment auftauchen konnte. »Es kann gut sein, dass man um Mitternacht noch Besuch bekommt.« Die Sache wurde wie ein Notfall behandelt. »Man sagte mir, dass von oder im Namen von Senator Pinochet Reisevorbereitungen getroffen worden seien, damit er am nächsten Tag das Vereinigte Königreich verlassen könne.«

Gab es etwas Erwähnenswertes an diesem Tag?

»Nichts, es war nur ein Tag.« Er dachte nach. »Na ja, vielleicht gab es ein Gerücht, dass am Abend ein Haftbefehl benötigt werden könnte. Ich hörte etwas über einen Verkehr zwischen Spanien und England.« Er und seine Frau aßen früh zu Abend. Gegen halb acht läutete das Telefon. »Es war Scotland Yard, um mitzuteilen, dass sie innerhalb einer Stunde hier wären, und das waren sie auch.«

Kurz nach acht Uhr trafen vier Beamte ein, mit einem Auslieferungsersuchen aus Madrid und dem Entwurf eines vorläufigen Haftbefehls für Pinochet. »Sie blieben etwa eine Stunde lang, bis neun. Ein Inspektor der Auslieferungsbehörde und ein Beamter, den ich kannte. An den Namen erinnere ich mich leider nicht mehr.« Andrew Hewett, schlug ich vor. »Außerdem war Lizzie Franey dabei, eine Justizbeamtin in der Bow Street, die sich in Auslieferungsangelegenheiten sehr gut auskennt. Sie war eine große Hilfe, denn sie hatte sich den ganzen Papierkram angesehen.«

Bot er ihnen eine Tasse Tee an?

»Möglicherweise, wahrscheinlich aber eher nicht, wir fingen einfach an.«

Zwischen dem Anruf und dem Eintreffen der Beamten hatte sich Nicholas ein wenig vorbereitet. »Ich glaube, der Name Pinochet wurde erwähnt. Ich hatte ihn gehört, aber ich wusste nicht wirklich etwas über die Geschichte oder was genau damit verbunden war. Jedenfalls hieß es, dass das Ganze ohnehin vielleicht nicht zum Tragen komme, also verwendete ich nicht viel Zeit darauf, darüber nachzudenken.« Dennoch ahnte er, dass es ungewöhnlich war. »Ich begann zu begreifen, dass dies etwas Außergewöhnliches sein könnte, also ging ich an meinen Computer und gab den Namen ein. Pinochet. Ich las ein wenig, um eine bessere Vorstellung von den Hintergründen zu bekommen. Viel wusste ich nicht über die Angelegenheit.«

Ich zeigte mich überrascht darüber, dass er nicht mehr wusste. »Ich wusste, dass er ein chilenischer Diktator war. Ich wusste, dass die Art und Weise, wie er sich verhalten hat, großes Aufsehen erregt hat. Aber ich hatte nicht wirklich …« Nicholas verfiel in ein kurzes Schweigen, das zu einem Gedanken und dann zu einer Frage wurde.

»Wann ist er an die Macht gekommen?«

»11. September 1973.«

»Nun, ich wurde 1971 als Rechtsanwalt zugelassen. Im Jahr 1973 rannte ich wahrscheinlich in den Gerichten herum und beschäftigte mich mit Strafsachen. Die Entwicklungen im Ausland verfolgte ich nicht so genau, ich kann mich nicht erinnern, dass mich die Vorgänge in Chile besonders interessiert hätten.«

»Das war lange, bevor der Gedanke des internationalen Strafrechts richtig Fahrt aufnahm«, meinte ich, »und weit weg.«

»Genau«, antwortete er schnell. Es gab auch keinen Grund, warum er anderen Entwicklungen im Jahr 1998 besondere Aufmerksamkeit schenken sollte, etwa der Gründung des Internationalen Strafgerichtshofs in jenem Sommer oder den Diskussionen über eine Anklage des serbischen Präsidenten Slobodan Milošević in Den Haag.

»Pinochet war der erste Haftbefehl dieser Art gegen einen ehemaligen Staatschef wegen internationaler Verbrechen«, sagte ich.

»Ich hatte keine Kenntnis von diesen anderen Angelegenheiten«, erwiderte er.

Nein?

Nicholas dachte darüber nach. »Wenn ich die *Times* durchgeblättert hätte, wäre vielleicht ein Hinweis darauf zu finden gewesen, aber im Allgemeinen hätte ich darüber hinweggelesen. Ich hatte alle möglichen interessanten Dinge zu tun, es ging ja nicht nur um Prostituierte und Bettler und so, wissen Sie! Ich hatte eine Menge interessanter Arbeit, die mich in Anspruch nahm.«

Er brachte das Gespräch auf den Abend mit den vier Beamten zurück. »Sie kamen mit einer ›Information‹«, dem Dokument, in dem die grundlegenden Fakten und die möglichen Anklagepunkte dargelegt wurden. Sie sagten ihm, dass Pinochet bereits am nächsten Morgen mit einem Privatjet abreisen könnte. Die Sache sei dringend.

»Inspektor Hewett brachte ein Auslieferungsersuchen eines spanischen Gerichts mit, das von Garzón unterzeichnet war. Es enthielt Informationen über Pinochets Verhalten, aus denen ich ersehen sollte, ob darunter Straftaten waren, die eine Auslieferung rechtfertigten. Wahrscheinlich waren die spanischen Straftaten aufgeführt, aber sie waren nicht sonderlich relevant.«

Als diensthabender Richter war Nicholas verpflichtet, sich eine eigene Meinung zu bilden und nicht nur auf der gepunkteten Linie zu unterschreiben.

»Man musste herausfinden, welche Straftat nach englischem Recht begangen worden sein könnte, und sich davon überzeugen, dass es sich um eine auslieferungsfähige Straftat handelte?«, fragte ich.

»Ja, so ist es. Der Vorgang dauerte etwas länger als normal.«

An Länge und Einzelheiten von Garzóns Dokument konnte er sich nicht mehr erinnern. »Vermutlich war es recht umfangreich, denn es enthielt eine Vorgeschichte zu den Anschuldigungen, die gegen ihn erhoben wurden. Es war die Rede von der Ermordung tausender Menschen, von Folter, von Geiselnahmen ...«

»Und Völkermord.«

»Weiß ich nicht mehr«, erwiderte Nicholas scharf und fuhr fort:

> Das Material war sehr umfangreich, und ich musste einen Auslieferungsstraftatbestand definieren, der als »Anklage« bezeichnet wird. Meine Aufgabe war es, eine angemessene Anklage zu formulieren. Normalerweise ist das ziemlich einfach, aber in diesem Fall war es nicht so, deshalb gab es ein paar Diskussionen zwischen uns. Ich wusste nichts über Folter. Folter! Heute ist mir der Begriff vertraut, aber damals war es das erste Mal, dass ich mit Folter als möglichem Verbrechen konfrontiert wurde.

Er lächelte. Es war ein breites, freundliches, anständiges, nachbarschaftliches Lächeln. Dann fuhr er fort:

> Mit Einbruch, Diebstahl und Mord konnte ich umgehen, aber das war etwas völlig anderes. Ich war nicht begeistert von der Idee, eine Anklage wegen Folter zu verfassen. Wir überlegten hin und her, und Lizzie half mir, eine passende Anklage zu finden. Eigentlich waren 20 oder 30 Anklagen möglich, aber ich brauchte nur ein einziges Auslieferungsdelikt, das die Voraussetzung für seine Verhaftung erfüllte. Ich entschied mich für Mord, weil ich dachte, Mord wäre unkompliziert. Ich dachte, das wäre in Ordnung, und ich sagte: »Wir brauchen uns wohl keine Gedanken über Folter zu machen, wenn er jemanden umgebracht hat – oder dessen beschuldigt wird. Dann können wir uns auf Mord konzentrieren, das genügt völlig.«

Auf der Suche nach einem geeigneten auslieferungsfähigen Straftatbestand nach englischem Recht gelangte die Gruppe lange zu keinem Ergebnis. Schließlich einigten sie sich auf Mord. Irgendwann sagte Evans zu sich selbst: »Das ist lächerlich, halten wir es einfach.«

Dachte er an die möglichen Konsequenzen seiner Unterschrift?

»Nein. Das war mir damals noch nicht bewusst. Ich wusste, dass es viel Wirbel geben würde. Ich glaube, ich habe gefragt, ob das Innen- oder das Außenministerium über die Vorgänge Bescheid wüssten. Die Antwort lautete ›Ja‹, also stellte ich keine weiteren Fragen.«

Zogen er oder das Team von Scotland Yard die Möglichkeit in Betracht, dass Pinochet als ehemaliger Staatschef Immunität beanspruchen könnte?

»Wahrscheinlich, aber mit so etwas hatte ich mich noch nie beschäftigt. Es war das erste Mal, dass das Thema überhaupt aufkam.«

Er hatte recht. Diese Situation war völlig neu. Es gab keinen Präzedenzfall dafür, nicht in Großbritannien, nirgendwo. Kein ehemaliges Staatsoberhaupt war jemals in einem anderen Land wegen eines internationalen Verbrechens verhaftet worden. Zwar war schon einmal ein ehemaliges Staatsoberhaupt von einem anderen Land wegen gewöhnlicher Verbrechen im Zusammenhang mit dem anderen Land angeklagt worden – im Jahr 1992 wurde Manuel Noriega aus Panama in den Vereinigten Staaten wegen Drogenhandels, Geldwäsche und Erpressung angeklagt und verurteilt –, aber noch nie wegen eines internationalen Verbrechens, das weit entfernt und vor langer Zeit begangen wurde.

Sie hatten also in dieser Hinsicht keine Bedenken, was die Immunität eines ehemaligen Staatschefs anbelangte?

»Ich glaube, ich dachte einfach, das ist jetzt ein ganz normaler Mensch und kein Staatsoberhaupt mehr.«

Ein vorläufiger Haftbefehl ist ein formelles Dokument. Er ist »an alle Polizeibeamten der Metropolitan Police« gerichtet und ermächtigt diese, die als Beschuldigten genannte Person festzunehmen. Nicholas Evans schrieb weiter:

> Augusto Pinochet Ugarte ... ermordete zwischen dem 11. September 1973 und dem 31. Dezember 1983 im Zuständigkeitsbereich des Fünften Zentralen Amtsgerichtes des Nationalen Gerichtshofs von Spanien von Madrid spanische Staatsbürger in Chile, im Zuständigkeitsbereich der spanischen Regierung.

Er unterzeichnete, und die Justizbeamtin in der Bow Street, Elizabeth Franey, bezeugte die Unterschrift: »EF«.

Als die Beamten gegangen waren, erzählte Nicholas Diana, was geschehen war – »kein besonders wichtiges Gespräch«, – und das Paar ging zu Bett.

Hat Sie der Name Pinochet in irgendeiner Weise irritiert?

»Nein. Ich habe einfach den Prozess in Gang gesetzt, etwas,

von dem ich nicht wusste, dass es diese Wirkung haben könnte. Ich finde, ich verdiene dafür keine Anerkennung. Ich habe nur meine Arbeit getan. Ich habe keinen Haftbefehl unterschrieben, weil dies meine Chance war, die Welt zu verändern, ganz bestimmt nicht. Es war nur ein Fall wie jeder andere. Ich habe den Haftbefehl unterschrieben. Ohne ihn konnten sie nichts ausrichten.«

Das Gespräch neigte sich dem Ende zu. Nicholas erhob sich und ging zu dem Fenster, das auf die Straße hinausging. »Sehen Sie das Fenster dort drüben?«, fragte er in äußerst freundlichem Ton. »Das, wo Licht brennt?«

Ich nickte.

»Das ist das Arbeitszimmer von John le Carré, dort schreibt er. Komische Sache, was?«

## 17

Als die vier Beamten mit dem unterzeichneten vorläufigen Haftbefehl von Hampstead nach Scotland Yard zurückkehrten, widmeten sie sich praktischen Belangen. Pinochet, der sich in einem Privatzimmer der London Clinic an der Ecke Devonshire Place und Marylebone Road aufhielt, sprach kein Englisch, so dass ein Dolmetscher benötigt würde. Die Wahl fiel auf Jean Pateras. Sie war hoch angesehen und verfügte über zwei Jahrzehnte Erfahrung in der Zusammenarbeit mit der Metropolitan Police.

Viele Jahre später traf ich mich mit Jean, die mir gerne erzählte, was an jenem denkwürdigen Abend geschehen war. Zuerst telefonierten wir, dann unterhielten wir uns in ihrer gemütlichen Wohnung mit Blick auf den Sloane Square und tranken Tee neben Kartons voller Unterlagen zum Fall Pinochet. Sie saß bequem in einem Sessel, umgeben von Büchern und Familienfotos, auf dem Teppich lag eine Ausgabe der *Daily Mail*; sie trug ein creme-

farbenes Oberteil und eine passende Hose, dazu glänzende, goldene Mokassins. Jean ist ein ernsthafter Mensch und arbeitet äußerst professionell. Darüber hinaus ist sie eine wunderbare Person, energiegeladen und einnehmend, mit üppigem Haar und einer Frisur, die mich an das Ende der 1990er Jahre erinnerte. Sie selbst wurde in Costa Rica geboren, ihr Vater war ein in Sandhurst ausgebildeter Anglo-Argentinier, ihre Mutter kam als Tochter englischer Eltern in Chile zur Welt. Einen Teil ihrer Kindheit verbrachte sie in Chile, wo ihr Großvater eine Obstplantage betrieb.

Aufgrund ihrer exzellenten Spanischkenntnisse begann Jean Pateras in den 1980er Jahren für die Metropolitan Police zu dolmetschen. Den Anstoß dazu gab ein Bekannter. »Ein Polizist, der zu Besuch war, fragte mich: ›Sprichst du Spanisch?‹ Ich sagte ›Ja‹, und das war's. Mein erster Fall war ein Stück Seife, das in der Drogerie Boots gestohlen wurde!« Ein ähnlicher Fall wie mein eigener erster Fall als junger Anwalt, sagte ich, ein Ladendiebstahl bei Marks & Spencer. Jean liebte die Polizeiarbeit, meist lokale Angelegenheiten, die vor den englischen Gerichten verhandelt wurden. Gelegentlich gab es auch mal einen größeren Kriegsverbrecherfall, aber Pinochet war eine ganz andere Dimension. »Völkermord, Folter und andere Gräueltaten? Das war alles neu für mich.«

Lebhaft erinnerte sich Jean an den Abend des Freitag, 16. Oktober 1998. »Scotland Yard rief gegen fünf Uhr nachmittags an. Ich war gerade vom Gericht zurück und entspannte mich. ›Haben Sie Zeit, Jean?‹« Erschöpft nach einem langen Tag sagte sie ja, wenn es interessant sei. »Oh ja, hieß es, das sei interessant, aber sie wollten am Telefon nicht sagen, worum es gehe, sondern nur, dass sie kurz davor seien, einen Haftbefehl gegen die betreffende Person zu erwirken.«

Da ihr Interesse geweckt war, stimmte Jean zu und fuhr zu Scotland Yard. »Was ist denn los?«, fragte sie einen Detective Sergeant im Fahrstuhl. »Der DS sagte: ›Wir werden General Pinochet verhaften.‹ Ich sagte: ›Was? Das klingt ja wie in einem Woody-Allen-Film!‹« Wir lachten über die merkwürdige Reaktion.

Im vierten Stock von Scotland Yard weihte Inspektor Hewett sie in die Lage ein, dann machte er sich auf den Weg nach Hampstead, um den Haftbefehl unterschreiben zu lassen. Jean kannte Nicholas Evans, da sie in seinem Gericht gedolmetscht hatte. »Gehen Sie nach Hause und warten Sie auf unseren Anruf«, wies Hewett sie an. Sie aß mit ihrem Mann zu Abend und wartete dann. Um 21 Uhr kam der Anruf, sie solle sich auf dem Polizeirevier Marylebone melden. Von dort aus fuhren sie, Hewett und drei weitere Beamte zur London Clinic. Es war gegen 23 Uhr.

»Wir tauchten aus heiterem Himmel dort auf, ohne Vorwarnung«, sagte Jean. Die Beamten zeigten ihre Ausweise und erläuterten den Zweck ihres Besuchs. Man führte sie zu einem Aufzug, der sie in den achten Stock brachte. Vor Zimmer 801, das von zwei chilenischen Sicherheitsleuten bewacht wurde, sagte ihnen eine Krankenschwester, dass Pinochet schlafe. Seine Frau Lucía war nicht anwesend.

Jean fuhr fort: »Jemand sagte: ›Dann wecken Sie ihn auf, damit er keinen Schock bekommt und einen Herzinfarkt erleidet.‹ Wahrscheinlich war ich das, ich muss ja immer alle herumkommandieren!« Die Krankenschwester klopfte, öffnete die Tür, trat ein und schaltete das Licht an. Jean hörte, wie Pinochet geweckt wurde. »Ein paar Minuten später ging ich mit zwei Kriminalbeamten hinein. Wir waren nur zu dritt. Er saß im Bett, im Pyjama, das Licht war an, zwei chilenische Wächter waren im Zimmer, seine privaten Leibwächter. Sie verstanden kein einziges Wort Englisch.

Hewett sprach, dann dolmetschte Jean:

> Ich sagte: »*Buenas noches*, mein Name ist Jean Pateras, und bitte hören Sie zu, was der Polizeibeamte Ihnen jetzt sagen wird. Ich werde das, was er sagt, auf Spanisch wiederholen.« Der Kriminalbeamte verlas den Haftbefehl und wies Pinochet auf seine Rechte hin:[75] »Sie brauchen nichts zu sagen, es könnte sich nachteilig auf Ihre Verteidigung auswirken, bla, bla, bla.« Dann sagte ich: »Sie sind wegen Mordes verhaftet.«

Pinochet hörte aufmerksam zu. Es war fast Mitternacht.[76]

Wie reagierte er?

»Er musste das Ganze erst einmal verarbeiten.«

Was war seine unmittelbare Reaktion?

> Er sagte: »Ich kenne das Arschloch, das dahinter steckt, es ist dieser Kommunist Garcés, Juan Garcés.« Er war außer sich vor Wut. Richtig wütend! »Juan Garcés« war das Erste, was er sagte. Ich übersetzte. Er sagte, er sei in geheimer Mission gekommen, habe einen Diplomatenpass und genieße Immunität. Ich sagte zu ihm: »Ihre Wachen müssen gehen, denn Sie stehen unter dem Schutz der britischen Polizei.« Ich kann mich nicht erinnern, was dann geschah. Alles Mögliche.

Anfangs hätten sich die chilenischen Wachen geweigert, zu gehen, erzählte Jean. »Einer von ihnen sagte: ›Nein, ich werde nicht gehen.‹ Ich sagte zu ihm: ›Wenn Sie nicht gehen, werden Sie mit Gewalt weggebracht, gehen Sie raus.‹ Zwei uniformierte Polizisten kamen herein und begleiteten sie hinaus. Einer erinnerte sich später an Pinochet als »arrogant und wenig hilfsbereit« und »völlig fassungslos, dass ihm so etwas passierte«.[77]

Jean spürte Pinochets Erregung und versuchte, ihn zu beruhigen. »Ich sagte zu ihm: ›Hören Sie, ich bin sicher, Ihr Botschafter ist schon unterwegs, und wenn er hier ist, können Sie mit ihm sprechen und die Sache klären.‹« Es dauerte nicht lange, bis der Botschafter tatsächlich eintraf. »Der Botschafter fuhr mit uns im Aufzug nach unten. Er sagte: ›Glauben Sie nicht, dass ich ein Freund dieses Mannes bin, meine Familie musste seinetwegen das Land verlassen.‹«

Jean verbrachte etwa eine Stunde in der London Clinic. »Es gab eine Menge zu klären. Ich stand nur herum, während die Polizei dies und jenes tat, Dinge unterschrieb und sicherstellte, dass er wusste, was passieren würde.« Es war schon nach Mitternacht, als sie ging. Draußen auf der Straße standen die beiden chilenischen Wachen, die nicht wussten, was sie tun sollten. »Die beiden standen einfach nur da, im Regen, gegenüber der Klinik. Standen da und starrten vor sich hin. Ziemlich außergewöhnlich. Enorme Ergebenheit.«

Zu Hause rief Jean aufgeregt ihre Schwester in Paris an, deren Mann Botschafter Costa Ricas in Frankreich war:

> Es war etwa zwei Uhr nachts, ich sagte zu ihr: »Rate mal, was ich gerade getan habe! Ich habe gerade General Pinochet verhaftet!« Sie sagte: »Ach, was!« Ich sagte: »Doch, du wirst morgen darüber lesen.« Meine Schwester war begeistert, sie hielt Pinochet für ein Monster.

Jean Pateras war immer noch ganz aufgeregt, als sie 20 Jahre später darüber sprach. »Es war so spannend, das kann ich gar nicht beschreiben!« An diesem Abend ahnte sie nicht, dass sie bald wieder mit Augusto Pinochet zusammentreffen würde.

»Ich habe einen ganzen Stapel von Auslieferungspapieren, vielleicht möchten Sie sie haben?« Das war ein Angebot, das ich nicht ausschlagen konnte. Wir verabschiedeten uns voneinander.

Ich nahm mehrere große Plastikkisten mit, gefüllt mit Dokumenten, Hunderte Seiten von Pinochet-Akten. Darunter befand sich auch Garzóns Antrag, mit unerträglichen Details über die schrecklichen Verbrechen, die zu Pinochets Verhaftung geführt hatten.

Als ich mich auf den Weg machte, erwähnte Jean ein weiteres Telefonat, das sie am folgenden Tag mit ihrer Mutter geführt hatte, die in der englischen Grafschaft Dorset lebte:

> »Rate mal, was ich gestern Abend gemacht habe, Mama!« Ihre Antwort? Sie erriet es und sagte: »Ich finde es absolut skandalös, der Mann ist ein absolutes Genie, Chile war wunderbar unter ihm.« Ich sagte: »Mama, ist dir klar, was dieser Mann getan hat?« »Das ist alles Unsinn, Liebling, alles Unsinn.«

## Nächte in Chile

### 18

Die Verhaftung von Augusto Pinochet löste in ganz Chile einen Schock aus, bei Anhängern und Gegnern ebenso wie in literarischen Kreisen. »Es ist wie ein Erdbeben«, schrieb Roberto Bolaño über die Nachricht,[78] und erinnerte damit an die Auswirkungen der Pinochet-Diktatur auf das kulturelle Leben in Chile, an die »Mittelmäßigen auf der rechten und linken Seite«, die sich mit dem Diktator gemein machten.[79]

Zum Zeitpunkt von Pinochets Verhaftung sammelte Bolaño gerade Ideen für einen neuen Roman. *Chilenisches Nachtstück* erschien, während Pinochet in London war. Die Hauptfigur ist Pater Sebastián Urrutia Lacroix, ein älterer Jesuitenpater mit umfassenden und lebhaften Erinnerungen an die Pinochet-Jahre.

Der Roman erregte große Aufmerksamkeit und machte den Autor bekannt, der darin eine Reihe von Figuren vorstellt, denen der Priester begegnet. Eine davon ist »ein Mann mittleren Alters, von normaler Statur, weder schlank noch korpulent, mit einem Allerweltsgesicht«. Bolaño nennt ihn Señor Odeim. Er trägt »einen hellen Mantel mit einem überaus eleganten Hut auf dem Kopfe« und ist Direktor einer Fischkonservenfabrik, die Muscheln für den Export nach Deutschland und Frankreich in kleine Dosen abpackt. Sie betrieben hauptsächlich ein »Import-Export-Geschäft«, sagt Odeim zu dem Priester. Man sei jedoch dabei, auch in andere Bereiche einzusteigen.[80]

Eines Tages wendet sich Señor Odeim an Pater Urrutia Lacroix. Der Direktor der Fischkonservenfabrik will mit ihm unter vier Augen über eine »delikate« Angelegenheit sprechen, die »vollkommen restlose Verschwiegenheit und Zurückhaltung« erfordere. Der Priester akzeptiert die Bedingung, und Odeim erläutert die vertrauliche Aufgabe: Er fragt den Priester, ob er Augusto Pinochet und anderen Mitgliedern der Junta, darunter auch Polizeichef General Mendoza, Unterricht über den Marxismus erteilen könne. Der Priester sagt zu. Der Unterricht beginnt. Pinochet erweist sich als ordentlicher Schüler, der regelmäßig an den Kursen teilnimmt, lernwillig und wissbegierig ist und Freude am Lesen und Schreiben hat. Pinochets Motivation, so stellt der Priester fest, beruht freilich auf dem Wunsch, mehr über den Marxismus zu erfahren, »um Chiles Feinde zu verstehen, herauszufinden, wie sie denken, eine Vorstellung davon zu bekommen, bis wohin sie entschlossen sind zu gehen«.[81]

Die fiktive Figur des Konservenfabrikdirektors Odeim basiert auf Walther Rauff, einem hochrangigen Nazi und SS-Offizier. Dieser war aus Europa geflohen und im Süden Chiles gelandet, wo er eine Konservenfabrik leitete, die Königskrabbenfleisch nach Europa exportierte. Im Jahr 1963 erschien in mehreren chilenischen Zeitungen ein Foto von ihm, das ihn in einem hellen Anzug auf dem Rücksitz eines Autos zeigte. Das Bild hinterließ einen bleibenden Eindruck bei Bolaño, dem insbesondere der Hut auffiel. Auch bei anderen hinterließ das Bild einen Eindruck, wie ich später erfuhr.

Walther Rauff diente auch als Vorlage für eine Figur in einem früheren Roman von Bolaño, *Die Naziliteratur in Amerika*, der kurz vor Pinochets Verhaftung in London erschien. Das satirische Werk mit einer Vielzahl von Figuren führt den Leser im Kapitel »Zwei Deutsche am Ende der Welt« an einen Ort, den der Autor »Colonia Renacer« nennt. Die »Kolonie der Wiedergeburt« (so die Übersetzung) ist eine Siedlung in Zentralchile, deren Bewohner in der Phantasie des Autors ausnahmslos Deutsche sind.

»Colonia Renacer« beruht auf der Colonia Dignidad, einer religiösen, bäuerlichen Gemeinschaft, die 1963 von deutschen Einwanderern etwa 340 Kilometer südlich von Santiago gegründet wurde. In Wirklichkeit war die Colonia Dignidad, die ich im Folgenden als »Die Kolonie« bezeichnen werde, ein Ort systematischer Pädophilie und anderer Sexualverbrechen, deren Leiter eng mit der DINA und Pinochet zusammenarbeiteten. Außerdem hieß es, die Kolonie unterhalte Verbindungen zu flüchtigen Nazis wie Adolf Eichmann, Martin Bormann und Josef Mengele – und Walther Rauff. Ein Jahr nach dem Staatsstreich, 1974, wurde Pinochet bei einem Besuch in der Kolonie gefilmt.

In Bolaños Roman finden in der Kolonie »heidnische Orgien«, Sex-Sklaverei und »heimliche Scharfgerichte« statt. Am Fahnenmast weht »das rote Banner mit schwarzem Hakenkreuz auf weißem Kreis«. Der einzige Kriegsverbrecher, »der einige Jahre in der Kolonie Renacer verbrachte (und sich mit Leib und Seele dem Gartenbau widmete)«, sei ein gewisser Walter Rauss gewesen, schreibt der Autor. Laut Bolaño sei dieser »danach mit einigen Folterpraktiken während der ersten Jahre des Pinochet-Regimes in Verbindung« gebracht worden.

In der fiktiven Erzählung erliegt Herr Rauss einem Herzinfarkt, während er sich im Fernsehen ein Fußballspiel ansieht: die Partie Bundesrepublik Deutschland gegen die DDR bei der Fußballweltmeisterschaft 1974 in Hamburg.[82] Wie in vielen fiktiven Geschichten steckt auch in Bolaños Erzählung ein Stück Wahrheit: Die Fußballweltmeisterschaft fand in jenem Jahr in Westdeutschland statt, und Ost- und Westdeutschland traten gegeneinander an. Die DDR gewann mit 1:0, ein bitteres Ergebnis für Chile, denn dadurch schied das Land aus dem Wettbewerb aus.

Was den Rest von Bolaños Roman anbelangt, so scheint er auf

den ersten Blick der Phantasie entsprungen zu sein. Es gibt keine stichhaltigen Beweise dafür, dass der echte Walther Rauff sich für Fußball interessierte, die Kolonie besuchte oder ein Folterknecht war, auch wenn es Gerüchte und unbelegte Behauptungen in diese Richtung gab. Er starb auch nicht 1974. In jenem Jahr und noch einige Jahre später leitete der echte Rauff eine Konservenfabrik in Punta Arenas, in der das Fleisch von Königskrabben in kleine Dosen abgefüllt und nach Europa exportiert wurde, wo es auf den Tischen zahlreicher Feinschmecker landete.

Kehren wir zurück zu *Chilenisches Nachtstück*. Unter den Romanfiguren ist auch ein Ehepaar, das Pater Urrutia Lacroix kennengelernt hat. Die Frau ist eine hübsche, junge Schriftstellerin mit braunem Haar und großen Augen. Bolaño nennt sie María Canales, und sie ist verheiratet »mit einem Nordamerikaner namens James Thompson«. Sie bewohnen ein großes Haus, einen Zufluchtsort, an dem Canales literarische »Abendeinladungen, Gesprächsrunden, Soiréen oder Surprise-Partys« veranstaltet. Gelegentlich nimmt auch Pater Urrutia Lacroix daran teil, um die Geschichten und die Gesellschaft der anderen Schriftsteller zu genießen. Heute wolle niemand mehr etwas davon wissen, erinnert sich der Priester an diejenigen, die abstreiten, bei den von Pinochet angeregten Zusammenkünften dabei gewesen zu sein.

Pater Urrutia Lacroix erinnert sich an einen Fall, bei dem ein herumirrender Gast den Keller entdeckte. Dort sah er sich einem »auf ein Metallbett gefesselten Körper« gegenüber, »den sie anscheinend dort im Kellerloch vergessen hatten, der aber noch lebte« und sich von einer nicht näher bekannten Tortur erholte. Mit dem Beginn der Demokratie, nach Pinochets Abgang, kommen seltsame Geschichten über das Haus auf. Eine davon betrifft den Ehemann »James Thompson«, einen DINA-Agenten, dessen Haus ein Verhör- und Folterzentrum gewesen sein soll, in dem Menschen getötet wurden. Es heißt, Thompson sei nach Washington gereist, um einen von Allendes Ex-Ministern zu töten, und habe Attentate in Argentinien und Europa organisiert. In den Vereinigten Staaten verhaftet, gesteht Thompson seine Verbrechen, belastet einige chilenische Generäle, kommt in ein Zeugenschutzprogramm und wird nie wieder gesehen.

Was María Canales betrifft, so bleibt ihr nach Aussage des Priesters nichts. Sie weiß, was ihr Mann getan hat. »Sie hatte keine Freunde und kein Geld mehr, ihr Mann hatte sie und seine Kinder verlassen, alle Welt hatte ihr den Rücken gekehrt.« Die Juden »wollen alles niederreißen und einen Neubau errichten«, damit nichts übrig bleibe, lässt Bolaño sie zu dem Priester sagen. »Sie werden das Haus niederreißen. Den Keller zerstören. Hier hat einer von Jimmys Angestellten einen spanischen Beamten der UNESCO umgebracht.«[83]

Diese Geschichte ist zwar fiktiv, aber, wie die Kolonie, nicht gänzlich. Das Haus, das Bolaños Phantasie beflügelte, gab es tatsächlich. »Eine wahre Geschichte«, pflegte Bolaño zu sagen, »ich wiederhole: Das ist keine Fiktion, es ist real, es geschah während der Pinochet-Diktatur und so gut wie jeder weiß davon.«[84] Bolaño stieß auf die Geschichte in einem 1994 erschienenen Artikel von Pedro Lemebel über ein Haus mit literarischen Salons in der Vía Naranja Nr. 4925 in Santiago.[85] Hier wohnte der echte James Thompson – Michael Townley, der DINA-Agent, der Carlos Prats und Orlando Letelier ermordete. Townley war mit der echten María Canales – Mariana Callejas – verheiratet, die in diesem Haus literarische Salons veranstaltete und Kurzgeschichten schrieb. Eine ihrer Erzählungen – »Conoció usted a Bobby Ackermann?« (»Kannten Sie Bobby Ackermann?«) – wurde von *El Mercurio* mit einem Literaturpreis ausgezeichnet.[86]

Im Haus von Townley und Callejas wurden echte Menschen verhaftet, gefoltert, getötet und verschwanden. Der »spanische UNESCO-Beamte« war der UN-Diplomat Carmelo Soria. In diesem Haus, so erzählte mir Carmen Soria, wurde der Kopf ihres Vaters auf eine Treppenstufe gelegt und ihm das Genick gebrochen. Dort im Keller richtete die DINA das Projekt Andrea ein, wo der Chemiker Eugenio Berríos Sarin-Gas herstellte, mit dem Pinochets Gegner ausgeschaltet werden sollten.[87] Dort soll Soria im Beisein eines kubanischen Einwanderers, der nur zwei Monate später an der Ermordung von Letelier beteiligt war, mit Gas besprüht worden sein.[88]

Genau dort, in diesem Haus, schrieb Mariana Callejas *La larga noche* (Die lange Nacht), eine Sammlung von Kurzgeschichten mit einem unheilvollen schwarzen Einband, auf dem ein großes Auge hinter den Gittern eines Zellenfensters hervorschaut. In einem alten Second-Hand-Laden im Zentrum Santiagos kaufte ich ein Exemplar mit einer Widmung der Autorin an ihre neuen Freunde Enrique und Max.

Ich las »Un parque pequeño y alegre« (»Ein kleiner, heiterer Park«), eine Geschichte über Bombenanschläge und Folter, Taten, bei denen sich ihr amerikanischer Mann besonders hervortat.[89] Ich las »Heil, Peter«, eine Geschichte, in der ein Deutscher nach Südamerika kommt und mit den Erinnerungen an die Freundschaft seines Vaters mit Hitler lebt.

## 19

Die Lektüre von Bolaños Werken und die Begegnung mit der Figur der María Canales veranlassten mich, mehr über die echte Mariana Callejas zu erfahren und ihre Geschichten zu lesen. Aus Fiktion wurden Fakten, und schließlich gelangte ich an den Ort, an dem Carmelo Soria sein Leben auf einer Treppenstufe verloren hatte.

An einem Sommertag im Dezember 2021 besuchte ich gemeinsam mit meiner chilenischen Assistentin Monserrat und einer ihrer Freundinnen aus Santiago das Viertel Lo Curro. Wir kamen an dem von Pinochet erbauten und von seiner Frau Lucía prunkvoll eingerichteten Palast vorbei. Heute ist er der Club Militar de Chile, der für Hochzeiten und andere private Veranstaltungen gemietet werden kann.[90]

Der Eingang zur Vía Naranja war durch eine Schranke und einen schläfrigen Wachmann in einer billigen Uniform geschützt, der sich nach unserem Anliegen erkundigte. »Privater Besuch«, sagten Monserrat und ich im Chor. Er hob die Schranke und gestattete uns den Zutritt zu einer Straße mit Kurven, bewachten Häusern, gepflegten Gärten und Pools, grün und üppig, mit herrlichem Blick auf die Stadt. Wir erreichten die Stelle, an der das Haus mit der Nummer 4925 hätte stehen sollen, aber es war längst verschwunden, wie die fiktive María Canales vorausgesagt hatte. An seiner Stelle befanden sich nun zwei neue Häuser mit den Nummern 4241A und 4241B. Wir verweilten an einem Ort der Folter und des Massenmordes, einem Wohnparadies, in dem es keinerlei Hinweise auf die Schrecken gab, die sich hier ereignet hatten.

Auf der anderen Straßenseite war ein Gärtner mit der Pflege eines großen, üppigen Rasens beschäftigt. Wir winkten ihm zu, und er kam herüber. Er hieß José und arbeitete schon seit 40 Jahren hier. Ja, er erinnerte sich an das ursprüngliche Haus, wusste um dessen traurige Berühmtheit und die Schrecken, die sich im Keller abgespielt hatten. Die ansässigen Familien und die Nachbarn wollten nicht darüber sprechen, niemand wollte eine Gedenkstätte.

Haben sie Bolaño gelesen?

»Die sind alle schon seit Jahrzehnten hier«, sagte der Gärtner. »Sie müssen es gewusst haben.«

Und gesehen?

José nickte und lächelte. Sein Freund Omar, der sich ein halbes Jahrhundert lang um den Garten neben der Nummer 4925 gekümmert habe, habe noch viel mehr gewusst.

»Er war 1976 hier. Er hat vieles gesehen und vieles gehört.«

Zum Beispiel?

»Als die Menschen hereingebracht wurden, die Schreie aus dem Keller, die Säcke, die herauskamen, die Autos und die Lieferwagen.«

Säcke?

»Leichensäcke.«

José, der Gärtner, zeigte auf die andere Straßenseite, wo sich einst ein Keller befunden hatte. »Der ist jetzt unter dem Schwimmbecken. Als sie ein neues Haus gebaut haben, haben sie einfach alles in der Ecke vergraben und dann einen kleinen Hügel darüber aufgeschüttet.«

Omar hatte viel vom Kommen und Gehen berichtet. »Er kam, stand an der Ecke des Anwesens und schaute hinüber.«

Und er hatte weitergearbeitet, direkt neben einem Ort des Massenmordes?

José zuckte mit den Schultern. »Wir müssen arbeiten.« Omar nahm das, was er gesehen hatte, mit ins Grab.

»Ich habe Townley dreimal gesehen«, sagte José. Mariana Callejas hatte er ebenfalls gesehen, und zwar öfter. »Sie kamen mit anderen Leuten, vielleicht, um das Haus zu zeigen, um es zu verkaufen. Sie waren getrennt, im Fernsehen gaben sie sich gegenseitig die Schuld an den Ereignissen.«

Während wir uns unterhielten, kam ein Nachbar, ein älterer Mann, aus seinem Haus und ging in seinen Garten, der ein gutes Stück entfernt lag. Er schaute in Richtung seines Gärtners, zog eine Kamera hervor und richtete sie auf uns. »Wenn Sie jemand fragt, sagen Sie, dass Sie eine Immobilie kaufen wollen«, riet José. »Sagen Sie aber nicht, was Sie wirklich hier machen.« Er bemerkte, dass die Überwachungskameras auf den Straßenlaternen in unsere Richtung geschwenkt waren.

»Wir wollen Ihnen keine Schwierigkeiten machen, sollen wir gehen?«, fragte ich.

»Sie machen keine Schwierigkeiten. Diese Leute sind diejenigen, die in Schwierigkeiten geraten sind, nicht ich. Außerdem ist es mir egal. Sie können mir nichts tun. Ich wünschte, sie würden mich feuern, dann würde ich eine Entschädigung bekommen.«

Während wir uns noch unterhielten, raste ein gutaussehender, braungebrannter Mann in Uniform auf einem Motorrad auf uns zu. »Was machen Sie hier?«, fragte der Polizist. »Sie verstoßen gegen das Gesetz, Sie müssen gehen. Es heißt, Sie seien an Häuser gegangen und hätten dort geklingelt.« Wir hätten nichts dergleichen getan, sagten wir, sondern nur nach der Nummer 4925 gesucht, aber die sei verschwunden.

Er forderte Namen und Ausweise, was wir ablehnten. »Sie können keine Identitätskontrolle bei uns durchführen«, sagte meine chilenische Begleiterin. Er funkte das Hauptquartier an und meldete, dass wir nur herumliefen. »Hier in Lo Curro wird Herumlaufen als verdächtig angesehen.« Er entschuldigte sich. »Man hat mich nur hierhergeschickt.«

Wir erzählten dem Polizisten von der Nummer 4925 und davon, was sich dort zugetragen hatte. Er hörte zu, sagte, er sei nicht überrascht, auch nicht, dass es keine Gedenkstätte gebe.

»Sind Sie Kommunisten?«, fragte er plötzlich. Er sagte das mit ernster Miene und erwartete eine klare Antwort. Wir lachten.

»Sehen wir wie Kommunisten aus?«

»Nein«, räumte er mit einem freundlichen Lächeln ein. Es sei eben nur so, dass wir hier seien, in einem wohlhabenden Viertel, und das erwecke den Eindruck, dass wir Kommunisten sein könnten. Er selbst lebte in La Victoria, einem linkspolitisch geprägten Dorf, und war Gewerkschaftsmitglied. »Ich werde nicht für José Kast stimmen«, sagte er in Bezug auf den rechten Präsidentschaftskandidaten, einen Verteidiger Pinochets, dessen deutscher Vater Mitglied der NSDAP gewesen war.

Wir versprachen, nicht unnötig länger zu verweilen. Der Polizist winkte uns zu, stieg auf sein Motorrad und fuhr davon. Wir standen auf der Straße und dachten über Townley/Thompson und Callejas/Canales nach, über die Grenze zwischen Realität und Fiktion.

»Was ist mit den Figuren von Bolaño?«, fragte meine Assistentin Monserrat. »Basieren Odeim und Rauss auf echten Personen?«

## Santiago, 1963

### 20

Roberto Bolaños Figuren Odeim und Rauss basieren tatsächlich auf einer realen Person. Auf den Namen Walther Rauff stieß ich zum ersten Mal wohl in Bruce Chatwins Buch *In Patagonien*, das ich als Student las. Es hinterließ bei mir ein starkes Gefühl für die Region – Bolaño meinte, das Buch habe den »magischen Realismus« des Landes berühmt gemacht –, die Erinnerung an Rauff indes verblasste.[91] Erst vor kurzem, als mich ein Freund in Santiago an diese Zeilen erinnerte, kehrte ich zu Kapitel 96 und Chatwins überraschender Beschreibung eines Mannes in Punta Arenas zurück, der dort am Hafen sitzt, von Tannenwäldern träumt und vor sich hin summt, eine Passage, die meine Phantasie beflügelte:

> Er fährt zu einer Fabrik, in der es nach Meer riecht. Um ihn herum sind scharlachrote Krabben, die erst zappeln, dann dampfen. Er hört wie ihre Schalen aufplatzen und die Zangen zerbrechen, sieht, wie das süße weiße Fleisch in Aluminiumdosen fest verpackt wird. Er ist ein tüchtiger Mann, und hat einige frühere Erfahrungen im Produktionsprozess. Erinnert er sich an jenen anderen Geruch, den von Verbranntem? Herman [Walter] Rauff wird die Erfindung und Einführung des mobilen Vergasungsofens zugeschrieben.

Die Passage habe einen leisen Ton und eine »eisige« Wirkung, meinte Sybille Bedford, eine gute Beobachterin juristischer Details.[92] Ein anderer Rezensent war beeindruckt von dem »unheimlichen nostalgischen Blick« der Worte, von der Verbindung, die sie zwischen Reisen und Gewalt herstellen.[93]

Als ich für mein Buch über die Rattenlinie recherchierte, stieß ich erneut unerwartet auf den Namen Rauff, und zwar im persönlichen Nachlass von Otto Wächter. Der ehemalige SS-Führer und Nazi-Gouverneur des Distrikts Galizien mit Sitz in Lemberg war auf der Flucht, als Rauff ihm im Mai 1949 drei maschinengeschriebene Blätter aus Damaskus schickte. Er solle sich »mit den derzeitigen Realitäten« abfinden und nicht den »früheren besseren Zeiten« des Nationalsozialismus nachtrauern, um so »die Leiter« wieder heraufzuklettern. »Herzlichen Gruß, Ihr Walther Rauff«.[94] Wächter starb zwei Monate später unter mysteriösen Umständen in Rom, Rauff hingegen befolgte seinen eigenen Rat und landete schließlich in Chile.

»Walther Rauff?«, sagte Laura González-Vera, die Witwe von Carmelo Soria. »Klar, den Namen kennt jeder, denn er hat in Chile Lager im Nazi-Stil entworfen und Pinochet beraten.« Die chilenische Armee sei sehr deutsch geprägt gewesen, müsse ich wissen, und »Rauff plante Vergiftungen durch die DINA«. Dies sei eine Tatsache.

Es zeigte sich, dass Rauff – über Chatwin und Bolaño hinaus – in der Literatur und in vielen Zeitungsberichten vorkam. Mitte der 1980er Jahre hatte er einen geradezu mythischen Status und lebte im Stadtteil Las Condes von Santiago, in der Nähe von Laura González-Vera. Er hatte zwei Söhne und mehrere Enkelkinder, verkehrte mit alten Deutschen, trank Whisky, hörte westdeutsche Radiosender, feierte den Geburtstag des »Führers« und summte Nazi-Lieder.

Er schrieb Briefe. Er sei sicher im wunderbaren Chile, versicherte er seiner Schwester in Westdeutschland. Er habe Freunde, die bei Pinochet »ein und aus« gingen. Er werde von vielen hochrangigen Amtsträgern beschützt. Gelegentlich gebe es Versuche, ihn auszuliefern, aber die landeten im Papierkorb.[95]

Pinochet indes äußerte sich zurückhaltend über die Beziehung. »Ich kenne Rauff nicht«, erklärte er im März 1984 gegenüber einem Journalisten der Zeitschrift *Newsweek*. Das war eine Lüge, wie er sehr wohl wusste.

## 21

Ich sammelte Material über Rauff. Eine wissenschaftliche Biographie, Hunderte von Artikeln, Fotos und unscharfe Wochenschauen. Es gab Archive in Chile, Deutschland und in den Vereinigten Staaten. In der Bodleian Library in Oxford tauchte Rauffs Name in einem abgenutzten Moleskin-Notizbuch auf, das Chatwin gehörte. »Kommandant Rauff« aus »P. A.«, schrieb der Reisende, ein Mann, der mit »mobilen deutschen Transportern« in Verbindung gebracht werde.[96]

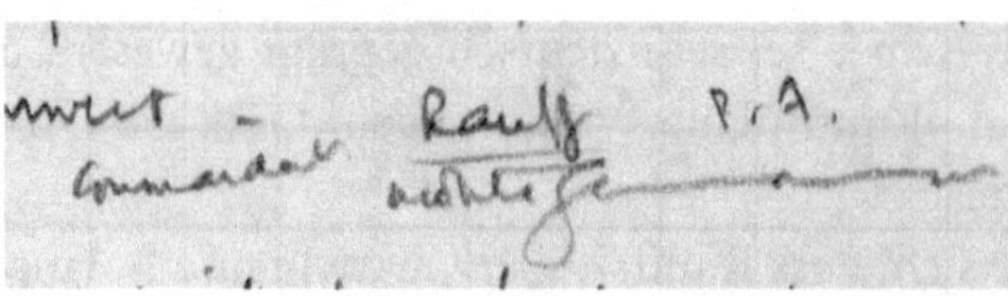


In den Archiven in Washington, D. C. fanden sich Dutzende von CIA-Dokumenten. Eines davon war das Protokoll eines militärischen Verhörs von Rauff vom Mai 1945, in dem er über sein Leben berichtete.

Er sei am 19. Juni 1906 in der Kleinstadt Köthen in eine protestantische Familie hineingeboren worden, sagte er gegenüber einem britischen Offizier. Er sagte nicht, dass er in der Sankt-Hedwigs-Kathedrale in Berlin getauft wurde, wie er es Jahrzehnte später einem bekannten Journalisten erzählte,[97] oder dass Johann Sebastian Bach das erste Buch des *Wohltemperierten Klaviers* (BWV 846–869) sowie die *Französischen Suiten* (BWV 812–817) in Köthen komponiert hatte.

Sein Vater Otto arbeitete in einer Bank, seine Mutter Louise kümmerte sich um ihn, den Haushalt und seine älteren Geschwister Ernst-August und Ilse. Er besuchte die Schule in Magdeburg und ging dann mit 18 Jahren zur Marine. Als Kadett[98] führte ihn sein erster Einsatz auf eine Freundschaftsreise nach Südamerika.[99] Ende 1925 erreichte der Kreuzer SMS *Berlin* den chilenischen Hafen von Valparaíso, einer Stadt mit vielen Hügeln. Sein Weg zur Marineakademie führte Rauff an dem von Priestern geleiteten Seminar San Rafael vorbei, wo einer der Schüler der damals zehnjährige Augusto Pinochet war.

Die *Berlin* fuhr 3000 Kilometer weiter gen Süden nach Punta Arenas im chilenischen Patagonien, vorbei an der Isla Dawson und Feuerland und schließlich durch die Magellanstraße, die nach Ferdinand Magellan benannt ist, dem Generalkapitän der Expedition, die 1520 die Meerenge durchquerte (zusammen mit Juan Sebastián Elcano, der, wie mich meine spanische Schwiegermutter Leina Schiffrin inzwischen überzeugt hat, ein Vorfahre ihrer Familie ist). Die Verbindung zwischen dem Atlantischen und dem Pazifischen Ozean machte Punta Arenas wohlhabend. Die einflussreiche deutsche Bevölkerung der von europäischen Kolonisatoren gegründeten Stadt sorgte dafür, dass Rauff und die Besatzung am ersten Weihnachtstag den städtischen Friedhof besuchen konnten. An einem Denkmal zu Ehren von Admiral Graf Spee und der deutschen Seeleute, die ein Jahrzehnt zuvor bei der Versenkung von vier Kreuzern durch die britische Marine unweit der Falklandinseln ums Leben gekommen waren, legten sie vier Geschosshülsen ab.

Rauff gefiel die Stadt mit ihrer belebten Plaza de Armas, in deren Mittelpunkt eine Statue von Hernando de Magallanes

(Ferdinand Magellan) steht. Am Fuße des Monuments kauern Selk'nam-Krieger – eine Erinnerung an die Kolonialgeschichte. Er besuchte Geschäfte in deutschem Besitz, darunter die Firma Sara Braun, und bewunderte das Haus des in Preußen geborenen deutschen Konsuls, Rodolfo Stubenrauch. Rauff fühlte sich willkommen.

Wieder in Deutschland, machte er in den folgenden zehn Jahren bei der Marine Karriere. Etwa zu der Zeit, als Hitler 1933 Kanzler wurde, heiratete Rauff Charlotte Borbe, die Tochter eines Bierbrauers. Im Jahr 1937 trat er unter der Mitgliedsnummer 5 216 415 in die NSDAP ein und erhielt das Kommando über eine Marineflottille. Im selben Jahr lernte er die acht Jahre ältere Edith Richter kennen, die bereits zweimal verheiratet war und einen sechzehnjährigen Sohn hatte. Die Affäre führte zu seiner Scheidung von Charlotte und zu einem Militärgerichtsverfahren, bei dem er als Ehebrecher verurteilt wurde. »Ich war dort auf eigenen Antrag ausgeschieden und mit allen Ehren entlassen worden«, wie er später betonte.[100]

Rauff brauchte Arbeit. Ein Bekannter beim Sicherheitsdienst (SD), dem Nachrichtendienst von SS und Gestapo, machte ihn mit Werner Best bekannt, einem Juristen und SS-Nachrichtenoffizier, der Heinrich Himmler nahestand. Rauff sei ein aufgeweckter, zielstrebiger Mensch, der sich sowohl ideologisch als auch von seiner inneren Einstellung her zum SS-Führer eigne, heißt es in seiner Nazi-Akte.[101]

Ein Jahr später, 1938, trat er als Mitglied Nr. 290 947 in die SS ein und bezeichnete sich als »gottgläubig«, eher Adolf Hitler als der evangelischen Kirche verpflichtet.[102] Inzwischen war er mit Edith verheiratet. Das Paar wohnte in der Mommsenstraße 47 in Charlottenburg, und Rauff arbeitete im SD-Hauptamt in Berlin, wo er auf denselben Fluren wie Himmler, Otto Wächter und Adolf Eichmann unterwegs war. Er kam unter die Fittiche von Reinhard Heydrich, dem Leiter des SD, den Rauff 1928 bei einem

Vortrag für Marineoffiziere kennengelernt hatte.[103] Heydrich schätzte Rauffs organisatorische Fähigkeiten – er war ein Mann, der keine Fragen stellte und seine Aufgaben erledigte.

Im Oktober 1938 bekamen er und Edith einen ersten Sohn, Alf, und 1940 einen zweiten, Walther junior. Zum SS-Hauptsturmführer befördert, arbeitete Rauff nun in der Abteilung »Technik« des Reichssicherheitshauptamtes, Hitlers Reichssicherheitshauptamt, in Amt II D. Im Juni 1941, als Deutschland den Nichtangriffspakt mit der Sowjetunion aufkündigte und die Wehrmacht nach Osten vorrückte, betraute Heydrich Rauff mit einem streng geheimen Projekt: Im Zusammenhang mit der deutschen Besetzung großer Gebiete, die heute zu Weißrussland und der Ukraine gehören, sollte Rauff bei den Maßnahmen zur Vernichtung der jüdischen Bevölkerung helfen. Himmler, traumatisiert nach einer Beobachtung einer Massenexekution in Minsk, hatte beschlossen, dass die Hinrichtung durch Erschießen für anständige SS-Männer zu belastend sei, und wies Heydrich an, effizientere Methoden zu entwickeln. Heydrich sei »ein Perfektionist« gewesen, kein Fanatiker wie Himmler und Hitler, sagte Rauff später über den Mann, der ihn zum Massenmörder auserkoren hatte. Er habe alles nüchtern betrachtet, vom technischen Standpunkt aus.[104]

Zu Rauffs neuem Team gehörte auch Dr. August Becker, ein Chemiker, der seine Kenntnisse im Rahmen des nationalsozialistischen Euthanasieprogramms *Aktion T4* verfeinert hatte. Dabei wurde zur Tötung »unheilbar Kranker« Kohlenmonoxidgas eingesetzt. Rauff entwickelte den Prototyp eines Gaswagens, der im Konzentrationslager Sachsenhausen nördlich von Berlin an sowjetischen Gefangenen erprobt wurde. Die im hinteren Teil des Wagens eingeschlossenen Häftlinge wurden in weniger als acht Minuten durch zugeführte Abgase getötet; anschließend verbrannte man ihre Leichen.[105] Das Verfahren wurde als erfolgreich angesehen. Rauff übertrug Friedrich Pradel die Verwaltung eines

Fuhrparks und stellte ihm den technischen Obersekretär Willy Just zur Seite.[106] Rauff hatte keine Bedenken hinsichtlich seiner Arbeit: Sie würde die emotionale Belastung derjenigen mindern, die im öffentlichen Interesse töteten.[107]

Ein abnehmbarer Auspuffschlauch wurde von außen zum Boden des Wagens geführt, erläuterte ein Kollege. Wenn der Motor angelassen und die Verbindung hergestellt war, strömten die Abgase vom Motor durch das Rohr in den Schlauch und von dort in das Auspuffrohr im Inneren des Wagens, wo sich das Gas verteilte.[108] Rauff kümmerte sich um die Details und sorgte dafür, dass die »Insassen« die Eintrittsstelle des Rohrs im Wageninneren nicht manipulieren konnten. Unter seiner Leitung wurde die Konstruktion laufend verbessert.

Er gab fünf Prototypen in Auftrag, drei Tonnen Blech, mit denen in einem einzigen Arbeitsgang innerhalb weniger Minuten 50 Menschen vergast werden konnten. Von Berlin aus fuhren zwei Transporter nach Norden, einer ins lettische Riga, einer nach Süden, nach Simferopol auf der Krim; die beiden anderen wurden im Lager Kulmhof (Chelmno) zwischen Berlin und Warschau eingesetzt.[109] Im Laufe des folgenden Jahres überwachte Rauff den Bau von Hunderten weiterer Transporter. Er war an deren Konstruktion, Herstellung und Betrieb sowie an der Beschaffung von Ersatzteilen bei den Gaubschat Fahrzeugwerken in Berlin-Neukölln beteiligt (heute gehört Gaubschat zum Verkehrsunternehmen Wartburgmobil).[110]

Rauff behielt eine ruhige, positive und professionelle Grundeinstellung bei. Es handelte sich schlichtweg um eine Aufgabe im Kampf gegen die Sowjets und die Juden, die sorgfältig, gewissenhaft und kontrolliert ausgeführt werden musste. Wenn sich die Lieferung eines »Spezialfahrzeugs« an das Lager Mauthausen in Österreich verzögerte, sorgte er dafür, dass Stahlflaschen mit Kohlenmonoxidgas geliefert wurden, die vor der Ankunft des Transporters verwendet werden konnten.[111]

Rauff wurde auf dem Laufenden gehalten.[112] Er wurde informiert, wenn das Schicksal derjenigen ermittelt wurde, die in die getarnten »Todeswagen« stiegen, von denen manche wie Krankenwagen aussahen.[113] Er wurde über die Bemühungen in Kiew informiert, die Abgasmenge zu perfektionieren, damit die Vergasung »korrekt« durchgeführt werden konnte: Manche Fahrer drückten das Gaspedal zu stark durch, weil sie dachten, mit »Vollgas« ginge es schneller – dies führte jedoch eher zum qualvollen Erstickungstod als zu einem sanften Entschlafen. Gemeinsam mit dem Chemiker Becker perfektionierte Rauff die Techniken, die die Insassen der Transporter »friedlich« sterben lassen sollten. Eine sanfte Tötung bedeutete weniger Gesichtsverzerrungen und Ausscheidungen und damit weniger Zeitbedarf für die Reinigungsarbeiten.[114]

Im Juni 1942 erhielt Rauff ein Telegramm aus Riga. Jede Woche treffe ein Transport von Juden zur »Sonderbehandlung« ein, aber drei Gaswagen (zwei Diamond-Modelle, ein Saurer) reichten nicht aus, um die große Zahl zu bewältigen. Riga forderte einen zusätzlichen Wagen (die größere Fünf-Tonnen-Version) und Schläuche an. Wann mit der Bereitstellung eines weiteren Transporters zu rechnen sei, erkundigte sich Rauff. Wann wären Ersatz-Abgasschläuche verfügbar? Rauff war ein äußerst effizienter Mann.

Am 5. Juni 1942 schickte der technische Obersekretär Willy Just Rauff Informationen über die Operationen in Chełmno (Kulmhof). Das Dokument, das seinen Namen trägt, sollte Rauff später zum Verhängnis werden. Im Laufe von sechs Monaten, so Justs Bericht, seien »mit 3 eingesetzten Wagen 97000 verarbeitet [worden], ohne daß Mängel an den Fahrzeugen auftraten«.[115] Er schlug einige »technische Änderungen« vor, die Rauff genehmigen sollte: ein größerer »Laderaum«, kürzere »Betriebszeiten«, höhere Stabilität (damit die »Ladung« nicht verrutschte). Die Innenbeleuchtung sollte nach dem Schließen der Hecktüren eingeschaltet bleiben, weil »die Ladung bei eintretender Dunkelheit sich [sonst] nach dem Licht drängt«. Die Reinigung sollte durch einen versiegelten Abfluss im Fahrzeugboden erleichtert werden: »Der Boden des Fahrzeuges ist zur Abflussöffnung leicht zu neigen. Hierdurch soll erreicht werden, dass alle Flüssigkeiten unmittelbar zur Mitte abfließen. Durch einen abgeschrägten Siphon könnten Flüssigkeiten während des Tötungsvorgangs abfließen.« Willy Just bat Rauff um »eine Entscheidung«, die vermutlich auch erfolgte.

»Ob ich damals Bedenken gegen den Einsatz der Gaswagen hatte, kann ich nicht sagen«, gab Rauff später an.[116] »Für mich stand damals im Vordergrund, dass die Erschießungen für die Männer, die damit befasst wurden, eine erhebliche Belastung darstellten und dass diese Belastung durch den Einsatz der Gaswagen entfiel.« Die Einzelheiten störten ihn nicht.

Ein Gaswagenfahrer in Chełmno berichtete aus erster Hand über die Vergasung von Juden aus dem nahe gelegenen Ghetto von Lodz, das die Deutschen in Litzmannstadt umbenannt hatten:

> Den Menschen wurde erklärt, sie müssten baden, ihre Kleider müssten desinfiziert werden, sie könnten Wertstücke vorher abgeben, die notiert würden. […] Wenn die Menschen sich entkleidet hatten, wurden sie angewiesen, in den Keller des Schlosses und hier über einen Gang auf die Rampe und von dort in die Gaswagen zu gehen. Im Schloss waren Schilder mit der Aufschrift angebracht: »Zum Bad«. Bei den Gaswagen handelte es sich um große Lkws mit einem etwa 4–5 m langen, etwa 2,20 m breiten und 2 m hohen Kastenaufbau. Dieser war innen mit Blech verkleidet. Auf dem Boden lag ein Holzrost. Im Boden des Kastenaufbaus war eine Öffnung angebracht, die mit einem

beweglichen Metallschlauch mit dem Auspuff verbunden werden konnte. Wenn die Wagen voller Menschen waren, wurden die Flügeltüren an der Rückseite geschlossen und die Verbindung von Auspuff und Wageninnerem hergestellt. [117]

Der Bericht erwies sich für mich als sehr persönlich. Bei der Recherche zu meinem Buch *Rückkehr nach Lemberg* erfuhr ich, dass meine Mutter im Juli 1939 als einjähriger Säugling zum Wiener Westbahnhof gebracht und in die schützende Obhut einer evangelischen Missionarin aus Norwich, Miss Elsie Tilney, gegeben wurde, die sie nach Paris in Sicherheit brachte. Sie waren mit der elfjährigen Cousine meiner Mutter, Herta, zum Bahnhof gefahren, die mitreisen sollte. In letzter Minute konnte es das ältere Mädchen jedoch nicht ertragen, von ihrer Mutter Laura, der Schwester meines Großvaters, getrennt zu werden. Mutter und Tochter blieben in Wien. Zwei Jahre später, im Oktober 1941, wurden sie von Wien ins Ghetto Litzmannstadt gebracht. Wenige Monate später waren sie verschwunden. Aus den Zeitangaben und Details in Willy Justs Bericht ging hervor, dass Herta und Laura wahrscheinlich zu den 97000 Menschen gehörten, deren Leben in einem von Walther Rauffs dunkelgrauen Transportern endete.[118]

Im Verlauf dieser Operation nahmen tschechische Partisanen Rauffs Protektor Reinhard Heydrich ins Visier und verübten ein Attentat auf seinen Wagen, durch das Heydrich getötet wurde. Es war nun Juni 1942, und die Tat fiel mit der Entscheidung Berlins zusammen, von den Gaswagen auf eine Massenvernichtung in weit größerem Umfang umzusteigen. Als Belzec, Sobibor und Treblinka ihren Betrieb aufnahmen, benötigte Rauff eine neue Aufgabe.

## 22

Im Dezember 1942 wurde Rauff nach Tunesien geschickt, das gerade von Deutschland besetzt worden war, um die dort lebende jüdische Bevölkerung zu vernichten.[119] Da er kein Französisch sprach, stellte er einen jüdischen Flüchtling aus Österreich als Dolmetscher ein.

Rauff sei ein kleiner Mann gewesen, erinnerte sich Maximilien Trenner, und habe »Hitler geähnelt«. Er habe zu Wutausbrüchen geneigt und sei bei Erregung »rot vor Zorn« geworden.[120] Er sei ausgesprochen gefährlich und vollkommen auf die Vernichtung der Juden fixiert gewesen.[121]

An seinem ersten Tag bestellte Rauff jüdische Entscheidungsträger in sein Hauptquartier in der Avenue de Paris Nr. 168 in Tunis.[122] Er ordnete an, dass innerhalb von 24 Stunden 2000 junge Juden als Arbeitskräfte zur Verfügung gestellt werden sollten, andernfalls würde er 10 000 nehmen.[123] Als die Gemeinde nur etwa hundert Arbeiter zur Verfügung stellte, folgte eine heftige Reaktion. Er habe bereits Juden in Polen und Russland getötet und wolle, dass sie wüssten, was sie zu erwarten hätten, erklärte Rauff.[124] Man werde sie als »Verräter, Feiglinge, Judenhunde, Schweine« erschießen.[125]

Rauff war klein, glatt rasiert, eiskalt, von galliger Hautfarbe und war »von einem Geist rassischer Überlegenheit durchdrungen«, wie ein anderer Beobachter schrieb. Wenn er ruhig war, sprach er mit heiserer und kehliger Stimme, seine Worte waren spröde und präzise. Aufregung erzeugte »eine Lawine unartikulierter, rauer, rhythmischer, schroffer Laute«. Wenn er verärgert war, stampfte er unruhig mit den Füßen auf und schwang einen kurzen Stock.[126]

Rauff war von Antisemitismus und Antikommunismus getrieben. Die Juden hätten den Krieg begonnen, daher müssten die Brüder in Tunesien die Verantwortung mittragen.[127] Er zwang die Arbeiter, große gelbe Sterne auf der Vorder- und Rückseite ihrer Kleidung zu tragen, »damit wir euch von weitem sehen und euch erschießen können, wenn ihr zu fliehen versucht«.

In jenen Wochen kam es zu Geiselnahmen, Hinrichtungen und Folter, daneben wurden von der Gemeinde hohe Geldzahlungen erhoben.[128] Rauff plünderte und beschaffte sich selbst ein Dutzend Schreibmaschinen. Um Listen erstellen zu können, wie er sagte.[129] »Ein wahrer Unmensch«, sagte ein junger Anwalt, der beobachtet hatte, wie Rauff seinen Vater einer Scheinhinrichtung unterzog. »Seine einzige Sorge galt dem Auftrag, den er zu erfüllen hatte.«[130]

Rauffs Zeit in Tunis endete abrupt. Im Mai, nur wenige Monate nach seiner Ankunft, besiegte die britische 7th Armoured Division die Wehrmacht und nahm die Stadt ein. Rauff floh und hinterließ eine traumatisierte jüdische Gemeinschaft mit vielen Toten, und bis heute erinnern sich die Nachkommen mit Grauen an seinen Namen. Seine eigene Erinnerung sah später allerdings ganz anders aus. Maßnahmen gegen Juden? »Ein derartiger Befehl« habe nicht vorgelegen, sagte er. »Dort gab es viele Juden, die zum Teil sogar freiwillig für uns gearbeitet haben, ohne dass ihnen irgend etwas geschehen wäre.«[131]

Rauff kehrte nach Berlin zurück, wo er für seinen Einsatz in Tunis ausgezeichnet wurde. General Karl Wolff, Himmlers Stellvertreter, verlieh ihm das Deutsche Kreuz in Silber.[132] Anfang Juli 1943 wurde Rauff als Geheimdienstoffizier in Zivil und mit gefälschten, von der Pariser Polizei unterzeichneten Papieren nach Korsika geschickt, um dort für den Fall einer Übernahme der Insel durch die Alliierten eine Zelle französischer Kollaborateure aufzubauen. Er blieb zwei Monate, floh aber, als Hitler am 12. September den deutschen Truppen die Evakuierung der Insel befahl.[133]

Er ging direkt nach Mailand, wo er unter Wolff, dem Leiter von SS und Gestapo in Italien, als Kommandeur der Gruppe »Oberitalien-West« diente. Sein Hauptquartier richtete Rauff im Hotel Regina in der Nähe der Mailänder Scala ein, rechtzeitig zu einer neuen Opernsaison, in der viel Wagner, Mozart und Beethoven gespielt wurde.[134] Das Regina wurde bald zu einem gefürchteten Ort von Haft, Folter und Mord, von dem aus viele Italiener verschwanden.

Anfang Dezember war Rauff an der ersten Deportation italienischer Juden nach Auschwitz beteiligt und organisierte drakonische Maßnahmen gegen Partisanen.[135] Im Sommer 1944 leitete er persönlich Operationen im Aostatal bei Cogne, im Susatal bei Fenestrelle und in der Provinz Cuneo. Beispiele für die von ihm verübten Gräueltaten sind nicht schwer zu finden. Nachdem Partisanen am 21. Juli in Robecco sul Naviglio einen hohen deutschen Offizier getötet hatten, ließ Rauff persönlich fünf Männer hinrichten, 58 weitere nach Deutschland deportieren und zahlreiche Häuser zerstören.[136] Sollte so etwas noch einmal passieren, warnte er den Präfekten von Mailand, würden die Maßnahmen härter ausfallen und es werde noch mehr unschuldige Menschen treffen.[137]

Ein Jahr lang betrieb Rauff eine brutale Repressionspolitik gegen die Zivilbevölkerung, die eindeutig gegen das Völkerrecht verstieß. Auf seine Anweisung hin wurden in Cumiana 50 Zivilisten hingerichtet, 27 in Turin, nachdem Partisanen einen Wehrmachtssoldaten getötet hatten, und weitere 26 am Colle del Lys; ihre Leichen wurden grausam verstümmelt.[138] (Achtzig Jahre später waren diese und andere vom Deutschen Reich in Italien begangene Gräueltaten Gegenstand eines Verfahrens vor dem Internationalen Gerichtshof, bei dem Deutschland – erfolgreich – argumentierte, dass Italien durch das Vorgehen seiner Gerichte bei der Zulassung von Zivilklagen seine Verpflichtungen zur Achtung der völkerrechtlichen Immunität Deutschlands verletzt habe).[139] Für seinen Einsatz in Italien wurde Rauff von Wolff mit einem zweiten Deutschen Kreuz ausgezeichnet, dieses Mal in Gold.[140]

Im Sommer 1943 landeten die Alliierten in Süditalien, und der Kriegsverlauf nahm eine andere Wendung. Rauff schloss sich Wolff bei der Aushandlung eines Abkommens mit den Amerikanern an, der sogenannten Operation Sunrise. Im Gegenzug für einen Frieden hofften er und Wolff, der Strafverfolgung zu entgehen. Im Februar 1945 reiste Rauff in die Schweiz, um mit Allen Dulles zu verhandeln, dem Leiter der örtlichen Niederlassung des Office of Strategic Services, dem Vorläufer der CIA. Wolff würdigte später die Bemühungen seines Kameraden: »Sie sind in den letzten zwei Monaten des Krieges der Schlüssel gewesen.«[141]

Am 24. April 1945 traf sich Rauff mit Mussolini, und fünf Tage später unterzeichneten die Deutschen in Italien einen Waffenstillstand mit den Alliierten.[142] Am nächsten Morgen, dem 30. April, bahnte sich Colonel John Davis von der US-Armee einen Weg durch die aufgebrachte Menge vor dem Hotel Regina, betrat das Gebäude und verhaftete Rauff und seine Mitarbeiter, darunter seine Sekretärin Emilie Lukasch (die zuvor für Eichmann gearbeitet und in Litzmannstadt gedient hatte).[143] Rauff, mit Totenkopfmütze und schwarzem SS-Ledermantel, wurde hinausbegleitet. »Und dann haben uns die Italiener zugejubelt«, erinnerte er sich. »Die dachten, wir wären alle Amis.«[144]

In Florenz wurde er zusammen mit Wolff inhaftiert und von einem Offizier der britischen Armee verhört (ein »guter Engländer, kein Jud«, wie Rauff später sagte).[145] Major Michael Wedekind berichtete, Rauff sei feindselig und unkooperativ, ein typischer SS-Mann, hege »Verachtung und immerwährende Boshaftigkeit« gegenüber den Alliierten und sei stolz auf seine Verbrechen. Er sei »zynisch und überheblich, aber eher gerissen und verschlagen als intelligent« und stelle eine derart große Gefahr dar, dass er hingerichtet werden müsse. Sofern das nicht möglich sei, werde eine »lebenslange Inhaftierung empfohlen«.[146]

## 23

In den folgenden Monaten wurde Rauff quer durch Italien verlegt, von Rimini nach Neapel und dann nach Ancona.[147] Seine zweite Frau Edith und die beiden Kinder Alf und Walther junior waren nach Deutschland zurückgekehrt. Im Oktober 1945, als er mit Dokumenten über seine Rolle im Zusammenhang mit den Gaswagen konfrontiert wurde, unterzeichnete Rauff eine eidesstattliche Erklärung, welche die Echtheit seiner Unterschrift und der Dokumente bestätigte. Er versuchte, seine Beteiligung herunterzuspielen. Er kenne die Zahl der eingesetzten Todesschwadronen nicht und könne keine ungefähre Zahl nennen, erklärte er.[148] »Soweit mir bekannt ist, fuhren diese Transporter nur in Russland.« Er wusste, dass dies eine Lüge war, dass Chełmno und Litzmannstadt in Polen lagen. »Ich war nie anwesend, wenn die Todeswagen im Einsatz waren und Personen darin getötet wurden«, erklärte er. Seine Rolle sei rein »technischer« Natur gewesen.

Die Dokumente wurden in das Verfahren aufgenommen, das im Gerichtssaal 600 in Nürnberg stattfand. Am 20. Dezember 1945, dem 22. Verhandlungstag, trug der US-Ankläger Colonel Robert Storey den Namen Rauffs ins Protokoll ein und verlas

Auszüge aus den Gaswagen-Dokumenten sowie seine eidesstattliche Erklärung.[149] Im Nürnberger Urteil, das ein Jahr später erging, waren weder Rauff noch die Transporter erwähnt. Zu diesem Zeitpunkt befand er sich in einem Gefangenenlager in Ancona, wo er zusammen mit Mitgliedern von Otto Wächters Waffen-SS-Division Galizien und den SS-Offizieren Karl Hass und Erich Priebke interniert war. In den 1990er Jahren wurde Priebke wegen seiner Beteiligung an der Ermordung von 335 italienischen Zivilisten in den Ardeatinischen Höhlen in Rom von Argentinien ausgeliefert, und die italienische Justiz verurteilte die beiden Männer wegen Verbrechen gegen die Menschlichkeit.[150]

Rauff war aus der Sache heraus, wusste nun aber, wie gefährlich ihm Dokumente über Gaswagen werden könnten, wenn er darin namentlich erwähnt wurde. Er habe gewisse Verantwortlichkeiten, die ihn den Kopf kosten könnten, schrieb er an seinen Neffen.[151] Er musste vorsichtig sein.

Er wurde zunächst nach Rimini und dann nach Neapel verlegt, wo er mit einer Drahtschere einen Zaun durchtrennte und flüchtete. Als sich der Eiserne Vorhang über Europa senkte, machte er sich auf den Weg nach Rom, gesucht vom Counter Intelligence Corps der U. S. Army.[152] Zu den Agenten gehörte auch der junge Henry Kissinger, der als Ausbilder im Bereich Entnazifizierung, Kommunismus und sowjetische Bedrohung tätig war.[153] Da sie auf gegnerischen Seiten standen, gab es keine Anzeichen dafür, dass sich ihre Wege in Italien kreuzen würden, aber binnen drei Jahrzehnten fanden sich die beiden Männer auf derselben Seite wieder: Sie unterstützten Pinochet und den Putsch in Chile.

In Rom suchte Rauff Zuflucht in einer Wohnung in der Viale Giulio Cesare, wo ein italienischer Universitätsprofessor mit seiner Frau und seinen beiden Söhnen wohnte. Professor Dupré und seine preußische Frau Hedi hielten Rauff für anständig und vertrauenswürdig. Er kümmerte sich um die Kinder. Es sei eine einfache Wohnung, ein schöner Ort gewesen, erinnerte sich Rauff später.[154] Er verkehrte mit deutschen Priestern im Collegio Teutonico di Santa Maria dell'Anima, wo ihm Bischof Hudal nach eigenen Angaben eine große Hilfe gewesen sei.[155]

Ein anderer Bekannter besorgte Rauff ein Zimmer im Kloster Vigna Pia, wo er im Garten arbeitete und die Kühe hütete. Im Jahr 1948 kamen Edith und die beiden Jungen zu ihm, und Hudal beschaffte ihm einen Pass des Internationalen Roten Kreuzes. Gejagt von den Alliierten, den Sowjets und den Juden, flog er nach Kairo (wo die Familie »furchtbar nett« empfangen wurde) und dann nach Syrien.[156]

Nach seiner Ankunft in Damaskus im November 1948 trat Rauff in die syrische Armee ein und arbeitete später für die Polizei, um den Nachrichtendienst des Landes neu zu organisieren. Im März 1949, nach einem Militärputsch, wurde er Sicherheitsberater des neuen Staatschefs Oberst Husni al-Zaim. Die zwei Jahre zuvor gegründete CIA behielt ihn im Auge. »Subjekt und seine Frau sind in Syrien«, berichtete die Organisation, er arbeite als »Berater der syrischen Sûreté«. Ein ehemaliger Nazi-Kamerad, inzwischen eine amerikanische Quelle, berichtete, dass Rauff den syrischen Geheimdienst »nach dem Vorbild der Gestapo« reorganisiere.[157]

Rauff arbeitete eng mit Oberst al-Zaim zusammen, der wie Hermann Göring gerne viele Orden an seine Uniformen heftete. »Rauff, wie sehe ich aus?«, fragte al-Zaim. »Wunderbar«, antwortete Rauff.[158] Er warb Deutsche an, darunter ehemalige SS-Führer und Wehrmachtsoffiziere, die aus Italien kamen. Die CIA berichtete, dass er in Folterungen verwickelt und bei Syrern und Deutschen gleichermaßen unbeliebt sei. Ein »kalter Egoist«, so ein Kollege, ein Mann ohne Prinzipien, der nur auf persönlichen Gewinn aus war.[159]

Im Mai 1949 schrieb er einen Brief an Otto Wächter, seinen SS-Kollegen in Italien, der in demselben Kloster Zuflucht gefunden hatte, in dem sich auch Rauff versteckt hatte. Diesen Brief entdeckte ich im Archiv der Familie Wächter. Drei Monate später wurde Präsident al-Zaim abgesetzt und hingerichtet und Rauff, der des Terrorismus beschuldigt wurde, aus Syrien ausgewiesen.[160]

Die Familie ging nach Beirut (»eine Oase«), wo ein deutscher Priester ihn zum Katholizismus bekehrte. Dann fuhren sie mit einem griechischen Dampfer zurück nach Italien (»an Führers Geburtstag!«). Dort schlug Edith vor, nach Marseille zu gehen, doch Rauff war dagegen (man möge ihn nicht in Frankreich, wegen seiner Zeit in Tunis).[161] Also kehrten sie zurück nach Rom und zur Familie Dupré. Dort lernte er Shalhevet Freier kennen, einen in Deutschland geborenen israelischen Geheimdienstoffizier, der verdeckte Operationen in Europa leitete. Freier, der offenbar nichts von Rauffs Vergangenheit wusste, warb ihn als Informant für syrische Angelegenheiten an.[162] Die beiden blieben zwei Jahre lang in Kontakt.

Der Gejagte befolgte nun seinen eigenen Rat, den er Otto Wächter gegeben hatte, und richtete seinen Blick nach Südamerika. Er hoffte auf Brasilien oder Argentinien, aber als die Botschaft Ecuadors in Rom Visa anbot, ergriff er die Gelegenheit. Ediths Sohn aus erster Ehe – Hans Karste Richter – lebte dort und teilte Rauff mit, er könne in Quito Arbeit finden.[163]

## 24

Am 5. Dezember 1949 gingen die Rauffs in Genua an Bord der *Conte Grande*. Dort spielte Rauff eigenen Angaben zufolge Skat mit einem jüdischen Dirigenten, der in Berlin an der Oper arbeitete und eine Tochter in Ecuador hatte. In Guayaquil ging die Familie an Land, verbrachte eine Nacht im Hotel Majestic (»Jüdischer Besitzer, ich kam herein, sagte, ich sei Walther Rauff, die Juden waren sehr freundlich, besonders zu den Kindern«) und fuhr dann nach Quito.

»SS-Oberst Walter Rauff ist in Quito, Ecuador, angekommen«, meldete die CIA. Sie verfolgte seine Korrespondenz (die vom italienischen Geheimdienst abgefangen wurde) und stellte ohne Ironie fest, dass Rauffs erster Job eine Anstellung als Automechaniker bei einem Mercedes-Benz-Händler in Quito sei.[164] Er lernte etwas Spanisch und wurde dann Vertreter für ein ecuadorianisches Unternehmen, das für den amerikanischen Konzern Parke-Davis pharmazeutische Produkte vertrieb. Er reiste durch Ecuador und verkaufte den »staunenden Indianern« seine Waren. Später vertrat er den Automobilkonzern Opel – dessen erster in Ecuador verkaufter Wagen mit dem Kennzeichen »CD-1« an den Apostolischen Nuntius ging – und arbeitete dann als Verkaufsleiter für Gustavo Möller Martínez, eine deutsch-ecuadorianische Firma, die westdeutsche Unternehmen vertrat. Während der gesamten Zeit hielt er sich unauffällig und verwendete Variationen seines Namens, darunter Raliff.

Er und Edith pflegten regen Kontakt zu ihrer Familie in Westdeutschland. Das Leben sei nicht ohne Herausforderungen, schrieb er, und obwohl sein Einwanderungsstatus geklärt sei, gebe es Probleme mit der örtlichen jüdischen Gemeinde. Schließlich fühlte er sich sicher genug, um seinen richtigen Namen wieder zu tragen, und besorgte sich bei der Botschaft der Bundesrepublik einen Reisepass. Sein Antrag auf eine Marinepension wurde aufgrund seiner SS-Mitgliedschaft abgelehnt. Er frage sich, ob die Juden hinter dieser Entscheidung steckten, schrieb Rauff an seine Schwester und beklagte sich über das Erstarken der »Bonner Juden« und über seine eigene Opferrolle. Seine Leidenschaft für das Horst-Wessel-Lied (»Die Fahne hoch«) und für whiskygetränkte Feiern anlässlich des Führergeburtstags blieb ungetrübt.[165]

Die Söhne waren vom Leben in Ecuador nicht begeistert. Mit 16 schrieb sich Alf an der chilenischen Marineakademie in Valparaíso ein, die sein Vater drei Jahrzehnte zuvor besucht hatte. Ein Jahr später trat Walther junior in die Offiziersakademie der chilenischen Armee ein. Unterstützt wurden sie dabei von den neuen Freunden der Rauffs, einer in Ecuador stationierten Gruppe von Offizieren der chilenischen Armee. Unter ihnen befand sich ein einundvierzigjähriger Major, Augusto Pinochet, der zusammen mit seinem Freund Carlos Prats für Referenzen sorgte.[166]

Pinochet war 1956 mit seiner Frau Lucía Hiriart Rodríguez – der Tochter eines wohlhabenden Senators und Ministers – und drei Kindern in Ecuador eingetroffen. Danach besuchte er die Militärschule in Santiago und war in ganz Chile stationiert. Außerdem lehrte er an der Kriegsakademie in Santiago.[167] In Quito, wo Pinochet an der ecuadorianischen Kriegsakademie unterrichtete, gehörten zu seinen außerberuflichen Aktivitäten eine mutmaßliche Affäre mit der lokalen Pianistin Piedad Noé und ein Jurastudium an der Universidad Central del Ecuador. Über letzteres äußerte er sich nie, aber ich fand im Universitätsarchiv Unterlagen vom Juli 1957, die sein akademisches Scheitern belegen. Aus den Akten geht hervor, dass er das Studium nach einem Jahr abbrach, die meisten Kurse nicht beendete, den Abschluss nie erwarb und häufig wechselnde Namen benutzte: Nachdem er sich als Augusto Pinochet Ugarte eingeschrieben hatte, änderte er seinen Namen mehrmals und brach das Studium schließlich als Pablo Pinochet ab.[168]

Pinochet, Rauff und ihre Ehefrauen standen sich gesellschaftlich nahe, verbunden durch eine ausgeprägte antikommunistische Gesinnung, Respekt vor allem Deutschen und ein gemeinsames Interesse am Nazitum. Major und Frau Pinochet seien mehrfach bei ihm zu Hause gewesen, sagte Rauff später und bezeichnete den chilenischen Militär als Freund und Gönner aus ecuadorianischen Tagen.[169] Pinochet, so erzählte er einem Journalisten, habe ihn ermutigt, nach Chile zu gehen: »Herr Rauff, bei uns in Chile ist es sehr schön, Sie sollten dorthin ziehen.«[170]

Die Rauffs besuchten ihre Söhne in Chile und waren angetan von dem, was sie dort sahen. Von Pinochet ermutigt und unterstützt wanderten sie 1958 aus. Rauffs Enkel Walther III. bestätigte die Rolle von Pinochet und Carlos Prats, jenem Freund, den Pinochet später beseitigen ließ.[171]

In Santiago hatte Rauff zunächst Schwierigkeiten, Arbeit zu finden. Dann machte ihn ein wohlwollender Deutscher mit Goldmann, Janssen und Ciá bekannt, einem Unternehmen, das an der Sociedad Comercial Sara Braun beteiligt war, welcher auch die Eisenwarenhandlung in Punta Arenas gehörte. Es war ein schöner Ort, wo man Deutsche mochte, erinnerte sich Rauff.[172] Im November 1958 machten er und Edith sich auf den Weg nach Patagonien und in die südchilenische Provinz Magallanes.

Rauff fand Gefallen an der Arbeit in der Sara-Braun-Filiale in der Calle Bories im Stadtzentrum, wo er Schreibmaschinen und ähnliche Artikel verkaufte. Er stieg in der Firma auf, und innerhalb eines Jahres erteilte Präsident Alessandri der Familie das Recht, sich dauerhaft in Chile niederzulassen.[173] Als Verantwortlicher für europäische Importe reiste Rauff durch Chile und traf sich mit westdeutschen und anderen Geschäftspartnern.

Das Leben beruhigte sich gerade, als 1959 ein Brief von Wilhelm Beisner eintraf, einem SS-Kollegen aus Berlin, Tunis und Damaskus. Beisner wollte Rauff beim Bundesnachrichtendienst (BND) vorstellen.[174] Rauff übermittelte eine Kopie seines Lebenslaufs, in dem er sich auf die Marinekarriere konzentrierte, seine Tätigkeit im Reichssicherheitshauptamt und die SS-Jahre jedoch aussparte. Der BND schätzte ihn als »hart, nahezu direkt aggressiv im Wesen und Auftreten […] kaltschnäuzig, obwohl im Grunde gefühlsbetont« ein. Er sei »gut geeignet« für die Organisation, mit einer Vergangenheit, die eine »spezielle Lebensauffassung« widerspiegele.[175]

Anfang 1960 erhielt Rauff von dem westdeutschen Nachrichtendienst einen Vertrag mit einem Gehalt von mehreren hundert D-Mark pro Monat, allerdings ohne Pensionsansprüche. Er wurde BND-Agent 7410, Codename »Enrico Gómez«, und neben seinem normalen Job berichtete er über Kommunisten in Chile, Ecuador und Peru.[176]

Der BND bot ihm Reisen und andere Vergünstigungen. Im April 1960 konnten die Eheleute zu ihrer Freude erstmals seit 15 Jahren wieder nach Westdeutschland zurückkehren. Rauff reiste als Geschäftsmann. Er begleitete David Stitchkin, den Rektor der Universität von Concepción und ein prominentes Mitglied der örtlichen jüdischen Gemeinde, den er bei der Beschaffung von Laborgeräten unterstützte.[177] Der eigentliche Zweck von Rauffs Reise bestand freilich darin, drei Tage in einer BND-Einrichtung in der Nähe von München zu verbringen, wo er in Überwachungstechniken im Kampf gegen den Kommunismus geschult wurde.[178]

Die Reise fiel zufällig mit der Entführung Adolf Eichmanns in Buenos Aires und seiner Auslieferung nach Jerusalem zusammen, wo er sich vor Gericht verantworten sollte. Als Rauff und seine Frau landeten, erschien im *Spiegel* ein Artikel über Eichmann, in dem auch Rauff in Mailand erwähnt wurde, was Edith beunruhigte.[179] Rauff versicherte ihr, er stehe unter dem Schutz des BND. Der Besuch verlief ohne Zwischenfälle, aber bei ihrer Rückkehr nach Punta Arenas erfuhren sie, dass Beisner bei einem Attentat schwer verletzt worden war. Wenn er ein Ziel war, dann galt das auch für Rauff.

Etwa zu dieser Zeit wurde bei Edith Krebs diagnostiziert. Die Kosten für die medizinische Behandlung konnten durch eine neue Anstellung bei der westdeutschen Firma Leinau und durch den BND gedeckt werden, der Rauff nun ein großzügiges monatliches Salär von 3000 D-Mark zahlte.[180] Rauff reiste nach Ecuador, Peru, Venezuela und durch ganz Chile und warb Unteragenten an, darunter seinen Sohn Alf und seinen Stiefsohn Hans Knacke. Als Edith im Frühjahr 1961 schwer erkrankte, verschob der BND eine zweite Reise Rauffs nach Westdeutschland. »Wegen ungeklärter Prozesssituation Eichmann wird Reise für nicht opportun gehalten«, hieß es.[181]

Im September starb Edith und wurde auf dem Zentralfriedhof von Santiago beigesetzt. Nach Rauffs Rückkehr nach Punta Arenas beschwerte sich der BND bei dem Witwer über die Qualität seiner Arbeit. Er habe es versäumt, nach Kuba zu reisen, und den Aufstieg von Fidel Castro verschlafen, teilte man ihm mit. Sein Honorar wurde um die Hälfte gekürzt, und man sagte ihm, er benötige weitere Schulungen.[182]

Im Februar 1962 kehrte Rauff nach Westdeutschland zurück. Er reiste unter seinem eigenen Namen, gab aber eine Adresse in Quito an. In Hannover wohnte er im Hotel Central (heute Kaiserhof) – nur wenige hundert Meter von den Büros der Strafverfolgungsbehörde entfernt, die wegen der Gaswagen und des Massenmordes gerade einen Haftbefehl gegen ihn vorbereitete. Er besuchte seinen Neffen Hans-Jochen Emsmann, einen jungen Marineoffizier, und nahm an einem Marinetreffen mit Kameraden des Jahrgangs 1924 teil. In den BND-Einrichtungen in Bayern ließ er sich in Mikroverfilmung und Verschlüsselung schulen und wurde ermahnt, die Qualität seiner Berichte nicht weiter sinken zu lassen.[183]

Im März 1962 kehrte er nach Punta Arenas zurück und bezog eine Wohnung in der Calle Bories, über dem Kino Grand Palace. Er arbeitete in der Nähe, an der Ecke Magallanes und Waldo Seguel, in der Nähe der Plaza de Armas, und arrangierte sich mit seinem Witwerdasein. Ein Sohn lebte in Chile, der andere in Westdeutschland. Inzwischen war er gut in das Geschäftsleben der Stadt integriert, hatte chilenische und deutsche Bekannte und war Mitglied des angesehenen Club de la Unión. Niemand wusste von seiner Vergangenheit oder seiner Arbeit für den BND.

Die Welt der Spionage war mittlerweile weniger aufregend als das Geschäftsleben Er gewann einen neuen westdeutschen Partner namens Reinhard, dessen Kapital von der Düsseldorfer Firma Habag bereitgestellt wurde. Rauff fing als Geschäftsführer bei *Pesquera Bonacic* an, einer Konservenfabrik in Porvenir, auf der anderen Seite der Magellanstraße in Feuerland, eine zweistündige Fährfahrt von Punta Arenas entfernt. Er genoss das Hin- und Herpendeln, eine angenehme Fahrt, die in Tres Puentes mit seinen weißen Marinekasernen und himmelblauen Dächern begann. Die Ausblicke waren großartig, die Seevögel munter, der Ozean tief und dunkel. In der Ferne konnte man die Dawson-Insel sehen und dahinter die schneebedeckten, hohen Gipfel Patagoniens.

In Porvenir hatte ein deutscher Einwanderer namens Dietrich Angerstein zusammen mit Karl Kreusel, einem Geschäftsmann, der entweder ein Immobilienmakler aus Hamburg oder ein Stasi-Agent aus Ostdeutschland gewesen sein könnte,[184] die *Pesquera Bonacic* gegründet. Das Unternehmen handelte mit dem Fleisch von Königskrabben, der *centolla*. Es wurde in kleine Aluminiumdosen gefüllt und in ganz Chile, Südamerika und bis nach Europa verkauft, versehen mit dem Etikett »*Pesquera Pirata*«.

Dietrich Angerstein hat kürzlich in *Condór*, einer vor dem Krieg in Santiago gegründeten deutsch-chilenischen Wochenzeitung, über diese Pionierzeiten geschrieben. In dem Artikel wird Rauff nicht erwähnt. Dafür ist ein Foto des größten Fischerboots der Unternehmensflotte zu sehen: Es trägt den Namen »Walter«. Später erfuhr ich, dass Rauff auf diesem Boot fuhr.[185]

Ich setzte mich mit Angerstein in Verbindung und bat ihn um die Erlaubnis, das Foto zu reproduzieren, die er jedoch nicht erteilte. Er war jedoch gerne bereit, über die *Walter* und die Firma *Pesquera* in Porvenir zu sprechen, die er bis 1963 geleitet hatte. Rauff lebte in der Gegend, ein Mann, der nicht sehr kontaktfreudig war und nur begrenzte Beziehungen zur deutschen Gemeinde unterhielt und den er auf Anraten der deutschen Botschaft nicht einstellte. Angerstein wollte nicht, dass das Foto der *Walter* in einem Buch über Rauff verwendet wurde, und eigentlich wollte er auch nicht über Rauff sprechen.

Hier, am Ende der Welt, glaubte sich Rauff sicher.

Er irrte sich.

## 25

Als sich das Jahr 1962 dem Ende zuneigte, verbrachte Rauff seinen Arbeitstag mit dem Verpacken von Königskrabbenfleisch in kleine Blechdosen. Die Saison dauerte vom 1. Juli bis zum 31. Januar, und in der Nebensaison verarbeiteten sie andere Meerestiere.[186] Abends schrieb er für den BND Berichte über örtliche kommunistische Aktivitäten.

So sah sein Leben aus, als er sich am Montagabend, dem 3. Dezember, kurz vor Saisonende, zu Hause in seiner Wohnung über dem Kino Grand Palace in Punta Arenas aufhielt. Um 23 Uhr klopfte es an der Tür.[187] Es war die Polizei. Man teilte ihm mit, dass er wegen Mordes verhaftet sei, angeklagt von einem Gericht in Hannover, das ihn an die Bundesrepublik Deutschland ausliefern lassen wolle. Das Verbrechen war seine Rolle beim Verpacken von Menschen in Gaswagen.

Er wurde aus dem Gebäude geführt, vorbei an Plakaten, auf denen die Filme der Woche angekündigt waren: *Die Piratenkönigin (La Reina de los Piratas)* und, in prächtigen Farben,

Rock Hudson und Doris Day in *Ein Pyjama für zwei (Vuelve Amor Mío).* Man brachte ihn zur örtlichen Polizeiwache, dann zum Flughafen und nach Santiago. Ja, erzählte er den wartenden Journalisten, er sei einst ein Nazi gewesen, beim Geheimdienst, jetzt sei er ein weiteres Kriegsopfer.

In der *Prensa Austral*, der Lokalzeitung von Punta Arenas, erschien ein Artikel, der Einzelheiten über seine Vergangenheit enthüllte: »Co-Direktor des Eichmann-Büros in unserer Stadt verhaftet«.[188] Der Artikel schilderte seine Mitwirkung an den Gaswagen, mit denen über 90 000 Juden vernichtet wurden, nannte aber nicht den Namen des »wichtigen« örtlichen Unternehmens, für das er arbeitete.

»Ich bin unschuldig, ich habe keine Ahnung, was man mir vorwirft«, sagte Rauff. Er sei lediglich ein »Schreibtischoberst«. Er habe »Papiere unterschrieben«. Niemals habe er die Tötung von Juden »angeordnet oder beobachtet«.[189]

## 26

Die Verhaftung von Rauff war ein Vorläufer dessen, was später Augusto Pinochet widerfuhr. Er wurde um 23 Uhr unter dem Vorwurf des Massenmordes verhaftet, und es lag ein Auslieferungsersuchen vor.

Wie bei Pinochet begannen die Ereignisse, die zu Rauffs Verhaftung führten, schon wesentlich früher. So tauchte sein Name bereits 1957 auf, als die Staatsanwaltschaft Hannover gegen einige seiner Kollegen von Amt II D in Berlin wegen ihrer Verbindung zu den Gaswagen im Lager Semlin (Zemun) in der Nähe von Belgrad ermittelte.[190]

Eines führte zum anderen. Die Strafverfolger fanden die eidesstattliche Erklärung, die Rauff im Oktober 1945 unterzeichnet hatte und welche die Echtheit mehrerer Berichte bestätigte. Aus ungeklärten Gründen ermittelte die Staatsanwaltschaft aber nicht weiter gegen Rauff.[191]

Ein Jahr später, im Dezember 1958, wurde jedoch ein neues nationales Gremium zur Untersuchung von NS-Verbrechen geschaffen. Die Zentrale Stelle der Landesjustizverwaltungen zur Aufklärung nationalsozialistischer Verbrechen, kurz: Zentrale Stelle, hatte ihren Sitz in Ludwigsburg. Die Staatsanwälte befassten sich erneut mit den Gaswagen und konzentrierten sich zunächst auf den Chemiker Dr. August Becker, der daraufhin verhaftet wurde. In einem amerikanischen Archiv fanden sie den an Rauff adressierten Bericht von Willy Just vom Juni 1942 über die Operationen in Chełmno, die sich gegen die 97000 [dort lebenden] Juden richteten. Die Staatsanwaltschaft fahndete nun nach Rauff, zunächst in Ecuador. In Santiago war die deutsche Botschaft in Chile nicht gerade erpicht auf eine Zusammenarbeit.

Die Ermittlungen der Zentralen Stelle fielen mit dem Eichmann-Prozess in Jerusalem zusammen, bei dem der Bericht von Just als Beweismittel zugelassen wurde. Eichmanns Anwalt befragte seinen Mandanten zu den Gaswagen. Er sei nicht an diesem Projekt beteiligt gewesen, sagte Eichmann den Richtern, das sei Rauff gewesen. Ja, das Projekt sei im selben Gebäude in Berlin erdacht und vorbereitet worden, aber Rauff habe in einer »entfernten Ecke« gearbeitet.[192]

Das Dokument und Eichmanns Antworten veranlassten die Staatsanwälte der Zentralen Stelle, sich auf Rauff zu konzentrieren. Sie stellten fest, dass er tief in das Gaswagenprojekt involviert war, mit vollem Wissen um deren Verwendung, einschließlich der Anweisungen an die Einsatzgruppen in Osteuropa. Die Staatsanwaltschaft erhob Anklage gegen Rauff wegen Beihilfe zum Mord und beantragte beim Amtsgericht Hannover einen Haft- und Auslieferungsbefehl.[193] Aus Sorge um eine mögliche Verjährung handelte die Zentrale Stelle rasch und gab Informationen an die westdeutsche Presse weiter.

Rauff war sich dieser Entwicklungen offenbar nicht bewusst. Er wusste, dass Becker und andere Kollegen wegen ihrer Beteiligung am Gaswagenprogramm angeklagt worden waren, aber nicht, dass bereits im April 1961 ein Haftbefehl auf seinen Namen ausgestellt worden war.[194] Wie Pinochet dreieinhalb Jahrzehnte später ging auch Rauff davon aus, dass er als aktiver BND-Agent eine Art von Immunität oder Schutz genoss.

Er glaubte auch, dass der Botschafter der Bundesrepublik Deutschland in Santiago, ebenfalls einer der »alten Kameraden«, seine schützende Hand über ihn halten würde. Hans Strack war 1936 der NSDAP beigetreten und war Generalkonsul in Ungarn, als Tausende von Juden nach Auschwitz deportiert wurden. Als Botschafter Strack das Auslieferungsersuchen für Rauff erhielt, beschloss er, es nicht an die chilenischen Behörden weiterzuleiten. Stattdessen holte er selbst ein Rechtsgutachten über die Gültigkeit des Ersuchens nach chilenischem Recht ein.

Strack beauftragte damit Miguel Schweitzer Speisky, einen Professor an der Universität von Chile und eine anerkannte Autorität auf dem Gebiet des chilenischen Auslieferungsrechts – der zufällig Jude war.[195] Als Justizminister unter Pinochet war er es, der sich dafür einsetzte, dass Laura González-Vera der Autopsie ihres Mannes beiwohnen konnte, da sein Sohn Miguel ihr Jugendfreund gewesen war. Die Welt ist klein.

Professor Schweitzer Speisky teilte Strack mit, dass der Antrag der Zentralen Stelle von den chilenischen Gerichten abgelehnt würde. Dafür gab es zwei Gründe. Erstens ereigneten sich die Verbrechen, derer Rauff angeklagt war – der Einsatz von Gaswagen zur Ermordung zehntausender Juden – im Jahr 1942, also vor 21 Jahren, so dass ein Verfahren in Chile durch die fünfzehnjährige Verjährungsfrist des Landes ausgeschlossen war. Zweitens wurde Rauff in dem Haftbefehl wegen Mordes angeklagt, und das war das falsche Verbrechen: Die vorgeworfenen Taten stellten einen Völkermord dar, ein Verbrechen, für das die chilenischen Gerichte nicht zuständig waren. Dies lag daran, dass Völkermord nach chilenischem Recht erst 1953 zu einem Verbrechen wurde, als das Land der Konvention von 1948 über die Verhütung und Bestrafung des Völkermordes beitrat.[196]

Strack leitete Schweitzer Speiskys Einschätzung an die Bundesrepublik Deutschland weiter. Das Auswärtige Amt in Bonn ergänzte das Auslieferungsersuchen um den neuen Vorwurf des Völkermordes und schickte es zurück nach Santiago. Strack holte ein zweites Rechtsgutachten ein, dieses Mal von Eduardo Novoa, der grünes Licht gab. Am Freitag, dem 30. November 1962, eineinhalb Jahre nach dem ersten Auslieferungsersuchen, leitete die Botschaft der Bundesrepublik dieses schließlich an die chilenischen Behörden weiter. Am darauffolgenden Montagabend wurde Rauff verhaftet.

Am 6. Dezember 1962 erschien Rauff vor Richter Rafael Fontecilla, dem Präsidenten des Obersten Gerichtshofs in Santiago. Rauff bestritt sämtliche Vorwürfe und erklärte, er werde sich dem Auslieferungsantrag widersetzen. Er sei rechtmäßig in Chile ansässig und genieße ein Aufenthaltsrecht, sagte er. Ja, er habe von den Gaswagen und ihrem Einsatz für den Massenmord gewusst, aber er habe stets nur Befehle befolgt. Damit versuchte er, seine Taten mit Verweis auf den sogenannten »Befehlsnotstand« zu rechtfertigen. Hätte er sich geweigert, die Befehle auszuführen, hätte er seinen »sofortigen Tod« riskiert.[197]

## 27

Nach der ersten Anhörung gab Rauff eine kurze Erklärung ab. Die Anschuldigungen seien falsch, sagte er, er sei unschuldig und habe nichts mit »irgendwelchen Tötungen von Juden« zu tun.[198] Chilenische Zeitungen veröffentlichten ein Foto von Rauff, der auf dem Rücksitz eines Polizeiautos saß und einen Hut trug. Dies war das Bild, das Roberto Bolaño und anderen in Erinnerung blieb.

Rauff versicherte seinen Söhnen, dass er nicht – wie Eichmann – entführt oder ermordet werde.[199] Er habe gute Verbindungen zur chilenischen Oberschicht, auch zum Militär, das mit den deutschen Militärstrukturen vertraut sei. Er sei in Sicherheit.

Wer der beste Anwalt für seinen Vater sei, wollte Walther junior wissen. »Miguel Schweitzer«, lautete die Antwort. Seine Söhne seien ein »bisschen bekloppt« gewesen, sich an Schweitzer zu wenden, äußerte Rauff später gegenüber einem Freund. Dieser sei zwar ein ausgezeichneter Anwalt, aber ein Jude. Schweitzer bekundete Interesse an dem Fall, könne ihn jedoch nicht übernehmen, denn »dann habe ich alle gegen mich«.[200] Er verfasste eine Stellungnahme, lehnte es aber ab, in der Sache zu verhandeln. An seiner Stelle beauftragten sie Enrique Schepeler, einen chilenischen Anwalt, und Robert Servatius, Eichmanns Anwalt in Jerusalem (ein »Anti-Nazi«, wie die *New York Times* berichtete, der aber keinerlei Skrupel hatte, für alte Nazis oder andere »Gefangene der Geschichte« tätig zu werden).[201]

Man habe ihn recht anständig behandelt, »wie ein rohes Ei«, erinnerte sich Rauff. Sie gaben ihm Zigaretten und Bücher (Charles de Gaulles Kriegsmemoiren), seine Zellentür blieb unverschlossen, und er durfte Besucher empfangen. Darunter waren wohlgesinnte hohe Offiziere der chilenischen Armee, der Justizminister und deutsches diplomatisches Personal[202] sowie eine Dame namens Armida Zúñiga, bekannt als Nena, die zu einem Stammgast wurde. Rauff sei ein »korrekter Mann«, erklärte Ernst Schäfer, der bundesdeutsche Konsul in Punta Arenas.[203] Der chilenische Generalstaatsanwalt intervenierte in dem Fall und sprach sich gegen die Auslieferung aus, was in der Öffentlichkeit auf breite Unterstützung stieß.

Die Anhörung in Santiago erstreckte sich über mehrere Tage und fand weltweites Medienecho.[204] Ein Stummfilm der British Movietone zeigte, wie Rauff, umringt von Reportern, von Beamten aus einem Polizeitransporter und ins Gericht geführt wurde.[205] Er war adrett gekleidet, trug einen hellen Anzug, die linke Hand in der Tasche, eine Krawatte, ein weißes Taschentuch in der Brusttasche. Er lächelte ausdruckslos und wirkte selbstsicher.

Am 21. Februar verkündete der Richter des Obersten Gerichtshofs Fontecilla sein Urteil. Die Beweise belegten Rauffs unmittelbare Rolle bei der Konstruktion und Verbesserung der Gaswagen,[206] jedoch konnte er, wie Professor Schweitzer vorausgesagt hatte, nicht wegen Völkermordes ausgeliefert werden, da dieses Verbrechen zum Zeitpunkt seiner Begehung im Jahr 1942 nicht im chilenischen Strafgesetzbuch verankert war. Für die Ermordung der 97000 Juden konnte er hingegen ausgeliefert werden, da der Antrag nicht verjährt war: Die Verjährungsfrist richtete sich nicht nach chilenischem, sondern nach bundesdeutschem Recht, weshalb die Fünfzehnjahresfrist nicht relevant war. Fontecilla stützte diese Schlussfolgerung auf »Meinungen verschiedener Völkerrechtsexperten«.

Rauff weinte, erklärte gegenüber Reportern, er habe das Urteil nicht erwartet und sei »gebrochen«. »Ich habe Befehle befolgt, die mich vielleicht zum Töten gezwungen haben, aber ein guter Soldat führt seine Befehle aus, er stellt sie nicht in Frage.«[207] Für viele in Chile war sein Argument nachvollziehbar: Das Militär des Landes war stark von den deutschen Siedlern des 19. Jahrhunderts und preußischen Militärtraditionen beeinflusst, einschließlich Stechschritt, deutschen Marschliedern und Helmen sowie der unbedingten Notwendigkeit, Befehle ohne Fragen zu befolgen.

Aus Antofagasta im Norden informierte der westdeutsche Konsul über die Ansichten zweier hoher Armeeoffiziere, die Rauff in Ecuador kennengelernt hatten. Er sei, so berichteten sie aus persönlicher Kenntnis, ein kultivierter und diskreter Mann. Daher hätten die beiden ernste Bedenken gegen das Gerichtsurteil. Wie in Nürnberg sei es falsch, Handlungen zu kriminalisieren, die auf militärischen Befehl hin erfolgten, ein Ansatz, der die Disziplin in der chilenischen Armee aushöhlen würde, da er Soldaten zur Missachtung von Befehlen ermutige. Der Konsul nannte die Namen der Offiziere nicht, aber es war offensichtlich, dass es sich bei einem von ihnen um Oberstleutnant Augusto Pinochet handelte, der Rauff aus seiner Zeit in Ecuador kannte und in Antofagasta als Kommandeur des Infanterieregiments Nr. 7 »Esmeralda« diente.[208]

Rauff legte gegen das Urteil Berufung beim Obersten Gerichtshof ein. Die Anhörungen fanden im März und April statt, und die Frist für eine Anklageerhebung erwies sich als Schlüsselfrage. Eduardo Novoa, der die Bundesrepublik Deutschland vertrat, argumentierte, dass es für die schwersten internationalen Verbrechen keine Frist für die Strafverfolgung geben dürfe. Wenn Rauff nicht ausgeliefert werde, herrsche für schwerste Verbrechen Straflosigkeit.[209]

Im Laufe der Anhörungen erhielt Rauff die Nachricht, dass der BND ihn fallen gelassen hatte. Dem Nachrichtendienst war bereits seit einiger Zeit bekannt, dass sich die Staatsanwaltschaft für Rauff interessierte, doch nun beendete der BND das Dienstverhältnis, weil man befürchtete, dass die Beziehung zu ihm öffentlich werden könnte. Die Entscheidung wurde sechs Monate zurückdatiert, auf Oktober 1962, bevor Rauff verhaftet wurde – damit man nicht sagen konnte, westdeutsche Staatsanwälte hätten die Auslieferung eines BND-Agenten im Dienst beantragt.[210] Rauff, der die Aufkündigung später erfolglos anfocht, wies seinen Sohn an, belastende BND-Dokumente zu vernichten.[211] In den folgenden Jahren sprach er nie öffentlich über seine Rolle als BND-Agent.[212]

Am 26. April 1963 fällten die Richter des Obersten Gerichtshofs ihr Urteil: Mit sechs gegen eine Stimme entschieden sie, dass

Rauffs Berufung erfolgreich sei und er nicht ausgeliefert werden könne, weil die fünfzehnjährige Verjährungsfrist Chiles die Gerichtsbarkeit über Taten aus dem Jahr 1942 ausschließe. »Die Massenvernichtung von Menschen aus rassischen Gründen ist ein Verbrechen, das dem Rechtsempfinden der zivilisierten Welt zuwiderläuft«, erklärten die Richter, aber es gelte die chilenische Verjährungsfrist. Diese stehe nicht im Widerspruch zum Völkerrecht, und der Fall sei damit verjährt.[213] Die Mehrheit schloss sich also der Meinung von Professor Schweitzer Speisky an.

Nach 123 Tagen Haft wurde Rauff auf freien Fuß gesetzt. »*¡Viva Chile!*«, rief er vor dem Gefängnis aus. Walther junior organisierte eine Party in seinem Haus, an der auch mehrere hochrangige Militärs teilnahmen. Ob Augusto Pinochet ebenfalls anwesend war, gab keiner der beiden Männer bekannt.

Linke Zeitungen reagierten heftig auf das Urteil. »Ein Paradies für Nazis«, erklärte *El Siglo*. Die rechten Zeitungen hingegen berichteten kaum über das Urteil.[214] Zurück in Punta Arenas, gab Rauff dem amerikanischen Sender NBC News ein seltenes Fernsehinterview. Er saß dabei an einer großen, altmodischen Schreibmaschine und bot ein monochromes Bild: dunkles Hemd, weißes Gesicht, schwarzes Haar, schwarzgerahmte Brille mit dicken Gläsern.

Er sprach mechanisch, auf Englisch, mit rauer, deutlicher Stimme und starkem deutschen Akzent. »Mein Fall wurde in Chile entschieden«, erklärte er dem Journalisten Tom Streithorst.[215] »Die chilenische Regierung hat mir gestattet, hier zu leben und zu arbeiten, und deshalb stehe ich unter dem Schutz der chilenischen Regierung, wie jeder chilenische Bürger, und deshalb gibt es nichts, wovor ich Angst haben müsste.« Er fürchte

zwar ein Attentat oder eine Entführung, aber er sei unschuldig, er habe lediglich Befehle ausgeführt.

Eine Woche darauf interviewte NBC seine Freundin Elsie Fleischer, eine Krankenschwester aus New York City, die ihn kürzlich besucht hatte. »Er ist eine so menschliche und warmherzige Person«, sagte sie im Gespräch, und in Tunesien habe er den Befehl zur Ermordung von 30000 Juden »gestoppt«.[216] Haben Sie je gehört, dass Rauff Reue zeigte? »Er ist kein Jammerlappen«, antwortete Frau Fleischer. Was in Deutschland geschehen sei, sei »furchtbar falsch« gewesen, aber dasselbe gelte, wenn man »diese Dinge immer wieder zur Sprache bringt und die Leute damit verfolgt«.

Nach dem Urteil berief die Universität von Santiago eine Konferenz zu dem Fall ein. Die meisten Redner, sowohl Dozenten als auch Studenten, äußerten sich kritisch über das Urteil des Obersten Gerichtshofs. Eine bemerkenswerte Ausnahme bildete Professor Schweitzer Speisky, dessen Ratschlag an den westdeutschen Botschafter sich als richtig erwiesen hatte. Er sah keine Notwendigkeit, die chilenischen Auslieferungsgesetze zu ändern, da eine Auslieferung nur in Ausnahmefällen erfolgen sollte.[217]

Die Jurastudenten im Publikum verfolgten den lebhaften Austausch mit großem Interesse: Auslieferung und Straflosigkeit, Völkermord und andere neue internationale Verbrechen. Der zweiundzwanzigjährige Sohn von Professor Schweitzer Speisky, der ebenfalls Miguel hieß, war an jenem Tag unter den Zuhörern. Als Student hatte er seinem Vater bei der Abfassung des Gutachtens geholfen, das zur Freilassung Rauffs beigetragen hatte.

Miguel Schweitzer, der Sohn, konnte nicht ahnen, dass er viele Jahre später einen Anruf wegen eines anderen Auslieferungsfalls erhalten würde. Auch dieser Fall warf neue Fragen auf und sollte sein Leben verändern.

# TEIL II

# GERECHTIGKEIT

*Es war wie ein Erdbeben auf allen Ebenen;*
*ich glaube, nichts wird mehr so sein,*
*wie es einmal war.*
Roberto Bolaño, 1998

## London, November 1998

### 28

»An einem Freitag, unmittelbar nach der Verhaftung von General Pinochet, rief mich ein guter Freund von ihm an.« Es sei der Abend des 16. Oktober 1998 in Santiago gewesen, sagte Miguel Schweitzer. Fünfunddreißig Jahre zuvor hatte er als Jurastudent gemeinsam mit seinem Vater ein Gutachten erarbeitet, das Rauffs Auslieferung an die Bundesrepublik Deutschland verhindern sollte. In der Zwischenzeit hatte der Jugendfreund von Laura González-Vera – der Ehefrau von Carmelo Soria – den Beruf des Rechtsanwalts ergriffen, eine eigene Kanzlei eröffnet und sich politisch engagiert.[1]

In den 1970er Jahren beriet er Agustín Edwards, den Eigentümer von *El Mercurio*, Allende-Gegner und Anhänger von Pinochet und Nixon.[2] Miguel Schweitzer unterstützte Pinochet und den Putsch, und nach der Ermordung von Letelier im September 1976 war er als Pinochets Anwalt an der Aushandlung des Abkommens beteiligt, das die Auslieferung Michael Townleys an die Amerikaner beinhaltete und Manuel Contreras und Pinochet vor weiteren Ermittlungen der USA bewahrte. In den 1980er Jahren diente er als Pinochets Botschafter in London und wurde dann Außenminister.

Miguel Schweitzer erhielt den Anruf, weil er ein geschätzter und zuverlässiger Vertrauter war. Er war 58 Jahre alt, korpulent, lächelnd, gepflegt, ein Mann mit Charme und Intelligenz – und ein treuer Anhänger Pinochets.

»Sie wollten eine juristische Einschätzung. Ich war Botschafter in London, verfügte über beste Beziehungen und hatte erfolgreich interveniert, als Amnesty International versuchte, Pinochet bei einer früheren Reise zu verhaften.« Der Anruf kam nicht aus heiterem Himmel. »Manche sagten, es bestehe kein Risiko, da er Immunität genieße, andere sorgten sich wegen einer neuen Labour-Regierung und Außenminister Robin Cook.« Pinochet beschloss zu reisen, und zwar unter dem Deckmantel der offiziellen Mission, militärische Ausrüstung zu kaufen. Man sagte ihm, dass er volle Immunität genieße, »es bestand also kein Risiko«, wie sich Schweitzer erinnerte. Pinochet hatte Freunde in hohen Positionen, darunter Margaret Thatcher, und er hatte Großbritannien unterstützt, als Argentinien im April 1982 die Falklandinseln/Malwinen besetzte. Er hielt sich für unantastbar.

»Sie wollten eine vertrauenswürdige Person, die sich um die rechtlichen Belange kümmerte, und baten mich, unverzüglich nach London zu reisen. Ich sagte, das sei lächerlich, Pinochet wäre frei, wenn ich dort einträfe, in ein oder zwei Tagen sei der Fall erledigt.« Schweitzer lächelte bei dem Gedanken daran. Frau Pinochet war es, die ihn schließlich überredete. »Sie war allein, sprach kein Englisch und brauchte jemanden, der sie unterstützte.«

Schweitzer schlug vor, Hernán Felipe Errázuriz solle gehen. Errázuriz, ebenfalls Jurist, war Pinochets letzter Außenminister und Botschafter in den Vereinigten Staaten gewesen. »Hernán Felipe stand Pinochet sehr, sehr nahe, viel näher als ich, der General mochte ihn«, sagte Schweitzer. »Sie standen sich so nahe, dass Hernán Felipe, als er sich von seiner Frau trennte, es nur Pinochet erzählte. Stellen Sie sich das vor! Pinochet liebte ihn wie den Sohn, den er gerne gehabt hätte.«

Letztendlich bewegte Pinochets Freund Carlos Caceres, der die private Pinochet-Stiftung leitete, beide Männer zu der Reise. Am Sonntagabend, dem 18. Oktober, verließen Schweitzer und

Errázuriz Santiago, ohne zuvor mit der chilenischen Regierung in Kontakt getreten zu sein. »Präsident Frei war gegen Pinochet«, sagte Schweitzer. »Wir kamen am Montagmorgen an, mit nur einer kleinen Reisetasche, nicht einmal mit einem Koffer. Wir gingen zum Connaught Hotel, dann zur Anwaltskanzlei Kingsley Napley, um einen Vertrag mit den Anwälten zu unterzeichnen, die den General im Auslieferungsverfahren verteidigen sollten.«

Schweitzer entschied sich für sie, weil sie Jahre zuvor bei einem früheren Bemühen um eine Verhaftung Pinochets geholfen hatten. »Damals wandte ich mich an Cecil Parkinson, einen ehemaligen Minister, der Margaret Thatcher nahestand, und er empfahl Kingsley Napley.«

## 29

Auf Schweitzers Vorschlag hin setzte sich die chilenische Botschaft in London mit der Kanzlei in Verbindung und erreichte dort Michael Caplan, einen Partner.

»Es war ein Samstagmorgen, ich kam gerade aus der Synagoge, da erhielt ich per Telefon die Nachricht von einem neuen Auslieferungsfall, einem großen Fall, in dem es um General Pinochet ging. Die Verhaftung eines ehemaligen Staatschefs, das gab es noch nie!«

Caplan sprach gedankenvoll. »Ich hatte vage von Pinochet und von Chile gehört, wusste aber nicht genau, wo das war!« Er kannte sich zwar mit Auslieferungsrecht aus, wusste aber nicht viel über Immunitätsregelungen. »In den folgenden achtundvierzig Stunden paukte ich mir das Thema ein. Genießt ein ehemaliges Staatsoberhaupt Immunität? Ich wusste vom Eichmann-Prozess, vom Weltrechtsprinzip und von Nürnberg, und ich hatte ein bisschen Völkerrecht studiert, aber nicht viel.« Er erkannte die Neuartigkeit der Situation und deren Bedeutung. »Es gab kein Völkerrechtslehrbuch, das die Immunität eines ehemaligen Staatsoberhauptes behandelt hätte, es waren einfach offene Fragen.«

Er zögerte nicht, den Fall zu übernehmen. »Das ist unsere Aufgabe als Anwälte, es steht uns nicht zu, über die Beliebtheit eines Mandanten zu urteilen oder Ähnliches.« Am Sonntag begab sich Caplan in die Kanzlei und anschließend zu einem Treffen mit Pinochet in die London Clinic, vor der sich bereits Demonstranten versammelt hatten. Ein chilenischer Diplomat empfing ihn. »Ein Muster an absoluter Höflichkeit«, erinnerte sich Caplan.

Zimmer 801 wurde von einem Polizeibeamten bewacht, und der Diplomat dolmetschte, da Pinochet kein Englisch sprach. »Er schien zu verstehen, was ich sagte, und war in keiner Weise aggressiv.« Caplan wurde eine Kopie des Haftbefehls ausgehändigt. »Ich habe ihn schnell überflogen und konnte keine Probleme ausmachen.« Am Sonntagabend las er ihn zu Hause noch einmal durch und bemerkte dabei den Vorwurf des Mordes. »Es sah ein bisschen seltsam aus, aber es war mir nicht ganz klar, worum es ging.« Er wusste nicht, dass Baltasar Garzón Völkermord und Folter als Verbrechen benannt hatte, die eine Auslieferung rechtfertigen.

Am Montagmorgen traf sich Caplan mit »Lady Pinochet«, und am Nachmittag kamen Schweitzer und Errázuriz in sein Büro. »Wir verstanden uns außerordentlich gut, sie sprachen perfektes Englisch, zumindest Miguel. Sie hörten sich an, was ich sagte, begriffen, dass dies alles Zeit brauchen würde, und waren extrem geduldig.« Er hielt inne. »Ganz unterschiedliche Charaktere, aber beide auf ihre Weise stark. Miguel war einnehmend, Felipe ruhiger, aber manchmal mit einer größeren gedanklichen Klarheit. Sie waren dem General treu ergeben, verstanden, was vor sich ging, und waren eine große Hilfe.«

Caplan gab ihnen eine Kopie des von Nicholas Evans unterschriebenen Haftbefehls. »Er hätte den Antrag ablehnen sollen, statt ihn zu unterschreiben«, sagte Schweitzer sofort. »In dem Augenblick, als ich ihn sah, mit allen Fehlern und Unstimmigkeiten, dachte ich, das Ganze würde sich rasch erledigen lassen.« Sofort erkannte er den Zusammenhang mit dem Fall Rauff aus dem Jahr 1963, an dem er mit seinem Vater gearbeitet hatte und der ähnliche Fragen aufgeworfen hatte: Ist das »richtige« Verbrechen Mord oder Völkermord? »Der Formfehler reichte aus, um das Dokument für null und nichtig zu erklären.«

Abgesehen von diesem Fehler, sagte Schweitzer zu Caplan, genieße Pinochet volle Immunität. »Ich habe Michael gesagt, er solle vor Gericht gehen, um einen Antrag auf Haftprüfung zu stellen und damit eine Anordnung zur sofortigen Freilassung Pinochets zu erwirken, da seine Inhaftierung offensichtlich unrechtmäßig sei und gegen die Regeln der Immunität verstoße. »Michael sagte, es gebe keinen Präzedenzfall, um den Haftbefehl anzufechten, da er von einem Richter ausgestellt und unterzeichnet worden sei. Hernán Felipe und ich insistierten, und später überzeugten wir Michael und die anderen Anwälte.«

Wie Pinochet glaubte auch Schweitzer, dass die Verhaftung politisch motiviert wäre, betrieben von spanischen Kommunisten (unter der Federführung von Juan Garcés), die frustriert darüber waren, dass es ihnen nicht gelungen war, General Franco dingfest zu machen. Die chilenischen Anwälte waren keine Fans spanischer Richter. »Die Kommunisten wandten sich an Garzón, weil sie wussten, dass der andere Richter, García-Castellón, nicht handeln würde. Dann fand Garzón eine Verbindung zwischen seinen argentinischen Fällen und dem Fall Pinochet, und zwar über die Operation Condor.«

Schweitzer war sich auch sicher, dass andere Kräfte im Spiel waren. »Das war politisch. Robin Cook war ein Kämpfer, in Chile während der Allende-Periode, total gegen Pinochet.« Er irrte sich, doch Hernán Felipe Errázuriz vertrat dieselbe Ansicht. »Ich kannte die Einzelheiten nicht«, sagte er mir, »aber ich habe keinen Zweifel, dass Robin Cook von Anfang an involviert war.« Cook verstarb im Jahr 2005, so dass ich lediglich einige seiner damaligen Berater befragen konnte. Alle sagten, Cook habe die Verhaftung zwar begrüßt, sei aber nicht an deren Zustandekommen beteiligt gewesen.[3]

Schweitzer und Errázuriz hofften, dass Pinochet bis Ende der Woche nach Hause kommen würde. »Alle waren besorgt, dass ein Attentat auf ihn verübt werden könnte«, sagte Errázuriz. »Es gab mindestens einen gut geplanten Versuch im Jahr 1986, der beinahe erfolgreich gewesen wäre; dabei wurden fünf Mitglieder seiner Schutztruppe getötet und elf weitere verwundet, und sein Auto wurde von mehreren Kugeln getroffen.« Das Attentat sei gut organisiert gewesen, »hauptsächlich von Mitgliedern der Kommunistischen Partei, von denen einige auf freiem Fuß waren, und die britische Polizei wusste, dass wenigstens einer oder zwei der Beteiligten in Europa lebten«. Als wir Jahrzehnte später darüber sprachen, beharrte Errázuriz darauf, dass die Befürchtungen real gewesen seien. »Einer der Drahtzieher lebt immer noch in der Schweiz«, sagte er mit Nachdruck.

Die beiden drängten Kingsley Napley, die besten Anwälte zu engagieren. »Michael Caplan entschied sich für Clive Nicholls, einen berühmten Auslieferungsanwalt, der Clare Montgomery und Julian Knowles hinzuzog.« Die Anwälte bestätigten sofort, dass es ein Problem mit dem Haftbefehl und der Mordanklage gab. »Clare, die äußerst klug und direkt ist, war diejenige, die besonders darauf beharrte«, dass Mord kein internationales Verbrechen sei, für das britische Gerichte zuständig seien, es sei denn, Täter oder Opfer seien Briten. Wie Montgomery mir später *en passant* sagte, hätte Pinochet tatsächlich bereits zu Hause sein können, bevor Schweitzer in London eintraf, wenn man sie am Samstagnachmittag und nicht erst am Montag engagiert hätte.

»Als wir den Fehler bemerkten, waren wir zuerst einmal fassungslos, denn er war schwerwiegend und konnte nicht mehr berichtigt werden«, erzählte Caplan. Sie befürchteten, dass auch Garzón den Fehler bemerken und einen zweiten Haftbefehl beantragen würde, in welchem ein internationales Verbrechen aufgeführt wäre, für das die englischen Gerichte zuständig wären. Sie mussten also rasch handeln.

Caplan wurde instruiert, sofort einen Antrag auf gerichtliche Entscheidung zu stellen. »Da ich den Haftbefehl gelesen hatte, konnte ich mir nicht vorstellen, dass wir verlieren könnten«, sagte Schweitzer. Am Montagnachmittag forderte Caplan das Innenministerium auf, den Haftbefehl aufzuheben, da er keine auslieferungsfähige Straftat offenlege. »Ich wandte mich mit ziemlich deutlichen Worten an die Büroleiterin in der Bow Street« – und bat darum, informiert zu werden, falls Spanien einen zweiten Haftbefehl ausstelle.

Schweitzer und Errázuriz besuchten Pinochet in der London Clinic, in Zimmer 801. Da sie ein Attentat befürchteten, begrüßten sie die Sicherheits- und Polizeipräsenz. »Er war ruhiggestellt, nicht wirklich in dieser Welt, und es war nicht klar, ob er verstand, was um ihn herum geschah«, sagte Schweitzer. »Seine Frau Lucía war da und wirkte ziemlich schockiert. Wir sagten, dass wir uns um sämtliche rechtlichen Belange kümmern würden, und das taten wir auch, ich und Hernán Felipe.«

Am Dienstag wiederholte Caplan seinen Antrag auf Rücknahme des Haftbefehls. Keine Reaktion. Am Mittwoch schrieb er einen dritten Brief, in dem er mit einem Gerichtsverfahren drohte. Keine Reaktion. Fristen kamen und verstrichen. »Wir gaben ihnen Zeit bis Mittwoch 16:00 Uhr, keine Antwort. Ich schrieb ihnen und verlängerte bis 17:30 Uhr. Eine Dame vom Innenministerium rief an und sagte, sie könnten sich nicht auf die Deadline festlegen. Dann Schweigen. Es war zu spät, um am Mittwochabend noch zu einem Richter zu gehen, da dieser den Vorgang auf den nächsten Morgen vertagt hätte.«

Donnerstagmorgen, wieder Schweigen. Caplan schrieb einen

vierten Brief mit einer Fristsetzung bis zum Mittag. »Wir wollten eigentlich nicht vor Gericht gehen, weil wir befürchteten, dass sich unsere Position im Falle einer Niederlage verschlechtern könnte.« Schweitzer wies Caplan nun jedoch an, vor Gericht zu ziehen, woraufhin dieser bei der Metropolitan Police anrief und mitteilte, dass er einen Habeas-Corpus-Antrag auf Haftprüfung stellen werde. »Wie buchstabiert man das?«, wollte der Polizist wissen.

Am Donnerstag, dem 22. Oktober, kam die Mittagszeit und verstrich. Um zehn vor eins machte Caplan von der Anordnung Gebrauch. Eine Anhörung wurde für den Nachmittag anberaumt, da das Team einen zweiten Haftbefehl befürchtete. »Hätten wir am Montag vor Gericht gehen sollen?«, fragte sich Caplan Jahre später. »Wenn wir das getan hätten, hätte das Gericht vielleicht unserem Antrag stattgegeben und die Freilassung des Generals angeordnet.« Trotzdem hätte Pinochet das Land nicht verlassen können. »Spanien hätte Berufung einlegen und einen Gerichtsbeschluss erwirken können, damit er in London blieb.«

Jahre später blickte Schweitzer auf diese ersten Tage zurück: »Hätten wir etwas anders machen sollen? Hätten wir an dem Montag vor Gericht gehen sollen? Diese Frage hat uns, Hernán Felipe und mich, immer wieder beschäftigt. Hätten wir irgendetwas tun können, um zu verhindern, was anschließend geschah?«

## 30

Was dann geschah, resultierte aus dem Umstand, dass Baltasar Garzón den Fehler von Nicholas Evans bei der Auswahl von »Mord« als Tatvorwurf tatsächlich bemerkt hatte.

Am Abend der Festnahme erhielt Garzón in Madrid mehrere Anrufe von John Dew, der ihn über die Entwicklungen in London auf den neuesten Stand brachte. Der britische Diplomat bestätigte, dass ein Richter den Haftbefehl unterzeichnet hatte. »Ich bedankte mich bei ihm, überrascht, weil ich gedacht hatte, der Richter würde nicht unterschreiben, oder jemand würde Pinochet warnen und er würde fliehen. Ich konnte es nicht glauben, also begann ich, über die nächsten Schritte nachzudenken.«

Garzón war John Dew dankbar. »Sein Eingreifen war absolut entscheidend. Hätte ich nicht mit ihm zu Mittag gegessen und dann ein erstes Gespräch geführt, wäre Pinochet ohne diesen Kontakt nicht verhaftet worden. Alles hing davon ab, dass die richtigen Leute zur richtigen Zeit am richtigen Ort waren.«

»Ich handelte auf eigene Faust, nicht auf Anweisung aus London«, sagte mir Dew. »Vielleicht äußerte jemand in der Botschaft die Sorge, dass Garzón brüskiert sein könnte, er war ja eine ziemlich wichtige Figur, ich wollte den Kontakt nicht verlieren.« Er hielt inne. »Aber wenn es am Ende einen guten Effekt hatte, ist das doch in Ordnung, oder nicht? Für mich persönlich war es eine große Sache, bei der es um Verantwortung ging, darum, einen Diktator zur Rechenschaft zu ziehen.«

Freitag nach Mitternacht rief Dew erneut an, als Garzón gerade mit Freunden zu Abend aß; der Stierkampf in Andalusien war vorbei. »Er sagte mir, Pinochet sei in seinem Krankenhauszimmer verhaftet worden. Ich dachte: *¡Enhorabuena! ¡Felicidades!*«

Dews Standpunkt?

»Er freute sich sehr, er wollte, dass es passiert«, sagte Garzón. »Er hätte es verhindern können, er hätte es abwürgen können. Bei der Verhaftung wusste ich, dass die Kacke am Dampfen war. Ich musste Clemente Auger warnen, den Präsidenten der Audiencia Nacional, meines Gerichts.«

Auger hatte die Neuigkeit bereits erfahren und von Garzóns Rolle dabei gehört. »Wunderbar, beeindruckend, unglaublich«, sagte Auger zu ihm. »Wie haben Sie das gemacht?«

»›Auf Grundlage der Operation Condor‹, antwortete ich, und Auger war absolut damit einverstanden‹«, erzählte mir Garzón.

Die Nachricht verbreitete sich rasch in der politischen Elite Spaniens und erreichte schließlich auch Ministerpräsident José María Aznar, der gerade unterwegs zu einem Treffen mit anderen Staatschefs in Porto war. Er war nicht gerade erfreut. Unterdessen erfuhr Garzón von Dew die Einzelheiten der Geschehnisse in London: Evans hatte Pinochet wegen Mordes angeklagt, nicht wegen Völkermordes oder Folter oder eines anderen internationalen Verbrechens, für das die englischen Gerichte zuständig waren.

»Als ich hörte, dass die Anklage auf Mord lautete, wusste ich sofort, dass wir ein Problem hatten«, sagte Garzón, da Mord in Chile kein internationales Verbrechen war. »Ich fuhr sofort zurück nach Madrid, um einen zweiten Antrag auf Pinochets Verhaftung vorzubereiten, der internationale Verbrechen enthielt, für die eine Zuständigkeit englischer Gerichte bestand.«

Garzón verbrachte einen Großteil des Wochenendes in seinen Räumlichkeiten in der Audiencia Nacional in Madrid. »Ich bestellte alle ein, die Mitarbeiter, die Anwälte, und sagte ihnen, sie sollten mit der Arbeit an einem zweiten Auslieferungsantrag beginnen. Am Sonntagabend waren wir fertig, er war 118 Seiten lang.« Der zweite Auslieferungsantrag enthielt ausführlichere Angaben zu internationalen Verbrechen und Opfern. »Ich ergänzte den Fall um neue Namen, von vielen Chilenen, die mir Juan Garcés genannt hatte.« Erneut wurde der Fall Carmelo Soria aufgeführt. Da der Text auf Spanisch verfasst war, arbeitete Garzóns Team noch in der Nacht an einer englischen Übersetzung, die am Montagmorgen eingereicht werden sollte.

Der Staatsanwalt Carlos Castresana erinnerte sich, wie verärgert Richter García-Castellón über die Verhaftung in einem Fall war, der eigentlich ihm oblag. »Am Freitag sagte ich zu Garzón, dass ich am Wochenende darüber nachdenken wolle, und als ich zurückkam, war der Fall weg«, habe García-Castellón die Nachricht kommentiert.

»Er war beleidigt«, erinnerte sich Castresana, denn er meinte, Garzón habe ihm ›seinen Fall geklaut‹.«

García-Castellón stimmte schließlich zu, dass Garzón die argentinischen und chilenischen Verfahren leiten sollte. Die spanischen Gerichte bestätigten, dass Garzón sich mit sämtlichen Aspekten der chilenischen Akte befassen könne, einschließlich der Operation Condor, der »Todeskarawane« und weiteren Verbrechen.[4] »Am Ende war ich für die gesamte Angelegenheit zuständig, somit war alles in Ordnung«, sagte Garzón.

Am Montagmorgen lag der zweite Haftbefehl auf dem Tisch. »Um neun Uhr schickten wir ihn an Interpol, inklusive aller notwendigen Informationen und Begleitmaterialien. Wir schlossen Völkermord, Terrorismus und Folter ein, alles internationale Verbrechen, die alle unter das Weltrechtsprinzip fielen.« Zu diesem Zeitpunkt hatte sich die Nachricht von Pinochets Verhaftung bereits rund um die Welt verbreitet. Die Reaktionen fielen heftig und unterschiedlich aus.

In Spanien war Generalstaatsanwalt Eduardo Fungairiño außer sich. Er reichte eine Klage ein, in der er argumentierte, Garzón sei nicht befugt, die Auslieferung Pinochets zu verlangen.[5] Ministerpräsident Aznar unterstützte ihn, wobei er öffentlich die Hoffnung äußerte, dass das Verfahren unabhängig und zügig verlaufen würde.[6]

Laura González-Vera, die Witwe von Carmelo Soria, zeigte sich in Madrid hocherfreut. »Ich war glücklich.« Sie lernte Garzón erst viel später kennen. »Ich bewunderte ihn, seine Hartnäckigkeit.«

Ihre Tochter Carmen Soria in Santiago war da schon vorsichtiger. »Die Verhaftung ermutigte mich, aber ich machte mir Sorgen, was die politischen Parteien der *Concertación* tun würden, was Außenminister Insulza tun würde.« Keine 24 Stunden nach der Verhaftung erhielt sie die erste von vielen Morddrohungen. »Drei Tage später musste ich das Land abermals verlassen und zurück nach Spanien gehen.«

Erika Hennings war ebenfalls in Santiago, als sie die Neuigkeit hörte. »Es war ein Tag großer Freude, die Menschen feierten auf der Straße. Gemeinsam mit einem anderen Freund beschlossen wir, in Frankreich ein ähnliches Verfahren anzustrengen.« In Zusammenarbeit mit dem Anwalt William Bourdon wurde eine Woche später bei den französischen Gerichten eine Klage nach dem Weltrechtsprinzip gegen Pinochet eingereicht. Auch in Belgien und der Schweiz wurden ähnliche Verfahren eingeleitet, die sich dem Antrag auf Auslieferung Pinochets anschlossen. Spanien stand jedoch in der Hackordnung an erster Stelle.

Die chilenische Regierung legte bei der britischen Regierung Protest ein, befand sich aber in einer Zwickmühle. Außenminister José Miguel Insulza, der mit Allende zusammengearbeitet und nach dem Putsch 15 Jahre im Exil verbracht hatte, war auf dem Weg zu einem Fernsehstudio, als er von der Festnahme erfuhr. Er reagierte ungläubig. »Sind Sie sicher?«, fragte er den chilenischen Botschafter in London. »Ich rief als Erstes Präsident Frei an«, der sich mit Aznar und anderen Staatschefs in Porto aufhielt. »Wir unterhielten uns an jenem Abend sehr lange.« Frei sei »ruhig und gelassen« gewesen. Sie kamen überein, dass sie die Rechte Chiles und nicht die von Pinochet verteidigen müssten, und dazu gehöre auch das Recht eines ehemaligen Staatschefs, frei zu reisen, ohne dem Risiko einer Verhaftung ausgesetzt zu sein.

Sie waren sich einig, dass es die Aufgabe Chiles sei, sich mit Pinochets Verbrechen zu befassen, und nicht die spanischer Richter oder britischer Gerichte. Das war die offizielle Linie, aber insgeheim freute sich Insulza über die Verhaftung. »Selbstverständlich, was die menschliche Seite betrifft, aber ich wusste, dass die Regierung ein Problem hatte, und ich war dafür verantwortlich, dieses Problem in Angriff zu nehmen. Ich glaubte zwar, dass den Opfern in Spanien mehr Gerechtigkeit widerfahren würde, aber wir standen unter Druck, etwas zu tun.«

Er rief Robin Cook in London an. Der britische Außenminister sagte, das sei Sache der Gerichte, er könne da nichts machen. »Können Sie ihn nicht einfach ausweisen?«, fragte Insulza. »Cook sagte mir, das würde er liebend gerne tun!« Insulzas Sozialistische Partei war gespalten: Manche wollten einen Prozess in Spanien, andere fanden, Pinochet solle sofort nach Chile zurückkehren dürfen, und erwarteten eine Entschuldigung der Briten.

Insulza stimmte sich mit General Ricardo Izurieta ab, der wenige Monate zuvor Pinochets Nachfolge als Oberbefehlshaber der Armee angetreten hatte.[7] Die Regierung werde die Rechte und Vorrechte Chiles verteidigen, versicherte er Izurieta. Er wiederholte diese Aussage gegenüber der Sozialistischen Partei, und sie wurde zur Regierungspolitik: Wir verteidigen nicht Pinochet, sondern Chile.

In der Zwischenzeit traf Garzóns zweites Ersuchen in London ein und landete bei Ronald Bartle, einem hohen Richter am Gericht in der Bow Street im Zentrum Londons. Am Morgen des 22. Oktober, als Michael Caplan sich anschickte, den ersten Haftbefehl vor Gericht anzufechten, unterzeichnete Bartle den zweiten Haftbefehl. Er enthielt die Anklagepunkte Folter und Geiselnahme sowie Verschwörung zur Begehung dieser Taten.[8]

Bartles Unterschrift hatte unmittelbare Folgen. Pinochets Anwälte erschienen vor dem High Court, um einen Habeas-Corpus-Antrag zum ersten Haftbefehl zu stellen, in der Erwartung, dass die Staatsanwaltschaft (Crown Prosecution Service, CPS) im Namen Spaniens und Garzóns Einspruch erheben würde. Das CPS-Team wurde von Kronanwalt Alun Jones geleitet, einem Mitglied derselben Anwaltskammer wie Clive Nicholls und Clare Montgomery. Es war ein dramatischer Augenblick. »Als wir gegen zwei Uhr bei Gericht eintrafen, stampfte Alun Jones herein: ›Wir haben den zweiten Haftbefehl‹«, erinnerte sich Caplan.

Caplan erkannte sofort, dass ihr Habeas-Corpus-Antrag zum Scheitern verurteilt war. »Wir konnten nichts tun, da der zweite Haftbefehl auslieferungsfähige Straftaten enthielt, die Spanier hatten es richtig gemacht, also war der Antrag auf Habeas Corpus hinfällig.« Die Angelegenheit nahm eine andere Richtung. »Wir stellten nun einen Antrag auf gerichtliche Überprüfung der Entscheidung, den zweiten Haftbefehl auszustellen, mit der Begründung, dass Pinochet als ehemaliger Staatschef volle Immunität vor der Gerichtsbarkeit der englischen Gerichte genieße.«

Der High Court setzte für den folgenden Montagmorgen, den 26. Oktober, eine Eilanhörung an.

## 31

Diese Anhörung war präzedenzlos: Noch nie zuvor war ein ehemaliger Staatschef von und in einem anderen Land verhaftet worden, weil er internationale Verbrechen begangen hatte.

Die Verhaftung eines Staatsoberhaupts richtet sich gegen das Land selbst, weswegen das Völkerrecht Regeln vorsieht, die ein solches Vorgehen verhindern und einem amtierenden Staats- oder Regierungschef Immunität vor Gerichtsverfahren gewähren. Das heißt, die Gerichte eines Landes können keine Gerichtsbarkeit über das Staatsoberhaupt eines anderen Landes ausüben. Wenn es um internationale Verbrechen geht, sind jedoch Ausnahmen möglich, insbesondere wenn ein internationales Gericht beteiligt ist. Die Verhaftung von Augusto Pinochet warf eine andere Frage auf: Gab es für einen ehemaligen Staatschef eine Ausnahme von der Immunitätsregel, wenn ein internationales Verbrechen im Spiel war, und galt diese Ausnahme für ein Verfahren vor einem nationalen Gericht anstatt vor einem internationalen Gericht?

Die Immunitätsregelung hat zwei wesentliche Gründe. Erstens besteht eine praktische Notwendigkeit: Um ein Land in der Welt zu vertreten, darf ein Staatsoberhaupt nicht der Gefahr ausgesetzt sein, von einem anderen Land verhaftet zu werden. Zweitens respektiert die Immunität Status und Würde des Staates:

Eine Klage gegen ein Staatsoberhaupt oder vielleicht auch gegen ein ehemaliges Staatsoberhaupt ist ein Affront gegen den Staat selbst. Diese Argumentation brachte Außenminister José Miguel Insulza gegenüber Präsident Frei vor.

Die Ursprünge der Immunitätsregelungen sind etwas unklar, wenngleich sich der Gedanke bereits in juristischen Schriften aus dem 16. Jahrhundert findet.[9]

Damals formulierte der französische Jurist und Philosoph Jean Bodin seine *Souveränitätsthese*, nach welcher ein Fürst lediglich göttlichen und Naturgesetzen unterworfen ist; sein italienischer Gegenpart im 18. Jahrhundert, Cesare Beccaria, äußerte indes die Hoffnung, dass die schwersten Verbrechen »an keinem Ort der Welt« ungestraft blieben.[10]

Im 19. Jahrhundert sahen sich die nationalen Gerichte mit der Frage konfrontiert, wie über das Verhalten eines anderen Staates, seines Oberhaupts oder seiner Diplomaten zu urteilen sei.[11] Im Jahr 1812 erläuterte Chief Justice Marshall vom U.S. Supreme Court im berühmten Fall um den Schoner *Exchange* die Gründe für die Immunitätsregel: Die »Befreiung der Person des Souveräns von Verhaftung oder Festnahme auf fremdem Territorium« sei notwendig, um »seine Würde und die Würde seiner Nation« zu wahren.[12] In den Jahrzehnten danach folgten nationale Gerichte dem Grundsatz, dass ein amtierendes Staatsoberhaupt absolute Immunität genoss. Er oder sie konnte nicht gezwungen werden, vor den Gerichten eines anderen Landes zu erscheinen.

Eine erste Andeutung, dass Immunität nicht absolut war, stammt aus dem Jahr 1919: Der nach dem Ersten Weltkrieg unterzeichnete Vertrag von Versailles sah in Artikel 227 vor, dass der ehemalige deutsche Kaiser Wilhelm II. wegen Kriegstreiberei, »schwerster Verletzung des internationalen Sittengesetzes und der Heiligkeit der Verträge«, angeklagt werden könne.[13] Der Vertrag schränkte seine Immunität implizit dahingehend ein, dass ein internationales Verbrechen begangen worden war. Der Ex-Kaiser floh in die Niederlande, die nie ein Verfahren gegen ihn einleiteten.

Im Abkommen zur Errichtung des Internationalen Militärgerichtshofs in Nürnberg drei Jahrzehnte später wurde die Immunität ausdrücklich aufgehoben. Das Londoner Statut von 1945 legte fest, dass die Verantwortung einer Person für ihre Handlungen unabhängig von ihrer Position als hochrangiger Amtsträger oder sogar als Staatsoberhaupt sei.[14] Das 1946 eingerichtete Tokioter Tribunal verfuhr nach derselben Regel.[15] Aus diesem Grund konnte Karl Dönitz, Hitlers Nachfolger als deutsches Staatsoberhaupt, in Nürnberg angeklagt werden. Dasselbe galt für Hans Frank, den Generalgouverneur im deutsch besetzten Polen.

Nürnberg öffnete eine Tür, zumindest vor internationalen Gerichten. Im Jahr 1948 gingen die Verfasser der UN-Völkermordkonvention noch einen Schritt weiter und erklärten: »Personen, die Völkermord oder eine der sonstigen in Artikel III aufgeführten Handlungen begehen, sind zu bestrafen, gleichviel ob sie regierende Personen, öffentliche Beamte oder private Einzelpersonen sind.«[16] Diese Formulierung schloss die Immunität vor internationalen und nationalen Gerichten generell aus. Die Konvention hob das Recht auf Immunität auf, weil das Verbrechen als derart abscheulich betrachtet wurde.

Der Gedanke wurde in den 1990er Jahren weiterverfolgt, als der Sicherheitsrat der Vereinten Nationen für die im ehemaligen Jugoslawien und in Ruanda begangenen Verbrechen die ersten internationalen Gerichtshöfe seit Nürnberg und Tokio einrichtete. Der Sicherheitsrat legte fest, dass ein Staatsoberhaupt – oder ein ehemaliges Staatsoberhaupt – bei Völkermord, Verbrechen gegen die Menschlichkeit oder Kriegsverbrechen vor diesen Tribunalen keine Immunität beanspruchen konnte.[17] Diesen Ansatz übernahmen im Juli 1998 auch die Staaten, die das Statut des Internationalen Strafgerichtshofs (IStGH) ausarbeiteten. Etwa um diese Zeit wurde der serbische Präsident Slobodan Milošević wegen Verbrechen gegen die Menschlichkeit und Völkermord vor dem Internationalen Strafgerichtshof für das ehemalige Jugoslawien unter Anklage gestellt.

Es lag also ein Wandel in der Luft. Als die Dolmetscherin Jean Pateras dem in einen Schlafanzug gekleideten Pinochet mitteilte, dass er verhaftet sei, war allgemein anerkannt, dass ein ehemaliges Staatsoberhaupt vor einem internationalen Gericht keine Immunität für ein internationales Verbrechen beanspruchen konnte. Bei der Immunität vor nationalen Gerichten war die Sachlage anders.[18] Nicht lange vor Pinochets Verhaftung hielt Sir Arthur Watts, ein ehemaliger Rechtsberater des Außenministeriums in London, in Den Haag eine Reihe von Vorträgen, die auf diese Thematik eingingen. »Es kann kein Zweifel mehr daran bestehen«, so sein Fazit, dass nach allgemeinem Völkerrecht ein Staatsoberhaupt für internationale Verbrechen »persönlich zur Rechenschaft gezogen werden kann«. Diese Schlussfolgerung betraf jedoch nicht die Immunität vor nationalen Gerichten. Als Pinochet verhaftet wurde, war dies eine offene Frage. Deshalb war das Verfahren in London so einzigartig und bemerkenswert.

## 32

Wenige Tage nach der Verhaftung reiste Alun Jones im Namen des CPS nach Madrid, um sich mit Richter Garzón zu treffen. Das Hauptaugenmerk richtete sich nun auf Fragen der Immunität.

Jean Pateras begleitete Jones. »Ich habe gerne für Alun gearbeitet!«, sagte sie. Er sei »nett, nervös und aufgeregt wegen der ganzen Sache« gewesen. Garzón zeigte sich »sehr charmant, sehr extravagant. Er führte uns zum Mittagessen in ein nettes Restaurant in der Nähe der Plaza Mayor, in einem Mantel, der wie der Umhang eines Matadors aussah, äußerst stattlich, ein echtes Alphatier, das beim Eintreten wie ein König behandelt wurde.« Doch das Erlebnis war leider nicht perfekt: »Garzón liebte widerliches Essen! Innereien, Rührei mit Hirn und solches Zeug, dazu viel Wein.«

Mochte sie ihn?

»Ein bisschen zu arrogant und eingebildet.« Sie hielt inne, machte einen Rückzieher. »Dann sind all diese schrecklichen Dinge mit ihm passiert, nicht wahr?« Eindeutig bestand eine gewisse Zuneigung. Was Garzón betraf, so fand er Jean »ziemlich beeindruckend«. Das Gespräch drehte sich um Pinochets Behauptung, er habe Anspruch auf Immunität, ein Thema, auf das Garzón nicht vorbereitet war.

Derweil stellte die Presse vermehrt Fragen zur Immunität und holte die Meinung von Wissenschaftlern ein. Am Sonntagabend vor Beginn der Anhörung vor dem Divisional Court gab ich dem BBC World Service ein Interview zu juristischen Fragen im Zusammenhang mit Pinochets Verhaftung.

»Hat er Anspruch auf Immunität, wie seine Anwälte behaupten?«, fragte die Interviewerin Zeinab Badawi.

»Ich weiß es nicht«, erwiderte ich. Die Situation ist neu und praktisch unbekannt, die wissenschaftliche Literatur ist begrenzt.

Sollte er Anspruch auf Immunität haben?

Ich weiß es nicht.

Aber was sollte geschehen, drängte sie, was wäre das richtige Ergebnis? Sie war hartnäckig und spürte bei mir ein Zögern. Viele Jahre sind seitdem vergangen, es gibt offenbar keine Aufzeichnung, und ich kann mich nicht mehr genau erinnern, was ich sagte. Ich machte jedoch deutlich, dass es nach Nürnberg, Jugoslawien und Ruanda befremdlich wäre, wenn ein ehemaliges Staatsoberhaupt bei einer Anklage wegen internationaler Verbrechen Immunität beanspruchen könnte, selbst vor einem nationalen Gericht.

Meine persönliche Haltung wurde durch die Geschichte meines Großvaters beeinflusst, der den größten Teil seiner Familie im Holocaust verloren hatte, worüber ich in *Rückkehr nach Lemberg* schrieb. Kurz nach seinem Tod im Juli 1998 und nur wenige Monate vor der Verhaftung Pinochets war ich peripher an den Verhandlungen über das Römische Statut des Internationalen Strafgerichtshofs beteiligt, das bei Verfahren vor diesem Gericht jegliche Immunitätsansprüche ausschloss. Ich wirkte an der Abfassung der Präambel mit und formulierte zusammen mit meinem Freund Andrew Clapham die Zeile, in der »die Pflicht eines jeden Staates, seine Strafgerichtsbarkeit über die für internationale Verbrechen Verantwortlichen auszuüben« festgestellt wird. Diese Worte, die mit einer Immunität unvereinbar waren, verankerten eine Pflicht, die zuvor im Völkerrecht nicht artikuliert worden war. Andrew und ich erwarteten, dass dieser Passus gestrichen würde, aber das geschah nicht.

## 33

Am Montag, dem 26. Oktober 1998, wurde vor dem Divisional Court der Royal Courts of Justice in London der Prozess gegen Pinochet eröffnet. Die Anhörung erregte großes Aufsehen, der Gerichtssaal füllte sich mit Beobachtern und Pressevertretern. Draußen standen sich Demonstranten und Unterstützer lautstark und aufgebracht gegenüber und schwenkten Transparente. »*Asesino!*«, schrien die einen, »*Comunistas!*« die anderen.

Die Anwälte versammelten sich, auf der einen Seite die Verteidiger Pinochets, auf der anderen Seite die Vertreter Spaniens und des CPS. Pinochets Anwälte forderten den Gerichtshof auf, den ersten Haftbefehl aufzuheben, weil englische Gerichte für einen außerhalb Großbritanniens begangenen Mord nicht zuständig seien, und den zweiten Haftbefehl, weil ein ehemaliger Staatschef vollständige Immunität genieße. Er müsse umgehend freigelassen werden und in seine Heimat zurückkehren können. Die Anwälte Spaniens konzentrierten sich auf den zweiten Haftbefehl und die Immunität.

»Allgemein herrschte das Empfinden, dass die Anhörung etwas Außergewöhnliches war«, erinnerte sich Michael Caplan. »Sie war einzigartig und ging sehr schnell vonstatten.« Amnesty International und andere Menschenrechtsorganisationen, die auf Pinochets Auslieferung an Spanien drängten, hatten keine Zeit, zu intervenieren, und die chilenische Regierung konnte sich nicht entscheiden, ob sie formell beteiligt werden wollte. Der britische Innenminister Jack Straw war als Beobachter zugegen, da er nach dem Auslieferungsgesetz von 1989 tätig werden konnte, falls die Richter Pinochets Immunität nicht anerkannten. Beraten wurde er von Jonathan Sumption, einem der führenden Anwälte des Landes.

»Man konnte es kaum glauben«, erinnerte sich Caplan. »Wie konnte es einen Antrag auf Auslieferung Pinochets an Spanien geben? Er war kein Spanier, in Spanien wurde kein Verbrechen begangen, und auch keines der Opfer war Spanier.« Der letzte Punkt sei nicht zutreffend, erwiderte ich, mit Verweis auf Carmelo Soria und andere Spanier. »Das habe ich erst viel später erfahren«, sagte Caplan. »Nachdem wir vor Gericht gegangen waren.«

Die Anhörungen fanden vor einem Gremium aus drei Richtern statt und dauerten zwei Tage. Den Vorsitz führte Lord Chief Justice Tom Bingham, der in Großbritannien als »bedeutendster Richter unserer Zeit« gerühmt wird.[19]

Miguel Schweitzer war pessimistisch. »Ich wusste, dass wir gewinnen mussten, juristisch gesehen, aber ich war mir nicht sicher, ob uns das gelingen würde, wegen der Medien und des politischen Drucks, weil Jack Straw und Robin Cook nicht gerade neutral waren, sondern eher auf die Menschenrechte pochten.«

Er hatte keinen Kontakt zur britischen Regierung, da die Verbindung zu Chile über die Botschaft und die Lateinamerika-Abteilung des Außenministeriums lief.

Pinochet erschien nicht zu den Anhörungen. »Seine Geisteshaltung war, wie ich auf Spanisch sagen würde, *estoico*«, meinte Schweitzer. Stoisch. »Er sprach nie viel. Er sagte: ›Ja, wenn es getan werden muss, muss es getan werden.‹ ›Wenn es akzeptiert werden muss, muss es akzeptiert werden.‹ Er gab nie einen Befehl, wenngleich einige Personen in seinem Umfeld krasse Ansichten darüber vertraten, was wir tun sollten. Einer wollte den General entführen und zurück nach Chile bringen!« Sie befürchteten weiterhin ein Attentat.

Schweitzer grinste bei der Erinnerung daran. »Ja, wirklich. Wir mussten viel tun, Hernán Felipe und ich, um zu verhindern, dass unsere Leute Dummheiten machten.« Er zählte eine Reihe solcher Dummheiten auf und berichtete von einem Pinochet-Anhänger, der Leute aus Chile einfliegen ließ, damit sie vor dem Gericht protestierten. »Derjenige, der das organisierte, glaubte, es wäre hilfreich, aber ich hielt es für kontraproduktiv.« Er lächelte. »Ich war dagegen, wegen meines Hintergrunds und meiner Ausbildung. Ich kämpfe vor Gericht, nicht auf der Straße.«

## 34

Am Mittwoch, dem 28. Oktober, erging das Urteil des Divisional Court.[20] Pinochet habe ein absolutes Recht auf Immunität, so das einstimmige Urteil.

In diesem Fall gehe es um Auslieferung, schrieb Bingham, ein internationales Verfahren, mit dem verhindert werden solle, dass eine Person, die eines Verbrechens beschuldigt werde, sich dem Prozess und der Bestrafung entziehe. Spanien als ersuchender Staat habe das Vereinigte Königreich als ersuchten Staat aufgefordert, Pinochet nach Madrid zu überstellen, damit er sich dort vor Gericht verantworten könne.

Er legte die Hintergründe in aller Kürze dar: Pinochet, der nicht die spanische, sondern die chilenische Staatsangehörigkeit besitze, sei vom 11. September 1973 an zunächst Präsident der Junta und dann des Staates gewesen. Nach seinem Rücktritt sei er am 11. März 1990 zum Senator auf Lebenszeit ernannt worden und genieße damit volle parlamentarische Immunität in Chile. Über die im zweiten Haftbefehl aufgeführten Verbrechen wie Folter, Entführung und Verschwindenlassen sagte Bingham kaum etwas.

Was den ersten, von Nicholas Evans unterzeichneten Haftbefehl anbelange, so sei dieser »juristisch schlicht fehlerhaft«. Die Ermordung von Spaniern in Chile – einschließlich Carmelo Soria – sei kein Auslieferungsdelikt in England, dessen Gerichte keine Zuständigkeit für einen Mord (oder sogar viele Morde) besäßen, der im Ausland von einer nicht-britischen Person begangen wurde. Dies sei keine Kritik an Evans, betonte Bingham. Er habe »kurzfristig, in einer Situation großer Dringlichkeit und mit sehr begrenzter Zeit zum Nachdenken« gehandelt. (Evans zeigte sich erleichtert: »Ich hatte mich selbst in ein Schlamassel gebracht«, sagte er etwas kleinlaut zu mir, aber mit einem breiten Grinsen. »Übers Wochenende erfuhr ich, dass ich es völlig vermasselt hatte, also war ich ganz froh, dass jemand anderes die Sache übernahm!«)

Der zweite, von Ronald Bartle unterzeichnete Haftbefehl hingegen beziehe sich auf internationale Straftaten, die einen Auslieferungsstraftatbestand darstellten. Die von Richter Garzón erhobenen Vorwürfe umfassten mutmaßlich von Pinochet erteilte Befehle, »Personen zu eliminieren, zu foltern und zu entführen und andere verschwinden zu lassen«, die von der DINA im Rahmen der Operation Condor ausgeführt werden sollten. »Es muss betont werden«, dass das Gericht damit »keine Stellungnahme zur Wahrheit oder Unwahrheit der Anschuldigungen« abgebe, schrieb Bingham.[21]

Bingham fasste die Regeln des englischen Rechts zusammen. Diese seien weitgehend im State Immunity Act von 1978 niedergelegt, der einem ehemaligen Staatsoberhaupt für »in Ausübung öffentlicher Funktionen begangene strafbare Handlungen« Immunität gewähre. Pinochet habe darauf verwiesen, dass es sich bei seinen Handlungen um öffentliche Aufgaben und nicht um »privates oder persönliches Verhalten« gehandelt habe. Mit anderen Worten habe er »in Ausübung seiner hoheitlichen Befugnisse als Staatsoberhaupt der Republik Chile« gehandelt und sei deshalb nicht angeklagt, »persönlich Opfer gefoltert oder ermordet oder ihr Verschwinden veranlasst zu haben, sondern zu diesem Zweck die Macht des Staates, dessen Oberhaupt er war, missbraucht zu haben«.

Das Gesetz von 1978 sehe keine Ausnahmen von der allgemeinen Immunitätsregel vor, nicht einmal bei Folter, Fällen von Verschwindenlassen oder anderen internationalen Verbrechen, erklärte Bingham. »Wenn der ehemalige Souverän in Bezug auf bestimmte Verbrechen immun ist, wo zieht man dann die Grenze?« Es sei nicht an ihm, eine Grenze zwischen einer hoheitlichen und einer persönlichen Handlung zu ziehen, selbst wenn es sich um ein Verbrechen gegen die Menschlichkeit oder Völkermord handele.

Bingham erkannte an, dass bestimmte Regeln des internationalen Rechts – er erwähnte die Völkermordkonvention von 1948 – grundsätzlich die Ahndung von Völkermord vorschrieben. Die Konvention von 1948 könne jedoch nicht vor englischen Gerichten geltend gemacht werden: Das Vereinigte Königreich sei zwar Unterzeichner des Abkommens, habe dieses aber nicht ins englische Recht übernommen. (Dies ist nicht ungewöhnlich: Manche Abkommen werden ins englische Recht aufgenommen, andere nicht, und in beiden Fällen ist das Land völkerrechtlich an das jeweilige Abkommen gebunden – der entscheidende Punkt ist, dass ein englischer Richter ein internationales Abkommen nur dann geltend machen kann, wenn es ausdrücklich in englisches Recht übernommen worden ist.)

Daraus folgte, dass die Regel, die eine Immunität bei Völkermord ausschloss, in Pinochets Fall nicht griff, und dass es kein anderes englisches Gesetz gab, das seine Immunität in Bezug auf andere Verbrechen hätte aufheben können. Der Criminal Justice Act von 1988 beispielsweise übernahm zwar Elemente der UN-Antifolterkonvention von 1984 ins englische Recht, aber weder die Konvention von 1984 noch das englische Gesetz hoben eine Immunität explizit auf. Im Gegensatz zur Völkermordkonvention enthielt die Antifolterkonvention keinerlei Aussagen zur Immunität.

Bingham sagte, es existiere keine internationale Praxis, die hier einen Anhaltspunkt bieten könne. Es sei zutreffend, dass das Nürnberger Statut und die in den 1990er Jahren für das ehemalige Jugoslawien und Ruanda geschaffenen Gerichtshöfe Immunität ausschlössen. Es handele sich jedoch um internationale Gerichte, die sich von nationalen Gerichten vollkommen unterschieden.

Auch die Praxis in anderen Ländern bot keine Entscheidungshilfe. Bingham hatte keinen einzigen Fall gefunden, in dem ein ehemaliges Staatsoberhaupt, das wegen eines internationalen Verbrechens angeklagt war, sich vor einem nationalen Gericht nicht auf seine Immunität hatte berufen können.

Dies sei die Logik des Rechts, sagte er. Vor einem nationalen Gericht sei Pinochet immun hinsichtlich aller Handlungen, die er in Ausübung seines Amtes als Staatschef begangen habe, einschließlich Folter und Verschwindenlassen von Personen. Solange es sich um Amtshandlungen handele, bestehe Immunität. Er wies das Argument Spaniens zurück, dass Folter, Verschwindenlassen und andere internationale Verbrechen nicht als Amtshandlungen anzusehen seien. Leider, so ergänzte Richter Andrew Collins in einer separaten Stellungnahme, zeige die Geschichte, dass staatliche Aktivitäten mitunter die Ausrottung oder Unterdrückung bestimmter Gruppen beinhalteten und dennoch als offizielle Handlungen betrachtet würden.

Daraus folgte, dass Pinochet vor den englischen Gerichten Immunität genoss. Den Richtern blieb keine andere Wahl, als Garzóns zweiten vorläufigen Haftbefehl aufzuheben. Bingham räumte zwar ein, dass es »große öffentliche Bedenken« auslösen könne, wenn ein Staatschef, der Folter oder andere Verbrechen gegen die Menschlichkeit begangen habe, einem Prozess und einer Bestrafung entgehe, aber so laute das Gesetz, und damit seien den Richtern die Hände gebunden. Ihre Aufgabe sei es, dieses Gesetz auszulegen und anzuwenden, auch wenn das Ergebnis möglicherweise unbefriedigend ausfalle.

Da es sich um einen signifikanten und neuartigen Fall handelte, gestattete Bingham Spanien, das Urteil direkt beim House of Lords anzufechten, dem höchsten Gericht des Landes, wenn Spanien dies wünschte. Er hatte sich mit Lord Browne-Wilkinson beraten, dem vorsitzenden Richter im House of Lords, der zustimmte, dass der Fall von außerordentlicher Bedeutung sei. Ein etwaiger Einspruch müsse innerhalb von fünf Tagen, spätestens am Montag, dem 2. November, eingereicht werden und sei auf eine einzige Frage beschränkt: Genoss Pinochet als ehemaliges Staatsoberhaupt vor den englischen Gerichten Immunität für Handlungen, die er während seiner Amtszeit als Staatsoberhaupt begangen hatte?

Pinochet blieb vorerst in Gewahrsam. Er durfte das Land nicht verlassen und keinen Fuß vor seine Zimmertür setzen.

## 35

Schweitzer war »sehr glücklich« über das Urteil, aber auch »frustriert, da wir den General nicht nach Hause bringen konnten«. Seiner Kenntnis nach sei es das erste Mal, dass eine erfolgreiche Habeas-Corpus-Klage nicht zu einer sofortigen Freilassung geführt habe.

Die Reaktion des Generals?

»Stoisch, wie immer«, flüsterte Schweitzer. »Wir berichteten ihm und sagten ihm, dass der Einspruch bei den Lords bedeutete, dass es keine sofortige Lösung geben würde. Wie immer gab er uns Rückendeckung. ›Wenn Sie sagen, dass das zu tun ist, dann ist das zu tun.‹«

Und Frau Pinochet?

»Sie war mit dem Ergebnis zufrieden und war sich sicher, dass wir taten, was getan werden musste. Wir berichteten ihr ganz behutsam, sie mischte sich nie ein.«

In Chile waren die Reaktionen gemischt. Die Anhänger des Generals waren erfreut, seine Gegner entsetzt. In Großbritannien verstanden viele das Urteil lediglich als Vorgeplänkel. »Erste Schlacht um Auslieferung«, titelte die *Times* auf der ersten Seite.[22] Ein chilenischer Minister pries das britische Rechtssystem und fügte hinzu, dass die Regierung rechtliche Schritte gegen Pinochet befürworte, allerdings nur in Chile. Die Medical Foundation for the Care of Victims of Torture (Medizinische Stiftung für die Betreuung von Folteropfern; heute: Freedom from Torture) erklärte, das Urteil mache »England zu einem sicheren Hafen für Diktatoren und ehemalige Diktatoren«.[23]

Juristische Beobachter vertraten unterschiedliche Ansichten. Mein Freund James Cameron, ebenfalls Völkerrechtler, verfasste einen Kommentar: Es sei allgemein anerkannt, dass »Staaten und ihre Vertreter vor der Strafverfolgung durch andere Nationalstaaten immun sind«. Nein, schrieb ein anderer Jurist: Bestimmte

Handlungen seien »so abstoßend für die Menschheit insgesamt«, dass Staaten sich nicht auf Immunität »für Einzelpersonen, die an solchen Handlungen beteiligt waren« berufen könnten.[24] Der Anwalt von Amnesty International, Geoffrey Bindman, der die Anhörung verfolgte, war unglücklich darüber, dass der CPS es versäumt habe, »den Fokus auf Menschenrechts- oder Völkerrechtsaspekte zu richten«.[25]

Michael Caplan war zufrieden. »Als das Urteil verlesen wurde, wartete ich auf das ›aber‹, das uns darauf aufmerksam machte, dass wir verlieren würden, doch es kam nicht.« Er spürte, dass es »einen Stimmungsumschwung gegen die Immunität gab, hin zu der Idee, dass es keine Zufluchtsmöglichkeiten geben sollte, aber das Recht war noch nicht ganz so weit, hatte noch keine klare Regel formuliert«. Das Pinochet-Team indes wähnte sich praktisch am Ziel.

Caplan erhielt einen Anruf vom Sekretär des Rechtsausschusses des House of Lords. Die Anhörungen sollten am 4. November beginnen, also in einer Woche, was wenig Zeit zur Vorbereitung ließ, aber genug Zeit für Menschenrechtsorganisationen, ihrerseits zu intervenieren. Caplan war besorgt über das Timing. »Wenn man etwas überstürzt, gibt es Probleme.« Das Team erkannte außerdem, dass sie einen internationalen Anwalt in ihren Reihen brauchten. »Die Frage nach der Immunität wird ausufern.«

Einige Tage später besuchte die Dolmetscherin Jean Pateras mit der Polizei Pinochet in der London Clinic, um ihm mitzuteilen, dass er verlegt werde. Begleitet wurde sie von dem Arzt Peter Dean, dem medizinischen Berater von Scotland Yard. »Die Polizei befürchtete, dass er in Großbritannien in Haft sterben würde«, erzählte mir Dean viele Jahre später bei einem gemeinsamen Mittagessen mit Jean. »Das wäre eine Katastrophe gewesen.«

Einige Tage nach der Verhaftung hatte man Dean verständigt.

»›Hallo Doktor, wir haben hier einen General Pinochet unter Arrest, wir möchten, dass Sie kommen und ihn sich ansehen‹«, erinnerte er sich. »Als ich ihm das erste Mal begegnete, wirkte er nicht gerade fröhlich. ›Begreifen Sie, warum genau Sie hier sind?‹, fragte ich ihn. Er war mürrisch und wütend. ›Ich war 17 Jahre lang Präsident, 25 Jahre lang Oberbefehlshaber der Armee‹, zischte er. ›Sie behandeln mich wie einen gewöhnlichen Verbrecher, aber ich bin kein gewöhnlicher Verbrecher.‹«

»Er war wie ein Fuchs, beherrschend, aber charmant«, warf Jean ein.

»Ja, einer, der niemals Reue zeigte«, fügte Dean hinzu. »Er sagte mir, er sei Soldat, und sein Land befinde sich im Krieg.«

»Für ihn ging es nur um den Kommunismus!«, sagte Pateras. Dann hielt sie inne. »Er wollte wissen lassen, dass er das Sagen hat, dass er der *comandante* ist, dass er alles weiß.« Einmal sagte er zu ihr: »Jean, ich weiß, dass Sie verheiratet sind, wo Sie wohnen, dass Sie zwei Töchter haben.« Sie empfand dies als leicht bedrohlich.

»Für die Chilenen war er immer der Chef«, sagte Dean. »Ein stolzer Mann, der nie einen Rollstuhl haben wollte.«

Pateras teilte ihm mit, dass er nach Grovelands Priory in Southgate im Norden Londons verlegt werde. Als die Gruppe das Haus verließ und vor der London Clinic wartete, waren die Sicherheitsvorkehrungen streng. »Die Familie war angespannt, aber dennoch sehr höflich«, sagte Jean, die von der Polizei gewarnt wurde, sehr vorsichtig mit ihrer Wortwahl zu sein. »Bezeichnen Sie ihn besser nicht als verdammtes Schwein, denn vielleicht wird es von den Kameras aufgezeichnet, und die Leute könnten von den Lippen lesen.«

Eine große Polizeieskorte stand bereit, die Angst vor einem Anschlag war spürbar. Pinochet reiste mit der Familie in einem Krankenwagen, sie selbst folgte in einem Polizeiauto. Am Abend

brachte der *Evening Standard* die Geschichte auf der Titelseite, mit einem Foto des Konvois und einer Frau, die einen langen weißen Schal trug. »Die Tochter des Generals, Veronica, heute vor der London Clinic«, lautete die Bildunterschrift. »Ich sah mir das Foto an und dachte: ›Das sieht ja aus wie ich‹«, sagte Pateras. »Das *bin* ich!« Ein Journalist schlug ihr vor, zu klagen, weil sie fälschlicherweise als Pinochets Tochter hingestellt worden sei. Das tat sie. »Ich habe fünf Riesen bekommen, das war nicht schlecht!«

## 36

Ich war gerade in Paris, als ich von dem Bingham-Urteil hörte. Dort bearbeitete ich einen Fall, in dem Ungarn und die Slowakei involviert waren; es ging um die Auswirkungen von zwei Staudämmen aus der Sowjet-Ära auf die Umwelt entlang der Donau. Damals, im Vor-Internet-Zeitalter, erfuhr ich es aus der Zeitung *Libération*. »Erster Sieg für Pinochet in London«, lautete die Schlagzeile. »General Pinochet hat gesiegt, der chilenische Diktator wird der Strafverfolgung entgehen.«[26] Das Blatt berichtete, dass die meisten Anwälte mit dem Ergebnis gerechnet hätten, dass Pinochet bald wieder in Chile sei.

Am folgenden Tag, Freitag, dem 30. Oktober, blieb ich in Paris, um an einer Zeremonie auf dem Friedhof von Pantin teilzunehmen, bei der ein Grabstein auf das Grab meines Großvaters Leon Buchholz gesetzt wurde, der im Jahr zuvor gestorben war. Nach jüdischer Tradition markierte dies das Ende der Trauerzeit. Als ich das Hotel verließ, erhielt ich einen dringenden Anruf von meiner Anwaltskanzlei in London. »Die Anwälte von General Pinochet möchten Sie engagieren, um gegen die Berufung im Oberhaus vorzugehen.«

Ich rufe später zurück, sagte ich, nach dem Friedhof. Ich nahm den Auftrag weder an noch lehnte ich ihn ab.

Wie bereits erwähnt, wartete meine Frau Natalia am Eingang des Friedhofs. Als Kind einer Mutter, die aus dem Spanien des Bürgerkriegs geflohen war, machte sie unmissverständlich klar, dass ich es nicht tun solle. Damals wussten wir beide noch nichts von der familiären Verbindung zu Carmelo Soria, dessen Folterung und Ermordung der Ausgangspunkt für den Fall gewesen war.

Pinochet zu vertreten, war ihrer Meinung nach dasselbe wie Franco zu vertreten. Als wir den Friedhof verließen, hatte ich beschlossen, den Fall nicht zu übernehmen. Die Regeln der Anwaltschaft sahen eine Ausnahme vom »Taxistand«-Prinzip vor, nämlich bei »beruflicher Befangenheit«: Einige Tage zuvor hatte ich im BBC-Interview mit Zeinab Badawi die Ansicht geäußert, dass Pinochet keine Immunität für internationale Verbrechen genießen dürfe. Ich konnte den Auftrag ablehnen, was ich auch tat. Siebenundzwanzig Jahre später sind wir immer noch sehr glücklich verheiratet.

Wir kehrten nach London zurück, wo ich am Morgen darauf, einem Samstag, an einer wissenschaftlichen Konferenz teilnahm. Es ging um den neu geschaffenen Internationalen Strafgerichtshof, aber es wurde auch viel über Pinochet gesprochen. Eine Anwältin von Human Rights Watch sagte, die Organisation erwäge, in dem Fall vor dem House of Lords zu intervenieren. Ob ich dafür zur Verfügung stünde? Kein Problem, sagte ich. »Ich erinnere mich an deinen aufmunternden Enthusiasmus«, sagte sie mir viele Jahre später. »Harmonie in der Familie!«

Human Rights Watch brauchte einen Rechtsbeistand, also schlug ich Richard Stein vor, einen ebenso respektlosen wie furchtlosen Anwalt einer kleinen Londoner Kanzlei, und holte Jonathan Marks als meinen Stellvertreter sowie Ed Fitzgerald als Leiter hinzu. An jenem Abend kam das Anwaltsteam von Human Rights Watch zusammen, um einen Streithilfeantrag zu verfassen. Das Dokument ging auf die Legitimation der Organisation, die fehlerhafte Argumentation des Divisional Court und das Material über internationale Regeln und die Praxis nationaler Gerichte ein, das wir den Law Lords, den Lordrichtern, vorlegen wollten.

Während wir darauf warteten zu erfahren, ob der Antrag erfolgreich war, nahm James Cameron den Auftrag von Pinochet an, den ich abgelehnt hatte. »Ich musste es tun«, sagte er, »es war der erste, der reinkam, also sagte ich dem Generalstaatsanwalt und Amnesty ab«, die später an ihn herantraten. Beste Freunde auf gegnerischen Seiten. »Das ist Chiles Sache und seine politische Geschichte«, meinte James. »Man war stolz und entschlossen, politische Differenzen im eigenen Land auf eigene Weise zu lösen, ohne die unliebsame Einmischung eines spanischen Richters, der seine Kompetenzen überschritten hatte.«

Angesichts der Tatsache, dass Spanien bei der Aufarbeitung der Verbrechen Francisco Francos oder der brutalen Kolonialisierung der Provinz Chile, wie sie in dem Epos *La Araucana* aus dem 16. Jahrhundert geschildert wird, völlig versagt hatte, war dieses Argument durchaus berechtigt. Das Vorgehen Spaniens spiegelte eine andere Form der Einmischung wider, und das Vorgehen von Richter Garzón hatte in Pinochets juristischem Team für heftige Irritationen und Ärger gesorgt.

»Er galt als eitel, als Angeber, der sich selbst verherrlichen wollte und vor allem seinen eigenen Ruhm im Auge hatte«, erzählte mir James. Die schmerzliche Ironie des Versagens Spaniens bei der Bewältigung seiner eigenen Vergangenheit war sehr präsent. »In Spanien waren die Dinge weder politisch noch kulturell bewältigt, was vielleicht der Grund dafür war, dass es der politischen Führung unangenehm war, Garzón zu unterstützen«, fügte

James hinzu. »Ich fand das sehr hilfreich für die Erfüllung meiner Aufgabe.«

## 37

Am Tag, nachdem Bingham und der Divisional Court die Immunität Pinochets bestätigt hatten, hielt die Audiencia Nacional in Madrid eine eigene Anhörung ab. Es handelte sich um die Klage von Chefankläger Eduardo Fungairiño, der hoffte, die von Garzón und García-Castellón untersuchten Fälle einstellen und die Auslieferung verhindern zu können. Fungairiño forderte die Audiencia auf, zu entscheiden, dass spanische Richter und Gerichte keine Gerichtsbarkeit über in Argentinien und Chile begangene Verbrechen ausüben könnten, auch nicht im Zusammenhang mit internationalen Verbrechen.

Die beiden Fälle wurden nacheinander von einem Gremium aus elf Richtern verhandelt. Der Gerichtssaal in Madrid war voll, und die Emotionen kochten hoch. Pinochets Opfer saßen neben argentinischen Müttern von Verschwundenen, die weiße Taschentücher und Fotos ihrer Angehörigen in der Hand hielten.[27] Juan Garcés wandte sich an das Gericht, doch für viele war der herausragende Redner Carlos Slepoy, ein legendärer argentinischer Anwalt, der im spanischen Exil lebte.

»Lasst uns die Völkermörder in die Enge treiben, lasst uns die Menschheit von dieser Plage befreien, damit die Welt ein wenig leichter atmen kann«, sagte er zu den Richtern. »Warum sind Sie Richter geworden? Um Gerechtigkeit zu üben, oder? Jetzt haben Sie eine einmalige Gelegenheit, dies zu tun.«[28] Bitte urteilen Sie einstimmig, forderte er die Richter auf, um ein klares Zeichen zu setzen.

Das taten sie. Am nächsten Tag urteilten alle elf Richter, dass spanische Gerichte für internationale Verbrechen zuständig seien.

»Spanien kann Pinochet wegen Völkermordes verurteilen«, meldete *El País*. Paradoxerweise hatte der Fall Fungairiño, der zu Gunsten der chilenischen Militärs angestrengt worden war, genau die umgekehrte Wirkung: Er bestätigte Castresanas Ansatz in Bezug auf Völkermord im spanischen Recht. Die Richter bestätigten, dass die Tötungen und das Verschwindenlassen von Personen in Chile unter die spanische Definition von Völkermord fielen, ebenso wie die Folter und sämtliche Maßnahmen Pinochets zur Ausschaltung linker politischer Gruppen. Da mehr als 50 spanische Staatsangehörige als Opfer von Pinochet identifiziert wurden, darunter auch Carmelo Soria, stand es Spanien frei, die Gerichtsbarkeit über Pinochet einzufordern.[29]

Garzón und Castresana waren begeistert. Garzón schilderte die Verbrechen, die Orte, die Methoden und nannte die Namen Tausender Opfer. Das letzte war ein siebzehnjähriger Junge, Marcos Quesada Yáñez, der im Juni 1989 verhaftet, dann gefoltert und hingerichtet wurde. Garzón stellte Londres 38 in den Mittelpunkt, inklusive des Verschwindens von Alfonso Chanfreau und 97 weiteren Gefangenen.

Er verwies auf die drei Jahre zuvor getätigte Aussage von Manuel Contreras: »Ich erstattete Pinochet täglich Bericht«, hatte der DINA-Direktor erklärt. »Ich war absolut untergeordnet« und »befolgte strikt ... alle mir erteilten Befehle«. Pinochet wurde über »die Ausführung sämtlicher erteilter Befehle« informiert, und er allein »veranlasste und befahl die Durchführung der Aktionen«.[30] Er war verantwortlich für jede Folterung in Londres 38, für jedes Verschwinden und für jede Tötung.

Auch Carmelo Soria fand in Garzóns Antrag Erwähnung. Er war ein Diplomat mit Privilegien und Immunitäten, der in einem Dienstwagen mit UN-Kennzeichen entführt wurde, schrieb Garzón und lieferte anschauliche Details über seine Misshandlung im Haus in der Vía Naranja durch eine DINA-Einheit, die »über Manuel Contreras direkt Augusto Pinochet unterstellt war«.[31] Garzón zitierte die Zeugenaussage von Laura González-Vera. Niemand sei für die Ermordung von Carmelo Soria zur Rechenschaft gezogen worden, schrieb Garzón. Erst jetzt, Jahre nach dem Fall, erkannte ich die Verbindung zur Familie meiner Frau.

Garzón schickte die Dokumente nach London. Sie wurden kopiert, in Aktenordner geheftet und den Lordrichtern zur Kenntnisnahme vorgelegt. Jean Pateras erhielt einen vollständigen Dokumentensatz, damit sie für die Polizei dolmetschen konnte. Garzóns Dokumente befanden sich in den Kisten, die sie mir gab, als wir uns trafen. »Ich konnte nie vergessen, was auf diesen Seiten stand«, sagte sie.

## 38

Am Montag, dem 1. November, brachten Anwälte des Crown Prosecution Service, bestärkt durch das Urteil in Spanien, beim House of Lords das Ersuchen Spaniens vor. »Der Divisional Court hat zu Unrecht entschieden, dass Senator Pinochet Immunität genießt.«[32] Nein, der Divisional Court und Bingham haben genau das Richtige getan, erwiderten Pinochets Anwälte. Der State Immunity Act von 1978 gewähre dem ehemaligen Staatschef »absolute Immunität«, und diese werde durch keine Vorschrift englischen oder internationalen Rechts aufgehoben.[33]

David Lloyd-Jones vertrat den Generalstaatsanwalt als *amicus curiae*, als neutraler »Freund des Gerichts«. Er räumte ein, dass es »eine gewisse Befürwortung« für eine Aufhebung der Immunität in Fällen von Folter gebe, doch stelle diese Position »noch keine Regel des Völkerrechts dar«.[34]

Human Rights Watch und mehrere Nichtregierungsorganisationen beantragten Streithilfe in dem Fall. Amnesty International spielte eine führende Rolle als Teil einer Gruppe, der auch Redress, die Medical Foundation for the Care of Victims of Torture und zwei britische Opfer, Sheila Cassidy und William Beausire, angehörten. »Das House of Lords fragte uns nach unserer Meinung zu Amnesty und den anderen Streithelfern«, erinnerte sich Caplan. »Wir betrachteten dies als eine Angelegenheit für das House of Lords, nicht für uns.« Er hielt inne und lächelte. »Manche Leute werden sagen, dass die beste Entscheidung, die ich in diesem Fall getroffen habe, es war, keine Einwände gegen eine Streithilfe von Amnesty zu erheben.«

Ein Gremium aus drei Lordrichtern befand rasch über die Streithilfeanträge. Sie gestatteten der Amnesty-Gruppe, schriftlich zu intervenieren und sich mit mündlichen Argumenten an die Richter zu wenden. Human Rights Watch hingegen blieb aus nicht näher erläuterten Gründen auf eine schriftliche Intervention beschränkt.

## 39

Die Anhörungen begannen am Morgen des Mittwoch, 4. November. Aus Angst vor einer schnellen Entscheidung der Lordrichter, Pinochet die Rückkehr nach Chile zu gestatten, reichte Human Rights Watch vorsorglich einen Antrag beim Europäischen Gerichtshof für Menschenrechte ein. Darin wurde eine Eilanordnung beantragt, dass Pinochet Großbritannien nicht verlassen dürfe, selbst wenn die Lordrichter das Urteil des Divisional Court bestätigten. Der Antrag wurde im Namen von Pinochets Opfern gestellt, darunter Alfonso Chanfreau, Erika Hennings und ihre Tochter Natalia. Der Europäische Gerichtshof lehnte den Antrag ab, aber dadurch wurde ich bereits zu diesem frühen Zeitpunkt auf die Geschichte von Chanfreau aufmerksam.[35]

Die Anhörung fand im Committee Room 4 (Ausschusssaal 4) statt, der sich im Schatten von Big Ben in einem oberen Stockwerk des Palace of Westminster befand. Es war kein Gerichtssaal im üblichen Sinne. »Düster«, dachte Reed Brody von Human Rights Watch, ich hingegen empfand das gotische Mauerwerk und die Einrichtung ganz anders. Man denke an Harry Potter oder eine kleine englische Schulmensa – ein rechteckiger Raum, vier Fenster mit Blick auf einen Innenhof, vier Türen, Stuhlreihen, ein leuchtend blauer Teppich, Porträtgemälde von toten Männern in vergoldeten Rahmen und viel Rot: Stühle, Tische, Wände.

Durch die gotischen Türen gelangten wir in einen überfüllten Saal. An einem Ende saßen die fünf Lordrichter in gepolsterten Ledersesseln hinter einem halbmondförmigen, mit weinrotem Leder bezogenen Holztisch. Jeder Richter hatte ein kleines hölzernes Bücherregal, wo er seine Akten ablegen konnte. In der ersten Reihe befand sich ein hölzernes Podium mit einem kleinen Tisch auf jeder Seite, dann kamen drei oder vier weniger gut gepolsterte Stühle für die besonders erfahrenen Anwälte, die sogenannten Kronanwälte. Aus Sicht der Richter saßen die Anwälte Pinochets auf der rechten Seite, angeführt von Clive Nicholls und Clare Montgomery, und die Anwälte Spaniens auf der linken, unter Leitung von Alun Jones.

In der nächsten Reihe hatten Michael Caplan und der Anwalt der Generalstaatsanwaltschaft ihre Plätze. Amnesty und die anderen Menschenrechtsgruppen saßen in der dritten Reihe, auf noch weniger gut gepolsterten Stühlen. Die sieben ungepolsterten Reihen mit insgesamt 84 Stühlen dahinter waren für die Zuschauer und die Presse vorgesehen, darunter Pinochet-Anhänger und -Gegner. Unter ihnen, so wurde gemunkelt, sei auch ein Vertreter von Henry Kissinger gewesen, sowie María Isabel Allende, die Tochter des ehemaligen Präsidenten, und Orlando Leteliers Sohn, der ebenfalls Orlando hieß.

Ich saß auf einem spärlich gepolsterten Stuhl in der dritten Reihe zwischen Reed Brody und einem gut parfümierten Mann mittleren Alters. Er war elegant gekleidet, hatte ein fleischiges, freundliches Gesicht und einen ansehnlichen Schopf gepflegten, weißen Haares. An jenem ersten Morgen stellte er sich mit einem Händedruck freundlich vor. Er sprach Englisch mit einem warmen, starken Akzent: »Miguel Schweitzer, aus Santiago.«

Wir verbrachten viele Tage als Nachbarn, doch an jenem ersten Tag hatte ich keine Ahnung von seiner Vergangenheit, außer, dass er als Anwalt Pinochets Vertrauen genoss und, wie man munkelte, Berater in Menschenrechtsfragen war. »Es stimmt«, sagte er mir später einmal, »in den 1980er Jahren habe ich dazu geraten, dass Chile einige Menschenrechtsabkommen über Folter und derlei Dinge unterzeichnen sollte.«

Damals, als es noch kein Internet gab, wusste ich nichts über seine anderen Funktionen als Botschafter und Außenminister. Ich wusste auch nichts von seinen Reisen nach Washington, um über Michael Townley und Orlando Letelier zu verhandeln, wer sein Vater war, dass er am Fall Rauff arbeitete (von dem ich noch nie gehört hatte) oder dass er mit der Witwe von Carmelo Soria in Verbindung stand (die mir ebenfalls unbekannt war). Wir hatten keine Ahnung von seinen Verbindungen nach Punta Arenas und anderswohin, oder von seiner Arbeit.

Die Wahrheit ist, dass ich ihn mochte. Dasselbe galt für James Cameron, der eng mit ihm zusammenarbeitete: »Miguel war wie ein guter chilenischer Wein, stilvoll und sanft, ziemlich freundlich, gutaussehend und gepflegt. Er war die Sorte Mann, die gut riecht und schön spricht, weltgewandt, kenntnisreich und sehr sympathisch, einer, der etwas gebacken bekommt.«

Die kommenden Tage schweißten uns zusammen, eine Art juristisches Stockholm-Syndrom. Ungeachtet aller zum Teil erheblichen Differenzen waren sämtliche Anwesenden durch ihre Beteiligung an dem bedeutendsten internationalen Strafverfahren seit Nürnberg miteinander verbunden. Miguel Schweitzer tolerierte mich, ich tolerierte ihn. Wir wurden uns sympathisch. An jenem ersten Tag wussten wir noch nicht, dass wir zwei Jahrzehnte später immer noch in Kontakt miteinander stehen würden.

Er war sehr gesprächig, öffnete sich aber erst, als alles unter Dach und Fach war. »Der Fall war wie eine Heimkehr«, sagte er später. Er hatte eine britische Schule in Santiago besucht – The Grange, deren Schulleiter George Lowe mit Sir Edmund Hillary den Mount Everest bestiegen hatte – und liebte London, wo er als chilenischer Botschafter Gast im Buckingham Palace und beim Bankett des Lord Mayor gewesen war. So groß war seine Bewunderung für Großbritannien, dass er seine Söhne aufs Cheltenham College schickte, um Rugby zu lernen. Als Pinochet ihn als Botschafter abberief, war er gekränkt: »›Sie sind mittlerweile mehr Frau Thatchers Botschafter, nicht meiner!‹, sagte der General zu mir.« Dennoch war der Fall vor den Lordrichtern »ein Höhepunkt« für ihn, er genoss jede Minute. »Sehr eindrucksvoll«, sagte er.

Um Punkt halb elf traten die fünf Lordrichter ein. Sie wurden aus elf verfügbaren Richtern ausgewählt, allesamt Männer (es dauerte noch fünf Jahre, bis die erste Frau, Brenda Hale, ernannt wurde), alle weiß, alle im höheren Lebensalter. Wir wussten nicht, nach welchen Kriterien sie ausgewählt worden waren und warum Gordon Slynn den Vorsitz führte. Ich kannte ihn gut. Er war ein ehemaliger Generalanwalt des Europäischen Gerichtshofs in Luxemburg und sehr beschlagen auf dem Gebiet des internationalen Rechts; er war ein liebenswerter Mensch mit schelmischem Augenzwinkern und einem dichten Schopf gepflegter, grauer Haare.

Nur wenige Wochen zuvor hatten wir gemeinsam ein Seminar zum Thema »Demokratie und Weltwirtschaft« an der New York University besucht und miteinander geplaudert, während Präsident Bill Clinton und Premierminister Tony Blair über das diskutierten, was einmal »Der Dritte Weg« genannt werden sollte. Blair prophezeite einen »großen Wandel« in der Weltpolitik, wenngleich niemand im Publikum vorhersehen konnte, wie groß dieser tatsächlich ausfallen würde. Der 11. September, Irak, Brexit, Trump, Putin – all das lag noch in der Zukunft.

Es war auch der Tag, an dem die vierstündige Befragung Clintons durch Kenneth Starr über seine Beziehung zu Monica Lewinsky öffentlich ausgestrahlt wurde. Unter diesen Umständen war Slynn von Clintons Gelassenheit und intellektueller Schärfe mächtig beeindruckt, ebenso wie die *Financial Times*. »Eine klassische Bill-Vorstellung«, berichtete die Zeitung, »geschmeidig, wortgewandt, humorvoll und strotzend vor Selbstvertrauen«.[36] Bei einem Empfang an jenem Abend erklärte Clinton einem kleinen Kreis von uns, warum er beschlossen hatte, das Statut des Internationalen Strafgerichtshofs nicht zu unterzeichnen.

Einige Wochen später führte Slynn den Vorsitz in einem Verfahren, das über die Zukunft Pinochets entscheiden sollte. Weitere Richter waren Tony Lloyd, Donald Nicholls, Johan Steyn und Leonard Hoffmann, die beiden letztgenannten südafrikanischer Herkunft, allesamt Absolventen der Universitäten Oxford oder Cambridge. Im Gegensatz zu den Anwälten trugen sie Anzüge, keine Roben oder Perücken. Unterstützt wurden sie von James Vallance White, dem kraft seines offiziellen Titels »Fourth Clerk at the Table« (Vierter Sekretär am Tisch) die Leitung der Justizstelle des House of Lords oblag. »Für mich war es einfach nur ein weiterer Fall, kurz vor Weihnachten«, sagte mir Vallance White später. »Jeder wusste, dass die Angelegenheit wichtig war, dennoch hatte ich erwartet, dass die Entscheidung dem Divisional Court folgen würde.« Diese Ansicht war weit verbreitet.

David Hope, vor seiner Ernennung zum Lordrichter der dienstälteste Richter Schottlands, war nicht an dem Verfahren beteiligt. »Ich verfehlte die Auswahl um einen Punkt«, schrieb er in einem fünfbändigen Tagebuch, das nach seiner Pensionierung erschien.[37] (Vallance White erzählte mir, dass ein Lordrichter verreist war und fünf weitere mit anderen Fällen befasst waren, so dass jene fünf sich praktisch selbst auswählten.)

Mit seinen Tagebüchern brach Lord Hope ein Tabu, wonach Richter nicht preisgeben, was sich hinter den Kulissen abspielt. Zwar ließ er »private« Angelegenheiten aus und verschwieg Dinge, die »am besten vergessen werden sollten«, doch enthüllte er mehr, als man vielleicht erwartet hätte. Er schrieb von der »Verwirrung«, die das unerwartete Verfahren auslöste, von Spannungen zwischen den Richtern und von den Reaktionen an verschiedenen Punkten. »Mein Gott, ich wünschte Sie würden den Vorsitz führen«, sagte Slynn kurz vor der Anhörung vor Hoffmanns Zimmer zu Hope, ohne den Grund für seine Verstimmung zu nennen.[38]

Offenbar versuchte Slynn, Hoffmann zu überreden, nicht an der Sitzung teilzunehmen, aber Hope glaubte, sein Kollege sei »entschlossen [gewesen], seine Rolle bei der Strafverfolgung von General Pinochet zu spielen«. Hope enthüllte ferner, Bingham habe angenommen, dass Hoffmann und Steyn gegen Pinochet und sein eigenes Urteil entscheiden würden.

Die Anwälte und Journalisten, die in Committee Room 4 warteten, bekamen von all diesen Dingen gottlob nichts mit. Wir verfolgten das Geschehen und warteten gespannt, bis die Richter den Saal betraten.

## 40

Was nun folgte, war mündliche Advokatur im englischen Stil, die dem Verfahren einen theatralischen Anstrich verlieh. Der Sitzungssaal war eine Bühne hinter verschlossenen Türen. Das Verfahren wurde nicht übertragen, aber Journalisten waren anwesend und konnten berichten.

Man schob Akten hin und her, räusperte sich, schloss Türen und übertönte Proteste. Slynn sprach ein paar einleitende Worte. »Ich bin sicher, dass Gordon von Lennie erwartete, dass er etwas zu den Parteien sagte, aber das tat er nicht«, erinnerte sich Vallance White später.

Alun Jones wandte sich an die Richter im Namen der CPS und Spaniens, der Berufungskläger. »Der High Court of Justice hat irrtümlich entschieden, dass der Angeklagte Immunität hinsichtlich des gegen ihn eingeleiteten Verfahrens genießt«, sagte er und brachte dann mit gedämpfter Leidenschaft seine Argumente vor.[39] Pinochet habe »grausame und barbarische Verbrechen« begangen, in Chile und anderswo. Diese seien nicht Teil seiner Amtsführung gewesen. Das Wiener Übereinkommen von 1961 und das einschlägige englische Gesetz von 1978 gewährten einem ehemaligen Staatsoberhaupt keine Immunität bei solchen internationalen Verbrechen.

Diese Schlussfolgerung stehe im Einklang mit internationalen Abkommen über das Weltrechtsprinzip, wonach Länder verpflichtet seien, jeden internationalen Verbrecher strafrechtlich zu verfolgen oder auszuliefern, der ihr Staatsgebiet betrete. Die alten Immunitätsregeln seien überholt: Die Charta der Vereinten Nationen, Nürnberg und die Konventionen über Völkermord, Geiselnahme und Folter bestätigten, dass Pinochets Verbrechen nicht als Amtshandlungen einzustufen seien. Eine Anerkennung seiner Immunität würde [auch in vielen weiteren Fällen] eine Straflosigkeit begründen.

Jones wurde von Professor Christopher Greenwood assistiert, einem Rechtswissenschaftler und hervorragenden, konservativ eingestellten Anwalt – und einst James Camerons und mein Lehrmeister. »Er und ich kamen überein, dass wir auf entgegengesetzten Seiten unserer eigenen Rechtsauffassung standen!«, erinnerte sich Cameron später. Greenwood stützte sich auf Artikel 39 des Wiener Übereinkommens über diplomatische Beziehungen von 1961, in dem die Immunitäten ehemaliger Diplomaten geregelt sind. Pinochet genieße nur Immunität für »in Ausübung [seiner] dienstlichen Tätigkeit als Mitglied der Mission vorgenommene

Handlungen«, argumentierte Greenwood. Nach Artikel 39 erlösche die Immunität eines Diplomaten in der Regel, wenn er das Land verlasse, für »in Ausübung [der] dienstlichen Tätigkeit vorgenommene Handlungen« gelte sie jedoch weiterhin.

Wenn ein ehemaliger Diplomat keine Immunität für inoffizielle Handlungen genoss, warum dann Pinochet? Greenwood argumentierte, dass diese Regelung gewohnheitsrechtlich verankert sei und Pinochets Immunität bei Verbrechen gegen die Menschlichkeit oder Völkermord aufhebe, da dies keine offiziellen Handlungen seien. Amnesty International und Human Rights Watch unterstützten diese Argumentation.[40]

Pinochets Anwälte verfolgten einen anderen Ansatz. Clive Nicholls schuf die Grundlagen, Clare Montgomery lieferte die Details. Wenn eine Anwältin in dem Prozess besonders hervorstach, dann war sie es, denn die Richter lauschten ihr wie Schuljungen, die vor einer furchteinflößenden Rektorin standen. Die Immunität sei im internationalen Recht fest verankert, erklärte sie, und kein Vertrag und keine Praxis änderten diese Tatsache. Ja, Immunität könne von einem internationalen Gericht wie Nürnberg aufgehoben werden, aber das House of Lords sei lediglich ein nationales Gericht. Spanien habe nicht einen einzigen Vertrag gefunden, nach welchem ein nationales Gericht eine Immunität aufheben könne, und es gebe kein »herausgebildetes Prinzip« des Völkergewohnheitsrechts, das über der Immunität nach englischem Recht stehe. Montgomerys Ansatz war einfach, aber knallhart und äußerst effektiv. Eine weibliche Stimme berührte den Gerichtssaal in einer Weise, wie es in Nürnberg nie geschehen war.

So verlief die Verhandlung vor einem vollbesetzten, angespannten und bangen Gerichtssaal. Es gab viel Hin und Her, als Rechtstexte analysiert und gedeutet, neu ausgelegt und in die eine oder andere Richtung gedehnt wurden. Darin liegt die Magie der Worte in einem Vertrag oder Statut: Gesetze sind nichts Gegebenes, sondern lassen eine Vielzahl von Interpretationen zu. Als sich obskure Instrumente des englischen Rechts mit Verträgen aus den Tiefen der Geschichte vermischten, wurden immer mehr Argumente und Gegenargumente vorgebracht.

Die Anhörung dauerte fünf Tage, ehe Slynn mit einem eleganten Schlusswort die Sitzung beendete. Die Richter würden sich nun beraten, ein Urteil würde folgen. Als wir an diesem fünften Tag den Committee Room 4 verließen, hatten wir keine Ahnung, wie die Entscheidung ausfallen würde. Das dachten viele, darunter auch David Hope, der eine »gespaltene Meinung« unter den Richtern feststellte.[41]

»Als Sie dort saßen und die Richter beobachteten, ging es Ihnen da so wie mir: Sie versuchten zu ermitteln, ist er für uns oder gegen uns?«, fragte Miguel Schweitzer. »Warum haben sie diese Frage gestellt? Was bedeutet das?« Er war beeindruckt von der Anhörung: den Formalitäten, der Höflichkeit und der Vorbereitung, der Fairness, den Unterlagen, der Art und Weise, wie die Anwälte auf Fragen antworteten, ohne dass sie Zeit zur Vorbereitung hatten. »Sehr beeindruckend«, wiederholte er. »In Chile kommt es nur sehr selten vor, dass ein Richter einen unterbricht oder eine Frage stellt.«

Was glaubte Schweitzer, in welche Richtung das Ganze gehen würde? Er witterte Slynns eingefleischten Konservatismus, seine Skepsis gegenüber allem, was allzu neu war. Gleichzeitig entgingen ihm aber auch Hoffmanns spitze Fragen und seine Antipathie gegenüber Pinochet nicht. »Offensichtlich gegen uns«, erinnerte er sich später. Man konnte ihm kaum widersprechen.

Zwei Wochen vergingen, das Leben ging weiter. In Santiago sprach der chilenische Dichter Nicanor Parra bei einem Abendessen mit Freunden über das Alter und tote Freunde, Katzen und Autounfälle, Shakespeares Schicksal und Pinochet in London. Die Lordrichter würden gegen eine Immunität entscheiden, prophezeite er. »Prophetisch«, dachte Roberto Bolaño, einer der Gäste.[42]

Die Justizstelle ließ verlauten, dass das Urteil am Nachmittag des 25. November verkündet werde. Jeder Richter werde seine Entscheidung in einer öffentlichen Anhörung in der Main Chamber (Hauptkammer) des House of Lords verkünden.

## 41

Erwartungsvolle Spannung lag in der Luft, als wir den Palace of Westminster betraten, wo wir an Anhängern und Gegnern von Pinochet vorbeischritten. Er selbst war nicht anwesend. In der Hauptkammer standen wir Anwälte mit Perücken und Roben zusammengedrängt in einem hölzernen Pferch: Jones, Greenwood, Montgomery, Nicholls und gleich dahinter mein Freund James Cameron, Pokerface und gefaltete Hände, zu den roten Lederbänken schauend, die von einer Reihe älterer Peers besetzt waren, direkt vor mir. War das Lady Thatcher? War das Norman Lamont, Pinochets aktivster Unterstützer vor Ort? Öffentlichkeit und Presse saßen auf der Galerie unter der getäfelten Decke und blickten nach unten. Auf der anderen Seite des Saals, auf einer Bank in der Nähe des Woolsack, dem Sitzplatz des Lordkanzlers, waren Hoffmann und Lloyd in ein angeregtes Gespräch vertieft.

Michael Caplan war zusammen mit Miguel Schweitzer da. »Es konnte in die eine oder andere Richtung gehen, und man wusste, dass das einen Riesenunterschied machen würde«, erinnerte sich Schweitzer. »Es war der Geburtstag des Generals, das Flugzeug stand mit laufenden Motoren bereit. Sollten wir gewinnen, wollte er sofort abreisen, mitsamt Gepäck, ins Auto und direkt zum Flughafen.«

James Vallance White erhob sich, kündigte den Prozess an, verneigte sich und nahm wieder Platz. Dann stand Gordon Slynn auf, in der Hand eine rote Aktenmappe. »Meine Lords, ich bitte darum, dass der Bericht des Berufungsausschusses nunmehr geprüft wird.« Der Bericht war das Urteil. »Aus den Gründen, die ich in der von mir vorbereiteten Rede dargelegt habe, bin ich der Auffassung, dass der Beklagte als ehemaliges Staatsoberhaupt nicht verhaftet werden kann. Ich würde die Berufung zurückweisen.« Er kehrte zurück zum Woolsack.

Eins zu null für Pinochet.

Lloyd erhob sich. Chile sei berechtigt, im Namen des Generals gemäß dem State Immunity Act von 1978 und nach allgemeinem Recht Immunität zu beanspruchen. »Ich würde die Berufung daher zurückweisen.«

Zwei zu null.

Nicholls ergriff das Wort. »Ich würde die Entscheidung des Divisional Court aufheben, die Berufung zulassen und feststellen, dass der Beklagte, Senator Pinochet, nicht immun gegen die Strafverfolgung in diesem Land ist.«

Zwei zu eins.

»Ich würde die Berufung zulassen«, sagte Steyn in einem leicht südafrikanischen Tonfall. Bei korrekter Auslegung des Gesetzes genießt General Pinochet keinerlei Immunität.«

Der Ausgleichstreffer. Pinochet gegen Spanien, zwei zu zwei.

Blieb nur noch Hoffmann. Ich legte meine rechte Hand auf Reed Brodys linke Schulter und flüsterte: »Wir haben gewonnen.«

»Ich weiß«, entgegnete er ein wenig ungläubig. Auch Miguel Schweitzer wusste es: »Bei zwei zu zwei, als Richter Hoffmann an der Reihe war, wusste ich, dass wir zum General zurückgehen und ihm mitteilen müssten, dass wir verloren hätten.«

Hoffmann stand auf. Das gestreifte Hemd und die gemusterte Krawatte waren herrlich unpassend zueinander, auf seinem Gesicht lag eine leichte Schalkhaftigkeit. Er war der Mittelpunkt des Geschehens, ein Urteil, das live in alle Welt übertragen wurde. »Meine Herren, ich hatte den Vorteil, die Reden meiner edlen und gelehrten Freunde, Lord Nicholls of Birkenhead und Lord Steyn, im Entwurf lesen zu können.« Lange Pause. »Ich stimme mit ihnen darin überein, dass Senator Pinochet keine Immunität vor Strafverfolgung genießt, und deshalb würde auch ich die Berufung zulassen.«

Eine ferne und unbekannte Stimme rief ein einziges, unverständliches Wort. Erstaunen? Freude? Entsetzen? Durch den Saal ging ein leises Keuchen, ein kollektives Luftholen, als die Bedeutung des Wortes klar wurde. In solchen Augenblicken arbeitet das menschliche Gehirn in Zeitlupe. Draußen brach Jubel aus, der die Palastmauern durchdrang.[43]

Drei zu zwei für Spanien. Historisch, geradezu revolutionär. Es war, als hätte sich die globale Rechtsordnung in einem einzigen Augenblick um ihre Achse gedreht, weg vom Souverän, hin zum Individuum, weg vom Täter, hin zum Opfer. In nur einem Augenblick war die Straffreiheit für Verbrechen des Souveräns aufgehoben.

Slynn erhob sich, um den Vorgang zu erläutern. Eine Mehrheit hatte die Aufhebung des von Nicholas Evans unterzeichneten Haftbefehls und die Wiederherstellung des von Ronald Bartle unterzeichneten Haftbefehls bestätigt. Die Entscheidung des Divisional Court war damit verworfen. Er setzte sich wieder.

Der Saal leerte sich mit dem Klang gedämpfter, leiser Stimmen. Draußen standen gedruckte Exemplare des Urteils bereit,

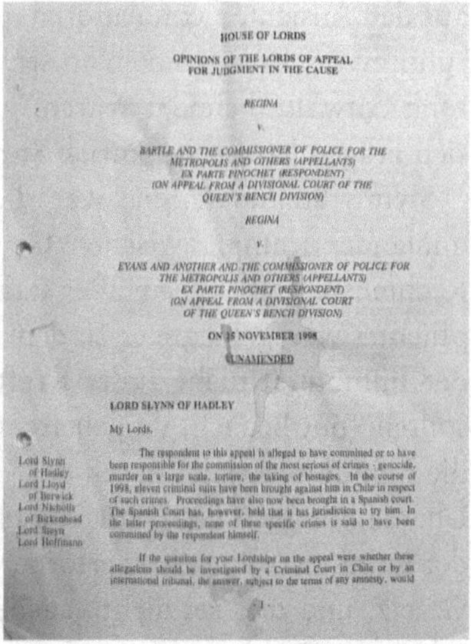
HOUSE OF LORDS

OPINIONS OF THE LORDS OF APPEAL
FOR JUDGMENT IN THE CAUSE

*REGINA*

*v.*

*BARTLE AND THE COMMISSIONER OF POLICE FOR THE METROPOLIS AND OTHERS (APPELLANTS)*
*EX PARTE PINOCHET (RESPONDENT)*
*(ON APPEAL FROM A DIVISIONAL COURT OF THE QUEEN'S BENCH DIVISION)*

*REGINA*

*v.*

*EVANS AND ANOTHER AND THE COMMISSIONER OF POLICE FOR THE METROPOLIS AND OTHERS (APPELLANTS)*
*EX PARTE PINOCHET (RESPONDENT)*
*(ON APPEAL FROM A DIVISIONAL COURT OF THE QUEEN'S BENCH DIVISION)*

ON 25 NOVEMBER 1998

(UNAMENDED)

Lord Slynn of Hadley
Lord Lloyd of Berwick
Lord Nicholls of Birkenhead
Lord Steyn
Lord Hoffmann

LORD SLYNN OF HADLEY

My Lords,

The respondent to this appeal is alleged to have committed or to have been responsible for the commission of the most serious of crimes - genocide, murder on a large scale, torture, the taking of hostages. In the course of 1998, eleven criminal suits have been brought against him in Chile in respect of such crimes. Proceedings have also now been brought in a Spanish court. The Spanish Court has, however, held that it has jurisdiction to try him. In the latter proceedings, none of these specific crimes is said to have been committed by the respondent himself.

If the question for your Lordships on the appeal were whether these allegations should be investigated by a Criminal Court in Chile or by an international tribunal, the answer, subject to the terms of any amnesty, would

- 1 -

56 Schreibmaschinenseiten auf blassgrünem Papier. Ich habe immer noch mein Exemplar, mit ein paar Teeflecken darauf. Es war nicht nur ein Urteil, sondern fünf einzelne Stellungnahmen, was ungewöhnlich war. Nur wenn man alle las, konnte man einen Schwerpunkt erkennen.

Es gab durchaus Gemeinsamkeiten. So stimmten die fünf Lordrichter darin überein, dass Pinochet, sofern er Staatschef gewesen wäre, Immunität hätte geltend machen können. Als ehemaliger Staatschef jedoch nicht, urteilte die Mehrheit. Die Argumentation war komplex, ein Zusammenspiel aus englischem und internationalem Recht. Der zentrale Dissens unter den Richtern betraf die Auslegung des Gesetzes von 1978 und von Artikel 39 des Übereinkommens von 1961 sowie eine einzige Frage: Waren Pinochets Handlungen im Zusammenhang mit Tötung, Folter und Verschwindenlassen als Amtshandlungen zu bewerten?

Zwei Richter befanden, es seien Amtshandlungen gewesen, weshalb er Immunität genieße. Drei andere, also die Mehrheit, waren der Auffassung, dass es keine Amtshandlungen gewesen seien, folglich sei auch keine Immunität gegeben. Jeder Richter schrieb in seinem eigenen Stil, denn das Recht ist kein mechanischer Prozess. Der Akt der Auslegung – des Gesetzes von 1978, des Übereinkommens von 1961, der Abkommen über Völkermord und Folter usw. – ist etwas höchst Individuelles. Das Gesetz hat keine einheitliche Logik, also zog jeder Richter andere Schlüsse aus Existenz und Praxis internationaler Gerichte oder aus den Ansichten von Autoren und Regierungen. »Bei einem Berufungsverfahren, an dem an sechs Tagen nicht weniger als sechzehn Anwälte beteiligt waren, ist es nicht verwunderlich, dass sich Fragen häuften«, schrieb Steyn.

Slynns Stellungnahme war die längste, ein 25 Seiten langer, quälender Kampf zwischen Gewissen und Gesetz. Da er den Rechten Einzelner gegenüber staatlichen Übergriffen zutiefst verpflichtet war, gelangte er zu dem Schluss, dass die »Grundregel« der Immunität nicht außer Kraft gesetzt sei. Nationale Richter sollten »mit Bedacht vorgehen«, und mit Bedacht meinte er, dass die Immunität weder durch das Gesetz von 1978 noch durch das Übereinkommen von 1961 »beschnitten« werde. Die Aufhebung der Immunität Pinochets erfordere eine »klare Formulierung« im Gesetz, und dies sei nicht gegeben. Artikel 39 des Übereinkommens von 1961 komme dem zwar recht nahe, hebe die Immunität jedoch nicht explizit auf. Darüber hinaus folgerte Slynn, dass ein Präsident in offizieller Funktion foltern und töten könne, so dass die »Abscheulichkeit« der mutmaßlichen Verbrechen Pinochets nicht zwingend bedeute, dass inoffizielle Handlungen vorlägen.

Lloyd stimmte zu. Pinochet habe »in hoheitlicher Eigenschaft« gehandelt, wodurch seine Anordnungen zur Folterung oder zum Verschwindenlassen von Menschen Amtshandlungen gewesen seien, die von der DINA ausgeführt worden und nach internationalem und englischem Recht von der Immunität erfasst seien. Kein Abkommen oder Rechtsakt hebe seine Immunität auf. Die Grausamkeit der Verbrechen oder die Tatsache, dass Pinochet vor einem internationalen Tribunal möglicherweise keine Immunität besitze, änderten daran nichts. Zudem sei Immunität nicht gleichbedeutend mit Straffreiheit, fügte Lloyd defensiv hinzu. Pinochet könne in Chile oder in einem anderen Land (sofern Chile auf die Immunität verzichte) oder vor dem IStGH (sobald dieser seine Arbeit aufgenommen habe) angeklagt werden. Die allgemeine Stimmungslage scheine hier durchaus optimistisch.

Die drei Richter, die die Mehrheit darstellten, verfassten wesentlich kürzere Stellungnahmen. Sie gelangten alle zum selben Ergebnis, doch ihre Wege dorthin waren unterschiedlich.

Lord Nicholls befand, dass Artikel 39 des Übereinkommens von 1961 die Immunität auf Amtshandlungen beschränke, und Folter und Verschwindenlassen könnten niemals Amtshandlungen sein. Das Völkerrecht ächte solche Handlungen, auch wenn sie von einem Staatsoberhaupt begangen würden, weshalb es eine »Verhöhnung« dieser Regeln wäre, Pinochet Immunität zuzusprechen. »Seit Nürnberg konnten sich diejenigen, die internationale Verbrechen begangen haben, nicht mehr hinter ihrer offiziellen Position verstecken, um einer Bestrafung zu entgehen.« Seine Worte spiegelten wider, was Hersch Lauterpacht 50 Jahre zuvor in Nürnberg für den britischen Ankläger Hartley Shawcross geschrieben hatte, der »Verbrechen gegen die Menschlichkeit« ins Völkerrecht einführte.

Steyn schrieb, der Verlust der Immunität sei »die einzig sinnvolle Rekonstruktion der gesetzgeberischen Absicht« des Gesetzes von 1978 und des Übereinkommens von 1961. Wenn Pinochets Handlungen Amtshandlungen seien, könne niemals eine Grenze zwischen dem gezogen werden, was ein Staatsoberhaupt offiziell tun könne und was nicht. Dann gälte selbst Hitlers »Endlösung« als Amtshandlung. Pinochets Anwälte räumten ein, dass ein Staatschef, der in einem Zornausbruch seinen Gärtner tötet oder zum persönlichen Vergnügen die Folterung einer Person anordnet, keine Amtshandlung vornehme. Damit erkannten sie eine Trennung von offiziellem und inoffiziellem Verhalten an. Daraus folgte, dass nach Nürnberg die Morde und das Verschwindenlassen von Personen, die von der DINA im Geheimen und auf Befehl Pinochets verübt wurden, keine Amtshandlungen darstellten. Steyn allein ging auf die von Baltasar Garzón dargelegten Fakten ein, Beweise für eine »systematische Unterdrückungskampagne«, bei der 4000 Personen von der DINA »getötet wurden oder schlichtweg verschwanden«. Pinochet habe »keinerlei« Anspruch auf Immunität.

Der letzte Richter war Lord Hoffmann. Er schrieb [im Englischen] nur 33 Worte und brachte keine eigenen Argumente vor. »Ich genoss den Vorteil, die Rede meines edlen und gelehrten Freundes Lord Nicholls of Birkenhead im Entwurf zu lesen, und aus den von ihm angeführten Gründen würde auch ich dieser Berufung stattgeben.«

## 42

Pinochet war nicht im House of Lords anwesend, um das Urteil zu vernehmen. Er verbrachte seinen 83. Geburtstag damit, die Verhandlung gemeinsam mit Lucía und den Kindern, einigen Anhängern, Polizeibeamten und Jean Pateras auf einem Fernsehbildschirm im Grovelands Priory Hospital zu verfolgen.

»Alle waren gut gelaunt, aßen Kuchen und warteten auf die Urteilsverkündung«, erinnerte sich Pateras. »Eine *tarta chilena*, *dulce de leche* mit Gebäck, *milles feuilles*, köstlich!« Auf dem nahe gelegenen Flughafen Northolt wartete ein Flugzeug. »Wir verfolgten das Geschehen im Fernsehen. Ich war in einem Raum mit der Polizei und den Ärzten, er mit seiner Familie in einem anderen, umgeben von Burberry- und Harrods-Taschen, gepackten Koffern und reisefertig.« Die Aussicht auf eine Rückkehr nach Chile animierte ihn zu »Unmengen von Einkäufen«.

Ihre Gefühle waren gemischt. »Ich hatte erst erfahren, was für ein übler Schweinehund er tatsächlich war « Sie verstummte. Er verdiente es nicht, nach Hause zu gehen, und insgeheim hoffte sie, das Urteil würde gegen ihn ausfallen, obwohl sie es nicht erwartete. »Ich dachte, alle wollten ihn loswerden, da er die Steuerzahler Unsummen kostete. Was hat das mit England zu tun, sagten die Leute. Ich dachte, er würde abreisen. Alle dachten das.«

Bei zwei zu zwei, als Hoffmann das Wort ergriff, wurde auch ihr klar, was nun kommen würde. »Mein Gott, was sollen wir jetzt machen?«, fragte sie sich. Nach Hoffmanns Entscheidung erhielt sie von einem Polizeibeamten die Anweisung, Pinochet auf die praktischen Konsequenzen vorzubereiten. »Gehen Sie rein und sagen Sie es ihm.« Das tat sie. »Ich sagte zu ihm: ›Tut mir leid, dass es zu Ihren Ungunsten ausgegangen ist, wir bringen Sie jetzt an einen anderen Ort, wo Sie in Haft genommen werden.‹«

Seine Reaktion?

»Er hatte Tränen in den Augen. Alle anderen weinten. Sie waren alle so fröhlich gewesen und hatten Geburtstagskuchen gegessen, jetzt weinten sie.«

Tränen in den Augen?

»Er brach zusammen und weinte in meiner Gegenwart, ja. Er sagte nur: ›Hmm.‹« Jean schwieg. Also sagte ich zu ihm: »Können Sie sich bitte fertig machen, weil wir sehr bald aufbrechen werden«, dann ging ich hinaus.

## 43

Pinochet blieb noch eine weitere Woche im Grovelands Priory, ehe er am 2. Dezember zur Erleichterung des Personals das Krankenhaus verließ – unter strenger Bewachung, in einem Krankenwagen mit Polizeibegleitung, mit viel Gepäck und einer Schar von Demonstranten im Schlepptau.[44] Sein neues Zuhause war Lindale Close Nr. 28 in Wentworth, in der Nähe von Virginia Water, einer wohlhabenden Gegend südwestlich von London, unweit des berühmten Golfplatzes.

»Ein armseliges kleines Haus, nicht besonders schön«, dachte Jean, mit cremefarbenen Teppichen und Ledersesseln. Zwei der vier Schlafzimmer waren von Scotland-Yard-Beamten belegt, ebenso wie ein kleiner Raum neben der Küche, der voller Monitore war, auf denen die Bilder der Überwachungskameras im Freien zu sehen waren. Pinochet hatte Platz für einen Heimtrainer und viele Fotos – von sich selbst, von seiner Familie und von Margaret Thatcher.[45] Das Esszimmer sei ausgestattet gewesen mit »lauter Kram, um ihn zu überwachen«, erinnerte sich Jean, mit Kameras, Abhörgeräten und einer starken Polizeipräsenz.

»Es herrschte die ständige Sorge, dass ein Attentat verübt werden könnte, deshalb war das Haus so gut geschützt, mit Polizisten, die auf dem Gelände wohnten, und mit vielen Überwachungskameras«, sagte Hernán Felipe Errázuriz. Bei seiner Ankunft wollte Pinochet den Garten inspizieren. Jean wurde angewiesen, ihm zu sagen, dass er vorher eine Genehmigung benötige. »Ich sagte ihm: ›(a) Sie können nicht allein rausgehen, (b) Sie können nirgendwo ohne einen Polizisten hingehen, und (c) Sie müssen immer um Erlaubnis fragen.‹« Später, als einige ferngesteuerte Spielzeugautos in den Garten gebracht wurden, hatte er großen Spaß daran, sie zusammen mit seinen Enkelkindern über den Rasen zu jagen, aber er brauchte immer erst eine Erlaubnis.

Pinochet war nicht gerade begeistert. Er sei regelrecht »explodiert«, erinnerte sich Jean Pateras. »Also sagte ich zu ihm: ›Setzen Sie sich hier hin, dann wird man Ihnen sagen, wann Sie in den Garten gehen können.‹« Die meiste Zeit über habe er sich anständig benommen. Nur ein einziges Mal habe er sich unangemessen verhalten, sagte sie, als er auf das Urteil gewartet habe:

> Er war in einem Raum mit seinen Kumpanen, ich weiß nicht mehr, mit wem. Miguel [Schweitzer] war dabei. Als ich das Zimmer verließ, sagte er etwas, das sie zum Lachen brachte. Damals war ich 25, ziemlich attraktiv, gute Figur, und so weiter und so fort. Ich blieb stehen. »Was haben Sie gesagt? Was haben Sie gesagt? Offensichtlich haben Sie etwas gesagt, denn Sie lachen ja alle.«

Miguel wiegelte ab: »Nein, nein, *es una tontería*, etwas Dummes, machen Sie sich nichts draus.« Das war das einzige Mal, dass Pinochet etwas zu mir sagte, das auch nur ansatzweise unhöflich war.«

»Ich mochte Pateras von Anfang an nicht«, sagte Hernán Errázuriz, als ich diese Episode erwähnte. »Sie war falsch, sie tat so, als mochte sie den General, aber ich wusste, dass dies nicht der Fall war.«

Für Miguel Schweitzer war der Augenblick der Urteilsverkündung »die prägendste Erfahrung« seines ganzen Lebens. »Unbeschreiblich« und niederschmetternd, aber er war optimistisch. Als Schweitzer ins Grovelands Priory zurückkehrte, hatte sich Pinochet wieder beruhigt. »Wiederum war es Stoizismus, im Sinne von: ›Hmm, was passiert jetzt?‹ «

Wir werden weiterkämpfen, sagte Miguel Schweitzer zu ihm. Wir werden uns weiterhin gegen die Auslieferung wehren und alles Notwendige tun, um die Konsequenzen des Lordrichter-Urteils zu vermeiden. Schweitzer wollte sich dieser Aufgabe mit ganzer Kraft widmen.

Unerwartet bot sich ihm eine neue Angriffsfläche.

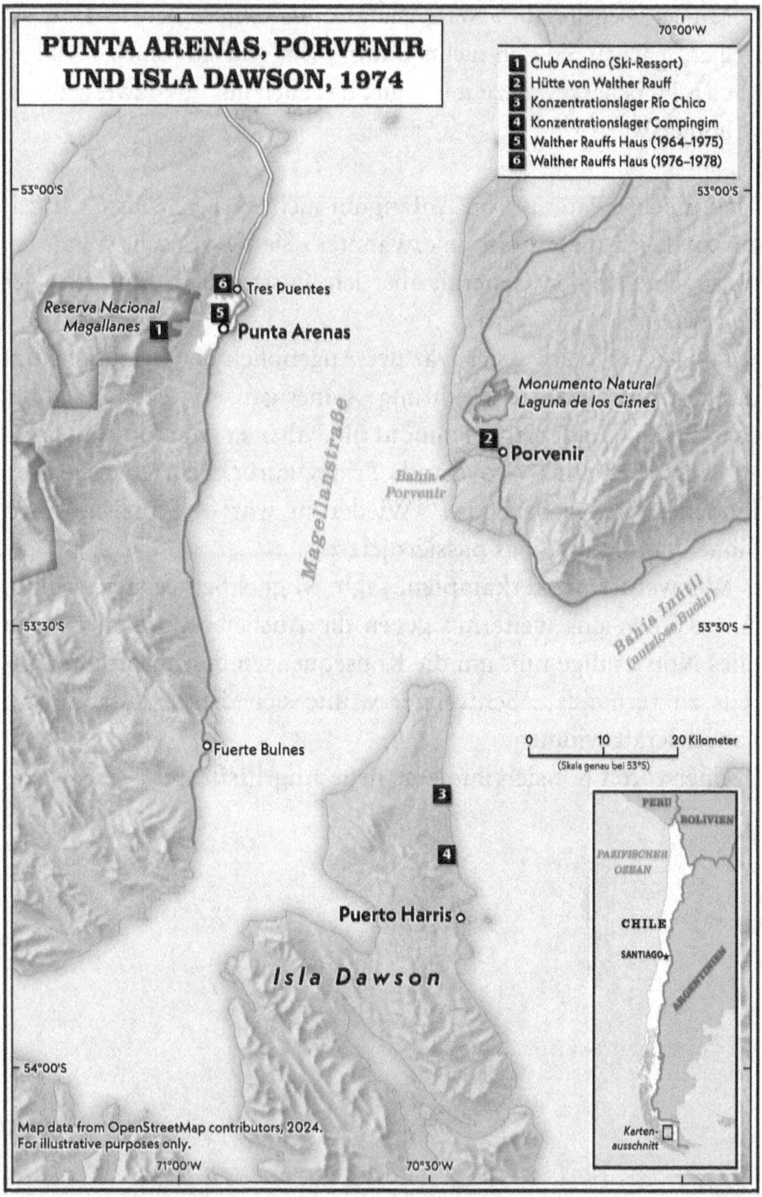
PUNTA ARENAS, PORVENIR UND ISLA DAWSON, 1974
1 Club Andino (Ski-Ressort)
2 Hütte von Walther Rauff
3 Konzentrationslager Río Chico
4 Konzentrationslager Compingim
5 Walther Rauffs Haus (1964–1975)
6 Walther Rauffs Haus (1976–1978)
70°00'W
53°00'S
53°30'S
54°00'S
71°00'W
70°30'W
Tres Puentes
Reserva Nacional Magallanes
Punta Arenas
Monumento Natural Laguna de los Cisnes
Porvenir
Bahía Porvenir
Magellanstraße
Bahía Inútil (nutzlose Bucht)
Fuerte Bulnes
0 10 20 Kilometer
(Skala genau bei 53°S)
Puerto Harris
Isla Dawson
PERU
BOLIVIEN
PAZIFISCHER OZEAN
CHILE
SANTIAGO
ARGENTINIEN
Karten-ausschnitt
Map data from OpenStreetMap contributors, 2024.
For illustrative purposes only.

Karte 4

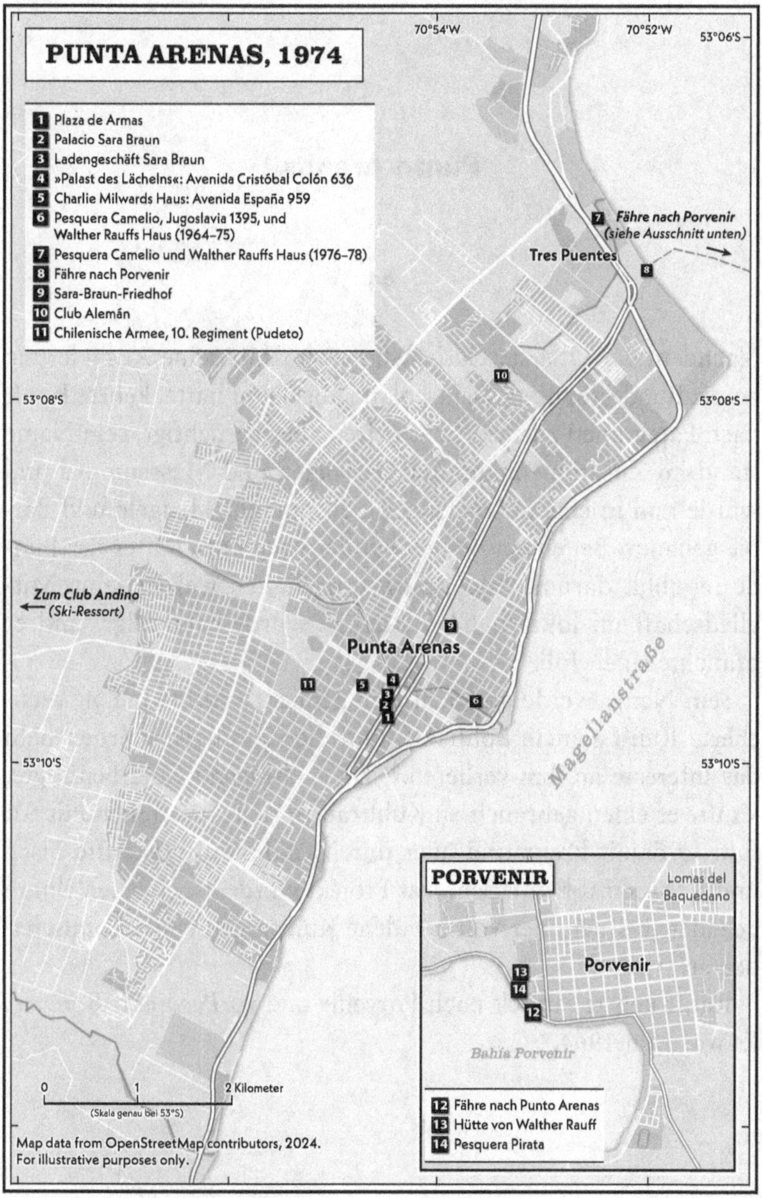
PUNTA ARENAS, 1974
1 Plaza de Armas
2 Palacio Sara Braun
3 Ladengeschäft Sara Braun
4 »Palast des Lächelns«: Avenida Cristóbal Colón 636
5 Charlie Milwards Haus: Avenida España 959
6 Pesquera Camelio, Jugoslavia 1395, und Walther Rauffs Haus (1964–75)
7 Pesquera Camelio und Walther Rauffs Haus (1976–78)
8 Fähre nach Porvenir
9 Sara-Braun-Friedhof
10 Club Alemán
11 Chilenische Armee, 10. Regiment (Pudeto)
70°54'W
70°52'W
53°06'S
53°08'S
53°10'S
Fähre nach Porvenir
(siehe Ausschnitt unten)
Tres Puentes
Zum Club Andino
(Ski-Ressort)
Punta Arenas
Magellanstraße
0
1
2 Kilometer
(Skala genau bei 53°S)
Map data from OpenStreetMap contributors, 2024.
For illustrative purposes only.
PORVENIR
Lomas del Baquedano
Porvenir
Bahía Porvenir
12 Fähre nach Punto Arenas
13 Hütte von Walther Rauff
14 Pesquera Pirata

Karte 5

## Punta Arenas

### 44

Nachdem der Oberste Gerichtshof von Chile seine Auslieferung an die Bundesrepublik Deutschland abgelehnt hatte, kehrte Rauff nach Patagonien zurück. Er war frei, aber berüchtigt, sein Name stand im Zusammenhang mit Gaswagen und Massenmord und wurde nun in einem Atemzug mit Eichmann, Mengele und Barbie genannt. Bei einem Besuch bat der neue Botschafter der Bundesrepublik darum, dass Rauff ferngehalten werde; seine Mitgliedschaft im lokalen *Club Alemán* wurde gekündigt, und er brauchte einen Job.[46]

Sein Name werde aus dem Rampenlicht verschwinden, versicherte Rauff seinem Sohn Alf, und die Zeitungen würden bald das Interesse an ihm verlieren.[47] Da er dringend Geld benötigte, kaufte er einen gebrauchten Kühltransporter. Zusammen mit Alf fuhr er damit kreuz und quer durch Chile und verkaufte Fisch und Königskrabbenfleisch. Das Projekt wurde durch einen Unfall beendet (bei dem der voll beladene Kühlwagen einen Totalschaden erlitt).[48]

Rauff kehrte zurück nach Porvenir und zu *Pesquera Bonacic*. Es war Mai 1964.

## 45

Viele Menschen in der Gegend kennen Rauff noch aus dieser Zeit. In Punta Arenas traf ich Vladimiro Poll, einen ehemaligen Fischer estnischer Herkunft aus Porvenir, der mit seinem Vater *centollas* gefangen und einen Teil davon an Rauff verkauft hatte. »Das erste Mal sah ich Rauff um 1960 in Porvenir«, erinnerte sich Poll. »Er hatte ein eigenes Boot, die *Walter*, das vielleicht aus Deutschland stammte. Es war schwarz gestrichen, anders als die anderen, bunten Boote. Ich segelte darauf mit meinem Vater und meinem Onkel.«

Poll arbeitete mit dem deutschen Besitzer von *Pesquera Bonacic* zusammen, gelegen an der Bahía Inutile in der Nähe von Porvenir. »Sie nannten sie die ›nutzlose Bucht‹, weil sie so seicht war.« Rauff war zuverlässig. »Er sprach Spanisch mit starkem Akzent, zahlte einen vernünftigen Preis für die *centollas* und behandelte mich stets freundlich.«

Wussten Sie von Rauffs Vergangenheit?

Nein. Vladimiro Poll war nicht besonders neugierig, und solche Fragen waren ihm unangenehm. Die Gegend sei linkspolitisch orientiert gewesen, sagte er, viele Fischer hätten mit Allende sympathisiert, dem örtlichen Senator und sozialistischen Kandidaten bei den Präsidentschaftswahlen 1958 in Chile. Über Politik oder Pinochets Putsch wollte Vladimiro Poll nicht sprechen.

Ich nahm die Fähre von Tres Puentes nach Porvenir, die in der Nähe eines Gedenkparks zur Erinnerung an das Volk der Selk'nam anlegte, der indigenen Gemeinschaft Feuerlands, die im 19. Jahrhundert von europäischen Siedlern ausgerottet wurde. In Rauffs Zeit schwieg man in Porvenir zum Thema Völkermord, ob es nun den am Volk der Selk'nam oder den Holocaust betraf.

Heute begrüßt die Stadt ihre Besucher mit lebensgroßen Figuren von Selk'nam-Kriegern und allerlei Industrieobjekten. Dazu gehört auch ein alter, hellgelb und schwarz gestrichener Heizkessel. »Der Kessel wurde in Rauffs Krabbenkonservenfabrik genutzt«, erklärte der Fremdenführer lächelnd. Die Gebäude der Stadt waren ebenso farbenfroh, in der Ferne eine Lachsfarm, auf der Bucht dümpelnde Boote, das Restaurant Anclamar.

Ich machte mich auf die Suche nach Menschen, die Rauff kannten, in der Hoffnung, aus erster Hand etwas über den Mann und seinen Charakter zu erfahren. Ich wurde nicht enttäuscht: Jeder Einheimische, dem ich begegnete, kannte seinen Namen, manche erinnerten sich daran, ihn gesehen zu haben, und einige wenige – meist liebenswerte Damen in ihren Siebzigern oder Achtzigern – hatten den alten Nazi noch persönlich gekannt. Ihre Erinnerungen stimmten verblüffend miteinander überein.

»Ich habe bei *Pesquera Bonacic* für ihn gearbeitet«, erzählte Emma Barrientos. Umgeben von Klöppeln und Spulen bunten Garns saß sie gemütlich im Wohnzimmer ihres Hauses, das aus einer Filmszene hätte stammen können. »Meine Aufgabe war es, die Krabben zu zerlegen und das Fleisch von den Beinen zu entfernen.« Rauff sei ein »anständiger Chef« gewesen, der viel gearbeitet habe, ein stiller Betriebsleiter, der nicht genörgelt oder die Beherrschung verloren habe. »Sein Spanisch war so schlecht, dass niemand verstand, was er sagte, außer ›Buenos Días!‹ «

»Er war als Außenseiter willkommen«, sagte Emma. »Er lebte allein in einer kleinen Hütte auf dem Hügel hinter der Fischfabrik und hatte einen Deutschen Schäferhund.« Das Gebäude war immer noch da, nur einen kurzen Fußmarsch entfernt. »In der Fabrik kannte jeder die Geschichten über seine Vergangenheit, die Älteren sagten, er sei ein Nazi gewesen, der schreckliche Dinge getan habe.« Über Einzelheiten sprach niemand. »Ich war jung, glaubte die Geschichten nicht.«

An der Wand hing ein Foto von Emma, auf dem sie lächelnd und mit einer modischen Bienenkorbfrisur an einer Registrierkasse saß. »Damals arbeitete ich in dem Supermarkt, wo er einkaufte. Immer allein, in einem grünen Pulli und einem langen

Mantel. Er kaufte Whisky und zwei Schachteln Lucky-Strike-Zigaretten.«

»Lucky Strike!«, sagte sie mit einem tiefen, rollenden Knurren, mit einem gutturalen »r« – »Schtrrrrike!« Es klang fast zärtlich. »Er war *mi jefe*, mein Boss.«

Wir aßen im Anclamar zu Mittag, eine Riesenportion frischer *centolla*. Anschließend trafen wir uns mit Adelia Andrade und María Vivat. »Ich war sechzehn, als ich 1962 bei *Pesquera* anfing«, sagte Adelia. »Wir waren fünfzig oder sechzig Leute in einem langen flachen Gebäude, ein Lagerhaus auf einer Etage. Der Chef war José Bonacic, ein Kroate. Rauff kam 1964, als Geschäftsführer.«

»Er war still, redete nicht viel, blieb für sich, wirkte wie ein guter Mensch«, sagte María. »Es hieß, er sei von irgendwoher geflohen und habe früher viele Menschen getötet.« Die Frauen waren nicht neugierig. »Wir waren jung, die Geschichten waren lange her und weit weg. Alles, was uns beschäftigte, war, einen Ehemann zu finden und das Krabbenfleisch in Dosen zu füllen.«

Manchmal zogen sie ihn wegen seiner Vergangenheit auf. »Wir machten Witze darüber, dass er uns in den großen Kessel steckt«, sagte Adelia. »Er sah uns schweigend an, hörte zu, lächelte, sagte nichts. Er regte sich nicht auf.«

»Er hatte eine Bisswunde am Ohr«, sagte María.

»War das nicht sein Hund?«, fragte Adelia.

Ich zeigte ihnen ein Foto von Rauff in Porvenir aus dem Jahr 1966. »Ja, das ist er. Manchmal trug er einen Anzug, aber meistens eine Jacke und eine Hose, in verschiedenen Farben.«

Sie dachten zurück an seine Hütte auf dem Hügel hinter der Fabrik. »Von dort aus hatte er eine wunderbare Aussicht auf das

Meer; er konnte also sehen, wer kam, und sich entsprechend dafür wappnen.« Die beiden Damen gingen nie hinein, sahen ihn aber oft auf der Straße. »Immer mit einem Hund, nie mit einer Frau.« Pause. »Damals gab es noch ein Bordell in der Stadt, vielleicht ging er ja dorthin?«

Nach den Damen besuchte ich den pensionierten Schullehrer Juan Torres Toro. Er hatte nicht selbst in der Konservenfabrik gearbeitet, aber sein Vater. »Alle kannten die Gerüchte und Geschichten über seine Vergangenheit«, erzählte Juan. »Ich habe ihn oft auf der Straße gesehen, mit einem Deutschen Schäferhund namens Bobby, wie ein Polizeihund, aber sanfter und treu.«[49] Er konnte sich nicht mehr erinnern, ob Bobby eine Bisswunde am Ohr gehabt hatte oder Rauff.

»Mein Vater erzählte uns, dass sein Chef sehr gerne trank. Einmal versammelte Rauff alle Arbeiter der Konservenfabrik, um ihnen den Whisky zu erklären. ›Ich trinke, um zu vergessen und damit ich nachts schlafen kann‹, sagte er zu ihnen. Das habe ich nicht vergessen.«

Juan schlug vor, entlang der Bucht, der Küste Feuerlands, bis zur Fabrik zu gehen. Das Gebäude war einstöckig, die Wellblechwände waren im blassen Blau des Himmels gestrichen. Hier hatten Emma, Adelia und María gekocht, zerlegt, geschabt, eingesammelt und das Fleisch fest in Aluminiumdosen gepresst, die anschließend versiegelt und etikettiert wurden. Dies war Rauffs Arbeitsplatz, ein Zufluchtsort in der Nähe der Pinguine und Flamingos der Bahía Inútil.

Gleich dahinter, auf einem kleinen Hügel mit Blick auf die Konservenfabrik, lag die Hütte. Ein Stockwerk, hölzerne Wände, ein paar Zimmer, eine winzige Küche, ein riesiges Fenster mit Aussicht über die Meerenge nach Punta Arenas, schlicht eingerichtet. »Mein einziger Kontakt zur Außenwelt sind das Radio und Bücher«, sagte Rauff einmal gegenüber einem Journalisten. Er hoffe, dadurch »eine universellere Sicht auf Menschen und

Ereignisse« zu gewinnen. Wie jeder andere habe er Freunde und Feinde, aber keine Zukunftsängste; irgendwann wolle er seine Memoiren schreiben. Das Bild in der Zeitschrift zeigte ihn hockend, Radio und Whisky neben sich, in der Hand eine Lucky Strike. »Ein stiller Mann«, urteilte der Bürgermeister. »Kultiviert und freundlich, er macht niemandem Probleme.«

Eugenio Gligo Viel erinnerte sich an die Hütte. Das Haus des Schriftstellers, Dichters und Sammlers in Porvenir ist zugleich ein Privatmuseum. Er begrüßte mich in kurzen Hosen und riesigen Flauschpantoffeln, die große braune Hunde mit kleinen roten Zungen darstellten. Bei ihm war sein Freund Offel Busto, ein reizender, kleiner, runder Mann mit einem ausgezeichneten Gedächtnis.

»Es gibt einen Mann in Punta Arenas, der ein Foto von sich mit Walther Rauff hat«, sagte Offel Busto.

»Ich lernte Rauff in den 1960er Jahren kennen«, sagte Eugenio Gligo. »Er erzählte uns, sie hätten ihn gezwungen, Nazi zu werden.« Er kannte die Hütte und die Geschichten über Rauffs Vergangenheit, seine Vorliebe für Schreibmaschinen. Das letzte Mal sah er ihn 1971 in Porvenir. »Danach habe ich ihn noch einmal gesehen«, fügte er begeistert hinzu, »aber da war er tot, es war in Santiago, in einem offenen Sarg.«

Ich äußerte mein Erstaunen.

»Wissen Sie, es gab so viele Legenden und Mythen, dass ich zur Beerdigung ging, um die Leiche zu sehen, ob er es auch wirklich war, und er war es.«

## 46

Auch in Porvenir, Mitte der 1960er Jahre, konnte Rauff den Gaswagen nicht entkommen.

Pablo Neruda schrieb über ihn und die chilenischen Gerichte, denen es nicht gelang, einen Kriegsverbrecher auszuliefern, der still und friedlich in Patagonien lebte. »Ich kann nicht leugnen, dass dieser Mann etwas von Lieferwagen versteht«, schrieb der Dichter. »Ebenso wenig kann ich leugnen, dass das Rechtssystem meines Landes eine ausgewogene Vorstellung von der Realität hat: Es schützt diejenigen, die Massenmorde und den Einsatz von Lieferwagen effizient organisieren.«[50]

Ein westdeutscher Richter wandte sich schriftlich an Rauff mit der Frage, ob er in einem in der Bundesrepublik stattfindenden Verfahren über die Gaswagen aussagen wolle. In der Gewissheit, dass er nicht ausgeliefert werden konnte, willigte Rauff ein. Er bezeugte den Bau der Transporter, bestritt aber, von deren Verwendungszweck gewusst zu haben. Rauff sei hart, kalt, forsch und arrogant gewesen, sagte der Richter.[51]

Als der Fall in Westdeutschland verhandelt wurde, war ein Angeklagter bereits tot, der Chemiker Becker war aus gesundheitlichen Gründen nicht prozessfähig, und die Beweise gegen Willy Just wurden für unzureichend befunden. Rauffs Aussage trug jedoch dazu bei, dass Friedrich Pradel und Harry Wentritt wegen Beihilfe zum Mord an 3832 Menschen verurteilt wurden.[52]

Der Fall rückte Rauffs Namen wieder ins Rampenlicht, weshalb er es ablehnte, im Verfahren gegen Werner Best auszusagen, Heydrichs Stellvertreter und den Mann, der ihn in die SS eingeführt hatte. Er könne sich »nicht mehr an alles erinnern«, sagte er.[53] Er mied die Öffentlichkeit, schriftliche Spuren, Fotos und alles andere, was ihm Schwierigkeiten bereiten konnte.

Stattdessen steckte er seine Energie in die Firma *Pesquera Bonacic*, erntete Krabben, sorgte dafür, dass die Dosen gut gefüllt waren, und leitete die Arbeiter an. Viele waren Anhänger von Salvador Allende. »Bei meinen Arbeitern sind die mir die liebsten, die nicht lesen und schreiben können, weil sie […] den Mist nicht lesen, der in den Zeitungen zusammengeschrieben wird«, erklärte Rauff. »Wenn sie auch noch taub wären, wäre es noch besser, da sie dann auch kein Radio hören können!«[54]

Eines Tages kam ein Mann namens Humberto Camelio aus Punta Arenas vorbei und wollte die Konservenfabrik kaufen. Rauff fand ihn sympathisch, schätzte seine italienischen Wurzeln und kannte die Familie, die in Punta Arenas einen Supermarkt und einen Ford-Handel betrieb. Die Konservenfabrik sei alter Plunder, »ein Schweinestall«, sagte Rauff zu Camelio, aber er würde sich freuen, mit ihm zusammenzuarbeiten.[55] Die Camelios kauften die Firma *Pesquera Bonacic*, die bald darauf in *Pesquera Camelio* umbenannt wurde. Rauff wurde als Geschäftsführer eingesetzt.

Die Camelios wussten über seine Vergangenheit Bescheid und waren, wie er, vehemente Antikommunisten. Er bekam ein Büro in Punta Arenas in der Jugoslavia Nr. 1395 (heute: Croacia). Seine Arbeiter, darunter viele Kommunisten und Sozialisten, wurden schlecht bezahlt, aber gut behandelt. Ihre Disziplin war »herausragend«.

Er behielt die Hütte in Porvenir, doch die Camelios gaben ihm bald ein neues Zuhause, ein Fertighaus neben seinem Büro. Es wurde auf einem Schlitten geliefert und verfügte nur über ein einziges Schlafzimmer. Als »alleinstehendem älteren Mann« habe ihm dies jedoch genügt, sagte er später.[56] Dort lebte er zehn Jahre lang, bis die Konservenfabrik nach Tres Puentes umzog, in die Nähe der Marineanlage am Stadtrand von Punta Arenas.

Sein Leben war einsam. In Punta Arenas gebe es zwar ein gesellschaftliches Leben, aber er habe sich völlig zurückgezogen, sagte er.[57] Rauff hielt sich bedeckt und mied die wilden Seiten von Punta Arenas, einer Stadt, in der »Pornofilme« gedreht wurden und die einheimischen Jugoslawen »wie die Schweine soffen und verrücktspielten«.

Armida (Nena) Zúñiga, die er bei einem Gefängnisbesuch in Santiago kennengelernt hatte, kam bald darauf zu ihm. Sie lebten zusammen.[58] Er nannte sie seine »Betreuerin«, nicht seine Frau oder Geliebte, und betrachtete sich selbst als Single. Dennoch bewunderte er ihre politische Einstellung – sie sei ein »Kommunistenfresser«[59] – und schätzte das Gefühl von Sicherheit, das sie ihm bot. Keiner werde ihn holen kommen, pflegte er zu sagen.[60] Dennoch war Rauff so ängstlich, dass er ihr jedes Mal, wenn er das Haus verließ, immer mit seinem Hund, einen Zettel mit der voraussichtlichen Zeit seiner Rückkehr hinterließ.[61]

## 47

Die Arbeiter von *Pesquera Camelio* erinnerten sich an Rauffs »militärischen Stil«, seine Leidenschaft für eine alte Olympia-Schreibmaschine sowie an gelegentliche Zwischenfälle.[62] Der jüdische Geschäftsmann, der drohte, ihn zu töten. Die Gerüchte um ein israelisches Killerkommando.[63] Die Auseinandersetzungen mit örtlichen Arbeitern. »Der Mann, der die Gaskammer erfand, hatte eine Pistole in seinem Büro und einen Hund, einen großen Deutschen Schäferhund«, erinnerte sich ein Fischer.[64]

Die Camelios stellten ihm eine Sekretärin zur Seite, Margarita Alegría Romero, eine zierliche, sehr warmherzige Frau mit viel Humor und Energie. Sie arbeitete als Kassiererin im Supermarkt der Camelios, *Listo*, bis José Camelio und seine Söhne Humberto und José junior die Konservenfabrik kauften. »Im Jahr 1964 wechselte ich zur *Pesquera Camelio*, wo ich Büchsen mit *centollas* für den Export nach Europa herstellte und jede nur erdenkliche Arbeit verrichtete!« Sie lachte herzhaft, als sie dies sagte. »Ich wog das Fleisch, verpackte es in Dosen, klebte Etiketten auf, ich machte einfach alles, was nötig war!« Ende 1964 kam »Señor Rauff« und verhalf dem Unternehmen zu wirtschaftlichem Erfolg (während der Pinochet-Jahre wurde es als »Chiles Exporteur des Jahres« ausgezeichnet).[65]

Jeden Morgen kam Margaritas Chef herein, winkte kurz und verschwand dann in seinem Büro. Er war diskret, verschlossen, akribisch. »Sein Hauptaugenmerk lag darauf, dass jede Dose so prall wie möglich mit Krabbenfleisch gefüllt war«, sagte sie. »Er achtete darauf, dass die Krabbenbeine richtig eingelegt waren und nicht über den Rand hinaus hingen.« Mit flinken Fingern demonstrierte sie, wie er es machte, legte imaginäre Beine, die über den Rand hingen, mit spitzen Fingern zurück in die Dose und klopfte das Fleisch dann fest. »Makaber«, meinte sie vielsagend. Sie wusste von seiner früheren Tätigkeit.

»Wir nannten ihn ›El Viejo Nazi‹. Der alte Nazi, nicht gerade ein Kosename. Alle wussten von den Gaswagen, und die älteren Arbeiter waren misstrauisch. ›Wieso arbeitet dieser Verbrecher hier?‹, fragten sie oft.«

Margarita arbeitete bis 1968 für ihn. »Ich sprang ein, zunächst um Nachrichten und Anrufe entgegenzunehmen, auf Spanisch, das er verstand.« Daneben nahm er auch selbst Anrufe entgegen, sowohl geschäftliche als auch private. »Er hatte ein eigenes Telefon in seiner Wohnung mit einer anderen Nummer, und er war derart verschlossen und kontrollsüchtig, dass er mich keine Anrufe mehr annehmen ließ, nicht einmal von der Familie Camelio.«

Dennoch habe er sie stets gut behandelt, meinte sie. Margarita zeigte mir ein Empfehlungsschreiben, das er ausstellte, als sie das Unternehmen verließ. »Ich bestätige, dass Señora Margarita Alegría Romero immer zu unserer vollständigen Zufriedenheit gearbeitet hat, ihren Pflichten nachgekommen ist und außer in begründeten Fällen nie der Arbeit ferngeblieben ist.« Es war dieselbe Unterschrift wie auf dem Brief von Rauff an Otto Wächter vom Mai 1949.

Er war ein einsamer Mann. »Keine Freunde oder Söhne kamen zu Besuch, obwohl es eine Frau gab, die für ihn kochte; in der Nähe lebten zwei Jugoslawen, die ihn jedoch verachteten, weil sie wussten, dass er Kommunisten hasste, sie eingeschlossen.«

Hatte er ein bestimmtes Temperament?

»Ich habe es nie erlebt, aber ich könnte es mir vorstellen, so wie er Befehle erteilte, so beherrschend in allen Einzelheiten.« Sie hielt inne, dann fügte sie hinzu: »In Wahrheit konnten wir ihn nicht ausstehen.«

»Erinnerst du dich an Rauff?«, fragte sie ihren Sohn Juan Carlos, einen Karikaturisten. »Ja, und an seinen Hund! Als ich acht Jahre alt war, kursierte das Gerücht, er wäre ein Nazi-Jarpa« (eine Anspielung auf Sergio Onofre Jarpa, einen radikal antikommunistischen Rechten, der später Minister in Pinochets Regierung wurde).[66] »Von den Nazis habe ich aus chilenischen Comics erfahren, in denen die Bösen immer Nazis waren«, fuhr Juan Carlos lachend fort. »Vielleicht bin ich ja deswegen Zeichner geworden, weil ich ihn kannte!«

Mutter und Sohn erinnerten sich an gewisse »Vorfälle«. »Leute, die von Wiesenthal geschickt wurden« – ich hatte den Nazi-Jäger gar nicht erwähnt –, »spürten ihn in der Eisenwarenhandlung Braun auf, gleich neben dem Kinopalast, und versuchten, ihn zu erschießen.« Die Geschichte ging durch die Presse, aber Rauff erstattete keine Anzeige, um keine Aufmerksamkeit zu erregen, und

tauchte ein paar Tage lang unter.[67] Danach blieben die Fabriktore geschlossen, und es wurde mehr Wachpersonal eingestellt. »Ich habe gesehen, wie ängstlich er war«, sagte Margarita.

Würde es sie in Anbetracht dessen, was sie über ihn wusste, überraschen, wenn er Pinochet nach dem Putsch unterstützt hätte?

»Nein, das würde es nicht, wegen seiner Vergangenheit und seines Charakters.«

Könnte er mit der DINA in Verbindung gestanden haben?

»Ich glaube schon. Er hatte so etwas schon einmal getan, und er konnte es wieder tun.«

Mit diesen Worten verabschiedeten wir uns voneinander.

Ein Jahr darauf schickte mir ihr Sohn eine Zeichnung: »Meine Mutter und ihr alter Chef.«

## 48

Zur Bestürzung von Rauff und der Camelios wurde im November 1970 der Linkspolitiker Salvador Allende zum Präsidenten von Chile gewählt. Es war sein vierter Versuch, als Kandidat einer linken Plattform, die sich für Arbeiterrechte und eine Verstaatlichung der Ressourcen des Landes stark machte.

»Ich kenne Allende persönlich«, berichtete Rauff seiner Schwester. »Er war verschiedene Male bei mir in der Fabrik.« Allende versuchte zu investieren. »Wir haben uns immer sehr freundschaftlich begrüßt – à la chilena. Allende ist ein stinkreicher Mann, aber mit einem wilden Machthunger und politischem Ehrgeiz«, und er werde von den Kommunisten »überfahren« werden. »Ich sehe voraus, dass Chile schlimmer wird als Kuba«, fügte er hinzu, aber er könne sich »natürlich nach Argentinien absetzen«.[68]

Aus Angst vor erneuten Auslieferungsversuchen hielt sich Rauff bedeckt. Höflichkeit und Vorsicht erlaubten es nicht, über die Gesamtsituation in Chile zu schreiben, erklärte er seinem Neffen, beruhigte ihn aber gleichzeitig: Er sei in den Vorstand des örtlichen Seenotrettungsvereins gewählt worden, und »der Admiral, der Chef des Stabes und der public relation Offizier der IIIa Zona Naval [Marinezone], die meine dunkle Vergangenheit kennen, haben mir zugesetzt, einen Vortrag vor dem gesamten Offizierskörper über die deutsche Marine zu halten«.[69] Zu seinen »guten Freunden« gehörten »mehrere Generäle« und der Chef der chilenischen Geheimpolizei, wie er seiner Schwester Ilse berichtete. Außerdem verfügte er über ausgezeichnete Kontakte zur Marineführung, darunter zu Admiral Pablo Weber, der ihn öffentlich umarmte.[70]

Im zweiten Jahr seiner Präsidentschaft hielt Allende eine Rede, in der er Rassismus und Antisemitismus verurteilte. Rauff glaubte, dies hätte den Nazi-Jäger Simon Wiesenthal dazu veranlasst, erneute Anstrengungen zu unternehmen, ihn nach Westdeutschland auszuliefern, da inzwischen ein neues UN-Abkommen in Kraft getreten war, mit dem die Verjährungsfristen für internationale Verbrechen abgeschafft wurden.[71]

Im August 1972 wandte sich Wiesenthal in einem Brief an Allende: »Internationales Recht hat bekanntlich Vorrang vor dem nationalen Recht«, es sei daher an der Zeit, Rauffs Straflosigkeit aufzuheben.[72] Rauff erfuhr von diesem erneuten Versuch. »Herr Wiesenthal hat einen Brief geschrieben, dass ich nicht nur Juden umgebracht hätte, sondern auch einen Haufen Sozialisten, Kommunisten und was weiß ich.«[73]

Allende wies Wiesenthals Ersuchen höflich zurück. Die Nazis hätten »schwere Verbrechen« begangen, doch sei er verpflichtet, das Urteil des Obersten Gerichtshofs zu respektieren. Wiesenthal wandte sich daraufhin an westdeutsche Staatsanwälte, die juristischen Rat einholten und zu dem Schluss gelangten, dass es keine Aussicht gab, Rauff nach Deutschland zurückzuführen.[74]

Wiesenthals Bemühungen brachten Rauffs Namen wieder ins

Gespräch. Im Juli 1972 wurde in Santiago ein neues Theaterstück über Straffreiheit – *La gran prescripción* (»Die große Verjährung«) – uraufgeführt, dessen Hauptfigur (Walther Kock) an Rauff angelehnt war. Das Stück erhielt schlechte Kritiken, und die Spielzeit war kurz. »Alles, was über den Völkermord gesagt werden muss, ist gesagt worden«, bemängelte ein Kritiker. Die Inszenierung wurde auch nicht dadurch gerettet, dass Rauff von dem bekannten chilenischen Schauspieler Roberto Parada verkörpert wurde.[75]

Zu Beginn der Spielzeit herrschte in ganz Chile eine wachsende politische und wirtschaftliche Instabilität, und der Widerstand gegen Allende nahm zu. Streiks und Konflikte, Verstaatlichungen, Inflation und Lebensmittelknappheit nährten Gerüchte um einen Militärputsch. Die Unternehmen in Punta Arenas seien größtenteils geschlossen worden, berichtete Rauff seinem Neffen: Seine Konservenfabrik sei die einzige, die noch in Betrieb sei, er habe Maßnahmen zur Verhütung von Streiks ergriffen (»meine Leute murren nicht und machen mit«), und er bete für eine militärische Intervention. Er könne dem kommandierenden General der V. Division ein paar gute Ratschläge geben, ergänzte er. Mit einer einzigen SS-Division könne er das ganze Land bestens regieren, aber man lasse ihn ja nicht.[76]

Am 23. August 1973 trat General Carlos Prats als Oberbefehlshaber der Armee zurück. Augusto Pinochet wurde von Allende zu seinem Nachfolger ernannt. Zwei Wochen später, am 9. September, kam eine Gruppe hochrangiger Militäroffiziere in der Wohnung von Rauffs Freund Admiral Pablo Weber zusammen, um die Einzelheiten eines Putsches zu besprechen.[77]

In den frühen Morgenstunden des 11. September 1973 unterstützte Augusto Pinochet den Angriff auf den Moneda-Palast. Am Ende des Tages war der Putsch vollzogen, Salvador Allende war tot, und Rauffs alter Freund aus Ecuador war Chiles neuer Machthaber.

## 49

Augusto Pinochet führte eine vierköpfige Militärjunta an. Ihr erklärtes Ziel war es, »die chilenische Lebensweise, die Justiz und die institutionelle Ordnung wiederherzustellen« sowie die »Prinzipien des Marxismus-Leninismus« zu beseitigen, die das Land infiziert hätten.[78] Als Pinochet die Macht übernahm, wurden durch Hunderte von Dekreten und Gesetzen der Kongress und die Gerichte aufgelöst, politische Parteien verboten, Wahlen ausgesetzt und Bürgermeister entlassen. Die Junta rief den landesweiten Ausnahmezustand aus, schränkte Gewerkschaften und Universitäten ein, beendete das Streikrecht und schuf neue, finstere Institutionen. Rauff begrüßte all das.

Die DINA wurde zu einem allmächtigen Nachrichten- und Polizeidienst. Er bestand größtenteils aus Offizieren des Regiments Tejas Verdes in San Antonio, westlich von Santiago an der Pazifikküste, und handelte bei der Informationsbeschaffung zum »Schutz der nationalen Sicherheit« auf direkte Anweisung der Junta.[79] An der Spitze der DINA stand Manuel Contreras, ein schroffer und brutaler Mann, der 1944 in die Armee eingetreten war und als Kadett von dem bekannten Fotografen Miguel Rubio Feliz fotografiert wurde. Unter Allende hatte Contreras zunächst als Generalstabssekretär der Armee gedient und anschließend als Leiter der Ingenieurschule in der Kaserne Tejas Verdes in San Antonio. Vom 11. September 1973 an erstattete er Pinochet täglich Bericht und erhielt uneingeschränkte Befugnisse für Verhaftungen, Folterungen, Hinrichtungen und Verschleppungen. Sein Stellvertreter war Oberst Pedro Espinoza.

Die auf den Putsch folgenden Ereignisse sind unbestritten. Zehntausende wurden verhaftet, Tausende gefoltert und ermordet, und viele verschwanden. Im Juli 1990, drei Monate nach dem Ausscheiden Pinochets aus dem Amt, erschien in Chile das erste Buch über die Verschwundenen. *Tras la huella de los desaparecidos* (»Auf den Spuren der Verschwundenen«) listet die Namen von 682 Männern und Frauen auf, von denen 51 zuletzt in der Calle Londres 38 gesehen wurden.[80]

Der Verfasser war León Gómez. Er wurde 1974 zusammen mit sechs Kollegen in Londres 38 inhaftiert. Er war der einzige Überlebende dieser Gruppe.

## 50

Bis zum 11. September 1973 war das Gebäude in der Calle Londres 38 der Sitz der Sozialistischen Partei Chiles. Bald darauf wurde es enteignet und der DINA übergeben, die es als geheimes Verhör- und Folterzentrum nutzte. Wie viele andere Einrichtungen in Santiago und im ganzen Land diente es dazu, die Linke ins Visier zu nehmen: Mitglieder des MIR, Kommunisten, Sozialisten und andere unerwünschte Personen. Die meisten Opfer waren zwischen 21 und 30 Jahre alt, die meisten davon Arbeiter, der Rest hauptsächlich Akademiker, Fachkräfte und Studierende. Mindestens 3216 Menschen wurden hingerichtet oder verschwanden, 31 856 wurden gefoltert.[81]

Der Terror überzog das ganze Land. In Punta Arenas und Porvenir richteten die Streitkräfte vor den Augen der Öffentlichkeit Orte der Unterdrückung ein.[82] Rauff wusste ganz genau, was vor sich ging. »Morgens wurde ein bisschen geschossen, und schon am Nachmittag hatten sie alle Marxisten zusammengetrieben«, erzählte eine ältere Dame Bruce Chatwin bei seinem Besuch, nicht lange nach dem Putsch.[83]

Rauffs Arbeitgeber, die Camelios, unterstützten den Staatsstreich und die darauf folgenden Repressalien; ein Mitglied der

Familie, Salvador Camelio, diente als Sekretär des Militärtribunals (bekannt als Kriegsrat) in Punta Arenas, das der 3. Marinezone unterstellt war, mit welcher Rauff in Verbindung stand.[84] Dieses Gremium führte geheime Verfahren durch und konnte die Todesstrafe verhängen.

Das Alte Marinekrankenhaus in der Avenida Cristóbal Colón im Zentrum von Punta Arenas wurde zu einer berüchtigten Hafteinrichtung. Über 1000 Menschen wurden dort festgehalten, verhört und gefoltert, an einem Ort, der bald den Beinamen »Palacio de las Sonrisas« erhielt (»Palast des Lächelns«). Viele, die dorthin kamen, verschwanden für immer.[85]

In der Calle José Ignacio Zenteno, nahe der Konservenfabrik *Pesquera Camelio*, waren in der Kaserne des 10. motorisierten Infanterieregiments, des Pudeto-Regiments, Hunderte von Gefangenen interniert.[86]

Das Fußballstadion von Punta Arenas diente als Haftanstalt, in der Dutzende von Gefangenen festgehalten wurden. »Wir wurden geschlagen und verschiedenen Foltermethoden ausgesetzt«, berichtete ein Gefangener. »Von ihren Fenstern neben dem Stadion aus konnten die Leute genau sehen, was dort geschah.«[87]

Politische Gefangene, die am Flughafen von Santiago eintrafen, wurden zum Ponton-Dock von ASMAR *(Astilleros y Maestranzas de la Armada)* gebracht, einer staatlichen Werft in Tres Puentes, die Marineschiffe baute und reparierte – und mit der Rauff zusammenarbeitete. Anschließend setzte man sie mit einem Lastkahn zur Isla Dawson auf der anderen Seite der Magellanstraße über.[88] Dort erwartete sie ein besonderes Lager, das mit Arbeitskräften und Materialien aus Punta Arenas errichtet worden war, um Allendes Minister und Berater zu internieren, darunter Orlando Letelier, den Bergbauminister Sergio Bitar und Miguel Lawner, einen Architekten. Die drei überlebten und schrieben über ihre Erfahrungen.

In den ersten Wochen nach dem Putsch wurden in Punta

Arenas über 1000 Menschen gefoltert.[89] Das Ausmaß war derart gewaltig, dass jeder einen Einheimischen kannte, der festgenommen worden oder verschwunden war.

Einen Tag nach dem Staatsstreich erschien der dreiundzwanzigjährige Silvio Bettancourt vor den Militärbehörden der Stadt.[90] Der unverheiratete Petrochemie-Ingenieur, aktiv in einer linken Organisation, floh von zu Hause. Zuletzt wurde er in einem Vorort von Punta Arenas gesehen, dann war er verschwunden.

Am 29. September verließ der achtundzwanzigjährige Arbeiter José Álvarez sein Haus, um einzukaufen. Die Armee erschoss ihn auf offener Straße, weil er sich seiner Festnahme widersetzte.

Am 27. Oktober wurde der dreiundfünzigjährige Juan Vera Oyarzún, ein Funktionär der Kommunistischen Partei und ehemaliger Kommunalbeamter, in der Nähe der argentinischen Grenze verhaftet. Er wurde nie wieder gesehen.

Am 1. November wurde der einundzwanzigjährige Student und MIR-Aktivist Carlos Mascareña Diaz verhaftet und nach Puerto Montt gebracht, wo er gefoltert, sexuell missbraucht und ermordet wurde.

Am 7. November wurde Juan Carlos Ruiz Mancilla, 21 Jahre alt, Student der Ingenieurwissenschaften, in seinem Elternhaus verhaftet und nach Temuco geflogen, wo er in der Kaserne des Tucapel-Regiments hingerichtet wurde.

José Tohá, 47 Jahre alt, Anwalt und Minister in der Regierung Allende, der auch mit Pinochet eng zusammengearbeitet hatte, wurde auf der Isla Dawson gefoltert. Im März 1974 starb er in einem Militärkrankenhaus in Santiago.

Auf dem Cementerio Sara Braun befindet sich eine Gedenkstätte mit den Namen vieler Opfer. Das letzte ist Susanna Estrella Obando, die am 26. Juli 1988 im Alter von 23 Jahren ermordet wurde.

## 51

Porvenir blieb von diesen Verbrechen nicht verschont. Der pensionierte Schullehrer Juan Torres Toro erzählte mir von einem Fall. Die Armee habe drei ortsansässige Männer verhaftet, sagte er. »Ich machte die letzten Fotos von ihnen, als sie noch am Leben waren.« Nachdem man außerhalb der Stadt ihre Leichen gefunden hatte, konfiszierte das Militär seine Filme und Negative. Juan Torres schüttelte den Kopf und schaute zum Fenster. »Porvenir? Kleine Stadt, große Hölle.«[91]

Rauffs Leben änderte sich durch den Putsch. Er stehe »hier sozusagen unter Denkmalschutz«, schrieb er an seinen Neffen.[92] Er unterstützte alles, was Pinochet tat. Dieser mache »seine Sache sehr gut«.[93] Die Anschuldigungen gegen die Regierung seien haltlos, sagte er, er habe noch »keinen Toten auf der Straße herumliegen sehen«, und westdeutsche Berichte über den »blutrünstigen Pinochet« und Gräueltaten seien »alles Unsinn«. Er kenne Pinochet persönlich, versicherte er seiner Schwester Ilse, schließlich »war er mehrfach in unserem Haus, als wir noch in Quito wohnten«.[94] Er werde »nicht in einem Land sterben, das vom Kommunismus beherrscht wird«, schrieb Rauff begeistert, und das sei »sehr viel wert«.[95]

Die Vergangenheit hat ihn jedoch gelehrt, dass er verschwiegen sein musste. Nach dem Putsch war er vorsichtig, was er über seine Kontakte sagte und schrieb. Ein loses Wort oder eine Unterschrift auf einem Dokument könnten Schwierigkeiten verursachen. Sage nichts. Schreibe nichts.

Gelegentlich konnte er sich jedoch nicht zurückhalten. Nach dem Putsch ernannte Pinochet seinen Freund Admiral Weber zum *Intendiente* (Gouverneur) der Provinz Magallanes. Einige Wochen später, im Februar 1974, tauchte General César Mendoza, Gewinner einer Silbermedaille im Springreiten bei den Olympischen Spielen 1952 in Helsinki und als eines der vier Mitglieder

der Junta verantwortlich für Chiles *Carabinieri*, in Punta Arenas auf. Zu Rauffs großer Freude erklärten sich Mendoza und Weber bereit, die *Pesquera Camelio* zu besuchen.

Die *Prensa Austral* berichtete über das Ereignis. Die beiden Männer schlüpften in Gummistiefel, und General Mendoza lobte die Fachkompetenz der Angestellten bei der Verarbeitung der »hochgeschätzten Magellan-Königskrabben«. Der Besuch sei »zu voller Zufriedenheit aller Beteiligten« verlaufen, schrieb Rauff an Ilse.[96] Mendoza sei »ein höchst patenter Mann, keineswegs aufgeblasen und sehr sachlich«. Was »unseren Admiral« – seinen Freund Pablo Weber – betraf, so begrüßte er Rauff herzlich und vertraut. »Wie geht's, Don Walther?« Sie unterhielten sich auf Spanisch, nicht auf Deutsch, und Rauff achtete darauf, dass er nicht fotografiert wurde. »Ich bleibe grundsätzlich immer hinter der Kamera«, schrieb er an Ilse.[97]

Der Grund für General Mendozas Reise blieb gänzlich unklar, und Rauff äußerte sich auch nicht näher dazu. Der Besuch war offensichtlich ein Zeichen der gegenseitigen Unterstützung zwischen der Junta, der *Pesquera Camelio*, der Familie und ihrem Geschäftsführer. Mendoza blieb elf weitere Jahre Mitglied der Junta und trat erst 1985 zurück, als seine Polizei mehrere politische Gegner ermordete (darunter José Manuel Parada, den Sohn des Schauspielers, der Rauff in dem Theaterstück von 1972 dargestellt hatte).[98] Was Admiral Weber betraf, so wurde dieser einen Monat später nach Santiago versetzt, um dort in Pinochets Büro zu arbeiten.[99] Nach dem Besuch hatte Rauff somit Kontakte auf höchster Ebene.

In den Briefen, die er regelmäßig an seine Schwester und ihren Sohn in die Bundesrepublik schickte, erwähnte er dies jedoch kaum, obwohl er seinem Neffen gegenüber einmal stolz bekannte, »dass ich vom Präsidenten Pinochet abwärts jede Menge Offiziere, Industrielle und sonstiges Gesindel zu Besuch hier in der Fabrik gehabt habe, und keiner hat versäumt, mir seine Hochachtung für diese Industrie auszusprechen, die wirklich mein Werk ist«.[100] Als jedoch ein westdeutsches Fernsehteam auf Besuch kam und seine Bemühungen zur Verschleierung seiner wahren Identität durchschaute, war er beunruhigt. »Ich freue mich, Sie kennengelernt zu haben, Herr Rauff«, sagte der Reporter.[101]

Er bekräftigte seine Unterstützung für das neue Regime. Sie sollten die Pro-Pinochet-Propaganda fortsetzen, forderte er seine Schwester auf, aber bitte unaufdringlich.[102] Er drückte seine Dankbarkeit darüber aus, dass er nicht unter einem kommunistischen Regime »in das feuerländische Gras beißen werde«.[103] Er klagte über die schlechte Presse, die Chile in der Welt habe. Außerdem beschwerte er sich über die »Scheißexilchilenen«, die Chile angriffen, während sie in russischen Rubeln und kubanischen Peseten bezahlt würden, und über die Dummheit »demokratischer« Regierungen in aller Welt.

Er schimpfte über »Heinrich Kissinger«, den US-Außenminister, den er als »Plattfußindianer« bezeichnete (ein antisemitisches Epitheton, das häufig von führenden Nazis verwendet wurde).[104] Er habe die Schnauze voll von ihm, der ständig im Radio und im Fernsehen präsent sei. Positiv sei allerdings, dass »Herr Heinrich« wenigstens erkenne, dass »die Leichen nicht bündelweise« auf den Straßen Santiagos herumlägen.[105]

Das wusste er selbst, denn auch er fuhr nach Santiago, zum Sitz von *Pesquera Camelio*. Manchmal war er wochenlang nicht in Punta Arenas.[106] Er und Nena reisten mit Flugzeugen der Luftwaffe, wie ich von Nenas Neffen Raúl Donoso erfuhr, einem Studenten an der Universität in Punta Arenas (»Rauff war klein, trug einen Mantel mit Pelzbesatz, war verschlossen, sprach wenig und hatte einen militärischen Gang«, erinnerte sich Donoso. Außerdem sei er sehr zurückgezogen gewesen: Er wohnte nicht bei Donosos Tante, die ihm sagte, dass sie und Walther »lieber für sich alleine« lebten).[107] In Santiago wohnte Rauff bei Walther junior, der ihm näher stand als Alf. Einmal brachte er deutsche

Urkunden mit, in denen die arische Abstammung der Familie nachgewiesen wurde.[108]

Er beklagte sich über die Camelios. Humberto, der Patriarch, dem er seine Arbeit verdankte, sei »eine furchtbare Nervensäge«, und Sohn José und Enkel José junior seien nicht viel besser.[109] Sie plapperten, wüssten nichts über die Arbeit in der *Pesquera*, gäben nutzlose Ratschläge und bezahlten miserabel. Obendrein hätten sie nichts Menschliches an sich, auch wenn sie ihn mit Samthandschuhen anfassten, da er 18 Stunden am Tag arbeite.[110]

Manche Angelegenheiten, die mir aus anderen Quellen bekannt sind, wurden in den Briefen indes verschwiegen.

So verlor Rauff kein Wort über Streitigkeiten mit den Arbeitern in der *Pesquera Camelio* und über Fälle, die vor Gericht kamen, darunter einer, bei dem seine Aussage zu einem Diebstahlsvorwurf durch zwei Arbeiter vom Richter als nicht überzeugend erachtet wurde.[111]

Er berichtete auch nichts über seine engen Kontakte zur Marine oder zu ASMAR, der staatlichen Bootswerft in Tres Puentes, von deren Ponton aus ein Lastkahn Gefangene zur nahe gelegenen Isla Dawson brachte.[112]

Er schrieb nie eine Zeile über die DINA, nicht einmal, als im Ausland Gerüchte über seine Verbindungen zu Pinochets Geheimpolizei und Manuel Contreras kursierten, und er verriet auch nicht, dass der BND Schritte eingeleitet hatte, um herauszufinden, ob diese Gerüchte über ihn der Wahrheit entsprachen.

Er befürchtete vielmehr, dass seine Korrespondenz in die falschen Hände geraten könnte, und bat seinen Neffen, die von ihm verfassten Briefe unter Verschluss zu halten. Nicht zur Veröffentlichung im *Stern* oder in der *Bild-Zeitung*, wies er ihn an. »Dieser Schrieb ist für die Familie« und nicht für die *Welt* freigegeben.[113] Er äußerte keine konkreten Bedenken, obwohl die gelegentliche Erwähnung Simon Wiesenthals in seinen Briefen einen Hinweis darauf gab. Er schnitt Zeitungsberichte über den österreichischen

Nazi-Jäger aus und schickte sie an die Familie. Eine Weihnachtskarte unterzeichnete er mit dem Namenszusatz »staatlich vereidigter Kriegsverbrecher«.[114]

Er schickte seiner Familie auch Fotos, die zeigten, dass er sich sicher genug fühlte, um zu reisen und sich an bekannten öffentlichen Orten fotografieren zu lassen. Im März 1976 feierte er mit Nena und ihrer Tochter seinen 70. Geburtstag im Club Bote Salvavidas, einem beliebten Restaurant im Hafen von Valparaíso.

**52**

Bei *Astilleros y Maestranzas de la Armada*, oder ASMAR, in Tres Puentes, am Rande von Punta Arenas, arbeitete eine junge Maschinenbauerin namens Proserpina Fierro. Die kürzlich promovierte Ingenieurin hatte eigentlich eine Stelle in Brasilien antreten wollen, doch Pinochet persönlich hatte sie aufgefordert, in Chile zu bleiben. Seiner Anweisung folgend entschied sie sich für Punta Arenas und eine Stelle bei ASMAR. Kurz nachdem sie 1974 dort angefangen hatte, überredeten ihre Kollegen sie zu einem Besuch in den nahe gelegenen Büros der *Pesquera Camelio*, um Muschelschalen für die Dekoration einer Betriebsfeier zu besorgen:

> Ich ging zur *Pesquera Camelio* und betrat durch eine Seitentür ein großes Gebäude, in dem es nur wenige Fenster gab. Ich wurde zu einer Treppe geleitet und ging hinauf. Oben angelangt, betrat ich einen großen, dunklen Raum. Am anderen Ende des Raumes, in einiger Entfernung, sah ich einen Schreibtisch, auf dem eine große, altmodische Schreibmaschine stand. Auf jeder Seite des Schreibtischs war ein großer Hund, ein Rottweiler, und neben jedem Hund stand ein aufmerksamer Wachmann. Hinter dem Schreibtisch saß ein Mann. Es war Señor Rauff, und dies war unsere erste Begegnung.

Rauff, anfangs förmlich und steif, wurde bald lockerer, als er die freundlichen Absichten der jungen Frau erkannte. Die Wachleute gingen, die Hunde blieben. Die beiden unterhielten sich, er willigte ein, ihr ein paar Muscheln zu geben. Es entstand eine Verbindung, und mit der Zeit lernten sie sich kennen. »Er interessierte sich für meine Arbeit und schien meine Einstellung zu mögen«, sagte sie später. »Ich interessierte mich für die Abläufe in der Fabrik, er nahm mich mit zu den Booten, den kleinen Kuttern, mit denen die Fischernetze eingeholt wurden.«

Sie erfuhr von seiner engen Verbindung zu der Marineeinrichtung:

> Meine Kollegen bei ASMAR reparierten die Camelio-Boote, und manchmal half ich dabei. Wir hatten gemeinsame Interessen in Sachen Marine, er kannte sich gut aus, ich wusste um seinen Hintergrund in der deutschen Marine. Er half mir auch. Manchmal trafen Teile für unsere Schiffe ein, mit technischen Anweisungen auf Deutsch, und ich bat ihn um Hilfe. Einmal wandte er sich an mich, weil er ein spezielles Teil benötigte, das

ASMAR herstellen konnte, um das Getriebe eines seiner Boote zu reparieren.

Viele, viele Jahre später behauptete sie, nichts über seine Vergangenheit, sein anderes Leben gewusst zu haben. »Ich war jung und kümmerte mich nicht um derlei Angelegenheiten. Ich betrachtete ihn als voll integriert in die örtliche magallanische Gesellschaft. Ich brauchte nicht nachzuforschen oder Fragen zu stellen.« Sein Verhältnis zu Humberto Camelio erschien ihr »herzlich«, ebenso wie die Verbindung zu seinem Sohn [José] Porotin Camelio [Rial], den sie besser kannte. »Es gab keine Hierarchie, es war nicht erkennbar, wer der Chef war.«

Während der Pinochet-Jahre vermieden sie es, über Politik zu sprechen. »Die Situation 1975 war schwierig«, meinte Proserpina Fierro. »Die Camelios waren stark rechtsgerichtet und sympathisierten mit Pinochet, ebenso wie ein Großteil der Geschäftswelt von Punta Arenas.« Das Militär, dem sie durch ihre Tätigkeit auf Marineschiffen angehörte, unterstützte Pinochet ebenfalls stark. »Vierzig Prozent der Bevölkerung von Punta Arenas waren eng mit verschiedenen Teilen des Militärs verbunden«, sagte sie. Zudem herrschte ein Konflikt mit Argentinien über den Beagle-Kanal. »Die Welt, zu der ich gehörte, unterstützte Pinochet. Die Camelios gehörten zu dieser Welt. Rauff war ein Teil dieser Welt.«

Proserpina Fierro sagte später, sie habe nichts über seine Vergangenheit gewusst. Ebenso wenig seien ihr die Gerüchte bekannt gewesen, die etwa um die Zeit aufkamen, als sie Walther Rauff kennenlernte – dass er Verbindungen zu Pinochet habe und mit der DINA in Verbindung stehe.

## 53

Die erste Story über Rauff erschien im Juli 1974 in *Le Monde.*[115] Während Pinochet chilenische Amtsträger – Minister, Botschafter, Bürgermeister – auswechselte, fiel eine Neuernennung besonders auf. »Ein gewisser Walther Rauff, den die Junta soeben an die Spitze der DINA, also des Geheimdienstes, gesetzt hat«, berichtet die französische Tageszeitung.

Der Artikel streifte seine Vergangenheit als »besonders geeigneter« Nazi, der »verantwortlich für die mobilen Gaskammern« gewesen sei, und seine Tätigkeit in Tunesien, weswegen er »gesucht« werde. Das gezeichnete Bild von ihm war wenig schmeichelhaft: ein Mann mit »vom Tabak geschwärzten Zähnen, dunklen blaugrünen Augen und fast nicht vorhandenen Augenbrauen«.

Auf den Artikel reagierte der Generalsekretär der Pinochet-Regierung, Oberst Pedro Erwing, mit aller Schärfe. Die Geschichte sei vom »internationalen Marxismus« beeinflusst und »völlig falsch«, sagte er. Es sei der Versuch, die Regierung als »faschistisch« darzustellen.[116] Angesichts der starken Unterstützung Pinochets durch Präsident Nixon und Henry Kissinger erregte der Artikel auch in Washington Aufsehen. Drei Jahrzehnte zuvor hatte Kissinger für das Counter Intelligence Corps gearbeitet, das Rauff auf der Spur gewesen war.

Die CIA stellte Nachforschungen an und gelangte zu dem Schluss, dass Rauff »niemals die geringste Verbindung zu einer chilenischen Regierung hatte, einschließlich der Junta«. Die Anschuldigungen seien »völlig aus der Luft gegriffen«, berichtete die CIA aus Santiago, alles sei »frei erfunden«.[117] *France Soir* brachte das Dementi der chilenischen Regierung.[118]

Der Gedanke, Pinochet könnte von einem ehemaligen Nazi und SS-Offizier beraten werden, war für die westdeutsche Regierung nicht minder problematisch, da sie die antikommunistische Haltung Pinochets unterstützte. Ein westdeutscher Diplomat bezweifelte, »dass sich das hiesige Militärregime mit einem Mann wie Rauff belastet, der hier auf Grund eines langjährigen Auslieferungsverfahrens allgemein bekannt ist und im Jahre 1972 Gegenstand eines kritischen Theaterstücks war, das monatelang in Santiago lief«.[119] Trotzdem wandte sich der BND an Rauff, weil man befürchtete, dass die Geschichte wahr sein könnte. »R. selbst erklärt, er habe kein Angebot für eine Mitarbeit bei der DINA erhalten.«[120] Wie bei Oberst Erwings heftigem Widerspruch wirkten die Worte sorgfältig formuliert und offen für Interpretationen. Die Gerüchte verstummten dadurch nicht.

In Rom untersuchte ein zweites Russell-Tribunal – ein Volkstribunal, das ursprünglich von dem britischen Philosophen Bertrand Russell im Zusammenhang mit dem Vietnamkrieg ins Leben gerufen wurde – repressive Regime in ganz Lateinamerika. Es erhielt Informationen, dass Rauff für das chilenische Militär arbeitete. Beweise dafür wurden nicht angeführt.[121]

Die in Moskau erscheinende sowjetische Zeitung *Iswestija* berichtete, Rauff habe ein Büro in »38 Londres«, wo Häftlinge gefoltert und dann nach Tejas Verdes bei San Antonio verschleppt würden.[122]

In Paris meldete die *Ligue Internationale Contre le Racisme et l'Antisémitisme*, Rauff sei mit »neuen Aufgaben« für die Regierung Pinochet betraut.[123] Die Behauptung war nicht durch Beweise gestützt.

Die Gerüchteküche brodelte und hielt sich nicht mit Einzelheiten auf. Wenn eine Quelle zitiert wurde, handelte es sich mitunter um einen »ungenannten Verfasser«. Simon Wiesenthal erklärte, dass die Informationen auch ohne Beweise als glaubwürdig betrachtet werden sollten.[124] Man müsse zumindest davon ausgehen, dass Rauff ein »Ratgeber« der DINA sei.[125]

Diese Vermutung wurde allerdings nicht uneingeschränkt geteilt. Die Journalistin und Menschenrechtsaktivistin Rose Styron reiste im Februar 1974 mit Amnesty International nach Chile. Sie stellte fest, dass Rauff in Berichten über einen »Nazi-Einfluss« auf die Arbeit der DINA genannt und unter anderem behauptet werde, er habe bei der Errichtung eines Gefangenenlagers auf der Isla Dawson mitgewirkt, doch gelangte sie zu dem Schluss, dass die »Gerüchte« nicht haltbar seien.[126]

Im Mai 1975 brachte die *New York Times* eine Titelgeschichte über Rauff und dementierte, dass er ein DINA-Berater sei. »Die jüdische Gemeinde, Menschenrechtsanwälte und Geistliche … haben solche Anschuldigungen energisch zurückgewiesen«, berichtete die Zeitung.[127]

Ist eine Geschichte jedoch erst einmal in Umlauf, kann sie unter Umständen nicht mehr aufgehalten werden. In den folgenden Monaten und Jahren häuften sich Berichte, dass Pinochets Regierung von Rauffs Diensten profitierte. Die Einzelheiten waren unterschiedlich, mit Abweichungen und Irrtümern. Ein Jahr nach dem Putsch behauptete die Studentenzeitung *Harvard Crimson* selbstsicher, Rauff sei »Chefberater« der DINA-Führung, und nannte dabei fälschlicherweise Héctor Sepúlveda – und nicht Manuel Contreras – als deren Kopf. Die kühne Behauptung wurde nicht mit Beweisen untermauert.[128]

In Ostdeutschland bezeichnete die Monatszeitschrift der Auslandspresseagentur Panorama DDR Rauff als »wichtigsten Berater« der DINA, einer der Gestapo nachempfundenen Organisation.[129]

Auf einer internationalen Tagung in Mexiko bestätigte der Anwalt, der die Bundesrepublik Deutschland 1963 im Zusammenhang mit dem Auslieferungsersuchen für Rauff beraten hatte, »die Verbindung Rauffs zur DINA«.[130]

Die häppchenweise verbreiteten Geschichten zeigten ihre Wirkung. Im April 1976, als Henry Kissinger sich auf seine Reise nach Santiago vorbereitete, änderte die CIA ihren Standpunkt. Ein Bericht, gestützt auf eine »gewöhnlich gut informierte Quelle«, gelangte zu dem Schluss, dass Rauff »mit dem Innenministerium der chilenischen Militärregierung« zusammenarbeite.[131] Wiesenthal bat Kissinger, bei Pinochet das Thema Rauff anzusprechen, was dieser jedoch ablehnte.[132]

Nach Kissingers Besuch in Santiago und der Ermordung von Orlando Letelier im September desselben Jahres ließ eine CIA-Quelle durchblicken, dass Rauff immer noch mit dem BND in Verbindung stehe und »Berichten zufolge« die DINA berate.[133] Eine andere Quelle, die der Regierung Pinochet nahestand, ließ verlauten, Rauff sei »in keinerlei Funktion für die chilenische Regierung tätig«. Dennoch hielten ihn viele chilenische Exilanten für einen »Hauptberater« der DINA und glaubten, auch Walther junior sei »an nachrichtendienstlichen Aktivitäten beteiligt«.

Ende 1976 gelangte die CIA zu dem Schluss, dass Rauff »möglicherweise eine enge Verbindung zur DINA hat«, vielleicht als »inoffizieller Berater«. Auf chilenische Dementis reagierte die Organisation mit Vorbehalt: Pinochet und seine Regierung hätten »kein Interesse daran, die Weltöffentlichkeit darauf aufmerksam zu machen, dass sie einen Nazi-Kriegsverbrecher als Berater beschäftigen«.[134]

## London, Dezember 1998

### 54

Am 25. November 1998, Pinochets 83. Geburtstag, lehnte das House of Lords seinen Antrag auf Immunität ab. Die Entscheidung fand »nahezu universellen Beifall«, wie David Hope in seinem Tagebuch vermerkte; Hoffmann und Steyn erhielten Briefe mit Glückwünschen und Freudenbekundungen. Auf dem Flur der Lordrichter kehrte nach Wochen der Unruhe, streitlustiger Anrufe von Journalisten und Unmengen von Papier, die durch das Faxgerät liefen, wieder Ruhe ein.[135]

Für María Isabel Allende war das Urteil »eine wahrhaft große Genugtuung«.[136] Miguel Lawner, Architekt und ehemaliger Häftling auf der Isla Dawson, erlebte die Urteilsverkündung in Gesellschaft des britischen Historikers Eric Hobsbawm, der sich gerade in Santiago aufhielt. »Wir unterbrachen seine Vorlesung, um die Abstimmung im Fernsehen zu verfolgen, und als der vierte Richter sprach, dachte ich, wir hätten gewonnen, und fing an zu weinen.« Zur Feier des Tages besuchten Lawner und Hobsbawm gemeinsam mit Allendes Witwe Hortensia die Isla Negra, das Zuhause von Pablo Neruda.

Andere Reaktionen fielen weniger positiv aus. Ein »sadistisches und grausames« Geburtstagsgeschenk, schimpfte Pinochets Sohn Augusto junior.[137] Das Urteil untergrabe die Rechte seines Vaters und die der gesamten Menschheit.

Die Regierung von Tony Blair äußerte sich nicht, Margaret Thatcher hingegen zeigte sich entsetzt. Die politische Führung in

Europa begrüßte das Urteil im Allgemeinen, während aus den Vereinigten Staaten eine eher verhaltene Reaktion kam.[138]

»Ein Meilenstein«, hieß es in der *Financial Times*.[139] »Eine einzigartig unbeirrbare Stellungnahme«, schrieb ein Kolumnist im *Guardian*, »kühn und prinzipientreu, eine Positionierung im Namen der Globalisierung grundlegender Menschenrechte, die als Meilenstein betrachtet werden wird«.[140] In vielen Artikeln wurde Lord Hoffmann als »klügster Lordrichter« hervorgehoben, der den »schwafelnden Anwälten« mit seinen Fragen den Wind aus den Segeln genommen habe.[141]

Am Abend des Urteilsspruchs luden meine Frau Natalia und ich das Team von Human Rights Watch zu uns nach Hause zum Abendessen ein. In der BBC-Nachrichtensendung *Newsnight* lief eine Diskussion, bei der die Senatorin Evelyn Matthei, eine Anhängerin Pinochets, live aus Chile zugeschaltet war. Hoffmanns Frau Gillian »arbeitet seit vielen Jahren bei Amnesty International«, beschwerte sich Matthei. »Worauf wollen Sie hinaus?«, erwiderte der Moderator süffisant. »Wenn das stimmt, dann war das Urteil nicht unparteiisch«, antwortete die Senatorin, da Amnesty an dem Verfahren beteiligt gewesen sei.[142]

Die Worte von Senatorin Matthei ließen uns aufhorchen. Wir wussten nichts von einer Verbindung zwischen Hoffmann und Amnesty International, aber wenn die Behauptung zutraf, dann war ihre Kritik durchaus berechtigt. Andere registrierten dies ebenfalls. »Ich fragte mich, ob der Punkt aufgegriffen würde«, sagte James Vallance White, der Sekretär der Lordrichter. »Ich hatte nie gedacht, dass es so weit gehen würde, wie es dann tatsächlich der Fall war.«

Miguel Schweitzer wurde auf den Einwand aufmerksam. »Wir erfuhren, dass es eine Verbindung zwischen Hoffmann und Amnesty International gab, also beschlossen Hernán Felipe und ich, das zu überprüfen, und falls es stimmte, etwas zu unternehmen.«

Schweitzer wandte sich in dieser Frage an Michael Caplan, der die Sendung nicht gesehen hatte, sich aber »verpflichtet fühlte, weitere Nachforschungen anzustellen«. Er zögerte, denn es war noch nie vorgekommen, dass das Urteil eines Lordrichters oder des höchsten Gerichts im Lande angefochten wurde. Er besprach die Angelegenheit mit dem Pinochet-Team und schrieb dann an Innenminister Jack Straw. Das Urteil könnte aufgrund der Verbindung von Lady Hoffmann zu Amnesty, einer Streithelferin in dem Fall, möglicherweise parteiisch ausgefallen sein, meinte er. Amnesty bestätigte, dass Lady Hoffmann mit dem Sekretariat von Amnesty zusammenarbeitete, spielte aber ihre Funktion herunter, in welcher sie nie etwas mit Pinochet zu tun gehabt habe.

Am 7. Dezember erhielt Caplan einen anonymen Anruf. »Meine Sekretärin kam ins Büro: ›Da ist ein Mann am Telefon, der sagt, er hätte Informationen über Lord Hoffmann und Amnesty.‹« Der Anrufer, der seinen Namen nicht nannte, gab an, Hoffmann sei Direktor einer gemeinnützigen Stiftung von Amnesty International. Caplan überprüfte die Behauptung im Handelsregister. Sie entsprach der Wahrheit.

Am nächsten Morgen brachte die *Times* einen Artikel gleichen Inhalts. Amnesty schrieb an Caplan und bestätigte, dass Hoffmann tatsächlich einer der beiden Direktoren von Amnesty International Charity Limited (AICL) war, einer Körperschaft, von der die karitativen Aktivitäten von Amnesty International Limited (AIL) finanziert wurden (der andere Direktor war ein Anwalt, der die Sache von Amnesty im House of Lords vertrat). Hoffmann stehe jedoch in keinerlei Arbeits- oder Honorarverhältnis mit der gemeinnützigen Organisation oder der AIL, spiele keine Rolle in der Causa Pinochet und sei auch kein Mitglied von Amnesty International, teilte Amnesty mit.

»Das war heikel«, meinte Schweitzer. »Wir analysierten die Sachlage und kamen zu dem Schluss, dass es möglich war, dass Hoffmann durch seine Position beeinflusst worden war.« Er bat Caplan, an Bindmans zu schreiben, die Anwaltskanzlei von Amnesty. »Es kam ein ziemlich aggressiver Brief zurück«, erinnerte sich Caplan schmunzelnd. »Wie könnten wir auch nur daran denken, einen Lordrichter oder seine Frau anzugreifen?« Trotzdem riet Caplan, zum Schutz von Pinochets Rechten »alle notwendigen Schritte zu unternehmen, egal wie unkonventionell, unpopulär oder schwierig«.

Clive Nicholls, Pinochets federführender Prozessanwalt, war im Hinblick auf eine Anfechtung skeptisch. »Sie haben wohl den Verstand verloren«, sagte er zu Schweitzer. »Das House of Lords ist Jahrhunderte alt, und noch nie gab es eine gerichtliche Anfechtung wegen Unparteilichkeit eines Richters.« Schweitzer zuckte nicht mit der Wimper. In Chile würde ein Richter in einer solchen Situation nicht als unparteiisch angesehen werden, warum sollte es in Großbritannien anders sein? Hoffmann hätte die Informationen bei der Anhörung offenlegen oder wegen Befangenheit zurücktreten müssen, wie es üblicherweise geschah. Schweitzer bestand darauf, vor das Oberhaus zu ziehen und die Richter aufzufordern, ihr eigenes Urteil aufzuheben.

James Cameron, der Völkerrechtler im Pinochet-Team, erinnerte sich an Nicholls' anfängliche Befürchtungen. Die Nichtoffenlegung der Verbindungen zu Amnesty wurde aber schließlich als handfest angesehen. Nicholls blieb skeptisch, aber Clare Montgomery erkannte darin eindeutig eine Schwachstelle. »Wenn es um die obersten Grundprinzipien geht – Fairness, Gerechtigkeit, ordnungsgemäßes Verfahren –, bin ich mit der Anfechtung einverstanden«, sagte Cameron. Die Hauptbedenken waren eher verfahrenstechnischer Art: Wie kann man ein Urteil des House of Lords anfechten, eines Gerichts, gegen das es keine Berufung gab?

»Nicholls war sehr ehrlich«, meinte Schweitzer. »Er sagte: ›Können Sie sich vorstellen, was mir als Anwalt passiert, wenn ich erkläre, dass ein Lordrichter nicht unparteiisch gewesen ist?‹« Schließlich ließ sich Nicholls überreden, aber unter einer Bedingung. »Er sagte zu mir: ›Ich kann die Entscheidung nicht allein treffen, das gesamte Team muss darüber entscheiden, und es muss auf direkte Weisung des Generals geschehen. Wenn er mich anweist, das Urteil anzufechten, werde ich das Urteil anfechten.‹«

Schweitzer beraumte ein Treffen mit Pinochet an, um diese klare Anweisung zu erhalten. »Sie müssen offiziell Anweisung erteilen«, teilte er ihm vorher mit.

»Wir stiegen alle in Clare Montgomerys Auto, rückten eng zusammen und fuhren nach Wentworth, passierten die Sicherheitskontrolle und gingen ins Haus«, erinnerte sich Cameron. Schweitzer, »der Vermittler und Dolmetscher«, begrüßte sie bei ihrer Ankunft.

»Ich bereitete den General vor, indem ich ihm knapp mitteilte, was wir zu tun gedachten«, erklärte Schweitzer. »Im Namen des Teams erläuterte ich ihm die Angelegenheit. Pinochet sprach sehr wenig, wie es seiner Art entsprach. Er sagte: ›Ja. Nein. Tun Sie es. Tun Sie es nicht‹, so ungefähr. Er gab selten lange Erklärungen ab.« Die Anwälte waren besorgt, ebenso wie Schweitzer, der wusste, dass das richtige Ergebnis eines bestimmten Tons bedurfte. »Die Spannung war deutlich zu spüren«, erinnerte sich Cameron.

Als Clive Nicholls das Wort ergriff und die Argumente für und gegen eine Anfechtung darlegte, übersetzte Schweitzer. Caplan plädierte nachdrücklich dafür, zu handeln – »eines der wenigen Male, dass ich direkter war als andere«. Schweitzer berichtete: »Pinochet hörte zu und sagte dann sehr förmlich: ›Ja, ich stimme dem voll und ganz zu und übernehme die volle Verantwortung.‹«

Das Gespräch war kurz. »Irgendwann sahen wir, wie Pinochet abdriftete, weil es ihn nicht wirklich interessierte«, erzählte Cameron. Zum Ende des Treffens sagte der alte Mann in der cremefarbenen Strickjacke ein paar Worte auf Spanisch, die Schweitzer übersetzte: »Wenn Sie meinen, dass es getan werden muss, dann tun Sie es. Ich habe Ihnen einen Auftrag erteilt, nämlich, mich nach Hause zurückzubringen. Das ist Ihr Auftrag. Wie Sie Ihren Auftrag ausführen, ist allein Ihre Sache.«

Als die Anweisung erteilt war, wurde ein Gruppenfoto gemacht. Pinochet lächelte freundlich, umringt von Mitgliedern des Teams, von denen sich manche sichtlich wohler fühlten als andere. Miguel Schweitzer, ganz links, strahlte. »Ist doch unglaublich«, rief er, »das ist das einzige Foto, das ich von dem Team mit dem General habe!«

»Pinochet sagte, er wolle ein Foto von sich und mir machen lassen«, sagte Caplan, der hinter dem General verdeckt stand. »Wir ließen ein extra Foto von uns beiden machen, ich muss es noch irgendwo haben.«

»Es war das einzige Mal, dass ich ihm begegnet bin«, fuhr Cameron fort, aufrecht im Hintergrund stehend, ein Golfer, den es amüsierte, in der Nähe seines Clubs in Wentworth zu sein (»vertrautes Territorium, sehr gutbürgerlich«), und der sich Pinochets geschwächter Position durchaus bewusst war. »Ein alter Mann in einer Strickjacke, die Macht schwindet, ein wenig gelangweilt von der juristischen Diskussion, bis er die Schlussworte spricht. ›Ich habe Ihnen einen Auftrag erteilt‹, das war der Satz, den er häufig gebrauchte.« Worte, die Pinochet in den 1970er Jahren auch an Manuel Contreras gerichtet haben könnte, damit dieser sich mit Prats, Soria und Letelier befasste.

»Wir verließen das Haus, gingen zu den Autos zurück und kicherten, ein nervöses Lachen«, erinnerte sich Cameron. »Ich sagte: ›Glauben Sie, dass er das vielleicht schon einmal gesagt hat?‹ Natürlich kannte ich die Antwort. Wir hatten unsere Anweisungen, jetzt mussten wir einen Fall aufbauen.«

## 55

Vor einer etwaigen Anfechtung blieb das Urteil des House of Lords in Kraft. Gemäß dem Extradition Act (Auslieferungsgesetz) und nach Klärung der Immunitätsfrage musste nun Jack Straw als Innenminister über die nächsten Schritte entscheiden, also darüber, ob er von seinem Ermessensspielraum Gebrauch machen und eine »Authority to Proceed« (Ermächtigung zur Verfahrensdurchführung) unterzeichnen sollte. Dadurch könnte ein Richter feststellen, ob die Voraussetzungen für eine Auslieferung erfüllt waren. Wenn Straw nicht unterschrieb, war der Fall abgeschlossen, und Pinochet konnte nach Hause fliegen.

Während Pinochet seinem Team Anweisungen erteilte, entschied sich Straw dafür, die Authority to Proceed auszustellen. Damit konnte der Antrag Spaniens nach vorn rücken, vor die Anträge Belgiens, der Schweiz und Frankreichs, zu dessen Staatsangehörigen Alfonso Chanfreau gehörte.

Straw erläuterte die Gründe für seine Entscheidung, obwohl er dazu nicht verpflichtet war. Er hielt es für notwendig, auf die Argumente von Pinochet, Spanien und Chile sowie der Streithelfer und verschiedener britischer Regierungsstellen einzugehen. Durch die Darlegung von Gründen ließen sich künftige politische oder rechtliche Schwierigkeiten möglicherweise vermeiden.

Der Innenminister erläuterte die Notwendigkeit, im Rahmen des Europäischen Auslieferungsübereinkommens »besonderes Gewicht« auf die vertraglichen Verpflichtungen Großbritanniens zu legen. Er genehmigte die Auslieferung Pinochets wegen sechs von 1973 bis 1990 (auch konspirativ) begangener »Auslieferungsverbrechen« im Zusammenhang mit Mord, Folter und Geiselnahme, für die er nach dem Urteil der Lordrichter keine Immunität genoss. Die Verbrechen umfassten weder die von Baltasar Garzón erhobenen Vorwürfe des Völkermordes noch andere Verbrechen, die nach englischem Recht keine auslieferungsfähigen Straftaten darstellen.

Straw wies sämtliche Argumente Pinochets zurück, ihn in seine Heimat zurückkehren zu lassen. Der General genieße keine Immunität, und die Anklage sei auch nicht »politisch«. Die Vorwürfe seien aufgrund ihrer Schwere nicht verjährt. Es wäre weder ungerecht noch repressiv, Pinochet an Spanien auszuliefern. Es gebe keine Anzeichen dafür, dass er nicht verhandlungsfähig sei.

Auch das Ersuchen Chiles, Pinochet nach Santiago zu überstellen, damit ihm dort der Prozess gemacht werden könne, lehnte Straw ab, da kein Antrag auf seine Auslieferung gestellt worden sei. Die bloße Möglichkeit eines künftigen Prozesses in Chile überwiege nicht die Verpflichtungen Großbritanniens gegenüber Spanien auf der Grundlage des Auslieferungsübereinkommens, und Spanien habe das Recht, Pinochet vor Gericht zu bringen. Behauptungen über die Auswirkungen auf die politische Stabilität Chiles oder auf die nationalen Interessen Großbritanniens wurden ebenfalls zurückgewiesen.

Straws Entscheidung sorgte für großes Aufsehen, kritische Nachfragen und gemischte Gefühle. In Madrid waren Garzón, Castresana und Garcés erleichtert. In Santiago war Carmen Soria erfreut. In London waren Schweitzer und Errázuriz zwar enttäuscht, aber nicht überrascht. »Ich neige zu der Ansicht, dass Straw unparteiisch und in korrekter Weise gehandelt hat«, sagte Schweitzer zu mir.

Pinochet musste nun vor einem Richter erscheinen, um seine Identität zu bestätigen und über die nächsten Schritte informiert zu werden. Am Freitag, dem 11. Dezember, sollte eine Anhörung darüber stattfinden, ob die Voraussetzungen für die Auslieferung erfüllt waren. Ferner sollten dabei die Bedingungen für Pinochets Leben in Wentworth geregelt werden, einschließlich Besuche und Aktivitäten.

Die Anhörung fand im Hochsicherheitsgericht der Haftanstalt Belmarsh im Südosten Londons statt, den Vorsitz hatte Amtsrichter Graham Parkinson. Es war Pinochets erster öffentlicher Auftritt. Er traf mit einer Polizeikolonne aus Wentworth ein, da die Behörden einen Anschlag befürchteten. »Ein außergewöhnlicher Augenblick«, erinnerte sich Caplan. Pinochet, der »voll und ganz begriff, was vor sich ging, und recht entspannt war«, fuhr in einem Auto, während Caplan, Schweitzer und Errázuriz mit kugelsicheren Schutzwesten in einem Polizeiwagen folgten. Die Sicherheitsvorkehrungen waren enorm. »Er fuhr in einem Sonderwagen, ein Hubschrauber folgte, die Straßen waren gesperrt«, erinnerte sich Errázuriz. Das Risiko eines Mordanschlags wurde als real erachtet.

Auf Wunsch Pinochets war auch Jean Pateras anwesend. »Sie baten mich, etwas von ihm Geschriebenes zu übersetzen. Sie gaben mir ein Stück Papier mit ein oder zwei Zeilen darauf, etwas über ›mein Land‹.«

Seine Stimmung?

»Arrogant und höflich wie immer, absolut höflich.« Jean genoss den Ausflug, wie sie sich erinnerte, war es doch etwas Außergewöhnliches, dass ein ehemaliger Staatschef vor den Gerichten eines anderen Landes erschien, weil er wegen internationaler Verbrechen angeklagt war. »Ich fühlte mich sogar verdammt gut, ihn vor Gericht zu sehen. Ich glaube, es war ihm wahrscheinlich ein bisschen peinlich, aber er zeigte keinerlei Emotionen, nur stille Wut.«

Als die Gruppe in Belmarsh eintraf, spürte Pateras, dass sich die Stimmung eintrübte. »[Alle waren] sehr angespannt und beunruhigt«, erinnerte sie sich. Aus Sorge, die Medien könnten Pinochets Worte vor Gericht aufgreifen, riet Caplan ihm, so wenig wie möglich zu sagen. »Er wollte etwas sagen, also verbrachten wir ziemlich viel Zeit mit dem Gerichtsdolmetscher, um das richtig hinzubekommen.«

Schweitzer war die ganze Zeit bei Pinochet, vor allem, damit er nicht wie ein Verbrecher auf der Anklagebank sitzen musste.

»Wir erkannten, dass wir diese Situation vermeiden konnten, wenn man ihn in einem Rollstuhl in den Gerichtssaal brachte.«

Hätte er auch gehen können?

»Ja, natürlich, aber das hatten wir uns sozusagen ausgedacht, weil es aus zwei Gründen wichtig war. Erstens war der Rollstuhl unter der Tribüne, auf der die Presse saß, so dass man ihn nicht filmen konnte. Zweitens saß er dann er direkt neben dem Richter.«

Auf diese Weise konnte keinerlei Bild- oder Filmaufnahme von Pinochet auf der Anklagebank entstehen. Einer Gerichtszeichnung fehlte die Wirkung eines echten Bildes, eines gestürzten Kolosses. »Wir bereiteten ihn vor, gaben ihm vor, was er sagen sollte«, erzählte Schweitzer:

> Ich wollte absolut sichergehen, dass er das Richtige sagte, also verfasste ich eine handschriftliche Notiz für ihn, in dicken Großbuchstaben, für den Moment, wenn der Richter ihn fragte, ob

er etwas sagen wolle. Darauf stand: ›Mein Name ist General Pinochet, und ich weise die Anklage zurück.‹ Das war alles. Eine Zeile, auf Spanisch.

Pinochet ging den Text gründlich durch. »Ich sah, wie er seinen Text fürs Gericht übte«, erinnerte sich Jean Pateras. »›Wenn ich in meinem Rollstuhl sitze, muss ich nicht aufstehen und das Gericht anerkennen‹, sagte er mir.«

Der Richter klärte die Formalitäten, stellte Pinochets Identität fest und erläuterte den Ablauf des Verfahrens. Auf die Frage, ob er etwas sagen wolle, legte der ehemalige Präsident Schweitzers Zettel beiseite. »Es war ihm völlig egal«, sagte Schweitzer:

> Er sagte nur, was er sagen wollte. Dass er General Pinochet sei. Dass er ein Senator sei. Dass er kein anderes Gericht als die chilenischen Gerichte anerkenne und ganz gewiss nicht die spanischen Gerichte. Er ignorierte meine Worte vollständig!

Später schenkte Schweitzer das Blatt Papier einer Tochter von Errázuriz zum Geburtstag. »Ich glaube, sie hat es vergessen, also weiß ich nicht, wo es gelandet ist!«

Die Anhörung dauerte 27 Minuten, dann schloss der Richter die Sitzung. Er ordnete an, dass Pinochet in dem Haus in Wentworth in Gewahrsam zu nehmen sei, und kündigte für Anfang des neuen Jahres eine umfassende Verhandlung zur Beweisaufnahme an. »Pinochet verstand im Wesentlichen, was vor sich ging, und blieb stoisch«, sagte Caplan.

Die Gruppe kehrte zum Tee nach Wentworth zurück. »Der General wollte, dass ich neben ihm sitze«, sagte Jean Pateras, während Dr. Peter Dean, der forensische Rechtsmediziner von Scotland Yard, ihn durchcheckte. »Um sicherzustellen, dass es ihm gut ging, was immer der Fall war.«

»Wir kehrten zurück, tranken Tee und aßen kleine Sandwichs

mit Gurken und Eiern oder Schinken und Käse«, erzählte Pateras. »Es war alles sehr nett. Es war mir nur etwas peinlich, dass ich dort war.« Eines habe Pinochet gestört, erinnerte sie sich. »›Haben Sie den ganzen Lärm gehört, die Leute, die mich angeschrien haben? *¡Asesino! ¡Asesino! ¡Asesino!*‹, fragte er, während er ein Stück Gurke kaute. Einer seiner Kumpane meinte: ›Ach, reg dich nicht auf, das ist nur ein zusammengewürfelter Haufen, ein Mietmob, nichts Ernstes.‹ Ich schwieg einfach, es war alles ein bisschen peinlich.«

Schweitzer behielt diesen Tag in besonderer Erinnerung:

> Der General hatte einen Gehstock. Als wir das Gebäude betraten, sagte ich zu ihm: »Wie Sie wissen, habe ich für Ihre Verteidigung keine Zeit berechnet, aber ich sammle Gehstöcke, ich habe eine hübsche Sammlung. Mein Honorar für diesen gesamten Fall wird Ihr Spazierstock sein.« Er sah zu mir auf und sagte: »Ja, sobald wir zurück in Chile sind, werden Sie diesen Spazierstock bekommen.«

## 56

In Vorbereitung auf die Anhörung in der Haftanstalt Belmarsh nahm Caplan Kontakt zu James Vallance White auf, dem Sekretär des House of Lords. »Ich glaube, er suchte mich nach dem Telefonat auf«, erinnerte sich Vallance White. »Ich empfahl ihm, eine Petition einzureichen, wenn er die Hoffmann-Sache tatsächlich aufgreifen wolle, aber ich muss gestehen, dass ich damals nicht glaubte, dass dies gelingen würde. So etwas hatte es noch nie gegeben.«

Vallance White verständigte Lord Browne-Wilkinson, den ranghöchsten Lordrichter, der sich bei Lord Irvine aufhielt, dem Lordkanzler und Leiter des Justizministeriums (Irvine soll von der Nachricht »unbeeindruckt« gewesen sein). Gordon Slynn hingegen, der »von Anfang an« ein Problem mit Hoffmann erkannt hatte und fand, er hätte energischer sein müssen, wurde »kreidebleich«, als er von Caplans Anruf erfuhr.[143]

Am 10. Dezember reichte Caplan eine Petition ein, um das Urteil anzufechten, begründet mit Hoffmanns Verbindungen zu Amnesty International durch seine Frau und als Direktor der gemeinnützigen Stiftung. »Die Petition wurde angenommen, dem Parlament vorgelegt und an den Berufungsausschuss weitergeleitet«, sagte Vallance White. Amnesty zog vor den High Court, um eine Verfügung zu erwirken, die Pinochet an der Ausreise hinderte, was jedoch umgehend abgelehnt wurde. Verfrüht und neuartig, urteilte der Richter. »Sie können eine Berufung einlegen, wenn Straw beschließt, ihn das Land verlassen zu lassen.«[144]

Einige Tage später trafen sich fünf Lordrichter, die an der ersten Entscheidung nicht beteiligt gewesen waren, um zu erörtern, wie man mit einem Antrag ohne Präzedenz umgehen sollte. Nico Browne-Wilkinson leitete die Sitzung. »Nicht zu früh«, dachte David Hope.[145] »Nico führte den Vorsitz, was sehr schmerzlich für ihn war, er hat sich nie davon erholt, sehr, sehr schmerzvoll«, erinnerte sich Vallance White. Er bemerkte, dass es Browne-Wilkinson schwerfiel, sich mit den Folgen von Hoffmanns Versäumnis auseinanderzusetzen, seine Verbindungen zu Amnesty offenzulegen. »Lennie [Hoffmann] war in Hongkong, ich telefonierte mit ihm, er war ziemlich aufgewühlt.«

Da es sich um einen Dringlichkeitsantrag handelte, beschlossen die Lordrichter, dass die Anhörungen schon am nächsten Morgen stattfinden sollten. Anfänglich lehnten sie den Antrag von Amnesty auf Streithilfe ab, da Pinochets Anwälte »sehr wohl in der Lage« seien, die Angelegenheit zu handhaben. Amnesty reagierte negativ, woraufhin Browne-Wilkinson seine Meinung änderte und die Organisation zum Verfahren zuließ – aus Gründen der Fairness, da sie an der früheren Anhörung beteiligt waren und ein besonderes Interesse an dem angefochtenen Urteil hatten.[146] Human Rights Watch bemühte sich nicht um eine Streithilfe. Die Beteiligung von Amnesty habe ihn »wütend« gemacht, sagte mir Reed Brody.

Die Anhörungen dauerten zwei Tage und fanden abermals im Committee Room 4 statt. Den Vorsitz führte Browne-Wilkinson, neben dem aus dem Ruhestand zurückgekehrten Lord Goff und den Lords Nolan, Hutton und Hope. Wieder einmal waren sämtliche Richter männlich, weiß, mit Oxbridge-Abschluss. »Viele Zuschauer im Sitzungssaal stammten aus den betroffenen Ländern – Spanien und Chile, wenn man nach den dunklen Haaren, der braunen Haut und der Gesichtsform ging«, notierte Hope in sein Tagebuch.[147]

Das Plädoyer für Pinochet hielt Clare Montgomery: Man könne das Urteil aufheben und müsse dies auch tun, um die Integrität des Gerichts zu wahren, da die Verbindungen zwischen Hoffmann und Amnesty eine mögliche Befangenheit nahelegten. Ihre Argumente seien »klar, höflich, präzise« gewesen, fand Hope, »und sehr intelligent«. Das Plädoyer war sparsam und entschlossen, die Fakten »ziemlich schockierend«.[148]

Spannung und Besorgnis durchdrangen den Ausschusssaal. Michael Caplan, der hinter Montgomery saß, registrierte eine Frage von Goff: »Wie, glauben Sie, würde das auf jemanden wirken, der im hinteren Teil des Gerichtssaals sitzt?« Schweigen. »Von diesem Augenblick an wussten wir, dass die Richter verstanden hatten, dass unsere Argumente begründet waren«, erinnerte sich Caplan, obwohl »man nie sicher sein kann«. Alun Jones, der für Spanien sprach, akzeptierte, dass man das frühere Urteil aufheben könnte, argumentierte aber relativ leidenschaftslos, dass man dies nicht tun sollte. Am Ende der Anhörung, am Nachmittag des 16. Dezember, ahnte Caplan eine Entscheidung zugunsten von Pinochet. Damit war er nicht allein.

Am folgenden Morgen berieten sich die Richter. Sie brauchten nur wenig Zeit. Das einstimmige und noch nie dagewesene Urteil erging am Nachmittag und hob das Urteil in der Rechtssache Pinochet Nr. 1 auf. Schriftliche Begründungen folgten einen Monat später; Browne-Wilkinson verfasste die Hauptstellungnahme.[149] Der Fall sei »außergewöhnlich«, das Interesse beispiellos und das Verhalten Pinochets »äußerst kontrovers und emotional aufgeladen«. Diejenigen, die von seiner Schuld überzeugt seien, wollten, dass er vor Gericht gestellt werde, während seine Anhänger in ihm den Retter Chiles sahen. Andere meinten, nur Chile habe das Recht, sich mit der Frage seiner Strafbarkeit zu befassen, nicht aber Spanien, Großbritannien oder sonst jemand.

Browne-Wilkinson ging auf die Fakten ein: Amnesty agiere über zwei getrennte Einrichtungen. Amnesty International Limited (AIL) und Amnesty International Charity Limited (AICL). Letztere sei eine gemeinnützige Organisation, die Gelder für AIL sammele. Die beiden unbezahlten Direktoren dieser Organisation seien Hoffmann und der Anwalt Peter Duffy, der im Prozess Pinochet Nr. 1 im Namen Amnestys aufgetreten sei. Pinochets Anwälte hätten erst nach dem Urteilsspruch von Hoffmanns Tätigkeit erfahren, wiewohl es Gerüchte über die Verbindung seiner Frau zu Amnesty gegeben habe.

Anschließend legte Browne-Wilkinson die einschlägigen Rechtsgrundsätze dar: Ein Urteil könne aufgehoben werden, wenn eine Partei einem »unfairen Verfahren« ausgesetzt sei. Im Lichte des Grundsatzes, dass »ein Mensch nicht Richter in eigener Sache sein darf«, falle darunter auch die Gefahr der Befangenheit. Wenn Hoffmann ein Interesse an dem Fall habe, dürfe er nicht als Richter fungieren, es sei denn, er legte dieses Interesse offen und keine Partei würde Einspruch erheben. In diesem Fall habe er nichts offengelegt, so dass es keine Gelegenheit zum Einspruch gegeben habe.

Das Urteil stützte sich auf den Fall *Dimes v. Proprietors of Grand Junction Canal* aus dem 19. Jahrhundert, in dem der Richter nicht offengelegt hatte, dass er Anteile an dem beklagten Unternehmen besaß, wodurch er ein finanzielles Interesse am Ausgang des Verfahrens hatte. Die Interessen Amnestys waren nicht finanzieller Art – vielmehr ging es darum, ein Urteil zu erwirken, das Pinochet keine Immunität zuerkannte. Da Amnesty und die Wohltätigkeitsorganisation AICL miteinander verbunden waren und dieselben Ziele verfolgten, konnte man aber davon ausgehen, dass Hoffmann als Direktor von AICL ein unmittelbares Interesse am Ausgang des Verfahrens hatte. Da er dies nicht offengelegt hatte, war er automatisch disqualifiziert. Eine tatsächliche Befangenheit lag nicht vor, doch die Wahrnehmung einer möglichen Befangenheit war durchaus gegeben. Nach dieser Entscheidung war es nicht mehr nötig, auf die Arbeit seiner Frau bei Amnesty einzugehen.

Die Richter zeigten weder mit dem Finger auf jemanden, noch erklärten sie, dass das Versäumnis der Offenlegung gänzlich naiv gewesen sei. In seiner gesonderten Stellungnahme schrieb David Hope, Pinochet habe »Anspruch auf das Urteil eines unparteiischen und unabhängigen Gerichts«, und die Richter wüssten, dass sie in einem Verfahren nicht tätig werden dürften, bei dem auch nur das »geringste persönliche Interesse« bestehe. Dies sei insbesondere deshalb wichtig, weil Amnesty sich seit langem gegen Pinochet eingesetzt habe. Hopes Tagebuch bot mehr Farbe und Kontext: »Nachdem wir die Fakten gehört hatten, gab es für uns keinerlei Zweifel mehr am Ausgang des Verfahrens«, schrieb er. Am Mittag des ersten Tages hätten Pinochets Anwälte bereits »offene Türen eingerannt«.[150]

Hope behauptete, Slynn habe Hoffmann geraten, sich nicht zu beteiligen, und hielt Hoffmann für »töricht«, diesen Rat zu missachten. Außerdem war er der Meinung, dass Hoffmanns Haltung zur Arbeit seiner Frau bei Amnesty – hier sah er keine Probleme – vernünftig sei, sein Schweigen bezüglich des Direktorenamts hingegen nicht.[151] James Vallance White teilte Hopes

Auffassung und stellte klar, dass das frühere Urteil aufgehoben werden müsse.

In seinem Tagebuch notierte Hope, die Entscheidung habe »keinen wirklichen Protest ausgelöst«. Vor dem Palace of Westminster blieben die Pinochet-Gegner noch eine Weile stehen, dann zerstreuten sie sich. Das ursprüngliche Urteil über die Immunität war hinfällig, das Verfahren stand wieder ganz am Anfang. Es würde eine neue Anhörung stattfinden, vor anderen Lordrichtern.

Michael Caplan und das Pinochet-Team waren hocherfreut. »Wir haben den Fall wieder aufs Tapet gebracht, aber wie geht es jetzt weiter?« Die britische Regierung indes zeigte sich peinlich berührt. »In höchstem Maße unglücklich«, äußerte Lord Irvine gegenüber einem Journalisten. Er werde »dafür sorgen, dass so etwas nicht wieder vorkommt«.[152]

In Madrid hielt Castresana die Entscheidung für vernünftig, doch Garcés war entsetzt (»Ich hatte angenommen, die Pinochet-Anwälte hätten von Hoffmann gewusst«). Garzón war außer sich vor Zorn, da ihm und Jones klar war, dass sie noch einmal von vorne anfangen mussten. Der Amnesty-Anwalt war der Meinung, die Lordrichter seien »übers Ziel hinausgeschossen«. Der Antrag gründe auf »extrem weit hergeholten, abwegigen und zweifelhaften Argumenten«.[153] In Santiago waren Pinochets Gegner ebenso verzweifelt wie seine Anhänger begeistert. Ich wusste, dass es eine langwierige Angelegenheit würde, dachte Carmen Soria. Die chilenische Regierung musste nun entscheiden, ob sie in das neue Verfahren eingreifen wollte.

Vereinzelt wurde der Rücktritt Hoffmanns gefordert, aber nicht allzu lautstark.[154] »Lennie hat unser System in Verruf gebracht«, dachte Hope, könne aber nicht ausgeschlossen werden. »Er hat einen Fehler begangen, er muss entscheiden, was zu tun ist.«[155] Hoffmann sei sicher bewusst gewesen, »dass die Chancen für einen Ausgang zugunsten Pinochets höher waren, wenn er nicht teilnahm«, fügte Hope hinzu, und dieses Ergebnis sei nun »wahrscheinlicher«. Vallance White glaubte ebenfalls, das neue Gremium werde »zum Bingham-Urteil zurückkehren«.

## 57

Hoffmann trat nicht zurück, und der Lordkanzler befürwortete diese Entscheidung.[156] Ein Vierteljahrhundert später nahm ich Kontakt zu Hoffmann auf. Es bestand eine gewisse Verbindung zu ihm, da mein Vater viele Jahre lang sein Zahnarzt gewesen war und er ganz in der Nähe wohnte. Ich warf ihm einen Zettel in den Briefkasten, gegenüber dem Haus, in dem einst der Dichter John Keats gewohnt hatte.

Einige Wochen später traf eine handschriftliche Antwort ein: »Ich bin durchaus bereit, mit Ihnen über Pinochet zu sprechen, glaube aber, dass Sie bereits mehr oder weniger alles wissen, was ich Ihnen an Informationen zur Verfügung stellen kann …« Der Frühling verging, dann der Sommer. Im englischen Herbst verabredeten wir uns zu einem Spaziergang in Hampstead Heath. »Ich kann bei Kenwood etwas Marmelade kaufen«, meinte er, in der Nähe des Hauses, wo mit Nicholas Evans' Unterzeichnung des ersten Haftbefehls die juristische Schlacht begonnen hatte. Wir schlenderten vorbei an Schwimmteichen und Schwänen und schlugen den Weg in Richtung Wald ein.

Er habe nicht darüber sprechen wollen, sagte er. Vor langer Zeit habe sich einmal ein Wissenschaftler gemeldet, aber er habe abgelehnt. »Ich kannte ihn nicht.«

Haben Sie Hopes Tagebücher gelesen?

»Nein. Hat er etwas über mich gesagt?«

»Ja«, murmelte ich und versuchte, mich an Einzelheiten zu erinnern. »Lennie war entschlossen, an dem Verfahren teilzunehmen«, gab ich in meinen eigenen Worten wieder.[157]

»Ich habe nichts dafür getan, aber es war mir gewiss nicht unangenehm, an dem Prozess teilzunehmen«, sagte Hoffmann.

Was passierte dann?

»Es war ein Schlamassel.«

Ein Schlamassel?

»Ja, ein Schlamassel. Ich sprach mit Gordon darüber, er hatte keine Bedenken wegen meiner früheren Verbindung zu Amnesty.« Er habe Slynn gesagt, dass er Amnesty einige Jahre zuvor bezüglich des Wohltätigkeitsstatus der Organisation beraten habe:

> Gordon sorgte sich mehr wegen Gillian, die als Sekretärin für Amnesty arbeitete. Er fand, dass ich nicht teilnehmen sollte, aber ich sah nicht ein, warum die Rolle meiner Frau ein Problem darstellen sollte. Warum sollte ich ausgeschlossen werden, weil meine Frau für Amnesty International arbeitet? Das erschien mir prinzipiell falsch. Gordon war anderer Meinung. Er hätte es lieber gesehen, wenn ich mich entschieden hätte, nicht teilzunehmen.

Sonnenstrahlen drangen durch die Wolken.

> Ich sagte ihm, dass ich noch eine weitere Verbindung zu Amnesty hätte, nämlich als Vorsitzender einer separaten gemeinnützigen Organisation, die ihre Aufklärungsarbeit ausgliedert und Spendengelder sammelt. Ich glaube, Pinochets Anwälte, Kingsley Napley, beteiligten sich ebenfalls, also hielt ich es nicht für ein Geheimnis, dass ich involviert war. Gordon sagte, darüber mache er sich keine Sorgen. Es sei etwas anderes, gemeinnützig. Letztendlich hatte er keine Einwände.

Haben Sie diese Punkte einem der anderen Richter gegenüber erwähnt?

»Nein.«

Haben Sie daran gedacht, diese Tatsache den Parteien offenzulegen?

»Das kam uns nie in den Sinn. Deshalb war es ja ein Schlamassel. Im Nachhinein hätten wir es tun sollen. Ich bezweifle, dass die Parteien Einwände erhoben hätten, wenn wir es getan hätten.«

»Ja, das haben mir auch einige von Pinochets Anwälten gesagt«, antwortete ich.

Er erwähnte nicht, dass jemand anderes Bedenken vorbrachte. Erst später erfuhr ich, dass James Vallance White geschickt worden war, um ein Problem mit Lady Hoffmanns Arbeit bei Amnesty anzusprechen. »Er ließ mich abblitzen«, erinnerte sich Vallance White. »Als Gordon ging, wurde er genauso behandelt. Gordon Slynn sagte mir, er wünschte, er wäre strenger gewesen.«

Während wir nebeneinander herspazierten, riefen Hoffmann und ich uns den Augenblick der Urteilseröffnung in Erinnerung, wie ein Elfmeterschießen, bei dem er das Siegestor geschossen hatte.

»Warum haben Sie nicht selbst eine Stellungnahme verfasst?«, fragte ich.

»Ich fand, dass das Urteil von Nicholls mehr oder weniger zum Ausdruck brachte, was ich auch gesagt hätte, obwohl ich nicht mit allem einverstanden war, was er schrieb.« Ein dienstälterer Richter, der Hoffmann am Abend des Urteils getroffen hatte, erzählte später, dieser habe zu ihm gesagt, es sei am besten, kein eigenes Urteil zu schreiben – »wegen Gillians Verbindung«.

Wir erreichten Kenwood House, groß, weiß und schön im abendlichen Licht. Ein Mann im Geschäft sagte, sie hätten gerade keine Marmelade mehr.

»Was hielten Sie von der Entscheidung, Ihr Urteil aufzuheben?«, fragte ich.

»Ich hielt es nicht für unvermeidlich und nicht einmal für richtig, aber ich erhob keine Einwände dagegen. Es war eine vertretbare Sichtweise.«

»Hat Ihre Freundschaft mit Nico Browne-Wilkinson darunter gelitten?«

Schweigen. Ich wollte die Sache nicht vertiefen.

»Es ging nicht darum, was in dem Urteil stand, sondern darum, wie es formuliert war und was es nicht beinhaltete. Mit keinem Wort wurde gesagt, dass unser Ansatz nachvollziehbar war, keine der üblichen Höflichkeiten, wenn ein Richter einen Fehler macht. Sie haben nichts gesagt, und das fand ich falsch.«

Nico Browne-Wilkinson reagierte bedrückt auf das Geschehene?

Erneutes Schweigen.

Wollte Hoffmann den Entwurf meiner Schilderung unseres Gesprächs sehen?

»Sie können ihn mir vorlegen, wenn Sie wollen, ist aber nicht nötig.« Die Sonne war untergegangen, die Tore um Kenwood House waren verschlossen.

»Da müssen wir wohl über den Zaun klettern«, sagte er. Das taten wir: 1,80 Meter Metall mit scharfen Zacken obendrauf. Ich bildete mit den Händen eine Räuberleiter für ihn und folgte ihm dann nach. Nicht schlecht für einen pensionierten Richter Mitte 80. Ich zerriss mir die Hose.

## 58

Einige Monate später stieß ich auf ein Interview, das Hoffmann 2011 für ein Oral-History-Projekt der British Library gegeben hatte. Bei unserem Treffen hatte ich davon nichts gewusst, er hatte das Projekt nicht erwähnt, und es wurde erst nach unserem Gespräch im Internet zugänglich gemacht.[158]

Die Darstellung stimmt mit unserem Gespräch überein, allerdings mit einigen zusätzlichen Angaben. Hoffmann erzählte von der Belastung, die durch die Medien entstanden sei, von dem Entschluss, keine Interviews zu geben, von einem chilenischen Flüchtling, der ihn in einem Restaurant gegrüßt und gebeten habe, ihm die Hand schütteln zu dürfen. Er empfand das Aufhebungsurteil als »ziemlich kalt, ein unfreundlicher Akt«.

Hoffmanns Verhältnis zu den meisten Richtern blieb jedoch ungetrübt. Er empfand Zuneigung für Slynn, der sich die ganze Zeit über »völlig korrekt« verhalten habe, wenngleich dies möglicherweise nur »aus Höflichkeit« geschehen sei. Steyn und Lloyd zeigten Verständnis für ihn und luden ihn zum Mittagessen ein.

»Dafür bin ich immer sehr dankbar gewesen.«

Und die anderen?

»Ich hatte kein enges Verhältnis zu ihnen, und das blieb einfach so.«

Es sei das erste und einzige Mal gewesen, dass ein Urteil des House of Lords außer Kraft gesetzt worden sei, meinte er. »Eine große Sache, ein rechtsstaatliches Ereignis.« Dennoch hatte er Zweifel. Das herangezogene Prinzip sei zuvor lediglich auf einen Fall angewandt worden, in dem es um finanzielle Interessen gegangen sei, nicht aber um sonstige Gegebenheiten. »Ich hatte kein finanzielles Interesse und keine Verbindung zu Amnesty an sich, zu den Aktivisten, die vor Gericht erschienen, überhaupt keine Verbindung.« Mit dem Urteil sei das Gesetz auf seine Situation ausgedehnt worden, meinte er. »Eine ganz erhebliche Ausweitung.«

Wie denken Sie rückblickend?

»Es ist die Art von Stolperstein, die einem passieren kann.«

Ich traf mich mit James Vallance White, aber erst nach dem Gespräch mit Hoffmann – bei Tee und Gebäck in seinem gemütlichen Haus in Pimlico, zusammen mit seiner Frau. Er bestätigte, was ich wusste: dass Hoffmann ihm gesagt habe, dass man ihm die Aktivitäten seiner Ehefrau nicht anlasten könne. »Meine Frau und ich haben beide unser eigenes Leben, ich kann nicht für sie verantwortlich gemacht werden«, erklärte er gegenüber Vallance White.

Vallance White erinnerte sich: »Zu Beginn der Anhörung fiel mir auf, glaube ich, dass Slynn in Hoffmanns Richtung schaute, als erwartete er, dass dieser etwas sagen würde, aber das tat er nicht.« Hätte er eine Erklärung abgegeben, hätte niemand Einwände erhoben, meinte ich. »Gewiss nicht«, stimmte Vallance White zu, »und ich wette, er wünschte, er hätte es getan.«

Was war mit Hopes Andeutung, Hoffmann sei entschlossen gewesen, an dem Verfahren teilzunehmen?

»Da bin ich mir nicht so sicher«, erwiderte Vallance White.

Seine Frau schaltete sich ein: »Er wollte es unbedingt tun«, mutmaßte sie. »*Ihre* Frau wollte nicht, dass Sie für Pinochet tätig werden, und *er* wollte an dem Prozess teilnehmen.«

# TEIL III

# IMMUNITÄT

*Es gibt einen Mann in Punta Arenas, der … hört, wie ihre Schalen aufplatzen und die Zangen zerbrechen, sieht, wie das süße weiße Fleisch in Aluminiumdosen fest verpackt wird.*

Bruce Chatwin, *In Patagonien*, 1977

## Nächte in Patagonien

### 59

Walther Rauff begann ein neues Leben in Punta Arenas, der »südlichsten Stadt der Welt«, wie Esteban Lucas Bridges schrieb, Forschungsreisender und Autor von *Uttermost Part of the Earth* (1948). *Uttermost* ist eine gute und einfühlsame Beschreibung der Region von einem Engländer, der dort aufgewachsen ist. Es war eines von Bruce Chatwins Lieblingsbüchern als Junge und inspirierte ihn zu *In Patagonien.*[1] Ich musste einfach dorthin, auf den Spuren von Bridges, Rauff und Chatwin, die Bücher im Gepäck.

Ich erkannte, dass es wie bei Roberto Bolaño auch bei Chatwin keine klare Trennlinie zwischen Wahrheit und Fiktion gibt. Er besuchte Punta Arenas kurz nach dem Putsch, so dass Allende und Pinochet nicht im Vordergrund stehen. Rauffs Auftauchen im vorletzten Kapitel – wo er von »Tannenwäldern« träumt und deutsche Lieder summt – war unerwartet. Der Schriftsteller kannte die Gerüchte um den tüchtigen Mann, der die Gaswagen erfunden hatte und eine Königskrabben-Konservenfabrik betrieb, aber aus Chatwins Moleskin-Notizbüchern geht hervor, dass sich die beiden vermutlich nie begegnet sind. Ich stellte mir vor, wie sie auf der Straße aneinander vorbeigingen oder bei der Enthüllung der kahlen Bronzebüste von José Menéndez auf der Plaza de Armas standen.

Punta Arenas sei ganz nach seinem Geschmack, schrieb Chatwin, »mit Anklängen an Edgbaston, Birmingham«, die Stadt seines Vaters. Die patagonische Stadt wurde im 19. Jahrhundert als

Kolonialsiedlung mit Blockhütten, Holzbaracken und Sträflingen gegründet. Ein Jahrhundert später war sie ein lebendiger Ort für Handel und Gewerbe, da die Magellanstraße eine direkte Verbindung zwischen dem Atlantik und dem Pazifik bot, bis 1914 der Panamakanal eröffnet wurde. Danach geriet die Stadt zunehmend in Vergessenheit, bevölkert von Menschen unterschiedlichster Herkunft, darunter Kroaten, Engländer und die Deutschen, die Rauff willkommen hießen. Bei seinem ersten Besuch im Jahr 1925 war die einheimische Bevölkerung bereits größtenteils ausgerottet worden.

Ich war mehrmals dort und begegnete dabei vielen interessanten Persönlichkeiten, darunter Damen, die unter Rauffs strenger Aufsicht Dosen mit Königskrabbenfleisch befüllt hatten. Jeden Sonntag ehrt die Stadt auf der Plaza de Armas eine Bevölkerungsgruppe. Als ich dort war, kam die Bomba Alemana, die deutsche Feuerwehr, an die Reihe. Ich konnte mich mit einer lächelnden Dame mit rosigen Wangen und knallrotem Lippenstift unterhalten. Sie trug einen Uniformrock voller Orden und einen Stahlhelm, der Rauff bestimmt gefallen hätte.

Es gab zahlreiche Anzeichen für den deutschen Einfluss. Die lutherische Kirche; eine alte Postkarte der deutschen Schule mit

einem Hitler-Porträt im Hintergrund; der Schrank in einem Laden, angefüllt mit Nazi-Memorabilien und gestickten Hakenkreuzen. Der Besitzer des Cafés und Warenhauses *Vieja Patagonia* bot an, Rauffs alte Schreibmaschinen oder ein Paar seiner Schuhe zu besorgen. Im Museum von Punta Arenas fand sich eine hübsche Sammlung österreichischer und deutscher Artefakte, das alte Auto von José Menéndez sowie rostige Shell-Mex-Ölkanister, auf denen linksgewinkelte Hakenkreuze zu sehen waren.

Es ist ein verschlafenes Nest, dieses Punta Arenas, mit seinen verblassten Kolonialgebäuden und ordentlich angelegten Straßen, grau und niedrig und windig, und ganz weit weg. Ich wohnte in einem Hotel in einem Flügel des alten Palacio Sara Braun, mit einer holzgetäfelten Bar, die nach Ernest Shackleton benannt war. Als er sich auf die Durchquerung der Antarktis vorbereitete, hatte der Forscher bei Chatwins Vorfahren übernachtet. Dort lernte ich zum ersten Mal Männer kennen, die auf der Isla Dawson inhaftiert gewesen waren.

»Ich habe Rauff einmal gesehen, auf der Hermann Eberhard«, sagte Alejandro Ferrer. Die Straße war nach dem deutschen Forscher benannt, der in einer Höhle bei Puerto Natales die uralte Faultierhaut entdeckte, die Chatwin zu seiner Reise und seinem Buch inspirierte.

»Rauff war zweifellos ein Folterer, darüber und über seine Arbeit bei der *Pesquera Camelio* wussten wir alle Bescheid«, sagte der ehemalige Schulinspektor Baldovino Gómez. Die Camelios seien eine reaktionäre Familie gewesen, fügte Ferrer hinzu, glühende Pinochet-Anhänger und Förderer des Club Andino, des von ihnen gegründeten örtlichen Skiresorts. »Die Camelio-Kinder fuhren in Europa Ski, was sonst niemand in der Stadt tat.« Kurz vor dem Staatsstreich erschien in der *Prensa Austral* ein Foto von José Camelio mit Schnurrbart und dunkler Brille, wie er sich gerade anschickte, mit seinen Söhnen Eduardo, José und Jorge nach Europa zu fliegen, um den französischen Skistil zu erlernen, der im Gegensatz zur österreichischen Technik als besonders fortschrittlich galt.[2]

Ferrer war kurz nach dem Putsch verhaftet und zunächst in die örtliche Kaserne des Pudeto-Regiments und dann zur Isla Dawson gebracht worden. Sein Verbrechen bestand darin, dass er Sozialist war. »Ich war zu Weihnachten dort, zusammen mit Orlando Letelier, der Gitarre spielte und alte mexikanische Lieder sang.« Ferrer selbst stimmte daraufhin einige Zeilen aus *Grítenme Piedras del Campo* von Cuco Sanchez an: »Soy como el pájaro en jaula«, ich bin wie der Vogel im Käfig. Die beiden, Ferrer und Gómez, mussten bei der Erinnerung daran schmunzeln.

Die örtliche Universität lud mich ein, einen Vortrag über Rauff zu halten. Das Publikum war schon etwas älter, aber Andrea Pivcevic, eine ehemalige Studentin von mir, erschien und erinnerte mich an eine Party, die ich an einem Sommertag in London gegeben hatte: Damals hatte ich über den Gartenzaun auf den Raum gezeigt, in dem Nicholas Evans den ersten Haftbefehl gegen Pinochet unterzeichnet hatte. Sie betreibt heute eine kleine Fluggesellschaft mit Pinguinen auf den Leitwerken der Flugzeuge. »Die einzige Fluggesellschaft, die Flüge in die Antarktis anbietet«, sagte sie stolz.

»Ich war mit einem von Rauffs Söhnen befreundet«, erzählte ein Teilnehmer.

»Wie ist er gestorben?«, wollte ein anderer wissen.

»Werden Sie nach Porvenir gehen?«, fragte ein dritter, ein ehemaliger Häftling der Isla Dawson.

Rauffs Schatten war spürbar, subtil und beständig.

»Gehen Sie vorsichtig und mit Respekt vor«, forderte mich jemand auf.

»Warum kommen Sie hierher, um nach einem deutschen Nazi zu suchen, wenn Sie ebenso gut über die von Chilenen begangenen Verbrechen schreiben könnten?«, wollte ein weiterer Teilnehmer betont kritisch wissen. Das war eine berechtigte Frage. Ich erläuterte mein Interesse an den Kontinuitätslinien und Verbindungen zwischen dem Europa der 1940er Jahre und dem Chile der 1970er Jahre, zwischen der Aufnahme Rauffs in der Region und dem, was ich über die Ausrottung der Selk'nam gehört hatte.

An jenem Abend aßen wir im Restaurant des Hotels Savoy, wo wir in eine andere Zeit versetzt wurden. Wir bestellten *centolla*, die südliche Königskrabbe, die Rauffs späteres Leben geprägt hatte. Der Kellner René, ein Mann mit sehr dünnen Augenbrauen, trug ein weißes Jackett mit Smokingkragen, auf dem sein Name zu lesen stand, und eine schwarze *corbata de cordón*, eine Kordelkrawatte, die dem Abend einen Hauch von Geschichte verlieh.

Ich besuchte den großen Friedhof mit seinen deutschen, englischen und kroatischen Grabsteinen. Eine rote Tafel am Marinedenkmal, einem schwarzen Steinmonument, erinnerte an die deutsche Kolonie der Stadt. Die vier Geschosshülsen, die Rauff und seine Kameraden an den Ecken platziert hatten, waren noch dort.

Das Gebäude, in dem Rauff inhaftiert war, ist noch da, in der Calle Bories, aber das Kino Grand Palace ist längst verschwunden.[3] Hier war es auch, wo er von einem Juden angegriffen wurde, wie mir Margarita Alegría erzählte. Ich schlenderte die Calle Croacia (ehemals Jugoslavia) entlang bis zur Nummer 1395, wo sich einst die *Pesquera Camelio* und das Fertighaus von Rauff befanden. Heute ist dort eine Brache.

In Tres Puentes, in der Nähe der Marine- und ASMAR-Anlagen, wo der Fisch verarbeitet wurde, spähte ich ins Innere des Hauses, in das Rauff 1975 einzog. Viel besser als die Ein-Personen-Hütte an der Jugoslavia, wie er zu sagen pflegte.[4] Im Sotito's, seinem Lieblingsrestaurant, aß ich *centolla*. Im ehemaligen Club de la Unión, wo er speiste, bewunderte ich die Holztäfelung.

Im Museum von Punta Arenas sprach der Direktor (der einen Pferdeschwanz trug) über die Schwierigkeiten, Zeugenaussagen über die Isla Dawson zu sammeln. »Niemand will über diesen Ort sprechen«, klagte er. »Es ist ein Tabuthema, weil die Folterer immer noch jeden Winkel unserer Stadt besetzen.« Punta Arenas sei »eine schweigende Gemeinde, ein Ort vollkommener Straflosigkeit mit einer dunklen, verborgenen Geschichte«. Es gebe nur wenige sichtbare Mahnmale, die an die Verbrechen der Pinochet-Jahre erinnerten. Die Gedenktafel, die an der Wand des Fußballstadions hing, sei während einer Demonstration verschwunden. In der Pudeto-Kaserne habe es nichts gegeben. Das Alte Marinekrankenhaus (der »Palast des Lächelns«) sei niedergebrannt worden, bevor man es in ein Museum für Menschenrechte habe umwandeln können.

Und Rauff?

»Er war einer von uns, jemand, um den sich viele Gerüchte rankten«, sagte der Museumsdirektor, »ein Mann mit einer grausamen Vergangenheit, der offen und frei in unserer Stadt lebte.« Die Erfahrung der Straflosigkeit reiche Generationen zurück, sagte er. Um dies zu verdeutlichen, zeigte er mir ein altes Foto, das 1899 auf der Isla Dawson aufgenommen wurde. Darauf zu sehen waren Hunderte Angehörige der indigenen Gemeinschaften der Selk'nam und Kaneka, die dort festgehalten wurden – unter den wachsamen Augen des chilenischen Präsidenten und des deutschen Konsuls in Punta Arenas.

Innerhalb weniger Jahre waren die Ureinwohner dieser Gebiete verschwunden.

## 60

Was die Mythen anbelangte, so gab es keinen besseren Führer als Chatwin. Mit einem Exemplar von *In Patagonien*, das ich mit Eselsohren und Anmerkungen versehen hatte, schlenderte ich durch die Straßen. Ich begann am Palacio Sara Braun, an einer

Ecke der Plaza de Armas. Ich hoffte, dort die Bronzebüste von José Menéndez zu sehen, laut Chatwin »kahl wie eine Bombe«, aber sie war weg. Vor kurzem war sie bei einer Demonstration vom Sockel gerissen, grün und lila angemalt und dann am Fuße der Statue des Selk'nam-Kriegers mit einem Schild aufgestellt worden: »Menéndez Braun, Asesinos«.[5]

José Menéndez, auch bekannt als König von Patagonien, wurde in Spanien geboren und gelangte über Argentinien nach Chile. Er spielte eine Schlüsselrolle bei der Ausrottung der Selk'nam, unterstützt von seinem Vorarbeiter Alexander McLennan, genannt das »Rote Schwein«. McLennan findet Erwähnung in Chatwins Buch und wird in dem 2023 produzierten Film *Los Colonos* (Die Siedler) äußerst brutal dargestellt.

Ich überquerte die Plaza bis zur südlichen Ecke, wo sich der mit Steinen aus Frankreich errichtete Braun-Menéndez-Palast befindet. Dort, in einem Speisesaal mit Samtvorhängen und weißem Damast, bewunderte Chatwin die *Escena de Gansos* (Szene mit Gänsen), ein Gemälde von José Ruiz y Blasco, dem Vater von Pablo Picasso, welcher die Füße gemalt haben soll.[6] Ein Engländer mit einem Oxford-Abschluss in Geschichte erklärte Chatwin, das Gerede über die Massaker an den Indianern sei »wirklich ein bisschen übertrieben«; die Indianer Feuerlands seien eine »ziemlich niedere Sorte«, nicht vergleichbar mit den Inkas oder Azteken. »Keine Zivilisation oder dergleichen«, meinte er.

Auf der Avenida Colón stand ich vor dem »Palast des Lächelns«. Dort las ich den Bericht von Sergio Reyes über seine Behandlung – er wurde geschlagen, in menschliche Exkremente getaucht und mit Stromschlägen traktiert. Anschließend brachte man ihn in die Pudeto-Kaserne und dann auf die Isla Dawson. Irgendwie überlebte er und hofft noch immer auf ein gewisses Maß an Gerechtigkeit.[7] Die vom Feuer zerstörte grüne Fassade des Alten Marinekrankenhauses war ein Mahnmal der Straflosigkeit und des Nichts. Gegenüber standen Säulen aus tristem Beton mit den Namen der Söhne und Töchter von Punta Arenas, die hingerichtet wurden.

Ich ging den Hügel hinauf, die Avenida España entlang, bis zur Nummer 959. Das eiserne Tor, der Zugang zur »gediegenen anglikanischen Düsternis« eines Doppelgiebelhauses mit zwei Türmen, einem viereckigen und einem achteckigen, war zu Chatwins Zeiten grün und ist es immer noch. Hier lebte Charles Milward, oder »Onkel Charley«, der Chatwins Großmutter das Stück Faultierhaut schickte, das die Phantasie eines kleinen Jungen beflügelte.[8] Mit einem Fernrohr bewaffnet verbrachte Milward viele Stunden in dem achteckigen Turm und spähte die Lagerhäuser von Tres Puentes und die Insel auf der anderen Seite der Meerenge aus, wo später Allendes Minister inhaftiert waren.

In Punta Arenas galt Onkel Charley Milward als äußerst großzügiger Mann. Er schenkte der britischen Schule und der anglikanischen Kirche St. James ein Stück Land hinter seinem Haus. An einem Sonntagmorgen im Februar 1975 hielt dort ein amerikanischer Baptistenprediger die Morgenandacht. Er habe seine Gemeinde aufgefordert, für Pinochet zu beten, schrieb Chatwin. Man sei sich jedoch nicht sicher gewesen, in welchem Sinne dies gemeint gewesen sei.[9]

Ein Stück weiter den Hügel hinab machte ich vor dem Büro der *Prensa Austral* halt, in deren Archiv Rauff auftauchte. »Co-Direktor des Eichmann-Büros in unserer Stadt verhaftet«, lautete eine Schlagzeile vom 6. Dezember 1962. Er arbeite für ein »wichtiges« lokales Unternehmen, das er nicht nennen wolle, sagte Rauff. »Ich bin unschuldig und habe keine Ahnung, was man mir vorwirft.« Ja, er sei ein Nazi, sagte er, ja, er habe in einer geheimen Nachrichteneinheit gedient, aber er sei »einfach nur ein Opfer des Krieges«.

Aus den Archiven ging hervor, dass die Lokalzeitung jeden Schritt des Auslieferungsverfahrens verfolgte, von der Festnahme bis zur Freilassung. Als Rauff nach Punta Arenas zurückkehrte, wusste jeder von seiner Tätigkeit mit den Gaswagen. Er wirke »noch zurückhaltender und schweigsamer als sonst«, berichtete das Blatt.[10]

Mit der Zeit ebbte das Interesse an Rauff ab. Im März 1974, ein Jahrzehnt nach seiner Rückkehr, berichtete die Zeitung über den Besuch von General Mendoza in der *Pesquera Camelio*. Nicht erwähnt wurde, dass Pinochets Kollege vom Generaldirektor der Konservenfabrik empfangen wurde, einem ehemaligen Nazi, der Zehntausende Menschen auf dem Gewissen hatte.

Mendozas Besuch lag noch nicht lange zurück, als Chatwin in Punta Arenas eintraf. Das entnahm ich einem Brief, den der Schriftsteller im Februar 1975 im Hotel Cabo de Hornos an der Plaza de Armas schrieb. Es waren ereignisreiche Tage für das Pinochet-Regime, der »Palast des Lächelns« war voll ausgelastet, Gerüchte über Rauff lagen in der Luft und füllten die Seiten ausländischer Zeitungen.

Aus Chatwins Korrespondenz erfuhr ich, dass er im Anschluss an den Aufenthalt in Punta Arenas nach Europa zurückkehrte und in einem südfranzösischen Dorf ein kleines Haus mietete.[11] Dort schrieb er *In Patagonien*. »Unsere Terrasse ist mit einem ziemlich undeutlichen Pfeil markiert«, kritzelte er im Dezember 1975 auf eine Postkarte an seinen Vater – und eine Adresse: Rue Droite 12, Bonnieux.[12]

Ich las die Postkarte in Bonnieux, wo ich einen Teil jedes Jahres mit Schreiben verbringe. Ich verließ unser Haus, ging den Hügel hinauf zur Rue Droite und setzte mich auf die Stufen von Nummer 12, wo ich über die Bedeutung des Zufalls nachdachte. Francis, ein ortsansässiger Maurer, schlenderte vorbei.

»Wissen Sie, wem dieses Haus gehört?«, fragte ich.

»Madame Maillet«, sagte er, »der Besitzerin unserer lokalen Buchhandlung in Apt, der schönen Librairie Fontaine.«

Ich rief sie an. Sie hatte keine Ahnung, dass *In Patagonien* im Haus ihrer Familie und in unserem Dorf geschrieben worden war.

Sie war begeistert, und ich ebenfalls. Wir aßen in dem Zimmer zu Abend, in dem Chatwin über Rauff geschrieben hatte. Später lud sie Einheimische zu einem Abend dort ein, um einen Schriftsteller zu ehren, der vom Dorf Bonnieux zum 60 Kilometer weit entfernten Restaurant Le Baumanière in Les Baux gewandert war (»zu einem einsamen, üppigen Mittagessen«, berichtete er einem Freund, »*Paté des anguilles aux pistaches, noisettes de chevreuil* etc.«, und erklärte, er habe sich »vorgenommen, zu den besten Restaurants in Frankreich [...] zu Fuß zu gehen«).

## 61

Weit weg von Bonnieux, in Punta Arenas und anderen Teilen Chiles, hoffte ich, Nachkommen der Familien zu treffen, die in dieser Geschichte eine Rolle spielen.

Die Camelios waren noch immer in der Stadt bekannt, schienen aber nicht sonderlich an einem Kontakt interessiert zu sein. Ein Freund in Santiago setzte sich mit Silvana Camelio in Verbindung, der Tochter von José, dem Arbeitgeber von Rauff. »Er war wie ein zweiter Großvater für uns«, erinnerte sie sich. »Er leitete die Fischerei wie ein Schweizer Uhrwerk. Er kontrollierte das Personal, wusste alles über Gezeiten und Logistik. Das war so ziemlich alles, was ich beim Abendessen hörte. In meiner Familie musste man schon ein Junge sein, um stärker eingebunden zu werden.«

Sie schlug ein Gespräch mit ihrem Bruder Eduardo vor, doch der war nicht gerade erpicht darauf. Seine Tochter hingegen, eine Lehrerin und Dichterin, war offener. »Als Rauff in der Fischerei arbeitete, war mein Vater noch ein Kind«, schrieb Mariana Camelio an meinen Freund Rodrigo Rojas, einen Dichter. Aus dem Familienkreis erinnerte sie sich an eine Geschichte aus den 1970er Jahren, als der Hund von Rauff getötet wurde. Die Camelios schenkten ihm einen Welpen, einen Deutschen Schäferhund, den er Rex nannte. Ihr Vater, damals noch ein kleiner Junge, vergaß Rauffs Reaktion darauf nie: »Es war das erste Mal, dass der kleine Junge einen erwachsenen Mann weinen sah.«

Ich besorgte mir ein Exemplar des kürzlich erschienenen Buches von Mariana Camelio. Ein Gedicht, »Laguna Grande«, über eine »Großmutter, die ich nicht kenne«, traf einen Nerv, da es mich an Chatwins Sprache und Rauffs Arbeit gleichermaßen erinnerte. Sie gestattete mir, bei einem Vortrag in Liverpool zu Ehren des irischen Dichters Seamus Heaney eine Übersetzung ins Englische zu lesen:

eines Tages fanden wir Skelette von Königskrabben
vom Haupthaus aus sahen wir
rote Flecken auf dem Torf

Wir tauschten Nachrichten aus und nahmen gemeinsam an einer Veranstaltung in der Bodleian Library in Oxford teil, bei der es um Chatwins Buch *In Patagonien* und das Archiv ging. Marianas Anwesenheit, per Video aus Patagonien, bereicherte die Diskussion, da sie eine direkte Verbindung mit dem Ort und der Person herstellte.

Am Abend vor der Veranstaltung schickte sie ein Ende der 1970er Jahre in Punta Arenas aufgenommenes Foto, das Rauff mit ihrem Großvater und Urgroßvater José zeigte. Möglicherweise war es seine Abschiedsfeier, und ich sah Rauff zum ersten Mal in Farbe. Er stand unbeholfen zwischen Vater und Sohn, eine Hand in der Tasche, die andere hielt eine Lucky-Strike-Zigarette. Er trug einen hellen Pepita-Anzug, die Krawatte unter dem Pulli, in der Brusttasche ein Einstecktuch. Die Brille war vertraut, die Haltung unbeholfen, der Blick unruhig. Er wirkte, als fühle er sich in der Gegenwart einer Kamera unwohl.

Ein paar Monate später traf ich Mariana und ihren Freund in Deutschland, wo die beiden gerade unterwegs waren. Sie zeichnete einen Stammbaum, erzählte von ihrer italienischen Herkunft und dem Schweigen in der Familie. »Ich interessiere mich erst seit kurzem für Rauff«, sagte sie. Sie habe begonnen, mit ihrem Vater über ihn zu sprechen, der sich noch aus den 1970er Jahren an ihn erinnere. Dann bot sie an, mich in Punta Arenas herumzuführen, was sie einige Monate später auch tat.

Ich sah die Schule, an der sie unterrichtete, und das Holzhaus, das sie mit ihrem Freund und ihren Katzen teilte, den Garten, in dem dicke Himbeeren üppig wuchsen. Wir besuchten die Kunstgalerie ihrer Mutter, Rauffs Haus in Tres Puentes und das von Freunden geführte Naturkundemuseum mit Kunstwerken und Skeletten von Walen und Pinguinen.

»Ich bringe Sie zum Haus von Rauff in der Jugoslavia 1395.«

»Es ist weg«, sagte ich.

»Es steht woanders«, antwortete sie. Wir fuhren zum Club Andino, dem örtlichen Skiresort, das von ihrer Familie gegründet

worden war und nur wenige Minuten entfernt lag. »Sie haben das Haus hierherverlegt, es dient jetzt als Lager für Skistiefel und andere Dinge.« Wir gingen am Clubhaus vorbei, den Hügel hinauf, eine Skipiste, bis wir eine Baumgruppe erreichten, deren Stämme mit zartem Moos bedeckt waren. Hier befand sich das Haus, in dem Walther Rauff mit Nena gelebt hatte.

Mariana überredete ihren Vater, am Abend mit uns zu essen. »Er wird sehr wenig sagen«, warnte sie mich. Er begleitete uns in ein kleines Restaurant, wo wir Ceviche statt *centolla* aßen, aber das Gespräch wollte nicht recht in Gang kommen. Eduardo Camelio wollte eigentlich nicht über Rauff sprechen, aber er öffnete sich ein Stück weit.

»Als Junge, als ich sechs oder sieben Jahre alt war, hatte ich Angst vor ihm«, sagte er.

Ja, die Familie habe über seine Vergangenheit Bescheid gewusst, als sie ihn eingestellt hätten. »Mein Vater kannte die Fakten.« Offensichtlich wollte Eduardo Rauffs Rolle herunterspielen: »In Nazideutschland war er eine untergeordnete Figur, nicht wie Himmler oder Hitler. Er sagte uns, er habe die Dokumente über die Gaswagen nur unterschrieben, um sich seinen jungen Assistenten vom Hals zu halten. In der Fischerei war er nur ein Angestellter, mein Vater hatte das Sagen.«

Wie die Familie war auch Rauff ein entschiedener Antikommunist. »Er sagte, Faschismus sei besser als Kommunismus.«

Rauff weigerte sich, Interviews zu geben, er verachtete Journalisten. »›Die Übel des zwanzigsten Jahrhunderts sind Journalisten und Krebs‹, sagte er immer.«

»Er sprach nie über sich selbst, außer wenn er betrunken war, nach einem oder zwei Whiskys«, erzählte Eduardo.

Eduardo Camelio erinnerte sich an den Besuch von General Mendoza: »Er kam nicht, um Rauff zu besuchen«, betonte er, wenngleich unklar blieb, woher er das wissen konnte. »Pinochet kam ebenfalls vorbei, 1976, oder vielleicht 1978.«

Eduardo erinnerte sich an den Hund, den sein Vater Rauff geschenkt hatte: »›Dieses Geschöpf gibt mir den Lebenswillen zurück‹, sagte Rauff, dann weinte er. Rex schlief bei ihm und Nena.«

Eduardo erinnerte sich auch an Miguel Schweitzer. »Es gab eine Holding-Gesellschaft, die Distribudora Graham oder so ähnlich. Mein Vater und die Familie Camelio hatten Anteile daran, ebenso wie Miguel Schweitzer.«

»Alles hängt miteinander zusammen«, sagte Mariana.

»Möchten Sie etwas über die Gerüchte um Rauffs Verbindung zur DINA wissen?«, fragte ich.

»Das ist eine interessante Frage«, erwiderte Eduardo, aber er wolle nicht näher auf das Thema eingehen. Meine Frage durchbrach die Stimmung, weil sie ein gewisses Unbehagen auslöste. Bald war unser Abendessen zu Ende.

## 62

Eduardo Camelio schlug vor, dass wir uns mit Marcelo Brossard treffen sollten, der uns drei in seinen schmucken Bungalow am Rande von Punta Arenas einlud.

»Ich habe im August 1973 bei der *Pesquera Camelio* angefangen, kurz vor dem Putsch«, sagte er. »Ich arbeitete als Sekretär von Rauff. Er war streng, akribisch und pünktlich und behandelte mich wie einen Leutnant.« Er begann in der Jugoslavia, wechselte aber ungefähr ein Jahr später nach Tres Puentes. Sein Aufgabenbereich umfasste die Produktion, die Statistik und die Fischkutter. »Rauff hatte Notizbücher und schrieb alles auf.«

Gleich darauf sagte Brossard unvermittelt, Rauff habe Punta Arenas nie verlassen. »Er ist nur einmal gereist, das war 1973, zwei oder drei Tage nach Santiago.« Er sagte dies mit Bestimmtheit. Mariana und ich hatten den Eindruck, dass er damit jede

Vermutung ausräumen wollte, Rauff könnte sich während der frühen Pinochet-Jahre anderswo aufgehalten haben.

Daraufhin zeigte ich ihm das Foto von Rauff und Nena in einem Restaurant in Valparaíso, im März 1976. Brossard betrachtete es. »Sie lebten zusammen, aber ich wusste nicht, ob sie eine Ehefrau oder eine Hausangestellte war.« Die bloße Existenz des Fotos – und dessen Datum – überraschte ihn. Er hatte keine Erklärung dafür. »Rauff blieb im Hintergrund, im Schatten, er wollte nicht auffallen, duldete keine Fotos.«

An den Besuch von General Mendoza in der *Pesquera Camelio* im März 1974 konnte sich Brossard nicht erinnern. Ich zeigte ihm die in der *Prensa Austral* erschienenen Fotos. Er erkannte die Damen. Ich erwähnte, was Eduardo Camelio über Pinochets Besuch erzählt hatte.

»Nein«, sagte Brossard, »Pinochet besuchte die Fabrik nicht, er fuhr in einer Autokolonne daran vorüber, während wir vor der Fabrik warteten.« Rauff habe dazu nervös den Kopf geschüttelt. »Er war enttäuscht, dass Pinochet nicht angehalten hatte, um ihn zu begrüßen.«

Brossard gab an, er habe nicht gewusst, dass Pinochet und Rauff sich aus Ecuador kannten, bis ich es ihm gesagt hätte. »Gelegentlich sprach er über die Vergangenheit, über die deutsche Marine, Rommel in Nordafrika, Italien, die Reise nach Südamerika. Quito oder Ecuador erwähnte er nie. Ich wusste, dass er Oberst bei der Gestapo gewesen war, und er erzählte uns, dass die Nazis nach dem Krieg einen Reiseplan aufgestellt hätten und man ihm Punta Arenas angeboten habe.«

Brossard verstand mein Lächeln. Die vielen Lügen von Walther Rauff.

»Er war sehr antikommunistisch und extrem antisemitisch. Einmal kam der Großvater mit zwei oder drei jüdischen Geschäftsleuten in die Fabrik. Als Don Walther sie kommen sah, verschwand er und versteckte sich in seinem Büro.«

Warum?

»Angst und Wut. Er wollte keine Juden sehen.«

Wie Eduardo Camelio wollte auch Marcelo Brossard nichts von den Gerüchten um Rauffs Aktivitäten nach dem Putsch hören. Er sagte, er wisse nichts von Rauffs Verbindung zu Leuten bei der ASMAR oder der Marine und sei auch nicht an weiteren Informationen interessiert.

Könnte Rauff ein geheimes Leben geführt haben, von dem Sie nichts wussten?

»Das glaube ich nicht.« Er winkte die Frage ab. »Er hatte einfach viel zu viel zu tun.«

Brossard wollte nicht über Pinochet oder die DINA sprechen. Er sprach lieber über Whisky und Lucky Strikes, über Rauffs »schönen grauen Ford Transit« und über Miguel Schweitzer, der die *Pesquera Camelio* ebenfalls besucht hatte. »Er war ein Freund von Humberto und José Camelio.«

## 63

Miguel Schweitzer hat einen Sohn, der ebenfalls Miguel Schweitzer heißt und zufällig in Punta Arenas lebt. Einige Jahre zuvor, 2016, ernannte Präsident Piñera ihn zum Gouverneur der Provinz Magallanes – dasselbe Amt, das 1974 Rauffs Freund Admiral Weber bekleidete.

Er war gern zu einem Treffen bereit. Beim Abendessen erzählte er von den Verbindungen seines Vaters zur Familie Camelio, die weit über eine Freundschaft hinausgingen. »Mein Vater war als Anwalt für die *Pesquera Camelio* tätig«, sagte er. »Die Verbindung kam über meine Mutter, die erste Frau meines Vaters, zustande, die eine Cousine von Ema Camelio war, der Frau von Humberto.«

Später bestätigte Paula Polanco, Miguel Schweitzers zweite

Frau, die ich in London kennengelernt hatte, diese Verbindung. »Ja, mein Mann war in den 1980er Jahren als Anwalt für die Camelios tätig. Er regelte das Konkursverfahren der Firma, obwohl er diese Arbeit nicht wirklich mochte.«

Einmal fragte ich Miguel Schweitzer, Pinochets Anwalt in London, nach Rauff, bevor andere mir sagten, dass er die Camelios kannte und für sie tätig war.

»Natürlich kenne ich den Namen Walther Rauff«, antwortete er.

Nur den Namen?

»Ich kannte ihn gut«, fuhr er fort. »Ich hatte verschiedenartige Beziehungen zu Walther Rauff. Erst zu Rauff selbst, dann zu seinem Sohn. Weil Walther Rauff der westdeutschen Regierung ausgeliefert werden sollte, die meinen Vater gebeten hatte, sie im Auslieferungsverfahren anwaltlich zu vertreten. Das war damals, 1962.«

Miguel Schweitzer, dessen Vater später Pinochets Justizminister wurde, war damals Student. »Ich war an der Ausarbeitung des Rechtsgutachtens meines Vaters für die westdeutsche Regierung beteiligt. Uns war bewusst, dass die Auslieferung Rauffs aufgrund der Verjährungsfristen nicht gelingen konnte. Menschenrechtsfragen waren damals noch nicht so relevant, wie sie es heute sind. Wir gaben eine Einschätzung ab und lehnten es ab, Rauff zu vertreten, der schließlich bei Enrique Schepeler landete, einem recht bekannten Strafverteidiger.«

»Das Ersuchen der westdeutschen Regierung nach Auslieferung Rauffs wurde abgewiesen«, sagte er. »Gleichzeitig hatte ein Halbverwandter und politischer Verwandter von mir, der ein sehr gutgehendes Fischereigeschäft in Punta Arenas betrieb, Camelio, einen Vertrag mit Walther Rauff, dem Sohn, abgeschlossen, der bis zu seinem Tod mit ihm zusammenarbeitete.«

Miguel Schweitzer, mein Sitznachbar bei den Pinochet-Anhörungen, schien überall eingebunden zu sein und überall aufzutauchen, eine Zelig-ähnliche Figur. In den 1950er Jahren war er mit Laura González-Vera befreundet. In den 1960er Jahren war er am Auslieferungsverfahren von Walther Rauff beteiligt. In den 1970er Jahren handelte er den Letelier-Deal mit den Amerikanern aus. In den 1980er Jahren war er Pinochets Botschafter in London, dann Außenminister, und er war im Konkursverfahren für die Camelios tätig, mit denen er halb verwandt war. In den 1990er Jahren war er Pinochets Anwalt in London.

»Ich weiß eine ganze Menge über die Rauffs«, fuhr Schweitzer fort.

Glauben Sie, dass er für Pinochet gearbeitet hat? Ich erzählte ihm von den Gerüchten, die ich gehört hatte. »Ich kann Ihnen die Einzelheiten erzählen, aber ich müsste erst zurückgehen und schauen, woran wir uns erinnern«, sagte er. Dann wechselte er abrupt die Richtung: Hernán Felipe Errázuriz, der damals für das Außenministerium tätig gewesen sei, habe die Ansicht vertreten, dass Rauff ausgeliefert werden solle, als die Westdeutschen 1984 erneut darum ersucht hätten. »Er sah das Ganze aus politischer Sicht, und ich sagte ihm, dass er falschliege.«

Dann kam er wieder auf Rauff und Pinochet zu sprechen, zwei Männer, die er kannte.

»Ja, wir können helfen. Sie sagen, es gibt handfeste, einschlägige Beweise für Rauffs Beteiligung? Sie werden sie nicht finden, denn es gab keine. Es geht nicht darum, dass etwas zurückgehalten oder vertuscht wurde. Es gab nichts.«

Es war nicht klar, ob Schweitzer damit sagen wollte, dass ich keinerlei Beweise für Rauffs Verwicklung mit Pinochet oder der DINA finden würde oder dass Rauff nie für sie gearbeitet hatte und nicht an den Verbrechen beteiligt gewesen war.

## 64

»Es war nicht leicht, in Chile mit dem Namen Rauff aufzuwachsen«, sagte Walther Rauff III., der Enkel des Nazis Walther Rauff. »Dieser Name macht Probleme, man wird sogar diskriminiert, ich habe deswegen schon meinen Job verloren, also habe ich mich für ein zurückgezogenes Leben entschieden.«

Wir trafen uns zum ersten Mal im Roggendorf, einem deutschen Café in einem Vorort von Santiago, in dem es echten Apfelstrudel gab, und blieben in Kontakt. Bei der Beantwortung meiner Anfragen zeigte er sich äußerst bereitwillig. Walther III., bärtig und kräftig, Mitte 50, wurde 1967 in Santiago geboren, ein angenehmer und freundlicher Mann in rosa Sporthemd und beigen Shorts. Er hatte keine offensichtliche Ähnlichkeit mit seinem Großvater. Wie Mariana Camelio sagte auch er, dass in der Familie nicht viel über die Vergangenheit gesprochen werde.

Sein Vater kam in den späten 1950er Jahren nach Chile. Er schrieb sich an der Militärschule ein, verließ diese jedoch bald, um in die Wirtschaft zu gehen. »Das ermöglichte ihm ein angenehmes Leben«, sagte sein Sohn. Walther II. trat in die Fußstapfen seines Vaters, verließ die Marineschule nach einem Jahr und arbeitete anschließend für verschiedene Unternehmen, darunter eines, das von einem Mann deutscher Herkunft gegründet worden war, dem man Nazi-Sympathien nachsagte.[13]

Er sprach entspannt über seinen Großvater, an den er sich liebevoll erinnerte. »Wir wussten, dass sich Pinochet in Quito mit ihm angefreundet und vorgeschlagen hatte, seine Söhne sollten nach Chile ziehen, um die Militärschule zu besuchen.« Pinochets Freund und späteres Opfer Carlos Prats unterstützte die Bewerbung der Söhne.

Da Rauff in Punta Arenas lebte, sah Walther III. seinen Großvater nur selten, aber er erinnerte sich gern an die Begegnungen mit ihm. »Mit ihm verstand ich mich besser als mit meinem Vater«, einem ungestümen und prahlerischen Mann. »Mein Großvater war ruhiger, behandelte mich mehr als Partner.«

Einmal besuchte er seinen Großvater in Punta Arenas, ging aber nie zur *Pesquera Camelio* oder nach Porvenir und hatte auch jetzt keine Lust dazu. »Ich würde lieber mit Ihnen und meiner Tochter nach Berlin fliegen, um dort etwas über das Leben meines Großvaters zu erfahren«, sagte er zu mir.

Seine Erinnerungen waren lebhaft. »Mein Großvater war kein liebevoller Mensch, er war sarkastisch und hatte einen schwarzen Humor, der mir gefiel«, sagte er. »Wenn er nach Santiago kam, hatte er häufig Dosen mit Krabbenfleisch dabei, wegen seinem Job in der Camelio-Fabrik.« Mitte der 1970er Jahre rauchten sie gemeinsam Zigaretten und spielten Karten, stundenlang.

»Meine Familie befürwortete den Putsch«, der die politischen Unruhen und die Engpässe beenden sollte. Nach dem Putsch sah er seinen Großvater häufiger, als sich ein Muster abzeichnete. »Er kam recht oft nach Santiago, übernachtete in unserem Haus und schlief in meinem Zimmer. Er war gut gekleidet, trug immer eine Krawatte. Er hatte eine Glatze, rasierte sich jeden Morgen, trug oft ein Buch bei sich, war ein starker Raucher und besaß ein schönes goldenes Feuerzeug.« Und noch etwas blieb in Erinnerung: »Mein Großvater trug eine hässliche Brille mit dicken Gläsern.«

Was hat Ihr Großvater den ganzen Tag über gemacht?

»Er ging jeden Morgen in einem Anzug weg. Er sagte, er suche Arbeit.«

Er suchte Arbeit?

»Ich weiß nicht, was das heißen sollte, ich war ein Junge.«

Nachdem Rauff im Juni 1978 seine Tätigkeit bei der *Pesquera Camelio* beendet hatte, zog er mit seiner Lebensgefährtin Nena Zúñiga nach Santiago. Er bezog ein kleines Haus in der Gemeinde Las Condes, in der Nähe seines Sohnes, und verbrachte Zeit mit seinem Enkel. »Nena war nett, kümmerte sich um ihn und behandelte ihn wie einen Gott.« Walther III. erinnerte sich nicht, dass in dem Haus irgendetwas merkwürdig gewesen wäre. Armeeangehörige kamen zu Besuch, die Freunde seines Vaters, es gab Partys und Kartenspielabende. »Und nein, im Haus meines Großvaters gab es auch keine Hakenkreuze!«, sagte er schmunzelnd.

»Vor Jahren besuchte ich einmal das Imperial War Museum in London«, erzählte er. »Dort entdeckte ich ein Dokument, in dem mein Großvater und die Gaswagen erwähnt waren. Ich bin mir der Vorwürfe bewusst, aber als Großvater liebte ich ihn.« Er akzeptierte, dass sein Großvater ein aktiver Nazi gewesen war, der in jener Zeit Verbrechen begangen hatte.

»Ich würde gerne glauben, dass er nicht tun wollte, was er getan hat, dass er, wenn er gekonnt hätte, aus Gewissensgründen den Dienst verweigert hätte.« In der Familie war die Nazi-Zeit ein heikles Thema, das man tunlichst vermied. »Mein Großvater war ein Macher, einer, der Aufgaben erledigte, die ihm zugewiesen wurden. Er war kein Entscheidungsträger.« Wenn ein Enkel gelegentlich Fragen zu dieser Zeit stellte, bog sie der Großvater ab. Ein einziges Wort. Ja. Nein. Vielleicht.

»Darf ich Ihnen eine Frage stellen?«, fragte mich Walther III. ein anderes Mal. »Ich bin mir nicht sicher, ob mein Großvater Hitler wirklich mochte, ich glaube, er war ziemlich elitär, was meinen Sie?«

»Ihr Großvater war ein überzeugter Anhänger«, antwortete ich. »Bis an sein Lebensende feierte er jedes Jahr Hitlers Geburtstag. Bis zum Ende seines Lebens war er Antisemit.«

Der Enkel sagte nichts. Als ich die CIA-Dokumente und die Gerüchte um eine Verbindung zur DINA ansprach, blickte mich Walther III. ausdruckslos an. »Als ich ein Junge war, waren wir ein ganz gewöhnlicher, langweiliger Haushalt, ich habe nichts Seltsames bemerkt. Ich hatte nie den Verdacht, dass etwas im Gange war.«

Er erinnerte sich, dass sein Großvater gerne schrieb, und als Rauff starb, fielen seine »Notizbücher« an seinen Sohn, Walther junior. Walther III. glaubte, dass sie bei der zweiten Frau seines Vaters, seiner Witwe Beatriz Vázquez, gelandet seien. »Ich bezweifle, dass er über die Vergangenheit geschrieben hat«, sagte der Enkel. Die Beziehungen zur Stiefmutter Beatriz waren nicht besonders gut, weshalb Walther III. bezweifelte, dass sie die Bücher noch besaß oder sie anderen zugänglich machen würde.

Trotzdem war er neugierig. »Es ist mir egal, ob mein Großvater ein Monster war, ich möchte, wenn überhaupt, nur wissen, was er in den Pinochet-Jahren getan hat.«

Der Enkel akzeptierte die Beweise für die Beteiligung seines Großvaters an den Gaswagen, tat sich allerdings schwer mit den Gerüchten um dessen Rolle während der DINA-Jahre. »Ich glaube nicht, dass mein Großvater für die DINA oder Pinochet gearbeitet hat«, sagte er mehrmals klar und deutlich.

Ich gab ihm Kopien der Briefe seines Großvaters, in denen der Besuch von General Mendoza in der *Pesquera Camelio* erwähnt wurde, die Freundschaft mit Admiral Weber, die Überlegungen zu »Heinrich Kissinger« und wie er sich unter Pinochet sicher gefühlt habe, als stünde er unter »Denkmalschutz«.

»Von diesen Dingen weiß ich nichts«, sagte Walther Rauff, der Enkel. »Ich möchte diese Tür nicht öffnen.«

## Santiago, 1979

### 65

Im Juli 1978 reiste Rauff von Punta Arenas nach Santiago ab, zusammen mit Nena. Auf seine Zeit bei den Camelios blickte er mit Stolz zurück. »Aus dieser Freundschaft ging die heute modernste Fabrik in Punta Arenas hervor. Eine Zeitlang war es auch die modernste in ganz Chile. Ich hatte die Ehre, das aufzubauen«, erzählte er einem Freund. »Mit Stolz kann ich sagen, dass ich vom Präsidenten Pinochet abwärts jede Menge hohe Offiziere, Industrielle und sonstiges Gesindel zu Besuch hier in der Fabrik gehabt habe und *keiner* hat versäumt mir seine Hochachtung für diese Industrie aus zu sprechen [sic!], die wirklich mein Werk ist.«[14]

Mit 72 hatte der jahrzehntelange Genuss von Lucky-Strike-Zigaretten seinen Tribut von Rauffs Gesundheit gefordert, und er hatte sich einer Magenoperation unterziehen müssen.[15] Nachdem er es versäumt hatte, sich um seine Rente zu kümmern, zahlten ihm die Camelios weiterhin ein bescheidenes Gehalt, das durch eine westdeutsche Marinepension ergänzt wurde (aber nur für die Zeit von 1924 bis zur Nazizeit, wie er sich beklagte, was kaum ausreiche, um das Futter für den Hund zu bezahlen). Eine chilenische Rente war nicht möglich ohne eine einheimische Geburtsurkunde, eine Tatsache, für die Rauff den Justiziar am Standesamt von Punta Arenas verantwortlich machte, den er für einen Juden hielt.[16]

In Santiago erwarb er einen Bungalow, in der Calle Los Pozos 7243 in der Gemeinde (Kommune) Las Condes, nahe bei

Walther junior und den Enkelkindern.[17] Er investierte in eine von seinem Sohn gegründete Seehandelsfirma – South Pacific Corretaje Marítimo Ltda. Die Reedereiflagge, für die der Sohn sich entschied, wies in der Gestaltung Ähnlichkeit mit ihrem natio-

nalsozialistischen Gegenstück auf, allerdings prangte das Firmenkürzel SP auf violettem statt rotem Grund. Er arbeitete an Übersetzungen, gelegentlich gegen Honorar, und las Bücher über die NS-Zeit. Im Fall von Werner Brockdorffs *Flucht vor Nürnberg*, in dem er vorkam, war ihm »persönlich unerklärlich [...], wie ein Schriftsteller, der wahrscheinlich auch noch Anspruch auf Glaubwürdigkeit erhebt, sich einen solchen Unsinn aus den Fingern saugen kann«.[18] Die Enkelkinder bemerkten, wie er in Notizbücher kritzelte, und er schaffte sogar die ersten sieben Seiten einer Kurzbiographie, deren Arbeitstitel »Von Adolf Hitler bis zu Sarah [sic!] Braun« lautete.[19]

Er hörte das Radioprogramm der Deutschen Welle und vertiefte sich in westdeutsche Zeitungen, die ihm seine Schwester Ilse schickte. Es gab vieles, was ihn ärgerte. Rudolf Heß' Inhaftierung im Kriegsverbrechergefängnis Spandau sei eine Schande. Die Weigerung der Bundesregierung, Hitlers Nachfolger Karl Dönitz eine Beisetzung mit militärischen Ehren zu gewähren, sei unverzeihlich. Gegen ehemalige Nazis angestrengte Strafprozesse seien eine haarsträubende Idee. Die amerikanische Fernsehserie *Holocaust* – »ein sehr gutes jüdisches Geschäft« – sei eine Schande. »Arme Bundesbürger, die sich solchen Mist ansehen müssen«, urteilte er und hoffte, die Serie würde in Pinochets Chile nicht ausgestrahlt werden. Sie wurde.[20]

Seine Briefe waren voller Gift, antikommunistischer, rassistischer und antisemitischer Hassbekundungen, enthielten Berichte über Feiern von Hitlers Geburtstag und Klagen über Kissinger und die Juden. Die Auslieferungsentscheidung von Richter Fontecilla aus dem Jahr 1963 wurmte ihn noch immer, die Frau des Richters sei eine Jüdin! Die ersten amourösen Erlebnisse der Tochter eines Freundes kommentierte er mit den Worten: »Hoffentlich wird es nicht zum Schluss ein Neger.«[21]

Rauff wollte Westdeutschland besuchen, konnte es aber nicht wegen Simon Wiesenthal. Ein befreundeter westdeutscher Diplomat in Santiago – Rauff spricht von »einem netten Mann, dessen Vater von derselben Couleur war wie ich« – warnte ihn, dass das Verhaftungsrisiko zu groß sei. Rauff blieb besessen von Wiesenthal. Gegenüber Freunden sprach er vom »Blödsinn« der »Vergangenheitsbewältigung«.[22]

Nicht immer nahm Rauff seine Briefpartner unter die Lupe. Ernie Z, ein in Deutschland geborener Journalist in Nordamerika, gab Rauffs Briefe direkt an Wiesenthal weiter; sie waren die Bestätigung, dass er, »von der Militärdiktatur bestens beschützt«, gesund und munter war und in Santiago lebte und dass Reue seine Sache nicht war. »Ich bin keineswegs ein Fanatiker und bereue nichts, was ich in meinem Leben getan habe und will mein Leben in keiner Weise geändert wissen.«[23]

Die Nachrichtenmeldungen verschwanden nicht. Ein Artikel in *Le Monde* über das Wiedererstarken der Nazis aus der Feder eines renommierten französischen Soziologen, der in der Résistance gekämpft hatte und eine Zeit im Konzentrationslager Ravensbrück inhaftiert war, erwähnte Rauffs »Einstellung bei der DINA«.[24] Chiles Kulturattaché in Paris, Dr. Julio Retamal, reagierte entschieden: Sein Land habe keinerlei Verbindung mit der »entsetzlichen Ideologie« des Nazismus, und bei der Behauptung über Rauff handle es sich um »Erfindung« und unbewiesene »Verleumdung«.[25]

Solche Artikel gaben Rauff Anlass zu der Sorge, ihn könnte das gleiche Schicksal ereilen wie Eichmann, oder Schlimmeres.

## 66

Am Abend des 25. Juni 1979 erhielt Rauffs Sohn Walther junior einen unerwarteten Anruf. General Karl Wolff befand sich auf einer Südamerikareise, in Begleitung eines Schriftstellers, der ihm bei der Abfassung seiner Memoiren half. Sie seien gerade in Santiago, erklärte Wolff. Er habe die Nummer von Walther junior im örtlichen Telefonbuch gefunden und hoffe, seinen Vater zu treffen.

Der ehemalige SS-Obergruppenführer und General der Waffen-SS, 1936 Chef des Persönlichen Stabes Reichsführer SS, 1939 Verbindungsoffizier der SS zu Hitler, war Rauffs Kamerad und Vorgesetzter in Italien gewesen. Bei Kriegsende traf Wolff, unter Mitwirkung von Rauff, eine Vereinbarung mit den Amerikanern – Operation Sunrise – und entging so den Nürnberger Prozessen. Im September 1964 wurde Wolff vom Landgericht München wegen Beihilfe zum Mord an 300 000 Juden in Treblinka zu 15 Jahren Zuchthaus verurteilt und saß fünf Jahre im Zuchthaus Straubing. Ende August 1969 wurde er wegen »krankheitsbedingter Vollzugsunfähigkeit« vorzeitig aus der Haft entlassen.[26]

Rauff freute sich riesig, seinen alten Vorgesetzten nach einer Pause von 35 Jahren wiederzusehen. »Ich habe alles in meinem Leben erwartet, aber das nicht!«, sagte er zu Wolff, während sie sich in Erinnerungen an Operation Sunrise ergingen und dass sie in Florenz in derselben Villa inhaftiert waren wie die Ehefrau von Heinrich Himmler. »In der letzten Zelle saß Frau Himmler, können Sie sich erinnern?« Worauf Wolff erwiderte: »Ja, mit der Püppi zusammen.« »Mit der Tochter, ja«, ergänzte Rauff.[27] Dem widerstrebte Wolffs Ungezwungenheit. »Entschuldigen Sie, Herr General – oder soll ich Obergruppenführer sagen …?« Woraufhin ihm Wolff das Du anbot, was Rauff ablehnte: »Ah – nein, das verbietet mir meine militärische Erziehung.«

Vier Tage lang nahm der Schriftsteller die Gespräche auf Band auf und machte Fotos. Es dauerte eine Weile, bis das Material verfügbar wurde, darunter Mitschriften und Bänder, die an der Stanford University in Kalifornien im Archiv landeten. Sie spiegeln die Herzlichkeit zwischen zwei alten Nazis wider. »Wie gesagt, ich bin ein Gegner von der Presse – nicht von Schriftstellern«, sagte Rauff zu Wolffs Freund. Beim Abschied gab er dem Schriftsteller, der als Ghostwriter an den Memoiren Wolffs arbeitete, die ersten sieben Seiten seiner eigenen Memoiren mit, »damit Sie sie im Hotel mal lesen können«. Und ergänzte: »Wenn Sie sein Buch geschrieben haben, dann schreiben Sie mein Buch.«[28]

»Walther Rauff ist untersetzt«, notierte der Schriftsteller, »neigt zur Fülle. Sein dunkles Haar ist licht geworden, er trägt es straff nach hinten gekämmt. Hinter einer dicken Hornbrille und dicken Tränensäcken funkeln vergnügte Äuglein. Zum hellgrauen Pepita-Anzug trägt Rauff eine karierte bunte Krawatte.« Er bewohne »mit seiner Lebensgefährtin ein kleines Einfamilienhaus am Stadtrand von Santiago. Das Haus hat drei Zimmer, Küche, Bad und einen kleinen Innenhof. Die Räume sind gutbürgerlich chilenisch eingerichtet. An Deutschland erinnert nicht allzu viel.« Und »im Wohnzimmer Rauffs standen auf einem Tischchen alle prominenten Whisky-Marken der Welt, darüber auf einem Bord weitere Flaschen mit erlesenen scharfen Getränken«.[29] Während Rauff Weißwein aus Flaschen servierte, die von dem Weingut Viña Linderos persönlich etikettiert worden waren für »Don Walther Rauff«, bellte Rex, der Deutsche Schäferhund – ein Geschenk der Camelios – wie verrückt.

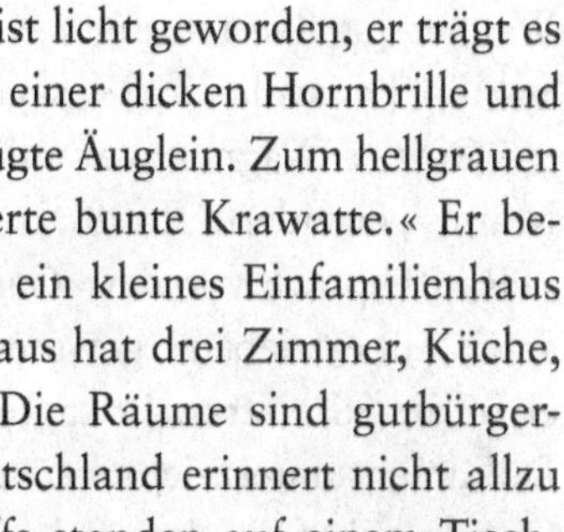


Der Schriftsteller hatte den Eindruck, dass Nena eine »wundervolle Gefährtin« war. Walther feiere jedes Jahr den Geburtstag des »Führers«, erzählte sie. »Gut, gut, gut«, sagte Wolff. Sie sei »eine Feindin von Kommunisten und Juden«. »Sehr einverstanden, gut, gut«, sagte Wolff. Als ein Lieferant sich dem Haus näherte, fing Rex wieder an zu bellen. Er bringe »das Gas, was man für das Haus braucht«, erklärte Rauff. »Das kommt hier in Tubos.«[30]

Rauff sprach über seine Jahre bei der Kriegsmarine, seine herzlichen Gefühle für Hitler (»Er hätte von Napoleon lernen sollen!«) und seine Liebe zu Whisky und Zigaretten. Er sprach von seiner »Berliner Schnauze«, einem Hang zu unverblümter Sprache, und von der Morgenzeitung. »Haben Sie übrigens heute in der Zeitung gelesen, dass Brasilien es abgelehnt hat, Gustav Wagner [stellvertretender Kommandant des Vernichtungslagers Sobibor] auszuliefern?«, sagte Wolff.

»Gustav Wagner war mit mir in Damaskus! Ein prächtiger Mann«, erwiderte Rauff.[31]

Rauff sprach von der »Gaswagen-Geschichte«. Das Projekt sei stark »übertrieben« gewesen, eines, das begonnen habe, bevor er in die SS eintrat. Er sagte, er sei darin verwickelt, weil er ein Dokument unterzeichnete, um sich den Chemiker Dr. Becker vom Hals zu schaffen, der »fiel mir ein bisschen auf die Nerven«. Und nun gingen die Morde für immer »auf mein Konto!«. Wenn doch nur die Dokumente vernichtet wären, und es gäbe keinen Wiesenthal. Wenn Heydrich ihm doch bloß nicht die Verantwortung übertragen hätte, »nur weil ich organisieren konnte. Organisieren kann ich, das nehme ich mit Stolz und Recht in Anspruch.« Er wisse nicht, wie viele Gaswagen gebaut wurden, er habe nie einen in Betrieb gesehen. Als vorübergehend drei auf dem Hof der Gestapo in der Prinz-Albrecht-Straße abgestellt waren, habe er nicht mal einen Blick hineingeworfen.[32]

Er prahlte, spuckte große Töne und jammerte. Die Juden, die Lügen verbreiteten über seine Zeit in Tunis. Dass er mit der Krankheit seiner Frau fertigwerden musste. Seine Verbindungen zu den Geheimdiensten in Nazideutschland und zum BND in Westdeutschland, und jetzt in Chile. Seine Beziehungen zur deutschen Botschaft in Santiago seien ausgezeichnet, sagte er immer, so wie sie es auch zu chilenischen Generälen und Pinochet seien.[33]

»Ich stehe hier sozusagen unter Denkmalschutz«, sagte er zu Wolff und dem Schriftsteller. »Der General Pinochet war vor round about 12 Jahren in Ecuador, wo wir auch waren. Und damals war er x-mal in meinem Haus«, und »die ganzen General [sic!] waren Freunde«. »Ich bin jetzt 21 Jahre in Chile. Ich war gut befreundet mit Nachrichtenleuten.«[34]

Seltsamerweise unterbreitete Rauff keine Details über seine geheimdienstliche Arbeit in irgendeinem der vier Zeiträume. Ebenso auffallend war die Tatsache, dass Wolff und der Schriftsteller ihm niemals eine Frage zu seiner Arbeit bei irgendeinem der Geheimdienste stellten. Es war, als wäre das Thema verboten. Die DINA wurde nicht erwähnt. Dies trotz der Tatsache, dass der Schriftsteller von Rauffs Arbeit beim BND wusste, und in seinen Unterlagen hatte er die Materialien hinsichtlich der Gerüchte über Rauffs Arbeit bei der DINA gesehen. Mein Bauchgefühl sagte mir, dass das Schweigen nicht zufällig war.

An ihrem letzten gemeinsamen Tag lud Wolff Rauff und Nena zum Mittagessen in das Restaurante Munich in Santiago ein, bei Bier und Zigaretten. Zum Abschied überreichte Wolff Rauff ein Buch über Rudolf Heß. »Meinem lieben treuen Freund Oberst a. D. Walther Rauff in herzlicher Verbundenheit zur Erinnerung an unsere gemeinsame Zeit in Italien 1943–1945. Karl Wolff Generaloberst der Waffen-SS a. D.«, schrieb Wolff in das Buch.

Wolff und der Schriftsteller verließen Santiago und setzten ihre Rundreise durch Südamerika fort. Sie flogen nach Bolivien, um sich mit Klaus Barbie zu treffen. Sie waren auf der Suche nach Martin Bormann und Josef Mengele, ohne Erfolg.

Rauff gab der Besuch neue Energie. Über seinen wahren Zweck war er sich jedoch nicht im Klaren.

Dies entdeckte ich durch Zufall.

## 67

Ich suchte nach Informationen über die Gaswagen, als ich in einem Jerusalemer Archiv auf Rauffs Namen stieß, in einem Manuskript, das Yossi Chen verfasst hatte, ein ehemaliger Agent des Mossad, des israelischen Auslandsgeheimdienstes.[35] Im Jahr 2007 auf Hebräisch geschrieben, existierte es nur in einem einzigen Exemplar, von dem 50 Seiten Rauff gewidmet waren. Sie legten den Schwerpunkt nicht auf seine Aktivitäten während des Krieges, sondern auf Ereignisse, die sich 1979 und 1980 zutrugen.

Ich besorgte mir eine Übersetzung ins Englische. Aus ihr erfuhr ich, dass Wolffs Reise nach Südamerika einen anderen Zweck verfolgte: Es handelte sich um eine Erkundungsmission namens Operation Stainless Steel, in Diensten des Mossad, deren Ziel es war, Informationen über Rauff zu sammeln, um ihn in Israel vor Gericht zu stellen oder, falls das nicht gelang, ihn zu exekutieren.

Auf Rauff hatte der Mossad sein Augenmerk 1949, als der Dienst gegründet wurde, wegen dessen Rolle bei Gaswagen-Einsätzen gerichtet.[36] Der Artikel nahm Bezug auf Willy Justs Fachbericht über die Ermordung von 97000 Juden, Rauffs eidesstattliche Erklärung von 1945 und Eichmanns Aussage. Es gab eine Fotografie, die angeblich einen »Gaswagen, erfunden von Rauff, getarnt als Krankenwagen« zeigte.[37]

Aus den Unterlagen erfuhr ich auch, dass der Mossad Rauffs Auslieferungsverfahren 1963 mitverfolgte und dass Rauff, weil er eine Entführung im Eichmann-Stil fürchtete, um zusätzlichen Schutz ersucht hatte.[38] Die Unterlagen beschrieben Rauffs Anwerbung in Rom durch Shalhevet Freier vom Mossad und dass Freier erst klar wurde, wen er da rekrutiert hatte, als Rauff im Dezember 1962 verhaftet wurde. »Walther Rauff, ein Kriegsverbrecher und Mörder an den Juden, war für die Amtsträger des Staates Israel vor dessen Gründung eine Nachrichtenquelle«, berichtete ein Mossad-Agent. »Walther Rauff traf sich mit israelischen Vertretern, versah sie mit Informationen und erhielt dafür Geld – das ist eine Tatsache.«[39]

Im Jahr 1977 wies der israelische Premierminister Menachem Begin den Mossad an, sein Augenmerk auf Rauff und andere NS-Kriegsverbrecher zu richten. Seine Regierung beschloss, Rauff zu ergreifen und in Israel vor Gericht zu stellen oder, sollte das nicht möglich sein, ihn zu töten.[40] Eine neue Mossad-Abteilung – »Botschaft« (מסר auf Hebräisch) – wurde gegründet. Im März 1978 erhielt Rauff den Kodenamen »Bone Destroyer« (Knochenzerstörer), und der Mossad beauftragte Freier, einen Physiker, der am Weizmann-Institut für Wissenschaften in Israel forschte, nach Chile zu reisen, um ihn aufzuspüren. Ein Mossad-Agent vor Ort in Südamerika fand den Namen von Rauffs Sohn im Santiagoer Telefonbuch.

Der Mossad glaubte, dass Rauff die *Pesquera Camelio* gehörte, und ein Geschäftsmann aus Punta Arenas berichtete, dass er in der Nähe der Fischfabrik wohne, wo er gern mit seinem Deutschen Schäferhund spazieren ging. Nachdem *El Mercurio* einen Artikel veröffentlicht hatte, der nahelegte, dass Rauff nach Santiago umgezogen war, wurde Freiers Reise verschoben, da Rauffs Aufenthaltsort ungeklärt war. Im November 1978 informierte Señora Peñaloza, eine chilenische Dame, die an einer jüdischen Schule in Santiago Englisch unterrichtete, die dortige israelische

Botschaft, dass Rauff in der Calle Alonso de Ercilla 2960 wohne. Als die Information sich als unzutreffend erwies, wurde Freiers Reise abermals verschoben.

Im Dezember 1978 kam der Mossad auf die Idee, einen befreundeten Journalisten zu benutzen, um sich Zugang zu Rauff zu verschaffen. Der Geheimdienst machte G, einen leitenden Reporter bei einem deutschen Wochenmagazin, als die richtige Person ausfindig, und der reiste nach Südamerika, um für einen Artikel zu recherchieren.[41] Er galt als »ausgezeichnet und vertrauenswürdig«, und er war bereit, bei der Jagd nach Nazis behilflich zu sein. Mir wurde klar, dass G der »Schriftsteller« war, der Wolff auf seiner Reise nach Südamerika begleitet hatte, in Wirklichkeit genau die Sorte Journalist, die Rauff verabscheute.

Im Januar 1979 traf sich ein hochrangiger Mossad-Agent in Westdeutschland mit G, und es wurde vereinbart, dass G mit Karl Wolff, der »Türen öffnen« würde, durch Südamerika reisen sollte. Wolff wusste nichts von Gs geheimen Aktivitäten und Missionen im Auftrag des Mossad oder dass G zuvor für den Mossad gearbeitet hatte, um Erkenntnisse über Nazis zu sammeln.

Im Juni 1979 brachen G und Wolff zu einer zweimonatigen Rundreise auf, die in Santiago ihren Anfang nahm. Am 26. Juni besuchten sie Rauff in seinem Haus in der Calle Los Pozos 7243. G versorgte den Mossad auftragsgemäß mit allen Details – Rauff sei »ungefähr 1,68 groß, mit blauen Augen und dunklem Haar, mit grauen Stoppeln auf der Kopfhaut, trug eine Brille und hatte einen fülligen Körper«. Er sei ziemlich gut situiert, lebe zusammen mit einer Frau chilenischer Herkunft und einem lebhaften Deutschen Schäferhund, der »nie aufhörte zu bellen«. G unterbreitete Einzelheiten über das Haus, das von einem Garten und einer Hecke umgeben sei und dass ringsum durch eine Ziegelmauer mit einem großen eisernen Tor umschlossen werde. Er machte darauf aufmerksam, dass Vorübergehende leicht vom Wohnzimmer aus zu sehen seien, und nachts sei das Haus hell erleuchtet. Rauff verlasse kaum das Haus und besitze kein Auto, so dass er oft zu Fuß zur Avenida Colón gehe, um in einem Laden, den er mochte, Lebensmittel einzukaufen, oder um ein Taxi herbeizuwinken.

Im November 1979 übergab G dem Mossad bei einem Treffen in Hamburg zwei Berichte, einen über Rauff, den anderen über Klaus Barbie. Er lieferte eine Beschreibung von Rauffs Wohngegend, Fotografien des Hauses und Details, die es dem Mossad erlaubten, einen Grundriss mit genauen Abmessungen anzufertigen. Auch über Rex, den äußerst reizbaren Deutschen Schäferhund, informierte er.

Rauff habe einen »verlogenen« Blick, berichtete G. Er hoffe, seine Informationen würden dem Mossad ermöglichen, dem alten Nazi zu »schaden«.

G »hat keinerlei Zweifel, was unsere Absichten betrifft«, folgerte der Mossad. Der Dienst würde nun über das weitere Vorgehen entscheiden.

## 68

Operation Stainless Steel nahm Klaus Barbie und Walther Rauff zeitlich parallel ins Visier. Der Mossad entschied, rasch zu handeln, bevor einer der beiden Männer durch einen Artikel hellhörig werden konnte, den G möglicherweise im *Stern*, seiner Zeitschrift, veröffentlichte. Die Operation sollte am 17. Dezember durchgeführt werden. Dieser Termin wurde verschoben, und es wurde entschieden, zuerst Rauff zu töten.

Im Februar 1980 wurde eine Observierungsmission an seinem Haus einschließlich möglicher Fluchtwege durchgeführt. Da Türen und Fenster an den warmen Sommerabenden geöffnet blieben, wurde Rauff über mehrere Tage beim Fernsehgucken beobachtet. Die Gasse war ruhig, aber der Hund bellte laut und aggressiv, sobald sich jemand näherte.

Der Exekutionstermin wurde auf Donnerstag, den 17. März 1980, festgesetzt. Neun Agenten wurden für den Schlag abgestellt, darunter ein Schütze, ein Ersatzmann, Sicherheitsleute und Automieter. Dutzende weitere waren hinter den Kulissen beteiligt. Die bevorzugte Option war, Rauff zu exekutieren, wenn er das Haus verließ oder zurückkehrte. Plan B sah vor, ihn in den Vorgarten zu locken und ihn dort zu exekutieren oder drinnen im Haus. Nena Zúñiga sollte getötet werden, »falls sie ein operationales Risiko darstellte«.

Das Mossad-Team flog ein paar Tage vorher nach Santiago. Am Schauplatz des Geschehens sollte ein Schriftstück mit der Angabe von Rauffs Namen, seiner SS-Nummer und seinen Verbrechen sowie einem Hinweis auf Chiles Weigerung, ihn auszuliefern, und eine Schwarz-Weiß-Fotografie aus der NS-Zeit hinterlassen werden. Das Schriftstück war unterzeichnet mit »Those Who Shall Never Forget« (Jene, die niemals vergessen werden) und enthielt eine Leerstelle für das Exekutionsdatum.

Am Abend der Operation wurden gemietete Fahrzeuge bereitgestellt, Kommunikationswege getestet, Rückzugswege geprüft. Um 21 Uhr bezog das Team auf einem Parkplatz in der Nähe von Rauffs Haus Stellung. Falls er keinen Spaziergang machte, sollte das Team allabendlich zurückkehren, bis die Operation durchgeführt war. Bei zwei Vollstreckern auf dem Parkplatz in der Nähe des Hauses erschien Rauff nicht. Am nächsten Tag kehrten die beiden zurück. Wieder erschien Rauff nicht, also näherten sich die zwei dem Haus. Plötzlich tauchte, von Rex alarmiert, Nena auf. Als sie sie am Eingangstor am Zutritt hinderte, erkundigten sie sich auf Spanisch nach irgendwem. Die Frau antwortete rüde und erhob aggressiv die Stimme: »Was wollen Sie!« Sie fing an zu schreien, auf Spanisch, wütend und ungehalten: »Sie haben hier nichts zu suchen!«

In diesem Moment gebärdete sich der Hund wie wild und fing an, in einem fort laut bellend herumzurennen. Die Attentäter machten sich Sorgen wegen der Nachbarn und waren sich nicht sicher, ob Rauff im Haus war. Der Hund hörte nicht auf zu bellen, und Nena schrie noch lauter. Sie überlegten kurz, das Haus zu betreten, um Rauff zu »liquidieren«, entschlossen sich dann aber, die Operation abzubrechen. Wenn sie versuchten, sich Zutritt zu verschaffen, würde das Geschrei der Frau möglicherweise Nachbarn oder Passanten anlocken, und vielleicht würde sie sogar auf sie losgehen. Nachdem sie entschieden hatten, sie nicht zu töten, und in Ermangelung weiterer Optionen zogen sie sich zurück und beschlossen, nicht postwendend zurückzukehren. Rauff war nun gewarnt, dass etwas nicht stimmte. Aus nie erklärten Gründen wurde die Operation gegen ihn aufgegeben.

Der Mossad hegte viele Jahre ein tiefes Gefühl der Frustration und des Scheiterns. Rauffs Name blieb auf der Liste der Ziele. Im März 1983 besuchte G Chile und meldete an den Mossad zurück, dass Rauff nach wie vor unter derselben Adresse wohne.

Ich machte den Verfasser des Schriftstücks ausfindig, einen ehemaligen Mossad-Agenten namens Yossi Chen. »Ich wusste eigentlich gar nicht, wer Walther Rauff war«, erzählte er mir, die Geschichte sei also nur ein bescheidenes Kapitel wert gewesen. Er sei nicht beteiligt gewesen an der Operation, aber ihr Scheitern habe er als »persönlich schmerzvoll« empfunden.

Das Kapitel habe er in den 1990ern geschrieben, sagte er, seine Erinnerung sei also sehr lückenhaft. Jetzt, im Ruhestand, habe er mit einigen der damals Beteiligten zusammengearbeitet, aber die meisten seien nicht mehr am Leben. Die Operation gegen Rauff sei als Top Secret eingestuft worden, daher habe man die Namen von G und anderen geschwärzt.

»Wer war G?«, fragte ich.

Yossi Chen schmunzelte.

»Ich weiß, wer G ist, aber ich kann es Ihnen nicht sagen.«

»Ich glaube, ich weiß, wer G ist«, erwiderte ich.

»Er war ein Lügner«, platzte er heraus. Er lachte.

»Er ist noch am Leben und ist jetzt über neunzig.«

»Tatsächlich? Nun ja, er war ein Betrüger«, sagte Yossi Chen. »Er war derjenige, der in den Schwindel mit den Memoiren Hitlers verwickelt war.«

Das war die Bestätigung, die ich wollte.

»Den ›Hitler-Tagebüchern‹«, sagte ich. »G ist Gerd Heidemann, richtig?«

Yossi Chen lachte. »Ja. Ein Lügner und ein Betrüger.«

Der Autor, der Wolff begleitete, war berühmt und berüchtigt, ein Journalist beim *Stern*. Vier Jahre nach dem Besuch verkaufte er die Rechte an seiner Story über die verschollenen und wiederentdeckten Tagebücher von Adolf Hitler für zehn Millionen D-Mark. Als die Tagebücher als Fälschungen entlarvt wurden, was viele in peinliche Erklärungsnot brachte – darunter Oxfords renommierten Regiusprofessor für Neue Geschichte Hugh Trevor-Roper –, wurde Heidemann von dem Magazin entlassen. Er wurde angeklagt, vor Gericht gestellt, für schuldig befunden und im Juli 1985 vom Hamburger Landgericht zu einer Haftstrafe von vier Jahren und acht Monaten verurteilt, die er im offenen Vollzug absaß.

Er lehnte es ab, sich mit mir zu treffen.

Rauff erfuhr nie den wahren Zweck des Besuchs von Wolff und Heidemann.

## 69

Nach dem Besuch, der ihn beinahe das Leben kostete, machte Rauff weiter wie bisher. Enkelkinder, deutsches Radio und deutsche Zeitungen, Briefe, Spaziergänge, das Horst-Wessel-Lied »Die Fahne hoch!«, Simon Wiesenthal, Whisky, Hitlers Geburtstag.

Ein Jahr nach dem gescheiterten Anschlag fand ein australischer Journalist den Namen von Rauffs Sohn in dem Telefonbuch. William Bemister filmte das Haus von Walther junior – »eine verschlafene Straße ein paar Kilometer vom Stadtzentrum entfernt« –, während zwei kleine Mädchen auf Fahrrädern herumfuhren. Das eine war Rauffs Enkelin, das andere sagte, sie wüsste, wo Rauff wohne. Sie führten ihn zu dem kleinen Haus in der Calle Los Pozos 7243; mit der Ziegelmauer und dem Gittertor entsprach es genau der Beschreibung Heidemanns. Im Garten vor dem Haus war Rex, der Deutsche Schäferhund, aufgeregt und wie verrückt bellend.

Eine ältere Frau öffnete die Vordertür. Sie trug ein buntes Sommerkleid, gelb, rot und blau, und sprach Spanisch, mit schriller Stimme. Das war Nena, wehrhaft und wütend wie eh und je. Nein, sie kenne niemanden mit dem Namen Rauff, und sie wurde böse auf die Mädchen. »Unerklärlicherweise feindselig«, berichtete Bemister. »Wer von euch hat die Gringos hierhergebracht, damit sie Ärger machen?«, schrie sie die beiden Mädchen an. »Walther Rauff verraten für eine Packung Süßigkeiten«, sagte

Bemister. Nena knallte die Tür so heftig zu, dass Bemister keinen Zweifel hatte, dass Rauff hier wohnte.

Eine Woche lang drückten er und die Crew sich in der Nähe herum. Eines Tages näherte sich ein kleiner, älterer Mann in einem blauen Hemd mit weißen Punkten dem Haus des Sohnes. Kahlköpfig, mit einer Brille mit dicken Gläsern, kam er lässig dahergeschlendert, wandte sich der Kamera zu und blieb vor dem Eingang stehen. Bemister trat näher.

»Sie leben hier in Santiago, nicht wahr?«, fragte er.

»Yes«, sagte Walther Rauff. Sein Englisch war passabel, der deutsche Akzent grob, wie der, den man im Supermarkt in Porvenir hörte, wenn er dort seine Päckchen Lucky-Strike-Zigaretten kaufte.

»Sie bleiben heute hier, nicht wahr?«

»I must phone up to the jurists«, antwortete Rauff gereizt.

»Mit Rechtsberatern telefonieren? Fechten Sie Ihren Fall noch immer vor Gericht durch?«

»Noooo«, rief Rauff, geschützt und zufrieden. »It's finished, completely finished! Erledigt! I am not guilty. Ich bin nicht schuldig. I want to say only the verity. Ich will nur die Wahrheit sagen.«

»Nur die ganze Wahrheit?«

»Not more.«

»Werden Sie das in einem Interview mit mir sagen?«

»No«, erwiderte Rauff lebhaft. »You are not here only for me, or other things too? Sie sind doch nicht nur wegen mir hier?«

»Sie sagen, Sie würden für diese Dinge, die geschehen sind, verantwortlich gemacht, warum sagen Sie nicht einfach, sie sind nicht wahr?«

Rauff dachte darüber nach, kniff die Augen zusammen.

»You know, we have now seventy-three years, for Mr. Wiesenthal we are dying and they are failing the clients for him. Tja, wir sterben weg, und Mr. Wiesenthal gehen die Kunden aus.«

»Was halten Sie von Mr. Wiesenthal?«

Rauff kicherte nervös. »No, less than me. Weniger als von mir.«

»Wie Jäger und Gejagter?«

Rauff lachte leise in sich hinein und verschwand im Haus seines Sohnes.

## 70

Im Jahr 1982 zwang eine Finanzkrise in Chile die *Pesquera Camelio,* Konkurs anzumelden. Die Camelios beauftragten Miguel Schweitzer, den Sohn von Pinochets Justizminister, sich um die Rechtsfragen zu kümmern. »Er tat es für die Familie«, erzählte mir Schweitzers zweite Ehefrau, Paula Polanco, »aber es machte ihm keinen Spaß.« Die Regelungen, die folgten, schützten das Vermögen der Familie Camelio und beendeten die monatlichen Zahlungen an Rauff.

Ein Jahr später erlitt Nena Zúñiga beim Besuch eines Supermarkts einen tödlichen Herzinfarkt. Rauff sei weder zur Totenwache noch zum Begräbnis erschienen, erzählte mir ihr Neffe.

Etwa um dieselbe Zeit wurde Klaus Barbie, der »Schlächter von Lyon«, in La Paz verhaftet und von Bolivien an Frankreich ausgeliefert. Angeklagt wegen Verbrechen gegen die Menschlichkeit, würde er schuldig gesprochen und zu lebenslanger Haft verurteilt werden.

Die Festnahme veranlasste Simon Wiesenthal, Pinochet in einem Telegramm aufzufordern, Rauff wegen seiner »schrecklichen Verbrechen« nach Westdeutschland auszuweisen.[42]

Dies wiederum veranlasste die französischen Nazijäger Beate und Serge Klarsfeld, ihr Augenmerk auf Rauff zu richten. Im Januar 1984 flog Beate Klarsfeld nach Santiago, um vor seinem Haus und vor Pinochets Amtssitz im Palacio de La Moneda zu demonstrieren. Sie wurde verhaftet, aber ihre Aktion veranlasste Israel, Rauffs Auslieferung an Jerusalem zu verlangen.

Einen Monat später bat Wiesenthal US-Präsident Reagan, auf Pinochet einzuwirken, Rauff an Westdeutschland auszuliefern. Mit Wiesenthals Drängen einher ging eine weltweite Postkartenkampagne, welche die Auslieferung forderte.[43]

Reagan ermunterte die deutsche Bundesregierung, Rauffs Ausweisung aus Chile zu verlangen.[44] Das Europäische Parlament in Straßburg verlangte ebenfalls Rauffs Abschiebung nach Europa. Die britische Premierministerin Margaret Thatcher forderte Pinochet auf, Rauff auszuweisen. Es sei »schändlich«, dass er behaglich als freier Mann in Chile lebe, sagte sie dem britischen Parlament.[45] Der französische Präsident François Mitterrand und der deutsche Bundeskanzler Helmut Kohl zogen bald nach.[46]

Am 29. Februar 1984 forderte der Botschafter der Bundesrepublik Deutschland im chilenischen Außenministerium die Abschiebung Rauffs nach Westdeutschland.

Pinochet stand nun unter ziemlichem Druck, wobei Thatchers Forderung am meisten schmerzte. »Ihr Vater verursacht mir eine Menge Probleme mit der britischen Regierung wegen dieser Auslieferungsangelegenheit«, sagte er zu Walther Rauff junior.[47] Dennoch widersetzte er sich den Forderungen. Rauff habe in Chile kein Verbrechen begangen, und der chilenische Oberste Gerichtshof habe gegen die Auslieferung entschieden. »Sie können zwölf Millionen Briefe schicken, der Präsident der Republik wird seine Entscheidung nicht ändern«, erklärte sein Außenminister.[48]

Am 5. März gab Pinochet dem Magazin *Newsweek* im Moneda-Palast unter einem Wandteppich, auf dem der spanische Wahlspruch Chiles prangte, der auch das Staatswappen ziert (*Por la razón o la fuerza*, »Durch Vernunft oder Gewalt«), ein Interview. Der Journalist, der die Anziehungskraft der Alten Welt, ihren Katholizismus und ihren antimarxistischen Eifer registrierte, stellte Fragen, die Pinochet ärgerten.

Korruption in Chile?

»Verleumdungen«, sagte er gereizt.[49]

Demokratie in Argentinien und Strafverfahren gegen hochrangige Militärs?

Was dieses Thema betreffe, sei er ganz »entspannt«.

Folter und Fälle von Verschwindenlassen in Chile?

»Wenn irgendjemand gefoltert wird, hat er das Recht, vor Gericht zu gehen und sich um Gerechtigkeit gegen die Missetäter zu bemühen«, erwiderte Pinochet scharf. »Es steht Ihnen frei, sich an die Gerichte zu wenden, wenn Sie Fälle von Folter verifizieren möchten. Sie werden keine finden.«

Walther Rauff, der »berüchtigte Verbrecher«?

Der Journalist wusste nicht, dass Rauff mit Atemproblemen in die Clínica Alemana Santiago, die Deutsche Klinik Santiago eingeliefert worden war. »Ich werde ihn nicht nach Westdeutschland schicken«, sagte Pinochet. »Gesetze und Regeln sind zu beachten, und der Fall von Rauff wurde 1963 vom Obersten Gerichtshof entschieden.«

Der Journalist ließ nicht locker.

»Rauff als Mensch schert mich nicht im Geringsten, ich kenne ihn überhaupt nicht«, sagte Pinochet, was eine Lüge war, aber das wusste der Journalist nicht. »Ich bedauere, dass er so viele Verbrechen begangen hat, aber das war vor langer Zeit. Die Gerichte haben gesprochen, ich kann nichts tun. Natürlich, wenn völlig neue Beweise vorgelegt würden, grundverschieden von denen, die dem Obersten Gerichtshof 1963 präsentiert wurden, müsste die Situation neu bewertet werden.« Solche Beweise gab es nicht.

Könnte er Rauff nicht als »unerwünscht« ausweisen?

»Nein, ich werde ihn nicht ausweisen«, sagte Pinochet. »Er wird ständig benutzt, um mir und meiner Regierung zu schaden, wenn man unterstellt, wir würden ›Nazi-Kriegsverbrecher‹ beherbergen«. Pinochet verstand den Unterschied zwischen Auslieferung und Ausweisung bzw. Abschiebung: Im Jahr 1978 schob die chilenische Regierung Michael Townley in die Vereinigten Staaten ab, statt ihn auszuliefern, weil Pinochet keinen Präzedenzfall schaffen wollte, der als Leitfaden für den Umgang mit Contreras oder Espinoza oder gar mit ihm selbst dienen könnte.

»Auslieferung ist etwas ganz anderes als Abschiebung, die eine innere Angelegenheit ist«, beschied er den Journalisten. »Rauff hat in Chile nichts getan, was ihn zur unerwünschten Person machen würde. Er hat keine Gesetze gebrochen. Er ist alt. Er lebt in Chile, allein, in seinem privaten Gefängnis: dem Gefängnis des Gewissens.«

Rauff war sicher, und Pinochet kannte sein Auslieferungsrecht.

## 71

Nachdem er aus der Deutschen Klinik entlassen worden war, zog Rauff bei seinem Sohn ein. Er starb am 14. Mai 1984. Eines natürlichen Todes, wie die *New York Times* berichtete, deren Nachruf Himmlers ehemaligen »Stellvertreter« als einen der »drei meistgesuchten Kriegsverbrecher« der Welt bezeichnete. Irgendeine Verbindung zu Pinochet wurde nicht erwähnt.[50]

»Die Akte Rauff ist geschlossen«, erklärte Simon Wiesenthal in Wien.

»Das Problem Rauff ist gelöst«, sagte Beate Klarsfeld in Paris.

»Rauff ist tot«, hieß es auf der Titelseite der *Prensa Austral* in Punta Arenas,[51] und sie brachte einige lokale Reminiszenzen.

»Großzügig, mit einem guten Herzen, zurückhaltend, gebildet und belesen, unzertrennlich von seinem Hund, einem Deutschen Schäferhund«, gab ein Freund zu Protokoll.

»Ein Mann, der viel über Organisation und Disziplin wusste«, sagte ein Bekannter.

»Ein guter Verwalter«, sagte ein Fischer und »ein argwöhnischer Mensch, der sich verfolgt fühlte.« Er erinnerte sich an seine charakteristische Stimme. »Wir wussten, was er während des Krieges getan hatte, und wagten nicht, Fragen zu stellen, aber wir machten manchmal Witze über ihn, was ihn zum Lachen brachte.«

»Ein wunderbarer Mensch«, sagte ein Mann, der in den 1950ern mit Rauff im Sara-Braun-Haushalts- und Eisenwarengeschäft in der Calle Bories von Punta Arenas Schreibmaschinen verkauft hatte.

»Ein Mann, der Angst hatte und kaum redete«, sagte sein früherer Gärtner.

»Ein typischer Deutscher«, sagte ein Justizangestellter. »Am meisten beeindruckten mich seine schwarzen Militärstiefel.«

Ein Mann, der seinen Antisemitismus und seine »Heldentaten« genossen habe, ohne eine Spur von Reue oder Bedauern, sagte ein Einheimischer, der für ihn gearbeitet hatte.

»Einer der besten Verwalter in der *Pesquera Camelio*«, sagte ein Mann in Porvenir.[52] Er habe sich kaum in die Gemeinde integriert und selten sein Haus verlassen, »außer um zur Lagune zu gehen, wo es Flamingos gab«.

* * *

Rauffs Leichnam wurde in die deutschprachige *Iglesia Luterana El Redentor*, die Evangelisch-lutherische Erlöserkirche in Santiago, gebracht. Den Trauergottesdienst vor zahlreichen Trauergästen hielt Bischof Ricardo Wagner. Seine Totenrede konzentrierte sich auf Rauffs »Liebe zum Meer« und seinen ersten Besuch in Chile im Jahr 1925, ließ seine Vergangenheit aber unerwähnt. »Niemand kann mit letzter Gewissheit wissen, was ein anderer Mensch getan oder nicht getan hat«, sagte Pastor Wagner, womit er leise Unmutsbekundungen provozierte.[53]

Der Sarg wurde zum *Cementerio General de Santiago*, dem

Hauptfriedhof von Santiago de Chile, gebracht, an der Spitze des Leichenzuges ging Rauffs Sohn Walther junior, gefolgt von Freunden, Bekannten und Sympathisanten. Enkel Walther durfte seine Uniform nicht tragen. »Die Marineschule möchte nicht mit meinem Großvater in Verbindung gebracht werden.«

Der Pastor sprach ein paar Worte, der Sarg wurde in die Erde gesenkt, neben Rauffs zweiter Ehefrau Edith. In diesem Moment trat ein großer, grauhaariger Mann in einem schwarzen Ledermantel im SS-Stil an das Grab. Miguel Serrano, ein ehemaliger chilenischer Diplomat und prominenter lokaler Neonazi, der Hitler verehrte, und Neffe des Dichters Vicente Huidobro, forderte Kameraden auf, den rechten Arm zum Hitlergruß zu erheben. »Heil Walther Rauff!«, »Heil Hitler!«, brüllten sie.

»Das Begräbnis machte mich furchtbar wütend«, sagte Miguel Lawner, Allendes Architekt und Inhaftierter auf der Isla Dawson, der kürzlich aus dem Exil zurückgekehrt ist. »Wie konnte ich mich damit abfinden, dass er in Gesellschaft von Nazis, angeführt vom Miguel Serrano, beerdigt wurde?«

## 72

Vier Jahrzehnte später traf ich mich mit Pastor Wagner in seiner Wohnung in einem gepflegten Apartmenthaus im Zentrum von Santiago. Glatzköpfig und mit Brille, begrüßte er mich mit Tee. Seine Frau saß neben ihm, hielt seinen Arm in einer Hand und eine Covid-Maske in der anderen. »Ich hatte keine Ahnung von der Vergangenheit des Mannes, als man mich kontaktierte«, sagte er. »Erst bei der Vorbereitung der Beerdigung erfuhr ich es, als sein Sohn es mir erzählte.«

»Wie konnten Sie so einen Verbrecher beerdigen?«, fragte ein Kollege.

»Ich hätte auch Allende beerdigt«, erwiderte Pastor Wagner.

Die Gleichwertigkeit war vielsagend. »Der tote Mensch zählt nicht, das einzig Wichtige ist die Familie.«

Die Geschichten über die Nazi-Vergangenheit seines Vaters stimmten nicht, habe der Sohn behauptet. »Er bestritt alles, es war nicht meine Funktion, die Fakten zu ermitteln.«

»Hatten Sie nie von Walther Rauff gehört?«, fragte ich den Pastor vorsichtig. Passen Sie auf, sagte der Blick seiner Frau. »Vielleicht habe ich den Namen in den Zeitungen gesehen, vielleicht wusste ich von dem Auslieferungsfall.« Er wandte sich an seine Frau. »Er verdiente ein Begräbnis.«

Ob er die Gerüchte über Rauffs Verbindung zu Pinochet kenne oder die Gerüchte, dass er für das Regime arbeitete?

Dieser Frage wich Pastor Wagner aus. »Ich wurde 1939 in Siebenbürgen geboren; als die Russen kamen, flüchteten wir und gingen nach Österreich. Mein Vater kämpfte an der russischen Front, die SS wollte, dass er eintrat, aber er wollte nicht, er meldete sich freiwillig zur ungarischen Armee. Warum richtet man nicht über alle, beispielsweise über die, die Frauen vergewaltigen?« Dies war eine Anspielung auf Verbrechen der Roten Armee.

Ich wiederholte die Frage. Nein, er wisse von keinen Gerüchten. »Wir wussten, er war ein Nazi, und heute frage ich mich, ob sie nur meinen Mann baten, die Zeremonie zu leiten, ob andere ablehnten«, warf Frau Wagner ein. An seinem Tee nippend, erinnerte sich der Pastor an eine brechend volle Kirche und zahlreiche Trauergäste, die draußen bleiben mussten, Leute, die er nicht kannte. Er entsann sich des Nazivorfalls, als Rauff schon in der Erde war. »Eine Gruppe von Männern in Zivilkleidung, die Nazigrüße entboten und ›Heil Hitler‹ schrien.«

»Es gefiel mir nicht«, sagte der Pastor, und er erinnerte sich an die »hässlichen Dinge« vor der Beisetzung. »Als wir die Kirche verließen, gab es Geschrei und Gejohle von Gruppen jüdischer Menschen und von der Presse, Linken und Kommunisten.« Sie hätten darum gebeten, eine Erklärung abzugeben, vor dem Begräbnis, aber Pastor Wagner sagte nein und forderte sie auf, Respekt zu zeigen. »Es gefiel mir nicht«, wiederholte er.

»Es regte ihn auf, dass die Menge die Söhne in ihrem Schmerz belästigte«, ergänzte die Frau des Pastors.

Nach dem Begräbnis fragten die Zeitungen, wie Pastor Wagner die Zeremonie leiten konnte. Das ging Jahre so. »Ich hätte es mir nicht anders überlegt, selbst wenn ich alle Fakten gekannt hätte.« Er habe von Menschen gehört, die in Lieferwagen vergast wurden, aber vor ihm habe die Leiche eines Vaters gelegen, er habe sich auf den Sohn konzentrieren müssen.

Ob er sicher sei, dass er Walther Rauff beerdigt habe?

Der Pastor schaute verwirrt. Es gibt ein Gerücht, dass ein anderer Leichnam beerdigt worden sei. Hernán Felipe Errázuriz erzählte mir, dass die Israelis das Außenministerium gebeten hätten, den Leichnam besichtigen zu dürfen, um sich zu vergewissern, dass es Rauff war.

»Das wusste ich nicht«, sagte Pastor Wagner. »Der Sohn muss es geglaubt haben, da er augenscheinlich tief bestürzt war.«

Sah Pastor Wagner den Leichnam?

»Nein. Es war wie üblich ein geschlossener Sarg.« Er unterbrach sich. »Vielleicht kamen die Israelis zur Kirche, aber ich erinnere mich nicht, oder …«, er hielt inne, »… vielleicht geschah das auf dem Friedhof, was wahrscheinlicher ist.«

Fernsehmaterial zeigte, wie der Sarg Rauffs Haus verließ, getragen von zwei Männern, die ihn mühelos in den Leichenwagen hoben. Später, als der Sarg aus dem Leichenwagen geholt und in Pastor Wagners Kirche getragen wurde, mühten vier Männer sich ab.

»Was heißt das?«, fragte Pastor Wagner.

Dass der Leichnam das Haus nicht verlassen hatte?

»Ich frage mich, ob die Regierung Rauff getötet hat«, sagte er, eine Anspielung auf Pinochet.

Er sah die Rauffs nie wieder, dachte aber hin und wieder an den Sohn. »Er war überzeugt, dass sein Vater ein guter Mensch war. Das Problem hat jetzt der Enkel, der weiß, was der Großvater getan hat. Das ist ein Problem von vielen Deutschen, in diesen Zeiten.« Nicht bloß von Deutschen, dachte ich, sagte es aber nicht.

Der Pastor wechselte zu anderen Schrecknissen. »Im 20. Jahrhundert hatten wir zwei fürchterliche Experimente, Nazismus und Marxismus, mit demselben Ziel, eine Gesellschaft ohne Klassen, in der Gegner getötet oder in psychiatrische Anstalten eingeliefert wurden.«

Unsere Blicke trafen sich.

»Das Problem mit den Nazis«, fuhr er fort, »war nicht, dass es schlechte Menschen waren, sondern das sie an ein anderes Verständnis vom Menschen glaubten, eines, das auf der Idee von ›dem anderen‹ basierte. Diejenigen, die die Befehle unterzeichneten« – meinte er Rauff? –, »wollten eine arische Gesellschaft. Die Bestien waren die Männer, die in den Konzentrationslagern folterten und prügelten, nicht diejenigen, die die Befehle unterzeichneten. Das waren gute Männer mit guten Herzen, die anderen waren die Teufel.«

Ich wusste nicht, was er meinte, und wollte nicht nachfragen.

Pastor Wagner und Frau Wagner gefiel nicht, was mit Pinochet in London passierte. Sie hatten noch nie von Rauff gehört, und sie hatten noch nie von Londres 38 gehört. Der Name Villa Grimaldi sagte ihnen vage etwas. »Schlimme Dinge sind dort passiert, aber in welchem totalitären Regime ist so etwas nicht passiert?«, fragte Pastor Wagner.

War das Pinochet-Regime totalitär?

»Ja, aber am Ende gab es ein demokratisches Referendum. Pinochet dachte, er würde gewinnen, aber er verlor, dann ging er. Welcher andere Tyrann hätte so gehandelt? Nicht der kubanische.«

## 73

Der Tod von Walther Rauff beendete nicht die Gerüchte um die DINA. Das US-Außenministerium kam nach nochmaliger Aktendurchsicht zu dem Schluss, dass es »keinerlei Informationen zum Nachweis« einer Verbindung zwischen Rauff und Pinochets Regierung gebe. Es sei jedoch möglich, dass er »in irgendeiner nicht näher beschriebenen, inoffiziellen Funktion diente«.[54]

»Chilenen sahen Rauff regelmäßig mit einer Aktentasche zur Londresstraße 38 gehen, wo sich sein Büro befand«, berichtete eine westdeutsche Zeitung einen Monat nach seinem Tod. Der Artikel bezeichnete Rauff als »Schreibtischtäter«, ein Hannah Arendt zugeschriebener Begriff zur Bezeichnung derjenigen, die den Massenmord organisierten, aber persönlich niemals töteten.[55] In Londres 38 bestand Rauffs Funktion, wie von Pinochet persönlich genehmigt, darin, Kommunisten zu identifizieren.

»Die ersten Verhöre der Gefangenen fanden meist in Rauffs Büro statt«, anschließend wurden sie in eine Haftanstalt bei San Antonio gebracht. »Zeugen haben berichtet, dass Rauff politische Gefangene auch mit Gas absondernden Flüssigkeiten traktieren ließ, die starke Lungen- und Leibschmerzen verursachten.« Einmal mehr gab es nichts zum Beweis, weder Zeugenaussagen noch Belegmaterial.[56]

Ein paar Monate später brachte die chilenische Zeitschrift *Análisis* einen Artikel mit dem Titel »Dawson, das letzte Konzentrationslager Rauffs«.[57] Rauff sei ein »geheimer Berater« der DINA gewesen, wurde behauptet, und habe Gefangene in die Colonia Dignidad geschickt, wo DINA-Agenten sie folterten und verschwinden ließen.

Es hörte nie auf. Ein Jahrzehnt später beschrieb ein Autor namens Ingo Kletten Rauffs Arbeitsbeziehungen mit der DINA und der Pinochet-Regierung, seine Besuche in der Colonia Dignidad und eine Verbindung zu Manuel Contreras. Die DINA-Verbindung sei angeblich »durch Dokumente bewiesen«, aber nur ein Schriftstück wurde erwähnt: eine eidesstattliche Erklärung, abgegeben im Januar 1991 von dem chilenischen Autor León Gómez Araneda, der »den deutschen Nazi Walther Rauff« als einen seiner Folterer in Londres 38 bezeichnete.[58]

Im Jahr 2013 veröffentliche Professor Martin Cüppers eine überaus detaillierte Biographie Rauffs. Er erwähnte die »denkwürdige eidesstattliche Erklärung« von Gómez. (»Ich sah vor meinen Augen einen meiner Folterer, den ich wegen seines ausländischen Akzentes [von den anderen] unterscheiden konnte, und ich konnte glaubwürdig feststellen, dass es sich um den deutschen Nazi Walther Rauff handelte.«)[59] Überdies hob er eine Behauptung über eine Beziehung zwischen Contreras und Rauff hervor. Andererseits war Cüppers verblüfft über das Fehlen eindeutiger Beweise und dass der Name Rauff nirgendwo in chilenischen Ermittlungsakten erwähnt wurde. Wie die CIA ließ auch Cüppers die Tür einen Spaltbreit offen: »So kann es durchaus möglich sein, dass Rauff mitunter von ihm persönlich bekannten Militärs um Rat gefragt wurde.« Nach Ansicht von Professor Cüppers würde das jedoch nicht bedeuten, dass er »einer offiziellen Beratertätigkeit« nachging.[60]

Vier Jahre später brachte Carlos Basso, ein chilenischer Journalist, Rauff mit Colonia-Dignidad-Verbrechen in Verbindung.[61]

Zwei Jahre danach, 2019, bohrte Marcus Klein, ein deutscher Forscher tiefer nach und erkannte einen Kaskadeneffekt: Man stützte sich auf die eine unbewiesene Behauptung, um eine andere zu untermauern. Sah man sich dann die ursprüngliche Quelle an, so war da nur Schall und Rauch. Es gebe keinerlei Details über die eidesstattliche Erklärung von Gómez, und in seinen Büchern erwähne Gómez Rauff nicht. »Gerüchte können wahr oder falsch sein«, meinte Klein, aber er fand »keine Belege, dass er [Rauff] je zu irgendeinem Zeitpunkt in irgendeiner Funktion für die Junta und deren Repressionsapparat tätig war«.

Klein stellte Mutmaßungen über die Gerüchte an. Oft würden sie für Thesen genutzt, wonach es eine »direkte Verbindung« zwischen Pinochet und Hitler gegeben habe, so dass Pinochets Chile der »Inbegriff des faschistischen Unrechtsstaats« gewesen sei. Dienten die Behauptungen über Rauff dazu, »das merklich nachlassende internationale Interesse an Chile anzufachen – und in diesem Fall ganz gezielt jüdische Kreise anzusprechen«? Warum sollte sich das Regime an jemandem binden, der ihm Probleme bereiten würde? Klein war skeptisch, was eine Verbindung zwischen Rauff und Pinochet betraf.[62]

Ebenso bemerkenswert war jedoch das, was diese Autoren *nicht* thematisierten. Rauff und Pinochet kannten sich seit den 1950er Jahren. Rauff erwähnte die Beziehung – »dass ich hier sozusagen unter ›Denkmalschutz‹ stehe!« – und dass er von dem Regime geschützt werde. Niemand griff General Mendozas Besuch in der *Pesquera Camelio* kurz nach dem Putsch auf. Niemand erwähnte die Freundschaft mit Admiral Weber. Als ich nach Chile kam, wurde jedes Mal, wenn Rauffs Name zur Sprache kam, stets sein Umgang mit dem Regime erwähnt. Journalisten, Diplomaten, Anwälte, Wissenschaftler, Autoren – selbst Taxifahrer –, sie alle stellten die Verbindung her.

Ich sah alles durch, was ich zusammengetragen oder gelesen hatte. So viele Namen und Orte wurden erwähnt, aber drei tauchten immer wieder auf.

Isla Dawson in Patagonien.

Colonia Dignidad in der Nähe von Concepción.

Londres 38 in Santiago.

Auf diese drei würde ich mich konzentrieren, etwas tiefer graben, Leute finden, mit den ich sprechen konnte.

## London, März 1999

### 74

Ende 1998 war Pinochet seit drei Monaten in Haft, ohne Aussicht auf eine baldige Rückkehr nach Chile. Fünfzehn Jahre waren vergangen, seit er es abgelehnt hatte, Walther Rauff auszuliefern oder auszuweisen.

Der Beginn der dritten Anhörung vor dem House of Lords war für Montag, den 18. Januar 1999, angesetzt. Den Vorsitz in dem Fall führte Nico Browne-Wilkinson, der zusammen mit sechs weiteren Richtern, darunter David Hope, amtierte. »Es wird keinen Konflikt der Interessen und Prädispositionen geben, wie sie kennzeichnend für die vorherige Anhörung waren«, vermerkte Hope privat und voller Sorge. »Ich kann mich nicht erinnern, dass ich mich jemals, seit ich Richter bin, derart unbehaglich wegen eines Falls gefühlt habe.«[63]

Die chilenische Regierung beschloss zu intervenieren und wurde durch die Lordrichter dazu ermächtigt. Sie akzeptierten, dass die Immunität, die beansprucht wurde, in Wirklichkeit Chile als souveränem Staat zukam. Amnesty International und die anderen, die in dem ersten Fall beteiligt gewesen waren, wurden erneut zugelassen. Auch Human Rights Watch, obwohl wir uns auf schriftliche Entgegnungen beschränken mussten. »Das ist auch gut so«, lautete Hopes ätzender Kommentar, weil er meinte, einer von uns sei »weitschweifig« und tendiere dazu, »in Paragrafen« zu reden.[64]

Einmal mehr waren die roten Lederbänke von Committee

Room 4 voll besetzt, und ich verbrachte zwölf weitere Tage neben Miguel Schweitzer sitzend. »Pinochet zum Dritten? Mit sieben Richtern diesmal, nicht bloß fünf! Surreal, nicht?«, rief er aus. Leutselig wie immer und sichtlich voller Elan, bestritt er, optimistisch zu sein. »Alles ist vormals entschieden worden, so dass wir unmöglich gewinnen können«, sagte er.

Andererseits, wieso nicht?

»Es ist eine neue Anhörung, und die chilenische Regierung hat uns ein bisschen geholfen, mit ihrem berühmten Anwalt«, pflegte er zu sagen, eine Anspielung auf Lawrence Collins, der bei seinen Einwänden nicht ganz so engagiert war, wie Schweitzer es gerne gehabt hätte. »Collins machte Fragen des Prinzips geltend, dass ein früheres Staatsoberhaupt nicht ausgeliefert werden sollte, aber er sprach nicht ein einziges Mal von dem ›General‹.« Wir alle wussten, warum. »Es durfte nicht der Eindruck entstehen, diese chilenische Regierung sei pro-Pinochet.«

Am Eröffnungstag rauschte der silberhaarige Baltasar Garzón für den Tag aus Madrid herbei, in der Hoffnung, Pinochet der Liste berüchtigter Verbrecher hinzuzufügen, die er hinter Schloss und Riegel gebracht hatte, berichtete die *Times*.[65] Jean Pateras begleitete ihn. »Ich habe alles gedolmetscht, verdammt anstrengend«, erinnerte sie sich, »und der Journalist von *El País* meinte, wie sähen aus wie ein Liebespaar.« Tatsächlich verkehrten sie in ihrem Stammlokal, *The Antilope* in der Nähe des Sloane Square, mehr aber auch nicht.

Zurück in Madrid wollte Garzón tägliche Lageberichte. »Ich saß im Gericht«, sagte Jean, »und versuchte zu verstehen, was vorging, und erstattete Bericht. »*Gracias*, Jean, ruf mich morgen wieder an.«

An Tag eins kam man sich vor wie in *Und täglich grüßt das Murmeltier*, ein Film, in dem ein TV-Wetteransager jeden Morgen zu einer Wiederholung dessen aufwacht, was vorher geschehen ist. Von Anfang an war jedoch klar, dass diese sieben Richter anders verfahren würden: Die Fakten mochten dieselben sein, aber die rechtlichen Fragen und Argumente klangen anders. Das Gewohnheitsrecht, das Wiener Übereinkommen über diplomatische Beziehungen und der englische State Immunity Act von 1978 wurden kaum erwähnt. Stattdessen schossen sich die Richter auf Folter ein und den Effekt der UN-Antifolterkonvention von 1984.

Die Erfahrung, denselben Rechtsfall vor demselben Gericht zu erleben, aber mit anderen Richtern, entlarvte den Eindruck als falsch, dass das Gesetz mechanisch auf die Fakten angewendet wird. Man tausche die Richter aus, und alles ändert sich. Es ist der Faktor Mensch.

## 75

Das »Übereinkommen der Vereinten Nationen gegen Folter und andere grausame, unmenschliche oder erniedrigende Behandlung oder Strafe« war für Großbritannien, Chile und Spanien ab dem 8. Dezember 1988 in Kraft. Von diesem Tag an waren sie und die anderen Unterzeichnerstaaten verpflichtet, Folter zu unterbinden und Täter zu bestrafen. Die Konvention definierte als Folter »jede Handlung, durch die einer Person vorsätzlich große körperliche oder seelische Schmerzen oder Leiden zugefügt werden, um sie für eine tatsächlich oder mutmaßlich von ihr oder einem Dritten begangene Tat zu bestrafen oder um sie oder einen Dritten einzuschüchtern oder zu nötigen«. Die Konvention findet Anwendung auf Handlungen »von einem Angehörigen des öffentlichen Dienstes oder einer anderen in amtlicher Eigenschaft handelnden Person«, wobei »eine von einem Vorgesetzten oder einem Träger öffentlicher Gewalt erteilte Weisung [...] nicht als Rechtfertigung für Folter geltend gemacht werden« dürfe.

Großbritannien, Chile und Spanien waren aufgefordert, Folter und Mittäterschaft zu kriminalisieren, und verpflichteten ihre Gerichte auf das Weltrechtsprinzip – was ihnen ermöglichte, jeden in ihrem Hoheitsgebiet aufgefundenen Folterer zur Rechenschaft zu ziehen, ungeachtet der Nationalität und ohne Rücksicht darauf, wo oder gegen wen die Folter verübt wurde. Allerdings schwieg sich die Antifolterkonvention im Gegensatz zur UN-Völkermordkonvention, in die Garzón großes Vertrauen setzte, über Immunität aus. Uns fiel in dem Fall, für Human Rights Watch, die Aufgabe zu, mit Hilfe von Studenten der Yale Law School die vierjährige Verhandlungsgeschichte des Übereinkommens zu recherchieren. Hatten die Verfasser irgendetwas über Immunität gesagt? Hatten sie nicht. Die Unterhändler hatten nichts über die Immunität eines amtierenden oder ehemaligen Staatsoberhaupts gesagt.[66]

Im englischen Recht wird, wie ich erwähnt habe, ein internationales Vertragswerk erst Teil des nationalen Rechts, wenn es formell aufgenommen worden ist. Für die Antifolterkonvention erfolgte dies durch Absatz 134 des Criminal Justice Act 1988, der am 29. September 1988 in Kraft trat. Dies bedeutete, dass die Richter die Konvention interpretieren und anwenden konnten. Spätestens im Dezember jenes Jahres galt sie für Großbritannien, Chile und Spanien.

Garzón führte an, dass Pinochet Folter plante, bevor er an die Regierung kam, und sie vom Zeitpunkt des Putsches, dem 11. September 1973, an und während seiner gesamten Amtszeit genehmigte. Im englischen Recht wird eine Übereinkunft von zwei oder mehr Personen, in der Zukunft Folter zu verüben – Pinochets Plan –, als Verabredung behandelt. In dem ersten Fall vor dem House of Lords sei der Vorwurf der Verabredung eigentlich nicht vorgekommen, erzählte mir Alun Junes, weil sein Team keine Zeit gehabt habe, ihn auszuarbeiten. »Wir konnten erst in dem neuen Fall Anklagepunkte wegen Verabredung zur Verübung von Folter formulieren. Wir machten es, um eine verbrecherische Handlungsweise zu erfassen, die über einen langen Zeitraum andauerte«, erläuterte er. Das Argument sei eingesetzt worden, weil die CPS-Anwälte Sorge hatten, dass die Lordrichter ihre Zuständigkeit auf ein späteres Datum eingrenzen könnten, beispielsweise als die Antifolterkonvention in Kraft trat, im Oktober 1988.

»Es war eine taktische Entscheidung«, sagte Jones, »um die ganze Bandbreite des von Garzón dargelegten Falls vorzustellen, dass Pinochet vor dem Putsch mit anderen übereinkam, Folter zu verüben und das viele Jahre danach weiter zu tun.« Der Vorwurf der Verabredung würde den Richtern erlauben, Folterakte von 1973 bis 1990 einzurechnen. »Ich denke mal, das war mein wahrer Beitrag zu dem Fall«, sagte Jones.

## 76

Spanien als Berufungskläger ging einmal mehr voran. Es konzentrierte sich auf zwei Schlüsselfragen: Erstens, genügten die zur Last gelegten Verbrechen dem Grundsatz der doppelten Kriminalität, sprich: Waren es Verbrechen, über die sowohl englische als auch spanische Gerichte die Jurisdiktion ausüben konnten? Und zweitens, konnte Pinochet für diese Verbrechen Immunität beanspruchen?

In den folgenden Tagen verengte sich die Beweisführung auf das Verbrechen der Folter und auf die Anforderungen der Antifolterkonvention von 1984. »Der Folterer ist der universelle Feind von Zivilgesellschaft und Menschenrechten«, argumentierte Alun Jones, daher sei Immunität für ein früheres Staatsoberhaupt schlankweg unvereinbar mit der Konvention.[67] Er wurde unterstützt von Professor Greenwood, der behauptete, dass zusätzlich zu der Konvention auch das Völkergewohnheitsrecht Pinochet nicht zubillige, Immunität zu beanspruchen. Browne-Wilkinson, der vorsitzende Richter, war ratlos. Wann wurde eine Regel oder Norm Teil des Völkergewohnheitsrechts? Als Jurastudent habe er die Antwort auf diese Frage nie wirklich verstanden. »Der Fall dreht sich mehr und mehr um diesen Punkt«, fügte er hinzu, was unheilvoll für Spanien zu sein schien – in der ersten Entscheidung war die Mehrheit zu dem Schluss gekommen, dass Pinochet kein Recht auf Immunität nach Gewohnheitsrecht habe. Die Frage veranlasste Miguel Schweitzer, die Arme zu kreuzen, sich zu mir zu wenden und zu lächeln.[68] Ich habe diesen Moment nie ganz vergessen, und er erwähnte ihn oft, noch Jahre später.

»Das Völkergewohnheitsrecht entwickelt sich durch die Praxis der Staaten«, sagte Greenwood in dem Versuch zu helfen. Die Praxis müsse mit der Überzeugung verbunden sein, dass seine Erfordernis eine Frage der Rechtsverbindlichkeit ist, nicht bloß Zweckdienlichkeit. Für die Freunde lateinischer Fachausdrücke: Man spricht hier von *opinio iuris*.

Browne-Wilkinson blickte ein wenig verwirrt. »Wenn wir also sagen, es ist Teil des Völkerrechts, dann ist es das, und wenn wir sagen, es ist es nicht, dann ist es das nicht?«

Dies schien maßgeblich zu sein. Browne-Wilkinson äußerte Skepsis hinsichtlich des von Hoffmann und der früheren Mehrheit gewählten Ansatzes. Es ist einfach zu vage, schien er anzudeuten. Er wollte etwas Eindeutigeres, eine schriftliche Norm oder Richtlinie, eine in einem Übereinkommen, das Staaten aufgesetzt und unterzeichnet und dem sie ausdrücklich zugestimmt hatten.

»Euer Lordschaft erkennen, welches, wenn ich so sagen darf, die sehr beträchtliche Verantwortung ist, vor der das Oberhaus Eurer Lordschaften in diesem Fall steht«, sagte Greenwood. Soweit Spanien betroffen sei, tue die Antifolterkonvention nicht mehr, als ein bestehendes gewohnheitsmäßiges Folterverbot festzuschreiben, unter Hinzufügung von ein bisschen Schnickschnack. Das Gewohnheitsrecht erlaube Pinochet nicht, Immunität zu beanspruchen, ebenso wenig die Antifolterkonvention.

Es roch nach dem entscheidenden Moment. »Na schön, sehen wir uns die Antifolterkonvention etwas genauer an«, sagte Clare Montgomery, »und schauen, was sie tatsächlich tut.« Die Konvention sei für Großbritannien, Chile und Spanien erst Ende 1988 bindend geworden, führte sie aus, so dass sie sich logischerweise bestimmt nur auf Folter anwenden lasse, die danach geschah, als sie für alle drei Länder in Kraft war. Sie lasse sich nicht auf Folter vor dem Oktober 1988 anwenden, mutmaßte sie, und sie lasse sich nicht auf Folter in Chile in den 1970er Jahren anwenden, lange bevor die Konvention überhaupt verfasst wurde.

Lord Millett intervenierte. Habe der Nürnberger Gerichtshof nicht den Einwand zurückgewiesen, dass die im Statut des Nürnberger Gerichtshofs festgeschriebenen Verbrechen sich nicht auf Handlungen beziehen könnten, die der Formulierung des Statuts im August 1945 zeitlich vorangingen? Hätten die Nürnberger Richter nicht entschieden, dass »Verbrechen gegen die Menschlichkeit« sich auf Handlungen bezögen, die auch vor dem August 1945 geschahen, als der Gedanke erstmals Eingang in das Völkerrecht fand?

Vielleicht, entgegnete Montgomery lebhaft, aber Nürnberg sei ein internationales Tribunal gewesen, »und Sie, das House of Lords, sind nur ein innerstaatliches Gericht«.[69] Dieses innerstaatliche Gericht, fuhr sie fort, könne keine rückwirkenden Entscheidungen treffen: Wenn Immunität nicht durch die Antifolterkonvention ausgehebelt werde, bestehe sie weiter. General Pinochets Immunität bestehe weiter. Sie sei absolut, wasserdicht, umfassend.

Millett ließ nicht locker. »Sagten Sie nicht gestern, dass die Immunität voll und ganz gelte, selbst für den örtlichen Polizeichef?«

»Ja«, antwortete Montgomery.

Also könne ein örtlicher Polizeichef vor ein internationales Tribunal gestellt werden, vor dem die Immunität verloren geht, aber nicht vor ein nationales Gericht, wo die Immunität weiterbesteht?«

»Ja«, erwiderte Montgomery. »Oder er könnte in seinem Heimatstaat vor Gericht gestellt werden.« Die Immunität gehöre zu Chile, erläuterte sie, hinsichtlich aller seiner Beamten, wie hoch oder niedrig ihre Stellung auch sein möge. Montgomerys Glanzleistung: Wenn man so klingt, als würde man an sein Argument wirklich glauben, besteht eine reelle Chance, dass die Richter es akzeptieren.

Millett wirkte perplex, Browne-Wilkinson ebenso. »Wenn der frühere Polizeichef nur vor ein internationales Gericht oder sein Heimatgericht gestellt werden kann, warum verlangt die Antifolterkonvention dann von anderen Staaten, ihn strafrechtlich zu verfolgen?«

Dies war eine Schlüsselfrage: Wie konnte absolute Immunität im Einklang stehen mit der Verpflichtung aus der Antifolterkonvention, dass eine Partei jeden Folterer strafrechtlich verfolgen oder ausliefern müsse, unabhängig davon, wer er oder sie war oder wo er oder sie gefoltert hatte?

Das Recht basiert auf einer gewissen Form von Logik, dem Entwirren von Fäden, die in entgegengesetzte Richtungen ziehen. Montgomerys These von der absoluten Immunität vor nationalen Gerichten gehe ihm möglicherweise zu weit, meinte Browne-Wilkinson. In einer halben Stunde denke er vielleicht anders, aber weil die Konvention von 1984 ihre Unterzeichnerstaaten verpflichte, jede Person strafrechtlich zu verfolgen, die Folter verübt habe, sei sein Eindruck im Augenblick, dass sie eine »vertretbare Ausnahme« von der Immunität anzubieten scheine.

Dies war Anwaltschaft, ganz in der englischen Tradition, ein Schlagabtausch, bei dem die Streitpunkte herausgekitzelt werden. Der Anwalt legt dar, der Richter hakt nach, ein Hin und Her im Für und Wider der Argumente, ein intellektuelles Tauziehen um Worte, ein Zusammenprall der Logiken. So geht es weiter, über mehrere Tage. Argument, Erwiderung, Gegenargument, Rechtssätze, die erschöpfend erörtert werden, bis schlussendlich irgendeine Form herauskommt, die ihren Ausdruck in etwas Geschriebenem findet, das »Urteil« heißt.

## 77

Jeden Tag nach der Anhörung, um vier Uhr nachmittags, trafen sich die sieben Richter zum Tee, »um auf Tuchfühlung mit ihren Ansichten zu bleiben«, wie Hope vermerkte. Jahrzehnte später begleitete er mich durch den Palace of Westminster und den Flur, wo die Lordrichter arbeiteten. Der Raum, in dem sie sich berieten, war klein und einfach, gemessen an den Angelegenheiten von vitalem Interesse, die dort besprochen wurden. Die Richter »arbeiteten sehr gut zusammen«, meinte Hope, unter der behutsamen, aber straffen Leitung von Browne-Wilkinson. »Nico wollte niemals dominieren«, und er sei den anderen »um Längen« voraus gewesen, »auch wenn er gelegentlich Zeichen von Unbehagen über seine eigenen Neigungen« gezeigt habe.[70]

Die Anhörung dauerte schon einige Tage, als Browne-Wilkinson weitere relevante Fragen stellte. Konnte ein allgemeines Recht auf Immunität durch ein Übereinkommen abgeschafft werden? Und wenn ja, musste das Übereinkommen es ausdrücklich tun, oder war eine notwendige Implikation ausreichend? Browne-Wilkinson wusste aus unseren schriftlichen Eingaben im Namen von Human Rights Watch, dass die Verfasser der Antifolterkonvention sich niemals mit diesen Fragen beschäftigt hatten.

Notwendige Implikation reiche nicht, sagte Montgomery, man brauche mehr. Ein Übereinkommen müsse explizit sein, um eine Immunität zu beenden, wie es die Völkermordkonvention tue. »Meines Erachtens ist das ein zentraler Punkt«, sagte Browne-Wilkinson, der anscheinend noch unvoreingenommen war.

Professor Brownlie aus Oxford, der aussah wie eine bebrillte, bärbeißige Eule, intervenierte im Namen von Amnesty International. Sollte Miss Montgomery recht haben, dann könne sich Pinochet hinter einer »Mauer der Straffreiheit« verstecken. Warum sollten die Verfasser der Antifolterkonvention einem Diktator wie Pinochet den Genuss der Immunität einräumen, nachdem er aus dem Amt geschieden ist?[71]

Noch einmal mischte sich Lord Millett ein. Eine notwendige Implikation sei in jedem Fall ausreichend. Die Logik des Rechts bedeute, dass durch ein Übereinkommen, welches verlange, dass ein Folterer strafrechtlich verfolgt oder an einen Ort ausgeliefert wird, wo er strafrechtlich verfolgt werden kann, die Immunität aufgehoben werde. Die Gesichter der anderen Richter ließen keinerlei Rückschlüsse auf ihre Ansichten in diesem entscheidenden Punkt zu.

Jedes Mal, wenn ein Anwalt der chilenischen Regierung sprach, war es, als vollziehe er oder sie einen Drahtseilakt, um in Bezug auf Pinochet nicht positiv zu klingen. »Folter ist völkerrechtlich verboten«, sagte Lawrence Collins, und Chile habe das anerkannt, das sei die Position in den 1970er Jahren gewesen.

»Auch schon 1973?«, fragte Lord Hope.

»Aber ja«, erwiderte Collins. Doch die Tatsache, dass Chile anerkannt hat, dass Folter zur Zeit des Putsches verboten war, bedeute nicht, dass sie »damals ein internationales Verbrechen«

war. Außerdem gehe Immunität nur verloren, wenn sie durch ein Übereinkommen »ausdrücklich aufgehoben« werde, genau wie Miss Montgomery vorgebracht habe. Da die Antifolterkonvention keine »ausdrückliche Außerkraftsetzung« biete, bleibe Pinochets Immunität – und Chiles Recht, sie geltend zu machen – uneingeschränkt in Kraft. Sie sei »unangetastet«.

Nach zwölftägiger schwieriger Erörterung endete die Anhörung am Donnerstag, dem 4. Februar. »Weit umfassender« als die erste Anhörung, meinte Hope.[72] Fein ausgewogen und unvorhersehbar, meinte das Team von Human Rights Watch. Das Auftreten der Richter und die Fragen aus der Anhörung deuteten auf ein abweichendes Ergebnis hin.

Die Zeit zwischen dem Ende der Anhörung und dem Fällen des Urteils war nicht ohne interessante Momente.

Lord Irvine, der Lordkanzler und damit Justizminister, beendete die Spekulationen über Hoffmanns Zukunft. »Ein Richter von höchster Integrität«, verkündete er, schuldig lediglich einer Fehleinschätzung. Er würde im Amt bleiben.[73]

Der Vatikan drängte die britische Regierung, Pinochet die Rückkehr zu ermöglichen, im Interesse der nationalen Versöhnung.[74]

Roberto Dávila Díaz, der Präsident des chilenischen Obersten Gerichtshofs, sprach zur Eröffnung des chilenischen Gerichtsjahres. Er befürworte die Immunität, erklärte er, und die umgehende Rückkehr des Generals.[75]

Nach sieben Wochen kündigten die Lordrichter an, dass der Richterspruch am Mittwoch, dem 24. März, bekannt gegeben würde. Schon zwei Tage vorher meldete die *Times*, dass das bevorstehende Urteil die »Freiheitschancen« Pinochets »erhöhen« würde: Die Zeitung prophezeite, dass die Richter entscheiden würden, Pinochet genieße Immunität für vor 1988 begangene Handlungen, wäre aber nicht immun, wenn es um Verbrechen gehe, die nach diesem Datum begangen wurden und für die er an Spanien ausgeliefert werden könne. Allerdings, erläuterte die Zeitung, wäre die Auslieferung »schlimm durchlöchert«, da die meisten der von Garzón angeführten Handlungen 1973 und 1974 geschehen seien.[76] »Ein sehr unerfreulicher Tag«, sagte James Vallance White über die offenkundige Indiskretion. Amnesty International und andere murrten. Die Sache wurde überprüft, ergebnislos.[77]

## 78

Am Nachmittag des 24. März fanden wir uns abermals in der Lords Chamber des House of Lords ein. Pinochet war nun fünf Monate in Haft, die er unter Hausarrest in einer Londoner Nobelvilla verbrachte, James Cameron und ich hatten seit mehreren Wochen nicht miteinander kommuniziert. Kein Kontakt, bis der Fall abgeschlossen war, im Nachgang der Hoffmann-Affäre.

Um 14 Uhr erhob sich Browne-Wilkinson.[78] »Aus den genannten Gründen«, sagte er, »würde ich behaupten, dass Senator Pinochet als ehemaliges Staatsoberhaupt keine Immunität für Auslieferungsverbrechen besitzt.« Er hielt inne. »Daher würde ich diese Einsprüche in Teilen zulassen.«

»In Teilen.« Was bedeutete das? Er ließ uns zappeln.

Als Nächstes sprach Lord Goff. Pinochet genieße vollständige Immunität.

Dann Lord Hope. Pinochet habe seine Immunität verloren, aber nur ab dem Tag, als die Antifolterkonvention in Großbritannien, Chile und Spanien in Kraft war, ab dem 8. Dezember 1988. Der *Times*-Bericht war zutreffend, es hatte eine Indiskretion gegeben. Wurden nach diesem Datum irgendwelche Verbrechen begangen, zwischen Dezember 1988 und März 1990, als Pinochet aus dem Amt schied? Sehr wenige.

Lord Hutton sagte, dass Pinochet seine Immunität am 29. September 1988 verloren habe, als Abschnitt 134 des Criminal Justice Act in Kraft trat.

Vier Richter hatten gesprochen, jeder war zu einem anderen Schluss gekommen.

Lord Saville war der gleichen Meinung wie Browne-Wilkinson.

Lord Millett, der als Sechster sprach, sagte, Pinochet besitze überhaupt keine Immunität. Er könne an Spanien ausgeliefert werden, um sich jeder von Garzón erhobenen Anklage zu stellen.

Abschließend Lord Phillips. Er würde die Berufung zulassen mit Bezug auf Handlungsweisen Pinochets, die Auslieferungsverbrechen darstellten. Welche Handlungsweisen er meinte, sagte er nicht.

Während sie sprachen, stand eine Vielzahl von Anwälten in der Lords Chamber, wo das Lordgericht tagte. Millionen Menschen auf der ganzen Welt, die sich die Urteilsverkündung live auf BBC und CNN ansahen, versuchten zu verstehen, was entschieden wurde. Sieben Richter, sechs Meinungen, aber das Fazit schien zu sein, dass Pinochet keine Immunität besaß für Folter, die nach dem Dezember 1988 verübt wurde. Wegen dieser Handlungen, aber nicht wegen der früheren konnte er ausgeliefert werden. Bingham und dem Divisional Court sowie den fünf Lordrichtern. die den ersten Fall entschieden, wurde nicht gefolgt.

Browne-Wilkinson stand noch einmal auf. Er führte aus, dass der Grundsatz der doppelten Kriminalität bedeute, dass Pinochet nur für eine Handlungsweise ausgeliefert werden könne, die sowohl nach spanischem als auch nach englischem Recht strafrechtlich relevant sei. Da Folter und Verabredung zu Folter außerhalb des Vereinigten Königreichs im englischen Recht erst am 29. September 1988 zu Verbrechen wurden – als Abschnitt 134 des Criminal Justice Act 1988 in Kraft trat, der die Antifolterkonvention umsetzte –, könne Pinochet nur wegen Folter nach diesem Datum ausgeliefert werden.

»Das Ergebnis war«, fuhr er fort, »dass die Mehrzahl der gegen Senator Pinochet erhobenen Anschuldigungen fallengelassen wurden.« Genau genommen sei das Einzige, was übrig bleibe, eine Anschuldigung wegen Folter nach dem 29. September 1988 und zwei Anschuldigungen wegen Verabredung zu Folter, die vor diesem Datum begann und danach weiterging. Pinochet könne außerdem für Vorwürfe wegen Verabredung zur Begehung von Mord in Spanien ausgeliefert werden, aber gewöhnlicher Mord in Spanien sei kein internationales Verbrechen, dafür besitze er also Immunität.

Browne-Wilkinson wandte sich der nächsten Frage zu: Besaß Pinochet Immunität für die einzelne Folteranklage und die zwei Anklagepunkte, die sich auf Verabredung zu Folter, verübt nach dem September 1988, bezogen? Die besitze er nicht: Die Immunität werde durch die Wirkungsweise der Antifolterkonvention von 1984 beseitigt. Da es sich um »sehr begrenzte Anschuldigungen« handele, würde der Innenminister entscheiden müssen, ob das Auslieferungsverfahren überhaupt weiter betrieben werden dürfe.

Damit sandte Browne-Wilkinson ein klares Signal an Jack Straw: Überlegen Sie »in Anbetracht der drastisch reduzierten Anklagepunkte« sorgfältig, bevor Sie eine neue Authority to Proceed erteilen.

Wir ließen Browne-Wilkinsons Worte sacken, ebenso die Schlussbemerkungen der sieben Richter. Sechs stimmten gegen Immunität bei den eingeschränkten Vorwürfen, während Goff als einzelner Abweichler für volle Immunität votierte. Das 6:1-Ergebnis spiegelte exakt die richterliche Entscheidung von Chiles Oberstem Gerichtshof in Rauffs Fall aus dem Jahr 1963 wider.

Es ist unmöglich, den unterschiedlichen Einstellungen der Richter gerecht zu werden. Ein roter Faden zog sich durch ihre Argumentation: Die Antifolterkonvention verlangte, dass Folterer strafrechtlich verfolgt oder ausgeliefert werden, und diese Verpflichtung war unvereinbar mit Immunität. Durch notwendige Implikation des Ziels der Antifolterkonvention verlor Pinochet seine Immunität von Dezember 1988 an, als die Konvention in den drei Ländern in Kraft trat.

»Das Schlussplädoyer wurde schweigend angehört«, notierte Hope in seinem Tagebuch. Als Browne-Wilkinson sich hinsetzte, verließen Leute die Lords Chamber, und es gab ein »Gedränge auf den Emporen«, um die Nachricht zu verbreiten.[79]

Ich fühlte mich ernüchtert, Miguel Schweitzer wirkte freudig erregt. Doch beide hegten wir gemischte Gefühle, da keine Seite gewonnen oder eindeutig verloren hatte. »Beide Seiten begrüßten die richterliche Entscheidung mit Beifall«, schrieb Hope. Die Lordrichter schoben den Schwarzen Peter Jack Straw zu, der nun entscheiden müsste, was zu tun sei.[80]

## 79

Draußen vor der Lords Chamber griffen wir uns Kopien der schriftlichen Stellungnahmen.[81] Etwa 122 grüne Seiten, ein Spektrum unterschiedlicher Ansichten, eingerahmt von den entgegengesetzten Ansichten Milletts und Goffs. Für Ersteren war das Völkerrecht ein »lebendiger und expandierender Zweig des Rechts«, wobei Nürnberg ein Ende der Immunität beschleunigt habe.[82] Für letzteren konnte Immunität durch ausdrückliche Übereinkunft von Staaten verloren gehen, und es gebe keine.

Zwischen diesen beiden Ansichten verlief der Mittelweg, angeführt von Browne-Wilkinson. Er könne die in Chile und anderswo begangenen »entsetzlichen Akte von Barbarei«, »Folter, Mord und das unerklärliche Verschwinden von Menschen« in großem Stil nicht ignorieren. Garzón legte die Gräuel auf 300 Seiten im Detail dar, die von dem Team Spaniens in die Form von 32 Anklagepunkten wegen Folter, Mord und anderer Verbrechen gegossen wurden, begangen zwischen September 1973, als Pinochet sich ins Amt putschte, und Januar 1990, als er zurücktrat.

Der doppelte Fluch des Grundsatzes der »doppelten Kriminalität« und der Konvention von 1984 reduzierte diese Anschuldigungen auf lediglich drei auslieferungsfähige Anklagepunkte.

Hope erkannte die »profunde« Wirkung der Reduzierung auf drei auslieferungsfähige Anklagepunkte. Sie löschte die von Pinochets Regime zwischen 1973 und 1977 begangenen Verbrechen, denen 4000 Menschen zum Opfer gefallen waren. Von den ursprünglichen 130 Straftaten, die Garzón vorgebracht hatte, wurden nur drei nach dem Dezember 1988 begangen: ein einzelner Folterakt – Marcos Quesada Yáñez[83] – und zwei Anschuldigungen wegen Verabredung zur Folter.

Hatten die Verfasser der Konvention von 1984 die Absicht, Pinochet wegen eines einzelnen Akts der Folter seiner Immunität zu berauben?, fragte Hope. Hatten sie nicht, schrieb er in seinem Tagebuch.[84] Den Verfassern sei es nur um Folter in einer Größenordnung gegangen, die ein internationales Verbrechen darstellte, weil sie »weit verbreitet oder systematisch« sei. Es war mehr nötig als ein einzelner Akt von Folter, und daher war Verabredung zur Folter so wichtig: Pinochets Mitwirkung an der Verabredung begann 1973, vor dem Putsch, und ging in einem Ausmaß weiter, das so gewaltig war, dass es die Grenze zu einem »internationalen Verbrechen« überschritt.

Von dem Argument, dass es eine Verabredung zur Folter gab, wurde Hope durch die Einzelheiten von Garzóns 312-seitigem Auslieferungsersuchen überzeugt: der Beteiligung Pinochets an einer Absprache zur Entwicklung einer »Folterkampagne«, die dem Putsch zeitlich vorausging und 18 Jahre andauerte, bis er aus dem Amt schied. Die Absprache und die Kampagne sollten Furcht erzeugen und Leute auf Linie bringen, eine Verabredung, die jeden einzelnen Akt von Folter einschloss, der nach dem Putsch verübt wurde. Ich deutete das so, dass damit auch die Folterung von Gómez und Chanfreau in Londres 38 und von Carmelo Soria in der Vía Naranja erfasst waren. Jeder Richter mit Ausnahme von Goff stimmte dem Verabredungsargument zu, nämlich, dass es sich um ein Auslieferungsverbrechen handele, für das Pinochet keine Immunität besitze.

Dennoch war Hope und den anderen Richtern klar, dass ihre Entscheidung die Anklagepunkte, aufgrund derer Pinochet ohne Immunität ausgeliefert werden konnte, beträchtlich reduziert hatten, so dass Jack Straw erneut entscheiden müsste, ob er eine Authority to Proceed erteilte. Sollte er sich dazu entschließen, müsste anschließend ein Richter »ein sehr genaues Augenmerk« auf die Beweise zu den verbliebenen Anschuldigungen haben, um zu entscheiden, ob eine jahrelange Verabredung zusammen mit einem einzelnen Akt von Folter die Auslieferung ermöglichen könne.

Hope schien unsicher, ob die Auslieferung durchgeführt werden sollte. Ihn beunruhigten die »enormen Kosten«, Pinochet »auf der Basis so weniger Anschuldigungen« festzuhalten, und die »diplomatischen Auswirkungen«. Die Vorteile einer Auslieferung würden möglicherweise die Nachteile nicht aufwiegen, schrieb er.[85] Die »Last wird nun auf jeden Fall bei jenen liegen, die sagen, wir sollten ihn nach Chile zurückschicken«, lautete sein vertrauliches Fazit, weil ein jahrelanger kostspieliger Rechtsstreit lächerlich wäre.[86] In seinem Tagebuch, aber nicht in seiner Stellungnahme schrieb er, das Browne-Wilkinson und Goff diese Schlussfolgerung teilten. »Alles sprach nun entschieden für« eine Entscheidung von Straw, Pinochet nach Hause zu schicken.

Auch James Vallance White dachte, die Entscheidung würde den Fall beenden.

Ob er glaube, dass die drastische Reduzierung der Anzahl der Anklagepunkte den Fall beenden sollte.

»Ja, das war genau der Eindruck, den ich hatte. Sie hofften, dass man Pinochet loswürde, daher waren sie hocherfreut, dass David Hope sich einen Mittelweg einfallen ließ, der Pinochet ermöglichen würde zurückzukehren.«

Einen Weg, der die Institution im Blick hatte?

»Genau, sie stimmten diesem Kompromiss gerne zu, erleichtert, einen Weg zur Beendigung des Falls gefunden zu haben, der intellektuell und politisch zufriedenstellend war.«

* * *

Die richterliche Entscheidung erfolgte an dem Tag, als Großbritannien und die Vereinigten Staaten in Reaktion auf Ereignisse im Kosovo Militärschläge gegen Serbien starteten, nämlich am 24. März 1999. »Es geht darum, die Fähigkeit von Milošević zu beschneiden, Krieg gegen eine unschuldige Zivilbevölkerung zu führen«, erklärte Tony Blair, »[…] für eine Welt, die wissen muss, dass es der Barbarei nicht gestattet werden darf, die Gerechtigkeit zu besiegen.«[87]

Die Bombardierung Belgrads sorgte dafür, dass die Pinochet-Entscheidung von den Titelseiten verschwand,[88] aber es wurde dennoch weithin darüber berichtet. Die durchgängige Schlussfolgerung lautete, dass Pinochet verloren hatte und nun mit der ernsthaften Möglichkeit rechnen musste, ausgeliefert zu werden. »Schlimmster Tag für die Souveränität seit Menschengedenken« war ein Leitartikel in der *New York Times* überschrieben.[89] Eine begrüßenswerte Entscheidung, verkündete der *Guardian*, und fügte hinzu, dass, obwohl Pinochet »für den Großteil seiner Verbrechen« der Strafverfolgung in Spanien entgehen würde, dies »durch die Fortschritte, die der Fall in der Menschenrechtsgesetzgebung gemacht hat, ausgeglichen« werde. Der *Daily Telegraph* andererseits hielt die Entscheidung für haarsträubend, eine Einschätzung, die der Anwalt von Amnesty International teilte. »Völlig falsch«, meinte Geoffrey Bindman, der die frühere Entscheidung vorzog, »weil sie anerkannte, dass Verbrechen wie etwa Folter für alle Zeiten – oder zumindest zurück bis Nürnberg – Verbrechen gewesen waren und dass es Verbrechen von universeller Geltung waren«.[90]

Miguel Schweitzer war überzeugt, dass die Lordrichter den Fall abschließen wollten. »Auslieferung wegen eines einzelnen Akts von Folter? Das wäre absolut lächerlich, da die Verletzung von Menschenrechten in Chile spätestens 1988 vorbei war.« Er sei »absolut sicher«, dass Chiles Intervention einen entscheidenden Unterschied machte.

Michael Caplan war weniger optimistisch und sich nicht so ganz im Klaren, was die Richter wirklich wollten. Er schätzte die Sorgfalt der Entscheidung und Browne-Wilkinsons Schubser, Straw aufzufordern, die Angelegenheit zu überdenken. »Sehr gut von ihm, es zu sagen, aber ich dachte nie auch nur einen Moment, dass die Lords sie gänzlich beenden könnten. Ich dachte, er würde sagen: ›Hier stehen wir nun, meinen Sie wirklich, es ist sinnvoll, mit dem Fall auf dieser Basis fortzufahren?‹« Caplan teilte Schweitzers Ansicht, dass Chiles Intervention einen Unterschied machte.

Gab es eine Koordination zwischen den Teams?

»Ich bin mir nicht sicher«, sagte Caplan, ein wenig ausweichend. »Wir beredeten Dinge gerne, falls und wenn sie wollten.«

James Cameron und ich hatten seit mehr als drei Monaten nicht miteinander gesprochen, aber da der Fall nun vorbei war, konnten wir wieder regelmäßigen Kontakt aufnehmen. Am Abend des Urteils flogen wir nach Washington, um an einer internationalen Rechtskonferenz teilzunehmen, wo die neue Entscheidung diskutiert wurde. War dies ein Fortschritt für die Menschenrechte oder ein Rückschlag? Die Meinungen waren geteilt. In einem voll besetzten Raum stieß eine Freundin aus Barcelona zu uns, Adriana Fabra, die eine spanische juristische Perspektive beisteuerte, samt Gefühlsbewegung und sogar ein paar Tränen. Es war ein Fall, der Freunde auseinanderbrachte.

## 80

Jack Straw würde jetzt entscheiden müssen, ob er eine weitere Genehmigung zum Auslieferungsverfahren erteilte oder einen Fall beendete, der sich auf einen einzigen Anklagepunkt wegen Folter und zwei Anklagepunkte wegen Verabredung zur Folter beschränkte.

Pinochets Team zog vom House of Lords vor den High Court, um eine Verfügung zu erwirken, die Straw daran hinderte, eine sofortige Entscheidung zu treffen. »Es gelang mir, den High Court zu bewegen, an jenem Nachmittag zu tagen, der britischen Staatsanwaltschaft stellte ich sogleich die Dokumente des Falls zu«, erzählte Caplan. Der Richter wies die Beschwerde ab, was Caplan befürchten ließ, dass Straw eine sofortige Authority to Proceed unterzeichnen könnte.

Alle Optionen mussten nun ausgelotet werden, und vielleicht war etwas anderes im Gange. Caplan spielte Jahre später darauf an, als wir diese Tage Revue passieren ließen. »Es gab eine mögliche Unterströmung«, sagte er ein wenig geheimnisvoll. »Es war nicht mehr als das, die Möglichkeit irgendeines Hinweises auf einen medizinischen Befund.«

Während Straw seine Optionen abwog, suchten die britische Staatsanwaltschaft und Garzón nach weiteren Folterfällen, die in dem relevanten, gekürzten Zeitraum passiert waren. »Wir brauchen genaue Einzelheiten aller Fälle von Folter, die nach dem 29. September 1988 auftauchen, dringend«, ließ die Staatsanwaltschaft Garzón wissen. Die Fälle müssten authentisch sein, mit Details über Opfer und Foltermethoden und dem Nachweis, dass die Folter das Ergebnis einer »systematischen, weit verbreiteten und anhaltenden Repressionspolitik« war. Mehr Fälle würden die Anschuldigungen wegen Verabredung zur Folter erhärten.

Garzón wurde zugearbeitet von Juan Garcés, der schnell 44 wei-

tere Fälle von Folter fand, die nach 1988 passiert waren und in Zusammenhang mit dem Pinochet-Regime standen. Die Einzelheiten trafen zwei Tage nach dem Urteil, am 26. März, in London ein, als Thatcher Pinochet in Wentworth besuchte und ihre Solidarität ausdrückte.[91] Garzón wollte nachweisen, dass Pinochets »systematischer [Folter-]Plan« 1973 begann und bis zu seinem Ausscheiden aus dem Amt 1990 weiterbestand, als Teil einer einzigen und durchgängigen Politik über zwei Jahrzehnte.[92]

Die Anwälte in Madrid fanden eine weitere Möglichkeit, die Argumente für eine Auslieferung zu stärken. Juan Garcés und Carlos Castresana versorgten Garzón mit einer Liste von 1198 Namen, Menschen, die verschwunden waren und deren Schicksal am 8. Dezember 1988 unbekannt war. Die Geltendmachung basierte auf einem Urteil des Interamerikanischen Gerichtshofs für Menschenrechte, dass Fälle von Verschwindenlassen für die Angehörigen ein fortdauernder Akt von psychologischer Folter seien, bis das Schicksal der betreffenden Person geklärt sei.[93]

Mit anderen Worten, das Versäumnis, Informationen über das Schicksal von Alfonso Chanfreau zur Verfügung zu stellen, der im August 1974 verschwand, bedeutete eine fortgesetzte Folter seiner Ehefrau Erika Hennings und ihrer gemeinsamen Tochter. Die Haltung des Interamerikanischen Gerichtshofs wurde untermauert durch Fälle gemäß der Antifolterkonvention von 1984 und anderen internationalen Übereinkommen[94] und durch Entscheidungen des Europäischen Gerichtshofs für Menschenrechte.[95]

Nach wenigen Wochen waren ein einzelner Fall von Folter und zwei Fälle von Verabredung zur Folter durch 44 weitere Folterakte und 1198 Fälle von Verschwindenlassen ergänzt worden. Alles wurde an Jack Straw geschickt: »Ein Handwagen mit zwölf Leitz-Ordnern wurde in mein Büro gerollt.« Chile und Pinochet erhoben Einspruch, um den Fall zu beenden, während Garzón, Spanien, Menschenrechtsorganisationen und Opfer ihn drängten, Pinochet an Spanien auszuliefern. Das Foreign Office und britische Geheimdienste steuerten ihre eigenen Überlegungen bei, die nicht an die Öffentlichkeit gelangten.

»Ich kam mir vor wie ein Trappistenmönch, von den zuständigen Beamten abgesehen durfte ich zu keiner Menschenseele ein Wort sagen«, erinnerte sich Straw. »Ich wusste, was mein Bauchgefühl mir sagte, aber ich fand, ich müsste diesen Haufen durcharbeiten.« Jahre später saßen James Cameron und ich an einem stürmischen, sonnigen Frühlingsmorgen in Jack Straws Garten in der Nähe von Oxford.

Straw sprach über seine Jugend als politisch aktiver Student in Leeds und wie er 1966 nach Chile reiste, eine Reise, die durch den »Fund for International Student Cooperation« gefördert wurde, der, wie er später erfuhr, eine Tarnung für den MI6, den britischen Auslandsgeheimdienst, war. Er traf Salvadore Allende – »Kann sein, dass ich ihm die Hand schüttelte, ich kann mich nicht erinnern« – und begrüßte seine Wahl ins Präsidentenamt vier Jahre später. »Ganz klar gewählt«, war Straw überzeugt.

Im Jahr 1973 war Straw ein junger Anwalt bei Gericht und führte Prozesse für die britische Bahnpolizei (»leicht verdientes Geld«). Er verfolgte die Ereignisse in Chile, beteiligte sich aber nicht an Protesten (»war zu viel anderes los in meinem Leben«). Hin und wieder traf er chilenische Flüchtlinge und bildete sich eine klare Meinung über Pinochet. »Ein äußerst widerwärtiger Faschist, der Unmengen von Leuten tötete und dabei von den Amerikanern unterstützt wurde. Ich hasste ihn. Glücklicherweise habe ich das nie öffentlich gesagt!«

Straws Vergangenheit veranlasste Pinochets Unterstützer, eine

Verschwörung auszumachen, eine, die ihn mit Robin Cook verband. »Die Hölle war's!«, erinnerte sich Straw. Dass Pinochet in London war und von Garzóns Interventionen erfuhr er erst vier Stunden vor der Verhaftung aus einem Artikel im *Guardian*, den er auf einem Flug nach Marseille las. Er war verärgert, dass das Foreign Office und die Metropolitan Police einen Tag zuvor etwas spitzgekriegt, ihn aber nicht informiert hatten. Dennoch glaubte er, Cook sei »auf der richtigen Seite« der Pinochet-Geschichte, im Gegensatz zu 10 Downing Street. Blair und sein Team seien »extrem ungefällig« gewesen.

Straw erkannte sofort, dass der Extradition Act 1989 von ihm als Innenminister verlangte, in jedem Auslieferungsverfahren eine quasi richterliche Rolle zu spielen, also wahrte er Distanz zu anderen.

Was er angesichts der Verhaftung empfunden habe?

»Stolz und Freude, aber ich behielt das für mich.«

Angesichts der Entscheidung des Divisional Court?

»Enttäuschung.«

Über das erste Urteil des House of Lords?

»Von großer Tragweite, ich war unheimlich zufrieden.«

Die Hoffmann-Affäre?

Straw dachte darüber nach. »Machte mich wütend, brachte mich zur Weißglut.«

Gerade als die Hoffmann-Affäre losbrach, musste Straw über die Genehmigung zum Auslieferungsverfahren entscheiden. »Ich musste mich damit befassen, dabei den Ahnungslosen spielen, durfte mit niemandem darüber reden.« Er besprach die Angelegenheit weder mit Robin Cook (»er kannte meinen Instinkt, ich kannte seinen«) noch mit Tony Blair (»innerlich zerrissen, wie jeder andere auch engagiert gegen Mörder und brutale Diktatoren, aber auf Du und Du mit Aznar«). Der spanische Ministerpräsident stand politisch rechts, war nicht ohne Verständnis für Pinochet und hatte Sorge, die Verhaftung könnte einen Präzedenzfall schaffen, der Diktatoren davon abhalten würde, den Weg der Demokratie zu wählen.[96]

Es habe keine formelle Koordination zwischen verschiedenen Teilen der britischen Regierung gegeben, führte Straw aus, aber der Innenminister schnappte Informationsbröckchen auf. Er hörte von den »merkwürdigen Briefen« Margaret Thatchers an Tony Blair – »weisen Sie Ihren Innenminister an, Pinochet freizulassen«, bat sie dringend – und von Blairs negativer Reaktion. »Es ist Straws Entscheidung, nicht meine.« Gelegentlich versuchte Blair ihn nach einer Kabinettssitzung abzupassen. »Er rief mich rein und sagte: ›Kann ich mit Ihnen darüber reden, wie weit Sie sind?‹« Straw lehnte ab. Jonathan Powell, Blairs Stabschef in 10 Downing Street, verwickelte den Innenminister manchmal in ein Gespräch. »Wie steht es?«

Straw lehnte es ab, irgendetwas zu sagen, wie er uns erzählte. Er musste entscheiden, ob er eine zweite Authority to Proceed unterzeichnete, und das erforderte völlige Unabhängigkeit.

## 81

Inzwischen war es April 1999, vier Monate nachdem Straw im Dezember 1998 die erste Genehmigung zum Auslieferungsverfahren unterzeichnet hatte. »Für die erste Authority to Proceed gab es 33 Anklagepunkte«, sagte Straw, »und jetzt waren es noch ganze drei.«

Straw wurde von Jonathan Sumption zugearbeitet, einem führenden Prozessanwalt. Der Divisional Court bestätigte, dass er die erste Genehmigung zum Auslieferungsverfahren aufheben und über eine zweite entscheiden könne. Er bekam den Handwagen mit den Leitz-Ordnern. »Ich arbeitete mich durch alle durch«, und es sei viel Interessantes dabei gewesen. Großbritanniens Botschafter in Chile war »beunruhigt« über die ganze

Angelegenheit, und der MI6 wollte, dass Straw »Pinochet loswurde«. Margaret Thatcher war empört über die ganze Affäre.

Mehrere Tage lang las Straw und dachte nach. Er wollte die Sache »vollkommen neu« prüfen, unter Beachtung von Browne-Wilkinsons Anstoß, die »sehr umfangreiche Reduzierung« der Anschuldigungen zu berücksichtigen.

»Ich sah mir alle Erklärungen und Stellungnahmen noch einmal an, von Gegnern und Unterstützern, völlig unvoreingenommen.« Die Anzahl der noch verbliebenen Anklagepunkte wegen Folter und Verabredung zur Folter sei zwar klein gewesen, aber sie hätten Verbrechen bezeugt, die »massiv« waren, und die Gerechtigkeit habe verlangt, dass sie zur Sprache kamen. Straw hielt die Vorwürfe wegen Verabredung zur Folter für wichtig, erlaubten sie ihm doch, Folter bis zurück ins Jahr 1973 zu berücksichtigen. Auch die Fälle von Verschwindenlassen, wie der von Alfonso Chanfreau, kamen ins Spiel.

Jahre später, wir saßen in einem sturmzerzausten Garten, war Straw zuversichtlich. »Mir war bewusst, dass ich gute Argumente für das haben musste, was ich entschied. Es hatte keinen Sinn, einfach nur zu sagen: ›Der Mann ist ein Dreckskerl, er sollte ausgeliefert werden.‹«

Und die geringe Anzahl von Anschuldigungen?

»Mein starker Bauchgefühl sagte mir, dass drei Anklagepunkte ausreichend waren. Pinochet war ein wirklich und wahrhaftig böser Mensch. Ich habe gegenüber Tony [Blair] ein paarmal betont: Es taugt nichts, wenn wir diese internationalen Papiere unterzeichnen, uns damit brüsten und dann nichts tun, wenn wir vor einem Fall stehen.«

Hat er je gezaudert?

»Nein. Ich hatte die Befugnis, über den nächsten Schritt zu entscheiden, ich war so weit gegangen, ich würde die Entscheidung treffen.« Er sah uns an, blinzelte, hielt inne und sagte dann: »Ich war immer noch wütend wegen Lennie Hoffmann.«

Am Abend des 14. April 1999 wurden jegliche Zweifel hintangestellt: Straw unterzeichnete die zweite Authority to Proceed. Großbritanniens Botschafter in Chile, der MI6 und Margaret Thatcher würden enttäuscht sein, ebenso Augusto Pinochet. Die Schriftstücke würden an einen Richter gehen, der über die nächste Stufe des Verfahrens entscheiden würde, wie es der Extradition Act vorschrieb, darüber, ob Pinochet an Spanien ausgeliefert werden solle. Pinochets Aufenthalt in London würde verlängert.

# TEIL IV

# FLUCHT

*Everybody knows that the dice are loaded*
*Everybody rolls with their fingers crossed*
*Everybody knows the war is over*
*Everybody knows the good guys lost*
Leonard Cohen, »Everybody Knows«, 1988

## Nächte im Museum

### 82

An einem Herbstvormittag im London des Jahres 2022 erhielt ich eine E-Mail von meiner Assistentin Monserrat in Santiago. »Ich habe ein Buch gefunden, das interessant sein könnte«, schrieb sie, »von Galo Ghigliotto, einem chilenischen Dichter und Schriftsteller, und eine der Hauptfiguren ist Rauff.« Sie hatte das Buch noch nicht gelesen, war aber fasziniert von dem Titel, *El Museo de la Bruma*. »Das Museum des Nebels«.

Das Buch traf ein paar Tage später ein, in Spanisch, mit einem schönen roten und schwarzen Einband. Es erzählte die Geschichte eines in Punta Arenas eingerichteten Museums, eine Sammlung von Objekten, darunter Fotografien und Dokumente, die sich auf drei Haupträume verteilten.

Beim Durchblättern las ich einen Verweis auf ein Foto von Augusto Pinochet, wie er im Jahr 1975 die Calle José Menéndez, vermutlich in Punta Arenas, einweiht, und inmitten der Zuschauer, zwischen zwei Frauen mit Flaggen, steht Rauff.[1] Auf einer anderen Seite stieß ich auf eine wohlbekannte Schilderung des Artikels in *Newsweek* vom März 1984, Pinochet, wie er über Rauff spricht.

Ich las weiter.

Ein erster Raum in dem Museum war Julio Popper gewidmet, einem rumänischen Abenteurer des 19. Jahrhunderts, der in Feuerland *(Tierra del Fuego)* nach Gold suchte und viele Angehörige der Gemeinschaft der Selk'nam ermordete, jener indigenen Gruppe, deren Angehörige von den chilenischen Behörden vielfach in Gruppen zusammengetrieben, in Punta Arenas oder Ushuaia interniert und schließlich zu einer Missionsstation der Salesianer Don Boscos auf der Isla Dawson verschleppt wurden. Popper war ein *génocidaire*, ein Völkermörder.[2]

Ein zweiter Raum war dem Reisenden und Sammler Alan-Paul Mallard sowie Bruce Chatwin, dem Forschungsreisenden, Autor und Mythenforscher, vorbehalten.

Der dritte Raum ehrte Walther Rauff und die Jahre des ehemaligen SS-Offiziers in Punta Arenas und Porvenir. Das Museum besitze Objekte aus seinem Leben und seiner Zeit.

Ein Besuch des Museums war nicht möglich, weil ein paar Jahre zuvor ein Feuer das Gebäude und alle Objekte vernichtet hatte. »Die mächtigen Winde Feuerlands ermöglichten den Flammen tadellose Arbeit.« Der Autor brachte Jahre mit der Suche nach Ersatzobjekten zu, in Bibliotheken, Buchläden, Museen, Privathäusern und Antiquitätengeschäften, bis ihm klar wurde, dass es ein unmögliches Unterfangen war. Stattdessen behalf er sich mit Worten, um den Geist dessen zu bewahren, was verloren war.

Das Museum huldigte Patagonien, einer besonderen Region, entlegen und zersplittert in ihrer Abgeschiedenheit. Dank ihrer »finsteren Geographie« sei sie ein Ort »extremer Straflosigkeit« geworden, durchtränkt von einem »genozidalen Impuls«.

Ich las weiter.

Die Sammlung umfasste viele bekannte Dokumente über Rauff.

Eine Kopie des berüchtigten Briefs, der in Nürnberg als Beweismittel vorgelegt wurde, von dem Chemiker Dr. Becker an SS-Obersturmbannführer Rauff, abgeschickt im Mai 1942 in Kiew, in dem Becker sich zu den Gaswagen äußert. Das Museum zeigte eine spanische Übersetzung.

Ein CIA-Memorandum vom März 1950, über Rauffs Verbindungen zum israelischen Geheimdienst.

Eine Erklärung von Francisco Coloane – einem namhaften chilenischen Romancier – aus Porvenir, dessen Nachbar ein ungestrichenes Wellblechhaus bewohnte. »Hier lebt Walther Rauff, der geniale Mensch, der die Gasauspuffe mit dem Inneren der Gefangenentransporter verband.«

Eine Erklärung von Héctor Rivera Antipán, Schüler an der Escuela Las Mercedes in Punta Arenas, der sich an einen Besuch Rauffs erinnerte, der für seine Unterstützung geehrt werden sollte und bei dieser Gelegenheit als Heiliger präsentiert wurde. Erst später erfuhr Antipán, dass der Mann aus Porvenir 97000 Menschen getötet hatte.

Eine Erklärung von Juan Carlos Colihuinca, einem kleinen Dieb, der sich während des Auslieferungsverfahrens 1963 in Santiago eine Zelle mit Rauff teilte. Rauff erhielt Vorzugsbehandlung, einen Vorhang und einen Schreibtisch, und einer Dame wurden Besuche erlaubt. Rauff habe Colihuinca erzählt, dass er bestimmte Vorrichtungen entworfen, sie aber persönlich niemals eingesetzt habe.

Eine Erklärung von G. R., einem Angehörigen der Phoenix-Brigade bei dem Versuch, Rauff 1964 in Punta Arenas zu ermorden, was den Deutschen bewogen habe, nach Porvenir umzuziehen.

Ein Zeitungsartikel von Pablo Neruda aus dem Juli 1965 mit dem Titel »Freiheitskämpfer«. Der Dichter attackierte das Rechtssystem, weil es Rauff, einem Kriegsverbrecher, erlaube, unbehelligt in Chile zu leben. »Es ist nicht zu leugnen, dass dieser Mann sich mit Kleinlastern auskennt. Und ich kann ebenso wenig leugnen, dass die Justiz meines Landes, sein Oberster Gerichtshof, eine gut angepasste Vorstellung von der Realität hat: Sie beschützt Leute, die kollektiven Mord und Transport in Kleinlastern effektiv organisieren.«

Ein Brief von Salvador Allende an Simon Wiesenthal, im August 1972. Es sei Sache des Gerichts, über die Auslieferung von Rauff zu entscheiden, nicht des Präsidenten. Nichtsdestotrotz habe Allende die schrecklichen Verbrechen der Nazis verurteilt.

Ein CIA-Memorandum vom 8. Juli 1977, übersetzt ins Spanische, über den geglückten Mordanschlag auf Orlando Letelier im September 1976 und Rauffs mutmaßliche Dienste als hochrangiger Berater für die DINA.

Ein Brief von Klaus Barbie, datiert auf den 12. Oktober 1983 und abgeschickt in Lyon, über den Erhalt einer Nachricht von Rauffs Tod. Irrtümlich, da Rauff noch lebte (er starb im Mai 1984).

Eine Erklärung von Blanca Mardones, einer Nachbarin in Porvenir. »Wir hatten solche Angst vor Mr. Walther Rauff«, gab sie an. »Er sah uns an, als wären wir vorbeilaufende Hunde oder Pferde, als ob wir gar nicht existierten.« Dass Rauff wirklich ein Nazi war, habe sie erst später erfahren, aber niemand in Porvenir habe darüber sprechen wollen.

Eine Erklärung aus dem Jahr 2014 von Eugenio Giglio, einem Dichter aus Porvenir, der sich erinnert, dass viele in der Gemeinde Rauff für »einen guten alten Mann« hielten, der sich selber nicht als Nazi »fühlte«.

Das Museum besaß auch Objekte.

Den Ehrenplatz belegte eine originale Heidelberger Druckmaschine, Modell T, der Firma Minerva Original Heidelberg, hergestellt 1940. Angeblich war es die Maschine, die den Pass druckte, mit dem Rauff nach Ecuador reiste.

Ein Goldzahn, den Rauff in Mailand aus einem Beutel mit Gegenständen erhielt, die aus einem Konzentrationslager stammten. Er bewahrte ihn als Glücksbringer auf.

Eine Farbdose, die Beate Klarsfeld im Februar 1984 benutzte, um die Worte »SS Rauff« auf die Eingangstür seines Hauses in der Calle Los Pozos in Santiago zu sprühen.

Ein Gemälde von Rauff mit dem Titel *Sunsets*, ein Blick über die Bucht von Porvenir von seiner Hütte aus.

Ein Fragment einer Rezeptur zur Herstellung des Gases Sarin, die Rauff angeblich von Eugenio Berríos bekam, dem Biochemiker, der im Keller von Townleys Haus in der Vía Naranja arbeitete, wo Carmelo Soria getötet wurde.

Das Museum besaß auch Fotografien.

Josef Mengele, wie er 1957 in Santiago neben einer Statur von Pedro de Valdivia, dem spanischen Konquistador und Gründer von Santiago, mit einem Mann posiert, der Rauff hätte sein können.

Walther Rauff während eines Besuchs der Colonia Dignidad im Jahr 1974, fotografiert in einem weißen Karate-Anzug. Er nahm die Zenkutsu-Dachi-Position ein, bei der sein ausgestreckter rechter Arm auf den Bauch eines Schülers weist, der als Franz Bäar identifiziert wurde.

Und so weiter.

## 83

»Was für eine Fundgrube fabelhafter Materialien«, schrieb ich Monserrat. Allerdings hegte ich Zweifel. »Ist das alles echt?«

Sie freue sich, dass das Material interessant sei, antwortete sie. »Die Objekte sind echt, aber sie wurden bei dem Brand vernichtet«, erläuterte sie, »daher nutzt das Buch die Unterlagen des Museums, um es wiederaufzubauen. Die Dokumente existieren natürlich unabhängig von dem Buch.«

Ich nahm mir wieder das Buch vor. Es war beinahe zu schön, um wahr zu sein, wie die Geschichten von Bruce Chatwin, die sich dann als teilweise erfunden herausstellten, oder die »Hitler-Tagebücher« oder die Schriften von Roberto Bolaño, der uns mit seiner Verflechtung von Fakten und Fiktion veralberte, von Mariana Callejas und Michael Townley und dem Priester, der von »Señor Odeim« beauftragt worden sei, Pinochet Unterricht in marxistischer Theorie zu geben.

Ich las aufmerksamer. Mit der Zeit und bei genauerem Hinsehen fragte ich mich, ob das Ganze ein sauber recherchiertes Werk dichterischer Einbildungskraft sei.

Wie wir lachten, Monserrat und ich, als wir schlussendlich zu der Erkenntnis gelangten, dass wir es mit einem fiktionalen Werk zu tun hatten. Ein paar Monate später trafen wir uns mit Juan Torres Toro, dem pensionierten Lehrer in Porvenir, der drei von Pinochets Opfern fotografiert hatte, kurz bevor sie hingerichtet wurden.

Ja, sagte er, er kenne einige der Personen im »Museum des Nebels«.

Francisco Coloane?

»O ja, den gab es, aber es würde mich überraschen, wenn er mehr als 15 Tage in Porvenir verbracht hätte!«

Das Schulmädchen Blanca Mardones?

»O ja, die gab es, aber wenn es sich so abspielte, wie sie sagte, dann wäre sie noch ein Kind gewesen.«

Der Dichter Eugenio Giglio?

»O ja, der lebt hier, und er ist ein Dichter, aber kein sehr guter.« Torres unterbrach sich, erzählte uns, sein richtiger Name sei Gligo, dann sagte er: »Das schwarze Schaf einer eindrucksvollen Familie, erst Priester, dann Lehrer, der seine Stellungen verlor, nachdem ihm verschiedentlich Fehlverhalten vorgeworfen worden war.« Natürlich, wurde mir klar, kannte ich diesen Mann, ich war ihm begegnet! Er trug die braunen Hundepantoffeln.

Rauff und »Das Museum des Nebels«. Warum berührten mich diese Seiten? Weil sie glaubwürdig wirkten, symbolisch für eine größere Geschichte, von Pinochet und der mythischen Beziehung der DINA zu Walther Rauff, dem Altnazi. Sie erzählten eine größere Geschichte, wie ein Gerücht anfängt, sich verselbständigt, und dann überschreitet es eine Grenze und wird als Tatsache, als Wahrheit behandelt. Das Buch des Museums, das niemals existierte, verstärkte nur meinen Wunsch, mehr über Walther Rauff herauszufinden.

Beginnen wir mit der Isla Dawson, wo Orlando Letelier und andere Minister festgehalten wurden. Hier, an der Magellanstraße, hieß es, errichtete Pinochet ein Konzentrationslager, unter tätiger Mithilfe von Rauff.

Chatwin nannte die Isla Dawson den »schwarze[n] Buckel«, sichtbar in der Ferne, auf der anderen Seite der Magellanstraße. Er schrieb über einen Besuch im Jahr 1975, als ihn ein ortsansässiger Jugoslawe, der Frachten von Punta Arenas einflog, in seinem Lufttaxi mitnahm.

»Ich wollte das Konzentrationslager sehen, in dem Minister der Allende-Regierung gefangengehalten wurden.« Er sah nicht viel, erfährt der Leser auf den Seiten von *In Patagonien*, denn »die Soldaten gestatteten mir nicht, das Flugzeug zu verlassen«.[3]

## Isla Dawson

### 84

Binnen Tagen nach dem Militärputsch ordnete Augusto Pinochet die Inhaftierung von drei Dutzend Männern an. Sie wurden festgenommen, nach Punta Arenas geflogen, zum ASMAR-Ponton in der Nähe der *Pesquera Camelio* gebracht und auf eine Barkasse gesetzt, die mehrere Stunden zu einer öden Insel in der Magellanstraße fuhr.

Zu der Gruppe gehörten Orlando Letelier und Sergio Bitar, Bergbauminister im Kabinett Allende, der mit einer französischen Ausgabe von Dostojewskis *Schuld und Sühne* eintraf. Fünf Jahrzehnte später war die Insel berüchtigt und der Zutritt meist verboten. Meine Bitte um einen Besuch wurde, wie die Chatwins, abgewiesen. »Militärübungen.«

»Wir gelangten zur Isla Dawson, aber das wussten wir erst später«, erinnerte sich Bitar.[4] Das als Compingim bekannte Lager in der Nähe des Armeestützpunkts von Puerto Harris war schon vor dem Putsch betriebsbereit.[5] Es sollte in der Folge Hunderte von Gefangenen beherbergen, die körperliche Zwangsarbeit verrichten mussten. Um die Langeweile zu bekämpfen, lernten Allendes Mitstreiter Deutsch und organisierten Seminare. Sergio Vuskovic, Bürgermeister von Valparaíso, dozierte über Sprache. Jorge Tapia, Justizminister, hielt Vorträge über Verfassungsrecht. Orlando Letelier beschäftigte sich mit internationalen Finanzfragen. José Tohá, Verteidigungsminister, untersuchte den Gebrauch des modernen Spanisch.[6]

Nach ein paar Wochen erfuhren sie von der Errichtung eines neuen Lagers in der Nähe. »Ich verspürte ein Gefühl völliger Verzweiflung, als ich es zum ersten Mal sah«, sagte Bitar. »Es hatte die Atmosphäre eines Konzentrationslagers.« Versteckt in einer Bodensenke in Meeresnähe, war es umgeben von Wachtürmen und zwei Einzäunungen aus Stacheldraht, der oben abgewinkelt war, »wie Auschwitz«. Einheimische Häftlinge aus Punta Arenas berichteten von Schlägen und Folter, mit Strom oder in einem verschlossenen Transportbehälter, oder dass sie in den eisigen Gewässern der Meerenge untergetaucht worden seien.

Drei Monate später bezogen Sergio Bitar und Kollegen den neuen Lagerkomplex – Río Chico, acht Gebäude, jedes mit 40 Schlafkojen, jeweils zwei übereinander. »Dunkel und düster«, mit Soldaten, die über Maschinengewehre und Feldstecher verfügten. Jeder Häftling erhielt eine Nummer: Bitar war *Isla-10* oder I-10.[7] Gelegentlich gab es Besuche, durch Vertreter des Roten Kreuzes oder von Journalisten von NBC oder der BBC, die filmen, aber nicht mit den Gefangenen sprechen durften.

## 85

Bitar blieb bis Mai 1974 auf der Isla Dawson, bevor er aufs Festland zurückkehrte und ins Exil in die Vereinigten Staaten ging. Elf Jahre später kehrte er nach Chile zurück, wo er in den Regierungen von Ricardo Lagos und Michelle Bachelet diente, als die Demokratie wiederhergestellt wurde. Im Jahr 1987 veröffentlichte er einen Bericht über das Leben auf der Isla Dawson. Ein Abschnitt schilderte eine Begegnung mit Elektrikern. »Wir sollten nicht mit ihnen sprechen, aber wir kamen nahe genug, um ein paar Worte zu wechseln«, schrieb Bitar. »Sie erzählten uns, dass ein Deutscher bei der Planung des Lagers geholfen habe. Das Gerücht verbreitete sich, dass Walther Rauff bei dem Projekt beratend tätig war.«[8]

Aus Bitars Bericht wurde ein Film, *Dawson Isla 10*, unter der Regie von Miguel Littín, der Gegenstand des Buches *Das Abenteuer des Miguel Littín. Illegal in Chile* von Gabriel García Márquez war (García Márquez sagte einmal, er sei bereit, nicht mehr zu schreiben, bevor Pinochet gestürzt sei). Im Film erläutert ein strenger Offizier, warum die Junta Dawson brauchte. »Das neue Lager ist nicht improvisiert«, versichert er einem Kollegen. »Die Entwürfe stammen von Walther Rauff, der das Lager persönlich beaufsichtigt. Sie wissen, wer er ist, nicht wahr?«[9]

Andere Filme erwähnten Rauffs angebliche Funktion. In *Pinochet's Plan Z*, eine Dokumentation über fingierte marxistische Versuche, Bürgerkrieg in Chile zu schüren, wirkte Rodolfo Mancilla mit, ein Bildhauer, der in Dawson interniert war. Er nannte es »ein Miniaturmodell von Auschwitz«, eines, das »vom Militär konzipiert wurde, vor dem Militärputsch, von Walther Rauff«, einem Nazi, der im benachbarten Punta Arenas lebte.[10]

Webseiten bezeichneten Rauff als »Kriminellen und Helfershelfer« bei der Errichtung von Dawson. Es hieß, der Manager der *Pesquera Camelio* sei der »Gestalter« des Lagers.[11] Eine Dichterin beschwor seine Rolle und sein Verhältnis zu Pinochet:

> Der General, der die Macht ergriff
> beauftragte ihn mit seinem neuen Plan
> ein Zwangsarbeitslager
> in einem entlegenen Archipel.[12]

Dawson-Häftlinge äußerten sich über Rauff. Luis Vega, ein Rechtsanwalt, sagte, die Baracken seien von dem alten Deutschen entworfen worden, der Berater für Verhöre und andere »Spezialangelegenheiten« war und vom Militär protegiert wurde.[13] Laut Vega reiste der Leiter des Militärgeheimdienstes der Armee, Augusto Lutz, im Januar 1974 nach Punta Arenas. »Er besuchte Walther Rauff«, der angeblich mithalf, Pläne für Dawson zu entwerfen.[14] (Lutz war für eine Stellungnahme nicht verfügbar, da er, wie so viele, ein Jahr nach dem Besuch unter mysteriösen Umständen starb, nachdem er Pinochet wegen der Exzesse der DINA zur Rede gestellt hatte.[15])

Gonzalo González, ein Philosoph, verbrachte gemeinsam mit Letelier eine Zeit auf der Krankenstation von Dawson. Vier Jahrzehnte später verglich er bei seinem Besuch auf der Insel sein Los mit dem seines Schwiegervaters, der von den Nazis im besetzten Dänemark interniert worden war. »Mein Fall war ähnlich auf Dawson«, erinnerte er sich, »wo der Kapo der ehemalige Nazi-SS-Oberst Walther Rauff war.«[16]

Geschichten in Hülle und Fülle, doch ich fand kein Dokument, das Rauff erwähnte, oder irgendjemanden, der ihn tatsächlich gesehen hatte. Es war der Stoff für Gerüchte und Hörensagen. »Wenn die Wahrheit über die Legende herauskommt, drucken wir trotzdem die Legende«, sagt zum Schluss der Zeitungsreporter in John Fords Western *Der Mann, der Liberty Valance erschoss*.

Die Behauptungen und Beschuldigungen ließen mir keine Ruhe. Bei Besuchen in Santiago und Punta Arenas wurde Rauff oft im Zusammenhang mit Dawson erwähnt. Ich erkundigte mich bei Sergio Bitar nach den Gerüchten. In seinem gepflegten Bungalow in Santiago begegnete ich einem lächelnden Mann mit Brille in einem kurzärmeligen weißen Hemd und glänzenden schwarzen Schuhen. »Ich kann mich nicht erinnern, das geschrieben zu haben!«, sagte er schmunzelnd, als ich die Zeile über Rauff erwähnte.

Aber er erinnerte sich an etwas anderes. Jahre später, als er Bildungsminister im Kabinett von Staatspräsident Lagos war, besuchte er im Rahmen eines Projekts zur Schaffung eines Netzwerks von Erinnerungsorten Haft- und Folterzentren in ganz Chile. »Es ist wichtig, dass die Menschen nicht vergessen.« Londres 38, Villa Grimaldi, Tejas Verdes, Cuatro Álamos, das

Haus in der Vía Naranja, alle hatten andere Leben als Büros, als Wohnungen oder Gefängnisse oder als touristische Orte oder Sportstätten. Dawson stach hervor, das einzige Lager, das speziell errichtet worden war.

Bitars Ministerium wählte die Stätten aus, die in die Liste aufgenommen werden sollten. »Im Jahr 2003 nahm ich Londres 38 und auch die Villa Grimaldi und das Nationalstadion in die Liste auf.« Er wollte die originalen alten, roten Sitze des Nationalstadions erhalten. »Sie dürfen nie ersetzt werden.«

Als Minister kehrte er mit anderen ehemaligen Gefangenen nach Dawson zurück. »Es war ein Ort, wo man versuchte, uns unsere Seelen zu rauben«, sagte er, »das einzige Lager in Chile, das wie ein Nazi-Konzentrationslager angelegt war, so etwas habe ich noch nirgendwo sonst gesehen.« Das Gefühl des Entsetzens sei greifbar gewesen. »Ich erinnere mich kaum noch, wie das Gerücht über Rauff begann.« Der Gedanke weckte eine Erinnerung, an einen Ordner mit Dokumenten zu Dawson, den er sah, als er Minister für öffentliche Arbeiten im Kabinett Bachelet war. Er habe seinerzeit die Anweisung erteilt, die Dokumente im Archiv des Museo de la Memoria zu deponieren.

Bitar kam auf Rauff zurück. »Ich wette 80 Prozent, dass er mit Pinochet zu tun hatte.« Als Minister wusste Bitar, wie die Dinge in Chile liefen, vor allem, wenn Entscheidungen große Ausgaben erforderten. »Man musste sie sich immer von oben absegnen lassen, und das dürfte auch für Dawson gegolten haben.«

»Gehen Sie in das Archiv und suchen Sie diese Dokumente«, empfahl er. »Und sprechen Sie mit Miguel Lawner, dem Architekten, der dort mit uns interniert war. Er wird Ihnen von dem Lager erzählen, wie es war, was wir sahen.«

## 86

Miguel Lawner stand im 94. Lebensjahr, als ich mich mit ihm in Santiago traf. Hoch gewachsen, elegant, weißhaarig, mit Schnurrbart und funkelnden Augen, war sein Gedächtnis ungetrübt, sein Sinn für Humor lebhaft. Er nahm kein Blatt vor den Mund. »Das Lager erinnerte mich an Auschwitz, also beschloss ich, es zu zeichnen. Ich wollte, dass die Leute wissen, dass Chile ein eigenes Konzentrationslager baute, eines, das sich am deutschen Vorbild orientierte.«

Von Allende zum Exekutivdirektor der Behörde für urbane Verbesserung (*Corporación de Mejoramiento Urbano*, kurz: Cormu) ernannt, wurde Lawner noch am Tag des Militärputschs verhaftet und nach Dawson deportiert. »Ich hatte damit gerechnet, interniert zu werden«, wie 1947, als Kommunisten und Linke in einem Lager bei Pisagua, nördlich von Santiago, interniert wurden. »Raten Sie mal, wer der Kommandant dieses Lagers war«, fragte er fröhlich. »Ein junger Armeehauptmann, Augusto Pinochet!« Er wies mich auf eine Passage in Pinochets Autobiographie hin. »Ich war sehr in Sorge, dass solche schädlichen und vergiftenden Ideen in Chile weiterhin gelehrt wurden«, schrieb Pinochet. Das Lager in Pisagua war wie »eine echte marxistisch-leninistische Universität, die Leute zu Agitatoren ausbildete«, deshalb wies er eine Delegation des Kongresses, die das Lager inspizieren wollte, ab. Eines ihrer Mitglieder war Salvador Allende.[17]

Lawner erinnerte sich an das tägliche Leben in Dawson, die erniedrigende Zwangsarbeit, den Kontakt zu den ortsansässigen Gefangenen. »Zuerst wurden sie gefoltert, dann gezwungen, Río Chico zu bauen, das neue Lager«, erzählte er. »Es war ein unmenschlicher Ort, mit Stacheldraht, Eisenblechen, winzigen Fenstern.« Es sei entsetzlich gewesen. »Wir werden hier sterben«, sagte ein Häftling zu ihm.

Irgendwie bewahrte er sich ein Gefühl von Optimismus. »Ich

war noch nie irgendwo gewesen, wo die Naturkräfte so stark waren, auf heftige Regenfälle folgten wunderbarer Sonnenschein und dann die unglaublichsten Wolken.« Die Tierwelt hinterließ einen tiefen Eindruck. »Es herrschte niemals Stille«, erinnerte er sich. »Es gibt einen Vogel auf Dawson, den *bandurria* [Schwarzzügelibis, *Theristicus melanopis*], dessen Gesang wunderschön und kraftvoll ist. Dieser Vogel half mir, zu überleben.«

Wie auch seine Leidenschaft fürs Zeichnen. Jeden Morgen, wenn man die Gefangenen unter Absingen der Nationalhymne im Lager herummarschieren ließ, arbeitete Lawner an einem inneren Projekt. »Während ich sang und marschierte, maß ich die Entfernung in genauen Schritten. *Uno. Dos. Tres. Cuatro. Cinco. Seis.* In meinem Kopf zeichnete ich eine genaue Karte.« Nach ein paar Wochen fertigte er mit bewilligtem Papier und Stiften eine Skizze an. »Alle Baracken waren gleich, 6 mal 30 Meter, mit einem Namen: Alpha, Beta, Gamma, Delta und so weiter.«

Als er drei Jahrzehnte später an den Ort zurückkehrte, glaubte er, nichts sei übrig. »Dann, plötzlich, als ich das Gras ansah, entdeckte ich ganz schwache Linien, einen winzigen Unterschied, und ich konnte dem verblassten Umriss jeder Baracke folgen. Die erste, Alpha, fand ich nahe an der Straße und am Meer, dann Beta, dann Gamma. Jeder von uns stand, wo wir einst gelebt hatten, kleine Gruppen, die vollkommen still dastanden.«

Wie Bitar vergaß auch Lawner den ersten Eindruck des Lagers nicht. »Wir setzten große Holzpfähle in die dunkle und baumlose Erde, alle 50 Meter. Während wir weitergingen, kam es in Sicht. Ein richtiges Konzentrationslager, in Anlage und Bauweise einem Nazi-Lager nachempfunden.«

Da Arbeiter herumschwirrten, bot eine Mittagspause eine Gelegenheit, mit einheimischen Häftlingen zu sprechen. »Sie erzählten uns, dass ein Mann, der nicht einwandfrei Spanisch spreche, ein Ausländer, beteiligt sei. Er käme ständig und gebe Anweisungen, was zu tun sei.«

Hatte der Mann einen Namen?

»Unsere Kameraden aus der Gegend sagten, sie wüssten, dass Walther Rauff in der Nähe lebe, nicht in Punta Arenas, sondern in Porvenir, in einem fernen und abgeschiedenen Haus«, erinnerte sich Lawner. »Sie glaubten, dass der Mann, der die Anweisungen nach Dawson brachte, Walther Rauff sein müsse.«

Glaubten oder wussten sie es?

»Sie glaubten es.«

Lawner wusste von Rauff, jeder tat es, da er berühmt-berüchtigt war, der Nazi, dessen Auslieferung Chiles Oberster Gerichtshof verweigert hatte. Lawner wusste, dass Allende Wiesenthals Bitte, Rauff abzuschieben, abgelehnt hatte. »Ich wusste alles über ihn«, sagte er. »Ich bin Jude, meine Mutter stammte aus der Ukraine, sie überlebte die Nazi-Besatzung. Meine Tante auch, die für den Rest ihres Lebens dort blieb.« Ein Onkel sei in einem Nazi-Lager vergast worden, zusammen mit seiner Frau und zwei Kindern.

In einem Gaswagen oder einem Lager?

Das wusste er nicht, aber er verstand die Frage. »Wir waren wütend, als Allende sich weigerte, Rauff auszuliefern.«

Lawner sprach mit Bedacht. Er bezweifelte, dass Rauff eine Rolle bei der Errichtung des Dawson-Lagers spielte. Ein anderer Gefangener, Carlos González, vor dem Putsch Bürgermeister von Punta Arenas und nach Pinochets Rücktritt erneut, habe mit Rauff gesprochen. »Er sagte, er führe ein zurückgezogenes Leben, in einem Haus in der Nähe von Porvenir, zusammen mit einer Frau, und dass er die meiste Zeit des Tages betrunken sei. Er war sich nicht sicher, ob Rauff am Bau des Lagers beteiligt gewesen sein könnte.« Lawner lächelte, mit einem Anflug von Traurigkeit. »Und daher habe ich, ganz im Einklang mit Carlos González, der vertrauenswürdig ist, Zweifel, dass Rauff diese Rolle gespielt haben könnte.«[18]

Ob er denn Zweifel hinsichtlich seiner Zweifel hege?

»Woran erinnere ich mich? Was ist Erinnerung?« Miguel Lawners Blick huschte umher und verengte sich. »Laut den Arbeitern, die das Konzentrationslager bauten, die mit anderen Kameraden sprachen, kam ein Ausländer und gab Anweisungen, während sie dort waren. Wäre es nicht merkwürdig, wenn da noch ein weiterer Ausländer gewesen wäre, nicht Walther Rauff, der nach Dawson ging und diese Anweisungen gab?«

Sahen die Arbeiter den Ausländer?

»Ich bin mir nicht sicher, dass es so war. Nein. Sie redeten mit Bauarbeitern, die ihnen diese Geschichte erzählten, über einen Ausländer, der mit Anweisungen ankam.«

Er nahm sein Telefon und rief einen Freund an. Es war Baldovino Gómez, den ich in Punta Arenas, in der Shackleton Bar, treffen würde. Die beiden lachten, während sie sprachen. »Baldovino hat keine weiteren Informationen in dieser Sache«, sagte er. »Auch er erinnert sich, dass Arbeiter in Dawson irgendetwas über Anweisungen von einem Ausländer sagten, aber er hat keine weiteren Informationen.«

Miguel Lawner schlug einen anderen Kurs ein.

»Die Sache ist die, es waren nicht bloß die Gerüchte, es war die Bauweise des Lagers.« Er griff sich einen dicken Wälzer aus dem Regal, ein Buch mit Zeichnungen, die er nach seiner Freilassung anfertigte, während seines Exils in Dänemark.[19] Mit einem behutsamen Finger führte er mich auf dem Plan des Barackenlagers herum, zu den Stätten der Misshandlung, zu den Wachtürmen, den Stacheldraht entlang.

»Der doppelte Drahtzaun war das charakteristische Merkmal. Er brachte mich auf den Gedanken, dass Rauff beteiligt gewesen sein könnte. Ich bin Architekt, ich hatte so etwas noch nie gesehen in Chile, weder davor noch danach.« Sein Finger bewegte sich den Tintenzaun entlang, bis er den Eingang erreichte. »Ich kann die Möglichkeit nicht ausschließen, dass Rauff beteiligt war. Ich lebe schon mein ganzes Leben mit diesem Gedanken.

Möglicherweise habe ich wegen der planerischen Anlage des Konzentrationslagers seine Rolle nie angezweifelt.«

»Glauben Sie an Gerechtigkeit?«, fragte er unvermittelt. »Irgendwie schon«, antwortete ich und führte aus, dass ich am Ende begriffen hätte, dass Gerechtigkeit, so wie sie geübt werde, schwankend sei, und ich hätte gelernt, die Erwartungen zu dämpfen.

»Ich habe bei den Vereinten Nationen in Genf als Zeuge ausgesagt«, sagte er. »Ich brachte das Blatt Papier mit der Zeichnung mit, die ich in Dänemark gemacht hatte. Es war 1975, ein großer Raum, viele Sitze, dunkel. Die Richter waren da, mit Leuten vom Roten Kreuz. Ich war der einzige Augenzeuge, der aussagte. Ich sagte ihnen: ›Wir wurden in einem echten Konzentrationslager festgehalten.‹« Der Vorsitzende der Menschenrechtskommission äußerte sich überrascht:

> Es war ein richtiges Konzentrationslager, sagte ich ihm, ich habe die Zeichnungen. […] Er kam zu mir, nahm das Blatt Papier, sah es sich an. Später sagte er: »Dies ist das erste Mal seit dem Zweiten Weltkrieg, dass wir auf ein speziell gebautes Lager stoßen, das in Anlage und Bauweise einem Nazi-Konzentrationslager nachempfunden ist.«[20]

Spielte es eine Rolle, ob Rauff beteiligt war? Ja, sagte Lawner. Für Chile sei das Lager neuartig und »unglaublich« gewesen. Rauffs Rolle würde eine Verbindung zwischen Pinochet und den Nazis belegen, beide motiviert durch eine Abwehrhaltung gegen den Kommunismus.

Ob er an Gerechtigkeit glaube, wollte ich wissen.

Er antwortete nicht.

Ob ihm Gerechtigkeit in seinem Fall widerfahren sei.

»Niemals.«

Ob man ihm eine Entschädigung gezahlt habe.

»Nein. Viele erhielten eine Entschädigung, ich nicht.«

Ob der Staat sich jemals bei ihm entschuldigt habe.

»Nein. Es hat niemals irgendeine Anerkennung des Unrechts gegeben, das mir zugefügt wurde.«

Also vollständige Straflosigkeit?

»Ja. Aber …« Miguel Lawner zögerte. »Nicht ganz vollständig. Dawson ist als nationaler Erinnerungsort anerkannt worden, ein geschütztes Denkmal, und das bedeutet etwas.« Nichtsdestotrotz sei der Ort nicht allgemein zugänglich, und es würden nur wenige Besuche genehmigt.

Und, so erinnerte er sich, während der Schrecknisse der Gefangenschaft gab es durchaus auch Augenblicke großer Menschlichkeit. Einmal trafen die Gefangenen während eines Gewaltmarschs auf eine verlassene, Ende des 19. Jahrhunderts von den Salesianern erbaute Holzkirche. Lawner wurde erlaubt, sie zu restaurieren, und er arbeitete mit einem freundlichen Sergeanten des Heeres zusammen. An einem anderen Tag stießen die beiden Männer in einem dornigen Strauch der Buchsblättrigen Berberitze auf eine verwaiste Statue von Monsignor José Fagnano, dem Gründer der Salesianer-Mission von San Rafael auf der Isla Dawson. Sie wurde gesäubert und im Dezember 1974, am Fest der Unbefleckten Empfängnis, der Kirche zwecks erneuter Weihe zurückgegeben.

»Viel später, an derselben Stelle, stieß ich zufällig auf zwei Glasgefäße«, sagte Lawner. »Sie stammten von der Frau des Sergeanten. Können Sie sich das vorstellen? Selbstgemachte Marmelade in einem Berberitzenbusch, ein wunderbarer Akt der Menschlichkeit!«

## 87

Die Geschichte von der Statue und der Kirche war eine Erinnerung daran, dass Lawner und die anderen weder die ersten waren, die auf der Isla Dawson unter erbärmlichen Bedingungen gefangen gehalten wurden, noch die ersten, die völlige Straflosigkeit erlebten. Am Ende des 19. Jahrhunderts gründete Monsignor Fagnano, der von der verloren gegangenen Statue, eine Mission auf der Isla Dawson, um eingeborene Seelen vor der Ausrottung durch europäische Kolonisatoren zu bewahren.[21] Zielgruppen waren Kawésqar und Selk'nam (auch unter dem Namen Ona bekannt), indigene Völker, die in dem Gebiet lebten, als die Europäer eintrafen, und die über eine eigene Kultur und eigene Vorstellungen verfügten. Die Spanier, Deutschen und Briten fingen an, indem sie Bäume beseitigten, um Schaffarmen anzulegen. Später beseitigten sie die indigenen Völker, um einen Lebensraum für Europäer zu schaffen. »Dies ist ein Fall, der als Völkermord bezeichnet werden kann«, berichtete eine chilenische nationale Kommission kürzlich.[22]

Der Direktor eines Museums in Punta Arenas zeigte mir ein Foto von Angehörigen der Selk'nam und Kaneka, die auf dem Areal des Colegio de Minas auf der Isla Dawson versammelt sind. Männer in Anzügen und mit modischen Hüten stehen dabei und beobachten sie. Rodolfo Stubenrauch, der deutsche Konsul von Punta Arenas, ist ebenso anwesend wie Federico Errázuriz Echaurren, der Präsident Chiles und ein Vorfahre von Hernán Felipe Errázuriz, einem der Anwälte Pinochets in London.[23]

Esteban Lucas Bridges, der angloamerikanische Autor und Forschungsreisende, besuchte die Isla Dawson etwa um die Zeit der Fotografie. Er traf Selk'nam-Frauen, die Decken webten, und Männer, die Holz abhauten. »Prächtige Typen«, schrieb er. Er lernte die Sprache, Yahgan, und stellte ein Wörterbuch zusammen, das in der British Library eingesehen werden kann.

Er freundete sich mit Hektliohlh an, einem Mann, der mit »schrecklicher Traurigkeit« von den Auswirkungen der Kerkerhaft sprach. »Shouwe t-maten yaw«, sagte er Bridges – »die Sehnsucht wird mich töten«, und das tat sie auch bald. »Weißen Männern liegt Freiheit sehr am Herzen«, notierte Bridges. »Für die ungebändigten Wanderer der Wildnis ist sie eine absolute Notwendigkeit.«[24]

Die Selk'nam wurden von Kolonisatoren gejagt, angespornt durch eine Prämie: ein Pfund Sterling für ein Paar Ohren. Einer der brutalsten war Alexander McLennan, der Vorarbeiter von José Menéndez. Seine Büste wurde auf der Plaza de Armas in Punta Arenas auf einen Sockel montiert, in Anwesenheit von Bruce Chatwin, und kurz vor meinem ersten Besuch umgeworfen.

McLennan, auch bekannt als *Red Pig*, »rotes Schwein«, diente in Khartum in der britischen Armee und weidete sich an den Morden. Sie seien humanitär, da Gefangenschaft grausam sei. »Je eher sie ausgerottet werden, desto besser«, glaubte er, und sehr bald waren sie es.[25] Die Geschichte wird in einem ausgezeichneten Film erzählt (*Los Colonos*, Regie: Felipe Gálvez Haberle).

Für seine Dienste schenkte José Menéndez McLennan – »mein trefflicher Mitarbeiter« – eine goldene Taschenuhr und eine Krawattennadel.[26] Die Nadel umschloss einen Splitter aus geschliffenem Grünglas, gefertigt aus der von einem Selk'nam-Krieger abgeschossenen Pfeilspitze, die das Fleisch von *Red Pig* durchbohrt hatte. Das British Museum in London besitzt eine ähnliche, ebenfalls von einem Selk'nam hergestellte Pfeilspitze aus Grünglas.[27]

Wir mögen vergessen haben, was geschehen ist, aber die Nachfahren von Hektliohlh haben es nicht. »Wir sind nicht tot, und hier bin ich«, erklärte Arpón de Fuego, ein Selk'nam-Anführer, vor Chiles jüngster Verfassunggebender Versammlung. Seine Stimme hatte einen Hauch besonderer Ergriffenheit.

Erst seit August 2023 kommt den Selk'nam in Chile der Status einer indigenen Gemeinschaft zu.[28] Heute hat Chile die Ermordung der Selk'nam als genozidalen Akt anerkannt, aber die Regierungen Deutschlands, Spaniens und des Vereinigten Königreichs haben es nicht getan.[29] Ebenso wenig die Konzerne oder Gesellschafter, die massiv von dem Völkermord profitierten, zu dem sie beitrugen.

## 88

Die späteren Verbrechen der Ära Pinochet werden vom Museo de la Memoria im Zentrum Santiagos anerkannt. Hier fand ich in einem Ordner, der mit »Isla-Dawson-Archiv« beschriftet war, die Dokumente, von denen Sergio Bitar gesprochen hatte. Auf den Deckel hatte der Chef der öffentlichen Arbeiten des Landes geschrieben: »Bitte nehmen Sie diese Unterlagen auf, sie sind Teil der Geschichte unseres Chile, Dokumente über ein Projekt, das einige unserer Mitstreiter, traurig und ohnmächtig gezwungen waren durchzuführen.«

Der Ordner enthielt 79 Seiten Dokumente, handschriftliche, getippte oder gezeichnete. Da waren Briefe und hingekritzelte Notizen, Pläne und Skizzen, Abrechnungsbelege und Listen, ein Zeugnis für die mit der Errichtung des Konzentrationslagers verbundenen Alltäglichkeiten. Die Dokumente bestätigten, dass die Planung vor dem Militärputsch begonnen haben musste, zusammen mit der Verabredung zur Folter: Anfang Oktober 1973 wurden der lokalen Firma Juan Pedro Martínez & Co. aus Punta Arenas *bereits abgeschlossene Bauarbeiten* in Rechnung gestellt, und Pinochets Regime wollte Quoten für das Lager auf der Isla Dawson. Eine Woche später waren Baumaterialien geliefert und Rechnungen vorgelegt worden, für in Punta Arenas beschaffte Materialien, von lokalen Betrieben, die Walther Rauff bekannt waren.

Im Lauf des nächsten Monats wurden die grundlegenden Dinge beschafft, die nötig waren, um ein Konzentrationslager zu bauen und zu betreiben. General Motors lieferte einen Stromgenerator und Mercedes-Benz in Argentinien zwei weitere. Endesa, Chiles staatlicher Energieversorger, führte Elektroarbeiten aus und Coditec installierte eine Tiefbrunnenpumpe für Trinkwasser. »Aus deutscher Fertigung«, bekräftigte das Unternehmen.

Im Dezember wurden Rechnungen für Holz, Leitungsrohre,

Küchen und Zubehör und eine Feuerungsanlage bezahlt. Federführend bei dem Projekt war das Amt für öffentliche Arbeiten in Punta Arenas unter der Leitung von Nicolás Izquierdo Vergara. »Möge sein Name in Schande weiterleben«, sagte ein ehemaliger Dawson-Häftling, als ich fragte, ob er den Namen kenne.

Das Ministerium für öffentliche Arbeiten und Transport in Santiago genehmigte Zahlungen für diese »dringenden« Arbeiten. Die *Corporación de Magallanes* bezahlte die *Dirección de Arquitectura* in Punta Arenas, unterstützt von der *Secretaria Nacional de Detenidos*, dem Nationalen Sekretariat für Gefangene, in Santiago. Die Dokumente führten detailliert Ausgaben für lokale Unternehmen in Höhe von 146 Millionen Escudos (chilenische Währung von 1960 bis 1975), was nach heutigem Wechselkurs etwa 225 000 Euro entspräche. Spätestens im Dezember 1973 war Camp Chico bereit für die Aufnahme der ersten Häftlinge.

Das Dossier enthielt verschiedene interessante Dokumente.

Da war eine Passagierliste mit den Namen derjenigen, die mit einem Sonderflug am 7. November 1973 in Dawson eintrafen, darunter Izquiero Vergara. Drei Wochen später nahm der Steuerprüfer eine Buchprüfung vor. Die Namen von Bauarbeitern waren aufgeführt, die Zahlungen von Señor Izquierdo Vergara genehmigt. Sprachen diese Männer von Rauff, oder erinnerten sie sich an einen Deutschen, der Anweisungen erteilte?

Die Dokumente erwähnen weder seinen Namen noch den irgendeines anderen Ausländers. Falls Rauff beteiligt war, belegten es diese Dokumente nicht, und jede Verbindung war unsicher und letztlich nur aus einigen Skizzen zu erschließen. Eine Zeichnung zeigte eine kleine Holzhütte, die mit einem Zaun aus Holz und Draht verbunden war. Eine andere eine hölzernes Etagenbett mit zwei Schlafbereichen übereinander. Die Skizzen erinnerten mich an Dinge, die ich einmal in Auschwitz sah, vor vielen Jahren.

Es stimmt, dass die Bilder schockierten, wie sie es bei Lawner und Bitar getan hatten. Aber Schock und Angst sind kein Beweis. Überall auf der Isla Dawson gab es viele Gerüchte über Rauff, aber Beweismaterial gab es nicht.

Er lebte in der Nähe und war an einem ähnlichen Vorhaben beteiligt gewesen, vor langer Zeit und weit entfernt, aber das reichte nicht. Ich würde anderswo nach Spuren für Walther Rauffs Beteiligung an den Verbrechen des Augusto Pinochet suchen müssen.

## London, April 1999

### 89

Am Abend des 14. April 1999 unterzeichnete Jack Straw die zweite Authority to Proceed. »Unumgänglich«, dachte David Hope, da der gewählte Zeitpunkt zusammenfiel mit Blairs Entscheidung, einen »Krieg gegen Milošević wegen Verbrechen gegen die Menschlichkeit und Völkermord« anzufangen. Jede andere Entscheidung würde zu »Kritik an der Doppelmoral« führen. Großbritannien könne sich schwerlich mit seiner Handlungsweise im Ausland brüsten und dann dieselben Prinzipien zu Hause nicht anwenden, beschied Straw Blair. Ein jahrelanger Pinochet-Rechtsstreit stünde bevor, glaubten viele.[30]

Baltasar Garzón schickte ein neues Auslieferungsersuchen nach London, begrenzt auf Folter und Verabredung zur Folter durch das Pinochet-Regime nach dem Dezember 1988. Es traf in der Bow Street ein, wo ein Richter einen neuen Haftbefehl ausstellte. »Zwischen dem 9. Dezember 1988 und dem 11. März 1990«, schrieb er, »kam Pinochet mit anderen überein, innerhalb der Jurisdiktion Spaniens die Straftat der Folter zu begehen.«

Am Morgen des 16. April fuhr Inspektor Hewett zusammen mit Jean Pateras nach Wentworth, um Pinochet gemäß der neuen Vollmacht zu verhaften. Sie wurden von Caplan, Schweitzer und Errázuriz sowie einem chilenischen Militärattaché empfangen, der der Polizei für ihre Bemühungen zum Schutz Pinochets dankte.[31] Die Chilenen sorgten sich wegen eines Mordanschlags.

Pinochet begrüßte die Besucher im Wohnzimmer, in einem bequemen Sessel. »Elegant gekleidet. in einem blauen Sakko, mit Anzughemd und Krawatte«, hielt er seinen Gehstock, der sich auf den Boden stützte, »senkrecht« umklammert, notierte der Inspektor. »Er sah zu mir auf, als ich eintrat, und nickte, sagte aber nichts«, berichtete Hewett. Jean Pateras »hockte sich zu seiner Rechten hin«, Hewett stand Pinochet gegenüber, mit Michael Caplan zu seiner Linken auf einem Sofa,

»Guten Morgen, Senator«, begrüßte ihn Hewett. Er holte einen Ausweis hervor, den Pinochet sich genau ansah, aber nicht berührte. »Ich habe hier einen zusätzlichen Haftbefehl gegen Sie«, erklärte er, und »einen weiteren Foltervorwurf.« Er las die Anklagepunkte vor, informierte Pinochet, dass er unter Arrest stehe, verlas seine Rechte und die Kautionsbedingungen und wies darauf hin, dass alles, was er sage, gegen ihn verwendet werden könne. Pinochet dürfe das Haus nicht verlassen, außer um vor Gericht zu erscheinen oder wegen ärztlicher oder zahnärztlicher Behandlung. Er dürfe im Garten Sport treiben, aber nur mit vorheriger Genehmigung. Er müsse zu einem noch festzusetzenden Termin im Bow Street Magistrates' Court anwesend sein, und bei Nichterscheinen drohe ihm »ein Bußgeld oder Haft oder beides«.

Hewett händigte dem General eine Kopie des Haftbefehls aus. Ob er verstehe, ob er irgendwelche Fragen habe.

»Ja«, sagte Pinochet. Er sprach klar und deutlich, ohne Notizen:

> Zunächst einmal: Ich stimme dem nicht zu. Denn […] alle diese Anschuldigungen, ich weise sie vollumfänglich zurück, denn ich habe absolut nichts mit irgendeiner dieser Anschuldigungen zu tun gehabt. Ich werde hier gedemütigt. Ich bin ein General mit 64 Dienstjahren. Ich bin ein Ehrenmann, der Bescheid weiß über Ehre. Ich streite all dies vollumfänglich ab.

Er sagte, er würde sich gut betragen und der Verfügung Folge leisten: »Keine Sorge.« »Danke.«

Die Begegnung dauerte zwölf Minuten. Hewett blieb noch in der Zufahrt stehen, um mit Caplan und Jean Pateras Notizen zu vergleichen. Genauigkeit war wichtig, da Pinochets Worte vor Gericht verwendet würden. Auf der Fahrt zurück zur Heathrow Police Station hielt Hewett am Golf Club, um sich zu erfrischen und seinen Bericht auszuarbeiten.

## 90

Pinochets Anwälte gingen direkt vor den High Court, um die von Straw unterzeichnete zweite Authority to Proceed anzufechten. Am 27. Mai fand eine kurze Anhörung vor Richter Ognall statt, dem Sohn eines Autors von Kriminalromanen. Der Richter hörte höflich zu, dann verweigerte er die Genehmigung, in dem Fall gerichtlich vorzugehen. Die Anfechtung sei »verfrüht« und würde das Auslieferungsverfahren »unnötig stören«. Pinochet könne seine Sache zu gegebener Zeit begründen, in »völlig sachkundiger Art und Weise«.[32]

Wie gemäß dem Extradition Act vorgeschrieben, wurde ein Termin für die erste Auslieferungsanhörung festgelegt; sie sollte im Juni im Bow Street Magistrates' Court stattfinden. Dies war eine Formalie, wo der Richter Garzóns Gesuch prüfen und sich überzeugen würde, dass die mutmaßlichen Verbrechen nach englischem Recht auslieferungsfähig waren. Auf Pinochets Ersuchen wurde der Anhörungstermin bis Ende September verschoben.

Der Sommer nahm seinen Lauf. Pinochet erhielt die Erlaubnis, unter den wachsamen Augen der Polizei im Garten von 28 Lindale Close spazieren zu gehen und mit seinen Enkelkindern mit elektrischen Spielzeugautos zu spielen. Er sah sich *Star-Wars*-Filme an und las Bücher über Napoleon.

Er empfing Besucher, trank Tee. Er gab der Journalistin Christina Lamb eine Audienz, der seine Stimme (»ein hohes Flüstern«) und »flache und fleischige Finger« (»wie die eines Metzgers«), die katholischen Symbole und Jean-Claude-Van-Damme-Videos auffielen. Sie hörte sich seine Beschwerden über ein lächerliches rechtliches Verfahren an (eine Entscheidung und Berufung nach der anderen, »als steckte man in einem Laufrad«).[33]

Michael Caplan reiste nach Chile. »Ich traf die Unterstützer des Generals, den Sprecher des Parlaments, den Außenminister, Vertreter der englischen und der spanischen Gemeinschaft und der jüdischen Gemeinschaft.«

Der jüdischen Gemeinschaft?

»Viele befürworteten Pinochet«, sagte Caplan, »und natürlich war Miguel [Schweitzer] Jude.«

Garzón nutzte die Zeit, um weitere Folterakte aufzudecken, unterstützt von Garcés und, hinter den Kulissen, Castresana. Im Lauf des Sommers schickte er vier weitere Sendungen mit Folterfällen nach London.[34] Angesichts der nachgereichten Anschuldigungen sah sich Pinochet nun mit 35 zusätzlichen Folter-Anklagepunkten konfrontiert.

Miguel Schweitzer war wütend wegen dieser neuen Fälle. »Stellen Sie sich vor, ein Auslieferungsersuchen, das angepasst wird, *ex post facto*! Drüben bei uns zu Hause wäre das niemals erlaubt.« Aber genau das sei doch vor 35 Jahren passiert, erinnerte ich ihn, in Rauffs Fall vor dem Obersten Gerichtshof von Chile. Als Schweitzers Vater riet, Rauff wegen Völkermord anzuklagen, nicht wegen Mord, besserten die westdeutschen Staatsanwälte ihren Auslieferungsantrag nach, so wie Garzón es getan hatte.

»Und das deutsche Gesuch war erfolglos«, sagte Schweitzer mit einem leichten Grinsen. Das war es in der Tat, aber aus einem anderen Grund: Chile hatte eine fünzehnjährige Verjährungsfrist, auch für internationale Verbrechen, während Spanien und Großbritannien keine solche Regelung hatten. Dort konnte man

1999 wegen einer Verabredung zur Folter ausgeliefert werden, die 1973 begonnen hatte.

Im Juli 1999 schlug Pete Sampras Andre Agassi im Tennisfinale der Männer in Wimbledon. Ebenfalls in jenem Jahr, und nach einer langen Pause, brachte George Lucas den vierten *Star-Wars*-Film, *Episode I – Die dunkle Bedrohung,* in die Kinos. Es ist nicht bekannt, ob Pinochet ihn sich ansah.

Im August wurden Slobodan Milošević und vier andere vor dem Internationalen Strafgerichtshof für das ehemalige Jugoslawien in Den Haag angeklagt. Die Anklagepunkte umfassten Verbrechen gegen die Menschlichkeit, begangen im Kosovo.

In Chile wurde die Kampagne für die erste Runde der Präsidentschaftswahl, die im Dezember stattfinden sollte, in die Wege geleitet.

Im September besuchte Margaret Thatcher Pinochet in Wentworth, ein neuer chilenischer Botschafter wurde nach London entsandt, und Ronald Bartle, der Richter, der den zweiten Haftbefehl unterschrieben hatte, wurde ausgewählt, die nächste Phase des Auslieferungsverfahrens als Richter zu amtieren.

## 91

Der Herbst in London brachte den ersten Jahrestag der Verhaftung Pinochets. Am Bow Street Magistrates' Court begann am Morgen des 27. September die Anhörung. »Die Polizei holte uns mit einem Bus ab«, sagte Caplan, mit trauriger Erinnerung. »Draußen vor dem Gericht war die Atmosphäre angespannt, einer aus meinem Team wurde tätlich angegriffen.« Der Gerichtssaal und die Galerie für die Öffentlichkeit waren voll besetzt, in einem parallelen Raum wurde ein Live-Videostream geboten. Pinochet war von der Teilnahme befreit, aus medizinischen Gründen.

Roland Bartle nahm seinen Platz in Court No. 1 ein, der Protokollführer verlas die Anklagepunkte. Ein »stetiges monotones Geräusch«, berichtete die *New York Times*,[35] eine plastische Schilderung von Prügeln und Verbrennungen, von gefesselten und hängenden Gefangenen, von Käfigen, Hunger, Sodomie. Pinochet genehmigte Vergewaltigung, den Einsatz von Hunden, halluzinogenen Drogen, Strom und allem, was sonst noch einen Gefangenen veranlassen könnte zu reden und Namen zu nennen. Miguel Schweitzer hörte aufmerksam zu. »Einige der schwersten Verbrechensanschuldigungen, die jemals vor englischen Strafgerichten zur Verhandlung kamen«, sagte Alun Jones zu Mr. Bartle, der mit unbewegtem Gesicht dasaß.

Detective Inspector Hewett verlas die Erklärung, die Pinochet ihm ein paar Monate zuvor gegeben hatte. »Ich stimme dem nicht zu«, hieß es dort. Er bestreite sämtliche Anschuldigungen – er sei ein Ehrenmann, der nach 64 Jahren ehrenvollen Staatsdienstes gedemütigt werde.

Vor dem Gerichtssaal waren die Anhänger Pinochets weit zahlreicher als die Gegner, unter Letzteren auch Juan Garcés, der spanische Anwalt. »Das Wichtigste«, sagte er einem Journalisten, sei, dass sich hier zum ersten Mal in der Geschichte ein früheres Staatsoberhaupt einer Auslieferungsanhörung wegen solcher Verbrechen stellen müsse. »Eine Form von Gerechtigkeit«, sagte Reed Brody von Human Rights Watch: die bloße Tatsache des Gerichtsverfahrens und der Anklagepunkte sowie der Verlesung der Namen derjenigen, die gefoltert und getötet wurden und verschwanden.

Pinochets Anwälte wiesen sämtliche Anschuldigungen zurück, es sei eine rein chilenische Angelegenheit. Das habe gar nichts zu sagen, widersprach Alun Jones, hätten doch die spanischen Gerichte und die Lordrichter die Jurisdiktion Spaniens über die Verbrechen und das Fehlen der Immunität bestätigt. »Die anhaltende Straftat der Verabredung« umfasse das Schicksal sämtlicher Verschwundener, erläuterte er, die Folter von Familien durch »schweren seelischen Schmerz, durch Leid und Demoralisierung«. Julian Knowles, einer von Pinochets Junior-Prozessanwälten, wies die Begründung im Falle Pinochets entschieden zurück. »Er geriet in dieser Frage ziemlich heftig mit Alun Jones aneinander«, erinnerte sich Caplan. Die Sache wurde allmählich nervenaufreibend.

Die Anhörungen zogen sich über vier Tage hin. Eine Woche später lud Ronald Bartle die Parteien vor, um sein Urteil entgegenzunehmen. Pinochet fehlte entschuldigt, nach zwei leichten Schlaganfällen und aufgrund anderer Erkrankungen, darunter Diabetes, Nierenprobleme und Inkontinenz.[36] Die Polizei war erleichtert über seine Abwesenheit, da weniger Sicherheitsmaßnahmen erforderlich wären.

Bartles Urteil war prägnant. Er gründe seine Entscheidung ausschließlich auf das Recht, sagte er, auf keinerlei persönliche oder politische Neigungen. Das moderne Völkerrecht spiegle eine »wachsende Tendenz« wider, Verbrechen zu ächten, die mit einer zivilisierten Gesellschaft unvereinbar seien. Dies sei der Vorbote »des Tages, wo es zum Zwecke der Auslieferung nur noch ein einziges Recht für eine einzige Welt geben wird«.

Pinochet habe ein Recht darauf zu wissen, was er getan haben soll, und es müsse bewiesen werden, dass das mutmaßliche Verhalten sowohl in Großbritannien als auch in Spanien ein Verbrechen sei. Bartle befasste sich nicht mit dem Nachweis der Tatsachen oder mit Pinochets Verteidigung, das seien »Gegenstände für den Prozess« in Spanien. Er prüfte alle ihm vorgelegten Informationen, darunter die neuen Folterfälle, die Richter Garzón vorgelegt hatte, und die Angaben über die Verschwundenen. Die Gespenster von Alfonso Chanfreau und tausend anderen geisterten durch den Gerichtssaal.

Wurde dem Grundsatz der doppelten Kriminalität Genüge getan?

Wurde es. Folter und Verabredung seien in Großbritannien wie in Spanien auslieferungsfähige Straftaten. Die Antifolterkonvention erkenne das Weltrechtsprinzip an, es sei Teil des englischen Rechts und, wie die Audiencia Nacional bestätigt habe, auch des spanischen Rechts.

Musste Bartle sich, wie Pinochet behauptete und Hope prophezeite, überzeugen, dass die Folter »umfassend und systematisch« war?

Musste er nicht. »Ein Akt der Folter« genügte für die Auslieferung, entschied er, und »auch ohne die Orientierungshilfe durch das höchste Gericht im Lande wäre ich zu demselben Ergebnis gelangt«.

Konnte Pinochet Immunität beanspruchen?

Nein, nicht in Bezug auf Handlungen nach dem 8. Dezember 1988. Was die Verabredung betreffe, so sei sie eine »anhaltende Straftat«, was Bartle ermöglichte, jede Tat zu berücksichtigen, die Teil der Verabredung war, selbst wenn sie lange vor dem Dezember 1988 geschah.

Die Verschwundenen?

Am bedeutsamsten war, dass Bartle entschied, dass »die Auswirkungen auf die Familien derer, die verschwanden, seelischer Folter gleichkommen können«. Ob Pinochet dies beabsichtigte, in Bezug auf die 1198 Verschwundenen, sei eine Tatfrage für das Prozessgericht in Spanien, nicht eine, die er entscheiden müsse.

Da die Bedingungen erfüllt waren, um Pinochets Auslieferung zu ermöglichen, überwies Bartle Pinochet an die nächste Instanz. Nun würde der Innenminister entscheiden müssen, ob Pinochet ausgeliefert wurde, oder nicht.

»Ein wesentlicher Schritt nach vorn«, erklärte Amnesty International. Die Entscheidung ermöglichte die Auslieferung wegen sämtlicher 35 Fälle von Folter und der 1198 Fälle von Verschwindenlassen. Dies sendete ein machtvolles Signal an Staatsanwälte und Gerichte auf der ganzen Welt.

»Historisch«, meinte der UN-Hochkommissar für Menschenrechte. »Diejenigen, die Folter verüben, anordnen oder tolerieren, können sich eines friedlichen Ruhestands nicht mehr sicher sein.«[37]

Auf der Straße verbrannten Pinochet-Anhänger britische und spanische Flaggen und wetterten über Kommunisten. Gegner ließen die Sektkorken knallen.

Weil sie noch immer hoffte, einen Prozess in Madrid abwenden zu können, schlug die spanische Regierung eine andere »Lösung« vor. Außenminister Abel Matutes empfahl, die Angelegenheit an den Internationalen Gerichtshof in Den Haag zu überweisen oder an ein Schiedsgericht, um zu entscheiden, ob Spanien tatsächlich die Zuständigkeit besaß, Pinochet vor Gericht zu stellen. Die Idee fand keine Befürworter.

Pinochet sei »frustriert, enttäuscht und stoisch«, sagte Michael Caplan, »sich aber bewusst, dass es immer noch eine weitere Anhörung gebe«. Draußen vor dem Gericht wurde seine Erklärung verlesen: Die spanischen Behörden hätten keine Beweise gegen ihn vorgelegt, er würde nun über die nächsten Schritte nachdenken. »Als der ehemalige Präsident der Republik Chile und Senator erkläre ich, dass ich der Verbrechen, derer man mich anklagt, nicht schuldig bin.«[38]

Das Netz zog sich zusammen. Nach dem Extradition Act erreichte der Fall eine Endphase. Alles, was noch zu tun blieb, war, dass Jack Straw als Innenminister entschied, ob er genehmigte, dass die Auslieferung vonstattenging. Es sei denn, Pinochet konnte eine andere Möglichkeit finden, die Angelegenheit zu verzögern.

# León

## 92

Ohne eindeutige Beweise, dass Walther Rauff bei der Isla Dawson beteiligt war, wendete ich mich der Colonia Dignidad zu. Es war der Ort, wo die DINA folterte und Gefangene verschwinden ließ, und es hieß, Rauff habe ihn besucht.

Die Colonia Dignidad war eine deutsche Kolonie südlich von Santiago. Sie wurde in den frühen 1960er Jahren von Paul Schäfer gegründet, der im Zweiten Weltkrieg als Wehrmachtssanitäter diente und später in Westdeutschland ein Kinder- und Jugendheim leitete. Angesichts von Anschuldigungen, er würde kleine Jungen sexuell missbrauchen, floh Schäfer nach Nordafrika. Neue Anschuldigungen veranlassten ihn, nach Chile zu gehen, wo er 1961 eintraf, unmittelbar bevor die Bundesrepublik Deutschland sich um die Auslieferung von Walther Rauff bemühte.

Während Rauff sich der Justiz stellen musste, erwarb Schäfer einen ausgedehnten Streifen Land in der Nähe von Parral, einer Stadt etwa 300 Kilometer südlich von Santiago und Geburtsort des Dichters Pablo Neruda. Schäfer gründete eine landwirtschaftliche und religiöse Kolonie, inspiriert von den Ideen William Branhams[39] und Oral Roberts', zwei unversöhnlichen Antikommunisten, die er kennenlernte. »Arbeit ist Gottesdienst« lautete das Motto, das Schäfer für die Colonia wählte.[40]

Die Colonia besaß ihre eigene Schule, ihr eigenes Krankenhaus, eine eigene Kapelle sowie eine Bäckerei und ein deutsches

Themenhotel mit einem Restaurant, das Bratwürste und andere teutonische Speisen anbot. Anfang der 1970er Jahre zählte die Colonia mehrere hundert Bewohner, deutsche Einwanderer und einheimische Kinder, die adoptiert und »germanisiert« wurden. Gegen Allende eingestellt, unterhielt die Colonia enge Verbindungen zu rechtsextremen Gruppen, darunter Patria y Libertad, und hochrangigen chilenischen Militärs. Im September 1973 begrüßte Schäfer den Militärputsch und Pinochet und baute eine enge Arbeitsbeziehung zur Junta und zur DINA auf. Im August 1974 besuchte Pinochet die Colonia, und Manuel Contreras, ein häufiger Besucher, ging dort mit Schäfer auf die Jagd. Die Gerüchte über Pädophilie und andere sexuelle Missbräuche, die bereits grassierten, sollten bald durch Gerüchte über Folter und andere Verbrechen ergänzt werden.

Im Jahr 1976 berichteten die Vereinten Nationen, dass Pinochets Gegner in die Colonia geschickt würden, wo man sie folterte oder tötete oder sie verschwinden lasse.[41] Ein Jahr später veröffentlichte Amnesty International Berichte aus erster Hand von zwei Flüchtlingen aus der Kolonie, Erick Zott und Luis Peebles.[42] Peebles, ein Psychiater, erzählte, dass er in einem Keller unter dem Offizierskasino gefangen gehalten und von einem älteren Mann mit Strom gefoltert worden sei, den er später als Schäfer wiedererkannte.[43]

Nachdem Pinochet 1990 aus dem Amt geschieden war, tauchten weitere Details über die enge Beziehung zwischen der Colonia und dem Pinochet-Regime auf, samt grausamen Berichten über systematischen Kindesmissbrauch. Der Name der Colonia wurde geändert in Villa Baviera, und 1997 floh Schäfer, als er sich Anschuldigungen von Sexualstraftaten gegenübersah. Die Polizei bestätigte systematischen sexuellen Missbrauch, DINA-Verbrechen und Verbindungen zu den Verschwundenen, von denen einige zuletzt in Londres 38 gesehen worden waren. Es gab Berichte über ein Massengrab und von Leichen, die exhumiert und eingeäschert wurden. Die DINA habe sich an die Colonia gewandt, hieß es, weil auf die Deutschen, wenn es um Folter gehe, Verlass sei.[44]

Nachdem ein Journalist herausgefunden hatte, dass Schäfer sich in Buenos Aires versteckte, wurde er an Chile ausgeliefert, vor Gericht gestellt und 2004 für schuldig befunden, Dutzende von Jungen sexuell missbraucht zu haben. Verurteilt zu 20 Jahren Haft, bedeutete sein Tod im Jahr 2010, dass die Verbrechen, die er gemeinsam mit der DINA beging, nicht weiter untersucht werden konnten.

Die schmutzige Geschichte der Colonia erlangte viel Aufmerksamkeit. Es gab Filme, Podcasts und eine Netflix-Serie *(Colonia Dignidad: Eine deutsche Sekte in Chile)*. Bücher und Artikel unterstellten Rauffs Anwesenheit in der Colonia,[45] aber wie bei der Isla Dawson wurden die Gerüchte nicht durch stichhaltige Beweise untermauert.

Zwei Bücher von Carlos Basso, einem Journalisten und Dozenten an der Universität von Concepción, ragten heraus. Der Ton und Inhalt von *Chile Top Secret*, erschienen 2017, und *La Secta Perfecta*, veröffentlicht fünf Jahre später, waren glaubhaft, die Recherche gewissenhaft und die Befunde zurückhaltend. Basso sah die Colonia als »Konzentrationslager und Folterort, wohin Menschen aus Santiago und Concepción gebracht wurden, um sie verschwinden zu lassen«, und war überzeugt, dass Rauff irgendeine Verbindung zu ihr hatte.

## 93

Ich wandte mich hilfesuchend an Carlos Basso. Er war fasziniert von Rauffs Söldnergeist, seiner Intelligenz und seinem Pragmatismus und von seiner Nazi- und SS-Geheimdienst-Vorgeschichte. Solche Charakteristika dürften interessant gewesen sein für Pinochet, führte er aus. »Ich bin mir ziemlich sicher, dass er mit der

DINA und der Colonia in Verbindung stand«, aber das beruhte auf einem Bauchgefühl, nicht auf Beweisen, gestützt auf seine jahrelange Arbeit im Büro des Staatsanwalts in Concepción. »Wenn Sie sich für Rauff interessieren«, sagte Basso, »müssen Sie zur Colonia Dignidad gehen, zweifellos der exotischste Ort in ganz Chile.«

Er übergab mir mehrere Dokumente, von denen zwei herausstachen. Eines betraf den bereits erwähnten Franz Bäar, einen langjährigen Bewohner der Colonia, das andere einen im November 1974 in der Colonia abgehaltenen Ausbildungslehrgang für DINA-Agenten. Im Jahr 2005 führte die Polizei eine Razzia in der Colonia durch und fand Tausende Seiten Dokumente und Personalakten. Keines der Schriftstücke erwähnte Rauff, aber wir wussten inzwischen, dass er Fotografien und belastende Unterlagen möglichst vermied.

Unter den Ausbildungsmaterialien fand sich ein 24-seitiges maschinengeschriebenes Dokument: Vorträge über das Sammeln von Informationen, anscheinend organisiert von einem Mann namens Lindes. Basso glaubte, das Schriftstück könnte von Gerd Seewald ausgearbeitet worden sein, Schäfers rechter Hand und Verfasser eines mehr als 45 000 Karteikarten umfassenden Archivs mit Interna der Diktatur Pinochets und ihrer Repressionsorgane. Diese »Kartei des Terrors« befindet sich heute in digitalisierter Form im Nationalarchiv in Santiago. Wegen der Beteiligung an 16 Fällen von Kindesmissbrauch im Jahr 2013 zu fünf Jahren Haft verurteilt, starb Seewald ein Jahr später mit 93 Jahren in der Haftanstalt von Cauquenes.

Basso wurde mit Bäar bekannt gemacht, der als kleiner chilenischer Junge seinen Eltern weggenommen wurde. Von Seewald adoptiert, erhielt Bäar einen deutschen Namen und ein Leben in der Kolonie. Als Unruhestifter ließ Seewald ihm eine spezielle Behandlung zuteilwerden: Er wurde 31 Jahre im Krankenhaus der Colonia eingesperrt, wo er einer »Behandlung« mit Drogen und Strom unterzogen wurde.[46]

Als Basso Bäar und dessen Frau Ingrid Szurgelies traf, das war im Jahr 2015, hatten sie die Colonia verlassen. »Ich begegnete einem liebenswürdigen Mann, 65 Jahre alt, von der Mentalität her sehr deutsch, der kaum Spanisch verstand, und von kindlicher Wesensart.« Bäar machte vor den chilenischen Gerichten Aussagen zu Schäfers Sexualverbrechen und wurde als glaubwürdig und verlässlich behandelt. Er erzählte Basso von den Vorträgen, die vor DINA-Agenten gehalten wurden.

»Ich wusste von dem Kurs, er wurde von Walther Rauff geleitet«, erzählte Bäar Basso. »Er war ein netter Freund mit zwei Kindern, der Zeit in der Colonia verbrachte.« Unaufgefordert habe Bäar wiederholt den Namen genannt, und was die beiden Jungen betraf, so habe er richtiggelegen. »Er erzählte mir jedes Mal dieselbe Geschichte, und ich habe keinen Grund, zu glauben, dass er log«, sagte Basso. »Er erwähnte Rauff ganz natürlich und spontan, ohne daraus eine große Sache zu machen.«

Ich sprach mit Bäar via Zoom. Er wiederholte, was er Basso erzählt hatte.

Ob er gesehen habe, dass Rauff die Vorträge hielt?, wollte ich von ihm wissen.

»Nein, aber ich sah ihn in der Colonia. Ich erkannte ihn, weil ich einen außerordentlichen Film gesehen hatte.« Nähere Angaben machte er nicht.

Tauchte Rauff in dem Film auf?, fragte ich.

Bäars ausdrucksstarkes, freundliches Gesicht, das von einem einzigen markanten Zahn beherrscht wurde, verzog sich zu einem breiten Lächeln. »Ja.« Er nickte heftig. »Ich brauchte Zeit, um zu erkennen, wer dieser Mensch war«, erklärte er in Unkenntnis von Rauffs Vergangenheit, der Gaswagen. Als ich vorschlug, uns einige Fotografien anzusehen, war er einverstanden, aber mit einem Vorbehalt: »Es ist sehr schwer, Erinnerungen aus jener Zeit wiederzuerlangen.«

Am Bildschirm teilte ich ein Foto von Rauff, das Mitte der

1960er Jahre gemacht worden war. Seinen Namen erwähnte ich nicht. Bäar starrte es eine Minute an. »Ich sehe mir die Augen und die Nase an.« Schließlich sagte er: »Nein, ich erkenne diesen Mann nicht.«

Ich stellte ein zweites Foto bereit. Derselbe Mann, ein Jahrzehnt später, 1976, diesmal mit Brille. »Ist das dieselbe Person?«, fragte Franz Bäar vorsichtig.

Ja.

»Nein, ich erkenne diesen Mann nicht wieder«, sagte er.

Ich stellte ein drittes Foto bereit, ein anderer Mann. Bäar zögerte nicht. »Ja, das ist der Mann, den sie Lindes nannten, das ist Walther Rauff.«

»Außer, dass er es nicht war«, sagte ich so schonend, wie ich konnte. Das Foto zeigte Cornelius Krieg, dessen Akte die Polizei im Archiv der Colonia fand. Geboren in Mainz, Deutschland, diente Krieg als Ingenieur bei der Wehrmacht und zog später nach Concepción, Chile. Laut der Colonia-Akte arbeitete er als Nahkampf-Ausbilder bei der chilenischen Marine und hatte eine Stelle beim staatlichen Schiffbau- und Reparaturunternehmen ASMAR.

Bäar schmunzelte. »Ah, okay.«

Ich erstattete Basso Bericht. Krieg komme nicht aus dem Geheimdienst, sagte Basso, also konnte er die Vorträge nicht gehalten oder den Kurs konzipiert haben. Andererseits könnte Rauff als SS-Nachrichtenoffizier 1974 Vortragsredner gewesen sein. In den Dokumenten gebe es drei Anhaltspunkte, meinte Basso.

»Erstens, der Sprecher erwähnt eine Verbindung zur Marine. Zweitens, der Vortrag dreht sich um das Erfassen von Informationen. Drittens, Rauff hatte Erfahrung in geheimdienstlichen Methoden einschließlich Folter.« Er sagte, er würde mir das Dokument schicken.

Die 24 Seiten trafen am nächsten Tag ein. Sie waren auf Deutsch, mit Bildern von Folterinstrumenten, erwähnten aber keine Namen, Redner oder Teilnehmer. Das Dokument beschäftigte sich mit Fragen von Überwachung, Festnahme und Verhör sowie mit physischen und psychologischen Techniken. Es bot Anleitungen zu Ballistik, Bomben und Raketen und zum Einsatz von Lockvögeln, um Leute zu entführen, berief sich auf Gestapo-Methoden.[47] Die Zielpersonen waren Angehörige des MIR (*Movimiento de Izquierda Revolucionaria*, Bewegung der Revolutionären Linken) und Kommunisten. Diese Leute könnten umgedreht werden, aber, so warnte das Dokument, »ein umgedrehter Agent ist niemals ein echter Agent«.[48]

Für mein ungeübtes Auge wirkte das Dokument dilettantisch, und es enthielt keine Bestätigung für Rauffs Mitwirkung. Dennoch war es merkwürdig, dass die Vorträge auf Deutsch gehalten wurden, auf Nazis, die SS und die Gestapo und auf Quito Bezug nahmen, wo Rauff einmal gelebt hatte. Es war nicht völlig unrealistisch, die Möglichkeit in Betracht zu ziehen, dass eine Verbindung zu Rauff bestehen könnte.

Ich schickte das Dokument an Dr. Kerstin Hoge, eine Wissenschaftlerin an der Oxford University und Expertin für deutsche Linguistik und Phonetik.

»Absolut faszinierend«, sagte sie. Sie wusste von der Colonia, ein Ort »widerlicher Individuen, Ereignisse und Ideologien«, meinte aber, es wäre nicht einfach, einen »linguistischen Fingerabdruck« zu finden. Sie würde es versuchen.

## 94

Ein paar Tage später traf ein sorgfältiges Gutachten ein. Das Dokument bestehe aus fünf Abschnitten, erläuterte sie, eine Mischung aus Mitschrift und Notizen, mit ziemlicher Sicherheit sei mehr als ein Vortragender beteiligt gewesen. Es enthalte viele sprachliche Fehler, die darauf hindeuteten, dass die Redner nicht die »volle muttersprachliche Kompetenz« in Deutsch besaßen. Andere Anhaltspunkte bestätigten, dass Rauff nicht der einzige Verfasser sein konnte oder vielleicht überhaupt nicht mit dem Dokument in Verbindung stand.

Dr. Hoge war sich ziemlich sicher, dass ein spanischer Sprecher oder Autor involviert war. Der Begriff »Kinderschule« beispielsweise sei kein deutsches Wort, aber eine wörtliche Übersetzung von *escuela infantil*, dem spanischen Wort für Kindergarten oder Kindertagesstätte.

Die Verwendung der Pronomen deute darauf hin, dass die Redner Männer waren, höchstwahrscheinlich mit einem militärischen Hintergrund. Sie schienen aus den unteren Rängen der Wehrmacht zu kommen, nicht von Rauffs höherer Ebene. In dem Ausdruck »Strammer Kerl« beispielsweise schwinge eine informelle Männlichkeit mit, die auf einen niedrigeren Bildungsstatus oder Dienstgrad schließen lasse.

Die Verwendung des Kompositums »Busschofför«, das nur in Gegenden gebräuchlich sei, in denen der alemannische Dialekt gesprochen werde (die deutschsprachige Schweiz, Baden-Württemberg und Schwaben in Deutschland oder das österreichische Vorarlberg), deute darauf hin, dass einer der Sprecher von dort stammte. Dies seien die einzigen Orte, wo dieses Wort benutzt werde. Soweit ich wusste, hatte Rauff keine Verbindung mit irgendeinem dieser Orte.

Einer der Vortragsredner habe im Zweiten Weltkrieg an der Ostfront gekämpft, gegen ukrainische Einheiten der Roten Armee. Rauff hatte keine solche Vorgeschichte. Ein anderer sei vertraut mit der Geschichte von Peter Simon, einem Lehrer an der deutschen Schule in Concepción, der im Oktober 1973 aus Chile floh.[49] Rauff hatte keine aktenkundige Verbindung zu dieser Stadt. Ein Redner »der wahrscheinlich in der Marine war« – wie auch Rauff –, habe einen Karatetritt von einem weiblichen Marineoffizier erhalten. Mit Karate hatte Rauff gar nichts zu tun, soweit ich wusste. Ein weiterer Redner habe ein Treffen mit Salvador Allende in Quito erwähnt, aber dort hatte Rauff nur Pinochet gekannt, nicht Allende.

Summa summarum, so Dr. Hoge, wurden die »Vorträge« wahrscheinlich von verschiedenen Rednern gehalten; einige sprachen fließend Deutsch, andere hatten eine spanischsprachige Herkunft. Sie bezweifelte, dass Rauff zu ihnen zählte.

Auch hiervon berichtete ich Carlos Basso. Er war optimistisch. »Wenn Sie das nächste Mal in Chile sind, kommen Sie mich in Concepción besuchen«, schlug er vor. »Fahren Sie zur Colonia Dignidad, dann suchen Sie mich auf. Persönlich habe ich noch mehr Vorschläge.«

## 95

Ich folgte dem Vorschlag. Um mich vorzubereiten, las ich Bücher und sah mir die Netflix-Serie an,[50] eine deutsch-chilenische Koproduktion, in der Pinochet kurz auftaucht, bei einem Besuch im August 1974. Kinder singen, Pinochet verdrückt eine Träne und hängt mit Schäfer herum. Von Rauff keine Spur.

Monserrat begleitete mich, von Concepción aus, dann zwei Stunden mit dem Auto quer durch ärmliche Ländereien, flach und leer. Am Rand des Anwesens kamen wir zu einem grabsteinartigen, durch Stacheldraht geschützten Gesteinsbrocken, in den der neue Name eingemeißelt war: Villa Baviera.

Eine große, bunte Karte am Eingang zur Colonia kündigte den Touristenkomplex an, Villa Baviera. Sie zeigte die Einrichtungen, darunter ein Hotel, Gärten und Swimmingpool, Backstube, Maschinenfabrik, eine Käserei, das Krankenhaus. Kein Wort von Folter oder Fällen von Verschwindenlassen oder Sexualverbrechen oder Erick Zott und Luis Peebles oder der DINA. Die Anlage präsentierte sich als ein Ort der Erholung, nicht des Schmerzes.

Wir wurden von einem österreichischen Speiseeishersteller begleitet, der mit mir in Kontakt trat, nachdem er *Die Rattenlinie* gelesen und von meinem Interesse an Rauff erfahren hatte (»ein paar von meinen älteren Freunden in Chile kannten Rauff und kennen seinen Sohn ziemlich gut und könnten nötigenfalls hilfreich sein«[51]). Ein Buch schreiben bedeutet, ungewöhnliche Charaktere anlocken. Die Bewohner der Colonia liefen in typisch deutscher Kleidung umher, Kinder, die das Rentenalter erreicht hatten, Nachfahren derjenigen, die mitschuldig waren an den Schrecknissen der Vergangenheit. Sie schmissen nach wie vor den Laden, ausgestattet mit deutschen Flaggen und alten Mercedes und einem Delikatessengeschäft, das lokal hergestellten Westfälischen Schinken und Würste verkaufte. Das schlagende Herz der Colonia war das »Freihaus«, vollgestopft mit Fotografien berühmter Besucher, darunter Pinochet in Galauniform. Hier war Paul Schäfers Schlafzimmer, dessen Fenster von Hunderten Einschüssen durchlöchert waren.

Mit Worten ist der Schrecklichkeit der Villa Baviera nicht beizukommen.

Wir liefen durch die Gärten und Gebäude, aßen in demselben Restaurant zu Abend, in dem sich einst DINA-Agenten getroffen hatten, ein trister Ort, bevölkert von ein paar Touristen. Wir trafen Harald und Horst, lebenslange Bewohner, und aßen am Küchentisch sitzend frisch gebackenen Guglhupf, einen Kuchen, den meine österreichische Großmutter früher immer für mich gebacken hatte.

Die beiden sprachen über Schäfer, über Begegnungen mit Manuel Contreras (»ruhiger und gebildeter als andere, die brutal waren«, sagte Harald), über DINA-Agenten. Contreras habe einmal versehentlich einen neunjährigen Jungen erschossen, Hartmut Münch, als er gemeinsam mit Schäfer Hühner jagte. Der Vorfall sei vertuscht worden, aber das Grab sei da und könne besucht werden.

Da war keine Liebe zu Schäfer unter diesen etwas in die Jahre gekommenen Männern. »Er erzählte uns, er sei gegen den Nationalsozialismus, dann errichtete er ein ähnliches eigenes System«, sagte Horst. Wenn man die Regeln nicht beachtete, ging es ab ins Krankenhaus, zu Drogen und Strom. »Wir waren Deutsche, dazu erzogen, Befehle zu befolgen und sehr viel Angst vor den Russen und dem Kommunismus zu haben«, sagte Harald.

Sie sprachen über den Missbrauch. »Schäfer sagte uns, der Sex sei für unsere Erziehung«, sagte Harald. »Es sei zu unserem eigenen Wohl, um zu zeigen, dass er das Sagen hatte, nicht die Eltern.«

Sie sprachen über 1990, über ihre Traurigkeit, als Pinochet abtrat. »Er war gut für uns im Vergleich zu Allende, dessen Sieg in der Colonia als das Ende der Welt gesehen wurde«, sagte Harald.

Sie sprachen über Schäfers abrupte Abreise 1997. Aufgewachsen mit düsteren Warnungen vor den Gefahren, das Gelände zu verlassen, waren sie schockiert, als die Polizei die Zäune zerschnitt und eindrang. »Wir wollen euch retten«, sagten die Polizisten. »Wir wollen nicht gerettet werden«, erwiderten die Bewohner.

Sie sprachen über die Verbrechen Pinochets. »Es war schwer zu glauben, dass solche Dinge passiert waren«, erinnerte sich Harald daran, als ihm erstmals sie Anschuldigungen zu Ohren kamen. »Ich konnte es nicht glauben, auch wenn einiges davon direkt hier passiert war, in der Colonia.«

Pinochets Verhaftung 1998 in London wirkte wie ein furchtbarer Schock. »Wir glaubten, er sei unser Heilsbringer«, sagte Horst. »Heute verstehe ich, dass das, was er tat, ein Verbrechen war.«

Sie sprachen davon, dass sie Hilfe brauchten, dass Deutschland den Bewohnern Geld anbot, weil die Bundesregierung viele Jahre lang versäumt hatte einzugreifen. Eine Einmalzahlung wurde angeboten, 11 000 US-Dollar für lebenslanges Grauen.[52] Nicht genug, um ein neues Leben anzufangen oder Jahre der Straflosigkeit zu einem anständigen Ende zu bringen, meinte Harald. Die Colonia wurde in eine neue Wohlfahrtseinrichtung überführt, aber die Kinder der Täter behielten die Kontrolle. »Wir wollen unser eigenes Land, sie lassen es uns nicht haben.«

Sie sprachen über Therapie. »Dr. Niels Biedermann, ein Psychiater, kam uns besuchen, bezahlt von der deutschen Botschaft«, sagte Harald. »Ich ging dreimal zu ihm, verstand aber, dass das nicht die Lösung war.«

Ich zeigte ihnen ein Foto von Rauff, das nicht den Hauch eines Wiedererkennens auslöste. Zwei Tage lang zeigte ich mehreren Bewohnern Fotografien, aber niemand erkannte ihn wieder oder behauptete, ihn wiederzuerkennen oder äußerte auch nur Neugier. Dies hier war die Art von Ort, wo man den »Kopf einzog«, wo niemand den Namen kannte.

Ich schlief in einem Hotelzimmer nahe beim Restaurant, das Teil des Schlafsaals war, in dem Kinder missbraucht worden waren. Zutiefst beklommen, verbarrikadierte ich die Tür mit Stühlen.

## 96

Am zweiten Tag traf ich mich mit Jürgen. Gegen ein bescheidenes Entgelt führte er uns an einem aus der Netflix-Serie vertrauten Schauplatz herum. »Die Serie ist korrekt«, sagte er. Er wurde

1964 geboren und hatte die meiste Zeit seines Lebens in der Colonia gelebt. Er brachte uns zum Areal eines zukünftigen Museums, wo ein Schild verkündete: »Ein Volk ohne Erinnerung ist nicht fähig, sich zu entwickeln.« Wir sahen uns Fotografien der ursprünglichen Mitglieder an. Erst nachdem Schäfer weg war, begriff Jürgen das ganze Ausmaß des Unrechts. Er deutete auf seine Eltern, Walther und Mathilde. Wahre Gläubige, sagte er, sie waren Russlanddeutsche, durch den Zweiten Weltkrieg traumatisiert, unversöhnliche und ewige Antikommunisten.

»Meine erste sexuelle Begegnung mit Schäfer hatte ich, als ich fünf war«, sagte Jürgen. »Es geschah in seinem Badezimmer, sehr schön dekoriert.« Er lieferte eine ekelhaft anschauliche Schilderung, wie Schäfer ihn erstmalig bewusst wahrnahm, einen Jungen, einen Läufer, sportlich. »Ich tat, was mir gesagt wurde. Ich zog meine Kleider aus. Er redete über Gott und die Bibel und sagte, wenn ich mit irgendjemandem darüber spräche, würde ich zur Hölle fahren.« Er unterbrach sich. »Als Schäfer die Colonia verließ, im Jahr 1997, verabschiedete er sich und sagte uns, wenn wir artig genug wären, würde er wiederkommen. Wir glaubten ihm.«

»Wir glaubten auch, dass Pinochet unser Heilsbringer war«, dass seine Jahre an der Macht »golden« waren. Der Putsch war so außerordentlich, dass »Leute Radio hören konnten, was normalerweise nicht erlaubt war«. Militärs kamen zu Besuch und auch Contreras (»Ich sang Happy Birthday für ihn!«). Schäfer reiste nach Santiago, wichtige Leute besuchten die Colonia. »Ich war zehn Jahre alt, als Pinochet kam! Er ging in das Restaurant, er ging zu dem Folterort. Er war gegen Kommunismus und daher hier sehr beliebt. Wir nannten ihn Opa Pinochet. Schäfer war *Tío* (Onkel) Paul.«

Jürgen erinnerte sich an einige, die sich in der Colonia herumtrieben. »Da war ein Mann namens Lindes, ein Nazi. Er war oft mit Schäfer zusammen; die beiden gingen gemeinsam auf die

Jagd. Ein anderer Kolonist war in der SS, ebenso ein Besucher.« Ich zeigte ihm eine Fotografie von Rauff. »Nein, der nicht«, aber er fügte einen Vorbehalt hinzu. »So wie ich nicht sagen kann, dass Mengele nicht hier war, war vielleicht auch dieser Mann hier.«

Er führte uns zum Kartoffelspeicher, der als Gefängnis und Folterzentrum gedient hatte, dabei kamen wir an einer Falltür im Boden vorbei. »Dies war der Keller, wo alte Autos versteckt waren und Menschen gefoltert und getötet wurden. In den Pinochet-Jahren hielten sich einhundert Soldaten in der Colonia auf, aßen im Restaurant, ließen ihre Waffen draußen.«

Der Kartoffelspeicher war eine große Scheune, an deren Wand eine winzige Gedenktafel angebracht war. Darauf stand: *Sitio de Memoria Ex Colonia Dignidad »Bodega de Papas« Testimonio de violaciones a los Derechos Humanos* (»Ex-Colonia-Dignidad-Erinnerungsort ›Kartoffelspeicher‹, Zeugnis für Menschenrechtsverletzungen«). »Genau hier fanden die Folterungen statt, ein Platz, den Schäfer der DINA zur Verfügung stellte«, erläuterte Jürgen. »Manuel Contreras war hier, in diesem Raum.« Er hielt inne. »Nach Pinochet kam die Polizei und schaffte alles fort.«

Villa Baviera war bizarr. Es war eine Erleichterung, diesen Ort wieder zu verlassen.

Ohne einen Beweis für eine Verbindung zu Rauff, war das Einzige, was blieb, die eidesstattliche Erklärung von León Gómez.

## 97

Später, als ich meine Notizen ausarbeitete und mir das Band anhörte, fiel mir auf, dass Jürgen denselben Nachnamen hatte wie die Ehefrau von Franz Bäar, Szurgelies. Es war außerdem ein Name in einer chilenischen Nachrichtenmeldung – mit 24 floh Jürgen aus der Colonia, nur um gefasst und zurückgebracht zu werden – und ein Fall in einem Völkerrechtsreport.

»Gewaltsam ergriffen«, berichtete eine Lokalzeitung, bis Jürgen »hinter den Stacheldraht der Colonia Dignidad gesperrt und nie wieder etwas von ihm gehört wurde«.[53]

Während er kurz die Freiheit schmeckte, lernte er einen evangelikalen Pastor kennen, der später von einem westdeutschen Diplomaten kontaktiert wurde. Warum der junge Jürgen geflohen sei, erkundigte sich der Diplomat. Der Pastor sagte nichts, aber als Jürgens Eltern, die die chilenische und bundesdeutsche Staatsbürgerschaft hatten, von der Nachfrage des Diplomaten erfuhren, gingen sie geradewegs vor das Amtsgericht in Chillán. Mit seiner Erkundigung, argumentierten sie, habe der Diplomat ihr Recht auf Privatsphäre und Familienleben nach der chilenischen Verfassung verletzt.

Ganz und gar nicht, erwiderte die westdeutsche Botschaft, nach Artikel 39 des Wiener Übereinkommens über diplomatische Beziehungen sei ihr Diplomat vor rechtlichen Verfahren geschützt, er mache nur seine Arbeit. Nein, sagten die Eltern Szurgelies, er habe sich eingemischt und sei über die üblichen Aufgaben eines Diplomaten hinausgegangen. Dies waren dieselben Argumente, wie sie im Fall Pinochet vor dem House of Lords vorgebracht wurden.

Das Gericht entschied, dass der Diplomat im Rahmen der Aufgaben eines Diplomaten handelte und Anspruch auf Immunität hatte. Der Oberste Gerichtshof kassierte dann die Entscheidung. Zwischen offiziellen Handlungen und privaten Handlungen zu unterscheiden »war lange Zeit eine Streitfrage für ausländische Gerichte«, stellten die Richter fest, und die Grundsätze der Immunität könnten die Menschenrechte der Eltern nach der Verfassung, die das »höchste Gesetz« sei und schwerer wiege als sämtliche internationale Grundsätze, nicht übertrumpfen. Der Oberste Gerichtshof verwies den Fall zurück an das Berufungsgericht in Chillán, welches entschied, der Fall sei rein akademisch und eine Entscheidung somit nicht erforderlich.

Die *International Law Reports* berichteten über den Fall, womit sie Jürgen Szurgelies und die These, dass Immunität nicht absolut sei, unsterblich machten.[54] Francisco Orrego Vicuña, der in den 1980er Jahren Pinochets Botschafter in London war und ihn später nach seiner Verhaftung beriet, begrüßte die Entscheidung. »Kein Staat steht über den Erfordernissen des Schutzes solcher fundamentalen Rechte«, schrieb er 1991 in einem Artikel für eine juristische Fachzeitschrift, sieben Jahre bevor Pinochet verhaftet wurde. Der Anspruch auf Immunität dürfe nicht »dem Schutz der Menschenrechte im Wege stehen«, der »im Fall des Konflikts mit Immunitäten [immer] höher stehen« müsse.[55]

Sieben Jahre später, als er in London war, um Pinochets Immunitätsanspruch zu stützen, vertrat er die entgegengesetzte Position und tadelte sogar jene heftig, die für die Position argumentierten, die er 1991 ausgesprochen hatte. »Was haben Sie getan, was haben Sie getan?«, fragte er Christopher Greenwood, einen der Anwälte, die gegen Pinochets Immunität argumentierten.[56] Wie ich mich gegen Immunität aussprechen könne, fragte mich Orrego Vicuña beim Abendessen in seinem Club, dem Athenaeum, bevor er mich wegen meiner Arbeit für Human Rights Watch schalt. Zu der Zeit wusste ich nichts von dem Artikel über Szurgelies' Fall, den er sieben Jahre zuvor geschrieben hatte.

## 98

Während Chiles Oberster Gerichtshof über das Verhältnis von Menschenrechten und Immunität im Szurgelies-Fall nachdachte, schrieb León Gómez über Pinochets Verbrechen und unterzeichnete eine eidesstattliche Erklärung. in welcher er behauptete, von Walther Rauff verhört worden zu sein.

Zum ersten Mal stieß ich auf die eidesstattliche Erklärung in der Rauff-Biographie von Martin Cüppers. Dort wurde auf einen

Artikel von einem gewissen Ingo Kletten verwiesen, der sich wiederum auf ein Buch von einem gewissen Friedrich Heller stützte.

Die verschiedenen Darstellungen legten nahe, dass Gómez' eidesstattliche Erklärung im Archiv des Hamburger Instituts für Sozialforschung und im Fritz Bauer Institut in Frankfurt am Main verfügbar war (letzteres ist nach dem berühmten Nazi-Ankläger der Nachkriegszeit benannt).[57] Keine der Einrichtungen besaß eine Kopie. Und Professor Cüppers ebenso wenig.

Also suchte ich nach León Gómez. Sein Name tauchte in mehreren Zeitungsartikeln auf, im Zusammenhang mit dem Buch, das er über die Verschwundenen verfasst hatte. Ich fand zufällig das ursprüngliche Exposé für dieses Buch, in dem er schrieb, dass die Fälle von Verschwindenlassen in Londres 38 »anfangs mit dem Rat des Nazi-Verbrechers Walther Rauff durchgeführt« wurden.[58] Veröffentlicht kurz nach Pinochets Ausscheiden aus dem Amt, führte Gómez' Buch *Tras la huella de los desaparecidos* (In den Fußstapfen der Verschwundenen) die Namen von Hunderten verschwundener Männer und Frauen auf, darunter auch Alfonso Chanfreau.

Merkwürdig war, dass in dem Buch im Gegensatz zu dem Exposé Rauff nicht erwähnt wurde.

Gómez' früheres Buch – *Que el pueblo juzgue, historia del golpe de Estado* (Das Volk möge urteilen – Geschichte des Staatsstreichs) – war 1988 erschienen. Darin waren die Namen vieler Täter aufgeführt – Pinochet, Contreras und Epinoza, sie alle fanden sich dort –, aber Rauff fehlte.

Wo war León Gómez? Eine Rechercheurin konnte ihn nicht ausfindig machen, glaubte aber, er könnte mit der chilenischen Organisation Londres 38 in Verbindung stehen. Ich kontaktierte Erika Hennings, die Gründerin der Organisation. »Ich kannte León Gómez«, schrieb sie, und sie wusste vage von einer eidesstattlichen Erklärung, hatte sie aber nicht gesehen und konnte sich nicht dafür verbürgen. Sie gab eine E-Mail-Adresse weiter.

Meine Assistentin Monserrat schrieb an Gómez, und er antwortete mit einer Telefonnummer. Sie rief ihn viele Male an, aber Gómez antwortete nicht. Monate vergingen. »Er geht nicht ans Telefon, antwortet nicht auf die E-Mails«, sagte die Rechercheurin.[59]

Ein Jahr verging. Im Oktober 2019 reiste ich nach Santiago, um im Rahmen einer Vortragsreihe zu Ehren von Roberto Bolaño einen Vortrag zu halten. Ich besuchte das Museo de la Memoria y los Derechos Humanos (MMDH, »Museum der Erinnerung und Menschenrechte«), wo die Ausstellung mehrere Stücke umfasste, die mit meiner Recherche zusammenhingen: den Brief einer Mutter an Pinochets Justizminister Miguel Schweitzer Speisky, in dem sie um Hilfe bei der Suche nach ihrem verschwundenen Sohn ersuchte; und eine Bescheinigung vom spanischen Konsulat in Santiago, das den Tod von Carmelo Soria aufgrund eines Hals-Thorax-Traumas bestätigte.

Am Morgen des Vortrags unternahm ich einen frühen Spaziergang. Ich verließ das Hotel Plaza San Francisco, wandte mich nach rechts und fand mich in einer gepflasterten Straße wieder, eine mit alten Laternenpfählen. Es war zufällig die Calle Londres, die Straße, über die einst viele Kühllieferwagen gerumpelt waren. Ich lief zur Nummer 38, ein langes graues Steingebäude mit einer großen hölzernen Vordertür. Sie stand offen, also ging ich hinein und lief über die schwarzen und weißen Bodenfliesen. Zu der Zeit wusste ich nicht, dass die russische Tageszeitung *Iswestija* diesen Ort als Rauffs »Büro«[60] bezeichnete oder dass 98 Männer und Frauen von hier aus verschwanden. Während ich schweigend durch die Räume lief, stellte ich mir die Stimmung im Jahr 1974 vor.

Ich hielt den Vortrag, und als ich wieder in London war, gab es immer noch kein Zeichen von Gómez. Ebenso wenig konnte ich irgendeine Spur von Ingo Kletten finden, dessen Artikel Gómez' eidesstattliche Erklärung erwähnte. Ein Bekannter in Nürnberg informierte mich, dass Ingo Kletten gar nicht existiere, er sei von Dieter Maier erfunden worden.[61] Und Maier existiere tatsächlich, ein ehemaliger Angestellter von Amnesty International, der sich den Verbrechen von Augusto Pinochet widme. Kletten war eines von vielen Pseudonymen, die er verwende, wurde mir gesagt, da er um sein Leben fürchte. Ein anderer erfundener Name sei Friedrich Paul Heller.

Heller? Der Kletten-Artikel, der zum ersten Mal die eidesstattliche Erklärung von Gómez erwähnte, verwies auf ein Buch von Heller.[62] Der Groschen fiel: Jeder Verweis auf Gómez' eidesstattliche Erklärung führte zurück zu Dieter Maier, der sich selbst zitierte. Die Lektion war unmissverständlich: Gehe behutsam vor, wenn es um Beweismaterial geht, da nichts immer nur das ist, was es zu sein scheint. In der Tat hatte ich dies aus meiner Praxis bei internationalen Fällen gelernt. »Weit verbreitete Meldungen einer Tatsache können sich bei näherer Prüfung als aus einer einzigen Quelle stammend herausstellen«, hatten die Richter in Den Haag einmal erklärt. Zahlreiche Meldungen einer »Tatsache« sollten behandelt werden, als hätten sie »keinen größeren Wert als Beweismittel als die Originalquelle«.[63]

Auf der Suche nach der Originalquelle fahndete ich nach Dieter Maier und fand ihn in Deutschland. Freundlich und aufgeschlossen, besaß er leider keine Kopie von Gómez' eidesstattlicher Erklärung, da er sie dem Fritz Bauer Institut in Frankfurt überlassen hatte. Die hätten sie nicht, sagte ich. Ich solle es beim Museo de la Memoria y los Derechos Humanos in Santiago versuchen, sagte er.[64] Die hätten sie auch nicht. Ich bezweifelte, dass diese eidesstattliche Erklärung überhaupt existierte.

Maier blieb dabei, dass Gómez sie verfasst habe. »Auf meine persönliche Bitte hin«, sagte er, sie war niemals Teil einer offiziellen Akte. Als die beiden in den 1980er Jahren zusammentrafen, habe Gómez ihm gesagt, dass er Rauff als »einen Angehörigen des Teams, das ihn folterte«, erkenne. Da der Bericht glaubhaft gewesen sei, seien die Worte zu Papier gebracht worden, und Gómez habe sie unterschrieben. »Die eidesstattliche Erklärung umfasste ein oder zwei Seiten, nicht mehr. Der entscheidende Satz war, dass er, als seine Augenbinde gelockert wurde, Rauff erkannte, der bei seiner Foltersitzung anwesend war.«[65]

»Die Rechte an der eidesstattlichen Erklärung liegen bei mir und bei sonst niemandem«, sagte Maier mir. »Gómez wollte, dass ich sie als zusätzliche Bestätigung verwende.«[66] Als ich nachhakte, tauchte ein Hauch von Zweifel auf. »Konnte eine Person mit verbundenen Augen einen Folterer identifizieren, während sie gefoltert wurde?«

Maier erzählte mir, dass Gómez im Dezember 1990 über das Verschwinden von Alfonso Chanfreau als Zeuge aussagte, und seine Aussage sei von den Gerichten als glaubhaft behandelt worden. Ich fand die Aussage. Gómez bot einen detaillierten Bericht über seine eigene Festnahme, im Juli 1974, seine Inhaftierung in Londres 38 und dass er dort Chanfreau sah. »Ich wusste immer, dass Alfonso Chanfreau der am meisten Gefolterte war, da er angeblich eine der wichtigsten Führungspersönlichkeiten des MIR war«, sagte Gómez dem Richter. »Er kam in schrecklicher Verfassung aus der Folter und hatte viele Kilo verloren, er war sehr dünn und sah krank aus, das war das letzte Mal, dass ich ihn sah.«[67] Die Aussage erwähnte Rauff mit keinem Wort.

In derselben Fallakte fand ich eine Erklärung von Erika Hennings, der Ehefrau von Alfonso Chanfreau. Ja, bestätigte sie, eine Anzahl von Häftlingen habe erwähnt, dass ein Folterer mit einem deutlichen deutschen Akzent sprach. »Es schien ein Hinweis auf Walther Rauff zu sein«, bemerkte sie angeblich.[68]

Während ich dieses Material geistig verarbeitete, tauchte plötzlich León Gómez auf.

## 99

Gómez kontaktierte meine Assistentin Monserrat im Mai 2021, zwei Jahre nachdem wir die Suche nach ihm gestartet hatten »So ein netter Mann, und er kling so jung!«, berichtete sie. Er lebe in Santiago und wolle sich gerne mit mir treffen.[69]

Zu gegebener Zeit kehrte ich nach Santiago zurück und besuchte ihn in seinem Haus, einem bescheidenen und aufgeräumten Heim in Renca, einem Vorort im Norden von Santiago. Er lebte mit seiner zweiten Frau zusammen, umgeben von Büchern über Geschichte und Politik und Porträts von Salvador Allende. Im Radio lief klassische Musik, er rauchte ununterbrochen, wir sprachen stundenlang, ich kehrte mehrere Male zurück.

Er war klein und sehr dünn. Er trug ein hellrotes, kariertes Hemd, das ein wenig mit dem sehr abgespannten Eindruck, den er machte, kontrastierte. Sein Haar war dunkel, sein Bart lang und grau. Er trug eine Silberrandbrille, die ihm auf der Nasenspitze saß. Sein Blick war durchdringend und traurig, aber auch zwingend und kämpferisch.

Er wurde auf Chiloé, einer Insel im Süden, als Sohn einer politisch engagierten Familie geboren. Allende oder *El Chicho*, wie er ihn nannte, hatte seinem Großvater, einem Führer der Sozialistischen Partei, nahegestanden. León sah Allende oft, bevor und nachdem er Präsident wurde. »Ich kenne diesen Burschen von Kindesbeinen an«, sagte Allende einmal über den jungen León, der um einige Geheimnisse wusste, wie etwa die langjährige Affäre des Präsidenten mit seiner Sekretärin, Mira Contreras, bekannt als La Payita. »Ihre Tochter besuchte mich in diesem Haus«, sagte León. »Um sich zu bedanken, ich hatte geholfen, den Leichnam ihres Bruders zu finden, nachdem er verschwunden war.«

Zur Zeit des Militärputschs war León Gómez Geschichtsstudent an der Technischen Universität in Santiago. »Ich habe

Geschichte immer geliebt, und ich sage immer die Wahrheit«, flüsterte er. Im Juli 1974, als er 21 war, wurde er festgenommen. »Ich wurde verhaftet, weil ich im Widerstand war, ein Mitglied der Sozialistischen Jugend«, mit dem Auftrag, DINA-Agenten zu identifizieren. »Ich wurde von einer jungen Frau namens Luz Arce angezeigt.« Arce war eine Freundin von Gómez, eine Sozialistin, hochintelligent, mit einem fotografischen Gedächtnis, die später DINA-Informantin wurde.[70] Nach einer Darstellung gingen sie in ein Restaurant, wo er von zwei DINA-Agenten verhaftet wurde. (Arce sollte später behaupten, León habe sie angezeigt, eine Behauptung, die er mir gegenüber energisch, aber ohne Verärgerung bestritt.)

Goméz wurde zu einer Polizeistation gebracht, dann in das Gefangenenlager Tres Álamos, wo man ihn verhörte und folterte. »Mit einem elektrischen Viehtreiberstock«, sagte er ruhig und bestimmt, mit Gewissheit. »Ich wurde in Raum 25 festgehalten.«

Sein Befrager war Osvaldo »Guatón« (Dickwanst) Romo. »Ich kannte ihn aus der Sozialistischen Jugend, und er kannte mich, also verhörte er mich, so war das.« Romo, der berüchtigt war und damit prahlte, Strom zu verwenden, um zu foltern, und den Ozean, um Leute verschwinden zu lassen, wurde 1992 an Chile ausgeliefert, endlich vor Gericht gestellt und wegen zahlreicher Verbrechen verurteilt, darunter die Folter und das Verschwindenlassen von Alfonso Chanfreau.[71] Chiles Oberster Gerichtshof hatte inzwischen entschieden, dass das Amnestiegesetz nicht schwere Menschenrechtsverletzungen einbeziehe,[72] so dass die Gerichte die Jurisdiktion ausüben konnten. Verurteilt zu 92 Jahren Haft, starb Romo im Jahr 2007.[73]

Gómez wurde nach Londres 38 überstellt. »Ich erkannte das Gebäude wieder, weil ich die Bodenfliesen im Eingangsbereich kannte, schwarz und weiß, wie ein Schachbrett.« Dort wurde er etwa sieben Tage festgehalten, verhört und gefoltert.

Wer ihn verhört habe.

»Osvaldo Romo und andere.«

Sonst noch jemand?

Er zögerte. »Walther Rauff.«

Ich hatte den Namen nicht erwähnt. Ja, sagte er, er habe einmal eine eidesstaatliche Erklärung verfasst, vor vielen Jahren.

Ob er Rauff jemals gegenüber irgendjemandem erwähnt habe.

»Vielleicht erwähnte ich Rauff gegenüber einigen Freunden, aber richtig über ihn nachgedacht habe ich erst in den 1980ern, als jemand sagte, er sei Berater bei der DINA gewesen.

Warum er Rauff in seinen Büchern nicht erwähnt habe.

»Weil er kein Chilene war.« León Gómez lachte rau in sich hinein. »Wenn man kein Chilene ist, kann man nicht vor Gericht gestellt werden.« Seine Frau Juana, die bei uns saß, meinte, sein Gedächtnis sei zuverlässig, obwohl er selten über diese Zeit spreche und niemals von Rauff. »Weil niemand gefragt hat«, sagte sie.

Wann er Rauff in Londres 38 gesehen habe.

»Er war jeden Tag da. Er bewertete die gesammelten Informationen.« Später ging Gómez mehr ins Detail. »Rauff prüfte die Aussagen und interpretierte die Antworten auf die Fragen. Er war ein guter Beobachter. Er verstand es, einen zu bedrängen.« Gómez sprach, ohne zu zögern oder zu zweifeln.

Wie er Rauff erkannt habe.

»Ich hatte sein Foto in einer Zeitung gesehen, viele Jahre zuvor. Ich interessierte mich für jüdische Themen, meine Familie glaubte, wir hätten vielleicht jüdische Vorfahren. Deshalb heiße ich auch León, wie mein Pate. Ich interessierte mich für den Völkermord, für die Nazis. Ich sah Bilder von Rauff in den Zeitungen, deshalb erkannte ich ihn Londres 38.«

Ob er von dem Versuch, Rauff auszuliefern, gewusst habe.

»Ja, ich wusste, er war ein Nazi-Offizier, dass er im Süden lebte. Einige meiner Parteigenossen kannten ihn aus Punta Arenas, wo er für Fischfabriken arbeitete.« Diese Details kamen unaufgefordert und spontan. Ich hatte keines dieser Dinge erwähnt.

Hatte Rauff eine Verbindung zu Manuel Contreras?

León Gómez schmunzelte und nahm einen langen Zug von seiner Zigarette. »Das wusste jeder.«

Inwiefern?

»*Compañeros*. In der Sozialistischen Partei, wir kannten uns alle, wir tauschten Informationen aus.«

Ob er irgendetwas über Rauffs Söhne wisse.

»Nichts.«

Ob Rauff ihn berührt habe.

»Nein.« Wieder war die Antwort entschieden und kam ohne Zögern. »Er war eher wie ein Psychologe, einer, der mich genau beobachtete. Es schien, als wäre seine Funktion, einzuschätzen, ob ich die Wahrheit sagte oder log.«

Ob Rauff nahe genug gewesen sei, um sein Gesicht zu erkennen.

»Ja, er näherte sich immer und sagte dann: ›Dreht den Strom hoch, denn die wiederholen bloß vorbereitete Antworten.‹«

Ob er ihm in die Augen gesehen habe.

»Mir waren die Augen verbunden, aber ich konnte oben drüber gucken.«

Was er gesehen habe.

»Böses, Hass.«

Welche Sprache sprach er?

»Spanisch mit deutschem Akzent, obwohl er schon seit Jahren in Chile lebte. Er klang wie ein Deutscher, der Spanisch spricht.«

Was hatte er an?

»Einen dunkelgrauen Anzug und Krawatte, glaube ich. Keine Uniform. Er war stutzerhaft, elegant.«

Trug er eine Brille?

»Ich bin mir nicht sicher, ich kann mich nicht erinnern.«

Ob er sich an irgendetwas anderes sein Gesicht betreffend erinnere.

»Ich weiß noch, wie unheimlich blass er war. Ich erkannte das Gesicht wieder, weil ich Bilder von seiner Verhaftung im Jahr 1962 gesehen hatte, wie er hinten in einem Polizeiwagen saß.«

Sonst noch etwas?

»Er sah sehr proper, sehr gesund aus.«

War er parfümiert?

»Er roch angenehm, er war gut rasiert, tadellos.«

Sonst noch etwas?

»Er kam in den Raum und ging wieder, als ob ihm das Haus gehörte.«

Ob seine Genossen Rauff erkannten.

»Darüber sprachen wir nicht viel. Wir sprachen mehr darüber, welche anderen Genossen noch dort waren, denn sie hatten uns Nummern gegeben und nannten uns nicht beim Namen, Ich war Nummer 81.«

Nummer 81 schilderte, was ihm angetan wurde. »Sie benutzten Strom, schlugen mich in den Bauch, führten Sachen in mein Rektum ein. Ich wusste, dass man mich foltern würde. Sie wollten Namen.«

Ob er ihnen irgendwelche Namen genannt habe.

»Nur die, die tot waren oder verschwunden.«

Dies geschah in Anwesenheit von Rauff?

»Ja. Er war nicht bei jeder Sitzung dabei, aber wenn er da war, hörte er zu und gab Anweisungen. Ich spürte, dass er bewandert war in Verhören und sich dort sehr wohlfühlte.«

Ich zeigte ihm ein Foto von Rauff, aufgenommen 1976. Ob er ihn wiedererkenne.

»Nein. Er sieht aus wie Rauff. Sie sehen alle gleich aus.«

Wieso er dann so sicher sein könne, dass es Walther Rauff war.

»Wegen seiner Stimme und seines Akzents.«

## 100

Nach einer Woche wurde Gómez nach Cuatro Álamos im Süden Santiagos gebracht.

»Wir wurden in einem kleinen, weißen Kühllieferwagen überstellt. Drinnen war es kalt.« Die Lieferwagen parkten vor Londres 38, um Gefangene zu transportieren. »Ich gelangte an verschiedene Orte, immer in einem Kühllieferwagen. Es war kein Name an dem Lieferwagen, kein Firmenschild. Die Leute sagten, die Lieferwagen gehörten einer Fischfabrik, der *Pesquera Arauco.*« Es war das erste Mal, dass ich von diesem Unternehmen hörte.

Schließlich landete er in den regulären Polizeizellen in Tres Álamos, dann ließ man ihn gehen. Die sieben Genossen, mit denen er festgehalten wurde, waren verschwunden. »Ich bin der einzige Überlebende, sie verschwanden, für immer.« Er wisse nicht, warum er überlebte.

Während er sich jeden Tag auf einem Polizeirevier meldete und unter Überwachung stand, schloss er sich einer kirchlichen Einrichtung an und machte heimlich Aufzeichnungen. Er sammelte Namen der Verschwundenen und veröffentlichte sie dann, nachdem Pinochet aus dem Amt geschieden war, in einem Buch. Später, als die Nachforschungen begannen, war er ein Zeuge.

»Ich habe viele Male ausgesagt, über viele Jahre.« Ich las die Mitschrift seiner Zeugenaussage von 1990. Er wurde verhaftet, zu einem »weißen Chevrolet-Lieferwagen, Modell C-10, mit einer grauen Plane« gebracht und sah neben dem Wagen »Dickwanst« Romo stehen, zusammen mit zwei anderen Männern. Er sagte als Zeuge zu Alfonso Chanfreau in Londres 38 aus – »Er kam immer völlig erledigt aus der Folter, und das war das letzte Mal, dass ich ihn sah« – und später, wie er nach Puerto Montt gebracht wurde. »Mittlerweile wusste ich, dass *Puerto Montt* der Kode war, den die DINA benutzte, um zu sagen, dass eine Person hingerichtet und dann an Land begraben würde.«[74]

Ich fragte nach Kletten, Maier und der eidesstattlichen Erklärung. »Ich erinnere mich«, sagte León Gómez, »aber ich habe keine Kopie.« Und er konnte sich auch nicht erinnern, wann er sie verfasst hatte. »Es gab so viele Gerichtsverhandlungen.« Er stockte. »Ich kam leicht davon.« Seine Augen wurden feucht, dann weinte er, leise, ohne ein Geräusch, während im Radio ein Chopin-Prélude erklang. Mario Carroza, ein Richter am Obersten Gerichtshof und ein Cousin seiner ersten Frau, könnte vielleicht wissen, wo die eidesstattliche Erklärung war.[75]

Ob er jemals in die Calle Londres 38 zurückgekehrt sei.

»Ja.« Er erwähnte die polizeiliche Gegenüberstellung. »Wir können zusammen hingehen«, sagte er.

Die Unterhaltung dümpelte dahin. Wir sprachen über seine Bücher und die Colonia Dignidad. Er nahm einen langen Zug von einer weiteren Zigarette, rieb sich die Augen, sprach von den Verschwundenen.

»Colonia Dignidad? Das Meer?«, sagte er.

»Ich arbeitete für ein Bergbauunternehmen im Norden, als das passierte. Ich war froh, als Pinochet in London verhaftet wurde. Wir feierten und tranken Pilsener Bier! Alle waren glücklich.«

## London, Oktober 1999

### 101

Im Juli 1974 fuhr ein Kühllieferwagen León Gómez kreuz und quer durch Santiago und andere an Orte, wo sie verschwinden würden. Fünfundzwanzig Jahre später entschied Ronald Bartle, ein Richter in London, dass jeder derartige Akt des Verschwindenlassens als ein Akt von Folter behandelt werden könne, als Verbrechen gegen die Menschlichkeit, für das Augusto Pinochet an Spanien ausgeliefert werden könne.

Für Pinochet war die Aussicht auf Auslieferung sehr real. »Wir beschlossen, einen neuen Habeas-Corpus-Antrag zu stellen«, sagte Michael Caplan, man werde nichts unversucht lassen. Der High Court entschied, dass schriftliche Entgegnungen im Januar 2000 zu den Akten genommen würden. Die Anhörung wäre im März.

Pinochets neue Klage griff Bartles Urteil an, aber sie verfolgte noch einen anderen Zweck: Zeit zu gewinnen, da Pinochet nicht ausgeliefert werden konnte, solange Gerichtsverfahren anhängig waren. Die Klage bedeutete, dass Straw gegen, aber nicht für Pinochets Auslieferung entscheiden konnte.

Der Bedarf an Zeit war noch durch einen weiteren Faktor begründet. Als die neue Klage eingereicht wurde, schrieb die chilenische Botschaft an Straw, um ihn zu informieren, dass Pinochets Gesundheitszustand sich verschlechtert habe, und legte zur Untermauerung einen Arztbericht vor. Man bat darum, Pinochet zu erlauben, nach Santiago zurückzukehren, dringend.

»Auf die Idee mit dem Gesundheitsproblem kam die chilenische Botschaft«, erinnerte sich Straw Jahrzehnte später in seinem sturmzerzausten Garten. »Ich weiß bis heute nicht, ob die Idee, auf diesem Wege medizinische Befunde vorzulegen, möglicherweise von Leuten in der britischen Regierung bekräftigt wurde.« Seine sorgfältig gewählten Worte veranlassten mich, mir noch einmal die damaligen Nachrichtenmeldungen anzusehen.

Der erste öffentliche Hinweis auf ein medizinisches Problem kam im Juli 1999, drei Monate vor der Bartle-Anhörung. Dr. Helmuth Schweizer, ein Arzt im Hospital Militar de Santiago, behauptete, dass Pinochets Gesundheitszustand prekär und er »sterbegefährdet« sei.[76] Im September unterzog sich Pinochet einer ärztlichen Untersuchung im St Peter's Hospital in Runnymede, in der Nähe des Ortes, wo im Juni 1215 die Magna Charta besiegelt wurde.[77]

Pinochets Gesundheitsprobleme tauchten auf, als in Chile die Vorwahlen zur Auswahl der Kandidaten für die Präsidentschaftswahl im Gange waren, deren zweite Runde im Januar 2000 abgehalten würde. »Die Regierung wollte, dass die Causa Pinochet vor der zweiten Runde erledigt war, um ihre Wahlchancen zu fördern«, erklärte Miguel Schweitzer. »Das war sehr maßgebend.« Das Gesundheitsproblem bot vielleicht die beste Lösung, meinte er, bestritt aber, involviert zu sein.

Im September 1999 ernannte Präsident Frei einen neuen Botschafter für London. Pedro Cabrera, ein ehemaliger Unterstaatssekretär, besorgte sich einen Arztbericht von zwei Experten für Diabetes und Beatmungsmedizin am King's College London.[78] Dr. Schweizer, der das Thema im Juli öffentlich zur Sprache brachte, reiste mit drei chilenischen Ärzten nach London, Experten für Kardiologie und Psychiatrie – von denen einer sich angeblich nach dem Attentatsversuch von 1986 um Pinochet gekümmert hatte.[79]

Gleichzeitig begann der Stabschef der Armee, General Ricardo

Izurieta, sich aktiv mit der Angelegenheit zu beschäftigen. »Ich traf mich die ganze Zeit mit Izurieta«, sagte Hernán Errázuriz. »Er kam nach London, traf den General, und General Urbina war die Verbindung zu ihm.« Izurieta schickte weitere militärische Mitarbeiter zu Pinochet, die ihn davon überzeugen sollten, dass seine gesundheitlichen Probleme eine »humanitäre« Möglichkeit der Rückkehr boten. Als stolzer Mann sorgte sich Pinochet, dass Nachsicht, die mit seinem Gesundheitszustand begründet wurde, womit eine Schuld für die Verbrechen unterstellt werden könnte, nicht akzeptabel sei.[80]

Die neuen Arztberichte weckten erhebliche Bedenken. Botschafter Cabrera gab die Einzelheiten an Chiles Außenminister Juan Gabriel Valdés und an Alberto van Klaveren, einen Berufsdiplomaten, weiter. Im September brachte Valdés bei einem Treffen in Neuseeland das Gesundheitsthema bei Robin Cook zur Sprache und erwähnte anscheinend die nützliche Rolle, die Jonathan Sumption spielte, der Prozessanwalt, der Straw beriet. Sumption bestätigte mir gegenüber, dass er beim Extradition Act beratend tätig war und dass die Tatsache, dass die Verordnung sich über Gesundheitsfragen ausschwieg, Straw nicht daran hindere, die Auslieferung mit der Begründung aufzuheben, dass Pinochet nicht in der Verfassung sei, sich in Spanien vor Gericht zu verantworten.

Ende September unterzog sich Pinochet einer weiteren ärztlichen Untersuchung, die ergab, dass er möglicherweise einen leichten Schlaganfall erlitten hatte. Die Zeitungen berichteten, dass Präsident Frei nach einem Gedankenaustausch mit Tony Blair einen zuverlässigen Sondergesandten, seinen Redenschreiber und Direktor im Ministerium für Kommunikation und Kultur Cristián Toloza, nach London schickte. Es hieß, er habe sich mit Blairs Stabschef Jonathan Powell getroffen, um einen medizinischen Lagebericht zu überbringen und eine persönliche Botschaft von Frei: »Lassen Sie Pinochet zurückkehren, damit die chilenischen Gerichte seinen Fall verhandeln können.« Powell »zeigte sehr viel Interesse an dem Arztbericht«, informierte Toloza angeblich Frei.[81] Die Zeitungsmeldung ließ durchblicken, dass Chiles Regierung sich lebhaft dafür engagierte, Pinochet nach Hause zu bekommen.

Etwa um diese Zeit traf sich Chiles Außenminister Valdés mit Robin Cook und Abel Matutes, dem spanischen Außenminister, in New York. Pinochets Gesundheitsprobleme seien »der einzige Ausweg«, sagte ihnen Valdés. Es hieß, Frankreichs Außenminister Hubert Védrine würde zustimmen.

In Madrid traf sich Straw mit Jaime Mayor Oreja, seinem spanischen Amtskollegen.[82] »Ich kam sehr gut mit ihm klar, ein überaus netter Mensch«, erinnerte sich Straw. »Er fragte immer: ›Was ist mit Pinochet?‹ Kann ich nicht drüber sprechen, sagte ich jedes Mal, ist Sache der Gerichte.« Doch dieses Mal machte er einen Vorschlag. »Ich sagte, na schön, legen Sie einen gelben Schein vor, der sagt, er kann sich nicht vor Gericht verantworten. Passiert andauernd, ich akzeptiere sie nicht.« Ein »gelber Schein« ist ein Attest oder eine Krankmeldung.

Der ministerielle Gedankenaustausch bestärkte die Argumente den schlechten Gesundheitszustand betreffend. Am 25. September berichtete die *Sunday Times*, dass Pinochet einen leichten Schlaganfall erlitten habe, das Gesundheitsproblem, das ihm erlaubte, die Anhörung vor Richter Bartle zu versäumen. Zwei Wochen später versäumte er auch die Verkündung des Richterspruchs.[83]

Während die Grundlagen für die auf Pinochets schlechten Gesundheitszustand abzielenden Argumente gelegt wurden, waren in Chile andere Entwicklungen im Gange. Achtzehn Monate zuvor hatte der Ermittlungsrichter Juan Guzmán Tapia eine Untersuchung zu Pinochets Rolle im Fall der »Todeskarawane« eingeleitet. Im September arbeitete er eine Liste mit 75 Fragen aus, und die schickte er nun an Pinochet. Anfang Oktober stellte ein chilenischer Amtsträger in London die Fragen Pinochet zu. Der weigerte sich, sie zu beantworten – gefangen gehalten in London, zu schwach und gebrechlich.[84]

Dies war der Kontext, in welchem Botschafter Cabrera am 14. Oktober an Straw schrieb. Er schickte Berichte von einem führenden Neurologen am St Mary's Hospital, nebst weiteren, von chilenischen Fachärzten beigebrachten Dokumenten. Die ärztlichen Berichte kamen zu dem Schluss, dass Pinochets Gesundheitszustand sich verschlechtert habe: Er sei nicht gesund genug, um sich in Spanien vor Gericht zu verantworten, und man solle ihm erlauben, nach Chile zurückzukehren.[85]

## 102

Fünfundzwanzig Jahre später erinnerte Straw sich noch lebhaft an Cabreras Brief und seine Wirkung. »Sie kamen mit diesem Gremium von Leuten an«, sagte er. »Was das betraf, so war meine instinktive Haltung: Ist dieser Kerl in der Lage, nach Spanien zu reisen? Es ist an den Spaniern zu entscheiden, ob er verhandlungsfähig ist, denn wir stellen ihn nicht vor Gericht.« Straw zögerte, als er sprach. »Ich wollte keine Entscheidung darüber treffen, ob er verhandlungsfähig ist«, aber er sei in Kenntnis gesetzt worden, dass die Auslieferungsregularien dem Innenminister einen »sehr großen Ermessensspielraum« ließen.

Laut Zeitungsberichten kehrte Freis Sondergesandter Cristián Toloza nach London zurück, um Jonathan Powell zu drängen, entsprechend Botschafter Cabreras Brief zu handeln. Was Chiles Sozialistische Partei wolle, erkundigte sich Powell angeblich. Die Meinungen seien geteilt, sagte ihm Toloza. Einige wollten, dass Pinochet nach Spanien geschickt werde, andere, dass er nach Chile zurückkehre, damit er dort strafrechtlich belangt werden könne.[86]

Welche Position [María] Isabel Allende vertrete, fragte Powell unter Bezug auf die Tochter des früheren Präsidenten.

»Isabel hat den Prozess in Spanien unterstützt, aber ich denke, sie akzeptiert jetzt, dass die Dinge sich sehr geändert haben und dass er in Chile vor Gericht gestellt werden könnte«, antwortete Toloza.[87]

»Interessant«, sagte Powell.

»Ich denke, Blair will einen Ausweg finden«, meldete Toloza Frei und Valdés, glaubte aber, dass jede Lösung »zum passenden verfahrenstechnischen Zeitpunkt« und im Einklang mit englischem Recht erfolgen müsse. Gemäß dem Extradition Act würde jede Entscheidung zur Aufhebung der Auslieferung von Jack Straw getroffen werden müssen.

Straw dachte über Cabreras Schreiben nach. Er beriet sich mit Anwälten und Professor Liam Donaldson, dem Chief Medical Officer des Landes, Großbritanniens höchstem Gesundheitsbeamten. »Ein lieber Kerl und ein Freund meiner Frau«, sagte Straw. Er wusste, dass Frei direkt an Blair geschrieben hatte, der die Sache nun schnell aus der Welt schaffen wollte. Straw kannte inzwischen den Ermessensspielraum, den der Extradition Act ihm einräumte, auch in medizinischen Fragen.[88]

Straw kam zu dem Schluss, dass er, wenn er auf der Grundlage von Pinochets schlechtem Gesundheitszustand handeln würde, einen unabhängigen und zuverlässigen Arztbericht brauchte. Am 5. November bemühte sich das Innenministerium um Pinochets Einwilligung, ihn einer unabhängigen ärztlichen Untersuchung zu unterziehen. Der Bericht würde »absolut vertraulich« behandelt werden, versicherte man ihm.[89]

* * *

An diesem Punkt sei für ihn zum ersten Mal das Gesundheitsproblem ins Spiel gekommen, sagte Michael Caplan. Mir hatte Miguel Schweitzer erzählt, dass es Pinochets medizinische Experten waren, die das Innenministerium zum Handeln veranlasst hätten, aber das sah Caplan anders. »Ich bin mir ziemlich sicher, dass es das Innenministerium war, das an uns herantrat«, erläuterte er. »Ich glaube nicht, dass ich jemals einen Arztbericht ans Innenministerium geschickt habe.« Es sei möglich, fügte er hinzu, dass »über die chilenischen Behörden ein Bericht kam«, aber davon wisse er nichts.

Für Pinochet war das Gesundheitsproblem demütigend. Es untergrub sein allgemeines Wohlbefinden und den Wunsch, einen Eindruck von ungebrochener Macht und Autorität zu vermitteln. Weil das Gesundheitsproblem die Möglichkeit einer baldigen Rückkehr bot, bestätigte er nichtsdestotrotz seine Bereitschaft, sich einer unabhängigen ärztlichen Untersuchung zu unterziehen.

Pinochets Einwilligung war an Bedingungen geknüpft. Erstens, der Einspruch in dem schwebenden Habeas-Corpus-Fall wurde nicht zurückgezogen. »Wir hatten eine Frist bis Januar, um unsere Entgegnungen einzureichen, es wäre katastrophal gewesen, wenn wir nicht weitergemacht hätten«, sagte Caplan. Zweitens, der Arztbericht würde nur Pinochet und dem Innenministerium zugänglich gemacht, nicht Spanien, nicht dem CPS oder irgendeinem seiner Anwälte. Straw, anfangs widerstrebend, stimmte zu, bestand aber darauf, dass der Bericht auch an den Leiter des CPS und an den zweiten Kronanwalt ging. Dies war erforderlich, um Großbritanniens Verpflichtung gemäß der Antifolterkonvention von 1984 nachzukommen (die von den Behörden verlangte zu entscheiden, ob Pinochet in England strafrechtlich belangt würde, sollte er nicht an Spanien ausgeliefert werden).[90]

Das Innenministerium berief ein unabhängiges Ärzteteam unter Leitung von Sir John Grimley Evans, einem Oxford-Professor, von dem es hieß, er sei die »angesehenste Persönlichkeit in der britischen Geriatrie«. Ihm zur Seite standen Dr. Michael Denham, ehemaliger Präsident der British Geriatric Society; Professor Andrew Lees vom National Hospital for Neurology and Neurosurgery; und Dr. Maria Wyke, eine Neuropsychologin mexikanischer Herkunft. »Vier Mediziner mit beträchtlicher forensischer Erfahrung«, wurde Straw versichert. »Man sagte mir, das seien richtige Fieslinge, echt gut darin, all den Leuten gründlich auf den Zahn zu fühlen, die eigentlich verhandlungsfähig sind.«

Während Vorbereitungen im Gange waren und die Gerüchte über Pinochets Gesundheitszustand ins Kraut schossen, erlitt Miguel Schweitzer einen Herzinfarkt. Er erholte sich in London, kehrte anschließend nach Chile zurück. »Vom 26. Dezember bis Mitte Januar, als ich nach London zurückkehrte, war ich nicht vor Ort, um mich den Verhandlungen über die medizinischen Fragen zu widmen.« Die Chilenen hatten inzwischen in der ersten Runde der Präsidentschaftswahl abgestimmt. Der Mitte-Links-Kandidat Ricardo Lagos setzte sich, unterstützt von der Regierung Frei, knapp gegen seinen rechten Konkurrenten durch, verfehlte aber die 50 Prozent, die erforderlich waren, um bei der ersten Runde zu gewinnen. Die zweite Abstimmungsrunde wurde für den 16. Januar angesetzt. Frei und Lagos wollten vor dem Termin eine Erklärung von Straw, dass Pinochets nächster Halt Santiago wäre, nicht Madrid.

Am 3. Januar gab Frei eine öffentliche Erklärung ab. »Wir arbeiten daran, eine Lösung zu finden, um Pinochet nach Chile zurückzubringen«, sagte er und verriet die bevorstehende ärztliche Beurteilung. »Einige wollen alle möglichen Schwierigkeiten machen, damit er sich keinen medizinischen Untersuchungen unterzieht«, fügte er hinzu, wohl wissend, dass die fortgesetzte Haft Pinochets dem rechten Kandidaten in die Hände spielte.[91] An jenem Tag wurde Hernán Errázuriz auf dem Weg zurück nach London auf dem Flughafen von Santiago von einem Journalisten befragt. Würde die ärztliche Untersuchung verzögert, um den Rechten zu helfen, die Wahl zu gewinnen?

»Wie können Sie so etwas denken!«, erwiderte Errázuriz *(¡Cómo se le ocurre!)*.[92]

Am Morgen des 5. Januar, einem Mittwoch, bestätigte Peter

Dean, der Arzt, der der Metropolitan Police half, dass Pinochet in der Lage sei, sich für die unabhängige ärztliche Beurteilung ins Northwick Park Hospital zu begeben. Wieder herrschten strenge Sicherheitsvorkehrungen, aber Dean, der Pinochet begleitete, war überrascht, dass der Wagen keine abgedunkelten Scheiben hatte. »Jeder konnte reingucken und ihn im Fond sehen!«[93]

Pinochet wurde aufgenommen, dann nahm er ein leichtes Mittagsmahl zu sich. Am Nachmittag wurde eine Computertomographie gemacht, man nahm ihm Blut ab, und sein Herzschrittmacher wurde überprüft. Anschließend führten die vom Innenministerium bestellten Ärzte eine eingehendere körperliche Untersuchung durch, und im Anschluss daran wurde Pinochet von Dr. Wyke einer neuropsychologischen Begutachtung unterzogen.

Pinochets Ärzte waren die ganze Zeit anwesend,[94] aber Peter Dean war ausgeschlossen, und keiner der britischen Anwälte war zugegen. Dean war nicht der Einzige, der nicht eingeweiht wurde. John Dew hatte die britische Botschaft in Madrid verlassen und war jetzt Leiter der Lateinamerika-Abteilung im Außenministerium. »Ich wusste nichts von dem Gesundheitsproblem, man sagte mir, der Innenminister sei damit befasst. Es wurde mündlich behandelt, es gab kein Schriftstück, nichts. Das war ungewöhnlich für das Foreign Office.«

»Ich war nicht im Northwick Park«, sagte Michael Caplan. »Das Innenministerium traf die ganzen Vorkehrungen.«

Ob er glaube, dass es ein echtes Gesundheitsproblem gab.

»Das ist keine Frage, die ich beantworten kann, ich musste mich auf die vom Innenministerium angeforderten Arztberichte verlassen.«

Hernán Errázuriz war anwesend. »Sie glauben, ich sei verrückt!«, sagte Pinochet einmal zu ihm. »Sie irren sich.«

Jean Pateras, die nicht dabei war, war skeptisch. Im Verlauf des guten Jahres, in dem sie Pinochet dolmetschte, bemerkte sie keine echte Verschlechterung seines Gesundheitszustands. Sie erinnerte sich, dass ein chilenischer Arzt im Northwick Park sich Pinochets Gehirn-Scans ansah. »Ein vollkommen normaler Scan eines über achtzigjährigen Mannes, nichts dran auszusetzen«, lautete angeblich die Schlussfolgerung des Arztes.[95]

Pinochets medizinische Begutachtung dauerte nur ein paar Stunden, und die vier Sachverständigen des Innenministeriums brauchten weniger als einen Tag, um die Befunde zu prüfen und einen Bericht zu formulieren: Pinochet sei nicht in der Lage, sich in Spanien vor Gericht zu verantworten, und seine Beschwerden könnten nicht vorgetäuscht sein.[96] Straw forderte Professor Donaldson auf, das Dokument zu prüfen. Eine gründliche und zuverlässige Begutachtung, meldete Donaldson ihm zurück, es gebe keinen Grund, die Einschätzung des Teams in Frage zu stellen. Jonathan Sumption sagte mir, er habe keinen Grund, die ärztliche Beurteilung oder die Schlussfolgerungen in Zweifel zu ziehen. »Die ärztliche Beurteilung war unabhängig, gründlich und unverfälscht«, sagte er, mit offensichtlicher Überzeugung.

»Haben Sie die vier Mediziner getroffen?«, fragte ich Straw.

»Ich habe nur ihren Bericht gelesen, sie meinten, er sei nicht gesund. In Anbetracht dieser Situation, wie sie mir dargelegt wurde, was zum Teufel konnte ich tun? Ich konnte nicht sagen, ich hätte das lieber nicht gesehen. Ich hätte sagen sollen ...«

Seine Stimme verlor sich im Leeren.

## 103

Am 9. Januar gab Straw eine öffentliche Erklärung ab: In ihrem Fazit, dass Pinochets Gesundheit sich verschlechtert habe, seien die Arztberichte »unmissverständlich und einhellig«, so dass er »zu einer sinnvollen Teilnahme an einem Gerichtsverfahren gegenwärtig nicht in der Lage« sei. Eine Veränderung seines Gesundheitszustands sei nicht zu erwarten.[97] Die »entscheidenden Kriterien« seien sein eingeschränktes Gedächtnis und die Unfähigkeit, mündliche Informationen zu verarbeiten, so dass er nicht in der Lage wäre, dem Verfahren zu folgen, Fragen zu verstehen, sich auszudrücken oder Anwälte zu instruieren. Gemäß der Übereinkunft zwischen dem Innenministerium und Pinochet wurde Spanien kein Exemplar des Arztberichts zur Verfügung gestellt. Auch nicht Belgien, Frankreich und der Schweiz, die sich ebenfalls um Pinochets Auslieferung bemüht hatten.

Zwei Tage später, rechtzeitig vor der zweiten Runde der chilenischen Präsidentschaftswahl, informierte das Innenministerium die spanische Regierung, Straw sei »gewillt zu entscheiden«, dass Pinochet nicht an Madrid ausgeliefert werden solle. Er erbat Stellungnahmen von Spanien und Amnesty International. Insgeheim wollte Straw die Arztberichte Spanien und den drei anderen Ländern zugänglich machen – »unter der Bedingung strenger Vertraulichkeit« –, aber Pinochet verweigerte die Zustimmung. Amnesty bat um eine Kopie der Berichte, aber Straw lehnte die Bitte ab.

Am 12. Januar gab Straw eine offizielle Erklärung im Unterhaus ab,[98] und die chilenischen Zeitungen berichteten, dass Pinochet bald nach Santiago zurückkehren würde. Die belgische Regierung, die ebenfalls Pinochets Auslieferung anstrebte, bat nun formell, ihr eine Kopie der Arztberichte zur Verfügung zu stellen. Man wolle die Verfasser befragen, hieß es, und man wolle, dass ein unabhängiger medizinischer Ausschuss Pinochet untersucht.

Während die Bedenken wegen der Arztberichte zunahmen, sagte Botschafter Cabrera der BBC, dass Pinochet seine parlamentarische Immunität verlieren könne, wenn er nach Chile zurückkehre.[99]

Pinochet war gegen die Idee, die Berichte zu veröffentlichen. »Es sind Arztberichte«, sagte Caplan, »wir sind mit einer Offenlegung nicht einverstanden.« Er erinnerte sich daran, dass Jonathan Sumption Pinochets Anwälte drängte, eine Veröffentlichung des Berichts zu erlauben. Nein. »Eine Dame aus dem Innenministerium rief mich um die Mittagszeit an«, sagte Caplan, »als ich gerade in ein Sandwich biss. Als ich es zu Ende aß, war es fünf Uhr nachmittags, so lange dauerte die Diskussion mit dem Innenministerium!« Die Antwort von Pinochet lautete nach wie vor Nein. »Man legt keine Arztberichte offen, es sei denn, man muss. Und wir müssen nicht.«

Am 16. Januar stimmten die Chilenen, in dem Wissen, dass Pinochets Rückkehr gesichert war, in der zweiten Runde der Präsidentschaftswahl ab. Ricardo Lagos, der Kandidat der Sozialistischen Partei, gewann mit einem winzigen Vorsprung. Er wurde Chiles erster sozialistischer Präsident seit Allende. Am darauf folgenden Tag informierte die spanische Regierung Straw, trotz Drucks von Richter Garzón, dass sie keine Entscheidung anfechten würde, die Pinochets Rückkehr erlaubte.

Doch die belgische Regierung entschied anders. Es sei an der Zeit, einen eigenen Rechtsbehelf einzulegen, um die Integrität der Antifolterkonvention zu schützen. Sie trat mit Anwälten in London in Kontakt.

## Concepción

### 104

Nachdem ich mich mit León Gómez getroffen und die Colonia Dignidad besucht hatte, machte ich mich auf, um mich in Concepción, etwa 500 Kilometer südlich von Santiago, mit Carlos Basso zu treffen. Die Stadt an Chiles Küste hatte bedeutsame Verbindungen zur Ära Pinochet und deren Verbrechen: Ein Medizinstudent an der Universität der Stadt, Miguel Enríquez, gehörte zu den Gründern des MIR, was ihn zu einem frühen Zielobjekt der DINA machte.[100]

Und hier war es auch, wo, kurz nach dem Putsch, Roberto Bolaño wegen Terrorismusverdacht verhaftet und acht Tage lang festgehalten wurde.[101] »Ich kam dank zweier Kripobeamter, die mit mir auf der höheren Schule waren, aus diesem Loch raus«, schrieb er. Freunde in Mexiko, wohin er sich begab, sollten später Zweifel an gewissen Details seiner Darstellung äußern.

Bolaño »schuf seinen eigenen Mythos«, lautete die Einschätzung einer Freundin. »Es gefiel ihm, Possen zu reißen und Geheimnisse zu schaffen«, sagte Jorge Herralde, sein Verleger in Barcelona. Ein literarischer Lektor hielt es für bedeutungslos, ob Bolaños Erzählungen »wahr oder erfunden« waren, und meinte, »das Einzige, was zählte, war ihr literarischer Wert«.[102]

Dasselbe konnte man von Bruce Chatwins Schriften über Patagonien behaupten, wo die Grenze, die das Erfahrene vom Imaginierten trennt, nicht immer eindeutig ist.

Dies ist einer der Unterschiede zwischen Literatur und Recht, zwischen den Seiten eines Buches und einem Gerichtssaal oder einem Leser und einem Richter.

## 105

Carlos Basso begrüßte mich am Eingang zur Universität, einem reizvollen Campus aus der Mitte des vorigen Jahrhunderts, beherrscht von einem hoch aufragenden, eleganten Glockenturm. Basso ist ein Mann großzügiger Proportionen und edelmütiger Gesinnung, mit schütterem Haar und Brille und einnehmender Wesensart.

Auf dem Weg zu seinem Büro kamen wir an einer farbenfrohen Mauer mit Darstellungen der Toten und Verschwundenen vorbei. Im Schatten eines Transparents, das Ideale von »Gerechtigkeit und Wahrheit« proklamierte, stellten monotone Gesichter von jungen Männern und einer Frau Fragen.

*¿Me olvidaste?*, fragte José Carrasco vom MIR. Habt ihr mich vergessen?

*¿Donde están?*, fragte Ricardo Salinas von der Sozialistischen Partei, der in der Nähe von San Antonio verschwand. [103] Wo sind sie?

Carlos Basso, sagte mir, er persönlich könne mehr sagen, aber ich wusste nicht, was er mitteilen wollte. Ich hatte die Reise aus einem inneren Gefühl heraus unternommen, mich auf Bassos Bauchgefühl verlassend, dass Rauff eine Rolle in der Colonia Dignidad spielte, auch wenn es keine belastbaren Beweise gab.[104] Wir tranken Kaffee und sprachen mehr über Franz Bäar, unsere Zoom-Unterhaltung und Bäars Ehefrau Ingrid. »Der Kerl war Walther Rauff«, hatte Ingrid Basso erzählt, mit absoluter Sicherheit und Bestimmtheit, trotz der Fotografie.

War sie sicher?

»Ja, natürlich«, hatte Bäar sich eingemischt. »Wir alle kannten Walther innerhalb der Colonia. Er kam mit zwei Deutschen Schäferhunden, immer, dann hörte er eines Tages auf zu kommen, aber die Deutschen Schäferhunde blieben.«

Ich sei auf der Suche nach Beweisen für Verbindungen zwischen Rauff und Pinochet, erklärte ich. Während ich tiefer in Pinochets Verbrechen und die Fälle von Verschwindenlassen eintauchte, die in den Londoner Vorgängen immer wichtiger wurden, sagte mir mein Bauchgefühl, dass Rauff damit zu tun hatte, aber mangels Beweisen beschlichen mich auch wachsende Zweifel. Es gab keine Dokumente – sie wurden von Manuel Contreras 1977 vernichtet, als die DINA aufgelöst wurde –, und außer der Aussage von León Gómez existierte keine andere direkte Zeugenaussage.

Basso hörte aufmerksam zu, während ich die Früchte einer langen Reise präsentierte. Er erzählte mir von einem Buch über einen Waffenhändler namens Gerhard Mertins, einen früheren SS-Mann mit Verbindungen zu Schäfer, der Colonia und Pinochet. Rauffs Adresse befinde sich in den Akten eines der Mitarbeiter von Mertins, sagte Basso.[105]

Etwas weit hergeholt, meinte ich. Er erwähnte María Soledad – »eine sehr gute Rechercheurin« –, die im Zusammenhang mit Waffengeschäften für Pinochet über Rauff geschrieben habe.[106]

Ich bräuchte jemanden, der Rauff mit Contreras gesehen habe, sagte ich ihm. Die Unterhaltung streifte ganz Chile, von der Colonia zur Isla Dawson, wandte sich dann León Gómez und den Verhören in Londres 38 zu. Basso wusste nichts von der eidesstattlichen Erklärung, aber als ich sie erwähnte, kam ihm ein Gedanke.

»In den Gehweg vor Londres 38 sind Steine eingelassen mit den eingravierten Namen derjenigen, die dort exekutiert wurden oder die verschwanden«, sagte er. »Einer der Namen lautet Álvaro Modesto Vallejos Villagrán. Er war ein Medizinstudent, aktiv im MIR. Sein Pseudonym war Loro Matías.«

Weil ich den Namen noch nie gehört hatte, erzählte Basso mir die Geschichte. Loro Matías wurde von einem DINA-Agenten, einem jungen Wehrpflichtigen, von Londres 38 zur Colonia Dignidad gebracht. »Ich kenne ihn, er hat die Reise zur Colonia geschildert und genau beschrieben, wie der Gefangene an Schäfer übergeben wurde.«

Ich hörte zu.

»Warum sprechen Sie nicht mit dem ehemaligen Rekruten?«, schlug Basso vor. »Wir können ihn anrufen, jetzt gleich, sein Name ist Samuel Fuenzalida.« Der Name sagte mir nichts. Er nahm sein Mobiltelefon und wählte.

»Erwähnen sie nicht Rauffs Namen«, sagte ich.

Basso und Fuenzalida sprachen ein paar Minuten über einen Videocall, auf Spanisch. Ich verstand die Richtung des Gesprächs. Vielleicht könne er Fuenzalida die Fotos zeigen, die ich Franz Bäar gezeigte hätte, flüsterte ich. Basso gab den Vorschlag weiter. Fuenzalida sagte Ja.

Ich öffnete die Fotos auf meinem Telefon und hielt den Bildschirm vor Bassos Telefon, mit dem ersten Foto.

Fuenzalida sah sich das erste Foto an. »Diesen Mann kenne ich nicht.«

Er sah sich das zweite Foto an. »Nein.«

Er sah sich das dritte Foto an. Augenblicklich, ohne Zögern, zeigte sich eine Reaktion auf Fuenzalidas Gesicht, das sich zu einem sanften Lächeln des Wiedererkennens entspannte.

»Ja, den kenne ich. Ich sah ihn im Hauptquartier der DINA, in der Calle Marcoleta, nur ein paar Häuserblocks entfernt von Londres 38.« Er sah sich das Schwarz-Weiß-Bild genau an.

»Ich sah ihn mehr als einmal«, ergänzte er.

Die dritte Fotografie war die einzige von Walther Rauff, eine, die 1976 aufgenommen wurde. Bis zu diesem Punkt war sein Name noch nicht erwähnt worden.

»Ich sah ihn 1974, im Januar, Februar und März.«

Basso hielt seine Hand über das Telefon. »Vielleicht können Sie Fuenzalida sehen, wenn sie morgen in Santiago sind?«, flüsterte er.

»Ich möchte nicht, dass er den Namen dieser Person weiß«, sagte ich, »ich möchte bloß, dass er sich das Gesicht anschaut.«

»Jemand erzählte mir, dieser Typ wäre bei einer Fischfabrik«, sagte Samuel Fuenzalida dann. Ich ging stillschweigend davon aus, dass er von der *Pesquera Camelio* in Punta Arenas sprach, aber die meinte er nicht. »Wir wussten, dass die DINA in San Antonio eine fingierte Fischfabrik betrieb, sie hieß *Arauco*, die DINA nutzte sie für ihre Arbeit. Das Unternehmen besaß kleine Lieferwagen, Kühltransporter, welche die DINA einsetzte, um Häftlinge von einem Ort zum anderen zu transportieren.«

Ich meinte, nicht zum ersten Mal gehört zu haben, dass die *Pesquera Arauco* erwähnt wurde, konnte mich aber nicht erinnern, warum der Name mir bekannt vorkam. Erst später, als ich die Notizen meines Gesprächs mit León Gómez durchsah, fiel mir auf, dass er davon gesprochen hatte, in einem Kühllieferwagen transportiert worden zu sein, gesehen zu haben, wie mehrere auf den Pflastersteinen vor Londres 38 parkten. Er erwähnte auch den Namen des Unternehmens, dem sie gehörten.

Das Gespräch mit Fuenzalida ging zu Ende. Kein Name wurde erwähnt.

Wir vereinbarten, uns am nächsten Morgen zu treffen, in Santiago.

## 106

Ich traf mich mit Samuel Fuenzalida im Innenhof meines Hotels in der Avenida Italia. Er hielt sich aufrecht, eine kräftige und auffallende Erscheinung in einem dunkelblauen Hemd mit einer Mütze auf dem Kopf. Sein Gesicht war verwittert und wettergegerbt, sein Blick freundlich. Dieser Mann hatte einen festen, starken Charakter, aber er war liebenswürdig. Und er hatte eine Geschichte zu erzählen.

Als Sohn einer politisch links stehenden Familie geboren, war er im April 1973 mit 18 zur Armee einberufen worden. Nach dem Militärputsch wurde er der DINA unterstellt und kam nach San Antonio und in die Kaserne Tejas Verdes auf die Ingenieurschule. Seine Einheit wurde von Manuel Contreras persönlich begrüßt.

Im Januar 1974 wurde er nach Santiago und zur *Brigada de Inteligencia Metropolitana*, der »BIM«, versetzt, die in der Villa Grimaldi stationiert war. Anschließend entsandte man ihn in die Calle Londres 38, wo er mehrere Monate verbrachte und direkt in das System der Folter und einiger der 98 Fälle von Verschwindenlassen verwickelt war.[107] Die betriebsamsten Monate waren der Juli und der August 1974, als alle 16 Stunden ein Gefangener verschwand. Einer von ihnen war Alfonso Chanfreau.

Im Jahr 1975 flüchtete Samuel. Er ging nach Argentinien, dann nach Westdeutschland, wo ihm politisches Asyl gewährt wurde. »Ich dachte, ich sei in Gefahr, als sie anfingen, Wehrpflichtige zu töten.« Im Jahr 1977 kontaktierte er Amnesty International; die Organisation veröffentlichte seinen Bericht. Er sagte vor den Vereinten Nationen zu den Folterungen und Fällen von Verschwindenlassen als Zeuge aus.[108] Er blieb drei Jahrzehnte im Exil und sagte nach seiner Rückkehr nach Chile in den Prozessen mehrerer hochrangiger DINA-Agenten aus. Die Gerichte vertrauten seinem Zeugnis als glaubwürdig und zutreffend. Auf der Grundlage seiner Aussagen wurden zahlreiche DINA-Agenten verurteilt.[109]

Fuenzalidas Rückkehr nach Chile war nicht einfach. Für seine Tätigkeit bei der DINA, als Wehrpflichtiger, wurde er vor Gericht gestellt, für schuldig befunden und zu einer Haftstrafe von 541 Tagen verurteilt, für einen Mord, der 1975 geschah.[110] Als wir uns zum ersten Mal begegneten, war ihm noch immer verboten, ins Ausland zu reisen. »Ich wurde für Verbrechen verurteilt, die ich nicht begangen habe«, behauptete er beharrlich. »Vierzig Zeugen erklärten meine Unschuld, trotzdem wurde ich verurteilt.« Im Jahr 2023 wurde er für seine Rolle bei der Entführung und dem Verschwinden eines Fotografen im August 1974 schuldig gesprochen und zu weiteren 541 Tagen Haft verurteilt.[111] In beiden Fällen wurden die Urteile aufgehoben.

In Londres 38 arbeitete er zwischen Januar und April 1974, bevor er zurückversetzt wurde zur Villa Grimaldi. An beiden Orten war sein Befehlshaber Marcelo Moren Brito, der Einsatzleiter der DINA und Chef der Villa Grimaldi, der später von Gerichten in Chile und Frankreich wegen Verbrechen gegen die Menschlichkeit verurteilt wurde.[112] Samuel Fuenzalida trat 50 Jahre nach dem Militärputsch noch immer vor chilenischen Gerichten als Zeuge auf. In der Woche, in der wir uns trafen, sollte er gegen César Manríquez Bravo aussagen, Kommandant in Londres 38, der bereits eine lebenslange Haftstrafe verbüßte.

Fuenzalida und ich sprachen mehrere Stunden miteinander. Bei meiner ersten Erwähnung der Colonia Dignidad sagte er: »Ich bin dort gewesen.« Der Ton war neutral, der Inhalt grauenhaft. »Als ich in der Villa Grimaldi arbeitete, wurde ich angewiesen, einen höheren Offizier, Fernando Gómez Segovia, in den Süden zu begleiten, an den Ort der Deutschen. So nannten sie die Colonia Dignidad. Sie brauchten mich, um ein Paket zu begleiten.«

Ein Paket?

»Eine Person. Einen Gefangenen. Er war bekannt als Loro Matías, ich kannte ihn, sein richtiger Name war Álvaro Vallejos Villagrán. Er war ein Medizinstudent, Leiter der politischen Abteilung des MIR, der Sohn eines höheren Unteroffiziers in der Armee, sein Vater arbeitete nach dem Putsch im Verteidigungsministerium.«

Fuenzalida wusste nicht, warum er für die Reise ausgewählt wurde. Es war das Jahr 1974, Ende Juli. »Ich holte das ›Paket‹ in Cuatro Álamos ab«, wo auch León Gómez festgehalten wurde. »Ich kannte Loro Matías von Londres 38, wo er ein Häftling war. Als sie sagten, er bräuchte keine persönlichen Habseligkeiten mitzubringen, begriff, ich, dass er sterben würde. Er war in Handschellen, gefoltert und völlig gebrochen. Zu viel war ihm angetan worden, als dass man ihn hätte freilassen können.«

In der Villa Grimaldi sah Fuenzalida die Akten der Gefangenen. »Die Akte von Loro Matías war mit den Worten ›Puerto Montt‹ gestempelt, was bedeutete, dass er ›an Land‹ beseitigt würde.« (Der andere Stempel war ›Moneda‹, was Beseitigung auf See bedeutete.)

Fuenzalida sprach über die Fahrt zur Colonia. »Fernando Gómez Segovia und ich fuhren in einem C-10-Lastwagen nach Süden. Unterwegs hielten wir an, um uns eine Genehmigung zu holen. Die brauchten wir wegen der Ausgangssperre.« In Parral, in der Nähe der Colonia, schloss sich ihnen ein anderer Laster an, der mehrere DINA-Agenten an Bord hatte.

»Wir kamen gegen 1:30 Uhr morgens in der Colonia Dignidad an. Wir wurden von Bewaffneten in Empfang genommen. Ich dachte, wir wären in einer Armee-Einrichtung, weil alle Uniform trugen und von der Armee ausgegebene Maschinengewehre hatten. Später erfuhr ich dann, wer die beiden Männer waren, die uns empfingen: Gerhard Mücke und Paul Schäfer.« (Mücke, der später aussagte, dass mindestens 30 Pinochet-Gegner in der Colonia Dignidad ermordet wurden, und für seine Beteiligung verurteilt wurde, starb 2022.)[113]

Fuenzalida fuhr fort: »Schäfer, bekannt als ›der Professor‹, hatte nur ein Auge, war olivgrün gekleidet, ganz militärisch. Er begrüßte Hauptmann Gómez Segovia auf Deutsch. Ich konnte weder Deutsch noch Englisch. Für mich waren sie alle Gringos, aber es war offensichtlich, dass sie sich kannten.«[114] Dann fügte er hinzu:

> Hauptmann Gómez Segovia stieg aus dem Lastwagen. Er ließ mich ein paar Minuten mit dem Gefangenen allein. Loro Matías bat mich, für ihn zu beten, denn er wisse, dass man ihn töten werde. Sie kamen zurück und holten ihn aus dem Lastwagen. Sie setzten ihn hinten in einen hellblauen Mercedes, dann fuhren sie ihn zu dem großen Haus. Wir folgten in unserem Lastwagen. Die Unterhaltung war auf Deutsch, so dass ich nichts verstand. Ich schnappte ein paar Dinge auf Spanisch auf, zum Beispiel, dass Pinochet im nächsten Monat zu Besuch käme. Dies war im Juli 1974, der General kam dann tatsächlich im August.
>
> An dem großen Haus trennten wir uns. Ich ging zum Essen, deutsche Kost. Ich war bestürzt. Ich kannte den Gefangenen. Ich hegte Sympathie für ihn. Später kehrte der ›Professor‹ zurück, mit einem Hund – einem Deutschen Schäferhund. Er stellte sich ans Kopfende des Tisches. Ohne ein Wort zu sagen, machte er mit einer Hand eine aufschlitzende Bewegung quer über seinen Hals. Er sagte: »Fertig!« Ich verstand.

Jahre später sagte Fuenzalida vor Gericht über diese Fakten aus. Paul Schäfer »war wahrscheinlich derjenige, der Álvaro Vallejos Villagrán ermordete«, erklärte er gegenüber einem chilenischen Richter.[115] Unter anderen wurden Pedro Espinoza, Miguel Krassnoff und Gerhard Mücke der Ermordung von Loro Matías für schuldig befunden und zu jeweils zehn Jahren Gefängnis verurteilt.[116]

## 107

Während ich Fuenzalidas Bericht sacken ließ, kamen wir noch einmal auf die Fotografien vom Vortag zurück. Ich hatte nun ausgedruckte Kopien. Er studierte sie sorgfältig. »Der einzige Mann, den ich wiedererkenne, ist der auf dem dritten Foto«, sagte er. Ich zeigte ihm ein anderes Foto desselben Mannes, aufgenommen ein Jahrzehnt später. Wieder reagierte er bestimmt und ohne Zögern.

»Ja. Ich kenne diesen Mann. Er war bei der *Pesquera Arauco*. In den Zeiten der DINA war das eine Fischfabrik. Ich kann versuchen, den Namen dieses Mannes herauszufinden.«

Ich berichtete ihm, was León Gómez mir erzählt hatte: dass er in einem Kühllieferwagen in das Gefangenenlager Cuatro Álamos gebracht wurde. Ein *Pesquera-Arauco*-Lieferwagen?

Fuenzalida lächelte. Ja, Gefangene wurden in Kühllieferwagen der *Pesquera Arauco* nach Londres 38 und von dort weggebracht. »Dieser Gómez hatte Glück«, sagte er. »Normalerweise ging die Fahrt in dem Lieferwagen von Londres 38 an die Küste, in die Stadt San Antonio, wo die *Pesquera Arauco* ihren Hauptsitz hatte.«

Fuenzalida wusste von León Gómez, weil er Luz Arce getroffen hatte, die Gómez, wie er mir erzählte, angezeigt hatte. Fuenzalida wartete mit einer anderen Geschichte auf. »Mir erzählte sie, dass Gómez sie angezeigt habe, nicht umgekehrt.« Das überraschte mich, da Arce eine bestätigte DINA-Informantin war, während so etwas über Gómez nicht behauptet wurde. Als ich Gómez mit der Behauptung konfrontierte, widerlegte er sie überzeugend.

Fuenzalida bezweifelte, dass der Mann auf dem Foto an der Folterung von Gómez beteiligt war. »Der einzige Ausländer war ein italienischer Arzt, der in Londres 38 mitarbeitete. Ich glaube nicht, dass dieser Mann in Londres 38 war.«

Wir kamen wieder auf das Foto zurück, von einem Mann, den Fuenzalida wiedererkannte, von dem er aber nicht wusste, dass es Rauff war.

Ob er ihn in San Antonio oder Santiago gesehen habe.

»In Santiago. Ich weiß seinen Namen nicht, aber er gehörte zur DINA, er leitete die *Pesquera.*«

Leitete?

Fuenzalida nickte.

Wo genau er ihn gesehen habe.

»Ich sah ihn im ersten Hauptquartier der DINA, in der Calle Marcoleta, hier in der Nähe, nicht weit von Londres 38. Das war, bevor das Hauptquartier in die Villa Grimaldi verlegt wurde. Ich sah ihn dort, viele Male. Ich bin in Verbindung mit anderen Wehrpflichtigen, die werden ihn auch kennen. Wir sind wie eine Familie, wir kennen uns alle, wir sind in Kontakt geblieben.«

Ob er den Mann auf dem Foto habe sprechen hören.

»Nein, aber ich sah ihn in der Marcoleta.«

Wie viele Male?

»Dreimal, mindestens. Einmal kam ich mit meinem Befehlshaber von der Villa Grimaldi zur Marcoleta, um einige Dokumente vorbeizubringen. Das war 1974, nachdem ich von Londres 38 versetzt worden war. Dieser Mann war im Hausflur, in dem Hauptraum, wo ein Tisch stand, und viele Leute liefen herum, gingen rein und raus. Ich sah ihn nicht in das Büro gehen. Normalerweise registriert man diese Leute, weil sie anders aussehen. Ich wusste, aufgrund seines Auftretens, dieser Mann war wichtig.« Er sprach darüber, wie er ging, mit einem Gefühl der Kontrolle und voller Arroganz, ein einflussreicher und geschützter Mann. Ich erinnerte mich an Rauffs Brief an seinen Neffen in Westdeutschland, etwa aus dieser Zeit, wo er schrieb, »dass ich hier sozusagen unter ›Denkmalschutz‹ stehe!«

Samuel Fuenzalida fuhr fort. »Ich dachte, der Mann sah aus wie Henry Kissinger, wegen der Brille, *poto de botella*, eine Brille mit dicken Gläsern, wie der Boden einer Flasche.«

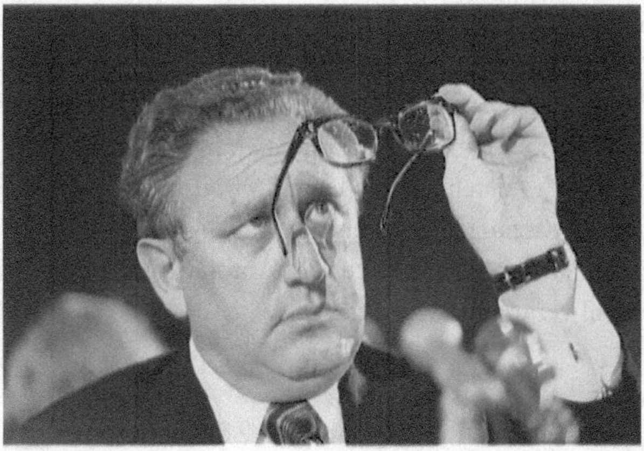

Wie war er angezogen?

»Er trug zivile Kleidung, Anzug und Krawatte, wie alle. Er war elegant, gut gekleidet, adrett.«

Wir sahen uns ein anderes Foto an, derselbe Mann, Rauff, im Jahr 1976, wie er in einem Restaurant sitzt, mit Nena Zúñiga, seiner Freundin, die sich zu ihm neigt, am Meer, hinter ihnen kleine Boote im Wasser. Der Rahmen war gediegen, ein sauberes, weißes Tischtuch, Weingläser, eine Flasche Weißwein, zwei große Kartoffeln auf dem Teller des Mannes, eine Zigarette in seiner linken Hand, ein weißes Einstecktuch in der Brusttasche. Fuenzalida betrachtete eingehend die Fotografie. Er frage sich, ob das Foto in San Antonio gemacht worden war.

Ob er den Mann jemals in San Antonio gesehen habe.

»Nein. Ich spekuliere bloß darüber, wo das sein könnte.« (Ich fand später heraus, dass es in Valparaíso gemacht worden war, im März 1976, als Rauff im Club Bote Salvavidas seinen 70. Geburtstag feierte.)

Fuenzalida fuhr fort, ohne weiteren Anstoß:

> Andere DINA-Wehrpflichtige erzählten mir, sie würden in einem Lieferwagen mit Gefangenen von Londres 38 nach San Antonio fahren, dass der Lieferwagen jedes Mal anhielte, an der zweiten Brücke, vor dem Zentrum. Die Wehrpflichtigen stiegen aus, der Fahrer fuhr mit den Gefangenen weiter. Die Wehrpflichtigen wussten nicht, wohin der Lieferwagen fuhr. Als ich sehr viel später mit diesen Leuten sprach, erfuhr ich, dass es als zu aufwendig galt, die Gefangenen in die Colonia Dignidad zu bringen, so dass man sie stattdessen nach San Antonio brachte, wo sie zu Fischmehl verarbeitet würden.

Fischmehl?

»Ja, Fischmehl, Futter für Nutztiere, für Hühner.«

Ich wusste nicht, was Fuenzalida da sagte. Weder verarbeitete, noch erfasste ich es, noch fragte ich weiter. Wir wechselten einfach das Thema.

Könnte der Mann auf diesem Foto in Londres 38 gewesen sein?

»Ja, ich denke schon, es ist möglich.«

Trugen einige der Befrager dort Zivilkleidung?

»Ja, alle trugen Zivil.«

Ich nahm einen Schluck Kaffee und fragte ohne Umschweife: »Kennen Sie den Namen dieses Mannes?«

»Nein«, sagte Fuenzalida. Er sah mir direkt in die Augen. Es war eindeutig, dass er keine Ahnung hatte, wer der Mann war oder wie er hieß.

Schließlich fragte er: »Wissen Sie, wer er ist?«

Ich nickte.

»Sie kennen seinen Namen?« Fuenzalida war überrascht – und gespannt.

»Wollen Sie seinen Namen wissen?«, fragte ich.

»Ja. Natürlich wüsste ich den Namen gerne«, sagte er.

Ich zögerte, blickte ihn an, er blickte mich an. »Der Mann heißt Walther Rauff. Kennen Sie diesen Namen?«

Es herrschte Schweigen, dann lächelte Fuenzalida, ein breites Lächeln. »Natürlich, natürlich kenne ich diesen Namen. Jeder kennt diesen Namen, ich wusste nur nicht, dass er es war, nicht bis jetzt, nicht bis zu diesem Augenblick.«

Wir ließen den Augenblick sacken. Könnte Rauff mit einigen der Aktivitäten, von denen mir Fuenzalida erzählt hatte, in Verbindung stehen?

»Ja«, sagte er.

Ich erzählte ihm von Rauffs anderem Leben, seiner Rolle bei den Gaswagen, seiner Freundschaft mit Pinochet in den 1950er Jahren, seiner Rolle als Geschäftsführer der *Pesquera Camelio* in Punta Arenas. Ich erzählte ihm von Verbindungen, dass ich während der Pinochet-Anhörungen in London neben Miguel Schweitzer gesessen hätte, dass sein Vater Miguel Schweitzer Speisky bei der von der westdeutschen Regierung beantragten Auslieferung Rauffs als Berater tätig gewesen war und später als Pinochets Justizminister amtierte, dass Schweitzer für die *Pesquera Camelio* arbeitete und Rauff persönlich kannte.

»Verrückte Welt«, sagte Fuenzalida, während er die Informationen, die einzelnen Punkt und den Zusammenhang verarbeitete.

Ob er ein Foto von den *Pesquera*-Lieferwagen oder -Schiffen habe.

»Nein, aber ich könnte eines auftreiben.«

Würden andere Kollegen von der DINA den Mann wiedererkennen, von dem er nun wisse, dass es Walther Rauff ist?

»Ja, würden sie.« Er hielt inne. »Aber ich glaube nicht, dass sie mit Ihnen reden wollen, weil sie Angst vor den Auswirkungen haben.«

Gab es irgendwelche Dokumente der *Pesquera Arauco* oder der DINA, die Rauffs Namen erwähnten?

»Nein«, bekräftigte er. Manuel Contreras habe die Dokumente 1977 vernichtet, als die DINA aufgelöst wurde, nachdem Orlando Letelier getötet worden war, als die Amerikaner mitmischten.

## 108

Ein Jahr später sah ich Samuel Fuenzalida wieder, im Innenhof desselben Hotels. Er hatte Informationen und Anekdoten weiterzugeben, von anderen, die bei der DINA gearbeitet hatten. Sie erkannten den Mann auf dem Foto wieder, am Meer, in Gesellschaft der Dame mit der voluminösen Frisur.

»Ich sah ihn in dem Gefangenenlager in Chacabuco, der stillgelegten Salpetermine in der Atacama-Wüste«, schrieb ein früherer Kollege. »Er tauchte mit Hunden auf, abgerichteten Hunden.«

»Ich sah ihn«, schrieb ein anderer in Reaktion auf das Foto. »Er war bekannt als *El Chacal*, ›der Schakal‹.«

»Ich erkenne ihn wieder«, schrieb ein dritter, der einmal einem Verwandten von Rauff begegnet war, einem jüngeren Mann, der, beladen mit Meeresfrüchten, bei Manuel Contreras zu Hause in Santiago aufkreuzte. »Krevetten, Garnelen, Königskrabben, tiefgefroren oder in Dosen. Die Krabben waren ganz, nur die besten Teile, die Beine und die Schwänze.«

Fuenzalida zeigte mir eine WhatsApp-Nachricht. Der Absender war Jorgelino Vergara, der ab 1974 mit Manuel Contreras zusammenarbeitete. »Vertreter des gesamten Südkegels kamen nach Santiago, um die ›Operation Condor‹ zu planen«, schrieb

Vergara. »Ich kümmerte mich um sie, ich war dort, und ich schnappte vieles von dem auf, was vorging.« Rauff sei dagewesen. »Ich kann Ihnen versichern, dass *El Chacal* bereits mit dem Oberkommando der DINA verkehrte.«

Also habe Fuenzalida keinen Zweifel, dass Rauff mit der DINA zusammenarbeitete?

»Ja, aber Rauff stand in Beziehung zu hochrangigen Angehörigen der DINA, nicht zu Insassen wie Gómez«, beharrte er.

Ob er nach wie vor glaube, wie er vor einem Jahr sagte, dass Rauff mit der *Pesquera Arauco* zusammenarbeitete.

»Ja! Ja! Ich glaube, was meine alten Kollegen mir gesagt haben, dass sie ihn sahen.«

Fuenzalida hielt inne. »Und natürlich habe ich ihn im DINA-Hauptquartier gesehen, ich habe ihn selbst gesehen.«

Der Sitz der DINA in der Calle Marcoleta war in der Nähe.

»Gehen wir«, sagte Fuenzalida.

Und los ging's, in einem kleinen schwarz-gelben Taxi.

## 109

Während wir im Fond des Taxis saßen, redete Fuenzalida auf der zehnminütigen Fahrt immer weiter.

»Ich habe keinen Zweifel, dass Rauff Berater bei der DINA war, dass er für die *Pesquera Arauco* arbeitete.«

Mir schwebten Beweise vor. Ich wollte handfeste Belege, keine Spekulationen, Gerüchte oder Mythen.

»Sie werden die Belege bekommen«, sagte er. »Vielleicht wird Vergara sogar einwilligen, sich mit Ihnen zu treffen. Er sagte mir, er habe den Mann auf dem Foto und Manuel Contreras zusammen gesehen, mehrmals.«

Der Taxifahrer unterbrach. »Darf ich etwas sagen?«

»Natürlich«, antworteten wir einmütig.

»Es ist kein Gerücht«, sagte der Taxifahrer. »Es ist eine Tatsache. Rauff arbeitete für die DINA.«

Woher er das wisse.

»Jeder weiß es.«

Schon klar, aber woher *er* es wisse, in Wirklichkeit.

»Jeder weiß es. Ich bin 70 Jahre alt. Ich habe diese Zeit durchgemacht. Wir alle kannten den Namen Rauff. Wir alle kannten die Geschichten. Wir alle wussten, was er bei den Nazis getan hatte. Wir alle wussten, dass er für die DINA arbeitete.«

Das Taxi fuhr rechts ran und ließ uns an der Avenida Portugal, Ecke Marcoleta aussteigen. Fuenzalida orientierte sich, führte uns die Marcoleta entlang, die zur Jaime Eyzaguirre wurde, vorbei am Parque San Borja. Wir kamen zu einem weißen, modernistischen Gebäude, drei Stockwerke hoch, in der Calle Pierre de Coubertin, unauffällig und freistehend, neben einem Kindergarten.

»Das ist es«, sagte Fuenzalida, »die Zentrale der DINA, im Jahr 1974.«

Was war das für ein Gefühl, wieder hier zu sein?

»Es ist ein paar Jahre her.« Er sagte es ruhig. »Dies war der erste Eingang …« Er zeigte auf die von Graffiti bedeckten Wände.

Drinnen?

»Nur Büros.«

Wo sah er Rauff?

»Auf der anderen Seite, in einem anderen Gebäude, wir müssen einmal herum laufen.«

Während wir gingen, rief er Vergara an, sagte ihm, wir seien in der Marcoleta.

»Ich erinnere mich, mit Gerd Heidemann über Rauff gesprochen zu haben«, sagte er, nachdem das Telefonat beendet war. Fuenzalida hatte den *Stern*-Journalisten kennengelernt, als er in Westdeutschland lebte. »Heidemann erzählte mir, Rauff habe hier bei der DINA eine Funktion gehabt, dass er Ausbilder war.«

Woher wusste Heidemann das?

»Er sagte, er hätte ihn Ende der 1970er Jahre in Santiago getroffen, sie hätten darüber gesprochen.« Heidemann sei mit Karl Wolff, Rauffs altem Vorgesetzten, gereist und habe nach alten Nazis gesucht, sagte Fuenzalida. Doch ich wusste, dass davon kein Wort in der Niederschrift stand, die Heidemann auf der Maschine tippte. Weder wurde die DINA erwähnt, noch enthielt sie Fragen über die DINA. Sollte die Sprache darauf gekommen sein, dann in einem Moment, der nicht mitgeschnitten wurde, oder wenn er mitgeschnitten wurde, ließ Heidemann ihn in der Niederschrift weg.

Wir liefen die Pierre de Coubertin entlang, erreichten die Avenida Vicuña Mackenna und kamen an ein verschlossenes Tor, das den Zugang zur Calle José Carrasco Tapia versperrte, die nach dem Journalisten benannt war, der 1986 nach dem gescheiterten Mordanschlag auf Pinochet ermordet worden war. Ein vorbeigehender Anwohner ließ uns ein. Wir liefen bis zum Ende der Straße und kamen an eine weitere Reihe verschlossener eiserner Gittertore. Wir blickten angestrengt hindurch auf ein dreistöckiges Gebäude.

»Dies ist genau das Gebäude, in dem ich Walther Rauff sah, in der ersten Etage, mehrere Male«, sagte Fuenzalida.

Heute ist in dem Gebäude mit der Hausnummer 75 das *Centro de Investigación Avanzada de Educación* (CIAE, »Zentrum für höhere Bildungsforschung«) der Universidad de Chile untergebracht. Keine Gedenktafel weist darauf hin, dass dies die Schaltzentrale der DINA war, wo Entscheidungen getroffen wurden, Menschen zu inhaftieren, zu foltern, zu töten und verschwinden zu lassen.

Fuenzalida entfernte sich ein Stück, um zu telefonieren.

»Jorgelino Vergara sagt, er ist einverstanden, sich mit Ihnen zu treffen«, sagte er.

## London, Januar 2000

### 110

Ein paar Tage nachdem Jack Straw seine Absicht verkündet hatte, Pinochet die Rückkehr nach Santiago zu ermöglichen, wurde ich von Kollegen in Brüssel kontaktiert. Straw wolle die belgische Regierung keine Einsicht in die Arztberichte nehmen lassen, und sie wollten Klage erheben.[117]

Außenminister Louis Michel – »Er war immer sehr gegen Pinochet«, sagte Miguel Schweitzer – machte zwei juristische Wege ausfindig: eine Klage gegen Großbritannien am Internationalen Gerichtshof (IGH) in Den Haag, um Pinochet an der Ausreise zu hindern, oder eine Klage vor englischen Gerichten, um Zugang zu den Berichten zu erhalten.

Am 14. Januar 2000 eröffnete der Ermittlungsrichter, der anstrebte, Pinochets Auslieferung an Belgien zu verfügen, in Brüssel das Verfahren wegen der Arztberichte. Wie »paradox«, sagte Richter Vandermeersch, dass Straw glaube, Pinochet sei zu krank, um sich in Europa vor Gericht zu verantworten, und ihn dann zurück nach Chile schicke in der Hoffnung, es werde dort ein Verfahren gegen ihn geben. »Wie kann sein Gesundheitszustand in Chile anders sein?«, fragte der Richter.[118]

Der belgische Außenminister wies mich und eine Gruppe belgischer Kollegen an, einen Antrag an den Internationalen Gerichtshof aufzusetzen. Am 25. Januar schickte ich einen Entwurf an den Präsidenten des Gerichts, Stephen Schwebel, und sprach informell mit ihm über eine Klage, die in Kürze eingereicht würde:

Indem es sich weigere, Pinochet an Spanien auszuliefern, verstoße Großbritannien gegen die UN-Antifolterkonvention von 1984 und das Europäische Auslieferungsübereinkommen von 1957.[119]

Ein paar Tage später wurden wir informiert, dass Tony Blair dem belgischen Ministerpräsidenten eine Frage gestellt hatte: Ob ihm ein Fall bekannt sei, bei dem ein Mitglied der Europäischen Union oder des Europäischen Wirtschaftsraums ein anderes vor dem IGH verklagt habe? Der Belgier gab die Frage an uns weiter. Wir wussten von keinem Präzedenzfall. (Die erste derartige Klage wurde 2001 eingereicht, von Liechtenstein gegen Deutschland, Gegenstand war die Beschlagnahme von Immobilien, die Liechtensteiner Staatsbürgern gehörten, während des Zweiten Weltkriegs.[120] Im Jahr 2008 verklagte die Bundesrepublik Deutschland Italien vor dem IGH, um ihr Recht auf Immunität in Bezug auf Fälle zu schützen, die gegen Deutschland vor italienische Gerichte gebracht wurden, Gegenstand waren auch hier Verbrechen während des Zweiten Weltkriegs.) Blairs Frage und unsere negative Antwort erledigten die Klage vor dem Internationalen Gerichtshof.

Belgien entschied sich stattdessen dafür, den Rechtsweg in London zu beschreiten und eine Entscheidung anzustreben, dass Straw mit seiner Weigerung, Belgien eine Kopie der Arztberichte, auf die er sich gestützt hatte, zugänglich zu machen, gegen englisches Recht verstoße. Amnesty International und fünf andere Organisationen reichten eine parallele Klage ein. Ich fungierte in der von Nigel Pleming und Rabinder Singh geführten Klage als Anwaltsassessor. Am letzten Januartag entschied der Richter, dass die Klage »nicht vertretbar« sei: Straws Entscheidung, die Offenlegung zu verweigern, sei nicht rechtswidrig, unbillig oder unvernünftig, und, nachtretend, Amnesty und die anderen Organisationen hätten keine Klagebefugnis.[121]

Belgien erhob bei drei Berufungsrichtern Einspruch, die den Fall vorantrieben.[122] Im Verlauf von zwei Anhörungen Anfang

Februar wurde Belgiens Einwänden von Jonathan Sumption für das Innenministerium entgegengetreten. Am 15. Februar bestätigte das Berufungsgericht einstimmig die Berufung und entschied, dass Belgien das Recht hatte, die Berichte einzusehen, auf die Straw sich stützte.

»Sechzehn Monate sind seit der Festnahme Pinochets vergangen«, schrieb Lordrichter Simon Brown, der letzte in einer langen Reihe englischer Richter, die sich mit Pinochets rechtlicher Situation befassten. »Was sollte jetzt mit ihm geschehen? Sollte er an Spanien ausgeliefert werden, um sich für die schweren Verbrechen, derer er beschuldigt wird, vor Gericht zu verantworten? Oder sollte ihm die Heimkehr nach Chile ermöglicht werden?« Die Ansichten waren geteilt, und es sei »höchste Zeit, dass die Entscheidung getroffen wird«. Belgien strebte Pinochets Auslieferung an, als interessierte Partei, und wollte den Bericht einsehen.

Der Fall drehe sich um Gerechtigkeit und Anstand, sagte Simon Brown und legte die maßgeblichen Überlegungen dar. Der Kontext sei »außergewöhnlich« und »in einzigartiger Weise kontrovers«, ein Fall mit schwerwiegenden Anschuldigungen von internationalen Verbrechen. Folterer seien die »gemeinsamen Feinde der gesamten Menschheit«, jedes Land habe »ein gleichberechtigtes Interesse an ihrer Festnahme und Strafverfolgung«.[123] Sollte Pinochet nicht ausgeliefert werden, wäre er »nirgendwo auf der Welt strafrechtlich verfolgbar«. Für die Offenlegung spreche, dass Belgien in der Lage sein müsse, sich zu dem Bericht zu äußern, damit der Gerechtigkeit sichtbar Genüge getan werde. Die Argumente gegen die Offenlegung seien der bescheidene Aufschub und eine gewisse Minderung von Pinochets Recht auf Vertraulichkeit. Unter dem Strich, so Browns Fazit, wogen Anstand, Gerechtigkeit und Transparenz schwerer als Pinochets Interessen, deshalb sollte Belgien den Bericht einsehen. Die beiden anderen Richter stimmten zu, daher verfügte das Berufungsgericht die sofortige Offenlegung für Belgien, Spanien, Frankreich und die

Schweiz. Darüber hinaus erhielten diese Länder sieben Tage Zeit, um ihre Bemerkungen zu dem Bericht an Jack Straw zu schicken.

»Ich hatte eine Kopie des Berichts im Safe«, sagte Caplan, »jemand vom Innenministerium kam vorbei, um ihn abzuholen.«

Belgien wurden Kopien zur Verfügung gestellt, und weil wir davon ausgingen, am nächsten Tag eine Kopie einzusehen, trafen wir Anstalten, mit belgischen Medizinexperten zusammenzuarbeiten. Später an jenem Abend wurden Pinochets Arztberichte von zwei spanischen Zeitungen veröffentlicht und im Internet verfügbar gemacht.[124]

## 111

Bis heute ist nicht bekannt, wie die Arztberichte an die Presse gelangten. Wer hatte ein Interesse daran, sie publik zu machen? Die Veröffentlichung würde Sympathie für einen alten Mann wecken, aber die Berichte warfen auch ernsthafte Fragen über die Angemessenheit des Ergebnisses auf, dass Pinochet nicht gesund genug sei, um sich vor Gericht zu verantworten. Gott und die Welt konnten jetzt ihre Ansichten äußern, und sie taten es. Der erste Bericht, verfasst von Professor Grimley Evans und zwei Kollegen, beschäftigte sich mit Pinochets körperlicher und sonstiger gesundheitlicher Verfassung. Obwohl schnell ermüdet, sei er kooperativ und aufmerksam gewesen und habe ein »gutes Verhältnis« zu den Ärzten gehabt. Bei einer kleinen mentalen Zustandsprüfung (MSE, *Mental Status Exam*) schnitt er gut ab, »lächelte entsprechend« und habe einen Sinn für Humor behalten. Er sei ein wenig taub, seine Stimme sei brüchig geworden, und er gab an, sein Gedächtnis lasse nach, weil er Schwierigkeiten habe, sich an Menschen, Ereignisse und Gerüche zu erinnern. Er erzählte Grimley Evans, dass er einmal seine eigene Frau nicht erkannt habe, ein Vorfall, an den Jean Pateras sich mit Skepsis erinnerte.

Er sei leicht deprimiert gewesen, aber mit Medikamenten aufgemuntert worden. In den ersten Monaten des Hausarrests habe er gelesen und einen Computer benutzt, aber jetzt würde er die meiste Zeit fernsehen und weniger Briefe schreiben, mit einer schlechter lesbaren Handschrift. Er habe Heimweh, langweile sich und sei frustriert.

Grimley Evans fand Hinweise auf eine noch nicht lange zurückliegende »vorübergehende zerebrale Dysfunktion« und zwei leichte Schlaganfälle. Pinochet weise Anzeichen »parkinsonscher Charakteristika« auf und habe eine »Tendenz, nach hinten zu fallen«. Er zeige ein »schwerfälliges Begriffsvermögen« und »Verständnisschwierigkeiten bei komplexen Anweisungen«. Ein Gehirnscan habe einen »zuletzt fortschreitenden zerebrovaskulären Hirnschaden« erkennen lassen. In Verbindung mit dem »klinischen Befund einer großflächigen Schädigung des Gehirns« sei dieser »kompatibel mit der beidseitigen Schädigung der Schläfenlappenstrukturen«.

Die Ärzte fanden keine größeren Probleme, aber der »Hirnschaden«, den sie in der Tat erkannten, bedeute, dass Pinochet nicht in der Lage wäre, dem Gerichtsverfahren hinlänglich zu folgen, um einen Anwalt zu instruieren, Fragen zu verstehen oder sie zu beantworten. Grimley Evans fand keinen Anhaltspunkt dafür, dass Pinochet seine Einschränkungen bewusst übertrieb. Da signifikante Verbesserungen »unwahrscheinlich« seien, kam das Team zu dem Schluss, dass Pinochet »gegenwärtig geistig nicht zu einer sinnvollen Teilnahme an einem Gerichtsverfahren imstande wäre«.

Der zweite Bericht stammte von Dr. Maria Wyke, die eine neuropsychologische Beurteilung sowie visuelle und kognitive Tests durchführte. Sie fand Pinochet freundlich und kooperativ und in der Lage, Fragen zu seiner und der Geschichte Chiles zu beantworten. Sein verbales Verständnis und seine Sprache seien gut. Er habe keine Schwierigkeit, Fragen zu verstehen oder Testanweisungen zu befolgen. Für mein Verständnis deutete dies darauf hin, dass er absolut in der Lage war, sich vor Gericht zu verantworten.

Allerdings, fuhr sie fort, funktioniere Pinochet, der ein Mensch von »überragender Intelligenz« gewesen sei, jetzt »angesichts einer mittelschweren/schweren Verschlechterung der geistigen Funktion, die über die altersbedingte hinausgeht«, in einem »unteren/durchschnittlichen Bereich«. Er leide unter einem »starken Verlust« des Kurzzeitgedächtnisses und verlangsamter Erinnerung und sei unfähig, Informationen über einen längeren Zeitraum zu behalten. Da es keine Anzeichen für Vortäuschung gebe, schloss sie, »wäre er nicht in der Lage, mit den juristischen Komplexitäten eines Gerichtsverfahrens zurechtzukommen«.

Im Grunde waren die Schlussfolgerungen nicht überzeugend, wie andere Reaktionen bestätigten. Viele in der medizinischen Fachwelt meinten, dass die Berichte keineswegs so zu verstehen seien, dass Pinochet prozessunfähig sei. Von der spanischen Regierung kam keine Reaktion, aber Richter Garzón gab einen Bericht bei acht spanischen Ärzten in Auftrag, die zu dem Schluss kamen, dass Pinochet »hinreichend normal« und verhandlungsfähig sei.[125] Belgische Experten gelangten zu dem gleichen Ergebnis.[126]

Jean Pateras verzog das Gesicht, als ich das Thema der Arztberichte erwähnte. Sie und Peter Dean, der Arzt, der die Metropolitan Police beriet, hatten Pinochet im Lauf eines Jahres regelmäßig gesehen. »Zumeist erfreute er sich bester Gesundheit, war arrogant und las gerne. Als ich die Polizisten fragte, was er den ganzen Tag mache, sagten sie, er sehe sich *Star-Wars*-Filme an und lese unheimlich gern Bücher über Napoleon.« Sie witterte eine List. Monatelang sei er »vollkommen normal« gewesen, erinnerte sie sich:

»*Hola, ¿qué tal? ¿Cómo está? ¿Cómo está vuestro marido?*
»Hallo, wie steht's? Wie geht es Ihnen? Wie geht es Ihrem

Mann?«, pflegte er zu sagen. Dann, eines Tages, als ich mit Peter Dean dort war, saß ich neben ihm, und er sagte: »Wissen Sie, Jean, als ich heute morgen mit meiner Frau sprach, wusste ich nicht, wer sie war!« Ich dachte, ach wirklich? Er fuhr in diesem Stil fort. »Ich rede mit jemandem, ich vergesse, wer die Leute sind, ich weiß einfach nicht, was los ist.« Ich sagte: »Ach ja, das können Sie anderen weismachen!«

Jean zog ihre eigenen Schlüsse.

> Mir wurde klar, dass er den Geisteskranken spielen wollte, die Alzheimer-Nummer oder was auch immer. Ich weiß noch, wie man mir am Anfang sagte oder jemand sagte mir, sie hätten es ihm gesagt: »Um Himmels willen, tun Sie so, als wären Sie verrückt, alt und verrückt.« »Das werde ich nicht tun«, sagte er. Am Ende wurde ihm offenbar klar, dass das die einzige Möglichkeit war, nach Hause zu kommen.

Ich gab die Berichte an einen Fachkollegen weiter, Howard Robb, Professor für Gerontopsychiatrie am University College London. Er sah die Berichte äußerst kritisch. Sie böten keine überzeugende Diagnose für die leichte kognitive Beeinträchtigung, die Erwähnung einer zerebrovaskulären Erkrankung sei »vage«, und sie würden zu sehr auf die körperliche Untersuchung vertrauen. Das auffallendste Merkmal sei das völlige Fehlen einer psychiatrischen Evaluation. Dies spiegele Professor Grimley Evans' »Abneigung« gegenüber der Psychiatrie wider, sagte Robb.

Sprachlos machte ihn auch die Schwäche der Schlussfolgerung, dass Pinochet keine Symptome vortäuschen würde. Es habe keinen Versuch gegeben, mit Leuten zu sprechen, die Pinochets Verhalten beobachteten, wie die Polizisten oder die Anwälte, die Anweisungen entgegennahmen, oder Jean Pateras und Peter Dean. Professor Robb wusste, dass diejenigen, die Zeit mit

Pinochet verbrachten, sahen, wie er seine Unterlagen durchging, las, Schriftstücke mit Anmerkungen versah, sie anschließend unterzeichnete. »Das machte er nicht mit Malkreide!« Die Berichte verrieten keinen »echten Versuch« einer Einschätzung von Pinochets Fähigkeit, Anweisungen zu verstehen oder zu geben. Dr. Wykes neuropsychologische Befunde verorteten ihn voll und ganz in einem »Durchschnittsbereich«.

Bei ihrer Herangehensweise hätte die »Hälfte der Bevölkerung« die Auslieferung an Spanien umgehen können.

## 112

Jahre später machte Jean Pateras mich mit Peter Dean bekannt, und wir aßen zusammen in einem Pub in Hampstead zu Mittag. Er war freundlich und aufgeschlossen, ein Mann von augenscheinlicher Anständigkeit und Zuverlässigkeit. »Ich fuhr mit Pinochet zum Northwick Park wegen der ärztlichen Beurteilung«, erinnerte er sich. »Er war ein bisschen älter, ein bisschen gebrechlicher, aber im Grunde fehlte ihm nichts.«

Zum ersten Mal untersuchte Dean Pinochet einen oder zwei Tage nach dessen Verhaftung, dann regelmäßig im Lauf der nächsten Monate, auch an dem Morgen des Besuchs im Northwick Park. Alles sei normal gewesen, einschließlich seines Blutdrucks. »Am Vorabend der Schlacht bleibt der alte Soldat ruhig!«, sagte Pinochet einmal zu ihm über seinen ausgezeichneten Blutdruck.

Dean beobachtete über 15 Monate hinweg keine signifikante Veränderung in Pinochets Gesundheitszustand. Im Northwick Park war er überrascht, dass man ihn von den Untersuchungen ausschloss. Nur Beauftragte des Innenministeriums, wurde ihm gesagt. Ein paar Tage später hörte er Gerüchte, dass Ärzte zu dem Schluss kommen könnten, Pinochet sei prozessunfähig. Das ärgerte ihn. »Ich hatte das Gefühl, dass etwas nicht stimmte, dass er sie vielleicht an der Nase herumgeführt hatte«, sagte er. »Ich glaube an Richtig und Falsch, ich hatte hier ein echtes Problem, verspürte ein starkes Bedürfnis zu handeln, also suchte ich mir Hilfe.«

Er kontaktierte die rechtsmedizinische Gruppe der Metropolitan Police. »Ich habe hier ein Problem«, erklärte Dean ihnen. Die Sache ging hinauf bis zu einem stellvertretenden Polizeikommissar. »Eine Nachricht kam zurück: ›Machen Sie keinen Finger krumm.‹«

Als Nächstes wendete Dean sich an die Medical Protection Society, eine Organisation, die medizinischem Fachpersonal Rat und Schutz in rechtlichen und ethischen Fragen bietet. »Ich dachte, dort könnte man mir helfen, aber man sagte mir bloß, dass alles sehr schwierig sei.«

Seine nächste Anlaufstation war die British Medical Association, die Gewerkschaft für Ärztinnen und Ärzte in Großbritannien. Die Ethik-Abteilung lehnte es ab, unverzüglich Rat zu bieten. »Man sagte mir, sie müssten darüber nachdenken.«

»Inzwischen war ich zutiefst beunruhigt«, sagte Dean.

Nachdem er bis jetzt kein Glück gehabt hatte, beschloss er, sich an die höchste Ebene zu wenden, den General Medical Council (GMC), die Körperschaft, die das ethische Verhalten für medizinisches Fachpersonal in ganz Großbritannien regelt. Der Rat schlug vor, er solle an Jack Straw schreiben. »Schicken Sie einen Brief an uns, wir leiten ihn an ihn weiter.«

Also schrieb Peter Dean, ein Mediziner mit jahrzehntelanger forensischer Erfahrung, der sich 15 Monate um Pinochet gekümmert hatte, an Straw. Es gebe keine medizinische Grundlage für den Schluss, dass Pinochet nicht an Madrid ausgeliefert werden könne, schrieb er. »Ich hatte keinen Zweifel, dass er verhandlungsfähig war.«

Er schickte den Brief an den GMC. Er erhielt keine Rückmeldung von Straw, der mir sagte, er habe keine Erinnerung an den

Brief oder Dean. Doch kurz nachdem er geschrieben hatte, erhielt Dean, wie er mir erzählte, einen Anruf von Liam Donaldson, dem Chief Medical Officer. »Er muss meine Nummer von der Polizei bekommen haben und war dabei, Erkundigungen einzuziehen«, sagte Dean. Er legte Donaldson dar, was er dachte: dass Pinochet im Grunde nichts fehle. »Am nächsten Morgen erhielt ich einen Anruf von einem Polizeibeamten bei Scotland Yard. Er sagte mir, ich sei raus aus dem Fall Pinochet.«

Ob Straw seinen Brief gesehen habe?

»Aus der Tatsache, dass ich den Anruf vom Chief Medical Officer erhielt, war für mich offensichtlich, dass Straw von dem Brief gewusst haben muss.«

## 113

Baltasar Garzón, der belgische Richter und mehrere andere schickten Stellungnahmen zu den Arztberichten ans Innenministerium. Diese trafen am 22. Februar ein, das Ärzteteam um Grimley Evans sah sie durch und hielt an seinen Schlussfolgerungen fest. Sir Liam Donaldson sagte Straw, er sei beeindruckt von der Zurückweisung der Kritiken. Eine »vernünftige und konsequente Vorgehensweise«, verkündete er, »gestützt durch klinische Befunde«. Straw verkündete Donaldsons Ansichten bezüglich der »Kompetenz, Integrität und Unabhängigkeit« der Schlussfolgerungen von Grimley Evans. Kein Wort über Peter Deans Einmischung.

Straw prüfte die Stellungnahmen, und am Freitag, dem 2. März, gab er im britischen Unterhaus eine Erklärung ab.[127] Der Fall Pinochet sei »ohne Präzedenz«, was von ihm und den Gerichten verlange, »unerforschte Gewässer« zu durchqueren. Er stimmte den Berichten von Grimley Evans und Wyke zu und wies die Stellungnahmen von anderen zurück. Pinochet sei verhandlungsunfähig, und weitere Verfahren gegen ihn würden seine Rechte nach Artikel 6 der Europäischen Menschenrechtskonvention verletzen, das Recht auf einen fairen Prozess.

Juristischem Rat folgend, verwarf er den Gedanken, dass es an Spanien sei, über Pinochets Verhandlungsfähigkeit zu befinden. Jedenfalls hätten die spanischen Behörden bestätigt, dass ihre Maßstäbe den von ihm angelegten ähnelten. Angesichts der Tatsache, dass eine Verbesserung von Pinochets Gesundheitszustand nicht zu erwarten sei, habe es »aus Sicht der Justiz keinen Zweck«, das Auslieferungsverfahren fortzusetzen.

Straw sagte, er habe mehr als 70000 Briefe und E-Mails aus der Öffentlichkeit bekommen, aus der ganzen Welt. Die überwältigende Mehrheit dränge ihn, Pinochet auszuliefern. Er sei dem Weltrechtsprinzip für internationale Straftaten zugetan, versicherte er, und sei sich »des Gefühls des Unrechts sehr bewusst«, welches Pinochets Opfer und ihre Familien empfänden. »Letztendlich«, schloss er, »war ein Strafprozess wegen der Vorwürfe gegen Senator Pinochet, wie wünschenswert auch immer, schlichtweg nicht mehr möglich.« Das sah der Anwalt von Amnesty anders. »Eine unbegreifliche Rechtsauskunft und gewiss falsch. Pinochet hätte nach Spanien geschickt werden müssen.«[128]

Straw wollte die Situation gerne positiv darstellen. Pinochet sei 17 Monate inhaftiert gewesen. Dies habe ein Signal ausgesandt, dass »diejenigen, die in einem Land Menschenrechtsverstöße begehen, nicht davon ausgehen können, dass sie anderswo sicher sind«.

Nichtsdestotrotz nahm er hin, dass Pinochet »wahrscheinlich nirgendwo vor Gericht gestellt« würde.

# TEIL V

# STRAFLOSIGKEIT

*»Es ist nicht zu leugnen, dass dieser Mann etwas von Lieferwagen versteht.«*
Pablo Neruda, 2. Juli 1965

## Der Deal

### 114

Als Jack Straw bekanntgab, dass Pinochet nach Chile zurückkehren würde, machten Gerüchte über einen Deal zwischen Großbritannien, Chile und Spanien die Runde.[1] Es gab Andeutungen über diplomatische Gespräche und Telefonate zwischen Großbritanniens Premierminister Blair und Chiles Staatspräsident Frei.

Eine Zeitung meldete, Blair habe zu Frei gesagt: »Unsere Gesetzgebung erwägt eine humanitäre Ausnahme«, und damit einen Ausweg aus dem Problem Pinochet aufgezeigt. »Streng vertraulich«, habe Blair nachdrücklich betont, da jede öffentliche Aufmerksamkeit die Dinge »schwieriger machen« würde und »schwer handhabbar« wäre.[2] Freis Sohn sollte später berichten, dass sein Vater Pinochet zu Hause haben wollte, wenn der Präsident im März 2000 aus dem Amt schied.[3]

Fast ein Vierteljahrhundert später, im Jahr 2024, blühten die Spekulationen über einen Deal, aber wie bei den Gerüchten über Rauffs Verstrickung in die Machenschaften der DINA und von Contreras gab es keine stichhaltigen Beweise.

Pinochet habe Straw »reingelegt«, indem er ihn glauben machte, er hätte Alzheimer, sagte Lord Hoffmann einer Interviewerin.[4] Mit dieser Ansicht stand er nicht allein.

Jean Pateras meinte, dass irgendetwas passiert sein müsse. Davon war auch James Cameron überzeugt, obwohl er keine belastbaren Informationen hatte. »Als einer von Pinochets Anwälten sage ich, genau so haben wir das verstanden«, sagte er mir.

Michael Caplan legte sich nicht fest. »Ich habe Gerüchte gehört, im Hintergrund, dass das Gesundheitsproblem zwischen den Behörden zur Sprache kam.« Doch, war ihm wichtig zu betonen, »falls es irgendwelche Diskussionen gab, war ich nie beteiligt und wusste nie davon«.

Miguel Schweitzer, Pinochets wichtigster chilenischer Anwalt, wich aus, blickte einen fragend an und runzelte die Stirn. »Wir wussten, es gab Gespräche, wahrscheinlich viele, aber nein, Hernán Felipe Errázuriz und ich als die Bevollmächtigten Pinochets hatten nie irgendetwas damit zu tun.« Auf Nachfrage bestätigte er jedoch, den Kontakt zu einem chilenischen Arzt erleichtert zu haben. »Wer genauer Bescheid weiß, ist Hernán Felipe, sprechen Sie mit ihm«, schlug er vor. Errázuriz machte auf seine reizendste diplomatische Art klar, dass er nicht den Wunsch hatte, das Thema anzusprechen.

»Es gab keinen Deal mit meiner Beteiligung, ganz und gar nicht«, versicherte Jack Straw mir entschieden und behauptete beharrlich, dass er ferngehalten worden wäre. »Man hielt mich da raus, weil ich verdächtig war und Pinochet in ein Flugzeug nach Spanien kriegen wollte.« Doch Cameron und ich verspürten eine Diskrepanz zwischen dem, was Straw sagte, und dem Eindruck, den er vermittelte. Er sah uns an, blinzelte, dann sagte er: »Ich glaube, Nummer 10 war beteiligt.« Pause. »Jonathan Powell.« Der Name fiel aus heiterem Himmel, er war nicht erwähnt worden. »Tony fand das alles beschämend …«

Wenn es also einen Deal gab, wer steckte dahinter?

»Offenbar die chilenische Regierung«, sagte Straw. Pause. »Leute in der britischen Regierung? Jonathan Powell. Wir müssen das loswerden, es sind noch andere Interessen im Spiel.« Die britischen Geheimdienste wollten Pinochet weghaben. »Sie ritten dauernd darauf herum, wie wichtig Chile bei den Falklandinseln gewesen sei.«

Gab es einen Deal?

»Ja«, sagte Straw. Kein Zögern, aber dann eine kleine Korrektur. »Es ist schwer zu sagen.«

Auf der spanischen Seite gingen alle Beteiligten von einem Deal aus. »Natürlich«, meinte Juan Garcés, es gebe keine andere Möglichkeit, um das Geschehene zu erklären. Baltasar Garzón pflichtete bei. »Es wurde mir von Abel Matutes, Spaniens Außenminister, bestätigt«, sagte er. »Matutes sagte, die diplomatische Lage sei angespannt, das Vereinigte Königreich und Spanien seien sich einig.« Aznars Regierung erhob keine Einwände.

Carlos Castresana, der spanische Staatsanwalt, der das rechtliche Verfahren eröffnete, stimmte zu und erzählte mir von einer Unterhaltung mit einem chilenischen General auf einem Flug nach einem Seminar in der Schweiz. »Ich sagte zu dem General, ich wüsste von einer politischen Übereinkunft zwischen Spanien, Chile und Großbritannien, Pinochet die Rückkehr zu ermöglichen.« Er hoffte, eine Bestätigung zu provozieren, und er bekam sie. Er fügte hinzu: »Der General sagte: ›Stimmt nicht. Nur zwischen Chile und Großbritannien. Und ich weiß alles darüber, ich war dabei.‹«

## 115

Carlos Castresana machte mich mit Javier Urbina bekannt, dem chilenischen General, der während der gesamten Zeit, die Pinochet in London war, eng mit General Ricardo Izurieta, dem Oberbefehlshaber der chilenischen Armee, zusammenarbeitete. General Urbina und ich sprachen am Telefon miteinander, dann trafen wir uns in Santiago. Als ich andeutete, es könnte ein Quidproquo, eine auf Gegenleistung beruhende Vereinbarung gegeben haben – keine Auslieferung aus Gründen der Gesundheit, der Rückkehr, des Verlusts der Immunität, eines Gerichtsverfahrens in Chile –, sagte er einfach: »Ja, das stimmt.« Dennoch meinte er, die medizinischen Fragen seien »nicht gänzlich aus der Luft gegriffen« gewesen, ein Punkt, der von Jonathan Sumption betont wurde, der Straw in englischem Recht beriet. »Die Arztberichte waren eindeutig.«

General Urbina fasste die Perspektive der Armee zusammen. Pinochet habe den Rat ignoriert, nicht nach London zu reisen. Als der frühere Präsident verhaftet wurde, sei General Izurieta unter »erheblichen Druck« geraten, seine Freilassung zu erreichen, und habe eng mit Frei zusammengearbeitet, zu dem er ein recht gutes Verhältnis hatte, dem es aber Sorge bereitete, wie die Armee reagieren würde. Ein wichtiges Diskussionsforum sei der *Consejo de Seguridad Nacional de Chile* gewesen, der Nationale Sicherheitsrat von Chile, dem Izurieta angehörte.[5] Dort wurde, Urbina zufolge, im Juni 1999 das Gesundheitsproblem als möglicher Ausweg lanciert, als Frei Izurieta versicherte, er würde »das klären, durch eine Vereinbarung mit den Briten«. Etwa um diese Zeit vermeldete eine chilenische Zeitung ein Problem mit Pinochets Gesundheit.[6]

»Es war im Juni, als das Gesundheitsproblem der Katalysator für einen Ausweg wurde«, erinnerte sich Urbina. Izurieta reiste nach Europa, voll auf der Linie von Freis Vereinbarung. In London traf er sich, unterstützt von General Juan Carlos Salgado, mit Pinochet und seinen Beratern sowie jemandem, von dem es hieß, er gehöre zum innersten Kreis der britischen Regierung. *El Mercurio,* die Pinochet-freundliche Zeitung, vermeldete den Besuch, der die Bemühungen des Militärs erkennen lasse, in Zusammenarbeit mit der Regierung Frei eine Rückkehr zu erreichen.[7]

Laut Urbina hatte Izurieta gute Beziehungen zu chilenischen Richtern, als Verbrechen aus der Ära Pinochet allmählich die Gerichte erreichten, wo sie auf die Mauer des Amnestiegesetzes von 1978 stießen. »Und ich hatte ein solides Verhältnis zu Miguel Schweitzer, damals«, sagte Urbina, was dem widersprach, was Schweitzer mir erzählt hatte. »Hernán und Miguel wussten genau, was gespielt wurde.« Nach Urbinas Darstellung wurde Pinochet umfassend auf dem Laufenden gehalten, wobei General Salgado als Mittelsmann fungierte (er hatte als Chiles Militärattaché in London gedient und stand Errázuriz nahe). Salgado traf sich auch mit Pinochets Anwälten in Spanien.[8]

Die Streitkräfte Chiles seien »flexibel«, was die Bedingungen einer jeglichen Vereinbarung betreffe, erklärte Urbina. »Sie erhoben keine Einwände gegen den Verlust von Pinochets Immunität, falls er nach Chile zurückkehrte, und General Izurieta sprach mit vielen Leuten, auch mit dem Präsidenten des Obersten Gerichtshofs, um sicherzustellen, dass es keine Probleme gäbe.«

»Keine Probleme.« Bedeutete das »keine Immunität«?

Ohne die Frage zu beantworten, sagte Urbina: »Genau wie Frei.«

Genau wie Frei was? Sprach der auch mit dem Präsidenten des Obersten Gerichtshofs?

Urbina nickte. Damals war der Präsident des Gerichts Roberto Dávila Díaz, der zu Beginn des Kalenderjahrs leidenschaftlich für Pinochets Rückkehr plädiert hatte.

José Miguel Insulza, der im Juni 1999 vom Posten des Außenministers auf den des Generalsekretärs der Regierung Frei wechselte, bestätigte den zeitlichen Ablauf. »Es war im Juni, als Präsident Frei einen neuen Versuch startete und direkt mit dem Büro des britischen Premierministers verhandelte.«

Insulza verhandelte nicht selbst mit den Briten, aber er sah Präsident Frei jeden Tag, so dass er »wusste, was [hinter den Kulissen] vorging«. Die Federführung übernahmen Außenminister Juan Gabriel Valdés, der eng mit Izurieta zusammenarbeitete, und der Innenminister, Raúl Troncoso. Der Wortführer war Cristián Toloza.

»Toloza war zuverlässig, er war derjenige, der nach London ging, in Tony Blairs Büro, um mit Jonathan Powell zu sprechen«, erzählte mir Insulza. Die Besprechungen über Pinochet waren höchst geheim und unterlagen strenger Kontrolle. Sie fanden in einem kleinen Büro neben dem Büro des Präsidenten im Moneda-Palast statt. Mit »direktem Zugang« von einer Tiefgarage aus.

Ließen die Briten sich das Gesundheitsargument einfallen?

»Ja, aber es wurde von der chilenischen Seite sofort akzeptiert«, sagte Insulza. »Ich glaube nicht, dass irgendein britischer Psychiater oder Arzt ihn untersucht hatte.« Das Verfahren wurde in zwei Etappen durchgeführt: Ein Arzt wurde von Pinochet beauftragt, anschließend gab es einen Bericht von unabhängigen Ärzten. »Darauf einigte man sich recht frühzeitig.«

Und Spanien?

»Ich glaube nicht, dass die Spanier in irgendeiner Weise involviert waren.«

Die Kommunikation zwischen der britischen und der chilenischen Regierung erfolgte auf den höchsten Ebenen, sie begann mit einem Gespräch zwischen den beiden Führern. »Mr. Blair rief Präsident Frei an«, sagte Insulza. Blairs Erinnerungen erwähnte weder dies noch Pinochet oder Chile.[9]

Die hochrangigen Kontakte begannen Mitte des Jahres 1999. »Toloza machte den Deal und reiste erstmals um den Juli herum nach London. Spätestens im September oder Oktober kam Bewegung in die Angelegenheit, aber ich war nicht groß involviert«, erinnerte sich Insulza. Er dachte, ein Deal würde die Wahl eines Mitte-Links-Kandidaten als Nachfolger von Frei begünstigen (der laut Verfassung nicht mehr antreten durfte), so dass »Pinochets Rückkehr politischer Wert« zukam.

Um sich in Chile vor Gericht zu verantworten?

Insulza nickte.

Gab es ein *Quidproquo*?

»Na ja, ich hoffe doch«, sagte Insulza mit einem Lächeln. »Es wurde gemutmaßt, dass Pinochet irgendwie vor Gericht gestellt würde, wenn er nach Chile käme.« Als ich ihn bedrängte, hielt Insulza kaum dagegen, obwohl er seine Worte sorgfältig wählte.

Er und Frei besprachen Pinochets Schicksal, und das Büro des Präsidenten hatte informelle Kontakte zu Juan Guzmán, dem Ermittlungsrichter, der Pinochets Rolle in dem Fall der »Todeskarawane« untersuchte. »Zwischen uns bestand nie eine offizielle Beziehung«, sagte Insulza von Guzmán. »Mein Eindruck war, dass der Präsident, der wusste, dass er sehr formell war, eher mit jemandem am Obersten Gerichtshof sprach als mit Richter Guzmán.«

Mit jemandem am Obersten Gerichtshof? Der Präsident? Ich verstand Insulza so, dass er ein Gespräch zwischen dem Präsidenten und der Judikative über die Aufhebung von Pinochets Immunität bestätigte. »Vielleicht sprach Juan Gabriel [Guzmán] oder irgendjemand mit anderen Richtern«, sagte er, »darüber, was passieren würde, wenn Pinochet zurück nach Chile kam.«

Würde die Zusammensetzung des Obersten Gerichtshofs verändert werden, um die Immunität für Pinochet aufzuheben?

»Ich weiß es nicht«, sagte Insulza. »Ich nehme an, angesichts der Art und Weise, wie der chilenische Oberste Gerichtshof ernannt wird, ist es nicht so einfach, drei oder vier Richter auf einen Schlag auszutauschen. Es wurde gemutmaßt, dass es irgendeine Veränderung geben würde.«

Eine Veränderung am Gericht, um Pinochets Rückkehr durch Aufhebung seiner Immunität Rechnung zu tragen?

»Ich denke, was passierte, war, dass den Richtern, die einem Pinochet-Prozess positiver gegenüberstanden – nicht unbedingt die Mehrheit des Gerichts –, die Möglichkeit gegeben wurde, die Urteilssprüche zu verfassen.«

Als Insulza von Straws Entscheidung erfuhr, Pinochet die Rückkehr nach Chile zu ermöglichen, wurde da irgendetwas über einen Deal gesagt?

»Daran erinnere ich mich nicht, aber …« Er dachte über meine Frage nach, fuhr dann fort: »Ich dachte, es gäbe irgendeine Vereinbarung. Sie wurde als Entscheidung der britischen Regierung präsentiert, aber ich wusste von Tolozas Besuchen in London.«

## 116

Cristián Toloza war nicht leicht ausfindig zu machen. Während der Haft Pinochets tauchte sein Name kaum in Medienberichten auf, und er gab nie Interviews. Ein gemeinsamer Bekannter übernahm die Vorstellung, und wir trafen uns in Santiago. Mit Brille und grauem Haar, ordentlich gekleidet, ein gewinnendes Lächeln, freute er sich, über das Geschehene reden zu können. »Es wird Zeit«, sagte er. Er arbeitete jetzt im Außenministerium und machte keinen Versuch, seine Verachtung für Pinochet zu verhehlen.

Damals, im Jahr 1999, war Toloza Präsident Freis Redenschreiber und Wirtschaftsberater, ein Mitglied des Kernteams, das mit Pinochets Verhaftung und Plänen, ihn nach Hause zu bringen, befasst war. »Wir trafen Vorkehrungen als Teil einer informellen Gruppe, die vom Innenminister, Raúl Troncoso, geleitet wurde, zusammen mit dem Außenminister und Insulza, dem Generalsekretär der Regierung.«[10] Es sei »eine echte Krise« gewesen, wie die im Jahr 1995, als der Oberste Gerichtshof Manuel Contreras und seinen Stellvertreter in der DINA, Pedro Espinoza, wegen der Ermordung von Orlando Letelier im Jahr 1976 ins Gefängnis schickte. Frei habe Sorge gehabt, dass Pinochets Verhaftung zu Gewalt und Toten und vielleicht sogar zu einer Machtübernahme durch die Armee führen könnte. »Izurieta war sich im Klaren über die Situation, ein Ehrenmann, ein glücklicher Realist, ausgeglichen«, erinnerte sich Toloza. Und ja, Javier Urbina sei stark involviert gewesen.

Toloza übernahm die Führung, weil er zuverlässig war und Großbritannien kannte. Er war ausgebildet in klinischer Psychologie und lebte in den 1990er Jahren in Exeter, wo er ein Promotionsstudium in Psychologie absolvierte (Thema seiner Doktorarbeit war die Wandelbarkeit politischer Einstellungen im Allgemeinen und in Chile). »Ich hatte ein Gespür dafür, wie die

Briten tickten«, sagte er. In Großbritannien habe er gelernt, was es heißt, »selbst zu denken«, und dies habe ihm geholfen, Londons Vorgehensweise zu verstehen, so dass er Ideen für die beste Lösung ausloten und sie in die Ansichten Santiagos einfließen lassen konnte.

»Meine Ausbildung vermittelte mir ein Verständnis des Unbewussten, der Notwendigkeit, alle Aspekte einer Situation zu berücksichtigen einschließlich des Instinkts.« Toloza entwickelte eine dreistufige Strategie, um die britische Regierung auf seine Seite zu ziehen. »Wir agierten vollkommen unabhängig von Pinochets Anwälten, und ich habe Schweitzer oder Errázuriz oder Blair, Cook oder Straw niemals getroffen. Ich hatte nur mit Jonathan Powell zu tun, Blairs Stabschef.« Jack Straw bestätigte, dass er Toloza niemals begegnet sei, und sagte, er habe seinen Namen noch nie gehört.

Der erste Schritt erfolgte auf die Verhaftung, als Blairs Regierung sich Pinochets Anwesenheit politisch zunutze machte. »Wir wussten, dass sie anfangs wie ein *cerdito en el barro* wären, ein Schweinchen im Schlamm, sprich: sie würden die Situation auskosten«, sagte Toloza, »aber sobald sie auf Schwierigkeiten stießen, würde sich das ändern.« Pinochets Anwesenheit habe den Briten ermöglicht, Ideen über richterliche Unabhängigkeit und das Rechtsstaatsprinzip und über Robin Cooks »ethische Außenpolitik« zu propagieren.

»Wir konnten auf den Moment warten, wo Pinochet zum Problem wurde, und das geschah mit der Hoffmann-Episode, einer echten Peinlichkeit«, fuhr Toloza fort. Die »Abwarten-und-Teetrinken«-Phase endete im April 1999 mit dem dritten Urteil des House of Lords und Jack Straws zweiter Authority to Proceed. Das war der Moment, wo Blair die Gesundheitsoption bei Frei zur Sprache brachte.

Der nächste Schritt war die Phase, wo »Druck angewendet« wurde. »Ich reiste nach London, um die britische Seite vor den kommenden Gefahren zu warnen«, sagte Toloza. Das erste Treffen mit Jonathan Powell sei rein informativ gewesen, um Vertrauen aufzubauen, und es sei gut verlaufen. Als ich selbst ihn Jahre später traf, hatte Powell zunächst nur eine vage Erinnerung an die Pinochet-Geschichte. »Ich habe so das Gefühl, dass die Verhaftung schockierend war, und ich erinnere mich, dass ein junger Mann mich aufsuchte«, sagte Powell. Das war Toloza. Später erinnerte Powell sich mit Hilfe seiner Tagebücher (er schrieb gerade ein Buch über den Irak, wie er mir erklärte, so dass es kein Problem war, den fraglichen Zeitraum zu überprüfen) an die erste Begegnung mit »einem jungen Burschen«. Es war am 2. Juni. »Das Ergebnis ist mir nicht peinlich«, sagte Powell, »ich weiß bloß nicht mehr, wie wir dahin kamen!«

»Das Tagebuch sagt, mein chilenischer Kollege suchte mich auf, um uns zu bitten, Pinochet freizulassen«, meinte Powell. »Ich legte im Detail dar, was wir von Rechts wegen tun konnten und was nicht, vermutlich auf der Basis einer Kurzanweisung, also muss ich das Treffen wohl erwartet haben.«

Zwei Tage späte notierte Powell: »Ich sehe ihn wieder.« Behutsam wurden die Details einer Abmachung herausgekitzelt: Die Briten waren offen für eine Lösung, aber gebunden an englisches Recht und durch die politische Notwendigkeit zu gewährleisten, dass Pinochet sich, falls er nach Chile zurückkehrte, dort der Justiz stellen würde. »Toloza sagte, sie wollten in Chile ein rechtliches Verfahren eröffnen, und ich legte dar, was wir von ihnen brauchten«, sagte Powell: eine Aufhebung von Pinochets Immunität, gefolgt von strafrechtlicher Verfolgung in Chile.

Für Toloza bot das zweite Treffen ein »Libretto«, etwas, um die Dinge voranzutreiben. Troncoso hatte das Team angewiesen, »alles in seiner Macht Stehende zu tun, um die Briten zu überzeugen, Pinochet freizulassen«, weil er vor der zweiten Runde der chilenischen Präsidentschaftswahl eine klare Zusage wollte. »In diesem Stadium hing ich mit einer klaren Strategie in die

10 Downing Street, um Angst und Sorge im Kopf von Jonathan Powell zu erzeugen«, sagte Toloza. »Ich kam mit einem Stück politischer Fiktion.«

»Wir sind in Sorge, dass Pinochet in Großbritannien sterben könnte«, sagte er Powell. »Er ist alt, ein Mann des Militärs, stolz, aber besiegt, für sein Land ein Verbannter.« Sollte er in Großbritannien sterben, warnte Toloza, »werden Sie aus ihm einen Märtyrer und Heiligen machen. Ist es das, was Sie wollen?« Die Möglichkeit eines Mordanschlags schwebe nach wie vor in der Luft, und Pinochets Tod würde eine »hysterische« Reaktion der chilenischen Armee auslösen. »Eines ist sicher: Sollte er in London sterben, wird es Tote geben. Valdés, der Außenminister, und Lagos, der Präsidentschaftskandidat, werden umgebracht werden.« Er erläuterte, dass dem Attentatsversuch auf Pinochet im September 1986 Gewalt und Morde folgten. Sollte Pinochet in London sterben, könnte eine heikle politische Situation implodieren. »Sie riskieren, eine fragile Demokratie zu schwächen – ist es das, was Sie wollen?«

Powell hörte aufmerksam zu, sagte wenig, machte sich Notizen. Seine Erinnerung an das Treffen erstreckte sich nicht auf die Details. Präsident Frei stieß nach mit einem Brief an Tony Blair, in dem er die Argumente bekräftigte und damit einen Papiernachweis schuf, damit hinterher niemand sagen konnte, seine Regierung habe es versäumt, alles in ihrer Macht Stehende zu tun. »Falls Tony mit Frei sprach, müsste es ein Gesprächsnotiz in der Nr.-10-Akte geben«, merkte Powell an. Ich wies darauf hin, dass Blair in seinen Erinnerungen weder Pinochet noch Chile erwähne, mit keinem Wort.

Dies war der Hintergrund, der die Hinwendung zu Pinochets Gesundheitszustand erzwang. »Ich glaube, die Briten brachten die medizinischen Fragen aufs Tapet«, erinnerte sich Toloza. »Sie hatten die Rechtsauskunft, dass das Auslieferungsverfahren aufgrund eines Gesundheitsproblems beendet werden könnte.« Ein solcher Ratschlag dürfte von Straws Berater Jonathan Sumption gekommen sein, deutete ich an. »Ich weiß, wer Sumption ist«, sagte Powell, »erinnere mich aber nicht, zum damaligen Zeitpunkt mit ihm gesprochen zu haben, und ich habe keinerlei Erinnerung daran, ihn jemals getroffen zu haben.«

Eine Verknüpfung wurde diskutiert: Ein Gesundheitsproblem würde die Auslieferung stoppen, Pinochet die Rückkehr nach Chile ermöglichen, und sobald er zurück wäre, würde er seine Immunität verlieren, Ermittlungen gegen ihn würden eingeleitet, und er würde strafrechtlich belangt. War das also die Abmachung?

»Natürlich«, hatte Toloza geantwortet.

Der dritte Schritt wurde im September 1999 eingeleitet, als Toloza sich in 10 Downing Street noch einmal mit Powell traf. »Es war am 20. September«, bestätigte Powell. »Er kommt zurück, was den Druck auf ihr Vorgehen erhöhte.« Beide Seiten hofften, diese letzte Phase würde zu einem Deal führen, aber ein ernsthaftes Hindernis blieb: Die Briten brauchten die Bestätigung, dass die chilenischen Gerichte Pinochets Immunität aufheben würden. Dafür brachte Toloza ein Stück Papier mit nach London, eines, das bis auf den heutigen Tag geheim und nicht zugänglich ist. »Das ist höchst geheim«, schärfte Raúl Troncoso, der Innenminister, Toloza ein.

»Ich reiste mit der Kopie eines internen Schriftstücks der chilenischen Armee nach London«, sagte Toloza, »der persönlichen Genehmigung der Operation ›Todeskarawane‹ durch Pinochet in den Tagen unmittelbar nach dem Putsch, ein Dokument, das seine persönliche Unterschrift trägt.«

Das Dokument wurde, wie es aussah, von der Armee zur Verfügung gestellt. »Mit diesem Schriftstück haben wir den direkten Beweis für die Mittäterschaft Pinochets«, sagte Toloza zu Powell, »und eine Rechtsgrundlage, um ihn in Chile vor Gericht zu stellen.« Toloza sagte zu, dass die chilenische Regierung und das chilenische Militär den Gerichten nicht entgegenarbeiten würden, und der Schritt sei von Präsident Frei und General Izurieta abgesegnet. Powell erinnerte sich vage, dass man ihm ein Dokument übergab. »Es muss im Staatsarchiv sein«, sagte er. Wenn ja, dann konnte ich es nicht finden.

»Das Schriftstück war eine Fotokopie des Originals«, sagte Toloza. »Ich gab sie Powell zur weiteren Prüfung durch die Briten. Ich behielt keine persönliche Kopie, da sie mir von Raúl Troncoso ausdrücklich gegeben worden war, damit ich sie an meinen britischen Ansprechpartner weitergab. Unsere Botschaft lautete, dass dieses Dokument Teil eines rechtlichen Verfahrens war, das in Chile bereits im Gange war, es war ein geheimes Dokument, Teil eines laufenden gerichtlichen Verfahrens in einem speziellen Fall.« Dies war der Fall »Todeskarawane«, der von Ermittlungsrichter Juan Guzmán untersucht wurde.

Als »Geheimpapier«, erklärte Toloza, sei es »wahrscheinlich nur in den ›geheimen Kopienbüchern‹ vorhanden gewesen, die den Richtern in der Ära Pinochet ermöglichten, spezielle Akten zu ›bewältigen‹, die Rechtsanwälten und anderen an einem Fall Beteiligten nicht zugänglich waren.« Er wisse aus unmittelbarer Erfahrung, dass Dokumente existierten, die nicht öffentlich zugänglich waren, aber er wisse nicht, was damit nach dem Ende der Diktatur geschah.

Die Entscheidung über die Immunität obläge den chilenischen Gerichten, versicherte Toloza Powell, und gegen Pinochet seien bereits mehrere Klagen anhängig. »Die Regierung hat den Justizbehörden mitgeteilt, dass sie grünes Licht hätten, in jedem Fall gegen Pinochet gerichtlich vorzugehen«, fügte er hinzu, so dass die »britische Regierung Pinochet auf freien Fuß setzen und sicher sein könne, dass ihm in Chile der Prozess gemacht würde«. Dies war ein »Wendepunkt« in dem Gedankenaustausch: Der Verlust der Immunität wurde nicht »auf vage Versprechen gegründet, sondern auf empirische Fakten, um das Ansinnen zu unterstützen«.

Ich erkundigte mich nach dem Dokument.

»Da es geheim war«, sagte Toloza, »habe ich es nur ein einziges Mal im stillen Kämmerlein gelesen und sah es mir dann erneut an, als ich es Powell gab.«

Ob er sich entsinnen könne, was drin stand.

»Nach meinem Verständnis war klar, dass das Dokument den überzeugenden Beweis bot, dass Pinochet direkt in den Fall ›Todeskarawane‹ verwickelt war, und eine ausreichende Grundlage darstellte, um ihn in Chile vor Gericht zu stellen.« Das Dokument verlieh der Schlussfolgerung, dass Pinochet seine Immunität verlieren würde, »Kraft und Überzeugung«.

»Ich erinnere mich deutlich«, fuhr Toloza fort, »dass auf der ersten Seite am Rand ein schriftlicher Kommentar von Pinochet stand, so etwas wie *aprobado* (›genehmigt‹), und darunter seine persönliche Signatur. Es ist ein Usus, den man in Chile *una mosca* (›eine Fliege‹) nennt, wenn jemand seine Initialen auf ein amtliches Schriftstück setzt. Ich zeigte es Powell, der beeindruckt war.«

»Ich erinnere mich nicht an die Details, aber ich habe keinen Grund zu bezweifeln, dass es genauso passiert ist«, sagte Powell mir. »Es ist höchst glaubwürdig. Wie es aussieht, wollten wir wahrscheinlich, dass die Sache geregelt wird, und sie wollten sie regeln, und wahrscheinlich kamen sie mit einem Deal rüber.«

Die beiden Männer trafen sich ein viertes und letztes Mal am 18. Oktober, als der Deal in die Tat umgesetzt wurde. Straw hatte einen Brief von Chiles Botschafter in London, Pablo Cabrera, erhalten, sowie einen Hinweis von Sumption, der bestätigte, dass der Extradition Act Pinochet die Rückkehr ermögliche, sollte er verhandlungsunfähig sein.[11] Straw konsultierte Professor Liam Donaldson – »ein Freund meiner Frau« – und wies seine Mitarbeiter an, sich Pinochets Zustimmung zu einer unabhängigen ärztlichen Untersuchung zu beschaffen.

Ich erkundigte mich nach etwas anderem, das ich gehört hatte:

dass im Zuge der Kooperation zwischen der chilenischen Regierung und der Armee ein Dokument mit Anweisungen für Pinochet ausgearbeitet worden sei, wie er sich verhalten sollte, um seine Chancen auf eine Rückkehr nach Chile zu maximieren.

Toloza bestätigte, was ich aufgeschnappt hatte.

»Für General Izurieta wurde ein Bericht darüber ausgearbeitet, auf welche Weise Pinochet Depression vortäuschen sollte«, sagte er. Das Papier war etwa zehn Seiten lang und enthielt Empfehlungen für das »Auftreten« Pinochets: Er sollte Gedanken an Selbstmord und Gedächtnisstörungen wachrufen und Dinge sagen, die irrational oder absurd waren.

Wir sahen uns an, schweigend. Er schmunzelte.

Erreichte der Bericht Pinochet?

»Das nehme ich doch an! Izurieta reiste nach London und sah ihn dort.«

## London, März 2000

### 117

Nach seiner Entscheidung, dass eine Gerichtsverhandlung wegen der Vorwürfe gegen Pinochet nicht mehr möglich sei, unternahm Jack Straw Schritte, um jedwede Möglichkeit eines Rechtsbehelfs vor englischen Gerichten auszuschließen. Das Einzige, was blieb, war eine mögliche Klage vor einem internationalen Gericht.

Am Morgen von Straws Verlautbarung, am 2. März, gab der belgische Außenminister eine Pressekonferenz. »Nach Konsultation unserer Rechtsberater und unserer Anwälte in London«, erklärte Louis Michel, »bestätige ich, dass Belgien den Fall nicht vor den Internationalen Gerichtshof in Den Haag bringen wird.« Dies erfolgte auf Tony Blairs Intervention.

Wie Straw versuchte auch Michel, die Mitteilung positiv darzustellen. Die chilenische Regierung habe ihn gebeten, jegliches Belgien zugängliche Beweismaterial für von Pinochet begangene Verbrechen zur Verfügung zu stellen. Ihre eigenen Gerichte seien unabhängig, habe die chilenische Regierung ihm versichert, und vor dem Gesetz seien alle Chilenen gleich, Pinochet eingeschlossen. Mit der Bemerkung, dass der Präsident des chilenischen Obersten Gerichtshofs einige Tage zuvor erklärt habe, »die Bedingungen seien erfüllt, dass Chile über Senator Pinochet richtet«, schien Michel anzudeuten, dass das Verfahren gegen Pinochet in Chile folgen könnte. Niemand nahm den Hinweis richtig wahr.

Noch sei Pinochet nicht verantwortlich für seine grauenhaften Verbrechen, sagte Michel, aber das ehemals »undenkbare«

Prinzip, dass »ein Diktator sich nicht mehr außer Reichweite der Justiz befindet«, werde nun anerkannt.[12]

Die spanische Regierung, heilfroh, die ganze leidige Affäre los zu sein, blieb stumm.

## 118

Nach Verlautbarungen von Straw und Michel kam der Tag von Pinochets Rückkehr nach Chile. Es war der 2. März 2000, und 503 Tage waren vergangen, seit die Übersetzerin Jean Pateras Pinochet informiert hatte, dass er verhaftet sei.

Pateras traf sich früh an jenem Morgen mit Michael Caplan in dem Haus in Wentworth, um Pinochet an einen ungenannten Abreiseort zu begleiten.

»Es goss in Strömen, und er saß in seinem Rollstuhl«, erinnerte sie sich. »Der General war sehr aufgeregt und ganz freundlich.«

»War er *compos mentis,* geistig gesund?«, fragte ich Jean, als wir uns trafen.

»Absolut *compos mentis*, ja.« Es sei nicht viel zu tun oder zu übersetzen gewesen. »›Rein mit Ihnen‹, sagte ich, ›in diesen Wagen.‹«

Die Kolonne aus sechs Polizeifahrzeugen und zwei Motorrädern fuhr gegen zehn Uhr los. Niemandem in Pinochets Entourage wurde der Zielort genannt.

»Wir machten uns bis zur allerletzten Minute von General Pinochets Aufenthalt Sorgen wegen eines Attentatsversuchs«, sagte Errázuriz. »Also, es gab zusätzlichen Schutz, die Straßen waren gesperrt, ein Hubschrauber folgte, und die Maschine, die uns zurück nach Chile bringen sollte, wurde zwischen verschiedenen Flughäfen hin und her geleitet. Wir und die Crew erfuhren erst auf den letzten Drücker, zu welchem Flughafen es gehen würde.«

Während sie davonbrausten, klingelte Jean Pateras' Telefon.

Ich saß in einem Mannschaftswagen, es war Garzón, wütend. »Wo sind Sie?«, sagte er. »Ich weiß nicht, im Auto, er verlässt das Land.« »Was zum Teufel ist los? Jean, geben Sie mir …« Ich unterbrach ihn. »Ich bin bloß die Dolmetscherin, ich kann nichts tun, wir bringen ihn zum Flughafen.« »Ich kann es nicht glauben! Ich will diesen Drecksack in meinem Gerichtssaal!« Er rastete aus.

Inspektor Hewitt wies Jean Pateras an, den Anruf zu beenden und das Telefon auszuschalten.

> Später, als ich nach Hause kam, hatte ich einen Hagel von Nachrichten von Garzón. Ich sagte ihm: »Ich konnte nicht drangehen, sie sagten mir, ich solle mein Telefon ausschalten.« »Das ist skandalös!«, sagte er. Diese ganze Zeit, während wir rauffuhren, rief er immer wieder an, aber das Telefon war ausgeschaltet.

Der Wagen schlängelte sich um London herum, dann schwenkte er nach Norden ab. Der ursprüngliche Plan sah vor, nach Northolt zu fahren, einen Flughafen westlich der Stadt, knapp zehn Kilometer nördlich von Heathrow, aber in letzter Minute änderte die Kolonne die Richtung und fuhr nach Nordosten zu einem Militärflugplatz in der Nähe von Lincoln, knapp 250 Kilometer entfernt.

»Es war alles streng geheim«, erzählte Pateras, die Route wurde total geheim gehalten. Als die Kolonne über die A 1 fuhr, war Besorgnis die vorherrschende Stimmung.

»Irgendwann, während wir fuhren, sagte jemand: ›Scharfschütze! Scharfschütze auf einer Brücke!‹«, erinnerte sie sich. »Wir duckten uns alle. ›Schon gut, bloß ein Kameramann!‹«

Die Kolonne erreichte ohne Zwischenfall kurz vor 13 Uhr die RAF (Royal Air Force) Station Weddington. einen Militärflugplatz. Pateras erblickte die blaue Boeing 707, ein Flugzeug der chilenischen Luftwaffe:

Wir stiegen aus. Er saß in dem Rollstuhl, gab vor, nicht laufen zu können. Man befahl mir, nichts zu sagen. Wir konnten keine Kameras sehen, wurden aber informiert, dass sie überall waren. Sie hatten Sorge, dass die Medien von unseren Lippen ablesen würden. Er wurde in seinem Rollstuhl zu dem Flugzeug gerollt. Er sagte auf Wiedersehen. Ich sagte: »Auf Wiedersehen! Alles Gute!«

»Kommen Sie mit in die Küche«, sagte sie zu mir. »Ich will ihnen ein Foto zeigen.«

Es war gerahmt, an der Wand, in Farbe. Pinochet, lächelnd, mit rosigem Gesicht, engelsgleich, die Beine unter einer kuscheligen Decke, einen Gehstock in Reichweite. »Sehen Sie den alten Mistkerl? Er freute sich echt heimzukehren, lächelte, würde gleich in die Maschine steigen. Ich hatte mir die Haare schön machen lassen.« Pateras stand hinter ihm, einen Schal um den Kopf geschlungen, dicht bei Hernán Felipe Errázuriz, hoch gewachsen, mit Brille, aufmerksam und besorgt. »An den Rollstuhl gefesselt, trotzdem arrogant«, erinnerte sich Pateras.

Seine letzten Worte?

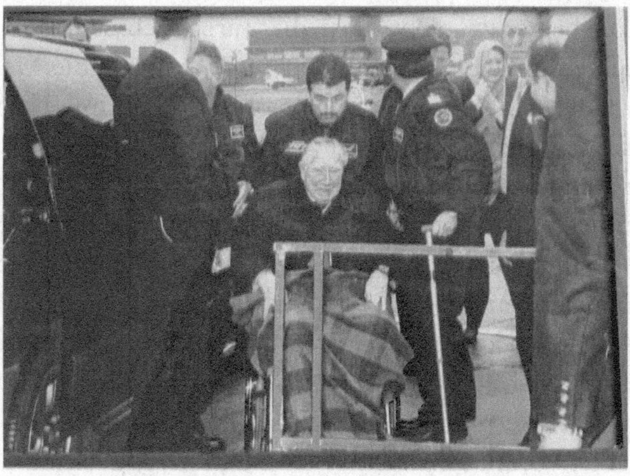

»*Adios y muchas gracias*. Auf Wiedersehen und vielen Dank.« Mit einer Hubbühne ging's nach oben, dann wurde er ins Flugzeug gerollt. Michael Caplan, sein Rechtsberater, folgte ein wenig später.

Pateras erinnerte sich mit einem gewissen Ernst an jenen Vormittag, kicherte aber bei der Erwähnung von Caplans Namen, erzählte Caplan mir später. »Ich war ziemlich angespannt«, sagte er, weil er sich Sorgen machte wegen eines Antrags bei Gericht in letzter Minute, um den Start des Flugzeugs zu verhindern. »Ein Richter am High Court war verfügbar gemacht worden, um irgendeinen Rechtsbehelf zu verhandeln, ich hielt es daher für richtig, bei dem General zu sein. Ich hatte die Schriftsätze in meinem Aktenkoffer, um mich mit solchen Vorgängen auseinanderzusetzen.« Pinochet war stoisch und zeigte auf der Fahrt oder als sie ankamen kaum eine Regung.

»Margaret Thatcher gab mir ein Geschenk für ihn«, sagte Caplan, »aber erst im Flugzeug, sagte sie, wenn es abfliegt.« Caplan lehnte nicht ab. »Man sagt nicht Nein zu einer früheren Premierministerin!« Weil er Angst hatte, es zu vergessen, band er das sperrige Geschenk außen an seinem Aktenkoffer fest. »Ich ging in die Passagierkabine, um es ihm zu geben, er war sehr höflich.«

Caplan bemerkte nicht, dass die Türen sich schlossen. »Ich überreichte ihm das Geschenk, nicht gewahr, dass die Maschine bereits rollte, und sagte: »Das hier ist von Margaret Thatcher.« Es war eine Tafel, hatte irgendwas mit dem letzten Mal zu tun, wo wir die Spanier besiegten.«

»Das letzte, was er tat, war mir zu danken«, erinnerte sich Caplan, »ganz und gar ein Muster an absoluter Höflichkeit. Mrs. Pinochet war bei ihm, und jetzt waren sie ziemlich emotional.« Als die Polizisten bemerkten, dass Caplan an Bord war, stoppte das Flugzeug, die Türen öffneten sich, und er stieg aus.

Miguel Schweitzer, der ebenfalls in der Maschine war, beobachtete den Vorfall und lachte bei der Erinnerung daran:

Wir warteten und warteten, bei laufenden Triebwerken, aber wir flogen nicht ab. Mrs. Thatcher hatte ein Geschenk geschickt, aber Michael verspätete sich. Wir verbrachten 20 Minuten mit Warten, nervös, in Sorge, dass Rechtsbeschwerde eingelegt worden sein könnte. Zum Glück passierte das nicht, Michael kam, überreichte das Geschenk in förmlicher Weise Präsident Pinochet, der es nicht öffnete. Später zeigte er es uns. Es war etwas Wichtiges, nicht bloß irgendwas, aber ich weiß nicht mehr, was.

Eine Tafel, sagte ich ihm, die an die Niederlage der Spanischen Armada erinnerte, die 1588 zur Invasion Englands entsandt worden war. »Ein Zeichen persönlicher Wertschätzung wegen der großen Ungerechtigkeit seiner Inhaftierung«, sagte Thatcher, eine Tat, »die nie hätte geschehen dürfen«.[13] »Perfekt«, dachte Schweitzer, die Spanier hatten es verdient.

Um 13:10 Uhr hob das Flugzeug von britischem Boden ab, mit Pinochet und Lucía in einer abgeteilten Kabine. »Man richtete ihm eine Art Zimmer ein, mit einem Bett und ein paar Sesseln«, erzählte Schweitzer. »Während des Fluges schlief und ruhte er die meiste Zeit, wir hatten eigentlich nie ein Gespräch. Ich denke, er war immer noch schockiert, hatte noch nicht realisiert, dass er zurückkehrte.«

Der Flug dauerte länger als gewöhnlich, da Brasilien und Argentinien die Genehmigung zur Durchquerung ihres Luftraums verweigerten, so dass die Maschine auf der Insel Ascension auftanken musste. »Als der Pilot schließlich sagte, wir kämen jetzt in chilenisches Hoheitsgebiet, brach Freude aus«, erinnerte sich Schweitzer. »Jemand förderte eine Flasche Champagner zu Tage, die wir öffneten.«

Wie war die Ankunft?

»Grauenvoll«, blaffte Schweitzer scharf.

> Hernán Felipe und ich sprachen zwei- oder dreimal mit dem General und sagten, er müsse das Flugzeug in einem Rollstuhl verlassen, aber er wollte über die Treppe aussteigen. Wir sagten ihm: »Nein, das können Sie nicht tun.« Er erwiderte: »Wieso nicht?« »Stellen Sie sich vor, General Pinochet, Sie stürzen, alle warten dort auf Sie, und Sie stürzen, im Fernsehen? Sie sind in einem Rollstuhl ins Flugzeug gelangt, bitte verlassen Sie das Flugzeug auf die gleiche Weise«, sagten wir zu ihm. Es war schwierig, aber am Ende verstand er. Er sagte: »Okay.«

Es klappte nicht ganz so.

Das Flugzeug traf am Dienstag, dem 3. März, in Santiago ein, kurz vor elf Uhr vormittags Ortszeit. Pinochet schickte sich an, in dem Rollstuhl von Bord zu gehen, wie vereinbart. Eine Militärkapelle spielte »Erika«, ein während der Nazizeit von Wehrmacht und SS bevorzugtes deutsches Marschlied von 1938, dann »Lili Marleen«, Pinochets Lieblingsmelodie.[14] Den Gehstock zwischen seine Beine geklemmt, wurde er auf eine Hebebühne gerollt und dann langsam zu Boden gelassen. Der Rollstuhl wurde auf das Rollfeld geschoben, wo er stehen blieb. Pinochet, in dunklem Anzug und lila Krawatte, wurde aufgeholfen, er ging ein paar Schritte vorwärts, umarmte General Izurieta, dann lief er winkend und lächelnd zum Flughafengebäude. Die Kapelle spielte, Anhänger jubelten, Pinochet strahlte.

»Der alte Diktator, von dem es hieß, er sei nicht in der Lage, zu laufen oder Fragen zu beantworten, und geistig geschwächt, schien bei seiner Rückkehr gut in Form zu sein, *bon pied bon oeil*, wie er mit dem Gehstock in der Hand die Anhänger begrüßte, die ungeduldig warteten«, berichtete ein französischer Nachrichtensprecher.[15]

»Wir hatten vergessen, ihm zu sagen, dass er, sobald der Rollstuhl von der Rampe runter und auf dem Boden wäre, nicht aufstehen und loslaufen sollte«, sagte Schweitzer. Er war nicht überrascht, dass Pinochet so schnell laufen konnte. »Ich hatte ihn überall in Virginia Water herumlaufen sehen, im Haus, in der Gartenanlage«, und die Arztberichte waren, wie Schweitzer es ausdrückte, »einigermaßen umstritten«.

Zwei Jahrzehnte später sprach der Anwalt offener. »Eine Person, die ihn untersuchte, war sich, wie ich hörte, sicher, dass er kerngesund war!«, sagte Schweitzer, nicht geistig geschwächt. »Er wirkte wie ein alter Mann, nicht von Sinnen, aber ich war mir sicher, er konnte einen Prozess nicht durchhalten. Sein Erinnerungsvermögen, sein Urteilsvermögen. Für mich war es eine echte Tatsache, dass er einen Prozess nicht durchhalten konnte, aber das hieß nicht, dass er blöd war oder verrückt. Im Gegenteil, er war niemals verrückt. Er war normal.«

Eine echte Tatsache?

Schweitzer lächelte.

Auch bei anderen hinterließ dieser Moment, weltweit übertragen, einen starken Eindruck.

»Ich war so wütend«, sagte Jack Straw.

»Skandalös«, sagte James Vallance White

»Ich war echt stinksauer«, sagte Jean Pateras. »›Ihr da draußen könnt mich alle mal, seht her, was ich gemacht habe, ich bin zurück!‹«

»Widerlich«, sagte Garzón.

»Fürchterlich«, sagte José Miguel Insulza.

»Entsetzlich«, sagte Carmen Soria.

»Ich empfand Bestürzung und Wut und ein tiefes Gefühl der Straflosigkeit«, sagte Erika Hennings.

»Seine Krankheit sah nach einem Witz aus oder vielleicht einer politischen Absprache«, sagte María Isabel Allende.[16]

»Augusto Pinochet, der öffentlich verkündet, das Spiel gewonnen zu haben«, schrieb Juan Guzmán, der Ermittlungsrichter.

## 119

Seit zwei Jahren schon untersuchte Juan Guzmán die Rolle Pinochets bei der Ermordung und dem Verschwindenlassen von Chilenen. Der Rechtsfall nahm seinen Anfang, als Gladys Marín, Generalsekretärin der Kommunistischen Partei Chiles, im Januar 1998 eine Anzeige einreichte, in der sie Pinochet des Völkermordes und anderer internationaler Verbrechen in Bezug auf ihren verschwundenen Ehemann, Jorge Muñoz Poutays, bezichtigte. Ermittlungen für andere Täter waren im Gange, aber dies war die erste Klage gegen Pinochet. »Trübe«, vermeldete die *New York Times* über die seinerzeitigen Prozessaussichten.[17]

Richter Guzmáns Untersuchung trug ihm traurige Berühmtheit ein, aber langsam machte sie Fortschritte,[18] und einen Monat bevor Pinochet im August 1998 nach London reiste, hatte der chilenische Oberste Gerichtshof entschieden, dass das Amnestiegesetz nicht zwingend alle Klagen ausschließe, vor allem wenn sie schwerwiegende Menschenrechtsverletzungen zur Sprache brächten. Pinochets Verhaftung in London verschaffte der Ermittlung größere Bodenhaftung, pflegte Guzmán zu sagen. Als Pinochet nach Santiago zurückkehrte, war das Tabu gebrochen, er war nicht mehr unantastbar.

Binnen Stunden nach seiner Rückkehr forderten die Anwälte in dem Fall »Todeskarawane« das Berufungsgericht Santiago auf, das Verfahren gegen Pinochet zu eröffnen. Drei Tage später, am 6. März, forderte Guzmán die Richter dieses Gerichts auf zu entscheiden, dass Pinochet keine Immunität in Bezug auf bestimmte Akte »dauerhafter Sequestrierung« besitze: die Verschleppung, Inhaftierung und das Verschwindenlassen von 19 Menschen.

Drei Monate später entschied das Berufungsgericht mit knapper Mehrheit – 13 Richter waren dafür, neun dagegen –, dass Pinochet im Fall »Todeskarawane« keine Immunität besitze.[19] Die Entscheidung, die in ihrer Aufnahme und ihren unmittelbaren Konsequenzen dramatisch war, basierte auf »wohlbegründeten Verdachtsmomenten«, dass Pinochet persönlich in die Fälle von Verschwindenlassen verwickelt war. Die von María Isabel Allende vermutete »politische Absprache« – zwischen der chilenischen Regierung und der Judikative, zwischen Cristián Toloza und Jonathan Powell – trug Früchte.

Pinochet legte Rechtsmittel ein. Am 8. August 2000 bestätigte der Oberste Gerichtshof, dass er nach chilenischem Recht keine Immunität mehr besitze. Das Abstimmungsergebnis lautete 14 zu 6, eine klare Mehrheit. Das Gericht ging weiter als die Vorinstanz, indem es Pinochets Immunität in 57 Fällen von Mord aufhob, wo Leichen lokalisiert und identifiziert worden waren.[20] Die Entscheidung basierte auf Pinochets Rolle beim Vertuschen der Verbrechen anderer. Es war ein »überaus bedeutender Moment«, erinnerte sich Insulza. »Pinochets Unantastbarkeit war erschüttert.«

Das Urteil erwähnte weder irgendeine Absprache noch das Dokument, das Toloza Powell gab und das die Operation »Todeskarawane« genehmigte und von Pinochet persönlich unterzeichnet war. General Arellano Stark, der die Operation leitete, sagte den Richtern, er habe den von Pinochet unterzeichneten Befehl gesehen, aber weder er noch die Armee hätten eine Kopie davon.

Die Richter waren skeptisch. »Es ist überraschend und schwer zu verstehen, dass General Arellano nicht mal eine Kopie eines für ihn so wichtigen Dokuments aufbewahrt«, vermerkten sie, eines Dokuments, das ihm erlaubte, den ihm übertragenen Auftrag auszuführen. »Ebenso unklar ist, warum die Armee, wie er behauptet, nicht eine Kopie desselben Dokuments zurückbehält.«[21]

Das von Pinochet unterzeichnete Dokument existiert – irgendwo. Cristián Toloza hat es gesehen, Jonathan Powell ebenso. Das chilenische Volk und die Richter nicht.

Die Entscheidung des Obersten Gerichtshofs ebnete den Weg für den Schritt von der Untersuchung gegen Pinochet zu seiner Strafverfolgung. Sie hatte breitere Auswirkungen, als habe sich eine Tür geöffnet.[22] Die Klage gegen die Mörder der drei Männer in Porvenir, die kurz vor ihrem Tod von dem Lehrer Juan Torres Toro fotografiert wurden, erreichte den Obersten Gerichtshof. Dort plädierte Richter Nibaldo Segura für den Ansatz, den das Gericht im März 1963 in Rauffs Auslieferungsfall gewählt hatte, nämlich eine Verjährungsfrist anzusetzen. Er überzeugte die Mehrheit an dem Gericht nicht, das entschied, wo ein Verbrechen gegen die Menschlichkeit geschehen sei, entfalle die zeitliche Begrenzung.[23] Rauff war tot, sein Präzedenzfall auch.

Angesichts des Verlusts von Pinochets Immunität setzte Guzmán sich mit Garzón in Verbindung, um Aufzeichnungen zu vergleichen, bis der Oberste Gerichtshof den Chilenen anwies, den Kontakt mit seinem spanischen Amtskollegen zu meiden. »Wir fanden eine Umweglösung, zumindest einmal über einen Mittelsmann«, sagte Garzón. »Guzmán kam nach Spanien, und er und ich kommunizierten über Hernán Hormazábal, einen chilenischen Flüchtling, der in Girona Strafrecht lehrte.«

Ende des Jahres hatte Guzmán zwei Anklagen gegen Pinochet laufen: den Fall »Todeskarawane« und den Fall »Calle Conferencia«, der eine geheime Operation durch die Lautaro-Brigade der DINA zur Eliminierung der Führungsriege von Chiles Kommunistischer Partei umfasste. Guzmán hatte Sorge, dass der Oberste Gerichtshof, der sich während der Herrschaft Pinochets dermaßen mitschuldig gemacht hatte, beide Fälle einstellen würde.

Für den Schritt von der Untersuchung zur Anklage musste Guzmán Pinochet zu den mutmaßlichen Verbrechen befragen. Er verfuhr auf der Grundlage, dass die 75 schriftlichen Fragen, die er ein Jahr zuvor an London übermittelt hatte – und die zu beantworten Pinochet sich weigerte –, als die erforderliche Befragung behandelt werden könnten. Am Freitag, dem 1. Dezember 2000, klagte Guzmán Pinochet in dem Fall »Todeskarawane« wegen 58 Tötungsdelikten und 18 Fällen von Verschwindenlassen an. Dies war ein Novum.

Pinochet legte Berufung ein. Das Berufungsgericht hob die Anklage auf, da Guzmán Pinochet nicht ordnungsgemäß befragt habe. Die Richter gaben Guzmán 20 Tage, um den General ordnungsgemäß zu befragen und seine Verhandlungsfähigkeit einzuschätzen. Die Befragung wurde für den 2. Januar 2001 angesetzt, aber Pinochet erschien nicht – Zeitungen zeigten ihn, wie er sich zu Hause in luxuriöser Umgebung entspannte, was einen Aufschrei verursachte.

Miguel Schweitzer und Pinochets andere Anwälte rieten zu einem Richtungswechsel, und ein paar Tage danach wurde die ärztliche Untersuchung durchgeführt. Sie kam zu dem Ergebnis, dass Pinochet an »leichter bis mittelschwerer Demenz« leide, aber nicht so stark, dass sie die Befragung ausschließe, die am 24. Januar stattfand.

»Auf diesen Moment haben viele Menschen in Chile seit fast 30 Jahren gewartet«, schrieb Guzmán. Pinochet erschien vor ihm wie jeder andere, gegen den ermittelt wird. »Ich betrat den Saal, wo zwei der Anwälte des Generals, Miguel Schweitzer und Oberst Gustavo Collao, warteten.« Die Sofas und Sessel waren in einem Halbkreis aufgestellt, ganz so wie in Wentworth, als Inspektor Hewett Pinochet besuchte.

»Miguel Schweitzer zeigte sich besonders unterwürfig gegenüber dem General«, erinnerte sich Guzmán, »Herr Präsident dies, Herr Präsident das …« Die Atmosphäre war entspannt und familiär, bis Guzmán Schweitzer und Collao anwies, den Raum zu verlassen.

»Die Befragung war kurz, höchstens 30 Minuten. Ich stellte ein Dutzend Fragen. Ich bemerkte, dass Augusto Pinochet ein gutes Gedächtnis hatte und, trotz seines Alters, den Eindruck vermittelte, hellwach und geistig auf der Höhe zu sein.« Als Guzmán das vereinbarte Zeitlimit erreichte, kehrte Schweitzer zurück und flüsterte ein paar Worte: »Hören Sie, Juan, der General muss sehr müde sein, am besten, Sie belassen es dabei, nicht?«

In einem angrenzenden Zimmer arbeitete Guzmán seine Notizen aus. Die Tür blieb offen, was ihm ermöglichte, »eine kuriose Szene« zu beobachten. »Ich sah, wie der General sich aus seinem Sessel erhob und zum anderen Ende des Raumes ging. Er war ein wenig altersgebeugt, aber er ging schnell und mühelos.« Anscheinend in dem Glauben, außer Sicht zu sein, wirkte Pinochet ziemlich rüstig. »Wie schlecht beraten, dachte ich, wie unklug. Nach all den Warnungen und Behauptungen über seine angegriffene Gesundheit beobachtete ich das falsche Spiel.«

Es folgten Kaffee, Kekse und Smalltalk, und Pinochet lehnte höflich ein Angebot ab, Guzmáns Notizen durchzusehen. »Herr Richter, ich habe Vertrauen zu Ihnen, ich werde die Aussage unterschreiben, ohne sie zu lesen.« Ein Katz-und-Maus-Spiel, dachte Guzmán, eines, das mit dem theatralischen Moment am Flughafen begann.

Guzmán kam auf der Grundlage des Beweismaterials zu dem Schluss, dass Pinochet Verbrechen begangen hatte und gesund genug war, um sich vor Gericht zu verantworten. Am 29. Januar erhob er erneut Anklage und ordnete an, Pinochet in seinem Haus in Los Boldos unter Hausarrest zu stellen. Fünf Monate später stellte das Berufungsgericht trotz der eindeutig gegenteiligen Ansichten einiger chilenischer medizinischer Experten das Verfahren ein: Pinochets Gesundheit sei zu stark angegriffen.[24] Der Oberste Gerichtshof brauchte ein Jahr, um die Einstellung zu bestätigen.

Man schrieb jetzt das Jahr 2002, und Guzmán war sich sicher, dass er das Ende der Fahnenstange erreicht hatte. Pinochet war aus dem Schneider. Enttäuscht, wie andere vor ihm, fand Guzmán Trost in dem Gedanken, dass die vollständige Immunität für den General wenn schon nicht in der Praxis, so doch im Prinzip beendet war. [25] Keine Immunität, keine Straflosigkeit.

Auch Pinochet glaubte, das Strafverfahren gegen ihn sei vorüber, weshalb er als Senator zurücktrat. »Ich habe ein reines Gewissen«, schrieb er in seinem Rücktrittsschreiben.[26]

## 120

Das Leben ist niemals so, wie es scheint, und Pinochet und seine Berater schenkten den Folgen, die seine Verhaftung in London an anderen Orten hatte, nicht genug Aufmerksamkeit. Einer dieser anderen Orte war Washington, D. C.

Während Pinochet sich in London aufhielt, untersuchte der Justizausschuss des US-Senats Geldwäsche im US-Finanzdienstleistungssektor. Im Jahr 2003 nahm ein Unterausschuss die Riggs Bank unter die Lupe, bei der Manuel Contreras zufällig im Zusammenhang mit der Ermordung von Orlando Letelier Konten eröffnet hatte.[27]

Ein Jahr später fand der Unterausschuss heraus, dass auch Pinochet Konten bei der Bank eröffnet hatte. Genau genommen gab es mehrere Konten auf viele verschiedene Namen – Augusto P. Ugarte, José Pinochet, José Ugarte, Daniel López und so weiter –, eine Reprise seines Umgangs mit der juristischen Fakultät in Ecuador Jahrzehnte früher.[28] Der Unterausschuss ermittelte Einlagen von über 26 Millionen US-Dollar in bar auf seinen Namen, auf 125 verschiedenen US-Konten, so angelegt, dass eine genaue Prüfung unterlaufen wurde.[29]

Der Unterausschuss stellte außerdem fest, dass leitende Angestellte der Riggs Bank Pinochet geholfen hatten, Sanktionen und Restriktionen zu umgehen, darunter eine gerichtliche Verfügung, durch die Garzón seine Guthaben einfror.[30] Der Mittelsmann zwischen Pinochet und der Riggs Bank war kein anderer als General Izurieta, der in Washington gedient hatte, bevor er Pinochet als Oberbefehlshaber der Armee nachfolgte. Während er sich bemühte, Pinochet nach Hause zu bringen, traf Izurieta sich in Santiago mit Joseph Allbritton, dem Vorstand der Riggs Bank.

»Wo fange ich an, Ihnen zu danken?«, schrieb Allbritton an Izurieta. »Sie schmückten unsere Suite mit dem süßen Duft schöner Blumen und chilenischen Weins. Sie schenkten uns Ihre Zeit genau am Vorabend der Rückkehr des Generals.«[31]

Die Belege, auf die der US-Senat sich stützte, verursachten einen Aufschrei. In Chile wurden Ermittlungen eingeleitet, zu Anschuldigungen, dass Pinochet falsche Steuererklärungen eingereicht und sich an Betrug, Unterschlagung und Bestechung beteiligt habe.[32]

Weil er glaubte, unerreichbar zu sein für den Arm des Gesetzes, wählte Pinochet diesen Moment, um Canal 22, einem spanischsprachigen Fernsehsender in Miami, ein Interview zu geben.[33] Das war der November 2003, und die Interviewerin war María Elvira Salazar, eine virulent antikommunistische kubanischstämmige Amerikanerin (sie ist heute republikanische Kongressabgeordnete für Florida). Sie schätze Pinochet, sagte sie in einem fort, weil er verhindert habe, dass aus Chile ein zweites Kuba wurde.

Das Interview war ausführlich und wohlwollend. Ein entspannter und leutseliger Pinochet vermittelte den Eindruck, bei unverschämt guter Gesundheit zu sein, und wischte jede Behauptung des Gegenteils beiseite. Das Einzige, woran er leide, seien gelegentliche Kopfschmerzen, erzählte er Salazar, und die seien mit Medikamenten leicht in den Griff zu kriegen. Stolz sprach er über seine Gesundheit und seine bisherigen politischen Leistungen. Er sei kein Diktator gewesen, fuhr er fort, und jegliche »Exzesse« seien von Leuten außerhalb seines Einflusses verübt worden, wofür er keine Verantwortung trage.

»Ich habe niemanden ermordet, und ich gab keine Befehle, irgendjemanden zu ermorden.« Er hege weder Verbitterung noch Groll. »Ich bin ein Engel.«

Richter Guzmán sah sich das Interview mit einer Mischung aus Überraschung, Entsetzen und Vergnügen an, weil er erkannte, dass es ihm erlauben würde, die Akte Pinochet wieder zu öffnen. Während der US-Justizausschuss über Pinochet und die Riggs

Bank berichtete, leitete er eine neue Untersuchung zur Rolle des Generals bei der Operation Condor ein.

Im August 2004 entschied der chilenische Oberste Gerichtshof, dass Pinochet in dem Fall der Operation Condor – den Verbrechen, die von Carlos Castresana und Baltasar Garzón bei dem Verfahren angeführt wurden, welches die Verhaftung Pinochets in London zur Folge hatte – keine Immunität besitze. María Elvira Salazar gestand, es tue ihr furchtbar leid, dass ihr Interview Pinochet so viel Ärger und Kummer eingebracht habe. Er sei »wegen mir nun in neue juristische Probleme verwickelt«.[34] Das war um die Zeit, als der systematische Einsatz von Folter durch das Pinochet-Regime durch die chilenische *Comisión Nacional de Prisión Política y Tortura,* die sogenannte Valech-Kommission (nach ihrem Vorsitzenden Sergio Valech Aldunate) »zur Untersuchung der politischen Festnahmen und Folter«, bestätigt wurde.[35]

Was noch festgestellt werden musste, war Pinochets Verhandlungsfähigkeit. Fünf Jahre nachdem Jack Straw entschieden hatte, dass Pinochet in Spanien nicht vor Gericht gestellt werden könne, stand Richter Guzmán im prachtvollen Saal des Obersten Gerichtshofs in Santiago und verkündete die Entscheidung des Gerichts in seinem letzten Antrag: Pinochet sei »geistig in der Lage, sich in Chile vor Gericht zu verantworten«, und »wird jetzt wegen neun Entführungen und einem Tötungsdelikt strafrechtlich verfolgt«.[36] Guzmán stellte Pinochet unter Hausarrest.

Das Interview von María Elvira Salazar und die Gerichtsentscheidung schufen im Verbund einen Dominoeffekt. Im Juni 2005 entschied das Berufungsgericht Santiago, dass Pinochet für Finanzdelikte in Chile, die sich aus den Ermittlungen im Zusammenhang mit der Riggs Bank ergaben, keine Immunität besitze. Einen Monat später entschieden die Gerichte, dass er keine Immunität für seine Rolle beim Projekt Colombo besitze, die mit zwei Morden während des Putsches verbunden war. Weitere Anklagen folgten: für Morde, Folterakte und Fälle von Verschwindenlassen in der Villa Grimaldi;[37] für die Ermordung von Eugenio Berríos, dem Chemiker, der in der Vía Naranja an Giftgas Sarin arbeitete; und für Pinochets Rolle bei der Ermordung zwei der Leibwächter von Präsident Allende.

Erika Hennings spürte einen Wandel und verlangte nun, Londres 38 zum nationalen historischen Denkmal zu erklären. »Wir zündeten vor dem Gebäude Kerzen an, und die Regierung von Michelle Bachelet setzte den Prozess in Gang.« Hennings' Bemühungen waren erfolgreich: Pinochets Mietvertrag über das Gebäude mit dem Instituto O'Higginiano wurde gekündigt, und eine neue Organisation namens Londres 38 erhielt eine langfristige Nutzungserlaubnis dafür.

Auch Pinochet spürte, dass der Wind sich gedreht hatte, und er steckte in echten Schwierigkeiten. An seinem 91. Geburtstag, dem 25. November 2006, verlas seine Ehefrau, Lucía Hiriart, eine Erklärung in seinem Namen, eine, die versöhnlicher sein sollte:

> Dem Ende meiner Tage nahe, möchte ich sagen, dass ich gegen niemanden Hass empfinde, dass ich mein Vaterland über alles liebe und dass ich die politische Verantwortung übernehme für alles, was getan wurde.

Gleichzeitig bekundete er Unterstützung für all jene »Waffenbrüder«, die trotz der Verantwortlichkeit für die begangenen Verbrechen »eingesperrt [wurden] und Verfolgung und Rache erfuhren«. Es sei »nicht gerecht«, jene ins Visier zu nehmen, die in Anbetracht der Krise, vor der das Land unter Allende stand, handelten.[38]

Zwei Wochen später, am 10. Dezember, erlitt er einen Herzinfarkt. Fortlaufend angeklagt, aller Immunitäten beraubt, für verhandlungsfähig erklärt und unter Hausarrest, wurde er ins Krankenhaus gebracht, wo er starb.

»Der Mann, der sein ganzes Leben gelebt und niemals auch

nur für eines seiner Verbrechen bezahlte, hat es wieder getan«, sagte der Autor Ariel Dorfman. »Noch einmal – ein letztes Mal –, so dachte jeder in Chile, war Pinochet dem Richterspruch entgangen.«[39]

Die chilenische Regierung lehnte es ab, ihm ein Staatsbegräbnis zu bereiten. Pinochets Leichnam, in einer Militäruniform, wurde in einem offenen Sarg, umgeben von einer militärischen Ehrengarde, in der Militärakademie von Santiago öffentlich aufgebahrt. Tausende Anhänger standen stundenlang Schlange, um ihm die letzte Ehre zu erweisen, während Gegner sein Ableben feierten.[40]

Francisco Cuadrado Prats, der Enkel von Carlos Prats – dem unter Pinochet ermordeten Oberbefehlshaber der chilenischen Armee –, war unter denen, die dabei waren. Er »ging auf Pinochets offenen Sarg zu und spuckte dem in voller Montur daliegenden Diktator absichtlich in aller Ruhe ins Gesicht«, schrieb Ariel Dorfman. Gereizt und unbequem, wer konnte es dem Enkel verübeln, fragte Dorfman. »Seine Revolte war die denkbar winzigste, kaum zwei oder drei Sekunden lang, aber sie sprach für seine ermordeten Großeltern und für all die verstümmelten und vermissten Körper seines Landes.«

An Pinochets Beisetzung ein paar Tage später nahmen Zehntausende Anhänger teil.[41] Sein Enkel, Hauptmann Augusto Pinochet Molina, lieferte eine leidenschaftliche Verteidigung seines Großvaters, wobei er jene anprangerte, die ihn verfolgt hatten. Die Worte hatten zur Folge, dass er aus der Armee ausgeschlossen wurde. Pinochet wurde eingeäschert und die Asche in einem Grab in Valparaíso beigesetzt.

Die Pinochet-Stiftung veröffentlichte eine letzte Botschaft. »Ich habe eine besondere Erinnerung an meine Mitteilungen aus meiner Gefangenschaft in London«, schrieb Pinochet. Er sagte, er wünschte, dass der Putsch nicht notwendig gewesen wäre, aber er und alle Handlungen, die folgten, seien gerechtfertigt gewesen.

»Er war notwendig, um bestimmte Maßnahmen umzusetzen, wie vorübergehende Inhaftierung, autorisierte Verbannung, Hinrichtungen durch Exekutionskommando nach Militärprozessen.« Todesfälle und Fälle von Verschwindenlassen seien unvermeidlich gewesen, fügte er hinzu, es sei »sehr gut möglich, dass wir niemals ganz verstehen werden, wie oder warum sie geschahen«.

Wie Walther Rauff äußerte auch er kein Wort des Bedauerns oder der Reue hinsichtlich der Konsequenzen seiner Handlungen für andere.

Allerdings habe er sich, schrieb er, am Ende seines Lebens niemals träumen lassen, dass es ihm einmal nicht freistehen würde, durch die Straßen von Santiago schlendern.[42] Für sich selbst war da ein Quäntchen Selbstmitleid.

»Mein Schicksal ist eine Art von Exil und Einsamkeit.«

## *El Mocito*

**121**

Einen Monat nach Pinochets Tod eröffnete ein Untersuchungsrichter strafrechtliche Ermittlungen gegen Jorgelino Vergara. Er war ein Verdächtiger in dem Fall der Ermordung von Víctor Díaz López, einem kommunistischen Führer, im Jahr 1976. Vergara, der als *mocito*, als »Nachwuchskellner« bezeichnet wurde, war einer von vielen Zivilisten, die in der Lautaro-Brigade der DINA dienten.

»Ein Hilfskellner tötete den Führer der Kommunistischen Partei?«, fragte der Richter. In Wirklichkeit tat er es nicht, aber Vergaras Aussage sollte dramatische Folgen haben. Der Vierundvierzigährige verriet eine bis dahin unbekannte Mordstätte, die als Haftanstalt dienende Kaserne Simón Bolívar im Osten von Santiago. Er leistete einen Beitrag zur Verurteilung Dutzender ehemaliger DINA-Agenten. Außerdem identifizierte er die Lage des »endgültigen Bestimmungsortes« von vier verschwundenen Personen.[43]

Vergaras Berichte wurden von Filmemachern und Autoren aufgegriffen. Samuel Fuenzalida, der mir erzählte, er habe Walther Rauff im DINA-Hauptquartier gesehen, kannte Vergara und schlug vor, dass ich ihn treffen solle. »Er könnte Informationen über Rauff und den Fall Pinochet in London haben«, sagte er. Er empfahl ein Buch – *La danza de los cuervos* (»Der Tanz der Raben«) von Javier Rebolledo – und einen Dokumentarfilm, *El Mocito*.[44]

»Ich bin ein guter Mensch«, sagt Vergara in der Eröffnungssequenz der Dokumentation, während er ein Kaninchen häutet, das er in dem Wald in der Nähe des Gebäudes gefangen hat, das als sein Zuhause bezeichnet wird, was es aber, wie mir später gesagt wurde, nicht war. »Ich war unfreiwillig an Entführungen und Morden beteiligt, ich habe bloß zugesehen.« Er trage keine Verantwortung, sagte er. »Ich habe nicht getötet, aber es stimmt, dass andere viele Menschen gnadenlos ermordeten.« Vergara wollte nur über das sprechen, was er mit ansah, bevor er 1978 das Alter von 18 Jahren erreichte; von diesem Zeitpunkt an war er strafrechtlich verantwortlich und konnte gerichtlich belangt werden.

Vergaras Geschichte war ungewöhnlich. Er war 14, als er in Santiago ankam, mittellos und ohne ein Paar Schuhe. Dort bekam er einen Job im Wohnhaus des DINA-Chefs Manuel Contreras, wo er als »Nachwuchskellner« arbeitete. Während der nächsten vier Jahre sah Vergara alles und jeden, beobachtete und hörte als unbeteiligter Außenstehender, wie Menschen kamen und gingen, hörte von Plänen zu morden und verschwinden zu lassen, und manchmal wurde er Augenzeuge der Taten.

Nachdem die DINA 1977 abgewickelt worden war, diente er in der Lautaro-Brigade, die in der Kaserne Simón Bolívar in der Hauptstadt stationiert war. Es handelte sich um eine Einheit, die Contreras und Pinochet schützte, indem sie Gegner tötete. Vergara beobachtete Folter und Ermordungen und half, Menschen verschwinden zu lassen. Er erfuhr von der Verwendung von Cyanid und des Giftgases Sarin, begegnete Michael Townley und wusste alles über die Ermordung von Carmelo Soria.[45] Während seiner Tätigkeit als Wächter verpflegte und versorgte er die Gefangenen, solange sie am Leben waren: wenn sie tot waren, half er bei der Beseitigung ihrer Körper. »Die Kaserne Simón Bolívar war ein Vernichtungszentrum«, sagte er freiheraus. »Um rauszukommen, musste man sterben.«

Der Dokumentarfilm schildert die Reise in seinen Worten. Vergara wird gezeigt, wie er Londres 38 besucht und die Familie von Daniel Palma, einem Geschäftsmann, der verschwand. Mit dem Enkel sieht er Porträtfotos von DINA-Agenten durch, mit denen er zusammenarbeitete. »Ich sah Ihren Großvater in der Simón Bolívar. Er wurde gefoltert, dann habe ich ihn nicht mehr gesehen.« Auf ein Blatt Papier schreibt er wortlos die Namen derjenigen, die Daniel Palma töteten.

»Danke«, sagt der Enkel.

Vergaras Aussage überführte Dutzende von DINA-Agenten, darunter den Chef der Lautaro-Brigade. Sie beschleunigte ein Gesuch für die erfolgreiche Auslieferung von Adriana Rivas, die sich in Australien versteckte.[46] »Obwohl ich an Morden, Entführungen und all dem beteiligt war«, sagte Vergara, »habe ich nicht mitgemacht.«

## 122

Jorgelino Vergara hatte eingewilligt, sich mit mir zu treffen und darüber zu sprechen, was und wen er zwischen 1973 und 1977 sah. Im November 2022 schloss ich mich meiner Assistentin Monserrat, Samuel Fuenzalida und einem Freund des früheren DINA-Mannes auf der Fahrt nach Teno an, einer Kleinstadt etwa zwei Stunden von Santiago entfernt.

*El Mocito* begrüßte uns auf der Hauptstraße von Teno, einem kleinen, schäbigen landwirtschaftlichen Zentrum. Der Schnurrbart aus dem Dokumentarfilm war verschwunden, das Gesicht wurde gekrönt von einem Barett im paramilitärischen Stil. Vergara war offen und verbindlich und plauderte freundlich mit Fuenzalida. Offenbar kannten die beiden sich gut. Als wir in einem örtlichen Restaurant aßen, Huhn und Zucchini, nichts Ausgefallenes, behielt Vergara ständig den Eingang und die Vordertür im Auge.

Ich zeigte ihm ein paar Fotos.

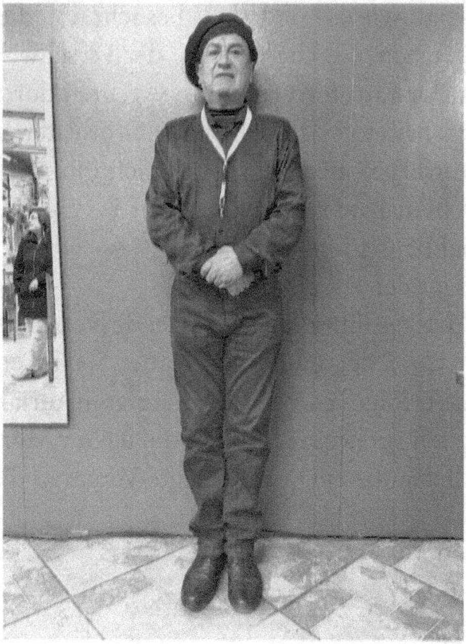

Das erste zeigte Cornelius Krieg, bekannt als Lindes, der Mann aus der Colonia Dignidad. Das Bild erzeugte einen Anflug von Wiedererkennen, nicht mehr. »Ich erinnere mich an jemanden, der so aussah, der einmal zum Privathaus von Contreras kam.«

Das zweite Foto war aus den 1970er Jahren, ein Mann mit Brille, wie die, die Rauff und Kissinger trugen. »Nein«, sagte er sofort. »Diesen Mann habe ich noch nie gesehen.« Eric Morecambe, sagte ich, ein englischer Fernsehkomiker aus den 1970er Jahren, aus meiner Kindheit.

Das dritte Foto sorgte dafür, dass Vergaras Gesichtszüge sich entspannten und seine Augen funkelten. »Ja, den kenne ich. Der Deutsche. Er war in San Antonio, wenn ich mich recht entsinne.«

Nicht in Santiago?

»Nein, in das dortige Haus von Contreras kam er nicht. Andere schon, einige, die wie er aussahen, sie waren jünger, vielleicht Mitglieder seiner Familie, vielleicht ein Bruder oder sein Sohn? Sie kamen zusammen mit Christoph Willeke und Alberto Elissalde Müller aus Punta Arenas. Sie brachten Packungen Meeresfrüchte mit, von der *Pesquera.*«

Dies waren höhere DINA-Agenten. Der deutschstämmige Willeke, der häufig die Colonia Dignidad besuchte, war wegen Verbrechen gegen die Menschlichkeit verurteilt worden, für seine Rolle bei der Operation Condor, und war im Gefängnis Punta Peuco in der Gemeinde Tiltil inhaftiert. Elissalde »Chico« Müller war Partner in einem Unternehmen namens *Servicios Industriales Villar y Reyes Ltda.*, umgangssprachlich bekannt als »DINA Service«, eine Tarnfirma, die Agenten und Aktivitäten der DINA finanzierte.[47]

Ob er den Namen des Deutschen kenne.

»Nein. Ich sah ihn in San Antonio. Ich glaube, er hatte die Leitung der *Pesquera Arauco*, schon seit 1973, als Contreras noch in Tejas Verdes arbeitete.« Er fügte hinzu: »Sie nannten ihn *El Chacal*, oder vielleicht war das sein Sohn.«

Die *Pesquera Arauco* war eine Fischfabrik in San Antonio. »Ich erinnere mich nicht an den Namen, aber ich wusste, dass er Deutscher war und dass ein Deutscher die *Pesquera* leitete.«

»Der Mann hieß Rauff«, sagte ich. Damals hätten die Leute nicht gewusst, dass das sein Name war. Ob er ihn in San Antonio gesehen habe.

»Nein, nicht in San Antonio. Ich sah ihn in der Nähe, in Santo Domingo, wo es eine Ferienanlage für DINA-Agenten gab.« Das war in der Nähe von San Antonio, Urlaubshütten an einem Strand, gebaut von Allendes Regierung als Ferienhäuser für Arbeiter und deren Familien. Im Jahr 1973 übernahm die DINA die Hütten und nutzte sie, um Gefangene festzuhalten, zu foltern und verschwinden zu lassen. Im Jahr 2013 abgerissen, ist das Gefangenenlager in Rocas de Santo Domingo heute ein nationaler Erinnerungsort.[48]

Manuel Contreras hatte ein Haus dort. »Ich sah diesen Mann in Mamos Strandhaus in Santo Domingo. Zweimal.«

Ein Strandhaus?

»Ja. In Rocas de Santo Domingo. Es war 1974, das erste Jahr, wo ich mit der Familie Contreras dorthin ging. Es war der Sommer. Ich rannte über den Strand, barfuß. Mamos Tochter, eine Sportlerin, war beeindruckt, wie schnell ich war.«

Warum war Rauff dort?

»Er kam als Besucher. Ich weiß nicht, warum oder worüber sie sprachen, denn dieser Mann sprach nicht gut Spanisch, und Mamo sprach gut Deutsch.«

Contreras sprach Deutsch? Vergara nickte.

Ob er sich an die Stimme des Deutschen erinnere.

»Er hatte einen starken Akzent, so dass ich Mühe hatte zu verstehen, was er sagte.«

Drei Damen, die in Punta Arenas in der Fischfabrik für ihn arbeiteten, hätten dasselbe gesagt, informierte ich ihn. Vergara lachte. »Dankeschön, Dankeschön, gute Nacht!«

Er erzählte mir, dass Contreras und Rauff zusammen aßen, bedient von Mamos Tochter. »Ich sah ihn zweimal in dem Haus, 1974, während der Urlaubszeit.«

Woher er wusste, dass der Deutsche für die *Pesquera Arauco* arbeitete.

»Weil er – oder andere in seinem Namen – Meeresfrüchte von der *Pesquera* zu dem Sommerhaus mitbrachten und zu dem Haus in Santiago.«

Was für Meeresfrüchte?

»*Camarones*, *centolla*, Lachs.« Die Erwähnung der Königskrabbe war durch nichts veranlasst, was ich sagte.

In Dosen oder tiefgefroren?

»Tiefgefroren. Nach Santo Domingo immer tiefgefroren. Nach Santiago sowohl in Dosen als auch tiefgefroren.«

Ob er von der *Pesquera Camelio* gehört habe?

»Nein.«

Ob er wisse, was Rauff bei der *Arauco* gemacht habe?

»Dies ist das, was ich gehört habe: dass man die Leute, die getötet wurden, in die Maschinen warf. Sie wurden nicht beseitigt. Sie wurden zu dem Fischmehl dazugegeben, Futter für Hühner. Es wurde in Säcke gefüllt und zu den Hühnerfarmen gebracht.« Er hielt inne, damit ich die entsetzlichen Implikationen dessen, was er sagte, verdauen konnte.

»Können Sie sich vorstellen, dass wir, wenn wir Eier aßen, Menschen aßen?« Das war das, was Jorgelino Vergara, bekannt als *El Mocito*, uns beim Mittagessen erzählte. Mir fehlten die Worte.

Schließlich fragte ich: »Haben Sie jemals die *Pesquera* besucht?«

»Nein.«

Wurden dort auch Menschen auf See beseitigt?

»Ja, diejenigen, die aus Santiago kamen. Aber per Hubschrauber, nicht per Schiff, soweit ich weiß.«

Hatte Rauff ein Haus in San Antonio?

»Ich weiß nicht.«

Jorgelino Vergara sprach ruhig, mit Klarheit und Bestimmtheit. wenn er auf die Antwort eine Frage nicht wusste, dann sagte er das. »Ich bin kein *pamplinas* [Dummschwätzer].«

Kannten Contreras und der Mann auf dem dritten Foto sich gut?

»Es war eine Freundschaft. Ja, sie kannten sich gut, das konnte ich sehen. Wenn er da war, wurde er gut bedient, sie waren aufmerksam gegen ihn, in dem Sommerhaus. Er war wichtig, wie Familie. Es war wie ein Familienbesuch.«

Rauff verbrachte Zeit mit den Töchtern?

»Ja.«

Würden sie sich an ihn erinnern?

»Ja, natürlich.«

Und sie leben noch?

»Zwei von ihnen, Mayte und Alejandra. Die dritte, Mariela, ist gestorben. Da war noch ein Junge, Manuel. Mayte und Alejandra trugen ihm Essen auf.«

Ob er jemals einen *Pesquera*-Kühllieferwagen gesehen habe?

»Nein.«

Ob er von den Lieferwagen gehört habe, die benutzt wurden, um Gefangene nach Londres 38 und von dort weg zu transportieren?

»Nein.« Er hörte auf nachzudenken. »Das Einzige, woran ich mich erinnere, sind die Lieferwagen, die in der Colonia Dignidad benutzt wurden, um Organe zu transportieren. Sie verkauften sie, an Deutschland, die Schweiz, Schweden.«

Dieselben Länder und Netzwerke, die für illegale Adoptionen benutzt wurden.

»Ja. Die Organe wurden gekauft und verkauft.«

Wusste Adriana Rivas, Contreras' Sekretärin, wohl über den Mann auf dem dritten Foto Bescheid?

»Möglich, ja, weil *La Chani*, wie sie genannt wurde, die direkte Sekretärin von Mamo im Cuartel, in der Kaserne war.« Er sagte, sie sei in Australien, wo sie die Auslieferung nach Chile erwarte, teils aufgrund seiner Zeugenaussage.

Es war klar, warum die Aussage von Jorgelino Vergara so viele DINA-Agenten überführte. Er sprach aus eigener Erfahrung. Er sprach, ohne zu übertreiben. Er sprach mit Klarheit und Genauigkeit.

## 123

Vergara ging eine rauchen. Ob sie meinten, dass er glaubwürdig sei, fragte ich die anderen.

»Glaubwürdig, ungebunden, spricht bereitwillig, ist kooperativ, hat ein gutes Gedächtnis«, sagte Samuel Fuenzalidas Freund, der Fahrer.

»Sehe ich genauso«, sagte meine Assistentin Monserrat. »Sehr klar, wirkt aufrichtig, interessant, was er sagt.«

»Und schockierend«, ergänzte ich. War er verwirrt, was die Identität von *El Chacal* betraf, als Rauff oder einer seiner Söhne?

»Ich denke, *El Chacal* ist Walther Rauff«, sagte Fuenzalida.

Warum hat er das nicht gesagt?

»Weil sie nicht wollen, dass er die Informationen, die er hat, teilt«, fügte Fuenzalida hinzu.

Sie?

»Ein paar Filmemacher, mit denen er zusammenarbeitet.«

Filmemacher?

»Ja. Sie haben ihm eingeschärft, nicht zu sagen, dass Rauff in dem Haus in Santiago war, aber mir hat er gesagt, dass er dort war.«

Als Vergara von seiner Rauchpause zurückkam, zeigte ich ihm ein anderes Foto von Rauff, aufgenommen in Porvenir, in der kleinen Hütte oberhalb der *Pesquera*: 1964, keine Brille, Zigarette in der linken Hand, vor dem großen Radio.

»Ja, das ist er«, sagte Vergara. »Er kam zu einer Besprechung über das Projekt Condor, das ist eher so, wie er damals aussah.«

Kam er in Contreras' Haus in Santiago?

»Ja. Ich glaube, als sie sich wegen der Operation Condor trafen. 1974. Oder vielleicht 1975. Zwischen Juli und November.«

Rauff kam zur ersten Condor-Besprechung?

»Ja.«

Ist dies *El Chacal*?

»Dieser Mann ist *El Chacal*. Da waren andere mit deutschen

Namen, und einer war Angehöriger der DINA, und er wurde *Chacalito* genannt …«

Erwähnten Leute den Namen Rauff?

»Nein, sie sagten immer bloß *El Chacal.*«

War das der Vater oder der Sohn?

»*¡Correcto!* Der Vater war *El Chacal.* Der Jüngere, der Sohn, wurde *Chacalito* genannt.«

Ob er jemals Vater und Sohn zusammen mit Contreras gesehen habe.

»Nein.«

Wer war sonst noch bei dieser Besprechung über die Operation Condor?

Er nannte mir ein paar Namen, Leute aus Uruguay, Brasilien, Ecuador, Peru, Bolivien, Chile, Argentinien, Paraguay.

Fuenzalida zeigte mir eine Nachricht, die Vergara ihm vor einigen Monaten geschickt hatte. »Ich kann Ihnen versichern, dass *El Chacal* bereits mit hochrangigen Leuten bei der DINA verkehrte«, hatte Vergara geschrieben. Sie seien in Contreras' Haus zusammengekommen, dann seien sie nach Casa Piedra gefahren, einer DINA-Einrichtung etwa 45 Kilometer südöstlich von Santiago. »Rauff war dabei.«

Vergara erinnerte sich an ein anderes Treffen, an dem Rauff teilnahm, als eine Entscheidung gefällt wurde, eine Gefangene zu töten und ihre Leiche im Garten der italienischen Botschaft in Santiago zu deponieren.[49] »Sie töteten Lumi Videla, um eine Botschaft zu senden«, erzählte Vergara Fuenzalida, weil ihr in Italien Asyl gewährt wurde.

Ich überprüfte die Geschichte. Lumi Videla wurde am 3. November 1974 ermordet, in der Villa Grimaldi. Vier Tage später wurde ihre Leiche im Garten der italienischen Botschaft deponiert. *El Mercurio* veröffentlichte eine Karikatur – mit dem Titel »Internationaler Zirkus« –, eine menschliche Rakete, die über eine Mauer hinweg in einem Garten einschlägt. »Das phantastische menschliche Geschoss, abgefeuert über die Mauern einer Botschaft!«, schrieb der Cartoonist Renzo Pecchenino, der als Lukas bekannt war.

Das Pinochet-Regime gab Asylbewerbern die Schuld an ihrem Tod.

Wer entschied, sie zu töten?

»Die Condor-Gruppe«, antwortete Fuenzalida. (Später sollte León Gómez mir verraten, dass Lumi Videla eine Freundin von ihm war und dass zu denen, die wegen ihrer Ermordung strafrechtlich verfolgt wurden, Major Mario Jara gehörte, der nach dem Putsch die *Pesquera Arauco* leitete.)

Und Rauff war anwesend?

»Das ist das, woran ich mich erinnere«, sagte Vergara. »Wer in der Gruppe die Entscheidung traf, wusste ich nicht. Was ich weiß, ist, dass der Mann auf dem Foto bei dem Treffen anwesend war, bei dem die Entscheidung getroffen wurde.« Er zeigte auf das Schwarz-Weiß-Foto von Rauff auf dem Tisch.

Jorgelino Vergara kannte noch viele weitere Geschichten.

Er sprach über Carmelo Soria. »Sie brachten ihn in das Haus in La Curro, das, welches Mamo Contreras für Townley und Berríos, den Chemiker, einrichtete. Die Schriftstellerin Mariana Callejas lebte auch dort, zusammen mit Townley. Sie nutzten es als Folterzentrum und als Vernichtungszentrum.« Dies sagte er unaufgefordert, präzise.

Ob er das Haus in der Vía Naranja aufgesucht habe.

»Nein. Sie töteten Soria, als sie Sarin-Gas ausprobierten.«

Woher er das wisse.

»Sie sprachen im Cuartel Lautaro darüber, weil sie dasselbe Gas benutzen, um andere Leute zu töten, Peruaner.«[50]

Und Townley?

Er sei ins Cuartel Lautaro gekommen, sagte Vergara, um das Sarin-Gas zu testen. »Ich begegnete ihm viele Male, mindestens zehn Mal.«

Mariana Cellejas?

»Nein. Ihr bin ich nicht begegnet.«

Er erinnerte sich, als die DINA aufgelöst wurde, 1977. »Mamo war wütend über die Gerüchte, er könne an die USA ausgeliefert werden, obwohl Pinochet ihm sagte, dass er das nie zulassen würde. Sie gründeten die CNI *(Central Nacional de Informaciones)*, die dasselbe war die wie DINA, aber Mamo verlor alle Macht. Er zog sich auf sein Anwesen im Süden zurück.«

Vergara arbeitete bis 1985 für die CNI, dann schied er aus. Zehn Jahre später wurde Contreras verhaftet und des Mordes an Orlando Letelier überführt. »Das ist mir völlig egal«, sagte Vergara. Drei Jahre danach wurde Pinochet in London verhaftet. »Eine gute Sache, zumindest könnte die Wahrheit herauskommen.« Er hegte für keinen der beiden Männer positive Gefühle.

»Ich fing 1974 an, bei Mamo zu arbeiten«, sagte er. »Ich dachte, es wäre die Sternstunde meines Lebens, aber ich hatte immer das Gefühl, dass etwas falsch war. In der Kaserne Simón Bolívar war ich Zeuge bei Hinrichtungen und anderen Dingen. Ich fühlte mich schlecht und konnte oft nicht schlafen. Alles, was in dieser Zeit geschah, war ein Schrecken, eine Horrorshow ...«

Er verstummte, dann erkundigte er sich nach Rauff.

»Ein Mitarbeiter Hitlers, nicht? Er erinnerte sich an etwas Gaswagen betreffend. »Sie waren wie Sardinen in einer Büchse.« Wie *centolla* in einer Dose.

»Durch Auspuffgase getötet?«

Er wollte die Details. »Ich wusste von Hitler, aber ich wusste nichts von diesem Mann oder seiner Geschichte. Wann starb er?«

1984

»Ja, ich erinnere mich an den Abschied, mit allen Ehren. Miguel Serrano war dabei.«

Wir zahlten für das Mittagessen, schlenderten auf die Straße und an die sommerliche Luft, suchten ohne Erfolg nach einem

Kaffee. »Kein Espresso in Teno«, brüllte Vergara. Wir standen auf der Straße und verabschiedeten uns.

»Komische Sache«, sagte er, als wir uns anschickten aufzubrechen, in einem ironischen Tonfall, ganz nüchtern. »Ich habe meinen Freund angerufen, der die Hühnerfarm betreibt, um zu sehen, ob er mit Ihnen reden möchte. Meinte, er hätte nicht den Mut, bräuchte keine neuen Probleme.« Vergara rückte sein Barett zurecht. »Er erzählte mir einmal, er hätte was Seltsames in seinem Fischmehl gefunden. Einen Fingernagel, einen kompletten Fingernagel! Ich sagte ihm, er solle es melden, aber er tat es nie. Sagte, er wolle keinen Ärger.«

Vergara blickte die Straße rauf und runter, wendete sich Samuel Fuenzalida, dann mir zu. »Können Sie sich das vorstellen? Die Chilenen dachten, sie äßen Eier!«

Er erinnerte sich noch an etwas anderes den Deutschen betreffend. »Ich sah ihn mit Contreras anderswo in der Nähe von San Antonio«, sagte er. »Es war in einem Hotel, La Bahía, glaube ich, am Meer.« Er sagte: »Ja, wir können zusammen hinfahren.«

## *La Pesquera Arauco*

**124**

Samuel Fuenzalida und *El Vergara*, auch bekannt als *El Mocito*, hatten Rauff mit der *Pesquera Arauco* in Verbindung gebracht. Diesem Unternehmen würde ich mich nun zuwenden.

Pinochet war ein eifriger Befürworter der Privatisierung, aber, wie sich herausstellte, nicht bei allen Unternehmen und vor allem nicht bei der *Pesquera Arauco*. Am Tag des Militärputsches übernahmen seine Leute die Fischfabrik in San Antonio, zum Teil deshalb, weil sie über eine große Flotte von Kühllieferwagen verfügte.

Das Unternehmen wurde 1940 gegründet. Im September 1973 besaß es eine Flotte von sechs Schiffen, die eingesetzt wurden,

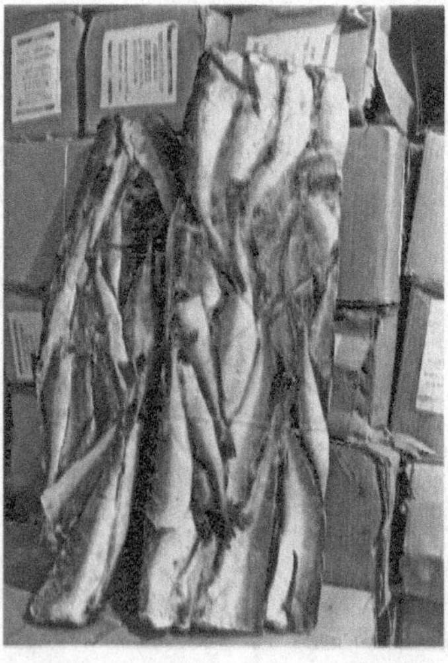

um Seehecht zu fangen. Der Fisch wurde für den Export tiefgefroren oder verwendet, um bis zu 30 Tonnen Fischmehl pro Tag zu produzieren.[51] Kurz vor dem Putsch und viele Jahre nachdem er den Kadetten Manuel Contreras kennengelernt hatte, besuchte der Fotograf Miguel Rubio Feliz die *Pesquera Arauco*.

Bis Pinochet und Contreras die *Pesquera Arauco* übernahmen, wurden die Schiffe von Anatolio Zárate betrieben. Er wurde am Morgen des Putsches verhaftet und mehrere Monate festgehalten.[52] Einer seiner Folterer war, so behauptete er, Cristián Labbé, der Miguel Schweitzer nach Washington begleitete, um mit den Amerikanern den Letelier-Deal auszuhandeln.[53] Labbé, der später zum Bürgermeister von Providencia gewählt wurde, sollte anschließend wegen Verbrechen gegen die Menschlichkeit verurteilt werden, teils aufgrund der Zeugenaussage von Samuel Fuenzalida.[54] Alles hängt mit allem zusammen.

Contreras wurde Vorsitzender des Direktoriums der *Pesquera Arauco*, mit Espinoza als seinem Stellvertreter.[55] Zum Rechnungsprüfer des Unternehmens berief Contreras Hubert Fuchs Asenjo, einen Mann, der eine Schlüsselrolle in den finanziellen Angelegenheiten der DINA spielen und, nach 1990, als der »erste Flüchtling« in den Ermittlungen zu dem Letelier-Mord bekannt werden sollte.[56] Seit dem Tag des Putsches und für die nächsten 18 Monate wurden die Anlagen der *Pesquera* in San Antonio von Contreras geleitet.[57] Das Tagesgeschäft wurde geführt von Major Mario Jara, der außerdem in der nahe gelegenen Kaserne Tejas Verdes arbeitete.[58]

Contreras – und später die DINA – kontrollierte nun eine Flotte von 310 Kühllieferwagen, hauptsächlich Chevrolet C-10- und C-30-Transporter sowie ein paar Ford-Apache-Transporter. Nach dem Putsch sollte man die Kleinlaster regelmäßig in der Nähe von Haftorten sehen, auch vor Londres 38.[59] Es dauerte Jahrzehnte, bis die Einzelheiten herauskamen, dass die Wagen benutzt wurden, um Gefangene und Leichen quer durch Chile zu transportieren, nach und von San Antonio und anderswo. Leichen in die eine Richtung, Fisch, Schalentiere und Fischmehl in die andere.[60]

Um die Zeit von Pinochets Verhaftung in London 1998 sagten ehemalige Gefangene aus, wie sie in einem Kühllieferwagen transportiert wurden. Zu ihnen gehörte auch León Gómez, wie er mir bei unserem ersten Gespräch erzählte, ein Detail, mit dem ich nicht sogleich gerechnet hatte. Somit könnte eine Verbindung zwischen Gómez und Rauff bestehen.

Ehemalige DINA-Agenten bestätigten, dass Contreras die Transporter einsetzte.[61] Major Jara, sein Kollege, sagte aus, dass die Transporter »benutzt wurden, um Gefangene zu transportieren«, dass er und Contreras mit ihnen inkognito herumfuhren, um »Inspektionen durchzuführen«.[62] Es gab auch Aussagen, dass in den Anlagen der *Pesquera* Leichen gelagert und beseitigt wurden[63] und dass die *Pesquera* DINA-Aktivitäten finanzierte, darunter eine Brigade weiblicher Prostituierter.[64]

Das Beweismaterial bestand hauptsächlich aus vor Gericht gemachten Zeugenaussagen, aber auch ein paar Dokumente entgingen irgendwie der Vernichtung. So ermächtigte beispielsweise kurz nach dem Putsch der Innenminister den Rechnungsprüfer der *Pesquera*, Asenjo, bewaffnete Wachleute einzustellen, um die Chevrolet-Transporter zu schützen. Pinochet persönlich genehmigte das Gesuch. Angeworben wurden ehemalige Polizeibeamte, Männer, die unter der Leitung von General Mendoza gearbeitet hatten. Dies geschah etwa um die Zeit, als Mendoza die *Pesquera Camelio* in Punta Arenas besuchte und Rauff traf.[65]

Im Lauf der Zeit tauchten Beweise für die Beseitigung von Leichen auf See auf, in und in der Nähe von San Antonio.[66] Im Jahr 2016 wurde Pedro Espinoza, Contreras' Stellvertreter bei der DINA und der *Pesquera*, wegen des Mordes an Marta Ugarte verurteilt. Die zweiundvierzigjährige Lehrerin und Schneiderin wurde im Juni 1976 verhaftet, in der Villa Grimaldi festgehalten, betäubt und erwürgt,[67] ihren Leichnam warf man anschließend aus einem Puma-Helikopter in den Pazifischen Ozean. Der Sack mit Ugartes Leichnam wurde an ein Stück Eisenbahnschiene gebunden, aber nicht fest genug zugeschnürt, so dass die Leiche später an einem Strand bei Valparaíso, 90 Kilometer nördlich von San Antonio, angespült wurde.

Es gab auch Berichte über Leichen, die in den Kühllagerräumen der *Pesquera* aufbewahrt oder auf die *El Kiwi* verladen wurden, einen in Deutschland gebauten und von San Antonio aus operierenden Schlepper, um sie auf See verschwinden zu lassen. Nach Pinochets Verhaftung in London erstatteten Skipper und Lotse der *El Kiwi* Bericht über ein Dutzend »verpackte Leichen«, die um Mitternacht an einer Hafenmole in San Antonio auf das Boot geladen wurden, mit dem vollen Wissen des von Contreras eingesetzten Hafenmeisters von San Antonio. Die drei Besatzungsmitglieder wurden im Ankerraum eingeschlossen, als man die Leichen in den Ozean warf.[68] Der Bericht veranlasste einen Richter zu ermitteln, aber es wurden keine Anklagen erhoben.

## 125

Als die Geschichten zusehends ans Licht kamen, wurden Rufe nach strafrechtlichen Ermittlungen gegen die *Pesquera Arauco* lauter. Im Jahr 2012 eröffnete die chilenische Polizei ein Verfahren gegen die *Pesquera Arauco* und ein weiteres von der DINA geführtes Unternehmen in San Antonio, die *Pesquera Chile*. (Die *Arauco* war im Februar 1975 an die *Chile* verkauft worden und dann in der *Pesquera Nuevo Aurora* aufgegangen. Die wiederum wurde nach der Ermordung von Orlando Letelier 1976 und der Auflösung der DINA im darauf folgenden Jahr weiterverkauft.[69])

Im Jahr 2014 verband ein Richter am Berufungsgericht Santiago die *Pesquera Arauco* mit der Operation Colombo, der

DINA-Operation zur Vertuschung von 119 Fällen von Verschwindenlassen, darunter der Fall von Alfonso Chanfreau. Die Untersuchung nahm auf Hörensagen beruhende Zeugenaussagen auf, wonach die Fischmehl-Produktionsanlage der *Pesquera Arauco* möglicherweise genutzt worden war, um Gegner verschwinden zu lassen. Nebst Zeugenaussagen trug der Richter Fotos von der *Pesquera Arauco* und der *Pesquera Chile* in San Antonio zusammen.[70]

Anatolio Zárate, der frühere Chef der Flotte, war einer derjenigen, die aussagten. Jahre zuvor hatte er den Vereinten Nationen von der Beseitigung von Leichen auf See berichtet.[71] Nun erzählte er der Polizei von einem Mitgefangenen in Tejas Verdes, einem Mann, der den *Arauco*-Betrieb nach dem Putsch leitete und der »mir anvertraute, dass einer der Tiefkühlschränke der *Pesquera Arauco*, nämlich der im südlichen Teil der Geschäftsräume, genutzt wurde, um Leichen zu lagern«. Zárate fertigte eine Lageskizze der Örtlichkeit an, um zu zeigen, wo Leichen aufbewahrt wurden. Er nannte die Namen von zehn mutmaßlichen Beteiligten.[72] Die Polizei verhörte sie nicht, und es wurden keine weiteren Schritte unternommen.

## 126

Im Jahr 2015 eröffnete ein anderer Richter eine neue Untersuchung der *Pesquera Arauco*.[73] Sein Fazit lautete, dass das Unternehmen von der DINA »gekapert« wurde und die Fischmehl-Produktionsanlage »für die Beseitigung inhaftierter Personen genutzt worden sein könnte«. Doch ohne »biologische Beweise« – das heißt menschliche Überreste – war er außerstande, seine Untersuchung weiterzuführen.

Zur Entscheidung wurde das Berufungsgericht Santiago angerufen. Richter Mario Carroza eröffnete zu gegebener Zeit zwei

Untersuchungen: Fall 201 zur *Pesquera Arauco* und Fall 202 zu den Verschwundenen, die mit der *Pesquera Arauco* in Verbindung gebracht werden konnten. Zu denen, die er befragte, gehörte Samuel Fuenzalida, der die Rolle von Major Jara bezeugte und den Grund für seine Überzeugung darlegte, dass »viele Gefangene zu Fischmehl gemacht wurden«. Es war Hörensagen. »Einmal hörte ich in der Fabrik in San Antonio, wie ein Offizier sagte: ›Macht Fischmehl aus den Gefangenen.‹«[74]

Mehrere frühere Arbeiter, meistens Netzflicker, die in Tejas Verdes lebten, machten Aussagen vor dem Ermittlungsrichter. Sie schilderten, wie Seehecht von den Schiffen in ein Becken verladen und auf ein Band gelegt wurde, das zu einem großen Ofen führte, wo er anschließend zu Fischmehl gedörrt wurde. Die Arbeiter lieferten ähnliche Darstellungen vom Tag des Putsches, als das Militär die Macht übernahm und Arbeiter daran hinderte, die Fischmehl-Produktionsanlage zu betreten. Die Situation dauerte 18 Monate fort.

»Ein Mann des Militärs übernahm als Chef die Kontrolle«, erklärte Enrique Duarte, 81 Jahre alt. Er hörte Geschichten über »Menschen, die ins Meer geworfen wurden, in San Antonio und anderen Teilen Chiles, aber nicht im Zusammenhang mit dem Fischfang«. Er hörte nicht, dass das Militär »rund um den Ofen allein« sein wollte oder dass die Lieferwagen »im Verdacht standen, Leichen zu dem Ofen zu bringen«.

José Siguefreido, 86 Jahre alt, erzählte dem Ermittlungsrichter, dass drei Tage nach dem Putsch die Schiffe und die Fabrik wieder in Betrieb waren. »Wir produzierten massenhaft Fischmehl«, wobei das Militär »für die Sicherheit verantwortlich war, mit Hunden«. Der Fischmehl-Ofen sei ununterbrochen in Betrieb gewesen, um die Hitze zu halten, und habe der direkten Kontrolle von Major Jara unterstanden. Siguefreido bezweifelte, dass er benutzt wurde, um menschliche Körper zu beseitigen, konnte sich an verdächtige Bewegungen von Lastwagen nicht erinnern, entsann sich aber sehr wohl »eines deutschen Technikers, der seiner Meinung nach schon vor dem 11. September [dem Tag des Militärputschs] dort war«.

»Ich habe keine Kenntnis davon, dass das Militär jemals die Fischmehl-Produktionsanlage räumte und den Betrieb des Ofens übernahm«, erklärte Arturo Poblete, 74 Jahre alt, dem Richter. »Ich sah nie irgendwelche Gefangenen oder Folterakte oder menschliche Körper im Innern der Produktionsanlage«, berichtete Luis Valdebonito, ebenfalls über 80. Nichtsdestotrotz war es eine Tatsache, dass Arbeitern »nicht gestattet war, sich den Lieferwagen zu nähern«, und er »wusste nie, was in ihnen drin war«. Der Ofen war »sehr groß«, so dass »große Tiere, wie Delphine, Seelöwen und Haie« hineingeworfen werden konnten. »Es ist möglich, dass auch menschliche Körper hineingeworfen werden konnten«, sagte er, aber er sah nie, dass die *Pesquera* »genutzt wurde, um Leichen zu vernichten«.

Die Zeugenaussagen waren neutral. Sie lieferten keinen Beweis, dass die Einrichtungen der *Pesquera Arauco* genutzt oder nicht genutzt wurden, um Menschen verschwinden zu lassen. Auffallend war jedoch die Übereinstimmung der Aussagen, viele Sätze und Schlussfolgerungen waren praktisch identisch, als wären sie von derselben Person geschrieben worden. Ich habe nie irgendetwas gesehen oder gehört, nichts wurde jemals gesagt. Ich habe keinen schriftlichen Beleg und so weiter. Wenn man über die Jahre viele Zeugenaussagen gelesen hat, entwickelt man allmählich einen sechsten Sinn, der es einem erlaubt, die verborgene Hand des Verfassers zu entdecken, einer Person, die möglicherweise ein Interesse daran hat, eine Richtung der Ermittlungen auszuschließen.

Die Aussagen der Netzflicker über die Präsenz der DINA stimmten überein, boten aber keine Erklärung dafür, warum die DINA eine kommerzielle Fischfabrik hätte in Besitz nehmen sollen oder warum sie eine Flotte von Kühllieferwagen oder einen

Fischmehl-Ofen hätte kontrollieren wollen oder warum die DINA noch bis Mitte 1975 dort gewesen sein könnte, dem Zeitpunkt, wo die Fälle von Verschwindenlassen weniger wurden. Kein Arbeiter erklärte, warum die Fabrik von Major Mario Jara geleitet wurde, einem DINA-Agenten, oder warum sie weder die Fischmehl-Produktionsanlage betreten noch sich den Kühllieferwagen nähern durften.

Die Aussagen warfen naheliegende Fragen auf, aber diesen wurde nie nachgegangen. »Die Richtung der Untersuchung stützte sich auf die von Fuenzalida gemachte Aussage, die auf Hörensagen beruhte«, fasste die Polizei zusammen, nichts als »Gerüchte ohne Substanz«. Mangels »konkreter Beweise« wurde die Untersuchung eingestellt.

Weil die Behörden es versäumten zu handeln, ergriffen Erika Hennings und die Organisation Londres 38 die Initiative: Im Oktober 2017 stellten sie Strafantrag gegen die Direktoren der *Pesquera Arauco* aus der Ära Pinochet. Sie machten geltend, dass die Fischfabrik DINA-Verbrechen finanziert habe und in das Verschwinden von Alfonso Chanfreau und 97 weiterer Männer und Frauen aus Londres 38 verwickelt sei.[75] Hennings forderte das Gericht auf, Entführungen und illegale Beisetzungen zu untersuchen sowie den »endgültigen Bestimmungsort« der Verschwundenen zu ermitteln.[76] Unter den Richtern, die den Fall untersuchten, war Paola Plaza.

**127**

Richterin Plaza willigte ein, sich mit mir im November 2022 in ihrem wuseligen Büro im Stadtzentrum von Santiago zu treffen. Sie war forsch, gescheit und zielstrebig, mit blau geränderter Brille und offenen Ansichten. Außerdem war sie angesichts von mehr als 200 aktiven Fällen, darunter auch Todesfälle und

Fälle von Verschwindenlassen aus der Ära Pinochet, ungeheuer beschäftigt. Als wir uns trafen, stand sie unmittelbar davor zu verkünden, dass der exhumierte Leichnam von Pablo Neruda, der nur zwölf Tage nach dem Putsch gestorben war, Spuren von *Clostridium botulinum* enthielt, einem tödlichen künstlichen Gift.[77]

»Alles änderte sich, nachdem Pinochet in London verhaftet worden war«, sagte sie. Es sei wie ein Dammbruch gewesen, der neue Untersuchungen zu den Verschwundenen ermöglichte. Ihre Arbeit drehte sich darum, ob es irgendwelche Beweise für einen Todesfall gab: Falls es eine Zeugin oder einen Zeugen oder eine Leiche als Beweismittel oder DNA-Spuren gebe, würde der Fall als Mord *(homicidio)* behandelt; fehlten solche Beweise, würde der Fall als Entführung *(secuestro)* behandelt. Letzteres traf für Alfonso Chanfreau zu, der am 13. August 1974 von León Gómez in Londres 38 gesehen worden war. Da es weder eine Leiche noch anderes Beweismaterial gab, wurde sein Verschwinden als ein Akt fortgesetzter Folter der Familie behandelt oder als illegale Beisetzung oder Exhumierung. Letzteres war allerdings nur eine Ordnungswidrigkeit, die in Chile eine unbedeutendere Straftat darstellte.

Das Fehlen jeglichen urkundlichen Beweismaterials war eine unbeabsichtigte Folge der US-Untersuchung des Mordes an Orlando Letelier. Sie führte zur Auflösung der DINA und der Vernichtung von Dokumenten, was die Ermittlungen außerordentlich erschwerte. Zwar kamen Fälle vor Gericht, aber es existierte kein Gesamtkonzept zum Auffinden der Verschwundenen.

In Anbetracht der laufenden strafrechtlichen Ermittlungen war Richterin Plaza eingeschränkt in dem, was sie sagen konnte. Sie erklärte, dass ihr Büro Verbrechen untersuche, die ihren Ursprung in Santiago – die *Pesquera Arauco* hatte einen Geschäftsraum auf einem Lebensmittelmarkt in Santiago – oder in der Colonia Dignidad hätten. Die Colonia sei, so glaubte sie, wahrscheinlich der »endgültige Bestimmungsort« für viele der Verschwundenen von Londres 38 gewesen, die in *Pesquera-Arauco*-Lieferwagen transportiert wurden. Verbrechen, die in San Antonio oder in Rocas de Santo Domingo begangen wurden, fielen in die Zuständigkeit von Richtern und Gerichten in Valparaíso.

Fünfzig Jahre nach dem Putsch war nicht eine einzige Person für den Einsatz der *Arauco*-Lieferwagen oder -Einrichtungen angeklagt worden. Mario Jara wurde zwar strafrechtlich verfolgt, aber er starb, bevor er vor Gericht gestellt werden konnte. »Die Fortschritte sind bislang überschaubar«, sah Richterin Plaza ein, aber es sei besser als nichts. Die Verwendung der Kühllieferwagen sei »eine bewiesene Tatsache«, die sich auf Zeugenaussagen stütze. Andererseits seien die Behauptungen über die Rolle der *Pesquera* bei der Beseitigung von Leichen auf See oder in der Fischmehl-Produktionsanlage bislang noch nicht bewiesen. Dies seien Behauptungen ohne direkte Zeugenaussagen. »Ein Buchhalter der *Pesquera* hat kürzlich ausgesagt, er habe nicht gesehen, dass ihre Anlagen genutzt wurden, um Leichen verschwinden zu lassen«, erzählte sie mir. Doch die Formulierung folgte den Worten der Netzflicker.

Dennoch hegte Richterin Plaza keinen Zweifel, dass die *Pesquera Arauco* in Zusammenhang stand mit Verbrechen während der Ära Pinochet und mit Fällen von Verschwindenlassen. Sie richtete ihr Hauptaugenmerk auf Verbindungen zwischen der *Pesquera Arauco* und der Colonia Dignidad sowie auf »Maßnahmen, die ergriffen wurden, um Leichen zu verstecken oder verschwinden zu lassen«. Sie hatte Beweise, dass Paul Schäfer anordnete, Leichen, die in der Colonia Dignidad beerdigt wurden, zu exhumieren und anschließend zu vernichten. Sie hatte Begräbnisstätten gefunden, aber keine menschlichen Überreste. Gerhard Mücke, Schäfers rechte Hand, sagte zum Mord und zur Beerdigung von »ungefähr 30« Gefangenen in der Colonia aus, aber die Leichen wurden exhumiert, weggeschafft und vernichtet, als Teil der *Operación Retiro de Televisores* (»Operation Fernsehgeräte-Rückruf«).

Nach Mückes Darstellung ordnete Pinochet persönlich die Operation an, nachdem die DINA aufgelöst worden war, um die Verbrechen zu vertuschen. Mücke sagte aus, weil es sich bei ihm und anderen um Deutsche handelte, sei ihnen befohlen worden, die Leichen verschwinden zu lassen; schließlich seien Deutsche Leute, die »wüssten, wie man eine bestimmte Aufgabe perfekt erledigt«. Verbrechen gegen die Menschlichkeit für schuldig befunden, wegen Entführung und Folter, starb er 2022.[78]

Richterin Plaza hatte Beweise, dass man einige Gefangene auf See verschwinden ließ,[79] und für die Verwicklung der *Pesquera Arauco* in andere Verbrechen. Es könne gut sein, sagte sie, dass ihre Einbindung mit dem Einsatz von Sarin zusammenhänge, das in der Vía Naranja entwickelt wurde, und den Aktivitäten der *boinas negras*, der »Schwarzbarette«, der Elitetruppe, die Pinochet schützte und »Spezialoperationen« durchführte. Die *boinas negras* waren möglicherweise in die Morde an Letelier und Soria verwickelt, sagte sie.

Ob ihr bei ihren Ermittlungen der Name Walther Rauff untergekommen sei.

»Nein«, sagte sie, wenngleich sie den Namen kannte.

Sie habe Fuenzalida befragt, sagte sie, aber bevor der die Fotos sah. Er habe den Mann, der inzwischen als Rauff bekannt sei, nicht erwähnt. Vergara hatte sie allerdings nicht befragt. »Rauff könnte am Ende durchaus mit der *Pesquera Arauco* in Verbindung stehen«, fügte sie hinzu. »Von jetzt an werde ich ihn mit Sicherheit auf dem Schirm haben, und Sie sollten San Antonio ins Auge fassen.«

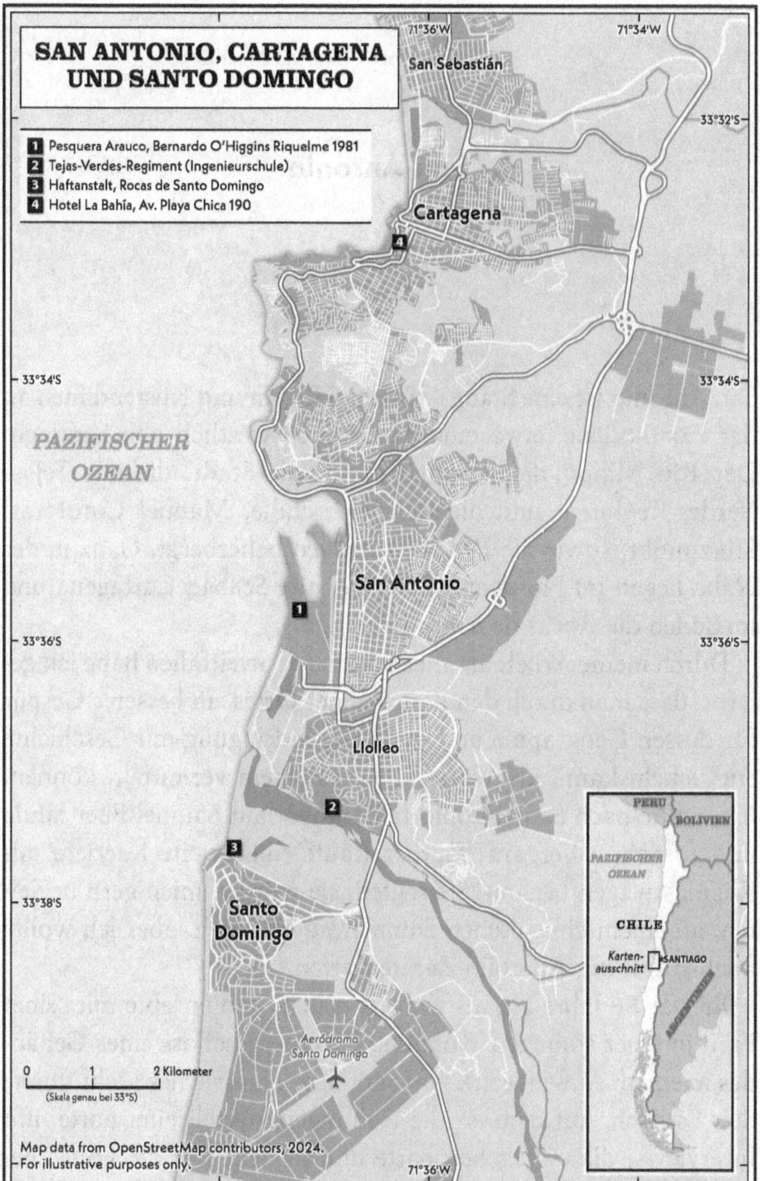
SAN ANTONIO, CARTAGENA
UND SANTO DOMINGO
1 Pesquera Arauco, Bernardo O'Higgins Riquelme 1981
2 Tejas-Verdes-Regiment (Ingenieurschule)
3 Haftanstalt, Rocas de Santo Domingo
4 Hotel La Bahía, Av. Playa Chica 190
71°36'W
71°34'W
San Sebastián
33°32'S
Cartagena
33°34'S
33°34'S
PAZIFISCHER
OZEAN
San Antonio
33°36'S
33°36'S
Llolleo
Santo
Domingo
33°38'S
PERU
BOLIVIEN
PAZIFISCHER
OZEAN
CHILE
Karten-
ausschnitt
SANTIAGO
ARGENTINIEN
Aeródromo
Santo Domingo
0 1 2 Kilometer
(Skala genau bei 33°S)
Map data from OpenStreetMap contributors, 2024.
For illustrative purposes only.
71°36'W
Karte 6

## San Antonio

### 128

San Antonio ist eine Stadt zwischen Hügeln und Küstendünen an der Pazifikküste, etwa eine Autostunde westlich von Santiago. Der Río Maipo fließt mitten durch die Stadt, die das Tejas-Verdes-Regiment und die Ingenieurschule, Manuel Contreras' Stützpunkt, sowie die *Pesquera Arauco* beherbergt. Ganz in der Nähe liegen im Norden das schöne, alte Seebad Cartagena und im Süden die Rocas de Santo Domingo.

Durch meine Arbeit an internationalen Streitfällen habe ich gelernt, dass man durch den Besuch eines Ortes ein besseres Gespür für dessen Geographie und seine Durchdringung mit Geschichte entwickeln kann, als Worte allein es einem vermitteln können. Ich wollte nach San Antonio fahren, wo laut Samuel Fuenzalida und Jorgelino Vergara Walther Rauff eine zweite Karriere mit Kleinlastwagen begann. Sie sagten, sie würden mich gern begleiten, an einem chilenischen Sommertag im März, aber ich wollte mich zuerst mit Anatolio Zárate treffen.

Er war 86 Jahre alt, als wir uns trafen, und er lebte mit seiner Frau in einer sonnigen Wohnung im Obergeschoss eines Gebäudes in einem Außenbezirk von Santiago. Natürliches Licht flutete den Esstisch, auf dem er alte Zeitungen ausgebreitet hatte, mit Interviews, die er gegeben hatte und in denen er die Folter beschrieb, der man ihn unterzog. Ein ungebrochener Mann, intelligent und herzlich, der ausgezeichnet Englisch sprach.

Seine Eltern waren Ärzte, aber er entschied sich für ein Leben als Techniker, und 1970 kam er zur *Pesquera Arauco*, dem Jahr, in dem Allende Präsident wurde. »Ich war Chef der Flotte«, verantwortlich für sechs große Schiffe, von denen zwei aus Kuba und drei aus der Sowjetunion kamen. Die Flotte fing jeden Tag 200 oder 300 Tonnen *merluza,* Seehecht. Der größte Teil wurde eingefroren für den Verkauf in ganz Chile, und ein Teil wurde nach Spanien exportiert, möglichweise, um daraus Fischstäbchen zu machen.

Der noch verbliebene Seehecht wurde an Ort und Stelle zu Fischöl oder Fischmehl verarbeitet, bis zu 30 Tonnen am Tag. »Die *boca de la planta* – das Maul des Ofens – maß etwa anderthalb mal zwei Meter, sie konnte problemlos einen Hai oder einen Seelöwen oder einen menschlichen Körper aufnehmen«, erzählte Zárate. Er deutete auf einen Bildteppich an der Wand, eine Ansicht des mittelalterlichen Florenz. »Ungefähr diese Größe.« Er sagte zu Gerüchten über die Verwendung des Ofens aus. »Ich sah nichts, da ich früh am Morgen des Putsches, so gegen halb acht, unter dem Vorwurf festgenommen wurde, Teil von Plan Z zu sein.« Er gehörte zu den Allende-Unterstützern.

Etwa einen Monat lang wurde er in der Ingenieurschule in Tejas Verdes festgehalten. »Es war ein Konzentrationslager. Sie brachen mir das Rückgrat, also ging ich ins Krankenhaus, dann ins Gefängnis von San Antonio, dann auf die Isla Calbuco im Süden, in der Nähe von Puerto Montt.« Im Dezember 1974 wurde er freigelassen. Für das erlittene Leid erhält er heute eine monatliche Pension, 220 000 Pesos (etwa 216 Euro).[80] »Ich war sehr froh, als Pinochet in London verhaftet wurde«, sagte er, »die Gerichte in Chile sind langsam gewesen, das weiß ich, weil ich viele Male ausgesagt habe.«

Er wusste von den Kühllieferwagen. »Chevrolets«, sagte er.

C-10 und C-30, glaubte er. Ich zeigte ihm eine chilenische Werbeanzeige für den C-30 von 1973. »So sah die Kühlerfront aus, aber das Heck war anders, eine quadratische Kühlbox, groß genug, um ein paar Männer zu fassen.« Da seien ein paar hundert Chevrolets gewesen, vielleicht mehr, und ein paar Dutzend Ford Apaches. Er meinte, sie seien zur Zeit des Putsches eingetroffen. »Ich sah sie nie, weil ich inhaftiert worden war.« Die Armee besetzte die *Pesquera*-Fabrik, und Contreras, Espinoza und später die DINA führten das Unternehmen. Die Intervention musste im Voraus geplant worden sein, meinte ich, so schnell, wie die Armee die Leitung der Fabrik übernommen hatte und die Lieferwagen bestellt wurden. »Vielleicht«, sagte er, »aber von einer Bestellung für die Transporter habe ich nie gehört.«

Er wusste auch, dass die Lieferwagen genutzt wurden, um Gefangene zu transportieren.

Und Leichen?

»Ah«, rief er aus. Er nahm eine Ausgabe von *La Nación* von 2004 vom Tisch, ein Artikel über *El Kiwi*, ein Boot, das Leichen von San Antonio fortschaffte und sie auf See verschwinden ließ.[81] Ich kannte den Artikel, der Kapitän Vincentes Bericht aus erster Hand enthielt.

»Ich war Kapitän Vincente«, sagte Zárate unvermittelt. Er erhielt einen vollständigen Bericht von »Pituco« Reyes, dem Kapitän des Schleppers *El Kiwi*, als die beiden Männer mit einem anderen Schiff von Deutschland nach Chile unterwegs waren. Im Ärmelkanal gerieten sie in einen heftigen Sturm, in der Nähe der Straße von Dover, so heftig, dass Reyes um sein Leben fürchtete. »Ich muss dir etwas erzählen, und er erzählte mir die Geschichte.« Als er später berichtete, was er gehört hatte, benutzte Zárate ein Pseudonym, Kapitän Vincente – seine Ehefrau fürchtete die Konsequenzen seiner Verstrickung.

»Niemand will über diese Dinge reden, nicht mal heute«, sagte er.

War die Geschichte zutreffend?

»Zu hundert Prozent.«

Kein Mythos?

»Nein.«

Zum Thema Mythos zeigte ich ihm eine Fotografie von Walther Rauff.

»Ja«, sagte er. »Er lebte in Punta Arenas, ich wusste von ihm, von den Gerüchten und Mythen.« Dann sagte er etwas anderes: »Als ich inhaftiert und gefoltert wurde, sprachen die Leute mit ausländischem Tonfall.«

Deutschem Tonfall?

»Ja, mit deutschem Tonfall. Ich konnte niemanden sehen, aber ich hörte den Tonfall.«

Ob er die Stimme wiedererkennen könnte.

»Vielleicht.«

Ich sagte, ich hätte eine Bandaufnahme von Rauff. Ja, er würde sie sich anhören. Ich lud auf dem Laptop einen Ausschnitt aus der Dokumentation *The Hunter and the Hunted* hoch, in dem der Journalist Rauff beim Haus seines Sohnes in Santiago zur Rede stellt. Zárate sah und hörte gespannt zu.

»Plötzlich geschah das Unerwartete«, sagte der Journalist. »Vom nördlichen Ende der Los Pozos näherte sich der Mann selbst, SS-Obersturmbannführer Walther Rauff, der mutmaßliche Mörder von einer Viertelmillion Menschen.« Vögel zwitscherten, während Rauff näher kam, fast kahl, eine Brille mit dicken Gläsern, eine Zigarette in der linken Hand, in einem dunkelblauen Hemd mit weißen Punkten.

»Wo ist das?«, fragte mich Zárate. Calle Los Pozos in Los Condes. Dort an dem Tor stand Rauff von Angesicht zu Angesicht einem unwillkommenen Besucher gegenüber, der ein verstecktes Funkmikrofon dabeihatte. »Sie leben in Santiago, nicht wahr?«, fragte der Journalist.

»Ja«, antwortete Rauff. Ein einziges Wort, bedächtig gesprochen, mit einer Stimme, die tief und harsch war, mit einem leichten Tremolo, dem Klang, wie ihn Zigaretten hinterlassen, und einem unverkennbaren deutschen Akzent.

Als er das Wort hörte, schienen Zárates Gesichtszüge buchstäblich zu erstarren. Er legte die Hände auf den Tisch und verschränkte sie fest. Mehrere Minuten saß er unbeweglich da. Ich sagte nichts. Nie habe ich jemanden in der Weise reagieren sehen.

»Ich muss den Juristen anrufen«, sagt Rauff in der Dokumentation. »Mein Fall ist abgeschlossen, ich bin nicht schuldig, ich will nur die Wahrheit sagen.« Die Wahrheit.

»Ja, ja«, sagte Zárate zu mir. »Ich erinnere mich an die Stimme.« Er war tief erschüttert, überhaupt schrecklich verwirrt. »Ja, ja … uff. Ja.«

Wir sahen und hörten noch einmal zu.

»Es war in San Antonio, in Tejas Verdes, ein Konzentrationslager in der Ingenieurschule, unter der Erde, wo ich festgehalten wurde.«

Der Mann mit dieser Stimme sei in dem Raum gewesen, sagte er, habe Fragen gestellt. »›Wo sind die Waffen, wo sind die Waffen?‹ Es war das Einzige, was sie wissen wollten.« Zárate trug eine Kapuze, so dass er seine Befrager niemals sah, aber er kannte einen deutschen Akzent, weil in der Gegend von Valparaíso und San Antonio viele Deutsche lebten.

»Uff«, sagte er. Nein, er wisse nicht, ob der mit dem deutschen Akzent körperliche Gewalt gegen ihn ausübte. »Da waren mehrere Personen, ich erinnere mich nur an die Stimme.«

Wie sicher er sei, dass das die Stimme war.

»Ja, ich bin mir sicher. Zu 80 Prozent. Ich weiß nicht, wie ich das sagen soll, aber es ist ein tiefer Eindruck.«

Was auch für mich galt. Hier war eine zweite Person, nach Gómez, die sagte, sie erkenne Rauff wieder und sei von ihm verhört worden.

Erst später stellte ich eine Verbindung zwischen diesem Moment und dem von Ariel Dorfman geschriebenen Theaterstück *Der Tod und das Mädchen* her, in welchem eine Gefangene ihren Folterer an seiner Stimme wiedererkennt.

## 129

Am nächsten Morgen fuhren Monserrat und ich mit Samuel Fuenzalida und Jorgelino Vergara, zwei Männern, die eine Menge über verschwundene Menschen wussten, nach San Antonio.

Als wir uns der Stadt näherten, schlug Fuenzalida vor, die Schnellstraße zu verlassen und die alte Straße zu nehmen, die aus den 1970er Jahren. »Ich kenne diese Straße«, sagte er. »Ich auch«, sagte *El Vergara*, »wir benutzten sie, um zu dem Contreras-Haus am Meer zu fahren, mit dem Hund und den Kindern.« Während der Fahrt sprachen wir über dies und das, meine Reise nach Patagonien, die *Pesquera Camelio*, Quito, Londres 38 und Guatón Romos Parfüm.

»Ich trug Flaño«, sagte Fuenzalida.

»Ich ebenso!«, sagte Vergara.

Wir hielten vor Los Hornitos de Doña Carmen, einer Bäckerei. »Die Lieferwagen mit den Gefangenen hielten hier für Verpflegung«, sagte Fuenzalida, ein Laden mit altertümlichen Backsteinöfen. Ein paar Kilometer weiter fuhren wir in der Nähe einer Ausschilderung der Ingenieurschule rechts ran. Hier hatte sich der alte Puente Lo Gallardo befunden; die Brücke wurde bei dem Erdbeben von 1985 zerstört, das den Hafen von San Antonio verwüstete. »Die Lieferwagen hielten genau hier, damit die Gefangenen dem Tejas-Verdes-Team übergeben werden konnten«, sagte Fuenzalida.

Wir fuhren noch ein paar Kilometer weiter, zu der Küstenstadt Llolleo – der Name stammt von *Llollehue*, dem Mapuche-Wort für »Fischerort«. An der Plaza Estrella gingen Fuenzalida und Vergara einen Kaffee trinken, während Monserrat und ich uns mit einem Fischer im Ruhestand trafen, der auf einer Parkbank wartete.

Jorge Silva war ein kleiner Mann mit kräftigen Händen. Er trug einen Pullover mit blauen und roten Mustern. Ich hatte seine Worte vor ein paar Monaten in einer deutschen Radiosendung gehört. Man hatte ihm die Schwarz-Weiß-Fotografie eines älteren Mannes gezeigt, glatzköpfig, mit Brille.

»Wo ich das Bild von dem alten Nazi sehe, erinnere ich mich«, sagte er. »Er war in der Fischfabrik, mit Contreras, Jara und den anderen Mördern.«

Wo in der Fischfabrik in San Antonio?, hatte der Journalist in der Sendung gefragt.

»In der Halle, wo die Netzflicker arbeiteten«, antwortete Silva. »Er war da, bei den Lastwagen mit Gefangenen im Rücken. Er ist der auf dem Foto, er hatte einen deutschen Akzent.« Der Journalist sagte ihm, der Name des Mannes sei Walther Rauff.

Heute wollte der alte Fischer über sich sprechen, nicht den »verdammten Nazi«. Zur Zeit des Putsches habe es vier große Fischfabriken in San Antonio gegeben, erklärte er: *Contiki*, *Sopesa*, *Arauco* und *Harling*, und die DINA habe sie alle übernommen. Silva arbeitete für *Harling*. Einen Monat nach dem Putsch wurde er verhaftet, weil er Mitglied des MIR war. Er war 21.

»Ich wurde in einem Kühllieferwagen nach Tejas Verdes gebracht, dann in einem Keller festgehalten, unter dem Offizierskasino.« Er kannte den Ort vom Militärdienst. »Ich wurde verhört und gefoltert. Ich trug eine Kapuze, so dass ich niemanden sehen konnte.« Er habe brasilianische, französische und deutsche Akzente gehört.

Nach sechs Monaten wieder auf freien Fuß gesetzt, kehrte Silva nicht zu *Harling* zurück, weil die DINA die Leitung übernommen hatte. Einige inhaftierte Genossen seien freigelassen, andere aus einem Hubschrauber ins Meer geworfen worden, glaubte er, oder man habe sie mit anderen Mitteln verschwinden lassen. Einige hätten sich für das Exil im Ausland entschieden. Ein Jahr später wurde Silva erneut verhaftet und zu den Hütten in dem alten Ferienlager am Strand von Santo Domingo, südlich von San Antonio, gebracht. Er erinnerte sich an den Chevrolet-C-10-Transporter, die stupsnasige Kühlerfront, die Plane über der Ladefläche. Ich zeigte ihm ein Bild, er nickte.

Er war 34 Tage in Santo Domingo, mit gefesselten Händen, verbundenen Augen, neben 60 oder 70 weiteren Gefangenen. »Santo Domingo war schrecklich, noch schlimmer als beim ersten Mal.« Beim Sprechen verschränkte Silva seine Hände, wie Anatolio Zárate. Jede Baracke hatte vier Räume mit Etagenbetten. »Eine Baracke wurde benutzt, um zu foltern, eine andere als Warteraum.« Tagsüber hörten sie Kinder am Strand, am Abend herrschte nur Stille. »Mit der Zeit verstummten die Stimmen der Gefangenen. Dies steigerte unsere Furcht, da wir nicht wussten, ob man sie freigelassen oder getötet hatte.«

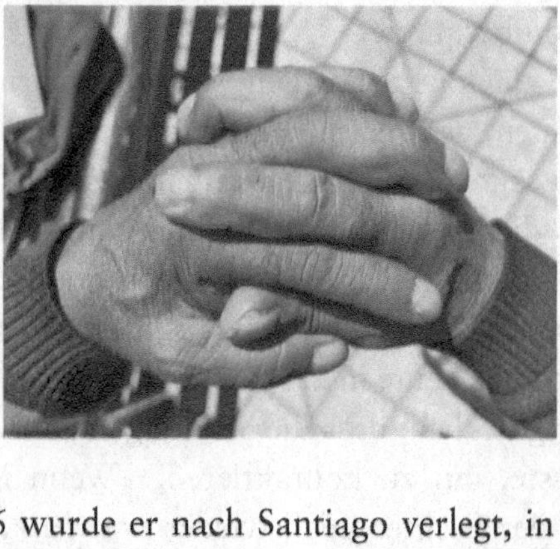

Im April 1976 wurde er nach Santiago verlegt, in die Villa Grimaldi, dann nach Tres und Cuatro Álamos. Einen Monat später wurde er freigelassen und an einen Ort nördlich von Valparaíso gebracht, von wo er im Juni nach San Antonio zurückkehrte.

»Meine *compañeros* waren weg, ich war allein und verängstigt. Nach drei Monaten fing ich wieder an zu arbeiten, in der *Pesquera Chile*, schnitt Kaiserhummern die Schwänze ab.«

»Die Fischfabrik wurde als Folterstätte genutzt. Ich sah ihn, wo die Netze repariert wurden, den Glatzkopf. Ich kannte seinen Namen nicht, aber genau dort sah ich ihn immer. Zweimal die Woche. Mit seinem Akzent und dem Anzug, den er trug, fiel er sofort auf.« Er erinnerte sich an die kehlige Stimme. »Es war der einzige deutsche Akzent.«

Wie alt war der Mann?

»Ich weiß, Sie glauben, ich erinnere mich nicht«, sagte Jorge Silva, »aber das tue ich sehr wohl.«

Ob er ein Video von Rauff sehen oder seine Stimme hören wolle, fragte ich.

Silva blickte mich an und schüttelte den Kopf. »Nein, ich möchte es nicht sehen. Es weckt schlimme Erinnerungen, genau wie das Reden über Contreras.« Schreckliche Erinnerungen, so schrecklich, dass Jorge Silva einige Jahre zuvor versucht hatte, sich umzubringen, indem er von der neuen Brücke sprang, die den Río Maipo überquerte.

Er sei nicht glücklich über den Wortwechsel mit dem deutschen Journalisten, der vor ein paar Monaten die Radiosendung gemacht hatte, sagte er mir. »Sie wollten, dass ich Verbindungen herstellte, was diesen Deutschen anging. Natürlich erinnere ich mich an ihn, ich kannte den Namen nicht, aber ich sah ihn immer in der *Pesquera*, in einem Anzug, sehr eindrucksvoll. Er war die rechte Hand der Leute in der Fischfabrik.«

Silva war unglücklich, dass die Sendung einen Richter in Santiago veranlasste, ihn zu kontaktieren. »Wenn ich mit Ihnen spreche, wird der Richter mich wieder anrufen«, was er nicht wolle, sagte er. Zehn Minuten lang beantwortete er über einen Zoom-Anruf die Fragen von Richter Guillermo de la Barra. »Mir wurde kein Foto von Rauff gezeigt. Er fragte mich kein einziges

Mal nach den Lieferwagen oder was mir widerfuhr. Alles, worüber er etwas wissen wollte, war Rauff.«

Ob ich zu der Gedenkstätte in Santo Domingo gehen werde, fragte Silva mich.

Am Nachmittag, antwortete ich.

»Ich werde mit Ihnen kommen«, sagte er.

Ich sei nicht allein, erklärte ich. Dass ich mit anderen hier sei.

»Mit wem?«

Jorgelino Vergara, *El Mocito*.

»Gehen Sie ohne mich«, sagte Jorge Silva. »Sie schreiben Ihr Buch, es ist wichtig, weil Richter diese Fälle nicht untersuchen, aber ich habe kein Interesse an Rauff. Was ich will, ist, dass die Leute, die uns das angetan haben, ins Gefängnis wandern.«

Mit Vergara wollte er keine Zeit verbringen. Das Gespräch war beendet.

## 130

Nachdem ich Jorge Silva verlassen hatte, fuhr ich mit Fuenzalida, Vergara und Monserrat zum Hafen von San Antonio. Nach dem Erdbeben von 1985 weitgehend wieder aufgebaut, wird er heute beherrscht von dem riesigen und grellen Einkaufszentrum Arauco San Antonio. Im Jahr 2009 eröffnet, huldigt sein Name der chilenischen Immobiliengesellschaft, die es betreibt. Es gibt keinerlei Hinweis darauf, dass die Firma irgendetwas mit der *Pesquera Arauco* zu tun hat.

Die Anlagen der *Pesquera Arauco* lagen auf der südlichen Seite des Hafens, gegenüber der Calle Bernardo O'Higgins. Gebäude und Produktionsanlagen waren verschwunden, heute sind da nur noch öde Flächen, belegt von ein paar bunten Schiffscontainern. Der Platz war günstig gelegen, die Kaserne Tejas Verdes war nur fünf Minuten entfernt, die Hütten in Santo Domingo nur ein paar Minuten weiter südlich. Zum Hotel La Bahía in Cartagena im Norden, das Vergara erwähnt hatte, war es eine 15-minütige Fahrt.

Wir fuhren zum Gelände der Hütten in Santo Domingo. Es ist ein bukolischer Fleck, dieses ehemalige Konzentrationslager am Meer, das Geräusch von Wellen und Möwen und Kinder, die sich schreiend zwischen den Sonnenschirmen am Strand hindurchschlängelten. Hier war es, wo Jorge Silva festgehalten wurde und Vergara mit seinen Barfußläufen Contreras' Tochter beeindruckte.

Heute ist nicht mehr viel übrig. Hellblaue Schilder markieren die nationale Gedenkstätte, das »ehemalige Gefangenenlager des beliebten Strandes in Rocas de Santo Domingo«. Ein großes Schwarz-Weiß-Foto zeigt, wie es war, Gebäude und Dünen bis zum Horizont. Die von Allende errichteten und später für Folter genutzten Ferienhütten waren verschwunden. Übrig geblieben waren gespenstische Pfähle, auf denen die Hütten einst gestanden hatten, Treppen, die nirgendwohin führten, ein paar verstreute Überreste von Porzellan-Toilettenschüsseln und die Betonsockel für die Toiletten. »Ich führte den Deutschen Schäferhund der Familie Contreras spazieren, ›Kazán‹ hieß er«, erzählt Vergara in einem ARD-Hörfunk-Feature. »Der Hund war mein Liebling. Zur gleichen Zeit starben dort viele Menschen, Gefangene, sie wurden gefoltert und ... Tschüss.«[82]

Das war lange her. Heute besitzt der Strand ein einfaches Café, es steht auf einer erhöhten hölzernen Plattform und bietet einen schönen Blick auf den Ozean, den Strand und die Überreste der Hütten. Wir aßen Eiscreme. Contreras habe auf dem Hügel hinter uns gewohnt, sagte Vergara, ein paar Minuten entfernt. Er führte uns hin, zu einem Gebäude, das wieder aufgebaut worden war. »Dieser Rauff, der *El Chacal* genannt wurde, kam hierher, um Manuel Contreras zu besuchen. Damals lag es im Wald, sehr abgeschieden. Er kam hierher, wo ich ihn sah, mehr als einmal. Und im Hotel La Bahía. Fahren wir hin und suchen es.«

* * *

Wir fuhren nach Cartagena, wieder durch San Antonio, auf der Küstenstraße. Wir passierten den Leuchtturm von Punta Panal, ein Freizeitzentrum der Polizei und ein Hinweisschild zum Grab des Avantgarde-Schriftstellers Vicente Huidobro, dessen Neffe Miguel Serrano 1984 auf dem Begräbnis von Walther Rauff den Arm zum Hitlergruß reckte. Als einer der vier bedeutenden Dichter Chiles anerkannt, verbrachte Huidobro seine letzten Lebensjahre in der Küstenstadt, die unter den Literaten in Mode war. Lange her, Cartagena muss märchenhaft gewesen sein.

Vergara hatte ein Treffen zwischen Rauff und Contreras in einem Hotel namens La Bahía erwähnt, in der Nähe von San Antonio. Ich machte ein Etablissement mit diesem Namen ausfindig, in der Avenida Playa Chica in Cartagena, mit Blick auf den Strand. Das könne es nicht sein, meinte Vergara. Er erinnerte sich an einen Ort oben in den Hügeln. Das Hotel gehörte in den 1970er Jahren Benito Tricio. Sein Name tauchte in einem Zei-

tungsartikel auf, im Zusammenhang mit einem Fall am Obersten Gerichtshof, wo es hieß, Tricio habe 1975 »mehrere Zahlungen von der DINA in Form von Schecks kassiert, die von Manuel Contreras unterschrieben waren«. Das Hotel La Bahía war ein Ort, wo Geld getauscht und Geschäfte abgeschlossen wurden.[83] Nicht lange danach wurde Tricio Spaniens Honorarkonsul in San Antonio.

Vergara erzählte uns von einer Autofahrt, die er einmal unternahm. »Ich war in Santiago und fuhr mit Mamo zurück nach Santo Domingo«, sagte er:

> Normalerweise begleitete ich die Familie, aber diesmal waren es nur wir beide. Ein weiterer Wagen folgte, mit Leibwächtern. Mamo wollte fahren, weil es ein neuer Wagen war, ein Ford Mercury, den ihm sein Freund Pinochet geschenkt hatte. Deshalb hatte er keinen Fahrer dabei, wir waren zu zweit, nur Mamo und ich. Während wir fuhren, rief er übers Funktelefon diesen Mann auf dem Foto an. Nun ja, er rief irgendjemanden an und sagte, er wolle diesen Mann treffen. Es wurde abgemacht. Wir hielten an einem Hotel, ich glaube, es war das Bahía.

Das Foto, von dem er sprach, war das, das ich ihm zuerst gezeigt hatte, Rauff mit der Kissinger-Brille, wie er bei Nena sitzt, während sie sich anlehnt und hinter ihnen Boote auf dem Meer schaukeln, irgendwie paradiesisch. »Dort, im Hotel La Bahía, wartete dieser Mann auf dem Foto auf uns, mit einer Zigarette, er war ein starker Raucher.«

Vergara erinnerte sich an den Mann. »Er sah genau so aus, ich sah ihn bei mehreren Gelegenheiten, ein finsterer Mensch.« Er hielt inne. »Dieses Foto wurde nicht im Hotel La Bahía gemacht, das weiter weg vom Meer lag, es ist wohl ein anderer Ort.«

»Wir kamen zu dem Hotel«, fuhr er fort. »Ich ging auf die Toilette, kam dann runter in einem großen Raum, wo die beiden an einem Tisch saßen. Sie gaben mir ein Mineralwasser und sagten mir, ich solle rausgehen und im Wagen warten. Ich saß nicht bei ihnen. Ich trank das Mineralwasser und ging zurück zum Auto. Das war 1974, im Sommer.«

Wir kamen bei dem Hotel an. Wie die Stadt hatte es bessere Tage gesehen, war verschlossen. »Ja, das war es«, sagte Vergara. »Komische Sache, ich war mir sicher, es lag in den Hügeln, aber das hier war es, wo ich Rauff sah.«

Obwohl die Örtlichkeit verschlossen war, gab es eine Telefonnummer über der Tür. Vergara rief an, jemand nahm ab, er erfand eine Geschichte, dass er auf der Durchreise sei und die Örtlichkeit vielleicht für eine Feier mieten wolle, eine Buchpräsentation. Sie könnten sich um sechs treffen, sagte der Besitzer, später am Nachmittag. Wir hingen herum, aßen noch mehr Eiscreme, schlenderten die Strandpromenade entlang. Die Stadt war voller schöner Gebäude und Villen, alter und neuer, jetzt verfallen. In den 1970er Jahren dürfte die gesellschaftliche Szene aufregend gewesen sein.

Am nördlichen Ende des Strandes, auf einer bescheidenen Landzunge, ein paar Stufen hinauf, auf einem Sockel, standen wir und bewunderten die Statue der *Virgen del Suspiro*, der »Jungfrau der Seufzer«. Ich saß eine Weile da, während Fuenzalida und Vergara herumliefen. Es war ein langer Tag, ein schwerer Tag, sie hörten nie auf zu reden.

Ein Mann näherte sich mir. »Woher sind Sie?«, erkundigte er sich. Wir kamen ins Gespräch. »Ich bin Sergio, ich komme aus Baltimore, aber ich wurde hier geboren, 1961, ich besuche meine Mutter.«

Er bemerkte, dass ich ein modernistisches Gebäude bewunderte, das in die Felsen gehauen war, direkt über uns. »Es war ein Nachtclub, der einem Linken gehörte, nach dem 11. September holten sie ihn ab.« Sergio sagte dies unverblümt. »Ich bin sehr für Pinochet«, fügte er hinzu. »Und ja, ich kannte den Besitzer des Hotels, Tricio. Und ja, Contreras ging früher immer hin, er war ein Freund von Tricio und von meinem Vater. Ich war mit Contreras' Sohn befreundet. Viele wichtige Leute gingen hin, es war ein wichtiger Ort, vor allem in den Ferien, zu Neujahr.« Er lachte. »Vielleicht kam sogar Michael Townley! Er lebt heute in Ohio.«

Ich war mir nicht sicher, woher Sergio das wusste, aber er machte keine Anstalten, mehr zu sagen.

Es wurde sechs Uhr und später, aber der Hotelbesitzer ließ sich nicht blicken. Vergara rief ihn an. Er werde später kommen, sagte er. Weil wir nicht warten wollten, gingen wir zurück zum Auto, das vor dem Hotel La Bahía geparkt war. In diesem Moment tauchte auf der Dachterrasse ein Mann auf. Wir riefen nach oben. Er war der Hausmeister. Er kam nach unten und ließ uns rein.

»Ja, das ist der Ort, ich erinnere mich an alles.« Vergara sagte dies in gedämpftem Tonfall. »Ich war dreimal hier, und zweimal war Rauff hier, in diesem Raum. Sie tranken zusammen, Rauff rauchte.

Ob er wisse, worüber sie geredet hätten.

»Sie verbrachten anderthalb Stunden zusammen. Ich weiß nicht, worum es ging.«

Ein paar Worte bekam er allerdings mit. »Sie sprachen von ›Paketen‹, die beseitigt werden müssten, keine Spur.« Rauffs Aufgabe sei gewesen, »sie für immer verschwinden zu lassen«.

Ich erwähnte Jorge Silvas Gespräch mit dem deutschen Journalisten, mit dem auch Vergara geredet hatte. Sie hatten über die *perrera* gesprochen, die Verbrennungsanlage in einem Park in Santiago, die genutzt wurde, um streunende Hunde zu vernichten, im Bezirk Quinta Normal, heute der *Parque de los Reyes*, der »Park der Könige«.

»Die Verbrennungsanlage wurde genutzt, um Leichen verschwinden zu lassen, mehr als 300«, sagte Vergara.

Fuenzalida hatte Gerüchte gehört, dass Rauff zu der *perrera* fuhr, dass er zur Gruppe »Endlösung« gehörte.

Konnte dies stimmen?

Jorgelino Vergara blickte hinaus aufs Meer und zur Sonne. Er nickte. Ja, er habe davon gehört, aber von anderen, er selber habe den Ort nicht gesehen. »Es ist nicht wie dieser Raum. Rauff saß hier, mit Contreras.« Er zeigte auf die Fenster. »Ich sah sie, ich war bei ihnen. Es war Arbeit, es war kein geselliges Beisammensein.«

Er hegte keinen Zweifel, dass Rauff mit Contreras zusammenarbeitete.

»Genau das habe ich dem Richter erzählt«, sagte er.

## Der Richter

### 131

Der Tag in und um San Antonio war lang gewesen, und es gab viele Eindrücke zu verarbeiten. Wir fuhren mehr oder weniger schweigend zurück, Monserrat und ich und zwei Männer, die schreckliche Verbrechen entweder mitangesehen oder sich an ihnen beteiligt hatten und die sich Bedrohungen gegenübersahen aufgrund dessen, was sie getan hatten. Ich dachte an Jorge Silva und seine kurze, unbefriedigende Unterredung mit einem Richter. Ich dachte auch an Anatolio Zárate und Walther Rauffs eindeutige Stimme und deutschen Akzent.

Zurück in Santiago, traf ich mich mit einem weiteren Richter, einem, über den viele mit großer Anerkennung, ja Hochachtung sprachen. Der Name war vertraut: Mario Carroza, der die Untersuchung gegen die *Pesquera Arauco* eröffnet hatte, dessen Arbeit anschließend von Richterin Paola Plaza und dann von Richter de la Barra aufgegriffen wurde. »Kein Richter hat eine maßgeblichere Rolle in der Untersuchung der Verbrechen der Ära Pinochet gespielt als Mario Carroza«, sagte mir ein angesehener Journalist. Er war an vielen der größten Fälle beteiligt, darunter die von Carmelo Soria und Alfonso Chanfreau sowie der Fälle »Todeskarawane« und Operation Condor. Im Jahr 2015 eröffnete Carroza als Ermittlungsrichter am Berufungsgericht die zwei Fälle die *Pesquera Aurauco* betreffend. Vor kurzem war er an den Obersten Gerichtshof berufen worden.[84]

Wir sprachen zuerst über Zoom miteinander, dann lud Carroza

mich ein, ihn am Obersten Gerichtshof in Santiago zu treffen, einem sagenhaft neogotischen Gebäude, in dem seine Kanzleiassistentin uns herumführte. Wir besichtigten den Gerichtssaal, wo Pinochets Anwälte ihre Verhandlung über die Immunität verloren, und im Untergeschoss sahen wir Porträts von Präsidenten des Obersten Gerichtshofs, deren Namen vertraut waren, wegen der Weigerung, Contreras auszuliefern, wegen der Verurteilung von Contreras, wegen der Begrenzung der Anwendung des Amnestiegesetzes und wegen der Entscheidungen zu Carmelio Soria und zu Pinochet.

Mario Carroza führte mich zu einem kleinen Büro. Er war zum Recht gekommen, nachdem er einen Abschluss in Philosophie gemacht hatte, und erlangte seine juristischen Abschlüsse an der Abendschule. Von Anfang an wollte er immer Richter werden – in Chile eine berufsständische Karrierelaufbahn.

Er wollte über Rauff sprechen. Er wusste über seine Vergangenheit Bescheid, obwohl der Name in seinen Ermittlungen zur *Pesquera Arauco* nicht aufgetaucht war. Ich berichtete ihm, welche Informationen ich hatte.

Keine Dokumente konnten bestätigen oder widerlegen, dass Rauff für die DINA arbeitete.

Niemand sah ihn tatsächlich in der Colonia Dignidad oder auf der Isla Dawson, obwohl es viele Gerüchte gab.

Ein Gefangener, der die Stimme von Walther Rauff als die seines Befragers und Folterers in Tejas Verdes wiedererkannte. Anatolio Zárate.

Ein DINA-Agent, der Rauff im DINA-Hauptquartier in Santiago sah und dem gesagt wurde, er arbeite für die *Pesquera Arauco* in San Antonio, der aber seinen Namen nicht kannte. Samuel Fuenzalida.

Ein Nachwuchskellner, der Rauff mit Manuel Contreras in Santo Domingo und in Cartagena in der Nähe von San Antonio sah, aber seinen Namen nicht kannte. Jorgelino Vergara.

Ein Neffe (von Rauffs »Pflegerin« Nena), der ihn in Punta Arenas sah und wusste, dass er militärische Flüge zwischen dort und Santiago unternahm. Raúl Donoso.

Ein Fischer, der Rauff in einer der Fischfabriken von San Antonio sah. Jorge Silva.

Ein Enkel, in dessen Zimmer in Santiago Rauff wohnte und der Rauff jeden Tag weggehen sah, in Anzug und Krawatte, auf Arbeitssuche. Walther III.

Ein Häftling, der Rauff als seinen Befrager in Londres 38 in Santiago wiedererkannte, León Gómez.

»Ich kenne León Gómez«, unterbrach Richter Carroza. »Er war Zeuge in vielen Fällen, und eine Cousine von mir heiratete ihn, als er Geschichtslehrer war.« Er wusste von seiner Inhaftierung in Londres 38 und von seinen Büchern und Aussagen in vielen Fällen. »Ich kann nicht behaupten, dass alles, was León Gómez schreibt, zutreffend ist, aber er beschrieb viele Fakten von Geschehnissen zutreffend. Im Wesentlichen sind die Fakten so, wie er sie beschreibt. Er ist glaubwürdig. Viele Ermittlungen begannen mit seinen Berichten, und viele Angehörige der Streitkräfte sind aufgrund seiner Aussagen verurteilt worden.«

Er konnte nicht wissen, wie glaubwürdig León Gómez war, was das Wiedererkennen von Rauff in Londres 38 betraf. Allerdings hatte Gómez andere wiedererkannt, die ihn folterten, und sein Zeugnis erwies sich als zuverlässig. »Er lieferte präzise Identifizierungen von Miguel Krassnoff in Londres 38.« Was León Gómez' Behauptung betraf, von Rauff verhört worden zu sein, war Richter Carroza nicht skeptisch. »Wenn Deutsche dort waren, wäre es leicht, sie zu identifizieren. Die Örtlichkeit war sehr klein, so dass man alles hören konnte, die Stimmen und ihre Unterhaltung.«

Richter Carroza erinnerte sich nicht sogleich an die eidesstattliche Erklärung, die angeblich Rauff erwähnte. Doch die Verbindung zwischen Londres 38 und der Colonia Dignidad war gut verbürgt. Die Aussage von Samuel Fuenzalida bestätigte sie, und die Ermittlungen zu der Beziehung gingen weiter. »León gab viele eidesstattliche Erklärungen ab, so dass es eine geben könnte, in welcher er Walther Rauff erwähnt, aber ich bin mir nicht sicher.« Sie würden im Museo Histórico Nacional aufbewahrt.

Als Mann von augenscheinlicher Gewissenhaftigkeit schnitt Richter Carroza einen Sachverhalt an, der ihn an León Gómez immer beunruhigt hatte:

> Man weiß nie, warum jemand wohl aus der Haft entlassen wurde, während man andere verschwinden ließ. Wenn man kooperierte, hatte man bessere Chancen. Beispielsweise kam León Gómez nicht in die Villa Grimaldi, sondern direkt nach Cuatro Álamos. Dies waren Orte, wo Menschen in Isolationshaft gehalten wurden, oft, bevor sie aus Chile ausgewiesen wurden. Ich habe nie die Umstände der Freilassung von León Gómez erfahren, aber ich hatte die ganzen Jahre viel Kontakt mit ihm in verschiedenen Fällen.

## 132

Ob er glaube, dass es eine Beziehung zwischen Rauff und der DINA gab?

»Ich wäre nicht überrascht«, antwortete Richter Carroza. »Es gab eine sehr starke Verbindung zwischen Londres 38 und der Colonia Dignidad, mit häufigem Gefangenenaustausch und Zusammenarbeit bei Foltermethoden.« Carroza hatte Londres 38 viele Male besichtigt, es war eine kleine Örtlichkeit. »León war dort, als es das einzige Folterzentrum war«, erklärte er:

> Als Londres 38 international angeprangert und aufgedeckt wurde, dass es ein Folterzentrum war, musste die DINA andere

> Einrichtungen öffnen, wie die Villa Grimaldi und José Domingo Cañas. Viele Menschen, die man in Londres 38 festhielt, wurden an andere Orte transportiert. Dazu verwendete man immer die *Pesquera*-Lieferwagen, die gekühlt waren. Es herrscht allerdings große Ungewissheit, weil es niemanden gibt, der transportiert und dann auf freien Fuß gesetzt wurde. Also ist es sehr wahrscheinlich, dass man diejenigen, die in den Lieferwagen transportiert wurden, an einen endgültigen Bestimmungsort brachte.

Dafür, meinte er, habe die *Pesquera* eine zentrale Rolle gespielt.

»Die Lieferwagen fuhren nach San Antonio oder Valparaíso«, sagte Carroza. »Es ist nicht bewiesen worden, aber es gibt zwei Thesen. Die erste lautet, dass der Bestimmungsort das Fischereiunternehmen war, wo sie als Fischmehl entsorgt werden konnten, aber ich habe nie eine fachliche Erklärung dafür bekommen. Die zweite lautet, dass sie ins Meer geworfen wurden, wobei man Eisenbahnschienen zum Beschweren verwendete.« Genau dies widerfuhr Marta Ugarte, deren Leiche an einen Strand bei Valparaíso gespült wurde. »Als ich die Untersuchung einstellte, war das der Stand der Dinge: das Fischereiunternehmen oder Entsorgung zur See.«

Ob er als erfahrenerer Ermittlungsrichter ein Bauchgefühl hatte, was die Gerüchte über das Fischmehl betraf?

»Die Verwendung von Kühllieferwagen der *Pesquera Arauco* ist bestätigt. Sie wurden eingesetzt, um Menschen zu transportieren, lebende und tote. Sie wurden eingesetzt, um Leichen zum Patio 29 zu bringen, auf den Cementerio General.« Dies war eine Grabstelle auf dem Hauptfriedhof von Santiago, die ich besucht hatte, wo viele Gefangene heimlich beerdigt wurden oder wo heute derer gedacht wird, die – wie der Sänger und Liedermacher Victor Jara – getötet wurden und deren Leichen man nie gefunden hat.

»Es ist klar, dass die Kühllieferwagen verwendet wurden, um Leichen zu beseitigen.« Dies wurde im Fall »Patio 29« bestätigt, der von Paola Plaza untersucht wurde, wobei das Ziel der Ermittlungen hauptsächlich darin bestand, die Leichen zu lokalisieren und zu versuchen, sie zu identifizieren, nicht, Menschen strafrechtlich zu verfolgen.

Sein Bauchgefühl?

Mehrere Elemente würden der Fischmehl-Geschichte Glaubwürdigkeit verleihen, meinte er. »Die DINA wollte unbedingt einen Weg finden, Leichen loszuwerden. Man begrub sie, aber das Auffinden von Spuren menschlicher Überreste wurde zum Problem. Deshalb arbeitete man mit der Colonia Dignidad zusammen, um Leichen zu exhumieren und zu beseitigen, ohne eine Spur zu hinterlassen.«

Der Richter hielt inne. »Es gibt ein weiteres Element, das mich glauben lässt, dass die Fischmehl-Theorie stimmen könnte. Und zwar das, was mit den Hornos de Lonquén geschah, wo ein Ofen als Krematorium benutzt wurde, um Leichen zu beseitigen.« Dies war ein Verweis auf die Einäscherung von 15 Männern, die binnen Wochen nach dem Putsch verhaftet wurden und deren Gebeine man an Stellen zwischen Santiago und San Antonio fand. »Sie benutzten das gleiche System, das in Deutschland benutzt wurde«, erläutert Carroza. »Das war einer der Gründe, warum wir immer dachten, diese Ideen kämen von Ausländern, nicht von Chilenen. Es ergibt Sinn.«

»Ich eröffnete die Klage wegen der *Pesquera*, die von Londres 38 eingereicht wurde«, fuhr er fort. »Wir konzentrierten uns auf die Transporte, den Einsatz der Lieferwagen, aber es gab einige Ermittlungen zur Produktion von Fischmehl.«

Die Ermittlungen erbrachten mehrere Zeugenaussagen, die ich gelesen hatte. Ich sagte Carroza, sie vermittelten den Eindruck, als sei bei ihrer Abfassung eine gewisse Koordination im Spiel gewesen, was Anlass gebe zu mehr Fragen als Antworten.

Richter Carroza lächelte und nickte. »Dieser Teil der Untersuchung war genau so. Die Polizei hatte Mühe, konkrete Antworten zu finden. Wir wussten Bescheid über die Verbindung der DINA mit der *Pesquera*. Wir wussten Bescheid über die Verwendung der Lieferwagen. Doch niemand hat bis heute irgendetwas in Bezug auf das Eintreffen von Leichen gesagt.«

Weil die Leute Angst haben zu reden?

Er zuckte mit den Achseln, ohne ein Wort zu sagen.

Sollte man dem nachgehen?

»Wir untersuchen genau das gerade, ebenso die Verbindung mit der Colonia Dignidad. Rauff könnte durchaus die ›graue Eminenz‹ im Hintergrund sein, der Verbindungspunkt zwischen der DINA, der *Pesquera* und der Colonia Dignidad.« Später kam Carroza auf dieses Thema zurück. »Bekanntlich verbrachten Contreras und Rauff in der Colonia Dignidad sehr viel Zeit miteinander, sie gingen zusammen auf die Jagd, wenn sie in der Nähe waren.« Das hatte ich nicht gehört.

Tauchte Rauffs Name im Zuge der Untersuchungen über die Colonia Dignidad auf?

»Ja, aber nicht als jemand, der stark und dauerhaft präsent war, lediglich als jemand, der sporadisch vorbeikam. Es gibt einen Zeugen, den Paola Plaza kürzlich befragt hat, einen jüngeren, der andere Deutsche erwähnte, darunter auch Rauff.«

Ich fragte Carroza nach Fuenzalida, den früheren DINA-Agenten.

> Samuel hat sehr viel kooperiert, und dank ihm sind viele Verschwundene gefunden worden. Er war ein Mörder, er war dafür zuständig, »Leute zu erledigen«. Er weiß, dass wir freundlicher zu ihm sein werden, wenn er kooperiert, und er ist einer der wenigen aus der Armee, der mitarbeitet. Daher mag nicht alles, was er sagt, vollkommen glaubwürdig sein. Aber wenn er sagt, er erkennt den Mann auf dem Foto wieder, dass er ihn in der Marcoleta sah, dass er mit der *Pesquera Arauco* zu tun hatte, dann hätte ich keine Zweifel, dass es stimmt. Keine Zweifel.

Und *El Mocito*?

Vergara habe aufgepasst, was er sagte, erklärte Carroza, und sich auf Dinge beschränkt, die er sah, bevor er 18 war. Der Richter hatte ihn befragt:

> Ich denke, dass alles, was er mir und dem für die Strafverfolgung zuständigen Richter, der ihn zuerst ausfindig machte, erzählte, der Wahrheit entsprach und hilfreich war. Viele Leute wurden wegen seiner Aussage verurteilt. Er nannte Details, die präzise waren und sich als zutreffend erwiesen. Er war derjenige, der Informationen über das, was im Zentrum Simón Bolívar geschah, enthüllte, die nicht bekannt waren, bevor er redete. Er besitzt mehr Informationen, als er bereit ist, weiterzugeben.

Ich erzählte ihm von anderen Details, auf die ich gestoßen war. Pinochet brachte Rauff aus Ecuador nach Chile, und sie blieben in Kontakt. Unter seinem Regime fühlte Rauff sich wie »unter Denkmalschutz«. Wenige Monate nach dem Putsch besuchte General Mendoza die *Pesquera Camelio* und schickte ein paar Wochen später Polizeibeamte zur Arbeit in die *Pesquera Arauco*, um die Lieferwagen zu schützen. Rauffs Enkel erzählte mir, dass sein Vater 1984 bei Pinochet war.

Richter Carroza räusperte sich:

> Da ich diese Dinge seit mehr als 20 Jahren untersuche, kann ich sagen, dass Sie mehr als genug Elemente haben, um eine Rechtsvermutung hinsichtlich der Verwicklung von Rauff in die Arbeit der DINA aufzustellen. Die Verbindung zwischen DINA und *Pesquera Arauco* ist eindeutig. Die Verbindung zwischen San Antonio und Londres 38 ist eindeutig, mit Fahrten hin und zurück. DINA-Agenten hatten, wie die Armee, keine Ausbildung, um die *Pesquera Arauco* zu betreiben. Rauff leitete eine weitere Fischfabrik. All dies lässt nur einen Schluss zu.

Und was die Verwendung von Kleinlastern, um Menschen verschwinden zu lassen, angeht, so habe Rauff eine Vorgeschichte gehabt.

Noch weiter?

»Was nottut, ist eine Untersuchung der Rolle von Zivilisten und Unternehmen in dem System der Unterdrückung. Die Untersuchung der *Pesquera Arauco* ist bislang nicht möglich gewesen. Sie bleibt noch zu leisten.«

Carroza zögerte:

> Es gibt einen neuen Nationalen Plan zur Suche nach Verschwundenen. Die sterblichen Überreste der Verschwundenen sollen ausfindig gemacht und identifiziert werden. Dies wird vielleicht Licht auf die Rolle der *Pesquera Arauco* werfen und auf Walther Rauff. Fünfzig Jahre sind vergangen, aber es gibt eine Dynamik, in diesen Dingen voranzukommen. Alles wird vom Willen des Ermittlungsbeamten abhängen. Ich hatte den Willen. Jetzt wird es auf den Willen anderer ankommen. Teilen Sie sämtliche Informationen, die Sie haben, mit Plaza und de la Barra.

Als die Unterhaltung sich dem Ende näherte, erwähnte ich ein Telefonat, das ich vor kurzem mit Sebastian Rauff, dem Bruder von Walther III., geführt hatte. Er sprach über das Verhältnis seines Vaters zu dem General und über die Notizbücher seines Großvaters. Die Notizbücher waren an Rauffs Sohn weitergegeben worden und befanden sich jetzt wahrscheinlich im Besitz seiner Witwe, Beatriz Vázquez. Ich hatte versucht, sie ausfindig zu machen, ohne Erfolg. Danach sagte Carroza:

> Falls Paola Plaza Kenntnis davon hat, könnte sie Señora Vázquez befragen und sich nach den Notizbüchern erkundigen. Beziehungsweise sie könnte die Polizei anweisen, sie in ihrem Haus aufzusuchen, sich nach den Notizbüchern zu erkundigen und sie

in ihren Besitz zu nehmen, für den Fall *Pesquera Arauco*. Erika Hennings könnte das ebenfalls verlangen, über die Anwälte. Sie müssen drei Elemente beweisen: dass Beatriz Vázquez existiert, dass die Notizbücher existieren und dass sie sich in ihrem Besitz befinden.

Ich erwähnte Rauffs persönliche Korrespondenz. Rauff achtete darauf, was er schrieb, aber er erwähnte Elemente, die eine Beziehung zur DINA nahelegten. Ein aufmerksamer Leser könnte der Korrespondenz einiges entnehmen.

»Es hängt immer davon ab, aus welcher Perspektive man einen Text liest«, sagte Mario Carroza. »Ein Polizist, ein Richter und ein Wissenschaftler könnten denselben Brief lesen, und jeder findet möglicherweise etwas anderes.«

Er sprach nun langsamer. »Die Fragen sind endlos, das Interesse bleibt. Es ist sehr gut, dass jemand sich auf diese Figur, Walther Rauff, konzentriert und neue Aspekte seines Lebens ans Licht bringt. Die ganze Geschichte von *El Mocito* fing ganz genau so an.« Bis 2007, erklärte Richter Carroza, habe kein Mensch etwas über diesen Vergara gewusst oder über seine Funktion oder darüber, was er wusste. Niemand hätte je von ihm gehört. Als die Tür dann einmal auf war, habe sie sich nie mehr geschlossen.

Wir kamen noch einmal auf Pinochet sprechen und auf einige der Fakten, auf die ich gestoßen war, von denen Carroza nichts wusste.

Er sei mit dem Fall »Todeskarawane« befasst gewesen, mehrere Jahre lang, doch Richter Carroza sah nie einen Befehl, der die Unterschrift von Pinochet trug. Ich erwähnte das Dokument, das Cristián Toloza Jonathan Powell gegeben hatte, um die Behauptung zu untermauern, das Pinochet seine Immunität verlieren könne, wenn er nach Hause zurückkehre.

»Es ist sehr wahrscheinlich, dass weitere Dokumente existieren, die noch nicht aufgetaucht sind«, sagte Carroza, »und die sich im Besitz der Armee oder des Verteidigungsministeriums befinden. Es ist auch möglich, dass der Geheimdienst einige davon vernichtet hat.«

Um Leute zu schützen?

Richter Carroza nickte.

Wäre es möglich, dass der Präsident des Obersten Gerichtshofs und der chilenische Staatspräsident zu einer Verständigung kamen, um Pinochet die Rückkehr zu erleichtern?

»Ich denke, ja, es ist glaubhaft, dass Präsident Frei mit dem Präsidenten des Obersten Gerichtshofs sprach.«

War es wahrscheinlich, dass Rauff Pinochet half, das Verschwindenlasssen zu erleichtern?

Richter Carroza nickte. »Mit Ihrer Darstellung sind mehrere Elemente zusammengekommen, die als korrekt zu bestätigen ich mich in der Lage fühle.«

Warum warteten das Justizsystem und die Richter die Rückkehr Pinochets ab, um endlich so zu funktionieren, wie sie es sollten?

»In den Anfangsjahren der DINA hat die Justiz in Chile komplett versagt. Dieses Versagen setzte sich bis Ende der 1990er Jahre fort, selbst mit der Ankunft der Demokratie. Die Richter schauten weg. Es gab Untersuchungen, aber keine Gerichtsverfahren und keine Verurteilungen, nicht bis Pinochet zurückkehrte.«

Also war seine Rückkehr positiv, in diesem Sinne?

»Die Verhaftung von Augusto Pinochet in London hatte einen bedeutsamen Effekt. Die Richter fingen an, sich befugter zu fühlen. Wir fanden, wir hatten die Kompetenz, und dieses Gefühl wurde durch den Obersten Gerichtshof unterstützt.«

Aber die Straflosigkeit bleibt?

»Für Zivilisten und Unternehmen hat es sie gegeben und wird es sie weiterhin geben, totale Straflosigkeit.«

Als Nächstes stellte Richter Carroza eine Frage. Warum war

ich an dieser Geschichte interessiert und an Rauffs Rolle in den Verbrechen des Augusto Pinochet?

Eine angemessene Frage. Es fing an mit dem Recht, wie die für Nürnberg erfundenen Verbrechen aufgenommen wurden, dem Zusammenspiel von Immunität und Straflosigkeit. Außerdem gab es eine persönliche Verbindung: meine Mitwirkung an Pinochets Fall in London, meine Ansichten über das Ergebnis und die Umstände seiner Rückkehr sowie die Entdeckung einer familiären Verbindung über meine Frau, mit der Ermordung von Carmelo Soria. Dann eine weitere persönliche Verbindung, wie ich im Zuge meiner Recherchen feststellte, dass eine der vielen in Rauffs Kleinlastern in Polen Ermordeten Herta Gruber war. Sie war zwölf Jahre alt und die ältere Cousine meiner Mutter.

Mario Carroza hörte aufmerksam zu.

»Ich kannte einen Gefangenen in Londres 38«, sagte er. »Er war mit mir auf der Universität, *El Pedagógico*, wir studierten Philosophie zusammen.« Er bezog sich auf das Pädagogische Institut an der Universität von Chile. »Sein Name war Alfonso Chanfreau.«

Er sah mich an.

»Es ist eine feine Sache, aus einem persönlichen Grund Nachforschungen anzustellen«, sagte Richter Carroza. »Eine sehr feine Sache.«

# EPILOG

## Zwei Männer, zwei Gesichter

Die Verhaftung von Augusto Pinochet am Abend des 16. Oktober 1998 hatte viele Auswirkungen.

Es war das erste Mal, dass ein ehemaliges Oberhaupt eines Landes in einem anderen Land wegen Begehung eines internationalen Verbrechens verhaftet worden war. Sie veranlasste andere, über ihre eigene Immunität nachzudenken.

Ende 1999, während des Pinochet-Verfahrens, hieß es, dass der kroatische Präsident, Franjo Tuđman, sich entschieden habe, nicht wegen einer wichtigen ärztlichen Behandlung nach Deutschland zu reisen, weil er eine versteckte Anklage für Verbrechen, begangen während des Jugoslawien-Konflikts, fürchtete.[1] Er starb im Dezember jenes Jahres.

Im März 2002 sagte Henry Kissinger eine Reise nach Brasilien ab. Dies geschah nach Berichten, er könnte für seine Rolle beim Militärputsch in Chile verhört werden, nachdem er einen Artikel gegen das Weltrechtsprinzip und die Verhaftung Pinochets veröffentlicht hatte.[2]

Im Februar 2011 beendete George W. Bush einen Besuch in der Schweiz vorzeitig. Angeblich hatte er Sorge, er könnte wegen seiner Genehmigung des Waterboarding, ein Akt von Folter und ein internationales Verbrechen, befragt werden.[3]

Im August 2023 beschloss Russlands Präsident Wladimir Putin, nicht nach Südafrika zu reisen. Wegen seiner Rolle bei der Verschleppung von Kindern aus der Ukraine vom Internationalen Strafgerichtshof in Den Haag angeklagt, war ein Haftbefehl gegen ihn erlassen worden.[4]

* * *

Die Auswirkungen in Großbritannien waren vielfältig.

Tony Blairs Regierung ersetzte 2005 mit dem Constitutional Reform Act den Berufungsausschuss des Oberhauses durch einen neuen Obersten Gerichtshof des Vereinigten Königreichs, der am 1. Oktober 2009 seine Arbeit aufnahm. »Ich bedauerte die Veränderung und den Beitrag, den die Hoffmann-Episode dazu leistete«, sagte James Vallance White. »Ohne Hoffmann hätte Goff als Richter amtiert, der Fall wäre in die andere Richtung gegangen, und Pinochet wäre im November 1998 zu Hause gewesen.«

Nico Browne-Wilkinson war zutiefst betroffen durch die Geschichte. Er zog sich vorzeitig aus dem Berufungsausschuss des Oberhauses zurück, und die *froideur* mit seinem Richterkollegen Hoffmann beendete eine lange Freundschaft.[5]

Michael Caplan wurde zum Kronanwalt ernennt, eine seltene Ehre für einen Rechtsberater. »Ich erhielt einen sehr netten, handschriftlichen Brief von dem General, auf Spanisch«, und eine Medaille von der Pinochet-Stiftung. Der Fall sei ein »Karriere-Highlight« gewesen, sagte er. »Ich lernte interessante Leute kennen, und wir schrieben Rechtsgeschichte, wofür den Menschenrechtsgruppen sehr viel Verdienst zukommt.«

Jack Straw bedauerte seine Entscheidung, Pinochet die Rückkehr zu ermöglichen, und die Tatsache, dass er in Chile nie vor Gericht gestellt und verurteilt wurde. »Ich hielt diesen Kerl 16 Monate unter Verschluss, und das veränderte das Erscheinungsbild von …«, sagte er wehmütig. »Ich hätte entscheiden können, dass er reisefähig ist, und es den spanischen Gerichten überlassen können. Ich wünschte, ich hätte, aber was soll's.«

Jean Pateras übersetzt weiter für die Metropolitan Police und staunt noch immer über den Abend des 16. Oktober 1998 und alles, was folgte.

Clare Montgomery verließ die Anwaltskanzlei, die sie sich mit Alun Jones teilte, und tat sich mit anderen Kollegen, mich eingeschlossen, zusammen, um eine neue Anwaltskanzlei zu gründen. Wir hofften, dass das Zusammenspiel zwischen englischem, europäischem und internationalem Recht, so sinnbildlich im Fall Pinochet, einen neuen Weg zeigen könnte.

Meine Freundschaft mit James Cameron wurde noch stärker, und jetzt, ein Vierteljahrhundert später, ist er mein engster Freund. Er verließ das Recht und wendete sich in der Folge dem Klimawandel und anderen lebenswichtigen Fragen zu. »Komische Sache«, sinnierte er, »wie anders mein Leben hätte sein können, wenn der Generalstaatsanwalt des Vereinigten Königreichs oder Spanien vor dem Pinochet-Team versucht hätten, mich anzuheuern, und nicht danach.«

* * *

Auch in Spanien gab es Auswirkungen.

Die Regierung schränkte das Weltrechtsprinzip ein, um weitere Pinochet-artige Fälle zu verhindern. Heute können spanische Gerichte, mit wenigen Ausnahmen, keine Jurisdiktion über im Ausland begangene internationale Verbrechen ausüben.[6]

Juan Garcés setzt seinen Kampf um die Verantwortlichkeit für Pinochets Verbrechen fort. Erbost, dass Pinochet vorzeitig nach Hause zurückkehrte, glaubt er nichtsdestotrotz, dass der Fall wichtig war, dass er »eine Bresche in die Mauer der Straflosigkeit in Santiago« schlug.

Baltasar Garzón sorgte für Streit mit seinen Bemühungen, die Verbrechen der Ära des Franco-Regimes und andere Verbrechen in Spanien zu untersuchen. Sie führten dazu, dass er 2010 vom *Consejo General del Poder Judicial*, dem leitenden Organ der spanischen Judikative, als Richter suspendiert und 2012 vom Senat des Obersten Gerichtshofs mit einem elfjährigen Berufsverbot belegt wurde. Der UN-Menschenrechtsausschuss hielt die Entfernung Garzóns von seinem Richterposten für rechtswidrig.[7]

Er ist überzeugt, der Fall Pinochet »veränderte Chile und die Welt«.

Carlos Castresana arbeitet weiterhin als Staatsanwalt und war Kandidat für den Posten des Anklägers am Internationalen Strafgerichtshof. Auch er ist zuversichtlich in Bezug auf Pinochets Rückkehr. »Die Statue am Palacio de La Moneda ist Allende, nicht Pinochet.«

* * *

In Chile sind Pinochet und seine Verhaftung bis heute umstrittene Themen.

Seine Rückkehr veränderte den Verlauf von Strafverfahren. Obwohl das Amnestiegesetz von 1978 nach wie vor in Kraft ist, wurden Hunderte von Fällen gegen diejenigen vor Gericht gebracht, die von Pinochet genehmigte Verbrechen begingen oder sie in seinem Namen verübten. Zu jenen, die wegen Verbrechen gegen die Menschlichkeit verurteilt wurden, gehören Personen, die in die Ermordung von Carmelo Soria sowie die Folter und das Verschwinden von Alfonso Chanfreau verwickelt waren. Manuel Contreras starb 2015 im Gefängnis, während sein Stellvertreter Pedro Espinoza sowie Miguel Krassnoff und Christoph Willeke weiter in Haft sind.

Im August 2023 veröffentlichte Chiles Präsident Gabriel Boric einen nationalen Plan zur Aufdeckung des Schicksals von mindestens 1469 verschwundenen Personen, um der Qual ihrer Familien und Freunde ein Ende zu machen. Er dankte öffentlich denjenigen, die für die Verhaftung Pinochets verantwortlich waren. »Was Sie taten, gab nicht nur Chilenen, sondern jedem die Hoffnung, dass es Gerechtigkeit geben kann und es sich immer lohnt, weiter dafür zu kämpfen.«[8]

Im Juni 2024 gab die chilenische Regierung bekannt, dass die Colonia Dignidad enteignet und in eine nationale Gedenkstätte umgewandelt würde, und zwar mit Unterstützung der deutschen Bundesregierung.[9] Die Colonia »beleidigt das Gewissen der Menschheit«, sagte Justizminister Luis Cordero, sie sei ein Ort, an dem Menschen versklavt und Sexualverbrechen begangen wurden und wo »von der Polizei und den Geheimdiensten der Diktatur Verschwindenlassen, Folter und politische Hinrichtungen praktiziert wurden«.[10]

Doch die Gerechtigkeit war endlich. Diejenigen, die verurteilt wurden, dienten dem Militär oder der DINA. Andere, die verantwortlich oder mitschuldig waren – jene, die für private Firmen oder für Zeitungen arbeiteten, und sogar die Richter –, sind der Gerechtigkeit und Haftung weitgehend entgangen. Gegen keinen der Zivilisten, die mit den Verbrechen der *Pesquera Arauco* in Verbindung standen, Walther Rauff inbegriffen, ist ermittelt worden, noch wurden sie unter Anklage gestellt.

Was die Verbrechen der Ära Pinochet betrifft, aber auch jene, die von britischen, deutschen und spanischen Siedlern in früheren Zeiten begangen wurden, herrscht Straflosigkeit.

* * *

Hätte Pinochet nach Chile zurückkehren dürfen oder nach Spanien geschickt werden sollen? Die Gefühle sind gemischt in dieser Frage.

Einige, wie José Miguel Insulza, hielten es für richtig, dass er nach Chile zurückkehrte, auch wenn sie bedauern, dass er nicht vor Gericht gestellt und verurteilt wurde. Cristián Toloza, der die Rückkehr aushandelte – mit vollendeter Professionalität –, äußert Bedauern. »Ich bin nicht stolz auf die Rolle, die ich dabei gespielt habe, ihn nach Hause zu bringen.«

Hernán Felipe Errázuriz begrüßte das Ergebnis, will aber über die Erfahrung nicht schreiben. »Ich kann nicht, weil ich das Trauma der Menschenrechtsverletzungen habe, weil das, was geschah, entsetzlich war.«

Miguel Schweitzer war bis zum Ende wahrhaft überzeugt von dem Pinochet-Projekt. »Das Land hatte Glück, seine Regierung zu haben«, geradeso wie die Verhaftung es ermöglichte, dass »Menschenrechtsfragen in Chile und international lebendig wurden«, was vielleicht keine schlechte Sache gewesen sei. »Ich lernte eine Menge, und es machte mich zu jemandem in Chile«, sagte er, »auch wenn meine Verstrickung dazu führte, dass ich Arbeitsmöglichkeiten verlor.«

»Eine abschließende Anekdote«, erzählte er, ein Brief, den die Pinochet-Stiftung von der britischen Regierung bekommen habe. »Er enthielt ein Scheck über 980 000 britische Pfund, wenn ich mich recht entsinne, ausgestellt auf Pinochet persönlich, zur Deckung der Ausgaben in London.«

»980 000 Pfund!«, wiederholte er.

»Verrückt!«, meinte José Miguel Insulza.

»Ich bin fassungslos«, sagte Jack Straw. Nicht ohne Grund – angesichts der verstrichenen Zeit – erinnerte er sich nicht an eine Erklärung, die er nach Pinochets Rückkehr vor dem Unterhaus abgab.

Die Lordrichter entschieden, dass Pinochet aus öffentlichen Mitteln entschädigt werden sollte für Kosten, die er für Anhörungen vor dem Divisional Court und die ersten beiden Fälle im House of Lords hatte, »unter den ungewöhnlichen Umständen des Falles«.[11]

»Das ist das System«, sagte Michael Caplan. »Es gab einen Antrag auf Prozesskosten, nachdem er weg war, und er sorgte für ziemliche Empörung.«

Ob er irgendetwas bedauere, fragte ich Schweitzer.

Die Frage entlockte ihm ein raues Schmunzeln.

»Ich würde alles noch einmal machen«, antwortete er. Ja, die

Morde an Carmelo Soria und Orlando Letelier seien »bedauerlich«, und, ja, es gab »Dinge an der Regierung des Generals«, die ihm nicht gefallen hätten. »Hätte ich gewusst, was ich heute weiß …«

Kam jetzt ein Ausdruck des Bedauerns?

»Hätte ich gewusst, was ich heute weiß, hätte ich es nicht kostenlos gemacht.«

Was er heute wisse, aber in London nicht gewusst habe, war, dass Pinochet Millionen illegal hortete, in Amerika?

»Ich hätte sagen sollen: ›Ja, ich werde Sie verteidigen, aber Sie müssen meine Honorare bezahlen.‹«

Miguel schwieg einen weiteren Moment, dann fügte er hinzu: »Es gab ein Honorar, aber in anderer Form.« Zwei Tage nachdem sie zurück waren, seien Pinochets Boten zu ihm nach Hause gekommen.

»›Der General schickt Ihnen dies, in Anerkennung all dessen, was Sie getan haben.‹ Sie gaben mir diesen Gehstock, wie er versprochen hatte.«

Ich müsse kommen und ihn sehen, sagte er. Ich tat es nie, weil Miguel Schweitzer kurz nach dieser Unterhaltung starb. Seine Frau schickte ein Foto.

Als ich das Gehstock-Honorar gegenüber Paola Plaza, der Richterin, erwähnte, lächelte sie und sagte: »Lassen Sie sich von mir überraschen.«

»Überraschen Sie mich«, sagte ich.

»Ich wollte Miguel Schweitzer fragen, ob er von den *boinas negras* wisse, den Schwarzbaretten, die Pinochet schützten. Ich rief ihn an einem Freitag an, um ein Treffen zu vereinbaren. An dem Sonntag erfuhr ich, dass er gestorben war.«

* * *

Für die Familien derer, die getötet wurden oder verschwanden, die Jahrzehnte damit zubrachten, für Gerechtigkeit zu kämpfen, war Pinochets Rückkehr ein bitterer Moment, ebenso die Rolle Schweitzers.

»Ich empfinde nichts für Miguel Schweitzer«, sagte Laura González-Vera, die Witwe von Carmelo Soria. »Ich kannte ihn als Kind und wusste, dass er rechts war. Ich sah ihn erst wieder, als er im Obersten Gerichtshof war, während Carmelos Fall. Wie sahen uns an. Wir redeten nicht. Da war sonst nichts.«

»Ich war angewidert, als Pinochet zurückkehrte«, sagte ihre Tochter Carmen Soria. »Angewidert von den politischen Parteien der Concertación [de Partidos por la Domocracia], angewidert von Insulza, angewidert von allen, die Pinochet nach Hause brachten. Fünfundzwanzig Jahre später bin ich noch derselben Ansicht. Angewidert.«[12]

Doch beide machen sich weiterhin dafür stark, dass die Verantwortlichen zur Rechenschaft gezogen werden. Sie und ihre Mutter fordern weiter Michael Townleys Auslieferung aus den Vereinigten Staaten, damit er sich in Chile der Justiz stellt. Unterstützt werden sie von der chilenischen Regierung, Widerstand kommt von aufeinanderfolgenden US-Regierungen, die sich auf den von Miguel Schweitzer ausgehandelten Deal stützen können.[13]

Laura González-Vera verklagte Townley erfolgreich vor US-amerikanischen Gerichten, die ihn anwiesen, ihr an Entschädigungssummen insgesamt sieben Millionen US-Dollar zu zahlen, sich aber weigerten, seine neue Identität oder Adresse mitzuteilen. Townley hat bescheidene Zahlungen geleistet, aber Laura González-Vera hat angeordnet, dass diese anderswohin fließen.[14]

Carmen Soria brachte den Fall ihres Vaters vor die Interamerikanische Kommission für Menschenrechte (IACHR). Während Pinochet in London war, entschied die Kommission, dass die Folterung und Ermordung von Carmelo Soria ein internationales Verbrechen gewesen sei und dem Weltrechtsprinzip unterliege, dass Chile seine Rechte verletzte und dass diejenigen, die verantwortlich seien, strafrechtlich verfolgen, Schadensersatz an die Familie leisten und das Amnestiegesetz von 1978 aufheben müsse.[15]

Drei Jahre nach Pinochets Rückkehr sagte die chilenische Regierung der Familie Soria eine Ex-Gratia-Zahlung in Höhe von 1,5 Millionen US-Dollar zu. Es dauerte weitere vier Jahre, bis der Senat die Vereinbarung billigte, und als er es endlich tat, votierte nur eine knappe Mehrheit dafür.[16]

Nachdem Pinochet zurückgekehrt war, eröffneten die Gerichte den Fall Soria wieder, der sich von der Untersuchung zur strafrechtlichen Verfolgung verlagerte. Jorgelino Vergara bestätigte, dass die DINA über die Lautaro-Brigade in den Mord verwickelt war.[17] Michael Townley lieferte Details zu dem, was in jener Julinacht 1976 in dem Haus in der Vía Naranja geschah.[18] Mariana Callejas bestätigte die Anwesenheit ihres Ehemannes, Pedro Espinozas Rolle und ihre Erinnerung an das »Gelächter und die Laute«, als Soria um sein Leben flehte.[19]

Im August 2023, 47 Jahre nach der Ermordung, bestätigte der Oberste Gerichtshof die Verurteilungen von Pedro Espinoza und fünf anderen Männern wegen ihrer Beteiligung an der Ermordung von Carmelo Soria. Espinoza, der im Gefängnis Punta Peuco in Tiltil inhaftiert ist, lehnte meine Bitte um ein Interview ab. Drei der Verurteilten haben sich aus dem Staub gemacht, ihre Aufenthaltsorte sind nicht bekannt.[20]

* * *

Das Interesse an Walther Rauff ist ungebrochen.

Er kommt als Figur in Romanen vor.[21]

Er ist der Protagonist in einer Gedichtsammlung.[22]

Er ist der Gegenstand von Zeitungsartikeln in Mailand, über CIA-Dokumente, die seine Zeit in der Stadt beschreiben. »Zeitungen, Spione und ein Luxushotel« lautet die Überschrift, eine Geschichte von Verbrechen und Kollaboration.[23]

Ein Hörfunksender in Deutschland bringt ein einstündiges Feature über Rauff, Pinochet und die DINA, das anschließend auf Spanisch bereitgestellt wird.[24]

Der chilenische Senat gibt sich Mühe, indem er eine Resolution zu Nazis in Chile verabschiedet, um nicht sein Bedauern ausdrücken zu müssen über das – Jahrzehnte zurückliegende – Versäumnis, Rauff an Westdeutschland auszuliefern.[25]

Ein Antiquitätengeschäft in Santiago verkauft ein Porzellan-Essservice, das angeblich ihm gehört hat. »Jedes Stück trägt die Initialen des Besitzers des Service: W. R.«, verkündet der Laden. »Dieses Essservice habe ich nie gesehen«, erzählt mir Walther Rauffs skeptischer Enkel.[26]

Im Mai 2024 beging das chilenische Fernsehen den 40. Jahrestag seines Todes mit einem Sonderbericht, und mehrere Zeitungen veröffentlichten Artikel.[27]

Und weiter geht es.

* * *

León Gómez hat angeboten, mich zu Londres 38 zu begleiten. Wir treffen uns vor dem Gebäude, auf den Pflastersteinen, über die einst die Kühllieferwagen der *Pesquera Arauco* fuhren. Die Zigarette in der Hand, ist er hier mit Horacio, seinem Sohn, und Miguel Ángel Rebolledo, einem Mitgefangenen.

Wir laufen über die schwarzen und weißen Fliesen des Eingangsbereichs, als die Glocken von San Francisco läuten. »Wir wussten, wo wir waren, als sie läuteten«, sagt Miguel Ángel.

»Genau hier saßen wir und warteten darauf, nach oben in die zweite Etage zu gehen, um verhört zu werden«, sagt León, in dem großen Raum im Erdgeschoss.

Sie erzählen von dem Besuch im Jahr 1992, mit Erika Hennings und anderen, als sie ihre Folterer identifizierten, in dem Fall von Alfonso Chanfreau.

»Ich erkannte Krassnoff von einem Foto in *El Mercurio* im Oktober 1973 wieder«, sagt León, so wie er Rauff von dem Foto im Dezember 1962 wiedererkannte. Sein Zeugnis wurde von dem Richter als glaubwürdig behandelt und half, Krassnoff und zwei andere zu überführen.

»Ich habe ein Bild von Rauff gefunden«, sagt er. »Ich wollte es mitbringen, tut mir leid, ich hab's vergessen.«

In der ersten Etage klopften die Befrager León weich, dann wurde es schlimmer. »Jemand im Raum tippte, eine alte Maschine, eine schwere, große alte, nicht der flache Typ.« Laut. »Tipp, tipp, tipp, tapp, tapp, tapp.« Rauff mochte eine ordentliche Schreibmaschine.

»Wenn wir zu viel schrien, drehten sie die Musik auf«, sagt Miguel Ángel, »aber schlimmer war, das Schreien der anderen zu hören.«

»Rauff beobachtete und hörte zu, manchmal zeigte er mit den Händen«, sagt León, »wie um zu sagen: ›Mehr Strom!‹ oder ›Strom abschalten!‹ Meist hörte er nur zu, dieser Deutsche, der Deutsch redete.«

Miguel Ángel ist sich nicht so sicher, was die Details betrifft. »Man ist derart angespannt, während man sich seelisch darauf vorbereitet, gefoltert zu werden, an die Details kann man sich nicht erinnern.«

»Mein Vater hat erst kürzlich zum ersten Mal darüber gesprochen«, sagt Horacio, bevor León Gómez einen Schlaganfall erlitt. »Er hat nicht viel erzählt, aber als ich ihn nach Ausländern fragte, sagte er: ›Da war ein Deutscher.‹ Beim ersten Mal sagte er nicht Rauffs Namen, es war ein kurzes Gespräch, *a la pasada*, zwischen Tür und Angel.«

»Guatón Romo war der Hauptfolterer«, sagt Miguel Ángel. Echt brutal.

»Ich erinnere mich an den Duft«, sagt León.

»*Flaño*«, sagt Miguel Ángel.

*Flaño*?

»Romo trug ein starkes, schreckliches Parfüm, sehr billig. Wir wussten, was der Geruch von *Flaño* bedeutete, bevor er in den Raum kam.«

* * *

Ein paar Tage später, bei einem Abendessen in Santiago, erwähne ich meinen Besuch von Londres 38, während ich neben einer Dame sitze, die Pinochet gegenüber anscheinend nicht feindlich gesinnt war. »Ich liebe den Geruch von *Flaño* an jungen Männern«, erzählt sie der versammelten Runde, die ein wenig überrascht ist.

»Ich erinnere mich an die Geräusche, nicht die Gerüche«, sagte Erika Hennings, als ich ihr von diesem Moment bei dem Abendessen erzähle. Wie Laura González-Vera und Carmen Soria prozessiert sie seit Jahren, unter anderem gegen die *Pesquera Arauco*. Erika möchte wissen, was ich von Samuel Fuenzalida, den sie kennt – »ein Mann in der Schwebe« – und Jorgelino Vergara, den sie nicht kennt, aufgeschnappt habe.

Es fällt mir schwer, mit der Ehefrau eines verschwundenen

Mannes über die Kühllieferwagen und Anlagen der *Pesquera Arauco* und die Verbindung mit Rauff zu sprechen.

»Erzählen Sie's mir«, insistiert Erika.

Ich erzähle ihr, was ich weiß.

»Ich weiß Bescheid über San Antonio und Rocas de Santo Domingo«, sagt sie. »Viele halten es für einen endgültigen Bestimmungsort.« Sie kennt auch die Geschichten über die *Pesquera Arauco*. »Wir haben Gerüchte über die Fischmehl-Produktionsanlage gehört, aber es hat nie Zeugenaussagen vor Gericht gegeben«, sagt sie. »Vielleicht wegen des Horrors.«

Schweigen.

»Es gibt Zeugenaussagen über die Verwendung der Schiffe, um Menschen verschwinden zu lassen«, sagt sie.

Schweigen.

»Ich bin misstrauisch, was die Fischfutter-Geschichte betrifft.«

Ihre Stimme ist leise und schön. Sie hat ihren Ehemann Alfonso geliebt, sie liebt ihn immer noch, sie wird nicht aufhören, sie wird nicht aufgeben.

Der Fall Chanfreau ist in vielerlei Hinsicht mit dem Fall Soria verflochten, und die beiden Familien kennen einander.

»Sie wissen, wie Carmen Soria ist!«, sagt Erika. »Ich werde nie vergessen, wie sie zu mir kam und sagte: ›Erika! Wie hast du es geschafft?‹ Indem ich immer da war, sagte ich ihr, indem ich beharrlich blieb.«

Wie der Fall Soria verliefen auch Erikas Fälle vor den chilenischen Richtern im Sande, daher verließ sie das Land und ging, wenige Tage nachdem Pinochet in London verhaftet worden war, nach Frankreich. Ein Jahrzehnt später verkündete der Cour d'Assises in Paris zwei Urteile, das eine strafrechtlich, das andere zivilrechtlich. Dreizehn Männer wurden für die Entführung und Folterung von Alfonso Chanfreau verurteilt, darunter Contreras und Espinoza. In Frankreich erhielten sie lebenslänglich, und Miguel Krassnoff bekam 30 Jahre.[28]

Alles hängt zusammen.

Nachdem Pinochet nach Chile zurückgekehrt war, kam endlich Bewegung in den Fall Chanfreau. Im Jahr 2025 erklärte der Oberste Gerichtshof Krassnoff, Basclay, Zapata und andere der Entführung von Alfonso Chanfreau für schuldig, ein Verbrechen gegen die Menschlichkeit. Das Gericht verurteilte sie zu langjährigen Haftstrafen und sprach der Familie 400 000 US-Dollar an Entschädigungssummen zu.[29] Im April 2023 sprachen die Gerichte den dritten Mann schuldig, den Erika und León Gómez vor so vielen Jahren bei der Parade identifiziert hatten.[30]

Zapata entschuldigte sich bei Hennings, bevor er 2017 im Gefängnis Punta Peuco verstarb, wollte aber den Verbleib der sterblichen Überreste ihres Ehemanns nicht verraten.[31] Krassnoff, der es auf mehr als 80 Verurteilungen für Verbrechen gebracht hat, darunter die Morde an Soria und Chanfreau, und der Haftstrafen von über eintausend Jahren verbüßt, zeigt bis heute keine Reue. Er hat mächtige Fürsprecher, darunter José Antonio Kast, der bei der Präsidentschaftswahl 2021 Gabriel Boric unterlag und weiterhin Pinochet-Anhänger ist. Kast hat einen deutschen Vater, der 1942 in die NSDAP eintrat. Nachdem er Krassnoff in Punta Peuco besucht hatte, verlangte er seine Begnadigung.[32]

»Pinochets Verhaftung hat den Kampf für Gerechtigkeit und Verantwortlichkeit sichtbarer gemacht«, sagt Erika Hennings, betont aber, dass der Kampf für Gerechtigkeit älter sei als die Ereignisse in London und dass sie wollte, dass über ihn Recht gesprochen wurde.

»Am Ende wurde auch hier in Chile nicht über ihn gerichtet, trotz des von Richter Guzmán angestrengten Verfahrens, aber pffff ...«

Hätte in Spanien über ihn Recht gesprochen werden sollen?

»Ich hätte es vorgezogen, dass über ihn gerichtet wird, Punkt. Es wurde nicht über ihn gerichtet. Er wurde lediglich verhaftet. Die Straflosigkeit ging weiter.« Die Gerichte seien zu langsam gewesen, das Hauptaugenmerk habe meist auf der DINA gelegen, die privaten Unternehmen seien davongekommen, sinnierte sie. »Es gibt Nachfahren zu schützen, meine ich.«

Sie begrüßt das *Programa Nacional de Búsqueda*, den nationalen Plan zum Einholen von Informationen über die Verschwundenen.[33]

»Er erkennt die Wichtigkeit der Verschwundenen an.«

Ob sie je erfahren werde, was mit Alfonso geschehen sei.

»Ich glaube nicht. Hin und wieder möchte ich meine Arbeit aufgeben, aber das werde ich nicht, wegen meines Enkels.«

Weiß Krassnoff, was mit Alfonso geschah?

»Ja, er weiß es.«

* * *

Im März 2024 treffe ich mich in Santiago mit Richter Guillermo de la Barra. Er hat den *Pesquera-Arauco*-Fall von Richterin Paola Plaza übernommen, die Richter Mario Carroza nachfolgte. De la Barra ist umgänglich und aufgeschlossen, aber ich komme nicht dahinter, wie wichtig er den Fall wirklich nimmt.

»Als wir zum ersten Mal Kontakt hatten«, sagt er, »gab es keine Ermittlungen zur Rolle von Walther Rauff im *Pesquera-Arauco*-Fall, und jetzt gibt es sie.«

Er habe mit zahlreichen Zeugen gesprochen, die »Rauff als Berater der DINA verortet« haben, sagt er. »Ich habe Jorge Silva, Samuel Fuenzalida und *El Mocito* befragt und ebenso Christoph Willeke.« Der letzte, ein DINA-Agent, habe ihm erzählt, dass er von Rauff wusste, ihn aber nie sah.

Ob er ihm ein Foto von Rauff gezeigt habe.

»Habe ich nicht, weil er sagte, er wüsste, wie er aussah.«

Was er über Rauffs Funktion in der *Pesquera Arauco* denke.

»Ich habe keinen Zweifel, dass Rauff mit den Verschwundenen zu tun hatte«, sagte Richter de la Barra. Er ist auf dem Laufenden über Rauffs Vergangenheit, einschließlich seiner Beziehungen zu Pinochet.

* * *

Ich kehre in die Calle Londres zurück, für einen letzten Blick. Es gibt frisch gepflanzte Bäume und, an den Mauern mehrerer Gebäude, Porzellantafeln und andere Objekte zur Markierung interessanter Orte. Es gibt die Büste eines Historikers aus dem 19. Jahrhundert, der über Chiles koloniale Geschichte schrieb. Es gibt ein Hotel, ein Parkhaus, die Zentrale einer politischen Partei. Es gibt ein Geschäft, das große Plastikplanen verkauft, groß genug, um eine Leiche darin einzuwickeln.

Es ist eine höchst gewöhnliche Straße, aber eine mit einer Geschichte.

Es gibt ein Schild für die Galeria Bolt, die Kunstgalerie, in der Pablo Neruda Zeit verbrachte, gemeinsam mit Marina Latorre, der Gründerin von *Portal*, einer Zeitschrift für Lyrik. Sie wurde in Punta Arenas geboren und wohnte schließlich in der Calle Londres. Zusammen gingen sie einst auf den Pflastersteinen einer Straße, über welche die Lieferwagen, über die er schrieb, fahren sollten.

An der Ecke, wo die Calle Londres auf die Avenida Libertador Bernardo O'Higgins trifft, steht die Kirche des heiligen Franziskus *(Iglesia y Convento de San Francisco)*. Auf eine Mauer hat jemand ein paar Worte gesprüht: *No quiero tus golpes*, »Ich will deine Schläge nicht«.

An einer anderen Mauer der Kirche verkündet ein Porzellanschild, dass sich hier einst eine Einsiedelei befand, dass sie gegründet wurde von Pedro de Valdivia, Konquistador und erster Gouverneur von Chile. Die Tafel sagt, dass er mit einem Gemälde aus Spanien kam, *Virgen del Socorro*, eine Tatsache, die Alonso de Ercilla y Zúñiga in seinem Verseops *La Araucana* verzeichnet.

Die Tafel sagt nicht, dass das Gedicht von Pinochet geliebt wurde oder dass er nur ein paar Schritte entfernt ein Folterzentrum einrichtete.

Ich gehe in die Kirche und begebe mich zu dem berühmten Gemälde, das über dem Hauptalter hängt. In der Nähe steht eine elegante Vitrine mit einer Glasfront, welche die goldene Nobelpreismedaille der chilenischen Dichterin Gabriela Mistral enthält, der im Dezember 1945 der Nobelpreis für Literatur verliehen wurde, während zur gleichen Zeit im Gerichtssaal 600 in Nürnberg Erörterungen über Verbrechen gegen die Menschlichkeit und Völkermord hörte.

Das Nobelkomitee pries die lyrische Kraft der Worte Mistrals, welche »die idealistischen Bestrebungen der gesamten lateinamerikanischen Welt« widerspiegelten. Ich habe ihr Werk erst kürzlich kennengelernt, in Valparaíso, der Stadt, in der Pinochet geboren wurde und Rauff seinen 70. Geburtstag feierte.

Ich war wegen eines Literaturfestivals in Valparaíso, das mich eingeladen hatte, über meine Bücher zu Lwiw und die »Rattenlinie« zu sprechen und meine Recherchen zu Pinochet und Rauff vorzustellen. Ich hoffte, dass jemand teilnahm, der ein oder zwei Dinge über die beiden Männer wusste. Als die Veranstaltung endete, hob eine Dame die Hand.

»Mein Name ist Proserpina Fierro«, sagte sie. Sie habe von dem Termin gelesen und das Werbefoto von Rauff gesehen.

»Ich kannte Walther Rauff in den 1970er Jahren.« Viele in dem Theater verspürten einen Schauer. Viel mehr sagte sie nicht und erwähnte in ihren öffentlichen Äußerungen auch nicht, wie sie ihm zum ersten Mal zufällig begegnete, im Gebäude der *Pesquera Camelio* in Tres Puentes, damals im Jahr 1975.

Ich besuche Proserpina Fierro an jenem Abend in ihrem Haus im nahen Quilpué. Sie erzählt mir, sie sei die erste Frau in Chile gewesen, die einen Doktortitel in Elektrotechnik erlangte. Es sei kurz nach dem Militärputsch gewesen, und man habe ihr eine

Stelle in Brasilien angeboten, aber dann habe Pinochet interveniert und ihr befohlen, nicht zu gehen. »Auf Befehl des Generals« wurde sie durch einen der Minister Pinochets, Herman Brady, informiert, dass »Ihre Arbeit zu wichtig für unser Land« sei.

Fierro bekam eine Stelle in Punta Arenas, wo sie bei ASMAR arbeitete, dem staatlichen Schiffbau- und Reparaturunternehmen in Tres Puentes, neben der *Pesquera Camelio*. Als die einzige Frau baten Arbeitskollegen sie, die Fischfabrik aufzusuchen, um zu sehen, ob sie ein paar Muschelschalen bekommen könnte, als Dekoration für eine Bürofeier. Sie zog los, um in dem weitläufigen Gebäude nebenan den *jefe*, den Boss, zu sprechen.

Man schickte sie ins Obergeschoss, in den großen Raum mit einem großen Schreibtisch am einen Ende, auf dem eine große Schreibmaschine stand, und der Schreibtisch wurde bewacht von zwei Männern und zwei Rottweilern zu beiden Seiten. An dem Schreibtisch saß Walther Rauff.

»Den Akzent oder die Förmlichkeit habe ich nie vergessen. Ich wusste nichts von seiner Vergangenheit, erfuhr erst später davon, nachdem er gestorben war. Er war ein Mann, der an Führung, Methode und Ordnung hing. Er war ein Organisator, er koordinierte viele Dinge gleichzeitig.«

Im Lauf der Zeit erfuhr sie von Rauffs Nähe zur Familie Camelio, von seiner Wertschätzung für Pinochet und das Regime. Ja, sagt sie, er sei gereist, aber sie habe nicht gewusst, wohin. »Vielleicht nach Argentinien? Oder Porvenir, wo er ein Haus hatte.« Sie habe es einmal gesehen, sei aber nie dort gewesen, niemand sei dort gewesen, nicht ohne einen Termin.

Ich gebe weiter, was ich über den Mann in Erfahrung gebracht habe, der ihr ein paar Muschelschalen gab. Proserpina zeigt keine Überraschung.

»Er war ein Mann mit zwei Gesichtern. Ein dominantes Gesicht, ein Ausdruck völliger Kontrolle über den Raum, den er in einem bestimmten Moment einnahm. Und er hatte ein zweites

Gesicht, das eines freundlichen, guten Menschen, es war das Gesicht, das ich gewöhnlich sah und weshalb ich ihn mochte.«

Sie hält Augenkontakt mit mir, während sie spricht. »Ich stellte mir Ihre drei Gesichter vor: Autor, Anwalt und jemand, der persönlich berührt ist von den Schrecken, die seine eigene Familie heimsuchten. Könnten Sie diese Gesichter trennen? Ich fragte mich, welches überwiegen würde, wenn Sie sprächen. Deshalb bin ich zu der Veranstaltung auf dem Festival gekommen.«

Sie ist nicht überrascht, dass Rauff Menschen Leid antat, vor langer Zeit und in jüngerer Zeit. »Es war sein Charakter, seine Einstellung. Er bekam eine Aufgabe, er erledigte sie.«

Sie ist nicht überrascht, dass er ein zweites Leben gehabt haben mochte, einmal mehr, um Menschen verschwinden zu lassen, zuerst durch Gas, dann tiefgekühlt.

»Wenn man mir dies gesagt hätte, als ich ihn traf, hätte ich es geglaubt, so wie ich es jetzt glaube.« Sie überlegt, denkt akribisch nach, spricht akribisch.

»Wenn man in seiner Gegenwart war, gab es Momente, wo sein Gesicht die Fähigkeit zu solchen Handlungen widerspiegelte. Es war nicht Hass. Es war eine absolute Kälte, ein Verlangen nach absoluter Kontrolle. Selbst in Momenten der Freude oder des Lachens spürte man, dass jeder Eindruck, den er vermittelte, kontrolliert war, dass er absolut, straff kontrolliert war …«

»Ich hoffe, Sie werden ein ›abgerundetes Porträt‹ von Walther Rauff verfassen«, sagt sie, und von Pinochet.

Spüre ich in ihr tatsächlich eine seltsame Zuneigung zu beiden Männern?

»Ich mag Physik, daher sind Präzision und Sorgfalt mir wichtig, ebenso wie die Perspektiven von Zeit und Alter, wenn man bei dieser Geschichte Farben anbietet.«

Warum die Geschichte sie interessiere …

»Pinochet und Rauff? Sie ähnelten einander. Jeder hatte zwei Gesichter. Eines sanft, das andere hart. Sie hingen zusammen.«

Und beide kamen sie damit ungestraft davon.
»Ja«, sagt sie.
Mehr oder weniger.

CENTOLLA
camelio

eines Tages fanden wir Skelette von Königskrabben
vom Haupthaus aus sahen wir
rote Flecken auf dem Torf
die Beine bargen in sich
biegsamen und durchsichtigen Knorpel

Mariana Camelio, »Laguna Grande«, *Isla Riesco*, 2019

# ANHANG

# Dank

Dieses Buch ist die Folge einer Einladung zum Besuch von Lwiw in der Ukraine im Jahr 2010 und kann mit seinen Vorgängern *East West Street* (dt. *Rückkehr nach Lemberg*, 2018) und *The Ratline* (dt. *Die Rattenline*, 2020) als dritter Band einer *East West Street Trilogy* betrachtet werden. Ein erstes Interview führte ich 2015 und habe seitdem von der Hilfe und Unterstützung zahlreicher Einzelpersonen und Institutionen in Großbritannien, Chile, Deutschland, Spanien und darüber hinaus profitiert. Manchmal war die Hilfe substanziell und kontinuierlich über einen längeren Zeitraum, in anderen Fällen war der Beitrag informell, gar begrenzt auf ein oder zwei Erinnerungen. Allen, die einen Beitrag leisteten, bin ich zutiefst dankbar. Etwaige Irrtümer und Versäumnisse liegen einzig in meiner Verantwortung.

Außerordentlich profitiert habe ich von der Intelligenz und Energie einer herausragenden Gruppe von Forschungsassistentinnen und -assistenten. Monserrat Madariaga Gómez war auf dieser Reise meine wichtigste Helferin, nie hatte ich die Ehre, mit einer besseren Forscherin zusammenzuarbeiten. Außerdem geht mein Dank an: Jessie Barnett-Cox, Joao Bofill Rodrigues, Josefina Del Rosario Lago, Alvaro Galindo, Grega Grobovsek, Lea Main-Klingst, Camilo Martin Muriel, Yaara Mordecai, Alex Perez i Pitarch, Samuel Rehberger, A. J. Solovy, Lieta Vivaldi und Luis Viveros.

Louise Rands † war eine wunderbare Hilfe beim Tippen und Transkribieren in den ersten Jahren, danach übernahm die unermüdliche und stets aufmerksame Karen Carter diese Aufgaben.

Am University College London waren Deans Piet Eekhout und Eloise Scotford unendlich hilfreich, ebenso wie alle meine Kolleginnen und Kollegen und Maureen Worth an der Harvard Law School. Bei Matrix Chambers und jetzt 11 KBW hatten Mitarbeiterinnen und Mitarbeiter sehr viel Geduld mit meinen Unachtsamkeiten, allen voran Mark Dann, Lee Cutler, Tori Eastwick und Kian Daniels.

Über die Maßen profitiert habe ich von Gesprächen und Informationen aus der ganzen Welt. Besonderen Dank schulde ich den Familienangehörigen einiger der zentralen Figuren in diesem Buch, insbesondere Carmen Soria und Laura González-Vera, meine neue chilenische Familie; Mariana Camelio und Pablo Ojeda in Punta Arenas; Erika Hennings in Santiago und Paris; Paula Polanco in Santiago; Walther Rauff III. in Santiago; und Miguel Schweitzer III. in Punta Arenas.

In Chile gingen Rodrigo Rojas und Morgana Rodríguez Larraín weit über bloße Freundschaft hinaus, indem sie Gastfreundschaft boten und Türen öffneten und so viel mehr leisteten, alles wegen diesen ersten Bolaño-Vortrags. León Gómez, Erika Hennings sowie Miguel Ángel und Margarita Rebolledo boten Zeit und mehr. Mein Dank gilt auch: José Agüero Nuñez, Margarita Alegría, Adelia Andrade, Emma Barrientos, Carlos Basso, Sergio Bitar, Juan Pablo Bohoslavsky, Eduardo Camelio, Mario Carroza, Ascanio Cavallo, Cath Collins, Luis Cordero, Guillermo de la Barra, Raúl Donoso, Ariel Dorfman, Hernán Felipe Errázuriz, Hernán Fernández, Karinna Fernández, Alejandro Ferrer, der Eismann Moritz Fried, Ximena Fuentes, Samuel Fuenzalida, Galo Ghigliotto, Eugenio Gligo Viel, Baldovino Gómez, Monica González, Claudio Grossman, Gustavo Guzmán, Dominique Hervé, José Miguel Insulza, Andrea Jeftanovic, Ximena Katz, Alberto van Klaveren, Benjamin Labatut, Harald Lindemann, Loreta López, Andres López Awad, Arturo Majlis, Cecilia Medina, Gloria Miqueles, Juan Carlos Muñoz Alegría, Francisco Orrego Vicuña †, Aldo Peran, Andrea Pivcevic, Paola Plaza, Paula Polanco, Vladimiro Poll, Manuela Portales, Sebastian Rauff, Cristián Rigo Ramirez, Benjamin Salas Kantor, Horst Schaffrick, Miguel Schweitzer, Monika Sears, Chantal Signorio, Cristián Toloza, Juan Torres, Javier Urbina, Jorgelino Vergara, Paola Vezzani, María Vivat, Pastor Ricardo Wagner und Yael Zaliasnik.

In Deutschland: Martin Cüppers, Niklas Frank, Gerd Heidemann, Rainer Huhle, Wilfried Huissmann, Dieter Maier, Anna Richter und Nina Sillem.

In Spanien: Mario Boero Vargas, Carlos Castresana, Ernesto Ekaizer, Juan Garcés und Baltasar Garzón.

Im Vereinigten Königreich geht ein besonderes Dankeschön an meine Kolleginnen und Kollegen in Bezug auf verschiedene Aspekte des Falles Pinochet, zu nennen ist hier vor allem Reed Brody, dazu kommen: Andrew Clapham, James Crawford †, Helen Duffy, Ed Fitzgerald, Jonathan Marks, Nigel Pleming, Ken Roth, Urmi Shah, Rabinder Singh, Richard Stein, Wilder Taylor, José Miguel Vivanco, des weiteren der kostenlose Rechtsbeistand Paul Hoffman, William Aceves, Susan Benesch, William Gravitt und Dian Orentlicher.

Und außerdem: Lucy Bailey, Susie Bascon, Simon Brown, Simon Browne-Wilkinson, Michael Caplan, Susanna Clapp, Dave Clark, Lawrence Collins, Sherard Cowper-Coles, Peter Dean, John Dew, Nicholas Evans, Vincent Fean, Matthew Gould, Jeremy Hayes, Leonard Hoffmann, Kerstin Hoge, James Holland, David Hope, Robert Howard, Alun Jones, Nick Kent, Christina Lamb, Daniel Lee, David Milliband, Clare Montgomery, Andrew Patrick, Jean Pateras, Jonathan Powell, Angus Reilly, Nicholas Shakespeare, Gordon Slynn, Amy St Johnson, Jack Straw, David Sugarman, Jonathan Sumption, James Vallance White, Essi Viding und Simon Wessely.

Andernorts: Natalia Barbero, Uki Goni, Luis Moreno Ocampo (Argentinien); Linda Erker, Kerstin von Lingen, Friderica Wächter, Horst Wächter, Erick Zott (Österreich); Pierre Klein (Belgien); Hernán Escudero Álvarez, Alvaro Galindo (Ecuador); William Bourdon, Beate und Serge Klarsfeld, Gwen Strauss (Frankreich); Maurice Apprey, Fui Tsikata (Ghana); Yossi Chen, Yuval Shany (Israel); Eric Lerner (Italien); Herman Bennett, Charles Brower, Suzanne Browne-Fleming, Jeremy Eichler, Joseph Finnegan, Gonzalo Flores, Linda Kinstler, Peter Kornbluh, Jennifer Morgan, Cullen Murphy, Amy Rao, Lucy Reed und Ken Silverstein (Vereinigte Staaten).

Profitiert habe ich auch von der Hilfe großzügiger Archivarinnen und Archivare: Richard Ovenden (Bodleian, Oxford), Matthew Butson (Getty Images), Katharine Friedla (Stanford University) und María del Carmen Elizalde (Universidad Central del Ecuador).

Vickie Taylor erstellte die wunderbaren Karten, mit Unterstützung von Scott Edmonds, und Hilfe bei den Fotografien kam von meinen lieben Freunden Jonathan Klein und Diana Matar.

Meine großzügigen, fabelhaften, beruhigenden Agentinnen und Agenten, die so überaus geduldig sind: Georgia Garrett, Laurence Laluyaux und Stephen Edwards bei Rogers, Coleridge & White in London und Melanie Jackson in New York.

Meine wundervollen Lektorinnen und Lektoren: Jenny Lord bei Weidenfeld & Nicolson, die die Leitung übernahm, unterstützt von einem ausgezeichneten Team, darunter Leanne Oliver, Georgia Goodall, Natalie Dawkins, Korrektor Richard Mason und Bildreadakteurin Susannah Jayes; Todd Portnowitz und Victoria Wilson bei Alfred A. Knopf; Isabel Obiols und Silvia Sesé bei Anagrama und Lorena Fuentes in Santiago; und Hélène Monsacré bei Albin Michel und Tanja Hommen bei Fischer.

Meine lieben Freunde: James Cameron, mit dem diese besondere Reise begann; Javier Cercas, James Crawford †, Adriana Fabra, David Kennedy, Hisham Matar, Gerry Simpson und Alia Trabucco Zerán.

Meine liebe Familie: mein verstorbener Vater, Allan, der immer da war; meine Mutter Ruth, die mehr als immer da ist; Marc, der beste Bruder, den jemand sich nur erhoffen kann; Annie, meine werte Tante; und Leina, meine sagenhaft spanische Schwiegermutter, die einige enorm wichtige Türen öffnete.

Und noch näher zu Hause: Leo, zur Geschichte; Lara, zu Familienbegebenheiten; und Katya, zum Sehen und Entwerfen.

Und Natalia, sie, die uns alle am Laufen hält, mit beiden Beinen auf dem Boden, die Verkörperung all dessen, was großartig ist im Leben und in der Liebe, die manche Türen öffnete – darunter Chile und Spanien – und andere schloss, immer auf diese prinzipientreue, robuste und großzügige Weise.

Danke, danke, danke.

# Quellen

»Ich war überzeugt (und bin es noch immer), dass zwischen den Zeugnissen, narrativen wie nicht narrativen, und der Realität, die sie bezeugen, eine Verbindung besteht, die von Mal zu Mal untersucht werden muss.«
Carlo Ginzburg, *Faden und Fährten*, 2013, S. 9

Im Lauf der vergangenen acht Jahre, die ich an diesem Buch gearbeitet habe, profitierte ich von vielen nichtfiktionalen und fiktionalen Werken über die Lebenswege von Augusto Pinochet und Walther Rauff, die Ereignisse in Chile und Fragen des Völkerrechts ebenso wie von Dokumentar- und Spielfilmen sowie von Rundfunksendungen.

## Archive

Ich habe zahlreiche Archivalien genutzt, insbesondere:

CIA Reading Room (Online), Special Collection, Walter Rauff Siehe z. B. /special Collection/nwcda7/164/RAUFF, WALTER/RAUFF, WALTER_0106.pdf

Hoover Institution Library & Archives, Gerd Heidemann Collection

Bodleian Oxford, Bodleian Libraries, Archiv von (Charles) Bruce Chatwin

Politisches Archiv des Auswärtigen Amtes Berlin

Bundesarchiv Berlin

Die Briefe von Walther Rauff (1946–1982), zur Verfügung gestellt von Martin Cüppers (aus der Privatsammlung von Hans-Jochen Emsmann)

Dokumente zu Walther Rauff, zur Verfügung gestellt von Dieter Maier

## Bücher

Die Schriften von Bruce Chatwin und Roberto Bolaño boten Orientierung und Inspiration:

Roberto Bolaño, *Chilenisches Nachtstück* (Hanser, 2007, übers. Heinrich von Berenberg)

Roberto Bolaño, *Die Naziliteratur in Amerika* (Kunstmann, 1999, übers. Heinrich von Berenberg)
Roberto Bolaño, *Between Parentheses* (New Directions, 2004, übers. Natasha Wimmer)
Bruce Chatwin, *In Patagonien* (Rowohlt, 1981, übers. Anna Kamp)
Bruce Chatwin und Paul Theroux, *Wiedersehen mit Patagonien* (Carl Hanser, 1992, übers. Anna Kamp)
Bruce Chatwin, *Der Nomade. Briefe 1948–1988*, hrsg. von Elizabeth Chatwin und Nicholas Shakespeare (Hanser, 2014)
Susanna Clapp, mit Chatwin: *Portrait of a Writer* (Vintage, 1998)

Zahlreiche zeitgenössische fiktionale und poetische Werke, die sich auf tatsächliche Ereignisse beziehen, haben mich auf vielfältige Weise angeregt:

Pascual Brodsky, *Años de fascinación* (Hueders, 2017)
Roberto Brodsky, »Amores que matan«, in: Mili Rodriguez Villouta (Hrsg.), *Compasión* (Planeta, 2000)
Mariana Callejas, *La larga noche* (Lo Curro, 1987)
Mariana Camelio, *Isla Riesco* (jampstér libros, 2019)
Ariel Dorfman, *Der Tod und das Mädchen* (S. Fischer, 1992, übers. Ulli Stephan und Uwe B. Carstensen)
Gloria Dunkler, *Spandau* (Ediciones Tácitas, 2012)
Nona Fernandez, *El Taller* (2012, Theaterstück)
Nona Fernandez, *Space Invaders / Chilean Electric* (Septime Verlag, 2018, übers. Anna Gentz)
Nona Fernandez, *Twilight Zone* (CulturBooks, 2024, übers. Friederike von Criegern)
Galo Ghighliotto, *El museo de la bruma* (Laurel, 2019)
Carlos Iturra, *Crimen y perdón* (Catalonia, 2008)
Andrea Jeftanovic, *Theatre of War* (Charco, 2020, übers. Frances Riddle)
Pedro Lemebel, *Torero, ich hab Angst* (Suhrkamp, 2023, übers. Matthias Strobel)
Pedro Lemebel, *De perlas y cicatrices* (LOM, 1998)
Lina Meruane, *Nervensystem* (AKI Verlag, 2023, übers. Susanne Lange)
Pavel Oyzarzun, *Será el paraíso* (LOM, 2019)
Muriel Rukeyser, *El Libro de Los Muertos* (Usach, 2021)
Luis Sepúlveda, *The Shadow of What We Were* (Europa, 2011, übers. Howard Curtis)
Alia Trabucco, *The Remainder* (Other Books, 2018, übers. Sophie Hughes)
Alejandro Zambra, *Ways of Going Home* (Granta, 2013, übers. Megan McDowell)
Raúl Zurita, *INRI* (New York Review of Books, 2018)

Was Sachliteratur betrifft, so gilt meine besondere Anerkennung Professor Martin Cüppers, dessen Monografie *Walther Rauff – In deutschen Diensten* (WBG, 2013) das führende Werk ist, auf das ich mich gestützt habe. Zu den anderen Büchern, auf die ich zurückgegriffen habe und die auf den Regalen über meinen Schreibtischen stehen – zu den Themen Erinnerungen, Verbrechen, Recht, Fotografie, Politik, Geschichte – gehören:

Mario Amorós, Pinochet: *Biografía Militar y Política* (Penguin Random House, 2019)

Dietrich Angerstein, *Los Años Bajo Fuego* (Memoria Creativa, 2019)

Luz Arce, *The Inferno: A Story of Terror and Survival in Chile* (University of Wisconsin, 2004)

Andrés López Awad und Camilo Pérez Alveal, *Carmelo: matar dos veces a un mismo hombre* (CEIBO, 2023)

Ronald Bartle, *Bow Street Beak* (Barry Rose, 2000)

Carlos Basso, *Chile Top Secret: El submundo clandestino de la CIA, la KGB, la DINA y los nazis* (Aguilar, 2017)

Carlos Basso, *República Nazi de Chile* (Aguilar, 2020)

Carlos Basso, *La Secta Perfecta: Los secretos más oscuros de Colonia Dignidad* (Aguilar, 2022)

Sergio Bitar, *Prisoner of Pinochet: My Year in a Chilean Concentration Camp* (University of Wisconsin, 2017)

Roberto Bolaño, *Between Parentheses: Essays, Articles and Speeches 1998–2003* (New Directions, 2016)

Robert Borgel, *Étoile jaune et croix gammée: les juifs de Tunisie face aux nazis* (Le Manuscrit, 2007)

Werner Brockdorff, *Flucht vor Nürnberg* (Welsermühl, 1969)

Reed Brody und Michael Ratner (Hrsg.), *The Pinochet Papers* (Kluwer, 2000)

Mariana Callejas, *Siembra Vientos: Memorias* (CESOC, 1995)

Ascanio Cavallo und Rocío Montes, *La historia oculta de la década socialista* (Uqbar, 2022)

Cath Collins, *Post-Transitional Justice: Human Rights Trials in Chile and El Salvador* (Penn State University Press, 2015)

Cath Collins, Katherine Hite und Alfredo Joignant (Hrsg.), The Politics of Memory in Chile from Pinochet to Bachelet (Rienner, 2013)

Madeline Davis, *The Pinochet Case: Origins, Progress, Implications* (Institute of Latin American Studies, 2003)

John Dinges, *The Condor Years: How Pinochet and his Allies Brought Terrorism to Three Continents* (New Press, 2004)

John Dinges und Saul Landau, *Assassination on Embassy Row* (Pantheon, 1980)

Ernesto Ekaizer, *Yo, Augusto* (Aguilar, 2003)
Michel Faure, *Augusto Pinochet* (Perrin, 2020)
Andrew Feinstein, *Pablo Neruda: A Passion for Life* (Bloomsbury, 2004)
Gabriel García Márquez, *Das Abenteuer des Miguel Littín* (Kiepenheuer & Witsch, 1987, übers. Ulli Langenbrinck)
Baltasar Garzón, *No a la impunidad* (2019, Debate)
Paul Ghez, *Six mois sous la botte* (Le Manuscrit, 2009)
León Gómez Araneda, *Que el pueblo juzgue: Historia del golpe* (Terranova, 1988)
León Gómez Araneda, *Tras la huella de los desaparecidos* (Caleuche, 1990)
Juan Guzmán, *Au bord du monde: Les mémoires du juge de Pinochet* (Les Arènes, 2005)
David Hope, *House of Lords 1996–2009: Lord Hope's Diaries* (Avizandum, 2018)
Joan Jara, *Das letzte Lied. Das Leben des Victor Jara* (Goldmann, 2000, übers. Gerald Jung)
Ernst Klee, Willi Dreßen und Volker Rieß (Hrsg.), *»Schöne Zeiten«: Judenmord aus der Sicht der Täter und Gaffer* (S. Fischer, 1988)
Peter Kornbluh, *The Pinochet File: A Declassified Dossier on Atrocity and Accountability* (New Press, 2013)
Dieter Maier, *Colonia Dignidad: Auf den Spuren eines deutschen Verbrechens in Chile* (Schmetterling, 2017)
Cristóbal Marín, *Huesos Sin Descanso: Penguinos en Londres* (Debate, 2019)
Gladys Marín, *Regreso a la esperanza: Derrota de la Operación Cóndor* (Instituto de Ciencias Alejandro Lipschutz, 1999)
Peter Mason, *The Lives of Images* (Reaktion Books, 2001)
Claude Nataf, *Les juifs de Tunisie sous le joug nazi* (Le Manuscrit, 2012)
Angel Parra, *Manos en La Nuca* (Tabla Rasa, 2005)
Leith Passmore, *The Wars Inside Chile's Barracks* (University of Wisconsin, 2017)
Bruno Patino, *Rire avec le diable* (Grasset, 2024)
Juan Cristóbal Peña, *La secreta vida literaria de Augusto Pinochet* (Debate, 2013)
Mónica Pérez und Felipe Gerdtzen, *Augusto Pinochet: 503 días atrapado en Londres* (Los Andes, 2000)
Augusto Pinochet, *Der Tag der Entscheidung: 11. Sept. 1973* (Bello, 1987, übers. Lieselotte Schwarzenberg)
Augusto Pinochet, *Camino Recorrido* (1990, Selbstverlag)
Patricia Politzer, *Fear: Lives under Pinochet* (New Press, 2001)
Javier Rebolledo, *La danza de los cuervos: el destino fi nal de los cdetenidos desaparecidos* (CEIBO, 2012)

Jan Stehle, *Der Fall Colonia Dignidad: Zum Umgang bundesdeutscher Außenpolitik und Justiz mit Menschenrechtsverletzungen 1961–2020* (Transcript, 2021)
Steve J. Stern, *Remembering Pinochet's Chile: On the Eve of London 1998* (Duke University Press, 2004)
Steve J. Stern, *The Memory Box of Pinochet's Chile* (Duke University Press, 2004–10)
Steve J. Stern, *Battling for Hearts and Minds: Memory Struggles in Pinochet's Chile, 1973–1988* (Duke University Press, 2006)
Steve J. Stern, *Reckoning with Pinochet: The Memory Question in Democratic Chile, 1989–2006* (Duke University Press, 2010)
Jack Straw, *Last Man Standing: Memoirs of a Political Survivor* (Macmillan, 2012)
Hernán Valdés, *Diary of a Chilean Concentration Camp* (Victor Gollancz, 1975)
Luis Vega, *Estado militar y transición democrática en Chile* (El Dorado, 1991)

# Andere Medien

Auf der visuellen Seite – Filme und Serien –, die sich mit Themen befassen, die in diesem Buch berührt werden, habe ich außerordentlich profitiert von:

*The Battle for Chile I: The Insurrection of the Bourgeoisie* (Patricio Guzmán, 1975)
*The Battle for Chile II: The Coup* (Patricio Guzmán, 1977)
*The Battle for Chile III: Popular Power* (Patricio Guzmán, 1979)
*Vermißt* (Costa-Gavras, 1982) (basierend auf dem Fall des ermordeten amerikanischen Journalisten Charles Horman)
*Der Tod und das Mädchen* (Roman Polanski, 1994)
*The Pinochet Case* (Patricio Guzmán, 2001)
*Machuca* (Andrés Wood, 2005)
*Tony Manero* (Pablo Larrain, 2009)
*Dawson Isla 10* (Miguel Littin, 2009)
*Post Mortem* (Pablo Larrain, 2010)
*No* (Pablo Larrain, 2013)
*The Quispe Girls* (Sebastian Sepúlveda, 2014)
*Colonia* (Florian Gallenberger, 2016)
*Colonia Dignidad: Eine deutsche Sekte in Chile* (Netflix, 2020)
*1976* (Manuela Martelli, 2022)
*El Conde* (Pablo Larrain, 2023)
*Los Colonos* (Felipe Gálvez Haberle, 2023)

# Epigraphen

Schlussendlich wird jeder Teil dieses Buches eingeleitete mit einem Epigraph oder Motto, einer Zeile oder mehr, die sinnbildlich ist für das, was folgt. Dies sind die Quellen:

Jean Bodin (1576), *Les Six Livres de la République* (Sechs Bücher über den Staat).

Walther Rauff, Gespräch mit Gerd Heidemann, Juni 1979, Heidemann-Archiv.

Augusto Pinochet, Interview mit Maria Elvira Salazar, Canal 22, Miami, November 2003.

**Teil I:** Cesare Beccaria, *Des délits et des peines* (1764), Kap. XXXV, franz. Übers. (1773) (Institut Coppet, 2011)

**Teil II:** Roberto Bolaño, »Entre Pinochet y el culo del mundo«, *Ajoblanco*, Bd. 113, November 1998, S. 35

**Teil III:** Bruce Chatwin, *In Patagonien* (Rowohlt, 1984)

**Teil IV:** Leonard Cohen, »Everybody Knows«, *I'm Your Man* (Columbia Records, 1988)

**Teil V:** Pablo Neruda, »A heroic deed in the name of freedom«, *El Siglo*, 2. Juli 1965

**Epilog:** Mariana Camelio, *Isla Riesco* (jampstér libros, 2019)

**Quellen:** Carlo Ginzburg, *Faden und Fährten* (Wagenbach, 2012)

# Bildnachweise

**Prolog**

S. 23 Londres 38, schwarze und weiße Fliesen (Philippe Sands)

**London, Oktober 1998**

S. 47 Augusto Pinochet, London, Oktober 1998 (Steve Pyke/Getty)
S. 55 Ahnentafel der Familie Keller, Totnes, 2021 (Philippe Sands)
S. 59 Carmelo Soria, mit Töchtern (Carmen Soria)
S. 63 Laura González-Vera, Santiago, 2021 (Philippe Sands)
S. 67 Haus von Michael Townley und Mariana Callejas, Vía Naranja, Santiago (Archivo Histórico/Cedoc Copesa)
S. 80 Erika Hennings und Alfonso Chanfreau, 1972 (Erika Hennings)
S. 95 Jean Pateras, London, 21. Mai 2021 (Philippe Sands)

**Nächte in Chile**

S. 101 Rauff im Taxi, Santiago, 7. Dezember 1962 (Keystone Images/Getty)

**Santiago, 1963**

S. 112 Bruce Chatwin, Moleskin-Notizbuch, 1975 (Bodleian Libraries, Archive of [Charles] Bruce Chatwin)
S. 117 Gaswagen, undatiert (Yossi Chen, Yad Vashem Archiv)
S. 119 Herta Gruber, Wien, 1938 (Philippe Sands)
S. 123 Walther Rauff, Mailand, 30. April 1945 (Hoover Institution Library & Archives Gerd Heidemann Collection)
S. 134 Die *Walter*, Schiff (Emil Sands)
S. 142 Walther Rauff, Porvenir, 1966 (Quelle unbekannt)

**London, November 1998**

S. 175 Jean Pateras, Dezember 1998 (Reuters/Dylan Martinez/Bridgeman)
S. 190 Prozessanwälte, House of Lords, London, 25. November 1998 (Parliamentary Recording Unit, Westminster, London, UK)
S. 193 House of Lords, Pinochet-Urteil, 25. November 1998 (Philippe Sands)

**Punta Arenas**

S. 205 Emma Barrientos, Porvenir, 1960er Jahre (Philippe Sands)
S. 207 Walther Rauffs Hütte, Porvenir, 5. November 2022 (Philippe Sands)
S. 210 Konservenfabrik Camelio, 1976 (colección Jack Ceitelis, Biblioteca Nacional Digital de Chile)
S. 213 Karikatur, Punta Arenas, Juni 2024 (Juan Carlos Muñoz Alegría)
S. 217 Manuel Contreras, Santiago, 23. Dezember 1947 (Miguel Rubio Feliz, colección del Museo Histórico Nacional)
S. 225 Rauff mit Niña und ihrer Tochter, Club Bote Salvavidas, Valparaíso, März 1976 (Martin Cüppers)

**London, Dezember 1998**

S. 237 Pinochets juristisches Team, London, Dezember 1998 (Miguel Schweitzer Walters)

**Nächte in Patagonien**

S. 258 Bombera Alemana, Punta Arenas, 6. November 2022 (Philippe Sands)
S. 268 Rauffs Hütte, Punta Arenas, 15. Januar 2024 (Philippe Sands)

**Santiago, 1963**

S. 280 Flagge der South Pacific Corretaje Marítimo Limitada, Santiago (mit freundlicher Genehmigung von www.crwflags.com)
S. 283 Viña-Linderos-Weinetikett (Hoover Institution Library & Archives Gerd Heidemann Collection)
S. 285 Walther Rauff und Karl Wolff, Restaurante Munich, Santiago, Juni 1979 (Hoover Institution Library & Archives Gerd Heidemann Collection)
S. 289 Rauffs Haus, Santiago (Yossi Chen, Yad Vashem Archiv)

**London, März 1999**

S. 315 House of Lords, Beratungszimmer der Lordrichter, London, 21. Februar 2024 (Philippe Sands)
S. 327 Augusto und Lucía Pinochet, Margaret Thatcher, London, 26. März 1999 (Ian Jones/Stringer/Getty)

**Nächte im Museum**

S. 341 *Lord Lonsdale*, Punto Arenas, Aufnahme von Bruce Chatwin, 1975 (Bodleian Libraries, Archiv von [Charles] Bruce Chatwin)

**Isla Dawson**

S. 354 Isla Dawson, Februar 1899 (Alberto M. De Agostini, Museo Maggiorino Borgatello, Biblioteca Nacional de Chile)

S. 355 Selk'nam-Bogenschützen (Martin Gusinde/Anthropos Institut)

**León**

S. 373 Rauff (1966), Rauff (1976), Lindes (undatiert) (Ercilla, Martin Cüppers, Carlos Basso)

S. 389 León Gómez, Santiago, 2. Dezember 2021 (Philippe Sands)

**Concepción**

S. 413 Samuel Fuenzalida, Santiago, 14. Dezember 2021 (Philippe Sands)

S. 419 Henry Kissinger mit Brille (Bettman/Getty)

S. 425 DINA-Hauptquartier, Santiago, Calle Marcoleta, 1. November 2022 (Philippe Sands)

**London, März 2000**

S. 459 Augusto Pinochet, RAF Waddington, 2. März 2000 (Jean Pateras)

***El Mocito***

S. 478 Jorgelino Vergara, Teno, 9. November 2022 (Philippe Sands)

S. 483 Walther Rauff, Porvenir, November 1964 *(Ercilla)*

***La Pesquera Arauco***

S. 488 Seehecht, *Pesquera Arauco*, San Antonio 1976 (Zig-Zag Quimantú Archiv, Museo Histórico Nacional)

**San Antonio**

S. 501 Chevrolet-C-30-Werbeanzeige (Veoautos.cl)

S. 507 Jorge Silva, San Antonio, 8. März 2024 (Philippe Sands)

S. 511 Hotel La Bahía, Cartagena, 1960er Jahre *(La Gaceta de Los Clásicos)*

S. 515 Hotel La Bahía, Cartagena, 8. März 2024 (Philippe Sands)

**Epilog**

S. 537 Augusto Pinochet, Gehstock, 2020 (Miguel Schweitzer Walters)

S. 551 Centolla-Camelio-Packung, 1970s (Hoover Institution Library & Archives Gerd Heidemann Collection)

# Anmerkungen

## Prolog

1 Patricio Rivas, »Setenta y dos horas en Londres 38«, 25 *Revista de Estudios Sociales* (2006), S. 49–51.

## Teil I Festnahme

1 »Pinochet Arrested in London«, *BBC News*, 17. Oktober 1998; »Chileans React with Disbelief«, *BBC News*, 18. Oktober 1998.

2 Roberto Bolaño, »Entre Pinochet y el culo del mundo«, *Ajoblanco*, Bd. 113, November 1998, S. 35.

3 »Pinochet Decision for Straw«, *The Guardian*, 19. Oktober 1998.

4 Hansard, House of Lords, 6. Juli 1999, Spalte 801 (Margaret Thatcher, Aussage über General Pinochet); Ros Taylor, »Augusto Pinochet«, *The Guardian*, 19. Januar 1999.

5 Ros Taylor, »Pinochet's Friends Go on the Offensive«, *The Guardian*, 19. Januar 1999.

6 Siehe auch: Alejandra Matus, *Doña Lucía: La biografia no autorizada* (Ediciones B, 2013).

7 Dekret Nr. 77, 8. Oktober 1973.

8 Aussage von Samuel Fuenzalida, Berufungsgericht im Fall Operación Colombo, Fall Jorge Grez Aburto, Urteil vom 7. Mai 2014, S. 29 (aktenkundig).

9 Pablo Seguel, *Los soldados de la represión* (Ediciones UAH, 2022).

10 Daniel Borzutzky, »Today or a Million Years Ago: An Interview with Raúl Zurita«, *Poetry Foundation*, 24. März 2015.

11 Seguel; sowie Javier Rebolledo, *El despertar de los cuervos: Tejas verdes, el origen del exterminador en Chile* (Planeta, 2016) und *A la sombra de los cuervos* (Planeta, 2017).

12 Augusto Pinochet, *The Crucial Day* (Editorial Renacimiento, 1982), S. 52.

13 »Participé en el atentado a Pinochet: Patricio Manns y una confesión inesperada«, *La Cuarta*, 25. September 2021.

14 *Informe Rettig; Report of the National Commission on Truth and Recon-*

*ciliation*, Februar 1991, https://www.usip.org/sites/default/files/resources/collections/truth_commissions/Chile90-Report/Chile90-Report.pdf (englische Übersetzung).

15 Felix Jiménez Botta, »From Antifascism to Human Rights: Politics of Memory in the West German Campaigns Against the Chilean and Argentinean Military Regimes, 1973–1990«, *Zeithistorische Forschungen/Studies in Contemporary History* 17, Nr. 1 (2020); Norbert Blüm und Ludger Reuber, *Politik als Balanceakt. »Unverblümtes« aus der Werkstatt Bonn* (Universitas, 1993), S. 22; Olivier Guez, *La disparition de Josef Mengele* (Livre de Poche, 2017), S. 89–90.

16 Juan Cristóbal Peña, *La secreta vida literaria de Augusto Pinochet* (Random House Mondadori, 2013), S. 207.

17 Alonso de Ercilla y Zuñiga, *La Araucana* (1569, 1590), Canto XXXII. Deutsche Ausgabe: *Die Araucana, aus dem Spanischen des Don Alonso de Ercilla zum ersten Male übersetzt,* übersetzt von Christian Martin Winterling (Riegel und Wießner, Nürnberg 1831).

18 Dekret Nr. 2191 gewährt den Personen, die wegen der genannten Straftaten angeklagt sind, Amnestie, *Diario Oficial*, 18. April 1978; siehe ebenso: Ermittlungsrichter Adolfo Bañados, 12. November 1993, Fall Nr. 192-1978, § 18; Oberster Gerichtshof von Chile, 30. Mai 1995, Fall Nr. 192-1978, § 8.

19 Herbert Mitgang, »Publishing: The Letelier Case«, *The New York Times*, 18. Juli 1980.

20 Geheimes Memorandum des US-Außenministeriums über ein Gespräch zwischen Henry Kissinger und Augusto Pinochet, »US Chilean Relations« (8. Juni 1976), in: Peter Kornbluh, *The Pinochet File*, 2. Auflage (The New Press, 2013), S. 264.

21 »Entrevista a Orlando Letelier« (Tonaufzeichnung), Archivo Audiovisual, Biblioteca Nacional Digital de Chile, https://www.bibliotecanacionaldigital.gob.cl/bnd/625/w3-article-625617.html.

22 Kornbluh, *The Pinochet File*, S. 350.

23 »Berríos: Los casetes secretos del ›químico de Pinochet‹«, 1. Kapitel: »Armas químicas«, *Vergara 240* (2023).

24 Peña, *La secreta vida literaria de Augusto Pinochet*, S. 118; Christopher Hitchens, »Jorge Luis Borges«, *The Spectator*, 21. Juni 1986.

25 Interview mit Manuel Contreras: »La DINA no se manejaba sola«, *Terrorismo de estado en Chile* (19. Oktober 2011).

26 John Dinges und Saul Landau, *Assassination on Embassy Row* (Pantheon, 1980), S. 299, 307.

27 »Telegram from the Department of State to the Embassy in Chile«, *Foreign Relations of the United States, 1977–1980*, Bd. XXIV, Region Süd- und Lateinamerika. Dok. 211 (14. März 1978).

28 Dinges und Landau (1980), S. 336.

29 *Ebenda*, S. 332; Interview mit Manuel Contreras: »La DINA no se manejaba sola«, *Terrorismo de estado en Chile* (19. Oktober 2011); eidesstattliche Erklärung von Pedro Espinoza Bravo gegenüber Notar Arturo Carvajal Escobar, Santiago, 2. Mai 1978.

30 Kornbluh, *The Pinochet File*, S. 407; Manuel Salazar Salvo, »Contreras: Historia de un Intocable. Los años 80 y el camino a la cárcel«, *Interferencia*, 26. April 2021.

31 »Telegram from the Department of State to the Embassy in Chile«, *Foreign Relations of the United States, 1977–1980*, Bd. XXIV, Region Süd- und Lateinamerika. Dok. 212 (14. April 1978); Kornbluh, *The Pinochet File*, S. 405.

32 Dinges und Landau (1980), S. 337–338, 391.

33 Geheimer Bericht der CIA, »Strategy of Chilean Government with Respect to Letelier Case, and Impact of Case on Stability of President Pinochet«, 23. Juni 1978, in Kornbluh, *The Pinochet File*, S. 440–441.

34 *Ebenda*, CIA Directorate of Intelligence, »Pinochet's Role in the Letelier Assassination and Subsequent Coverup« (1. Mai 1987).

35 Christina Lamb, »Tea with Pinochet«, *New Statesman*, 26. Juli 1999.

36 Kornbluh, *The Pinochet File*, S. 406–409.

37 *Ebenda*, S. 405–409; CIA Directorate of Intelligence, »Pinochet's Role in the Letelier Assassination and Subsequent Coverup« (1. Mai 1987).

38 CIA Directorate of Intelligence, »Pinochet's Role in the Letelier Assassination and Subsequent Coverup« (1. Mai 1987).

39 Ascanio Cavallo und Rocío Montes, *La historia oculta de la década socialista* (Uqbar, 2022), S. 288.

40 David Burnham, »American Testifies He Has No Regrets About Assassinating Letelier«, *The New York Times*, 23. Januar 1979.

41 Kenneth Brademeier, »Silbert Agreed with Chile to Curtail Information«, *The Washington Post*, 24. Januar 1979.

42 »US Won't Extradite Figure in Letelier Case«, *The New York Times*, 26. Juli 1983; Ali Beydoun, »The U. S. Should Expedite Extradition for Chilean Diplomat's Assassin«, *The Washington Post*, 23. September 2016.

43 Erika Harding, »Chile: Former Officials Contreras & Espinoza Found Guilty in Letelier Assassination«, *NotiSur*, 9. November 1993.

44 Mit der Aufforderung an Chile, den Familien Letelier und Moffitt eine Ent-

schädigung in Höhe von 2,5 Millionen US-Dollar zu zahlen, respektierte eine US-Chile-Kommission die staatliche Immunität Chiles: *Dispute Concerning Responsibility for the Deaths of Letelier and Moffitt* (United States, Chile), Reports of International Arbitral Awards, Band XXV (1992), S. 3–19.

45 Nigel Rodley, *The Treatment of Prisoners under International Law* (Oxford, 1987), S. 101–107.

46 Interview des Autors mit Miguel Schweitzer, 4. September 2020.

47 David Sugarman, »The Hidden Histories of the Pinochet Case«, *Journal of Law and Society*, Bd. 51 (2024), S. 459–490.

48 Cavallo und Montes, *La historia oculta de la década socialista*, S. 15.

49 Jon Lee Anderson, »The Dictator«, *The New Yorker*, 11. Oktober 1998.

50 »The Lawyer Who Wouldn't Forget«, *The Guardian*, 2. Februar 1999.

51 Gesetz 44/1971, Zusatz zum Strafgesetzbuch, Artikel 137, 16. November 1971, Boletín Oficial del Estado [BOE] 274 (Spanien); Aleix Pérez i Pitarch, »Spain, 1996: the origins of the Pinochet case: the initial legal framework (and why words matter)«, Masterarbeit in Rechtswissenschaften (Harvard Law School, Mai 2022), S. 17.

52 Ivan Boileau, »La Ciudad Lineal: A Critical Study of the Linear Suburb of Madrid« (1959), S. 230.

53 Aleix Pérez i Pitarch, »Spain, 1996«, S. 10.

54 Oberster Gerichtshof von Chile, 4. Juni 1996, Fall Nr. 1-1993; eine letzte Berufung vor dem Obersten Gerichtshof wurde am 23. August 1996 zurückgewiesen; Aleix Pérez i Pitarch, »Spain, 1996«, S. 10.

55 »Arturo Soria y su hermano Carmelo, hacia 1940, cuando llegaron a Chile«, *El Mercurio*, 31. August 1980.

56 Pedro Lemebel, »Carmen Soria (O la eterna lucha de un ético mirar)«, in: *Zanjón de la Aguada* (Editorial Planeta Chilena, 2003).

57 *Informe Rettig* (1991), Bd. 1, S. 779.

58 Interamerikanische Kommission für Menschenrechte, Bericht Nr. 133/99, Fall 11725: Carmelo Soria Espinoza (19. November 1999).

59 Andrés López Awad und Camilo Pérez Alveal, *Carmelo: matar dos veces a un mismo hombre* (CEIBO, 2023); Nelson Jofré, *La implacable verdad policial: La apasionante investigación del detective que descubrió al grupo más secreto y letal de la Dina* (Catalonia, 2023).

60 Victoria Dannemann, »Garcés: ›Como testigo de crimen, debía evitar la impunidad‹«, *DW*, 15. Oktober 2018.

61 Alejandra Matus, »Torres Silva, el fiscal favorito de Pinochet«, *Los Casos de la Vicaría* (ohne Datum); Silva erschien am 3. Oktober 1997 vor dem

Gericht, und Garcés stellte am 27. Oktober 1997 einen Antrag auf Abweisung der Anträge von Silva (siehe: Doc. 1997-10-27 JG au JCI num. 6 – Réponse au Général Torres Silva); siehe auch: »General Torres Silva comparaît devant le JCI n° 6'«, *El País*, 18. Oktober 1997 (liegt vor).

62 Open Democracy, *Justice in the World's Light* (2001) (Geoffrey Bindman: »Augusto Pinochet besuchte London bei mehreren Gelegenheiten. Zweimal versuchte ich, ihn dabei verhaften zu lassen. Ich vertrat Amnesty International UK. Einmal gingen wir in die Bow Street, um einen Haftbefehl gegen Pinochet zu erwirken – er war auf einer Waffenmesse in Birmingham. Der Richter zeigte sich widerstrebend und vertagte den Fall. Am nächsten Tag kehrte Pinochet nach Chile zurück.« Bei einer anderen Gelegenheit »war er zum Einkaufen in London und um seine Freundin Margaret Thatcher zu besuchen. Wir baten den Generalstaatsanwalt, Anklage zu erheben. Schließlich verwies er die Angelegenheit an die Metropolitan Police, die daran interessiert war. Sie baten uns um weitere Beweise für Folterungen, die nach November 1988 stattgefunden hatten, als das Internationale Übereinkommen gegen Folter von 1984 in englisches Recht umgesetzt wurde.«)

63 *Informe Rettig* (1991), Bd. 2, S. 847.

64 Ernesto Ekaizer, *Yo, Augusto* (Aguilar, 2003), S. 494.

65 »Spanish Request to Question General Pinochet«, 14. Oktober 1998, in: Reed Brody und Steven Ratner, *The Pinochet Papers* (Springer, 2000), S. 55.

66 https://www.johndew.uk/prints1

67 Dave Clark, 17. November 2023, Sonderberater von Robin Cook.

68 Doc. 1998-10-16 Plainte et demande au JCI num. 5 d'arrêter Pinochet, à 13-10 heures; zu diesem Zeitpunkt reichte Enrique Santiago den Strafantrag gegen Pinochet ein.

69 John Hooper, »Move to Question Pinochet in the UK«, *The Guardian*, 14. Oktober 1998; Anmerkung von Jessie Barnett-Cox, 1. März 2017.

70 Lourdes Gómez und Ramón Lobo, »Amnistía pide al Gobierno británico que retenga al ex dictador Pinochet«, *El País*, 16. Oktober 1998.

71 »Un français serait mort à la suite des tortures«, *Le Monde*, 30. Oktober 1975.

72 Decreto traspaso de Londres 38 al Instituto O'Higginiano, 29. November 1978 (aktenkundig).

73 Niederschrift, 29. September 1992, Santiago (aktenkundig).

74 *Hansard*, House of Commons, 9. Februar 1999, Spalte 143.

75 Ekaizer, *Yo, Augusto*, S. 535.

76 »Die Zustellung des Haftbefehls ist eine operative Aufgabe der Metropoli-

tan Police«, erklärte Straw vor dem Parlament. »Der erste vorläufige Haftbefehl gegen Senator Pinochet wurde von zwei Beamten des Metropolitan Police Extradition Squad am 16. Oktober 1998 um 23:45 Uhr zugestellt. Anwesend waren der Leiter der Auslieferungsabteilung der Metropolitan Police und ein weiterer Beamter, ein ziviler Dolmetscher, ein Arzt und zwei Krankenschwestern. Bewaffnete Verstärkung war nicht dabei«, *Hansard*, House of Commons, 9. Februar 1999, Spalte 143.

77 Nicholas Blake gegenüber dem Autor, 23. August 2022.

78 Roberto Bolaño, »Entre Pinochet y el culo del mundo«, *Ajoblanco*, Bd. 113, November 1998, S. 35.

79 Roberto Bolaño, »El pasillo sin salida aparente«, *Ajoblanco*, Bd. 116, Mai 1999, S. 54–57.

80 Roberto Bolaño, *Chilenisches Nachtstück* (Hanser, 2007), S. 78, 83–84.

81 Ebenda, S. 124.

82 Roberto Bolaño, *Die Naziliteratur in Amerika* (Kunstmann, 1999), S. 97.

83 *Chilenisches Nachtstück*, S. 132, 146, 151–152.

84 Roberto Bolaño, *Between Parentheses* (Picador, 2016), S. 82.

85 Lemebel, *De perlas y cicatrices* (Lom, 1998).

86 Gloria Esquivel, »Literatura en tiempos de tortura«, *Semana*, 28. Februar 2010; Michael Lazzara, »Writing Complicity: The Ideological Adventures of Mariana Callejas«, *Radical History Review* 124 (2016), S. 141; Roberto Brodsky, »Amores que matan«, in: Mili Rodriguez Villouta (Hg.), *Compasión* (Planeta, 2000).

87 »Berríos: Los casetes secretos del ›químico de Pinochet‹«, 1. Kapitel: »Armas químicas«, *Vergara 240* (ohne Datum).

88 Ebenda (Nelson Jofré: »Schauen Sie, Carmelo Soria … einer der Leute, die dort drin lebten, sagt, dass er mit Sarin besprüht wurde. Eine einzelne Person sagt das, aber es gibt einen geständigen Täter, der ihn mit Schlägen getötet hat, richtig? [Was den] Knochenbruch [betrifft], sie haben mit ihm die ›Taste‹ gemacht, sie haben ein Bein auf die Leiter gestellt, sie haben ihm die Knochen gebrochen, kurz gesagt. Mit anderen Worten, es war höchst ungewöhnlich, wie sie ihn beseitigt haben, aber sie sagen, dass sie es auch angewandt haben … sie haben Sarin auf ihn gesprüht.«)

89 Mariana Callejas, *La larga noche* (Editorial Lo Curro, 1981), S. 69.

90 Mónica González, »Lujos y caprichos de un dictador«, *Revista Anfibia*, 23. August 2017.

91 Bolaño, *Between Parentheses*, S. 275–276.

92 Sybille Bedford, »On the Go«, *The New York Review of Books*, 9. November 1978.

93 Laurence Piercy, »Bruce Chatwin, W. G. Sebald, and the Red-Brown Skin«, in: Jenni Adams und Sue Vice, *Representing Perpetrators in Holocaust Literature and Film* (Valentine Mitchell, 2013), S. 251, 255.
94 Brief, Rauff an Wächter, 25. Mai 1949 (aktenkundig).
95 Martin Cüppers, *Walther Rauff, in deutschen Diensten: vom Naziverbrecher zum BND-Spion* (Wissenschaftliche Buchgesellschaft, 2013), S. 381.
96 Bodleian Archives and Manuscripts, *Archive of (Charles) Bruce Chatwin*, MS.Eng.e.3688.
97 Heidemann-Archiv, S. 48.
98 Cüppers, *Walther Rauff*, S. 40.
99 Ebenda, S. 49.
100 Rauff, Zeugenaussage, Santiago (BAL, B 162/3637, Bl. 87), 28. Juni 1972 (aktenkundig); https://www.ns-archiv.de/einsatzgruppen/gaswagen/rauff/rauff-santiago.php; Cüppers, *Walther Rauff*, S. 69.
101 Walther Rauff, *Fragenbogen und Lebenslauf*, *Personal-Bericht*, NS-Akte, 1938 (aktenkundig).
102 Ebenda.
103 Brief, Rauff an Barbara W., 16. März 1979 (aktenkundig); Heidemann-Archiv, S. 108.
104 Heidemann-Archiv, S. 139.
105 Cüppers, *Walther Rauff*, S. 119.
106 Eugene Kogon, Hermann Langbein, Adalbert Rückerl u. a. (Hg.), *Nationalsozialistische Massentötungen durch Giftgas. Eine Dokumentation* (S. Fischer, 1983).
107 Rauff, Zeugenaussage, Santiago, 28. Juni 1972 (aktenkundig).
108 Eidesstattliche Aussage von H. Wentritt, 2. Februar 1961, StA Hannover, AZ.2 Js 299/60 (ZSL, Az.415 Ar-Z 220/59, Bl. 260b).
109 Cüppers, *Walther Rauff*, S. 119.
110 Deutsches Patent- und Markenamt, Registernummer 30201822312. https://register.dpma.de/DPMAregister/marke/register/3020182231210/DE
111 Kogon u. a., *Nationalsozialistische Massentötungen*, S. 252.
112 Notiz RSHA/IID 3a vom 27. 4. 1942, AOD, R 58/871; Cf. Vern. Anton Sukkel vom 8. 2. 1961, BAL, B 162/5066, Bl. 260 m-s; ebenda, Willy Just vom 18. 2. 1961, op. cit., Bl. 260 t-y; Memo Staw. Hannover vom 1. 3. 1965, op. cit., S. 316–319 (aktenkundig).
113 Brief, Becker an Rauff, 16. Mai 1942, IMG, Bd. 26, Dok. PS-501, S. 103 ff.
114 Ebenda.
115 Brief, Just an Rauff, 5. Juni 1942, https://www.ns-archiv.de/einsatzgruppen/gaswagen/97000.php

116 Rauff, Zeugenaussage, Santiago, 28. Juni 1972 (aktenkundig).

117 Zeugenaussage von Gaswagenfahrer Walter Burmeister in: Ernst Klee, Willi Dreßen und Volker Rieß, *»Schöne Zeiten«. Judenmord aus der Sicht der Täter und Gaffer* (S. Fischer, 1988), S. 202.

118 Cüppers, *Walther Rauff*, S. 133, dort Zitat aus RSHA/IID 3a an Gruppenführer IID v. 5.6.1942, AOD, R 58/871; siehe auch: Kogon u. a., *Nationalsozialistische Massentötungen*.

119 Claude Nataf, *Les juifs de Tunisie sous le joug nazi, 9 November 1942 to 8 May 1943* (Le Manuscrit, 2012), S. 10.

120 Ebenda, S. 253.

121 Ebenda, S. 43.

122 Robert Borgel, *Étoile jaune et croix gammée: les juifs de Tunisie face aux nazis* (Le Manuscrit, 2007), S. 93.

123 Ebenda, S. 110.

124 Nir Cohen, »Inside the Diary of SS Officer Known as Gas Chamber ›Mastermind‹«, *Y Net News: Jewish World*, 17. April 2015.

125 Borgel, *Étoile jaune et croix gammée*, S. 138.

126 Ebenda, S. 108.

127 Ebenda, S. 109.

128 Ebenda, S. 267; Paul Ghez, *Six mois sous la botte* (Le Manuscrit, 2009), S. 217.

129 Borgel, *Étoile jaune et croix gammée*, S. 64.

130 Nataf, *Les juifs de Tunisie sous le joug nazi*, S. 48–49.

131 Rauff, Zeugenaussage, Santiago, 28. Juni 1972 (aktenkundig).

132 Rahn an HöSSPF Italy am 15. 4. 1944, BAB, R 70 Italien/20; Brief an den Verbindungsoffizier des Persönlichen Stabes des Reichsführers-SS, von General Karl Wolff (mit Anhängen) (8. Juni 1944): https://northafricanjews-ww2.org.il/sites/default/files/ybz_item_files/8%281%29.pdf

133 »Les archives secrètes de la CIA en Corse«, *Corse Matin*, 23. Februar 2016; Jean-Pierre Girolami, »1943–1946: contre les ›profiteurs de guerre‹ une ›épuration molle‹ des condamnations pour collaboration«, *Corse Matin*, 22. Oktober 2023.

134 teatroallascala.org, Saison 1943/44.

135 Luigi Borgomaneri, *Hitler a Milano* (Datanews Editrice, 1997), S. 103.

136 Ebenda, S. 117; detailliertes Vernehmungsprotokoll, Mailand, 4. Juni 1945, gezeichnet H. T. Shergold, Major I. O., O. C. Army Section, CSDIC, CMF, Public Record Office of Kew, Wo, 204/13006.

137 Borgomaneri, *Hitler a Milano*, S. 120, Zitat Rauff an Parini, Brief, 25. Juli 1944, Präfekt von Mailand, ASM, Gp., II, c. 365.

138 Cüppers, *Walther Rauff*, S. 193.

139 *Questions of Jurisdictional Immunities of the State and Measures of Constraint against State-Owned Property (Germany v. Italy)*, Antrag auf Einleitung eines Verfahrens, der einen Antrag auf einstweilige Maßnahmen enthält, [2022] ICJ General List Nr. 183, §§ 29–48; siehe auch: *Jurisdictional Immunities of the State (Germany v Italy, Greece Intervening)* [2012] ICJ Reports 179, § 139.

140 Verliehen am 25. Februar 1945, Cüppers, *Walther Rauff*, S. 108.

141 Cüppers, *Walther Rauff*, S. 199.

142 Heidemann-Archiv, S. 108.

143 Protokoll der Vernehmung von Frau Emilie Hermine Finnegan, geborene Lukasch, 4. September 1968 (Bundesverwaltungsgericht, Berlin, Verfahren gegen Friedrich Boßhammer, aktenkundig).

144 CIA Dok. 0022, 22. Mai 1945.

145 Heidemann-Archiv, S. 89.

146 Cüppers, *Walther Rauff*, S. 208.

147 Ebenda, S. 211, 213, 265; Briefe, Rauff an Hans-Jochen Emsmann, 26. August, 22. September, 17. November 1946.

148 Office of the United States Chief Counsel for Prosecution of Axis Criminality, »Statement of Standarten Fuehrer Walther Rauff of 19 October 1945«, *Nazi Conspiracy and Aggression*, Bd. IV, Dokument Nr. 2348-PS.

149 *Trial of the Major War Criminals Before the International Military Tribunal* (Nürnberg, 20. Dezember 1945), 4:235.

150 Gerald Steinacher, *Nazis auf der Flucht. Wie Kriegsverbrecher über Italien nach Übersee entkamen* (S. Fischer, 2010), S. 297; Philippe Sands, *Die Rattenlinie* (S. Fischer, 2020), S. 398.

151 Brief, Rauff an Hans-Jochen Emsmann, 22. September 1946.

152 Cüppers, *Walther Rauff*, S. 216.

153 Niall Ferguson, *Kissinger: 1923–1968, The Idealist* (Penguin, 2015), S. 198.

154 Cüppers, *Walther Rauff*, S. 218.

155 Heidemann-Archiv, S. 105.

156 Ebenda.

157 CIA Dok. 0096, 11. Mai 1949.

158 Cüppers, *Walther Rauff*, S. 233.

159 CIA Dok. 0083, 11. Oktober

160 CIA Dok. 0096, August 1949; Chern Chen, »Former Nazi Officers in the Near East: German Military Advisors in Syria, 1949–56« (2018), S. 732–751.

161 Heidemann-Archiv, S. 109, 112, 114.

162 Yosef (Yossi) Chen, *The Mossad's Pursuit of Nazi War Criminals* (Mossad History Department, 2007), S. 153–196.

163 Cüppers, *Walther Rauff*, S. 236. Ein Kollege in Ecuador teilte mir mit, dass Hans Karste mit Beatriz Peña aus Cuenca verheiratet sei und das Paar drei Kinder (Elisabeth, Hans und Susana) habe. Die Eltern von Frau Peña sollen über die Identität von Karstes Stiefvater Rauff beunruhigt gewesen sein, eine Angelegenheit, die vor der Heirat mit dem Priester besprochen wurde.

164 Cüppers, *Walther Rauff*, S. 239; CIA Dok. 0077, 13. Juni 1950; CIA Dok. 0079, 7. Juli 1950.

165 Cüppers, *Walther Rauff*, S. 243, 244, 251, 258.

166 Interview mit Walther Rauff III, 3. Dezember 2021 (Santiago).

167 Alejandro Matus, *Doña Lucía: La biografía no autorizada* (Ediciones B, 2014); Augusto Pinochet, *Camino Recorrido* (1990), S. 55–155.

168 María del Carmen Elizalde P, Responsable del Archivo General, Universidad Central del Ecuador, mit weiteren Berichten, 26. Januar 2023 (aktenkundig).

169 Cüppers, *Walther Rauff*, 259; Heidemann-Archiv, S. 68

170 Ebenda, Box 13.

171 Interview mit Walther Rauff III, 3. Dezember 2021 (Santiago).

172 Heidemann-Archiv, S. 327; Löschner, ein Deutscher, der seit vielen Jahren in Ecuador lebte, soll während des Krieges für Deutschland spioniert haben; siehe: Jacob McIntosh, »The *Forgotten* Story of Montreat: The Special War Problems Division's Detention of Axis Citizens During World War II«, *Proceedings of the National Conference on Undergraduate Research, Montana State University* (26. März 2020), S. 466.

173 Dekret, 26. November 1959 (aktenkundig).

174 Cüppers, *Walther Rauff, S.* 275.

175 Ebenda, S. 281, 283.

176 Ebenda, S. 279.

177 Cüppers, *Walther Rauff, S.* 284; Miguel Schweitzer und Stitchkin gehörten zu den prominenten Mitgliedern der jüdischen Gemeinde; Gustavo Guzmán, *Attitudes of the Chilean Right Towards Jews* (Brill, 2022), S. 142.

178 Cüppers, *Walther Rauff, S.* 284.

179 *Der Spiegel*, 1. Juni 1960; Cüppers, *Walther Rauff, S.* 287.

180 Cüppers, *Walther Rauff, S.* 289.

181 Ebenda, S. 294.

182 Heidemann-Archiv, S. 329; Cüppers, *Walther Rauff, S.* 300–301.

183 Cüppers, *Walther Rauff*, S. 298–304.

184 Siehe: https://agora.sub.uni-hamburg.de//subhh-adress/cntmng;jsessionid

=E4926DB339D14EEC105FBE790941AE92.agora13?type=pdf&did=c1:1028107; Deutsches Stasi-Unterlagen-Archiv, MfS-Lexikon: »Kreusel, Karl«, https://www.stasi-unterlagen-archiv.de/mfs-lexikon/detail/kreusel-karl; Boletín No. 5047-07, Informe de la Comisión de Derechos Humanos, Nacionalidad y Ciudadania, recaído en el proyecto de ley, en primer trámite constitucional, que concede, por especial gracia, la nacionalidad chilena al señor Dietrich Paul Friedrich Angerstein Brink, 26. Juni 2007.

185 Dietrich Angerstein, »Silvester auf der Sandbank«, *Cóndor*, 30. Dezember 2020.

186 Heidemann-Archiv, S. 343.

187 Telex Nr. 127, 5. Dezember 1962, Botschafter Strack, Santiago, ans Außenministerium (aktenkundig).

188 *La Prensa Austral*, 6. Dezember 1962.

189 »Ex-Nazi Colonel Arrested in Chile Denies Killing 90,000 Jews«, *Bulletin Nr. 236*, *Jewish Telegraph Agency*, 10. Dezember 1962.

190 Cüppers, *Walther Rauff*, S. 266.

191 Ebenda, S. 267–268.

192 Ebenda, S. 272.

193 Ebenda, S. 273.

194 Ebenda, S. 274, 291.

195 Guzmán, *Attitudes of the Chilean Right Towards Jews*, S. 142.

196 Cüppers, *Walther Rauff*, S. 307–308.

197 Ebenda, S. 316.

198 Ebenda, S. 314.

199 Ebenda, S. 320.

200 Heidemann-Archiv, S. 117 (Rat von Oberst Schaffhauser).

201 Robert Servatius, »Defender of a Nazi«, *The New York Times*, 18. April 1961.

202 Heidemann-Archiv, S. 69–70.

203 Schäfer, Brief an westdeutsche Botschaft, Santiago, 12. Juni 1963, zitiert in: Ingo Kletten, »Eine lange Nachgeschichte – Der Fall des SS-Standartenführers Walther Rauff nach 1945 in Chile«, *Nürnberger Menschenrechtszentrum*, 3. Juni 2008.

204 »Bonn Regime Bids Chile Extradite Former Nazi«, *The New York Times*, 6. Dezember 1962.

205 »In Santiago, a Nazi S. S. General is apprehended and held for extradition to West Germany. Walter Rauff has been charged by the West German Government with complicity in the wartime killing of 90,000 Jews«, AP-Archiv, https://www.youtube.com/watch?v=niT-S7bEYp0

206 »97 mil judíos muertos con gases lo condenan«, *La Tercera*, 27. April 1963.
207 Ebenda.
208 Konsulat der Bundesrepublik Deutschland, Antofagasta, an den deutschen Botschafter, Santiago, 4. März 1963 (aktenkundig); Mario Amorós, *Pinochet: Biografía Militar y Política* (Ediciones B, 2019), S. 129.
209 Cüppers, *Walther Rauff*, S. 326.
210 Ebenda, S. 327.
211 Heidemann-Archiv, S. 69.
212 Cüppers, *Walther Rauff*, S. 329.
213 Corte Suprema, 26. April 1963, Rauff, Walther (extradición pasiva), in: *Revista de Derecho, Jurisprudencia y Ciencias Sociales*, Secunda Parte, Tomo LX, enero–abril 1963, S. 112 ff. Siehe auch: Gustavo Guzman, »Chile y el Holocausto: A cincuenta años de la captura de Walther Rauff«, *El Mostrador*, 6. Dezember 2012.
214 Guzmán, *Attitudes of the Chilean Right Towards Jews*, S. 161.
215 Walther Rauff, Interview, Huntley-Brinkley Report, NBC-TV, *Historia Channel*, Interview von Tom Streithorst, *Radio TV Monitoring Service*, 25. April 1966 (aktenkundig); https://www.youtube.com/watch?v=dsdSMLKvLN0
216 Ebenda, *Radio TV Monitoring Service*, 2. Mai 1966 (aktenkundig).
217 Autor im Gespräch mit Miguel Schweitzer Walters, 4. September 2020.

## Teil II Gerechtigkeit

1 Guzmán, *Attitudes of the Chilean Right Towards Jews*, S. 200.
2 John Bartlett, »Files Reveal Nixon Role in Plot to Block Allende from Chilean Presidency«, *The Guardian*, 8. August 2023.
3 Autor im Gespräch mit David Clark, 19. November 2023; Sherard Cowper-Coles, 9. Januar 2024; John Dew, 9. Januar 2024; E-Mail, Andrew Patrick, 10. Januar 2024.
4 Audiencia Nacional de España, Sala de lo Penal, Pleno, Rollo de Apelación 173/98 – Sección Primera – Sumario 1/98, 5. November 1998.
5 José Yoldi, »La fiscalía se opone a que se pida la extradición de Pinochet«, *El País*, 24. Oktober 1998.
6 Anne Swardson, »Pinochet Case Tries Spanish Legal Establishment«, *The Washington Post*, 22. Oktober 1998.
7 Cavallo und Montes, *La historia oculta de la década socialista*, S. 22.
8 Brody und Ratner, *The Pinochet Papers*, S. 67.
9 Joanne Foakes, *The Position of Heads of State and Senior Officials in International Law* (Oxford University Press, 2014), S. 13.

10 C. Beccaria, *Dei delitti e delle pene* (1764), Kap. XXXV.

11 *The Parliament Belge*, UK Court of Appeal (1880) LR 5 PD 197.

12 *The Schooner Exchange v. McFaddon*, U. S. Supreme Court (1812), 11 U. S. (7 Cranch) 116.

13 Friedensvertrag von Versailles, 28. Juni 1919, Teil VII, Strafbestimmungen, Artikel 227.

14 Agreement for the Prosecution and Punishment of the Major War Criminals of the European Axis, and Establishing the Charter of the International Military Tribunal (Abkommen über die Verfolgung und Bestrafung der Hauptkriegsverbrecher der Europäischen Achse, 8. August 1945), 82 UNTS, S. 279-84 (Anhang), Art. 7.

15 International Military Tribunal of the Far East (Internationaler Militärgerichtshof für den Fernen Osten, 19. Januar 1946), TIAS 1589, Art. 6.

16 Convention on the Prevention and Punishment of Genocide (Übereinkommen über die Verhütung und Bestrafung des Völkermordes), 9. Dezember 1948, Paris (»Persons committing genocide or any of the other acts enumerated in article III shall be punished, whether they are constitutionally responsible rulers, public officials or private individuals«). Deutsche Übersetzung siehe: https://fedlex.data.admin.ch/filestore/fedlex.data.admin.ch/eli/cc/2002/358/20200630/de/pdf-a/fedlex-data-admin-ch-eli-cc-2002-358-20200630-de-pdf-a.pdf

17 Statute of the International Criminal Tribunal for the former Yugoslavia (Statut des Internationalen Strafgerichtshofs für das ehemalige Jugoslawien, in der Fassung von 2009) (UN Doc. S/RES/827) UNSC 1993, Artikel 7; Statute of the International Criminal Tribunal for Rwanda (Statut des Internationalen Strafgerichtshofs für Ruanda, UN Doc. S/RES/955) UNSC 1994, Artikel 6.

18 Arthur Watts, »The Legal Position in International Law of Heads of States, Heads of Governments and Foreign Ministers« (1994), *Recueil des Cours de l'Académie de Droit International*, S. 82–84.

19 Maev Kennedy, »Tributes to Lord Bingham, ›The greatest judge of our time‹«, *The Guardian*, 12. September 2010.

20 *Re Augusto Pinochet Ugarte* [1998] 38 ILM 68 (QB), 74.

21 Ebenda, § 58.

22 Joanna Bale, Roland Watson und Michael Evans, »Pinochet Wins First Battle on Extradition«, *The Times*, 29. Oktober 1998; Jamie Wilson und Amelia Gentleman, »Pinochet Wins his High Court Battle«, *The Guardian*, 29. Oktober 1998; Warren Hoge, »English Court Rules Pinochet Should Be Free«, *The New York Times*, 29. Oktober 1998.

23 Ebenda.
24 Michael Binyon und Frances Gibb, »Experts Say Pinochet Ruling ›not the end‹«, *The Times*, 29. Oktober 1998.
25 Open Democracy, *Justice in the World's Light* (2001) (Geoffrey Bindman).
26 François Sergent, »Première victoire de Pinochet à Londres«, *Libération*, 29. Oktober 1998.
27 Norberto Bermúdez, »›Esto, Señorías, fue un genocidio‹«, *Página 12*, 30. Oktober 1998.
28 Ebenda.
29 Audiencia Nacional, Strafkammer, Plenarsitzung, 5. November 1998, vorsitzender Richter Siro Francisco García Pérez, Übersetzung, S. 22–28 (aktenkundig); sowie Brody und Ratner, *The Pinochet Papers*, S. 95.
30 Garzón Dok., S. 199–200 (aktenkundig).
31 Ebenda, S. 270, 291–292, 301.
32 House of Lords, Auszüge aus Rechtsvorlagen, in: Brody und Ratner, *The Pinochet Papers*, S. 109.
33 Ebenda, S. 115.
34 Ebenda, S. 126.
35 *Pauline Jaccard-Veloso and Others v. United Kingdom* (Antrag auf Erlass einstweiliger Anordnungen gemäß Regel 36, 4. November 1998), Antrag Nr. 44191/98 (ECtHR) (aktenkundig).
36 *The Financial Times*, 22. September 1998, S. 1.
37 David Hope, *House of Lords 1996–2009: Lord Hope's Diaries* (Avizandum, 2018), S. 64.
38 Ebenda, S. 67–69.
39 Ekaizer, *Yo, Augusto*, S. 628.
40 Case for the Respondent, § 52, in: Brody und Ratner, *The Pinochet Papers*, S. 120.
41 Hope, *House of Lords 1996–2009*, S. 67.
42 Bolaño, *Between Parentheses*, S. 73.
43 Hope, *House of Lords 1996–2009*, S. 68.
44 Warren Hoge, »Pinochet Is Shown the Door by a Vexed London Hospital«, *The New York Times*, 2. Dezember 1998.
45 Christina Lamb, »Tea with Pinochet«, *New Statesman*, 26. Juli 1999.
46 Kletten, »Eine lange Nachgeschichte«; Interview des Autors mit Eduardo Lehmann, 29. Juli 2023.
47 Cüppers, *Walther Rauff*, S. 333.
48 Heidemann-Archiv, S. 337.
49 Jorge Barbarovic, »Refugiado in Porvenir«, *Ercilla*, 18. November 1964.

50 Pablo Neruda, »A Heroic Deed in the Name of Freedom«, *El Siglo*, 3. Juli 1965.
51 Cüppers, *Walther Rauff*, S. 346.
52 Urteil vom 6. Juni 1966; Cüppers, *Walther Rauff*, S. 346.
53 Cüppers, *Walther Rauff*, S. 347.
54 Ebenda, S. 340.
55 Heidemann-Archiv, S. 339.
56 Ebenda, S. 341.
57 Ebenda, S. 344.
58 Ebenda, S. 341.
59 Ebenda, S. 342.
60 *Jewish Observer and Middle East Review*, 15. April 1966, zitiert in: Kletten, »Eine lange Nachgeschichte«.
61 Cüppers, *Walther Rauff*, S. 347.
62 Mario Guisande Pelic, »El magallánico que fue secretario del Nazi Walter Rauff«, *La Prensa Austral*, 4. Oktober 2019.
63 Cüppers, *Walther Rauff*, S. 342–343.
64 Leónidas Bustamante, *Relatos de vida en los mares australes* (Ediciones Kultrún, 2017), S. 28–29.
65 https://issuu.com/cameliochile/docs/portafolio_camelio_optimizado
66 Stephen Kinzer, »Two New Political Antagonists Emerging in Chile«, *The New York Times*, 15. September 1983.
67 *Ercilla*, 18. November 1964.
68 Brief, Rauff an Ilse Emsmann, 7. Oktober 1970.
69 Brief, Rauff an Hans-Jochen Emsmann, 10. September 1971.
70 Cüppers, *Walther Rauff*, S. 355; Brief, Rauff an Ilse Emsmann, 25. Oktober 1964.
71 Konvention über die Nichtanwendbarkeit der Verjährungsfrist auf Kriegsverbrechen und Verbrechen gegen die Menschlichkeit, 26. November 1968, Inkrafttreten am 11. November 1970.
72 Brief, Wiesenthal an Allende, 21. August 1972 (aktenkundig); Simon Wiesenthal, *Recht, nicht Rache. Erinnerungen* (Ullstein, 1988), S. 89, sowie Cüppers, S. 349.
73 Heidemann-Archiv, S. 114.
74 Brief, Allende an Wiesenthal, 21. September 1972 (aktenkundig); Brief, Wiesenthal an Dr. Adalbert Rückerl, 24. Oktober 1972 (aktenkundig); Cüppers, *Walther Rauff*, S. 349, Anmerkung 79.
75 Rene Sepúlveda, *PEC*, 14. Juli 1972, Nr. 462, S. 14–15.
76 Brief, Rauff an Hans-Jochen Emsmann, 16. August 1972.

77 Carlos Lopez, *Allende and the Military* (Council for Inter-American Security Educational Institute, 1978), S. 15; Brief, Rauff an Ilse Emsmann, 1964.
78 Dekret Nr. 1, 11. September 1973, Konstituierendes Gesetz der Militärjunta, *Diario Oficial*, Chile.
79 Dekret Nr. 521, 18. Juni 1974, Creates Dirección Nacional de Inteligencia (DINA), *Diario Oficial*.
80 León Gómez, *Tras la huella de los desaparecidos* (Caleuche, 1990), S. 456–496.
81 *Una Política Pública Permanente: Garantía de No Repetición*, Powerpoint von Luis Cordero, Minister für Justiz und Menschenrechte, September 2023.
82 Inger Agger und Søren Buss Jensen, *Trauma and Healing Under State Terrorism* (Zed, 1996), S. 170.
83 Bruce Chatwin, *In Patagonien* (Rowohlt, 1981), S. 196.
84 Edicto, Fiscalia Naval de Magallanes, 14. Februar 1974 (Luis Vera und Carlos Oyarzo), unterzeichnet von Salvador Camelio Lopez (Secretario) und Jorge Beyta Valenzuela (Fiscal Naval Magallanes) (aktenkundig); Edward Snyder, »The Dirty Legal War: Human Rights and the Rule of Law in Chile 1973–1995«, *Tulsa Journal of Comparative and International Law* 2 (1994), S. 254 und 265–268.
85 *Informe Rettig* (1991), Bd. 1, S. 591.
86 Ebenda, S. 592.
87 Agger und Jensen, *Trauma and Healing Under State Terrorism*, S. 171.
88 Agrupación Hijas/os y Nietas/os por la Memoria, *Cartografía, Sitios de Memoria: Región de Magallanes y de la Antártica Chilena* (Imprenta La Prensa Austral, 2020), S. 34.
89 Rettig Report (1991), Bd. 1, S. 593.
90 https://memoria.bienes.cl/sitios/memorial-de-los-derechos-humanos-de-punta-arenas
91 Die drei Opfer waren: Carlos Raúl Baigorri Hernández, 31 Jahre; Germán Simón Carcamo Carrasco, 24 Jahre, und Ramón Domingo González Ortega, 37 Jahre, *Informe Rettig* (1991), Bd. 1, S. 594.
92 Cüppers, *Walther Rauff*, 354; Brief, Rauff an Hans-Jochen Emsmann, 30. Juni 1980.
93 Ebenda, S. 354.
94 Ebenda, S. 354.
95 Ebenda.
96 Brief, Rauff an Ilse Emsmann, 4. März 1974.

97 Rauff an Ilse Emsmann und Wulff, 11. Januar 1976.
98 Inter-American Commission of Human Rights, *Annual Report 1985–6*, Kapitel 4, »Chile«, Abschnitt 3.
99 »Hoy se realiza cambio de mando en la intendencia«, *La Prensa Austral*, 4. März 1974.
100 Brief, Rauff an Hans-Jochen Emsmann, 6. August 1977.
101 Brief, Rauff an Ilse and Hans-Jochen Emsmann, 11. Januar 1976.
102 Brief, Rauff an Ilse Emsmann, 4. März 1974.
103 Brief, Rauff an Hans-Jochen Emsmann, 21. Mai 1977.
104 »Es soll doch in dieser Stadt einmal Tausende und Abertausende von diesen Plattfußindianern gegeben haben – es war keiner mehr zu sehen«, sagte Hans Frank, Generalgouverneur im besetzten Polen, am 1. August 1942 in Lwiw; Philippe Sands, *Rückkehr nach Lemberg* (S. Fischer, 2018), S. 325.
105 Brief, Rauff an Ilse Emsmann und Wulff, 12. Juni 1976.
106 Brief, Rauff an Ilse und Hans-Jochen Emsmann,11. Januar 1976.
107 Interview, Monserrat Madariaga und Raúl Donoso, 31. Januar 2022.
108 Brief, Rauff an Hans-Jochen Emsmann, 6. August 1977.
109 Heidemann-Archiv, S. 340.
110 Brief, Rauff an Ilse und Hans-Jochen Emsmann, 11. Januar 1976; 12. Juni 1976.
111 Rol. 37829-4, Primer Juzgado del Crimen (Fall von Manuel Ruben Fernandez Torres und Mario Barria Diaz), Prozesseröffnung am 9. Dezember 1975; ebenso: Juzgado del Trabajo, Adolfo Martinez Uribe v. Pesquera Camelio Ltda (vertreten durch Walter Rauff), eröffnet am 5. April 1977.
112 Interview des Autors mit Mariana Camelio, 4. Juli 2023.
113 Brief, Rauff an Hans-Jochen Emsmann, 21. Mai 1977; 6. August 1977.
114 Karte, Rauff an Hans-Jochen Emsmann, 20. Dezember 1974.
115 »L'ancien ›SS‹ Walter Rauff est placé à la tête des Services de Renseignements«, *Le Monde*, 3. Juli 1974; CIA Doc. 0106 und 0107 7, 10. Juli 1974.
116 »Le gouvernement dément que l'ancien ›SS‹ Rauff dirige des Services de Renseignements«, *Le Monde*, 4. Juli 1974.
117 CIA Doc. 0103, Juli 1974.
118 CIA Doc. 0105, Juli 1974.
119 Cüppers, *Walther Rauff*, S. 357, zitierend DB Santiago an AAv. 14.10.1974, PAAA, AV 12777.
120 Ebenda, Anm. 121.
121 Marcus Klein, »Walther Rauff und die chilenische Militärdiktatur unter Augusto Pinochet«, *Vierteljahreshefte für Zeitgeschichte* 67 (2019), S. 235, 246.

122 Ebenda, S. 248.
123 Ebenda.
124 Cüppers, *Walther Rauff*, S. 357, Zitat aus einem Brief von Wiesenthal an John R. C. vom 11. November 1974; an John F., 10. und 26. März 1975.
125 Kletten, »Eine lange Nachgeschichte«, zitierend Simon Wiesenthal, *Recht, nicht Rache*, S. 89.
126 Rose Styron, »Special Report on Chile, Amnesty International, Report on Torture« (New York, 1975), S. 243–282, zitiert in: Klein, »Walther Rauff und die chilenische Militärdiktatur unter Augusto Pinochet«, S. 256.
127 Jonathan Kandell, »Nazis Safer in South America Today«, *The New York Times*, 18. Mai 1975.
128 Eric M. Breindel, »A New Life«, *The Harvard Crimson*, 26. Oktober 1974.
129 Klein, »Walther Rauff und die chilenische Militärdiktatur unter Augusto Pinochet«, S. 254.
130 Ebenda, S. 255.
131 CIA Doc. 0109, 13. April 1976.
132 Klein, »Walther Rauff und die chilenische Militärdiktatur unter Augusto Pinochet«, S. 257, zitierend Wiener Wiesenthal Institut für Holocaust-Studien, Archiv, Akt Rauff 1, Wiesenthal an Kissinger, Wien, 1.4.1975, sowie Isaacs an Wiesenthal, Washington, D. C., 17. April 1975.
133 CIA Doc., 0110, 8. Juli 1977.
134 Ebenda.
135 Hope, *House of Lords 1996–2009*, S. 68.
136 *BBC Worldwide Monitoring*, 25. November 1998, Quelle: RNE, Radio 1, Madrid, 1449 GMT.
137 *Daily Mail*, 26. November 1998, S. 9.
138 *The Chattanooga Times* (Tennessee), 26. November 1998, S. 354.
139 »Lords Ruling a Landmark in Human Rights Law«, *The Financial Times*, 26. November 1998, S. 6.
140 *The Guardian*, 26. November 1998, S. 24.
141 *The Guardian*, 26. November 1998, S. 4.
142 Ekaizer, *Yo, Augusto*, S. 655.
143 Hope, *House of Lords 1996–2009*, S. 69.
144 Diana Woodhouse, *The Pinochet Case: A Legal and Constitutional Analysis* (Bloomsbury, 2000), S. 95–96.
145 Hope, *House of Lords 1996–2009*, S. 69.
146 Ebenda, S. 71.
147 Ebenda.
148 Ebenda, S. 72.

149 *R v. Bow Street Metropolitan Stipendiary Magistrate, Ex Parte Pinochet Ugarte* (Nr. 2) [1999] UKHL 52.
150 Hope, *House of Lords 1996–2009*, S. 72.
151 Ebenda, S. 70.
152 Woodhouse, *The Pinochet Case*, S. 95–96.
153 Open Democracy, *Justice in the World's Light* (2001) (Geoffrey Bindman).
154 Clare Dyer, »Law Lords Condemn Hoffmann«, *The Guardian*, 16. Januar 1999.
155 Hope, *House of Lords 1996–2009*, S. 74.
156 Burrell, »Hoffmann Given Boost by Lord Irvine«, *The Independent*, 9. Februar 1999.
157 Hope, *House of Lords 1996–2009*, S. 69.
158 *British Library, Sounds Archive*, »Lord Hoffmann interviewed by Louise Brodie«, Teil 7 (2011).

**Teil III Immunität**

1 Chatwin, *In Patagonien*, S. 187.
2 »El viaje histórico de esquiadores a grandes centros de Francia«, *La Prensa Austral*, 24. Januar 1971.
3 »Treinta años sin el cine Gran Palace«, *La Prensa Austral*, 4. Oktober 2022.
4 Heidemann-Archiv, S. 342.
5 »En Punta Arenas derribaron un busto de Menéndez y en su lugar colocaron el de un cazador selk'nam«, *CriticaSur*, 7. November 2019.
6 »Elemento destacado del mes de septiembre: ›Escena de Gansos‹ de José Ruiz Blasco«, *Museo Regional de Magallanes*, 1. September 2014.
7 http://www.dawson2000.com/sreyes.htm (Zugriff 21. März 2000, nicht mehr verfügbar).
8 Bruce Chatwin, »The Making of a Writer: I Always Wanted to Go to Patagonia«, *The New York Times*, 27. Februar 1983.
9 Chatwin, *In Patagonien*, S. 234.
10 *La Prensa Austral*, 15. Mai 1984.
11 Briefe von Bruce Chatwin an Elizabeth Chatwin, 10. Februar und 1. März 1975, in: Elizabeth Chatwin und Nicholas Shakespeare (Hg.), *Der Nomade. Briefe 1948–1988* (Hanser, 2014), S. 265–267, 268–270.
12 Ebenda, Brief von Chatwin an Charles Chatwin, 2. Dezember 1975; Brief von Chatwin an John Kasmin, 12. Januar 1976, S. 278–280.
13 Christopher Jerez Pinto, »¿Quiénes son los Von Appen?: La familia de origen nazi y dueña de Ultramar que tiene en jaque a los trabajadores portuarios«, *El Desconcierto*, 18. Dezember 2018.

14 Heidemann-Archiv, S. 342; Cüppers, *Walther Rauff*, S. 360; Brief, Rauff an Hans-Jochen Emsmann, 6. August 1977.

15 Cüppers, *Walther Rauff*, S. 360.

16 Heidemann-Archiv, S. 343–344.

17 Cüppers, *Walther Rauff*, S. 370.

18 Ebenda; Heidemann-Archiv, S. 147.

19 Heidemann-Archiv, S. 146.

20 Cüppers, *Walther Rauff*, S. 364, 365; E-Mail, Gustavo Guzmán, 30. Mai 2024.

21 Cüppers, *Walther Rauff*, S. 368.

22 Ebenda, S. 364, 366.

23 Ebenda, S. 379, 380.

24 Marie José Chombert de Lauwe, »Le néo-nazisme aujourd'hui«, *Le Monde*, 10. November 1978.

25 Julio Retamal Favereau, »Walter Rauff et le régime du général Pinochet«, *Le Monde*, 24. November 1978.

26 Cüppers, *Walther Rauff*, S. 374; Zitat aus https://de.wikipedia.org/wiki/Karl_Wolff_(SS-Mitglied)#Nach_dem_Krieg.

27 Heidemann-Archiv, S. 56, 59.

28 Ebenda, S. 117, 145, 146, 154.

29 Ebenda, S. 56, 70, 155, 156.

30 Ebenda, S. 80, 114, 120.

31 Ebenda, S. 56, 59, 68, 90, 99, 106, 114, 139, 156, 159, 232.

32 Ebenda, S. 180–184.

33 Ebenda, S. 70, 118, 119, 120, 142, 157, 184.

34 Ebenda, S. 68, 157. Zu Wolffs Widmung für Rauff im übernächsten Absatz siehe Cüppers, *Rauff*, S. 375.

35 Chen, *The Mossad's Pursuit of Nazi War Criminals*, S. 153; siehe Danny Orbach, *Fugitives: A History of Nazi Mercenaries during the Cold War* (Hurst, 2022).

36 Chen, *The Mossad's Pursuit of Nazi War Criminals*, S. 155.

37 Ebenda, S. 158.

38 Ebenda, S. 166.

39 Ebenda, S. 165.

40 Yossi Melman und Dan Raviv, »Why the Mossad Failed to Capture or Kill So Many Fugitive Nazis«, *The Washington Post*, 22. September 2017.

41 Chen, *The Mossad's Pursuit of Nazi War Criminals*, S. 170.

42 Cüppers, *Walther Rauff*, S. 380.

43 Ebenda, S. 384.
44 Ebenda. S. 383–384.
45 Hansard, House of Lords, 23. Februar 1984, Spalte 583 (Margaret Thatcher, »Nazi War Criminals«).
46 Cüppers, *Walther Rauff*, S. 387.
47 Interview des Autors mit Sebastian Rauff, 13. Februar 2023.
48 Cüppers, *Walther Rauff*, S. 388.
49 Patricia Sethi, »Pinochet on Chile«, *Latin American Studies Association* XV, Nr. 2 (1984), S. 11–15.
50 Robert McFadden, »Walter Rauff, 77, Ex-Nazi, Dead; Was an Accused War Criminal«, *The New York Times*, 15. Mai 1984.
51 »Murio Rauff«, *La Prensa Austral*, 15. Mai 1984, S. 1.
52 »Vida tranquila y trabajo, Walter Rauff a Porvenir«, *La Prensa Austral*, 16. Mai 1984.
53 Cüppers, *Walther Rauff*, S. 390.
54 CIA Doc. 0001, März 1984.
55 »Den Schreibtischtätern auf der Spur. Noch zwei Jahre bis zur Verjährung von NS-Gewaltverbrechen«, 17. März 1967, *Frankfurter Allgemeine Zeitung* (angeblich tauchte der Begriff hier zum ersten Mal in den deutschen Medien auf).
56 Cüppers, *Walther Rauff*, S. 356, der sich auf den *Kölner Stadt-Anzeiger*, 16./17. Juni 1984, beruft.
57 »Dawson, el último campo de concentración de Rauff«, *Analisis*, 11. September 1984.
58 Kletten, »Eine lange Nachgeschichte«, Schraga Elam und Dennis Whitehead, »In the Service of the Jewish State«, *Haaretz*, 29. März 2007, zitierend, und Klaus Schnellenkamp, *Geboren im Schatten der Angst*, München 2007, S. 67. Zu Gómez siehe Marcus Klein, »Walther Rauff und die chilenische Militärdiktatur unter Augusto Pinochet. Eine transnationale Suche nach einem beharrlichen Gerücht«, *Vierteljahrshefte für Zeitgeschichte* Jg. 67 (2019), Heft 2, S. 235–262.
59 Cüppers, *Walther Rauff*, S. 356.
60 Cüppers, *Walther Rauff*, S. 358.
61 Carlos Basso, *Chile Top Secret: El submundo clandestino de la CIA, la KGB, la DINA y los nazis* (Aguilar, 2017), S. 91 ff.
62 Marcus Klein, »Walther Rauff und die chilenische Militärdiktatur unter Augusto Pinochet«, S. 240, 249, 259, 261.
63 Hope, *House of Lords 1996–2009*, S. 70.
64 Ebenda, S. 75.

65 *The Times*, 18. Januar 1999.
66 Sugarman, »The Hidden Histories of the Pinochet Case«, der den wichtigen Beitrag von Susan Benesch untermauert.
67 Brody und Ratner, *The Pinochet Papers*, S. 220–222.
68 Clare Dyer, »Pinochet's Future May Hang on a Date«, *The Guardian*, 20. Januar 1999.
69 Brody und Ratner, *The Pinochet Papers*, S. 231 ff.
70 Hope, *House of Lords 1996–2009*, S. 78–79.
71 *The Times*, 22. Januar 1999.
72 Hope, *House of Lords 1996–2009*, S. 76.
73 Clare Dyer, »Pinochet Judge is Forgiven«, *The Guardian*, 9. Februar 1999.
74 Clare Dyer, »Shock at Pope's Pinochet Plea«, *The Guardian*, 20. Februar 1999.
75 »Impactó el deceso de Roberto Dávila«, *El Sur*, 28. Januar 2000.
76 *The Times*, 22. März 1999.
77 Hope, *House of Lords 1996–2009*, S. 80.
78 Ekaizer, *Yo, Augusto*, S. 724.
79 Hope, *House of Lords 1996–2009*, S. 76.
80 Ebenda.
81 *R v. Bow Street Metropolitan Stipendiary Magistrate, Ex Parte Pinochet Ugarte* (Nr. 3) [2000] 1 AC 147.
82 Ebenda, S. 278, der sich auf Sheldon Glueck, »The Nuremberg Trial and Aggressive War«, *Harvard Law Journal* 59, (1946), S. 396, 398, beruft.
83 Geoffrey Robertson, »Bad News for Torturers«, *The Independent*, 25. März 1999.
84 Hope, *House of Lords 1996–2009*, S. 76–77.
85 Ebenda, S. 77.
86 Ebenda, S. 78.
87 »Blair on Bombing Serbia«, *The Guardian*, 26. März 1999. Deutsche Übersetzung aus GegenStandpunkt 3-99: https://de.gegenstandpunkt.com/artikel/grossbritannien-balkan-krieg.
88 Frances Clines, »NATO Opens Broad Barrage Against Serbs«, *The New York Times*, 25. März 1999.
89 *The New York Times*, 2. Juli 1999, A16.
90 Open Democracy, *Justice in the World's Light* (2001).
91 Amelia Gentleman, »Thatcher Takes Elevenses with Old Ally«, *The Guardian*, 26. März 1999.
92 Garzón reichte am 26. März und 5. April 1999 neue Materialien ein (in den Unterlagen).

93 *Velásquez Rodríguez v Honduras (Merits)* (IACtHR, 29. Juli 1988), Serie C, Nr. 4, § 150, S. 155–158.

94 UN-Generalversammlung, Resolution 47/133: »Internationales Übereinkommen zum Schutz aller Personen vor dem Verschwindenlassen«, 18. Dezember 1992; dt. Übers.: BGBl. III – Ausgegeben am 4. Juli 2012 – Nr. 104; https://www.un.org/depts/german/uebereinkommen/ar61177-oebgbl.pdf.

95 *Janoweic and Others v Russia (Merits and Just Satisfaction) (Grand Chamber)*, Anträge Nr. 55508/07 und 29520/09 (ECtHR, 21. Oktober 2013), §§ 177–178; *Varnava and Others v Turkey (Merits and Just Satisfaction) (Grand Chamber)*, Anträge Nr. 16064/90, 16065/90, 16066/90, 16068/90, 16069/90, 16070/90, 16071/90, 16072/90 und 16073/90 (ECtHR, 18. September 2009), § 200.

96 Anabel Díez, »Aznar cree que un juicio a Pinochet impedirá que otros dictadores se vayan«, *El País*, 21. Oktober 1998.

## Teil IV Flucht

1 Galo Ghigliotto, *Museo de la Bruma* (Laurel, 2019), Ausstellungsstücke 1, 2, 3, 4, 5, 11, 31, 32, 35, 37, 41,43, 51, 131, 176, 205, 218, 219, 248, 257, 258, 308.

2 Ebenda, 13.

3 Chatwin, *In Patagonien*, S. 237–238.

4 Sergio Bitar, *Prisoner of Pinochet: My Year in a Chilean Concentration Camp* (University of Wisconsin Press, 2017, übers. Erin Goodman), S. 17.

5 Rettig Report (1991), Bd. 1, S. 156, 181, 592.

6 Bitar, *Prisoner of Pinochet*, S. 46–47.

7 Ebenda, S. 75–76.

8 Ebenda, S. 77.

9 *Dawson Isla 10* (Regie: Miguel Littin, 2009), bei min. 41:17.

10 Wilfried Huissmann und Raul Sohr (Reg.), »A Sangre fría – Pinochet y el ›Plan Z‹« (2003), min. 13, https://www.youtube.com/watch?v=f090422kGCk

11 »Isla Dawson«, *Memoria Viva* (undatiert), https://memoriaviva.com/nuevaweb/centros-de-detencion/xii-region/isla-dawson

12 Gloria Dunkler, *Spandau* (Ediciones Tácitas, 2012); Juan Manuel Vial, »Un nazi en el sur«, *La Tercera*, 5. Januar 2013.

13 Luis Vega Contreras, *La caída de Allende: anatomía de un golpe de estado* (La Semana Publicaciones, 1983).

14 Luis Vega, *Estado Militar y Transición Democrática en Chile* (El Dorado, 1991), S. 130; Mario Boero Vargas, »Chile: memoria y antecedentes«, *Claves de Razón Práctica* 283 (2022), S. 82.

15 »General Lutz was Killed«, *La Nación*, 2. Dezember 2007.
16 https://archivo.laprensaaustral.cl/cronica/los-caminos-de-la-vida-que-llevaron-a-un-ex-preso-politico-a-convertirse-en-miembro-clave-de-amnistia-internacional-en-dinamarca (zuletzt aufgerufen am 19. November 2021, der Link funktioniert nicht mehr).
17 Eva Vergara, »Mass Grave Is Grim Chapter in Chilean Village«, *Los Angeles Times*, 29. Juli 1990.
18 »Levantamiento Técnico y Arquitectónico del Campamento de Prisioneros de Río Chico – Río Chico, Isla Dawson, Punta Arenas, Región de Magallanes« (Agrupación Cultural y de Derechos Humanos Orlando Letelier del Solar y Subsecretaría de Derechos Humanos de Chile, Dezember 2019), S. 80 (Libio Pérez: »Der Mythos sagt, dass er das Ganze beaufsichtigte und dass er dort gesehen wurde, und ich glaube nicht, dass das überhaupt passiert ist, ich glaube einfach, dass dies die Spezifikationen eines jeden Gefangenenlagers sind.«)
19 Miguel Lawner, *Two Years in Chilean Concentration Camps* (Husets, 1976); Hugo Behm Rosas, *Estelas de la Memoria: Compañerismo entre presos políticos de Chile* (2023).
20 Report of the Economic and Social Council, »Protection of Human Rights in Chile«, A/10285, 7. Oktober 1975, S. 63, § 188: »Obwohl die meisten der Haftstätten in Santiago liegen, erhielt die Kommission Beweismaterial, welches belegte, dass Misshandlung auch in anderen Teilen Chiles stattfand. [...] Die folgenden Orte wurden als Gefangenenlager erwähnt: [...] (6) Isla Dawson (in der Provinz Magallanes).«
21 Marianne Christensen und Flavia Morello, »Una encrucijada de caminos: el poblamiento de la Isla Dawson«, *Magallania* 39, Nr. 2 (2011), S. 137–152.
22 Informe de la Comisión Verdad Histórica y Nuevo Trato con los Pueblos Indígenas (2008), S. 42.
23 »Federico Marcos del Rosario Errázuris Zañartu«, *Genealog.cl* (undatiert), https://www.genealog.cl/Chile/E/Errazuriz/#ErrazurizEchaurren,Federico.
24 E. Lucas Bridges, *Uttermost Part of the Earth* (Hodder & Stoughton, 1948), S. 265–267.
25 Ebenda, S. 268–269; Nicolás Gómez Baeza, »Scottish Settlers in Patagonia and Tierra del Fuego: Sheep Farming Capitalisms in a South American Frontier«, *Scottish Centre for Global History*, 15. September 2020.
26 »The British Presence in Patagonia«, *Patbrig.org* (undatiert), https://patbrit.org/bil/supp/c0278-memorabilia.htm.
27 Philippe Sands, »The Glass Arrowhead«, in: Caroline Charco (Hrsg.), *Explorers, Dreamers and Thieves* (2024, Charco).

28 »Pueblo selk'nam es reconocido entre las principales etnias indígenas«, *La Prensa Austral*, 11. August 2023.

29 »Representante Selk'nam en la Convención Constituyente: ›Este Estado no nos reconoce‹ «, *Radio Universidad de Chile*, 13. August 2021, https://www.youtube.com/watch?v=NpR5YB09avM.

30 Hope, *House of Lords 1996–2009*, S. 82.

31 Andrew Hewett, Zeugenaussage, 16. April 1999.

32 »Pinochet Lawyers' Court Challenge Dismissed«, *The Guardian*, 27. Mai 1999.

33 Christina Lamb, »Tea with Pinochet«, *New Statesman*, 26. Juli 1999.

34 Richter Garzón, Beschlüsse, 27., 30. April 1999; 26. Mai 1999; 2. Juni 1999 (in den Unterlagen).

35 Warren Hoge, »Trial Opens for Pinochet with Listing of 35 Crimes«, *The New York Times*, 28. September 1999.

36 Ewan MacAskill, »Pinochet Kidnapped, Says Thatcher«, *The Guardian*, 7. Oktober 1999.

37 OHCHR, »High Commissioner for Human Rights Welcomes Latest Decision in Pinochet Case«, 8. Oktober 1999.

38 Jamie Wilson, Clare Dyer und Jonathan Franklin, »Cheers and Tears as Court Rules Pinochet Can Be Extradited for Torture Trial«, *The Guardian*, 9. Oktober 1999.

39 Carlos Basso, *La secta perfecta* (Aguilar, 2022), S. 53.

40 Bruce Falconer, »The Torture Colony«, *The American Scholar*, 1. September 2008.

41 »Report of the Ad-Hoc-Working Group to Inquire into the Present Situation of Human Rights in Chile« (4. Februar 1976), ECOSOC Commission on Human Rights, E/CN.4/1188, § 129; UN Secretary General, »Report of the Ad-Hoc-Working Group, submitted in accordance with General Assembly resolution 3448(XXX)« (8. Oktober 1976), A/31/253, § 321.

42 Amnesty International, *Colonia Dignidad: Deutsches Mustergut in Chile – ein Folterlager der DINA* (Amnesty International Publications, März 1977).

43 Bruce Falconer, »The Torture Colony«, *The American Scholar*, 1. September 2008.

44 Jorge Escalante, »Las confesiones de Gerhard Mücke, uno de los jerarcas nazis de Colonia Dignidad«, *La Nación*, 12. August 2005; León Gómez und Miguel Ángel Rebolledo, 13. November 2021.

45 Kletten, »Eine lange Nachgeschichte«. Danach war Rauff ein häufiger Besucher der deutschen Sektensiedlung Colonia Dignidad, die von der DINA benutzt wurde (Schnellenkamp 2007, S. 67). »Sektenführer Paul Schäfer

wollte sich angeblich jedes Mal die Haare ausreißen, wenn ein Besuch Rauffs bevorstand. Einmal überwies das Hospital der Siedlung ihn an eine Klinik in Santiago« (Heller 1993, S. 185).

46 Falconer, »The Torture Colony«.

47 Colonia Dignidad, Interrogation Techniques Document (21973), S. 11 (in den Unterlagen).

48 Ebenda, S. 10.

49 »Für Chile immer engagiert«, *Lateinamerika Nachrichten*, Nr. 450, Dezember 2011.

50 *Colonia Dignidad: Eine deutsche Sekte in Chile* (2021).

51 *MoritzEis*, https://pedidos.moritz.cl.

52 Voice of America, »Survivors of Nazi Commune in Chile: Germany's Compensation Not Enough«, *Voice of America*, 18. Mai 2019.

53 »Carabineros negó ayuda a otro prófugo de Dignidad«, *Fortin Mapocho*, 28. April 1988.

54 Oberster Gerichtshof Chiles, 19. Juli 1988, *Szurgelies and Szurgelies v Spohn*, nachgedruckt in *International Law Reports* 89 (1988), S. 44, 45.

55 Francisco Orrego Vicuña, »Diplomatic and Consular Immunities and Human Rights«, *International and Comparative Law Quarterly* 40, Nr. 1 (1991), S. 4, 47–48.

56 »Celebrating the Life and Legacy of Francisco Orrego Vicuña«, *LSE Law School*, 2. Oktober 2019, 28 Minuten, in: https://www.youtube.com/watch?v=egrjgBw7m3w

57 Cüppers, *Walther Rauff*, 356, Anm. 115; Kletten, »Eine lange Nachgeschichte«.

58 León Gómez Araneda, »Libro Proyecto de Investigación: ‚En la huella de los detenidos-desaparecidos'«, Archivo Museo de la Memoria (1988), S. 2.

59 Dominique Hervé an den Autor, 2. April 2019; Lieta Vivaldi an den Autor, 14. Mai 2019, 27. Juni 2019, 6. Oktober 2019; León Gómez an Lieta Vivaldi, 17. Juli 2019.

60 Cüppers, *Walther Rauff*, S. 356.

61 E-Mail, Dieter Maier an den Autor, 21. und 24. März 2021.

62 Kletten, »Eine lange Nachgeschichte«; Cüppers, *Walther Rauff*, S. 356, Anm. 116; 368, 127.

63 *Military and Paramilitary Activities in and against Nicaragua (Nicaragua v United States) (Merits)* [1986] ICJ Reports 14, § 63.

64 E-Mail, Dieter Maier an den Autor, 21. März 2021.

65 Ebenda.

66 Dieter Maier an Lea Main Klingst (cc: Autor), 29. April 2021.

67 »Chanfreau Oyarce Alfonso René«, *Memoria Viva* (undatiert), https://memoriaviva.com/nuevaweb/detenidos-desaparecidos/desaparecidos-c/chanfreau-oyarce-alfonso-rene
68 Cerutti, »Les nazis et le cône sud-américain« (2011), S. 101 (»affirme que plusieurs détenus ont remarqué chez l'un des tortionnaires un très net accent allemand. Il s'agirait selon toute vraisemblance de Walter Rauff«).
69 Monserrat Madariaga an den Autor, 4. Mai 2021.
70 Michael Lazzara (Hrsg.), *Luz Arce and Pinochet's Chile: Testimony in the Aftermath of State Violence* (Palgrave Macmillan, 2011).
71 »A la caza del ›Guatón Romo‹«, *The Clinic*, 1. November 2018.
72 Oberster Gerichtshof Chiles, Fall Nr. 469–498, September 1998, §§ 9–10 (Verschwindenlassen von Pedro Enrique Poblete Córdova).
73 »La escabrosa entrevista que concedió Romo a Univisión«, *La Tercera*, 4. Juli 2007.
74 Alfonso René Chanfreau Oyarce, Procesamiento, 14. Juli 2011, S. 266, 297, 1328 (in den Unterlagen).
75 »Pablo Neruda did not die of cancer but may have been poisoned«, *Novinite.com*, 21. Oktober 2017.
76 »Pinochet en peligro de muerte«, *Panamá América*, 29. Juli 1999.
77 Ekaizer, *Yo, Augusto*, S. 840.
78 Ebenda, S. 841.
79 Xavier Montanyà, *La gran evasión* (Pepitas de Calabaza, 2008), S. 13.
80 Ekaizer, *Yo, Augusto*, S. 277, 503, 841.
81 Ebenda, S. 842, 846, 851–852, 855.
82 Ebenda, S. 854, 858.
83 Ebenda, S. 858, 859, 876.
84 Ebenda, S. 898–899.
85 Ebenda, S. 893.
86 Ebenda, S. 896.
87 Ebenda, S. 897.
88 Ebenda, S. 901.
89 Innenministerium an Pinochet, Brief, 5. November 2000 (zitiert in *R., ex parte Belgium v Secretary of State for the Home Department*, ILDC 227, Urteil vom 15. Februar 2000, in § 9).
90 Pinochet ans Innenministerium, Brief, 29. November 2000 (ebenda, § 11).
91 Ekaizer, *Yo, Augusto*, S. 916.
92 Mónica Pérez und Felipe Gerdtzen, *Augusto Pinochet: 503 Días Atrapado en Londres* (Catalonia, 2016) S. 282.
93 Interview des Autors mit Peter Dean, 3. Oktober 2023; »La acusación pre-

senta un escrito para aclarar las irregularidades del informe médico«, *El Mundo*, 24. Januar 2001.

94 Ebenda, *El Mundo*.

95 I, Jean Pateras, 3. Oktober 2023.

96 Ekaizer, *Yo, Augusto*, S. 924.

97 Zitiert in *R., ex parte Belgium v Secretary of State for the Home Department*, ILDC 227, Urteil vom 15. Februar 2000, in § 13.

98 Hansard, House of Commons, 12. Januar 2000, Spalte 277.

99 Ekaizer, *Yo, Augusto*, S. 926.

100 Eugenia Palieraki, *¡La revolución ya viene!: El MIR chileno en los años sesenta* (Editorial LOM, 2014).

101 »Tanzkarte«, in: Roberto Bolaño, *Mörderische Huren. Erzählungen* (Hanser, 2014).

102 Larry Rohter, »A Chilean Writer's Fictions Might Include His Own Colorful Past«, *The New York Times*, 8. Februar 2009.

103 »Ricardo Ernesto Lagos Salinas«, *Memoria Viva* (undatiert).

104 Basso, *Chile Top Secret*.

105 Ken Silverstein, *Private Warriors* (Verso, 2000), S. 125.

106 María Soledad de la Cerda, *Chile y los hombres del Tercer Reich* (Sudamericana, 2000).

107 Pablo Seguel Gutiérrez, »La Brigada de Inteligencia Metropolitana de la Dirección de Inteligencia Nacional: Desafíos para la investigación en torno a sus recintos de detención, organización interna y racionalidad del servicio de inteligencia de la dictadura militar en Chile 1973–1976«, *IX Jornadas de Trabajo sobre Historia Reciente, 1–3 August 2018* (2021), S. 685–706.

108 »Informe del experto sobre la cuestión de la suerte de las personas desaparecidas en Chile«, UN-Menschenrechtsausschuss, E/CN.4/1363, 2. Februar 1980.

109 Siehe zum Beispiel Fall Nr. 2.18298 (Tejas-Verdes-Fall), Urteil vom 9. August 2010 (auf S. 9); Fall Nr. 33 340-2003 (Alfonso-Chanfreau-Fall), Urteil vom 22. Mai 2003 (auf S. 9).

110 »Corte Suprema condena a 31 agentes de la DINA por secuestro calificado de Juan Carlos Perelman«, *El Clarin*, 27. Oktober 2021.

111 »Operación Colombo: Corte Suprema condena a exagentes de la DINA por secuestro calificado de fotógrafo«, *Diario Constitucional*, 21. September 2023.

112 »Historic Decision on the Crimes of the Chilean Dictatorship«, *FIDH*, 17. Dezember 2010; https://memoriaviva.com/nuevaweb/criminales/criminales-m/moren-brito-marcelo-luis-manuel

113 Jorge Escalante, »Las confesiones de Gerhard Mücke, uno de los jerarcas nazis de Colonia Dignidad«, *La Nación*, 12. August 2005.

114 »El agente que llevó a Álvaro Vallejos a Colonia Dignidad: La palabra de un ex DINA contra Schaefer«, *El Mercurio*, 24. Juli 2005.

115 Interview des Autors mit Samuel Fuenzalida, 14. Dezember 2021.

116 Fall Nr. 2182-1998, Villa Baviera, Vorfall Álvaro Modesto Vallejos Villagrán, Urteil in erster Instanz, 7. Mai 2015; Berufungsgericht Santiago, Fall Nr. 1051-2015, 10. April 2017; Oberster Gerichtshof, Fall Nr. 19127-2017, 7. August 2018; »Condenan a 22 agentes de la DINA a 15 años de presidio por secuestro a militantes del MIR en la Operación Colombo«, *CNN Chile*, 7. August 2018.

117 Paul Kelso und Jamie Wilson, »Belgian Challenge to Pinochet Ruling«, *The Guardian*, 24. Januar 2000.

118 Ermittlungsrichter Damian Vandermeersch, Bitte um Rechtshilfeersuchen, 19. Januar 2000 (in den Unterlagen).

119 Zu den Verpflichtungen, deren Verletzung Belgien unterstellte, gehörten die Antifolterkonvention von 1984, das Auslieferungsübereinkommen von 1957, das Europäische Übereinkommen über die Rechtshilfe in Strafsachen von 1959 und die generelle Verpflichtung zu Zusammenarbeit und gutem Glauben im Völkerrecht.

120 *Certain Property (Liechtenstein v Germany) (Preliminary Objections)* [2005] ICJ Reports 6; *Jurisdictional Immunities of the State (Germany v Italy, Greece Intervening)* [2012] ICJ Reports 99.

121 *R., ex parte Belgium v Secretary of State for the Home Department*, ILDC 227, Urteil vom 15. Februar 2000, § 3.

122 »Pinochet Opponents Win Legal Point«, *BBC*, 8. Februar 2000.

123 *Demjanjuk v Petrovsky* (1985), S. 603 *F. Supp.* 1468.

124 Marlise Simons, »Spanish Newspapers Disclose Secret Pinochet Health Reports«, *The New York Times*, 17. Februar 2000.

125 »Comments«, »Spanish Doctors on British Medical Report«, 18. Februar 2000, in: Brody und Ratner, *The Pinochet Papers*, S. 461.

126 Jamie Wilson und Ian Black, »Pinochet Fit for Trial, Says Belgium«, *The Guardian*, 23. Februar 2000.

127 Hansard, House of Commons, 2. März 2000, Spalte 664.

128 Open Democracy, *Justice in the World's Light* (2001) (Geoffrey Bindman).

## Teil V Straflosigkeit

1 Hugh O'Shaughnessy, »Secret UK Deal Freed Pinochet«, *The Observer*, 7. Januar 2001.

2 Manuel Délano, »Blair negoció con Frei en secreto el regreso de Pinochet a Chile« *El País*, 17. Oktober 2000.
3 Mónica Pérez und Felipe Gerdtzen, *Augusto Pinochet: 503 Días Atrapado en Londres* (Catalonia, 2016), S. 274; O'Shaughnessy, »Secret UK Deal Freed Pinochet«.
4 *British Library, Sounds Archive*, »Lord Hoffmann Interviewed by Louise Brodie«, Teil 7 (2011).
5 Francesc Relea, »El ejército chileno recibe la decisión de los lores con ›frustración, indignación e inquietud‹ «, *El País*, 26. November 1998.
6 »Pinochet en peligro de muerte«, *Panamá América*, 29. Juli 1999.
7 Ekaizer, *Yo, Augusto*, S. 800.
8 »El general Salgado se reúne hoy con autoridades de Defensa y con los abogados de Pinochet en España«, *El País*, 10. August 1999.
9 Tony Blair, *Mein Weg* (Bertelsmann, 2010).
10 Raúl Troncoso Castillo starb am 28. November 2004; siehe »El Ministro del Interior chileno dice que el fallo de la Audiencia provocará ›una tembladera mundial‹ «, *El País*, 2. November 1998.
11 Ekaizer, *Yo, Augusto*, S. 901.
12 »Belgium: Pinochet Case Won't Go to International Court«, *AP Archive*, 2. März 2000, https://www.youtube.com/watch?v=3whZFmusLpQ
13 Margaret Thatcher, *Statecraft: Strategies for a Changing World* (HarperCollins, 2003), S. 269, 271.
14 Ekaizer, *Yo, Augusto*, S. 971
15 »Pinochet, le retour«, *ina.fr*, 3. März 2000.
16 Ebenda.
17 »Chilean Leftists Sue Pinochet«, *The New York Times*, 13. Januar 1998.
18 Juan Guzmán, *Au bord du monde* (Les Arènes, 2005), S. 239.
19 Urteil, Berufungsgericht Santiago, 5. Juni 2000.
20 Urteil, Oberster Gerichtshof, 9. August 2000.
21 Ebenda, *S.* 539, §§ 8/9.
22 Cath Collins, »Human Rights Trials in Chile During and After the ›Pinochet Years‹ «, *International Journal of Transitional Justice* 4 (2010), S. 67–86.
23 »Condenan a represores de la dictadura militar«, *El Mostrador*, 16. März 2010.
24 Sophie Arie, »Doctors Concerned over Pinochet Verdict«, 323 (7305), *BMJ* 130 (2021).
25 Guzmán, *Au bord du monde*, S. 224, 241, 243, 265, 268, 269, 280.
26 Kornbluh, *The Pinochet File*, S. 490.

27 Dinges und Landau, *Assassination on Embassy Row*, S. 369.
28 Permanent Subcommittee on Investigations, Minority Staff, »Disguised Pinochet Account Names«, https://nsarchive2.gwu.edu/NSAEBB/NSAEBB149/names.pdf
29 Kornbluh, *The Pinochet File*, S. 491.
30 Ebenda, S. 490; US Senate, Permanent Subcommittee on Investigations, »Money Laundering and Foreign Corruption, Supplemental Staff Report on U. S. Accounts Used by Augusto Pinochet«, 16. März 2005.
31 »The Secret Pinochet Portfolio: Former Dictator's Corruption Scandal Broadens«, National Security Archive Electronic Briefing Book No. 149, *National Security Archive*, https://nsarchive2.gwu.edu/NSAEBB/NSAEBB149/index.htm
32 Kornbluh, *The Pinochet File*, S. 492.
33 Maria Elvira Salazar, »Entrevista a Pinochet«, 10. November 2010, https://www.youtube.com/watch?v=nKeLy5HmUZ0
34 EastSouthWestNorth, zit. nach einem Artikel von Oscar Corral, *Miami Herald*, 18. März 2005, http://www.zonaeuropa.com/20050320_1.htm
35 Larry Rohter, »A Torture Report Compels Chile to Reassess Its Past«, *The New York Times*, 28. November 2004.
36 Kornbluh, *The Pinochet File*, S. 494.
37 Ebenda, S. 495.
38 Associated Press, »Pinochet Takes ›Political Responsibility‹ for Actions of Chilean Dictatorship«, *The Washington Post*, 25. November 2006.
39 Ariel Dorfman, »Spitting on a Dead Man«, *Los Angeles Times*, 17. Dezember 2006.
40 Jonathan Franklin, »Chilean Government Rejects State Funeral for Pinochet as Thousands Queue to Pay Respects«, *The Guardian*, 12. Dezember 2006.
41 »Pinochet's Funeral Draws 60 000«, *CBC News*, 12. Dezember 2006.
42 »Texto íntegro de la carta póstuma de Pinochet«, *El Mundo*, 24. Dezember 2006.
43 Michael Lazzara, »Complicity and Responsibility in the Aftermath of the Pinochet Regime: The Case of *El Mocito*«, *Rúbrica Contemporánea* 5, Nr. 9 (2016), S. 59, 61.
44 Javier Rebolledo, *Danza de los cuervos: El »Mocito« y el destino final de los detenidos desaparecidos*, 2. Aufl. (CEIBO, 2012); Marcela Said und Jean de Certeau (Regie), »El Mocito«, *The Clinic*, 19. März 2018, https://www.youtube.com/watch?v=1xNHzCLQIMc
45 Chilenischer Oberster Gerichtshof, 13. März 2019, Fall Nr. 1-1993, § 91.

46 Ben Doherty, »We Demand Justice: The Retired Sydney Nanny and the Chilean Families Still Looking for Answers«, *The Guardian*, 23. Juni 2021.

47 »Clarín, la DINA, la Casona de Volpone y un abogado del Banco Central«, *El Mostrador*, 3. Januar 2013.

48 Macarena Segovia, »Con oposición del Ejército cuartel donde partió la DINA es declarado Monumento Nacional«, *El Mostrador*, 12. November 2014; »Memorial Rocas AR«, *Docubase MIT Documentary Lab*, 2021, https://docubase.mit.edu/project/memorial-rocas-ar

49 »Asesinato de Lumi Videla: El ‚Guatón' Romo contó que el general Garín le pagó por su silencio«, *La Nación*, 25. Juli 2007.

50 »Brigada Lautaro de la DINA habría usado gas sarín para eliminar a peruanos«, *El Mostrador*, 18. Juni 2007.

51 Francisca Espinosa Muñoz, »›La batalla de la merluza‹: Política y consumo alimenticio en el Chile de la Unidad Popular (1970–1973)«, *Historia (Santiago)* 51, Nr. 1 (2018), S. 31–54.

52 Interview des Autors mit Anatolio Zárate, 7. März 2024.

53 Interview des Autors mit Richterin Paola Plaza, 14. November 2022; »Regimiento No. 2 de Ingenieros ›Tejas Verdes‹«, *Memoria Viva* (undatiert), https://memoriaviva.com/nuevaweb/centros-de-detencion/v-region/regimiento-no-2-de-ingenieros-tejas-verdes; »Anatolio Zárate: ›A Labbé yo lo vi cuando me estaban torturando‹« *Soychile.cl*, 20. Oktober 2014.

54 Jonathan Franklin, »Augusto Pinochet's Former Bodyguard Detained at Santiago Military Base«, *The Guardian*, 21. Oktober 2014.

55 Karinna Fernández und Magdalena Garcés Fuentes, »Los casos de la Pesquera Arauco y Colonia Dignidad«, in: Juan Pablo Bohoslavsky, Karinna Fernández und Sebastián Smart (Hrsg.), *Complicidad económica con la dictadura chilena. Un país desigual a la fuerza* (LOM Ediciones, 2019), S. 391 ff.; *Pinochet's Economic Accomplices* (Lexington, 2020), S. 345.

56 Nelson Jofré, *La implacable verdad policial: La apasionante investigación del detective que descubrió al grupo más secreto y letal de la Dina* (Catalonia, 2023), S. 54–55.

57 Ebenda, S. 345.

58 Berufungsgericht Santiago, chilenischer Oberster Gerichtshof, 7. Mai 2014, Fall Nr. 2182-98, S. 31.

59 Aussage von Jorge Manuel Silva Huerta (S. 32), Abschnitt 74, in Fall 2182-98 (Tejas Verdes), 9. August 2010 (in den Unterlagen).

60 Fall 2182-98 (Tejas Verdes), Urteil vom 9. August 2010, S. 37 (die Zeugenaussage von Patricio Eduardo Gutiérrez Fernández zitierend (Bl. 3338), Fah-

rer eines *Pesquera-Arauco*-Transporters, https://expedientesdelarepresion.cl/wp-content/uploads/2018/09/sentencia-caso-tejas-verdes-torturas.pdf).

61 Fall 2182-98 (Operation Colombo, Vorfall Jorge Grez Aburto, Berufungsgericht Santiago, Urteil vom 7. Mai 2014, S. 244 (in den Unterlagen).

62 Fall 2182-98 (Tejas Verdes, Vorfall Felix Varga), Urteil vom 4. März 2009, auf S. 36 (in den Unterlagen); *Pinochet's Economic Accomplices*, S. 345.

63 Akte Fall 202-2015, Zeugenaussage von Anatolio Zárate (»... um 1976 vertraute er [Arnoldo Aravena Contreras, RIP] mir an, dass einer der Tiefkühlschränke der *Pesquera Arauco*, nämlich der im südlichen Teil der Geschäftsräume, genutzt wurde, um Leichen zu lagern, bis der Schlepper *Kiwi* sie zwecks Beseitigung aufs Meer bringen würde«), S. 422 (in den Unterlagen).

64 Carlos Basso an den Autor, 11. Dezember 2021.

65 Akte Fall 202-2015, S. 651, und Erlass 450 des Innenministeriums vom 30. August 1974 (Art. 1: »Ermächtigt die *Pesquera Arauco* S. A. ..., für einen Zeitraum von zwei Jahren einen privaten Sicherheitsdienst einzurichten ... «; Art. 2 beschränkt ihn auf die Anlagen der *Pesquera* in Lo Valledor [wo seit 1973 die 310 Chevrolet-Transporter standen]; Art. 3 begrenzt die Anzahl der Feuerwaffen für jedes Mitglied des Sicherheitsdienstes auf drei, mit einem Vorrat von vier Ladungen Munition pro Waffe).

66 *Pinochet's Economic Accomplices*, S. 345.

67 Urteil: »Condenan a 18 ex agentes de la dictadura por el asesinato de la profesora Marta Ugarte«, *El Desconcierto*, 29. November 2021.

68 »Operación Kiwi: enterrados en el mar«, *La Nación*, 12. September 2004.

69 Fall 202-2015, S. 5895–5906 (in den Unterlagen); *Pinochet's Economic Accomplices*, S. 345.

70 Fall 202-2015, S. 15396–15398, 15652–15658 (in den Unterlagen).

71 Siehe Report des Wirtschafts- und Sozialrats, »Protection of Human Rights in Chile«, A/10285, 7. Oktober 1975.

72 Aussage von Anatolio Zárate, 13. Oktober 2014, in Fall-202-2015-Akte, auf S. 515393 (in den Unterlagen).

73 Richter Hernán Crisoto Greisse, in Operación Colombo Aedo und anderen, Verfahren in Fall 2182–98, S. 16275, 12. Juni 2015, Untersuchung später einbezogen in Fall 202–2015, S. 442.

74 Akte Fall 202-2015; I: Samuel Fuenzalida, 8. März 2024.

75 »Londres 38 interpone querella contra pesquera colaboradora de la DINA«, 3. Oktober 2017, https://www.londres38.cl/1937/w3-article-99099.html

76 *Pinochet's Economic Accomplices*, S. 346.

77 Gideon Long, »Pablo Neruda: Chilean Poet's Death Still Shrouded in Mys-

tery«, *BBC*, 24. September 2023; siehe allgemein Andrew Feinstein, *Pablo Neruda: A Passion for Life* (Bloomsbury, 2004).

78 Jorge Escalante, »Las confesiones de Gerhard Mücke, uno de los jerarcas nazis de Colonia Dignidad«, *La Nación*, 12. August 2005; »Chile Sentences Two Germans for Pinochet-Era Crimes«, *DW*, 20. Oktober 2015; »Muere Gerhard Mücke, criminal de la dictadura y líder de Colonia Dignidad«, *SwissInfo*, 18. September 2022.

79 »Y hasta que la Corte Suprema se dio cuenta: Verdad judicial, Pinochet sabía todo sobre operación para lanzar desaparecidos al mar«, *The Clinic*, 16. August 2009.

80 Tom Burgis, »Chile's Torture Victims to Get Life Pensions«, *The Guardian*, 30. November 2004.

81 *Parque Arauco*: https://www.parauco.com/parque-arauco-corporativo-en/nuestra-empresa/identificacion-de-la-compania

82 »Vor 50 Jahren: Putsch in Chile – Pinochets deutsche Paten«, *ARD Audiothek*, 3. September 2023, min. 20:51 ff.

83 Jorge Escalante, »El hijo del dictador chileno Augusto Pinochet fue un agente de la DINA«, *El Mundo*, 11. September 2010.

84 Noemi Arcos, »La trayectoria judicial de Mario Carroza, nominado por quinta vez a la Corte Suprema«, *El Dinamo*, 14. August 2019.

## Epilog

1 Ian Traynor, »Franjo Tudjman«, *The Guardian*, 13. Dezember 1999.

2 Daniel Marans, »Henry Kissinger Just Turned 92, Here's Why He's Careful About Where He Travels« *Huffington Post*, 28. Mai 2015; Henry Kissinger, »The Pitfall of Universal Jurisdiction«, *Foreign Affairs*, Juli/August 2001.

3 »Bush Cancels Geneva Speech ›Fearing‹ Possible Torture Charges«, *France 24*, 5. Februar 2011.

4 »Putin Won't Attend a South Africa Summit Next Month, Avoiding Possible Arrest«, *NPR*, 19. Juli 2023.

5 Hoffmann erzählte mir, dass er Browne-Wilkinson schrieb, aber eine »hochtrabende« Antwort in einem »unsympathischen« Ton erhielt, der von einem Schulpräfekten hätte stammen können. »Armer alter Browne-Wilkinson, ich glaube, er hatte so etwas wie einen Nervenzusammenbruch«, erinnerte sich Hoffmann. »Ob das in irgendeiner Weise dazu beitrug, weiß ich nicht, aber er fiel in eine Depression, fand es unmöglich, Urteile zu schreiben, und schied dann aus.« Hoffmann, Leonard (7 von 10), National Life Story Collection: Legal Lives C736/010.

6 Rosa Ana Alija Fernández, »The 2014 Reform of Universal Jurisdiction in

Spain: From All to Nothing«, *Zeitschrift für Internationale Strafrechtsdogmatik* 717 (2014), S. 13.

7 UN OHCHR, »Baltasar Garzón trials were arbitrary and failed to comply with principles of judicial independence and impartiality«, 26. August 2021.

8 »Canciller van Klaveren por Pinochet: ›La jurisdicción chilena en esa época no estuvo a la altura‹ «, *La Mostrador*, 16. Juli 2023.

9 »Chile Begins Expropriation of Land from Colonia Dignidad«, *DW*, 2. Juni 2024.

10 »Expropiación de Colonia Dignidad es decisión del Estado, dice ministro de Justicia chileno Cordero«, *DW Espana*, 8. Juni 2024.

11 »Senator Pinochet«, Legal Fees, *Hansard*, Bd. 357, 20. November 2000, Kol. 99W. Die Gesamtsumme betrug £ 1 209 775,05 (£ 270 935,89 für die erste Anhörung im House of Lords; £ 151 361,30 für den Antrag, das erste Urteil aufzuheben; und £ 787 477,86 für die Kosten der Anhörungen vor dem Divisional Court).

12 Carmen Soria, Vorwort, in: Awad und Pérez Alveal, *Carmelo*.

13 »Chile Asks U. S. to Extradite Suspects in 1976 Murder of Diplomat«, Reuters, 17. Mai 2016.

14 *Civil Action 02-02240, Laura González-Vera et al v. Henry Alfred Kissinger et al*, Beschluss zum Versäumnisurteil gegen den Beklagten Michael Townley, 23. November 2005; https://www.elclarin.cl/fpa/pdf/p_231105_en.pdf; Laura González-Vera and Ali Abed Beydoun, as Personal Representative of the Estate of Carmelo Soria Espinoza, Deceased, Appellants v. Michael Vernon Townley, et al., Appellees, United States Court of Appeals, District of Columbia Circuit, 23. Februar 2010, S. 595 *F.3d* 379 (2010); Adam Klasfeld, »Court Won't Help Find Pinochet's Former Goon«, Courthouse New Service, 20. März 2010; Nachricht von Carmen Soria, 22. Juni 2024.

15 *Carmelo Soria Espinoza v. Chile*, Fall 11 725, Report Nr. 133/99, OEA/Ser.L/V/II.106 Dok. 3, angezeigt auf S. 494, 19. November 1999, §§ 110 und 149.

16 Senat, Republik Chile, »Proyecto de ley que declara la nulidad del Decreto Ley N° 2191, de 1978«, 21. April 2006; nach zwei gescheiterten Versuchen ließ der Senat (unter dem Vorsitz von Eduardo Frei) das Gesetz am 18. Juli 2007 mit 16 : 14 Stimmen passieren: »Senado aprobó indemnización para familia de Carmelo Soria«, *cooperativa.cl*, 18. Juli 2007.

17 Fall I-1993, Aussage von Michael Townley, 13. Juli 2006, S. 61 (in den Unterlagen).

18 »Townley afirmó haber visto a Carmelo Soria secuestrado en casa de Lo Curro«, *El Mostrador*, 21. August 2006.

19 Bericht über die Zeugenaussage, 3. September 1992, von Rafael Castillo an Osvaldo Carmona (in den Unterlagen); siehe auch »Informe Especial: Michael Townley – Confesiones de un asesino«, 24 Horas TVN Chile, https://www.youtube.com/watch?v=yg_WUmIv3LA (bei min. 60); Fall I-1993, Aussage von Michael Townley, 13. Juli 2006 (in den Unterlagen).

20 Oberster Gerichtshof, Fall Nr. 1-1993, Carmelo Soria Espinoza, 22. August 2023; Lun Lee, »Prófugos y millonarios: ex DINA condenados por asesinat o de Carmelo Soria cobran pensión siendo fugitivos de la justicia«, *Interferencia.cl*, 21. März 2024.

21 Pavel Oyarzún Díaz, *Será el paraíso* (LOM, 2019).

22 Dunkler, *Spandau*; Juan Manuel Vial, »Un nazi en el sur«, *La Tercera*, 5. Januar 2013.

23 »Giornale, spie e hotel di lusso«, *Corriere della Sera*, 18. August 2023.

24 Wilfried Huissmann, »Vor 50 Jahren: Putsch in Chile – Pinochets deutsche Paten«, *WDR*, 3 September 2023.

25 República de Chile, *Diario de Sesión del Senado*, Legislatura 355, Sesión 82, 15. Januar 2008, S. 54 ff.

26 *Lamesavintage*, März 2023 (Instagram).

27 »El jerarca nazi que murió impune en Chile«, *24 Horas*, 10. Mai 2024; Victor Hernández, »A 40 años de la muerte de Walter Rauff«, *El Magallanes*, 12. Mai 2024, S. 37–41.

28 Cour d'Assises de Paris, 3. Sektion, Fall 07/2007, Arrêt Criminel, 17. Dezember 2010; Fall 07/2007, Arrêt Civil, 17. Dezember 2010; Paulo Paranagua, »La justice française condamne les accusés jugés pour la disparition de Français au Chili«, *Le Monde*, 18. Dezember 2010.

29 Oberster Gerichtshof, Urteil vom 29. April 2015, das den Bescheid des Gefängnisseelsorgers Jose Zepeda Arancibia in Fall Nr 33 340-2003 des Berufungsgerichts bestätigt.

30 »Corte de Apelaciones confirma condenas contra exagentes DINA por secuestro de Alfonso Chanfreau«, *El Mostrador*, 27. April 2023.

31 »Murió el ex agente de la DINA Basclay Zapata«, *cooperative.cl*, 3. Dezember 2017.

32 Maite Fernandez Simon, »Wartime ID Card Suggests Father of Chilean Presidential Candidate was Nazi«, *The Washington Post*, 9. Dezember 2021; Alberto González, »Abogado Meza revela gestiones de Kast para indultar a reos de Punta Peuco: ›Ha sido muy consecuente‹ «, *Bibliochile.cl*, 16. Dezember 2021.

33 »Atención: Chile anuncia un plan nacional para que el Estado asuma la búsqueda de unas 1100 víctimas por la dictadura«, *Semana*, 8. Juli 2023.

# Register

Aktion T4 115
Alessandri, Jorge 130
Allbritton, Joseph 469
Allende, Hortensia 58, 232
Allende, María Isabel 32, 182, 232, 400 f., 463, 465
Allende, Salvador 32–34, 40, 48, 57 f., 64, 158, 203, 209, 214–216, 257, 300, 328, 337, 347, 349, 369, 376, 378, 388, 472, 479, 510, 534
Álvarez, José 220
Amnesty International 70 f., 148, 166, 173, 177, 180–182, 188, 230, 233–235, 244–248, 250 f., 253, 307, 316, 318, 324, 366, 369, 386, 406, 414, 428, 437
Amnestiegesetz (Chile, 1978) 37, 39, 45 f., 54, 66 f., 83, 390, 444, 464, 517, 534, 539
Anderson, Jon Lee 46 f.
Andrade, Adelia 205 f.
Angerstein, Dietrich 133
Antifolterkonvention (1984) 170, 187, 193, 309–314, 316–322, 327, 366, 402, 407, 428
Antipán, Héctor Rivera 337
Antofagasta 141
Arce, Luz 66, 83, 389, 417 f.
Ardeatinische Höhlen, Massaker 125
Arellano Stark, Sergio (General) 465
Arendt, Hannah 304
Argentinien 36 f., 50, 69, 73 f., 104, 125, 127, 148, 214, 227, 263, 297, 414, 461, 484
– Verbrechen an spanischen Staatsangehörigen 50, 52 f., 69–74, 76, 151, 157, 178
Astilleros y Maestranzas de la Armada (ASMAR), Tres Puentes 219, 224–227, 261, 272, 342, 373, 548
Auger, Clemente 155
Auschwitz (Konzentrations- u. Vernichtungslager) 122, 137, 344, 347, 357
Australien 477, 482
Authority to Proceed (Ermächtigung zur Verfahrensdurchführung) 238, 320, 323, 326, 330, 332, 359, 361, 449
Aylwin, Patricio 37
Aznar, José María 156 f., 329, 443

Bäar, Franz 339, 371–373, 381, 409, 411
Bachelet, Michelle 343, 472
Badawi, Zeinab 164, 176
Balaguer, Javier 68 f.
Barbie, Klaus 202, 286, 289 f., 295, 338
Barrientos, Emma 204–206

Bartle, Ronald 159, 168, 192, 363–366, 396 f., 399
Basso, Carlos 305, 370–374, 376, 408–412
Beausire, William 181
Beccaria, Cesare 161
Becker, August 115, 117, 136 f., 208, 284, 336
Bedford, Sybille 111
Begin, Menachem 287
Beisner, Wilhelm 130 f.
Belgien 158, 238, 406 f., 427–430, 432, 456
Belgrad 324
Belmarsh Prison 240 f., 243
Belzec (Vernichtungslager) 119
Bemister, William 293 f.
Berríos, Eugenio 62, 105, 338, 472, 485
Best, Werner 114, 209
Bettancourt, Silvio 220
Biedermann, Niels 379
Bindman, Geoffrey 173, 234, 324
Bingham, Thomas (Lord) 166–171, 175, 178, 180, 186, 249, 319
Bitar, Sergio 219, 342–346, 348, 356, 358
Blair, Tony 45, 184, 232, 324, 329–331, 359, 398, 401, 428, 441, 445 f., 449, 451, 456, 532
Bodin, Jean 161
Bodleian Library (Oxford) 112, 267
*boinas negras* (»Schwarzbarette«) 35, 498, 538
Bolaño, Roberto 32, 100–106, 109–111, 139, 145, 189, 257, 339, 385, 408
Bolivien 36, 286, 295, 484
Bonacic, José 205
Bonnieux 265 f.
Borbe, Charlotte 114
Borges, Jorge Luis 33, 41
Boric, Gabriel 534, 544
Bormann, Martin 102, 286
Bórquez, Israel 43
Bourdon, William 158
Brady, Herman 548
Branham, William 368
Brasilien 83, 127, 225, 284, 461, 484, 531, 548
Bridges, Esteban Lucas 257, 353 f.
Brigada de Inteligencia Metropolitana (BIM) 413
Brockdorff, Werner 280
Brody, Reed 182, 191, 245, 364
Brossard, Marcelo 270–272
Brown, Simon (Lord Justice) 429
Browne-Wilkinson, Nico (Lord) 171, 243–246, 252, 307, 311 f., 314–316, 318–321, 323, 325, 331, 532
Brownlie, Ian 316
Buchholz, Leon 25, 175
Buenos Aires 36, 72, 131, 370
Bundesnachrichtendienst (BND) 130–132, 134, 137, 141, 224, 229, 231, 285
Bush, George W. 531
Busto, Offel 207

Cabrera Gaete, Pedro Pablo 397 f., 400 f., 406, 454
Cáceres, Carlos 148
»Calle Conferencia«-Fall 466
Callejas, Mariana 40 f., 67, 104 f., 107, 109, 339, 485, 539
– *siehe auch* Vía Naranja
Camelio, Eduardo 259, 266, 269–272
Camelio, Ema 272

Camelio, Humberto 209, 211, 224, 227, 272
Camelio, Jorge 259
Camelio, José 211, 224, 259, 267, 272
Camelio, Mariana 266–270, 275
Camelio, Salvador 219
Camelio, Silvana 266
Camelio Rial, José Porotin (José junior) 211, 224, 227, 259, 267, 270
Camelio-Familie 209, 211 f., 214, 218, 222, 224, 227, 259, 266 f., 270, 272–274, 279, 283, 295, 548
Cameron, James 172, 177 f., 183, 187, 190, 235–238, 318, 325, 328, 441 f., 533
Caplan, Michael 149–154, 159 f., 166, 173, 181 f., 191, 233–237, 240–245, 248, 325 f., 359–363, 365, 367, 396, 401 f., 404, 406 f., 430, 442, 457, 460, 532, 536
Carrasco Tapia, José 409
Carril, Delia del 57
Carroza, Mario 394, 492 f., 516–527, 545
Cartagena 500, 510–512, 517
- Karte 499
Carter, Jimmy 39
Casa Piedra 484
Cassidy, Sheila 181
Castresana, Carlos 49–55, 64, 67–71, 156 f., 179, 240, 248, 327, 362, 443, 471, 534
Castro, Fidel 132, 303
Central Intelligence Agency (CIA) 43, 112, 123, 126, 128, 228, 230 f., 277, 305, 336, 338, 540
Central Nacional de Informaciones (CNI) 41, 82, 486
Chacabuco 422
Chanfreau, Alfonso 79–83, 179, 181, 238, 322, 327, 331, 365, 384, 387, 390, 394, 413, 492, 495 f., 516, 527, 534, 541, 543 f.
Chanfreau, Natalia 80, 181, 327
Chatwin, Bruce 111 f., 218, 257, 259, 266 f., 336, 339, 341 f., 354, 408
- *In Patagonien* 110, 218, 257, 259, 262–267, 341, 408
Chełmno (Vernichtungslager) *siehe* Kulmhof
Chen, Yossi 286, 291 f.
Chile *passim*
- Karte 9
- Marineakademie 113, 128, 275, 300
- Nationaler Plan zur Suche nach Verschwundenen 524, 534
- Nationales Sekretariat für Gefangene (Secretaria Nacional de Detenidos) 357
- Nationaler Sicherheitsrat (Consejo de Seguridad Nacional de Chile) 444
- Staatsstreich (1973) 34 f., 38, 40, 48, 58, 69, 125, 147, 216–220, 276, 342, 369, 380, 452, 473, 521, 531
- *siehe auch* Rettig-Kommission; Valech-Kommission
Chillán 382
Clapham, Andrew 165
Clinton, Bill 68, 184 f.
Colihuinca, Juan Carlos 337
Collao, Gustavo 467
Collins, Justice Andrew 171
Collins, Lawrence 308, 316
Coloane, Francisco 336 f., 340

Colonia Dignidad 102, 368–382, 394 f., 410 f., 482, 496 f., 535
– angebliche Verbindung zu Rauff 304 f., 339, 368, 370–376, 379, 409 f., 517, 522
– Verbindung zur DINA 102, 304, 368–371, 378, 381, 415 f., 420, 479, 518 f., 521 f.
Comité pro Paz 82
Compingim (Lager) 342
Concepción 306, 370 f., 373, 376, 408 f.
Collegio Teutonico di Santa Maria dell'Anima (Rom) 126
Contreras, Alejandra 482
Contreras, Manuel (»Mamo«) 35, 40–44, 62, 74, 147, 179, 217, 230, 238, 298, 369, 378, 380 f., 384, 410, 413, 448, 469, 476, 485 f., 489–491, 500, 502, 505, 508, 510, 512, 514, 517, 534, 543
– Verbindung zu Rauff 224, 304 f., 391, 410, 422–424, 478–484, 487, 506, 510–512, 514 f., 517, 522
Contreras, Manuel (Sohn) 482, 514
Contreras, Mira (»La Payita«) 388
Cook, Robin 72, 148, 151 f., 158 f., 166, 329, 398 f., 449
Cordero, Luis 535
Criminal Justice Act (UK, 1988) 170, 310, 319
Crown Prosecution Service (CPS; Staatsanwaltschaft UK) 159, 163, 165, 173, 180, 187, 311, 402
Cuadrado Prats, Francisco 473
Cuartel Lautaro 485
Cüppers, Martin 305, 383 f.
Cuatro Álamos (Gefangenenlager) 35, 81, 345, 393, 415, 417, 507, 519

Damaskus 27, 111, 126, 130, 284
Dávila Díaz, Roberto 317, 445
Davis, John 123
Dawson-Insel *siehe* Isla Dawson
*Dawson Isla 10* (Film; Miguel Littín) 344
de la Barra, Guillermo 508, 516, 524, 545
Dean, Peter 173, 242, 404, 432–436
Denham, Michael 402
Dänemark 345, 350 f.
Deutsches Reich (Nazideutschland) 115, 120, 122, 143, 269, 285
Deutschland (Bundesrepublik) 50, 65, 102, 112, 122, 131 f., 208, 222, 267, 285, 428, 531, 540
– Auslieferungsersuchen für Rauff 134–143, 147, 202, 215, 273 f., 295–297, 540
– und Colonia Dignidad 368, 379, 482
– deutsche Botschaft in Santiago 128, 133, 136–138, 143, 202, 285, 296, 379, 382
Dew, John 75, 77, 86, 154–156, 404
Díaz López, Victor 475
Dirección de Inteligencia Nacional (DINA) 34–36, 40–42, 44, 59, 62, 65 f., 72–74, 79, 82, 105, 168, 179, 194 f., 217 f., 345, 368, 389, 394, 408, 410, 412–414, 448, 466, 475–477, 479, 482, 486, 489– 492, 494– 496, 498, 502, 506, 521 f., 526, 535, 539, 545
– angebliche Beteiligung von Rauff 111, 214, 227–231, 270, 274,

277 f., 281, 285, 304 f., 338, 340, 372, 390, 418–425, 484, 517–519, 522–525, 545
- und Colonia Dignidad 102, 304, 368–371, 378, 381, 415 f., 420, 479, 518 f., 521 f.
- *siehe auch* Isla Dawson; Lautaro-Brigade; Londres 36 (Gebäude); Pesquera Arauco

Donaldson, Liam 401, 405, 436, 454
Dönitz, Karl 162, 280
Donoso, Raúl 223, 518
Dorfman, Ariel 32, 473, 505
Duarte, Enrique 493
Duffy, Peter 246
Dulles, Allen 123
Dupré-Familie 125–127

Eberhard, Hermann 259
Ecuador 33, 127–129, 131, 136, 140 f., 216, 271, 285, 338, 469, 484, 523
Edwards, Agustín 147
Eichmann, Adolf 102, 114, 123, 131, 135 f., 139, 149, 202, 264, 281, 286 f.
*El Mocito* (Film) 475
Elmhirst-Familie 55
Emsmann, Hans-Jochen (Neffe von Rauff) 132
Enríquez Espinoza, Edgardo 72, 78
Enríquez Espinoza, Miguel 72, 408
Ercilla y Zúñiga, Alonso de 38, 546
Errázuriz, Hernán Felipe 148–153, 198 f., 240, 242, 274, 302, 353, 359, 398, 403 f., 442, 445, 449, 457, 459, 535 f.
Errázuriz Echaurren, Federico 353
Erwing, Pedro (Oberst) 228 f.
Espinoza, Pedro 40, 42–45, 217, 298, 417, 448, 489 f., 502, 534, 539, 543
Europäische Menschenrechtskonvention 437
Europäischer Gerichtshof 184
Europäischer Gerichtshof für Menschenrechte 181, 327
Europäisches Auslieferungsübereinkommen (1957) 86, 239, 428
Europäisches Parlament 53, 296
Evans, Nicholas 87–94, 96, 150, 154, 156, 168, 192, 249, 260
Extradition Act (UK, 1989) 87, 238, 329, 332, 361, 367, 398, 401, 454

Fabra, Adriana 325
Fagnano, Monsignor José 352 f.
Falklandinseln/Malwinen 113
Falklandkrieg 37, 148, 442
Fernández (Militärarzt) 61 f.
Ferrer, Alejandro 259 f.
Feuerland (Tierra del Fuego) 113, 133, 203, 206, 263, 335 f.
Fierro, Proserpina 225–227, 547 f.
Fischfabriken *siehe* Pesquera Arauco; Pesquera Bonacic; Pesquera Camelio
Fitzgerald, Ed 177
Fleischer, Elsie 143
Folter 180, 183, 195, 309 f., 316, 319, 322, 324, 367, 429, 531, 539
- in Chile 34–37, 49, 68, 82 f., 103, 106, 179, 183, 217–220, 316 f., 345, 413 f., 471, 476, 479, 485, 510, 519
- in der Colonia Dignidad 304, 368–370, 377, 380 f., 519, 535
- Pinochet beschuldigt der 25, 50, 68, 70, 78 f., 91 f., 95, 157, 159,

168–171, 179, 193 f., 239, 297, 310–314, 319–327, 331, 356, 359 f., 362–367, 396, 471
– Rauff beschuldigt der 31, 103, 121 f., 128, 150, 259, 305, 374, 386 f., 418, 503 f., 517
– *siehe auch* Antifolterkonvention (1984)
Fontecilla, Rafael 138, 140, 281
Frankreich 50, 81 f., 127, 158, 238, 295, 406, 414, 429, 543
Franco, Francisco 39, 48, 51 f., 54, 151, 177, 533
Franey, Elizabeth 89, 93, 153
Frank, Hans 162
Frei, Eduardo 149, 158, 161, 397–401, 403, 441, 444–449, 451, 453, 526
Freier, Shalhevet 127, 287 f.
Friedman, Milton 34
Fritz Bauer Institut, Frankfurt/M. 384, 386
Fuchs Asenjo, Hubert 489 f.
Fuego, Arpón de 355
Fuenzalida, Samuel 411–326, 475, 477, 483–485, 487–489, 493, 495, 498, 500, 505 f., 509, 515, 517, 519, 522, 542, 545
Fungairiño, Eduardo 69–71, 85, 157, 178 f.

G *siehe* Heidemann, Gerd
Galtieri, Leopoldo (General) 69 f.
Garcés, Juan 48 f., 53 f., 63 f., 68–74, 76, 78, 97, 151, 156, 178, 240, 248, 326 f., 362, 364, 443, 533
García-Castellón, Manuel 54, 68, 70 f., 73 f., 76 f., 151, 156 f., 178
García Márquez, Gabriel (*Das Abenteuer des Miguel Littín*) 344
Garzón, Baltasar 52, 69, 71–79, 84–87, 91, 99, 150 f., 153–157, 159, 163 f., 168, 171, 177–180, 195, 239 f., 248, 308, 310 f., 318 f., 321 f., 326–329, 359, 361 f., 365, 407, 432, 436, 443, 458, 463, 466, 469, 471, 533 f.
Gaswagen 27, 115–119, 124 f., 132, 134–138, 140, 202, 208, 212, 265, 269, 277 f., 284, 286 f., 336, 486
Gaubschat Fahrzeugwerke 116
General Medical Council (GMC) 435
General Motors 356
Genf 351
Genua 127
Gestapo 114, 121, 126, 230, 271, 284, 374
Ghigliotto, Galo 335
Giglio, Eugenio 338, 340
Gligo Viel, Eugenio 207 f., 340
Godoy, Gerardo 83
Goff, Robert (Lord) 245, 318, 320 f., 323, 532
Goldmann, Janssen und Ciá (Unternehmen) 130
Gómez, Baldovino 259 f., 350
Gómez, León 24, 81, 83, 218, 305, 322, 384 f., 388–396, 410, 412, 415, 417 f., 485, 490, 496, 518 f., 540–542, 544
– eidesstattliche Erklärung 305, 381, 383–387, 390, 394, 410, 519
Gómez Segovia, Fernando 415 f.
González, Carlos 349
González, Felipe 63
González, Gonzalo 345
González Vera, José 57

González-Vera, Laura 49, 56–64, 66, 111, 137, 147, 157, 180, 274, 538 f., 542
Granados, Carlos 52
Greenwood, Christopher 187 f., 190, 311 f., 383
Grimley Evans, John 402, 430 f., 433, 436
Großbritannien *siehe* Vereinigtes Königreich
Grovelands Priory 174, 196 f., 199
Gruber, Herta 119, 527
Guijón, Patricio 58
Guzmán, Juan Gabriel 37, 45, 399, 447, 453, 463 f., 466–468, 470 f., 544
Guzmán, Patricio 34
Guzmán, Violeta 66

Habag (Unternehmen) 132
Hamburg 42, 133, 289, 292
Hamburger Institut für Sozialforschung 384
Hannover 132
Harald (Colonia Dignidad-Bewohner) 377–379
Hass, Karl 125
Heidemann, Gerd (alias »G«) 288–293, 424 f.
Hektliohlh 354 f.
Heller, Friedrich Paul (Dieter Maier) 384, 386
Hennings, Erika 79–84, 158, 181, 327, 384, 387, 463, 472, 495, 525, 541–545
Herralde, Jorge 408
Heß, Rudolf 280, 285
Hewett, Andrew (Polizeiinspektor) 89, 91, 96 f., 359–361, 364, 467
Heydrich, Reinhard 114 f., 119, 209, 284
Himmler, Heinrich 114 f., 282, 298
Himmler, Margarete 282
Hiriart Rodríguez, Lucía (Frau von Pinochet) 33, 46, 96, 105, 129, 153, 196, 461, 472
Hitler, Adolf 38, 114 f., 120 f., 162, 195, 259, 269, 277, 280, 282, 284, 293, 300, 306
»Hitler-Tagebücher« 292, 339
Hobsbawm, Eric 232
Hoffmann, Leonard (Lord) 185 f., 189–192, 196 f., 232 f., 244, 249–254, 312, 317 f., 329, 331, 441, 449, 532
– Verbindung zu Amnesty International 233–235, 244–248, 250 f., 253
Hoge, Kerstin 374–376
Holocaust 27, 115–121, 165, 203, 282, 286 f., 349, 391
*Holocaust* (Fernsehserie) 280
Hope, David (Lord) 185 f., 189, 232, 244 f., 247–249, 254, 307, 315–318, 321–323, 359, 366
Hormazábal, Hernán 466
Hornos de Lonquén 521
Horst (Colonia-Dignidad-Bewohner) 377–379
Hudal, Alois (Bischof) 126
Huidobro, Vicente 300, 511
Human Rights Watch 176 f., 180–182, 188, 233, 245, 307, 310, 316 f., 364, 383
*The Hunter and the Hunted* (Film) 503
Hutton, Brian (Lord) 245, 318

Iglesia, Federico de la 55
Instituto O'Higginiano 82, 472
Insulza, José Miguel 157–159, 161, 445–448, 463, 465, 535 f., 538
Interamerikanische Kommission für Menschenrechte (IACHR) 67, 539
Interamerikanischer Gerichtshof für Menschenrechte 327
internationale Gerichtshöfe (1990er Jahre) 48, 90, 162 f., 170, 363
Internationaler Gerichtshof (IGH) 33, 122, 367, 386, 427 f., 456
Internationaler Strafgerichtshof (IStGH) 49, 90, 162 f., 176, 194, 363, 531, 534
- Statut 45, 162, 165, 185
Irvine, (Lord) Derry 243, 248, 317
Isla Calbuco 501
Isla Dawson (Gefängnisinsel) 35, 58, 219 f., 224, 259 f., 262 f., 300, 336, 341–353, 356–358
- Karte 200
- Gerüchte um Rauff 40, 230, 304, 341, 343–346, 348–351, 358, 517
Israel 211, 286, 296, 302
- israelischer Geheimdienst 127, 286–288
Italien 50, 121–126, 428, 484
- italienische Botschaft in Santiago 484 f.
- Rauff in 121–127, 271, 282, 285
Izquierdo Vergara, Nicolás 357
Izurieta, Ricardo (General) 159, 398, 443–445, 448, 453, 455, 462, 469

Jara, Mario (Major) 485, 489 f., 493, 495, 497, 506
Jara, Víctor 520
Jarpa, Sergio Onofre 212
Jerusalem 131, 136, 139, 286, 296
Jones, Alun 159, 163, 182, 187, 190, 245, 248, 311, 364 f., 533
José (Gärtner in der Vía Naranja) 106–108
Jugoslawien 48, 90, 162–164, 170, 324, 363, 531
Just, Willy 116–119, 136, 208, 286

Kairo 126
Kaneka (Ethnie) 262, 353
»Kapitän Vincente« *siehe* Zárate, Anatolio
Karste Richter, Hans 127
Kast, José Antonio 108, 544
Kawésqar (Ethnie) 353
Keller-Familie 56
Kiew 117, 336
Kingsley Napley (Anwaltskanzlei) 149, 152, 250
Kissinger, Henry 34, 39 f., 125, 182, 223, 228, 230 f., 278, 280, 419, 531
Klarsfeld, Beate 295 f., 298, 338
Klarsfeld, Serge 295
Klaveren, Alberto van 398
Klein, Marcus 305
Kletten, Ingo (Dieter Maier) 304, 384–386, 394
Knacke, Hans 131
Knowles, Julian 152, 365
Kohl, Helmut 296
Kommunistische Partei Chiles 46, 57, 80, 152, 220, 464, 466, 475
Korsika 121
Kosovo 324, 363
Krassnoff, Miguel 83, 417, 518, 534, 541, 543–545

Kreusel, Karl 133
Krieg, Cornelius (»Lindes«) 371, 373, 380, 478
Kuba 38, 132, 214, 470, 501
Kulmhof (Chelmno; Vernichtungslager) 116–118, 124, 136

*La Araucana* (Dichtung; Alonso de Ercilla y Zúñiga) 38, 177, 546
La Bahía (Hotel) 487, 510–515
*La Batalla de Chile* (Film; Patricio Guzmán) 34
*La gran prescripción* (»Die große Verjährung«, Theaterstück) 216
Labbé, Cristián 489
Lagos, Ricardo 343, 345, 403, 407, 451
Lamb, Christina 362
Lamont, Norman 32, 190
Latorre, Marina 546
Lautaro-Brigade (DINA) 35, 466, 475–477, 539
Lauterpacht, Hersch 195
Lawner, Miguel 232, 300, 346–353, 357
Lees, Andrew 402
Leighton, Bernardo 36
Leinau (Unternehmen) 131
Lemberg *siehe* Lwiw
Lemebel, Pedro 64, 104
Lepe, Jaime 67
Les Baux 266
Letelier, Orlando 39–45, 61, 68, 74, 104 f., 147, 182 f., 219, 231, 238, 260, 274, 338, 341 f., 345, 422, 448, 469, 486, 489, 491, 496, 498, 537
Letelier, Orlando (Sohn) 182
Liechtenstein 428
Ligue Internationale Contre le Racisme et l'Antisémitisme 229
»Lindes« *siehe* Krieg, Cornelius
Littín, Miguel 344
Litzmannstadt (Ghetto) 118 f., 123 f.
Llido, Antonio 54
Llolleo 505
Lloyd, Tony (Lord) 185, 190 f., 194, 253
Lloyd-Jones, David 180
Lodz (Ghetto) *siehe* Litzmannstadt
London
- Karte 11
- Bow Street Magistrates Court 88 f., 93, 153, 159, 359–361, 363
- Palace of Westminster 182, 190, 248, 315

The London Clinic 47, 94, 96–98, 150, 153, 173–175
Londres 38 (Gebäude) 23 f., 34 f., 81–84, 179, 218, 229, 303, 322, 345 f., 369, 387, 390, 393 f., 410–415, 417 f., 472, 477, 482, 489, 495 f., 518–520, 523, 527, 540, 546
- Verbindung zu Rauff 304 f., 384 f., 390–393, 420 f., 518

Londres 38 (Organisation) 384, 472, 495, 521
Los Boldos 468
*Los Colonos* (Film) 263, 354
Lukasch, Emilie 123
Lutz, Augusto 344 f.
Lwiw (Lemberg) 27, 547

Madariaga Gómez, Monserrat 105–109, 335, 339 f., 376, 385, 388, 477, 483, 505 f., 509, 516

Madrid 25, 48 f., 52–56, 62–64, 68–70, 84–86, 89, 93, 156 f., 168, 178, 327, 367, 403, 406, 435
Magellan, Ferdinand 113
Maier, Dieter 386 f., 394
Mailand 121 f., 131, 338, 540
Maillet, Madame 265
Mallard, Alain-Paul 336
Mancilla, Rodolfo 344
Mandelson, Peter 32
Manríquez Bravo, César 414
Mardones, Blanca 338, 340
Marette, Jacques 81
Marín, Gladys 46, 464
Marks, Jonathan 177
Mascareña Diaz, Carlos 220
Matías, Loro 410 f., 415–417
Matthei, Evelyn 233
Matutes, Abel 367, 399, 443
Mauthausen (Konzentrationslager) 116
Mayor Oreja, Jaime 399
McEntee, Andy 71
McLennan, Alexander 263, 354 f.
Medical Foundation for the Care of Victims of Torture 181
Mendoza, César (General) 101, 221 f., 265, 269, 271, 278, 306, 490, 523
Menéndez, José 257, 259, 263, 354 f.
Mengele, Josef 102, 202, 286, 339, 381
Mercedes-Benz 128, 356
Mertins, Gerhard 410
MI6 328, 331 f.
Michel, Louis 427, 456 f.
Millett, Peter (Lord) 313 f., 316, 319, 321
Milošević, Slobodan 90, 163, 324, 359, 363
Milward, Charles 264
Mistral, Gabriela 547
Mitterrand, François 296
Moffitt, Ronni Karpen 41, 44 f.
Möller Martínez, Gustavo 128
Moneda-Palast *siehe* Santiago
Monserrat (Assistentin des Autors) *siehe* Madariaga Gómez, Monserrat
Montgomery, Clare 152, 159, 182, 188, 190, 235 f., 245, 313 f., 316 f., 533
Moreiras, Miguel 68
Moren Brito, Marcelo 414
Mossad 286–292, 336
Movimiento de Izquierda Revolucionaria (MIR) 59, 72, 80, 218, 220, 374, 387, 408–410, 415, 506
Mücke, Gerhard 416 f., 497 f.
Müller, Elissalde (»Chico«) 479
Muñoz Alegría, Juan Carlos 212 f.
Muñoz Poutays, Jorge 46, 464
*El Museo de la Bruma* (»Das Museum des Nebels«; Galo Ghigliotto) 335–341
Mussolini, Benito 123

Navarro, Hedy 24, 83
Nena *siehe* Zúñiga, Armida
Neruda, Pablo 57, 208, 232, 337, 368, 496, 546
Nicholls, Clive 152, 159, 182, 188, 235 f.
Nicholls, Donald (Lord) 185, 190–192, 195 f., 251
Nixon, Richard 34, 228
Noé, Piedad 129
Nolan, Michael (Lord) 245
Noriega, Manuel 93
Northolt (Flughafen) 196, 458

Northwick Park Hospital 404 f., 434
Novoa, Eduardo 138, 141
Nürnberger Prozesse 48, 50, 124 f., 141, 149, 162, 164, 187 f., 195, 282, 313, 321, 324, 336, 527, 547
Nürnberger Statut 170, 313

Obando, Susanna Estrella 220
Ognall, Harry 361
Olivares, Gloria 82
*Operación Retiro de Televisores* (»Operation Fernsehgeräte-Rückruf«) 498
Operation Colombo 491 f.
Operation Condor 36, 69, 71–74, 76, 78 f., 151, 155, 157, 168, 422, 471, 479, 483–485, 516
Operation Stainless Steel 286, 290
Operation Sunrise 123, 282
Orrego Vicuña, Francisco 33, 383
Oxford 75

Palma, Daniel 477
Panama 93
Parada, José Manuel 222
Parada, Roberto 216, 222
Paris 25, 119, 175 f., 229, 543
Parke-Davis 128
Parkinson, Cecil 149
Parkinson, Graham 240
Parra, Nicanor 189
Parral 368, 415
Patagonien 130, 133, 202, 208, 263, 336
Pateras, Jean 94–99, 163 f., 173–175, 180, 196–199, 240–243, 308, 359–361, 404 f., 430, 432–434, 441, 457–460, 463, 532
»Patio 29«-Fall 520 f.
Patria y Libertad 369
Pecchenino, Renzo (»Lukas«) 485
Peebles, Luis 369, 377
Peláez, Jesús 69 f.
Peñaloza, Señora 288
Peru 131, 484
Pesquera Arauco 393, 412, 417, 485, 488–498, 501, 506, 509, 516 f., 520–525, 535, 541–543, 545
– angebliche Verbindung zu Rauff 421–423, 479–481, 488, 498, 506, 517, 535, 545
Pesquera Bonacic 132 f., 202–205, 209
– *siehe auch* Pesquera Camelio
Pesquera Camelio 209–211, 219, 222–224, 226, 259, 261, 265, 270–272, 276, 278, 287, 295, 299, 306, 412, 421, 480, 490, 523, 547 f.
Pesquera Chile 491 f., 508
Pesquera Harling 506
Pesquera Nuevo Aurora 491
Pey, Victor 48, 70
Phillips, Nicholas (Lord) 319
Picasso, Pablo 263
Piñera, Sebastián 272
Pinochet, Lucía *siehe* Hiriart Rodríguez, Lucía
Pinochet Hiriart, Augusto (Sohn) 31, 232
Pinochet Molina, Augusto (Enkel) 473
Pinochet Ugarte, Augusto *passim*
– Folter-Vorwurf 25, 50, 68, 70, 78 f., 91 f., 95, 157, 159, 168–171, 179, 193 f., 239, 297, 310–314, 319–327, 331, 356, 359 f., 362–367, 396, 471
– Terrorismus-Vorwurf 50, 70, 78 f., 84, 157
– Völkermord-Vorwurf 25, 31,

46 f., 50–52, 68, 70, 78 f., 84, 91, 95, 150 f., 157, 179, 188, 464
– *siehe auch* Operation Condor; »Todeskarawane«-Fall
Pinochet-Stiftung 31, 148, 473, 532, 536
*Pinochet's Plan Z* (Film) 344
Pisagua 347
Pivcevic, Andrea 260
Plan Z 344, 501
Plaza, Paola 495–498, 516, 521 f., 524, 538, 545
Pleming, Nigel 428
Poblete, Arturo 494
Polanco, Paula 272 f., 295
Polen 120, 124, 162, 527
Poll, Vladimiro 203
Popper, Julio 335 f.
Porvenir 132 f., 202 f., 205, 207–209, 218, 221, 260, 276, 294, 299, 336–338, 340, 349, 466, 483, 548
– Karte 200
Powell, Jonathan 330, 398–401, 442, 445, 449–454, 465, 525
Pradel, Friedrich 115, 208
Prats, Carlos 34, 36, 38, 44, 104, 129 f., 216, 238, 275, 473
Priebke, Erich 125
Projekt Andrea 105
Projekt Colombo 471
Pudeto-Regiment 42, 219, 260
Puerto Montt 220, 394, 415, 501
Punta Arenas 36, 42, 103, 113, 130 f., 218 f., 227, 259, 261 f., 279, 342 f., 356 f.
– Karte 200, 201
– Altes Marinekrankenhaus (»Palast des Lächelns«), Punta Arenas 36, 219, 262 f., 265
– in Chatwins *In Patagonien* 257, 262–266
– deutsche Gemeinschaft 130, 258 f.
– Museum (»Museum des Nebels«) 335–340, 353
– Rauff in 113 f., 130–134, 142, 202–214, 216, 259–262, 264 f., 267–270, 275–277, 298 f., 337, 349, 391, 421, 480, 490, 503, 518
Punta Peuco (Gefängnis) 479, 539, 544
Putin, Wladimir 531

Quesada Yáñez, Marcos 179, 322
Quilpué 547
Quito 127–129, 132, 221, 271, 275, 374, 376

Rattenlinie 13, 27, 111, 547
*Die Rattenlinie* (Philippe Sands) 48, 111, 377
Rauff, Alf (Sohn) 115, 124 f., 128, 131, 202, 223
Rauff, Edith (geb. Richter) 114 f., 124, 126–128, 130–132, 300
Rauff, Ilse (Schwester) 113, 215, 221 f., 280
Rauff, Sebastian (Enkel) 524
Rauff, Walther *passim*
– Auslieferungsersuchen der BRD 134–143, 147, 202, 215, 273 f., 295–297, 540
– und Colonia Dignidad 304 f., 339, 368, 370–376, 379, 409 f., 517, 522
– und DINA 111, 214, 227–231, 270, 274, 277 f., 281, 285, 304 f.,

338, 340, 372, 390, 418–425, 484, 517–519, 522–525, 545
- Folter-Vorwurf 31, 103, 121 f., 128, 150, 259, 305, 374, 386 f., 418, 503 f., 517
- Gaswagen 27, 115–119, 124 f., 132, 134–138, 140, 202, 208, 212, 265, 269, 277 f., 284, 286 f., 336, 486
- in Italien 121–126
- in Punta Arenas 113 f., 130–134, 142, 202–214, 216, 259–262, 264 f., 267–270, 275–277, 298 f., 337, 349, 391, 421, 480, 490, 503, 518
- in Santiago 111, 130, 132, 138–140, 223, 270, 276 f., 279, 282–285, 287–291, 295, 297, 299 f., 338, 418, 422, 425, 480, 483, 503 f., 517 f.
- in Syrien und Libanon 126 f.
- in Tunesien 120 f., 143, 228
- Marinekarriere 113 f., 128, 130, 132, 226, 284
- SS-Karriere 114–124, 128
- Tätigkeit für Bundesnachrichtendienst 130–132, 134, 137, 141, 285
- Tätigkeit für israelischen Geheimdienst 127, 287
- Völkermord-Vorwurf 13, 137 f., 140, 143, 150, 216, 239, 362

Rauff, Walther II. (Sohn) 115, 124 f., 128, 139, 142, 223, 231, 275, 278, 280, 282, 293, 296, 300, 524
Rauff, Walther III. (Enkel) 130, 275–278, 518, 524
Ravensbrück (Konzentrationslager) 281
Reagan, Ronald 296
Rebolledo, Javier (*La danza de los cuervos*) 475
Rebolledo, Miguel Ángel 83, 541 f.
Rote Armee 301, 375
Rotes Kreuz 126, 343, 351
Redress 180
Reed, Lucy 44
Reichssicherheitshauptamt 115, 130
Reinhard (Geschäftspartner von Rauff) 132
Retamal, Julio 281
Rettig-Bericht *siehe* Rettig-Kommission
Rettig-Kommission (Comisión Nacional de Verdad y Reconciliación) 37, 66, 79
Reyes, »Pituco« 502
Reyes, Sergio 263
Riga 116 f.
Riggs Bank 469–471
Rivas, Adriana 477, 482
Robb, Howard 433
Robecco sul Naviglio 122
Roberts, Oral 368
Rojas, Rodrigo 266
Rom 27, 36, 111, 125–127, 229, 287
Romero, Margarita Alegría 211–214, 261
Romo, Osvaldo (»Guatón«) 81, 83, 390, 394, 505, 542
Rosenblum, Laura (geb. Buchholz) 119
Ruanda 48, 162, 164, 170
Rubio Feliz, Miguel 217, 489
*Rückkehr nach Lemberg* (Philippe Sands) 50, 119, 165
Rudel, Hans-Ulrich 38
Ruiz Mancilla, Juan Carlos 220
Ruiz y Blasco, José 263

Runnymede 397
Russell-Tribunal 229

Sachsenhausen (Konzentrationslager) 115
Salazar, María Elvira 470f.
Salgado, Juan Carlos (General) 444f.
Salinas, Ricardo 409
Salvador-Allende-Stiftung 49, 54
San Antonio 304, 412f., 417, 488–493, 497, 500, 502, 505f., 509, 520f., 523, 543
- Karte 499
- Verbindung mit Rauff 418–421, 478f., 481, 487, 517f.
Sánchez, Jesús 78, 84f.
Sánchez-Albornoz, Nicolás 63
Sands, Ruth (geb. Buchholz) 119
Santiago 31, 40f., 66, 129, 230f., 239, 339, 371, 388, 412, 443, 448, 464, 471, 473, 484, 491f., 495f., 514, 516, 520f., 542, 545
- Karte 10
- Canal El Carmen 36, 53, 60, 65
- Calle Marcoleta (DINA-Hauptquartier) 411, 418, 423f., 517, 522
- deutsche Botschaft 128, 133, 136–138, 143, 202, 285, 296, 379, 382
- Estadio Nacional (Nationalstadion) 35, 346
- italienische Botschaft 484f.
- Museo de la Memoria y los Derechos Humanos 346, 356, 385f.
- Palacio de La Moneda (Moneda-Palast) 23, 34, 39, 41, 48, 58, 216, 295f., 446, 534
- Rauff in 111, 130, 132, 138–140, 223, 270, 276f., 279, 282–285, 287–291, 295, 297, 299f., 338, 418, 422, 425, 480, 483, 503f., 517f.
- Villa Grimaldi 35, 303, 345f., 413–415, 418, 472, 484, 490, 507, 519f.
- *siehe auch* Londres 36(Gebäude); Vía Naranja
Santo Domingo 36, 479f., 497, 500, 507, 509f., 512, 517, 543
- Karte 499
Sarin-Gas 35, 41, 62, 67, 105, 338, 472, 476, 485, 498
Saville, Mark (Lord) 319
Schäfer, Ernst 139
Schäfer, Paul 368–372, 376–378, 380f., 410f., 416f., 497
Schepeler, Enrique 139, 273
Schiffrin, André 39
Schiffrin, Leina 55f., 113
Schiffrin, Natalia 25f., 39, 176, 233
Schwebel, Stephen 427
Schweden 482
Schweitzer, Daniel 60f.
Schweitzer Fernández, Miguel (Sohn) 272
Schweitzer Speisky, Miguel (Vater) 42, 60f., 137–140, 142f., 273, 362, 385
Schweitzer Walters, Miguel Ángel 42, 44, 60f., 143, 147–154, 166f., 172, 183f., 189, 191f., 198f., 233–237, 240–243, 270, 272–274, 295, 308, 312, 321, 325, 359, 362, 364, 397, 401, 403, 421, 427, 442, 444, 449, 460–463, 467, 489, 536–538
Schweiz 123, 152, 158, 238, 406, 430, 482, 531

Schweizer, Helmuth 397
SD (Sicherheitsdienst) 114
Seewald, Gerd 371
Segura, Nibaldo 466
Selk'nam (Ethnie) 114, 203, 261–263, 335, 353–355
Sepúlveda, Héctor 230
Serbien *siehe* Jugoslawien
Serrano, Miguel 300, 486, 511
Servatius, Robert 139
Shackleton, Ernest 259
Shawcross, Hartley 195
Siguefreido, José 493
Silva, Jorge 506–510, 514, 516, 518, 545
Simferopol 116
Simon, Peter 376
Simón-Bolívar-Kaserne 35, 475–477, 486, 523
Singh, Rabinder 428
Slepoy, Carlos 178
Slynn, Gordon (Lord) 184–186, 189, 191 f., 194, 244, 247, 250 f., 253 f.
Sobibor (Vernichtungslager) 119
Soledad, María 410
Soria, Arturo 53, 57
Soria, Carmelo 36, 40, 44, 49, 53–68, 74, 79, 104 f., 111, 147, 156 f., 166, 168, 176, 179 f., 183, 238, 322, 339, 385, 476, 485, 498, 516, 527, 534, 537–539, 543 f.
- Witwe *siehe* González-Vera, Laura
Soria, Carmen 56, 64–67, 104, 157, 240, 248, 463, 538 f., 542 f.
Soto, Oscar 71
South Pacific Corretaje Marítimo 280
Sowjetunion 34, 48, 115 f., 125 f., 229, 501
Sozialistische Partei Chiles 24, 34, 37, 159, 218, 388, 391, 400, 407, 409
Spanien 38 f., 49–56, 86 f., 177, 309 f., 313, 362, 501
- argentinische Rechtsfälle 50, 52 f., 69–74, 76, 151, 157, 178
- Audiencia Nacional 52, 54, 68–71, 73, 84–86, 93, 178, 366
- Pinochet-Fall 25, 49, 53 f., 76, 85–87, 153 f., 157–159, 165–167, 170 f., 177, 179 f., 187 f., 191 f., 238 f., 246, 310–312, 318–321, 324, 328, 332, 359, 364–367, 396, 398, 400–402, 405 f., 428 f., 437, 441– 443, 446, 471, 533 f.
Spanischer Bürgerkrieg 39, 51, 54
SS (Schutzstaffel) 27, 101, 111, 114 f., 121, 124–126, 209, 282, 301, 374, 381, 462
Staatsterrorismus *siehe* Terrorismus
State Immunity Act (UK, 1978) 169, 180, 187, 191, 193–195, 309
Stein, Richard 176
Steyn, Johan (Lord) 185 f., 191 f., 194–196, 232, 253
Stitchkin, David 131
Storey, Robert (Colonel) 124
Strack, Hans 137 f.
Straw, Jack 166, 234, 238–240, 244, 320 f., 323, 325 f., 328–332, 359, 361, 367, 396–407, 427–430, 435–437, 441–444, 447, 449, 452, 454, 456 f., 463, 471, 532, 536
Streithorst, Tom 142
Stubenrauch, Rodolfo 114, 353
Styron, Rose 229 f.
Südafrika 531
Sumption, Jonathan 166, 330, 398, 405, 407, 429, 444, 452, 454

Syrien 126 f.
Szurgelies, Ingrid 372, 381, 409
Szurgelies, Jürgen 381–383

T4 *siehe* Aktion T4
Tapia, Jorge 342
Tejas Verdes, Ingenieurschule/Kaserne 35 f., 217, 229, 345, 413, 479, 489, 492, 500 f., 504–506, 509, 517
Temuco 220
Teno 477, 487
Terrorismus 50 f.
– Pinochet beschuldigt des 50, 70, 78 f., 84, 157
– Rauff beschuldigt des 127
Thatcher, Margaret 32, 45 f., 148 f., 184, 190, 198, 232, 296, 327, 330–332, 363, 460 f.
Tierra del Fuego *siehe* Feuerland
Tilney, Elsie 119
Tiltil 479, 539
»Todeskarawane«-Fall 35–37, 45, 157, 399, 447, 452–454, 464–466, 516, 525
Tohá, José 220, 342
Tokioter Prozesse 48, 162
Toloza, Cristián 398–401, 445–455, 465, 525, 535
Torres Silva, (General) Fernando 69
Torres Toro, Juan 206, 221, 340, 466
Townley, Michael 40–44, 62, 67, 72, 104, 107 f., 147, 183, 298, 339, 476, 485, 514, 538 f.
– *siehe auch* Vía Naranja
Treblinka (Vernichtungslager) 119, 282
Trenner, Maximilien 120
Tres Álamos (Gefangenenlager) 35, 81, 389, 393, 507
Tres Puentes 133, 203, 210, 219, 224 f., 261, 264, 268, 270, 547 f.
Tricio, Benito 511 f., 514
Troncoso, Raúl 445, 448, 450, 452 f.
Tuđman, Franjo 531
Tunesien 120 f., 143, 228

Ugarte, Marta 490 f., 520
Ukraine 115, 349, 531
universelle Zuständigkeit *siehe* Weltrechtsprinzip
Urbina, Javier (General) 398, 443–445, 448
Uribe, Barbara 82
Uribe, Viviana 82 f.
Uruguay 36, 62, 484
U. S. Army Counter Intelligence Corps 125, 228

Valdebonito, Luis 494
Valdés, Juan Gabriel 398 f., 401, 445, 451
Valdivia, Pedro de 339, 546
Valech-Kommission (Comisión Nacional de Prisión Política y Tortura) 471
Vallance White, James 185, 187, 191, 233, 243 f., 247–249, 251, 253 f., 318, 323, 463, 532
Vallejos Villagrán, Álvaro *siehe* Matías, Loro
Valparaíso 33, 113, 128, 225, 271, 342, 420, 473, 491, 497, 504, 507, 520, 547
Van Yurick, Edwin 82
Vandermeersch, Damien 427
Vatikan 317
Vázquez, Beatriz 278, 524 f.
Védrine, Hubert 399

Vega, Luis 344
Vera Oyarzún, Juan 220
Verbrechen gegen die Menschlichkeit 13, 45, 47, 49, 51, 64, 125, 162 f., 169, 171, 188, 195, 295, 313, 359, 363, 397, 414, 466, 479, 489, 498, 534, 544, 547
Vereinte Nationen 48, 62 f.,67, 162, 187, 215, 351, 367, 369, 414, 492, 534
- Soria-Fall 36, 40, 49, 53, 57–59, 79, 104, 179
Vereinigte Staaten von Amerika (USA) 34, 40–42, 68, 72, 93, 104, 112, 147, 233, 298, 324, 486, 496, 538 f.
- Justizausschuss des Senats 469–471
Vereinigtes Königreich 44, 72, 74 f., 86 f., 148, 165, 167, 169, 172 f., 181, 184, 239, 309 f., 313, 318, 324, 355, 359, 362, 365 f., 402, 427 f., 441, 443, 451, 532 f.
- Divisional Court 164 f., 167, 177 f., 180 f., 185, 191 f., 319, 329 f., 536
- *siehe auch* Blair, Tony; Straw, Jack
Vergara, Jorgelino (»El Mocito«) 422–424, 426, 475–488, 498, 500, 505 f., 509–515, 517, 523, 525, 539, 542, 545
Versailles, Vertrag von 161
Vía Naranja (Townleys Haus) 35, 41, 104, 106–109, 345, 472, 498
- Soria-Ermordung 62, 67, 179, 322, 339, 485, 539
Vicaría de la Solidaridad 68, 82
Videla, Jorge (General) 52 f.
Videla, Lumi 484 f.
Vigna Pia (Kloster) 126
Villa Baviera *siehe* Colonia Dignidad
Villa Grimaldi *siehe* Santiago
Vivat, María 205 f.
Völkermord 13, 45, 49, 51 f., 137 f., 140, 143, 162 f., 169 f., 179, 203, 216, 239, 359, 362, 391, 547
- an indigener Bevölkerung Chiles 335 f., 353–355
- Pinochet beschuldigt des 25, 31, 46 f., 50–52, 68, 70, 78 f., 84, 91, 95, 150 f., 157, 179, 188, 464
Völkermordkonvention (1948) 51 f., 138, 162, 169, 187, 193, 310, 316
Vuskovic, Sergio 342

Wächter, Otto 27, 111, 114, 125–127, 212
Wagner, Ricardo (Bischof) 299–303
Wagner, Gustav 284
Wahrheits- und Versöhnungskommission (Chile) *siehe* Rettig-Kommission
Watts, Arthur 163
Weber, Pablo (Admiral) 215 f., 221 f., 272, 278, 306
Wedekind, Michael (Major) 124
Weißrussland 115
Weltrechtsprinzip 45, 49 f., 77, 149, 157 f., 187, 310, 324, 366, 437, 531, 533, 539
Wentritt, Harry 208
Wentworth 197, 236, 238, 240, 242, 327, 359, 363, 457
Wien 119
Wiener Übereinkommen über diplomatische Beziehungen (1961) 187, 193–195, 309, 382

Wiesenthal, Simon 213, 215, 224, 229, 231, 281, 284, 293–296, 298, 337, 349
Wilhelm II., Deutscher Kaiser 161
Willeke, Christoph 479, 534, 545
Wolff, Karl 121–124, 282–286, 288, 292f., 425
Wyke, Maria 402, 404, 431f., 434, 436

Yucatán-Kaserne (Londres 38) 34

Z, Ernie 281
al-Zaim, Husni 126f.
Zapata, Basclay (»El Troglo«) 83, 544
Zárate, Anatolio 489, 492, 500–504, 516f.
Zentrale Stelle (Ludwigsburg) 136
Zott, Erick 369, 377
Zúñiga, Armida (»Nena«) 139, 210, 223, 225, 269–271, 276f., 279, 283–285, 290f., 293–295, 419, 512, 518
Zurita, Raúl 35